金树人 ◎ 著

生涯咨询
理论与实践

世界图书出版公司
北京·广州·上海·西安

图书在版编目（CIP）数据

生涯咨询：理论与实践 / 金树人著. -- 北京：世界图书出版有限公司北京分公司, 2025.1. -- ISBN 978-7-5232-1687-3

Ⅰ．C913.2-49

中国国家版本馆 CIP 数据核字第 2024Z3E941 号

书　　名	生涯咨询：理论与实践 SHENGYA ZIXUN
著　　者	金树人
责任编辑	刘天天
出版发行	世界图书出版有限公司北京分公司
地　　址	北京市东城区朝内大街137号
邮　　编	100010
电　　话	010-64038355（发行）　　64033507（总编室）
网　　址	http://www.wpcbj.com.cn
邮　　箱	wpcbjst@vip.163.com
销　　售	新华书店
印　　刷	三河市国英印务有限公司
开　　本	710mm×1000mm　1/16
印　　张	36.75
字　　数	600千字
版　　次	2025年1月第1版
印　　次	2025年1月第1次印刷
国际书号	ISBN 978-7-5232-1687-3
定　　价	98.00元

版权所有　翻印必究
（如发现印装质量问题，请与本公司联系调换）

自序

见自己之心性，见天地之大化，见众生之悲悯

这本书距离其上一版（《生涯咨询与辅导》）的印行已近二十年。时代的棱镜折射出瞬息万变的世界，令人惊叹不已。当代横空出世的AI科技革命以凌驾群雄之势驱动着产业变革，并以前所未有的速度深刻重塑各行各业。波动性（volatility）、不确定性（uncertainty）、复杂性（complexity）和模糊性（ambiguity）（合称VUCA，乌卡）成为这个时代的主旋律，势不可当。

在这个VUCA时代，"变"无疑是核心关键词。而生涯之学，正是一种应变之学。在这充满不确定性的复杂动态系统中，当代生涯范式应如何描述现象、解释变化并提出应对之道？这不仅是学术研究的重要核心，更是实践领域中亟须关注的课题。

在全球社会与经济快速变迁的大环境中，因缘际会，2008年我从台湾师范大学转职至澳门大学。我在澳门大学的研究室，正好面对珠江口的河海交汇之处；烟波江上，静观东西文化在港澳地区的交融与激荡。澳门深深烙印着葡萄牙文化的痕迹，而毗邻的香港则浸润着英国文化的印记。在这异国风采交织的表层之下，却依然沉淀着深厚而悠远的华夏文化。澳门十年，在生涯研究与案例中，我有机会接触到华人文化中孕育出的多元的民族性格、价值观与思维模式，并观察到这些特质与西方价值信念在深层碰撞时激发出的矛盾与冲突。当代华人面临的是东方集体主义与西方个体主义并存的双重文化冲击。如何在"维持和谐的华人关系主义"与"独立自主的西方个人主义"之间寻求平衡，成为当代华人生涯发展过程中核心的困境与挑战。

源于文化意识的觉醒，我不断思索并寻求实用的本土理论与方法。在这期间，我有机会应邀前往内地大学，为学生的夏季学期核心通识课程"职业生涯

发展与规划"讲授部分专题内容。课堂上，我面对来自不同学科和专业的优秀学生，接受他们的求知热情与挑战；课后，我漫步于历史与现代交织的校园，思绪纷飞，反复咀嚼课堂上学生提出的生涯困惑与问题。

在神州大地上成长的莘莘学子，身处于百年未有之大变局，他们的生涯梦想不再仅仅关乎个人，而是融入了国家、民族和与自身休戚与共的命运共同体。他们努力将国家利益、民族利益与个人利益紧密结合，以实现更高层次的价值与追求。斯土斯民，生涯规划究竟意味着什么？生涯应如何设计与发展？如何确立安身之所？又如何找到立命之本？这些问题不仅是学生们不断求索的主题，更是我在教学与研究中持续探讨的重要方向。

有一次，我在上课的讲义上，逐字逐句写下了随手笔记："根据自己原来的样子，审时度势，随机应变，选择一种可以安身立命的生活方式。"没想到多年以后，这一理念成了我充实这本书的基调。

这些基调放在自己身上，却顾所来径，我的学术生涯是如何优游于从生涯教育到生涯咨询的翠微幽径？

自己原来的样子

"树人"大概就是我的天命。我从小就想要当老师，硕士毕业考上公务员有机会出任公职，我还是决定进入教育界。走入心理咨询这条路，我的初心是助人，然后逐渐与心理咨询教育结合。从美国学完生涯咨询返回故土，出道时编制心理量表进行以测评咨询为主的我，中年采用生涯发展理论推展生涯教育的我，现在改用生涯建构与生命设计进行生涯咨询与叙事治疗的我，这些都是我。

"天命之谓性"，自己的样子，始终如一。这个"一"是原来的样子。所不变者，内核的基因罗盘，遥指向天命；所变者，一生二，二生三，随着环境变迁的时与势，迂回、扩充、展延于天地间。原来的样子，不离其宗。

审时度势

时与势，是某种无以名状的节奏，内含着自然的规律与智慧，展现出一股不可抗拒的趋势与动力。"审时度势"不仅是一种静态的大局分析，更是一种动态的应变智慧。我完成学业返回之际，正值台湾地区学术界全盘西化的浪头，契合时势，随波浮沉。随着时光推移，我的生涯理论取向从逻辑实证论逐渐转向后现代社会建构的生涯混沌论、生涯建构论，而学术重心也由"西学为用"转向更为关注东方智慧的本土性文化议题。察势与顺势，用势与运势，蓦然回首，我所经历的种种机缘，无不顺应自然之势，令人感叹大化之善巧与奥妙。

随机应变

有缘躲不开，无缘碰不到。从台湾师范大学退休之后，机缘巧合，仅半年后便应聘至原本并不在计划中的澳门大学。借助这次契机，我得以从反身性（Reflexivity）的视角重新思考生涯理论与实践之间的关联性。从台湾到澳门，这段离开熟悉学术圈的旅程，使我摆脱思维的惯性，撼动了我既有的固化框架。地理位置的转换与文化视角的参照辩证，如雨露之所润，为生涯新知的萌蘖注入了丰沛的养分，更使我进入了一种全新的"不是我的我"的境界。

若无勇气离开岸边，便无法发现新大陆。十载春华秋实，我沉潜于卷帙浩繁的中华经典，思索如何从东方智慧的心法中探索理论，实践方法。我也逐渐摆脱了"中学"与"西学"孰重孰轻的纠葛，以"心法为体，技法为用"的原则，容纳中西百川之精华为我所用。这些因缘际会的体验，识缘、缘缘与惜缘，使我对生涯发展中诸般缘会而生的现象，有了更深刻的理解与洞察。

安身立命

安身与立命是华人独特的生涯实存状态。苏东坡的"常行于所当行，常止于不可不止"展现了传统华人随物赋形的生涯智慧。多年来讲学于两岸，游访于新加坡与马来西亚的华人社群，我试图以华人的语汇解索"安身"与"立命"的内涵。

西方的经典和话语难以涵盖华人的生涯哲学，而《中庸》中的"中"与"和"、"诚"与"德"提供了深刻的洞见。安身之道以中为体、和为用，体现"以和为贵"的生活智慧，强调在内外冲突中的折冲整合。立命之道以诚为体、德为用，"天下至诚，为能尽其性"，"大德者必受命"，道出了内在本性与外在德行一统之必要。简而言之，安身以和，立命以德，正是华人生涯发展的核心哲理与实践之道。

史蒂芬·霍金（StephenHawking，1942—2018）在自传《我的简史》（My Brief History）及多次公开讲话中，不断探问自己对生命意义的看法。沿着这条思路，我也常常问自己：为何来到这个世上，又为何选择这条路？我们内心深处的直觉，其实早已隐约知道自己想成为什么样的人。

生涯规划的核心在于邂逅自己本来的面目，坚守初心。在广袤天地之间，无论面对可控或失控，必然或偶然，日常或无常，我们擘画愿景成为自己想要的样子，才能见证心性的纯粹，领略天地的运化，并体察众生的悲悯。如此，在生涯路上方能拥有一种安定厚实、意义深远的存在感。

这些理念或散见于各章之中，或另辟专章详述，虽竭力为之，仍恐挂一漏万。疏浅谬误之处，尚祈方家指正。本书修订版的撰写长达五年，这一路充满挑战与收获。在此，我怀着无比的感激之情，首先向内子苏琼梅老师致以最诚挚的谢意。她一直以来悉心的陪伴、细腻的照顾与不懈的督促，成为凝聚这些文字背后不可或缺的推手与力量。此外，饮水思源，本书最早版本在大陆刊行，缘于北京师范大学郑日昌教授与伍新春教授的引介、催生与鼓励。

本书编辑过程中，几位审阅者提供了宝贵的意见，这些第一手的反馈信息为全书的完善增添了许多亮点。能够将如此精美的设计与编排呈现给读者，我要特别感谢世界图书出版公司的领导徐国强先生的大力支持；同时，责任编辑刘天天老师带领团队，以一丝不苟的态度巨细靡遗地完成了繁复的编排设计和精致的校对工作。现任教于北京师范大学的龚蕾博士与我结师生缘于澳门大学及台湾师大，她心思细腻地调整两岸心理学术用语，不厌其烦地协助编校工作，也功不可没。

更有意义的是，北森生涯将此书纳入"北森生涯系列丛书"，让我有幸为点亮中国人的生涯之路尽一份绵薄之力。北森生涯的王朝晖、张爱民先生为本书的出版提供了关键支持。在与世图合作中，李人龙先生精心策划与统筹协调，常晓敏女士致力于繁转简语言风格的调整，袁大军先生协助绘制部分图表。每一位的付出都让我深受感动，铭记在心。

时值本书付梓之际，谨向所有为此书付出心力的前辈、先进及好友们，致上最诚挚的谢忱！

目 录

第一章 /001
安身与立命：生涯咨询基本概念

第一节　西方的生涯观 /003
第二节　华人的生涯观 /011
第三节　生涯咨询发展史 /026
第四节　生涯咨询的定义与主题 /031

第二章 /041
历程与范式：生涯咨询的实施

第一节　生涯咨询的对象 /043
第二节　生涯咨询的服务方式 /048
第三节　生涯咨询的历程 /051
第四节　生涯理论的范式 /061
第五节　生涯咨询师的能力与资格 /070

第三章 /083
兴趣与匹配：生涯类型理论

第一节　理论缘起 /085
第二节　基本概念 /089
第三节　生涯咨询的应用 /105

第四章 /133
时间与空间：生涯发展理论

第一节　生命广度与生命空间取向 /135
第二节　设限与妥协理论 /160

第五章 /175
构念与权变：个人构念理论

第一节　基本概念 /177
第二节　个人构念系统的测量与应用 /189
第三节　职业组合卡的应用 /204

第六章 /223
故事与人生：叙事生涯咨询

第一节　基本概念 /225
第二节　叙事生涯的咨询模式 /236
第三节　生涯幻游技术 /257

第七章 /277
主题与设计：生涯建构理论

第一节　理论缘起 /279

第二节　基本概念 /284
第三节　生命设计咨询 /298

第八章 /333
寻梦与圆梦：社会认知生涯理论

第一节　基本概念 /335
第二节　SCCT 理论模式 /341
第三节　SCCT 理论的应用 /351

第九章 /371
偶然与必然：机缘巧合理论

第一节　机缘学习论 /373
第二节　共时性原理 /386
第三节　生涯因缘观 /399

第十章 /427
收敛与发散：生涯混沌理论

第一节　混沌状态与混沌理论 /429
第二节　基本概念 /433
第三节　理论的应用：辅导与咨询 /451
第四节　理论的应用：方法与技术 /459

第十一章 /481
快思与慢想：生涯抉择理论

第一节　基本概念 /483
第二节　描述性的生涯抉择论 /492
第三节　规范性的生涯抉择论 /500
第四节　典范性的生涯抉择论 /507

第十二章 /529
执两与用中：中庸生涯模式

第一节　华人生涯抉择的双文化现象 /531
第二节　中庸生涯模式：基本概念 /535
第三节　中庸生涯模式：实施与应用 /540

第一章 安身与立命：生涯咨询基本概念

根据自己原来的样子，审时度势，随机应变，选择一种可以安身立命的生活方式。

生涯之学，即应变之学。

——Maanen & Schein, 1977

生涯咨询是一个跨学科领域，具有三大范式：职业指导（vocational guidance）、生涯发展（career development）与生命设计（life design）。不同的生涯范式源自特定历史发展背景的社会视角（Savickas, 2015）。按照库恩（Kuhn, 1962/1985）的定义，每个范式都包含共同的假设、共同的理解和集体价值观。这些价值观用来构建社会实践的方式，包括了生涯教育、生涯咨询与指导等。在过去的一个世纪里，不断变化的社会背景将生涯咨询的视角转移到新的有利位置，从中发展出不同的社会实践。

21世纪的生涯范式，从20世纪经验主义的职业指导、人本主义的生涯发展，推移至后现代社会建构论的生命设计范式。生命设计范式注重在工作中创造生命的意义，填补了20世纪职业指导范式和生涯发展范式之不足，以因应人工智能（AI）、全球化和数字革命所带来的冲击。时代巨轮缓缓前行，从长期雇用的稳定工作转变为短期多工的多变工作，从学习特定的职涯知识到广泛涉猎的终身学习，人们正在经历一种前所未有的社会变革与工作安排。范式变革，代表着思维模式的转换。生涯咨询由职业指导范式演变至生命设计范式，蕴含着理论的深度与应用的广度，在基本概念、理论依据、咨询人员的角色与工作内容等方面，都有了重大的变革。

本章首先探讨西方的生涯观，其次深究华人的生涯观，继而纵览生涯咨询发展史，最后阐述生涯咨询的定义与主题。

第一节 西方的生涯观

一、生涯的意义

生涯（career）一词，就其特性来看，是一个与我们"如影随形"，但又被"视而不见"的名词。"生涯"之所以"如影随形"，是因为它与我们的发展经验密不可分；"生涯"之所以被人"视而不见"，是因为一旦我们想去清楚地勾画出它的轮廓，却又觉得影像模糊。

career 从字源看，来自罗马文 via carraria 及拉丁文 carrus，二者均指古代的战车。其字根 car- 有运输马车或运输工具的意思，-er 则可引申为车子所走的路。法语 carrière 意为"要边走边找的路"，乃"路径"之意。在19世纪，生涯的原意由古希腊的战车引申为一种特别训练的职业载体，或是终身奉献的工作，例如外交官生涯、律师生涯、传教士生涯等。时至今日，"生涯"之义从20世纪的"工作与职业"演变至"发展与成长"，甚至于当代的"变化与应变"。

（一）早期生涯之义：工作与职业

中世纪农民的工作没有保障，所谓的工作只是一份可有可无的差使，简单称之为 job，有"工"与"作"之意。20世纪初，当弗兰克·帕森斯（Frank Parsons, 1854—1908）开始职业指导运动时，思考该如何将"人"安置在适当的工作（job）之中，才倾向于使用职业（vocation）这个称呼。

vocation 在中世纪有召唤（calling）之意，词源 voc- 意指 voice、vow，即接受某种召唤。也就是说，不是人选择职业，而是职业在召唤适合从事这份工作的人。中文将其译为"职业"，如若将"职"视为"天职"，"业"（梵语：karma）视为"一切身、语、意的行为总和"，人的一生所作所为，冥冥之中在回应某种天职的呼唤，也似乎趋近于 vocation 的本意。

20世纪初期至中叶，职场中组织的结构开始改变，行业之内开始出现有组织的阶层，表示在行业之内的成员可以由阶层循级而上。此时的职业有了"向上的组织流动"之意，如"军人生涯"，是指由军校学生、尉官、校官而晋升至将官的一种职业生涯。生涯的意义，初期萌芽于工作与职业，逐渐延伸至发展与成长。

（二）中期生涯之义：发展与成长

20世纪中叶，个人的主体意识逐渐增加，专业人员发现职业指导不应仅仅重视短期的人境适配（person-environment fit），更应关注个体在职场上长程的发展与成长。因此，职业指导的范式渐渐质变成生涯发展的范式。

发展心理学家舒伯（Super, 1957）出版《生涯心理学》（*The Psychology of Careers*）一书，认为只要是有工作的人，都有一个属于自己的生涯。生涯周期宛如生命周期的春夏秋冬四季，个人的生涯有发展阶段的时间纵深，也有角色缤纷的空间广度。在当时，大多数西方学者所接受的生涯之义，是舒伯强调发展与成长的论点（Super, 1976, p.4）。

> 它是生活里各种事态的连续演进方向；它统合了人一生中依序发展的各种职业和生活的角色，由个人对工作的献身而流露出独特的自我发展形式；它也是人生自青春期以至退休之后，一连串有酬或无酬职位之综合；除了职业之外，还包括任何和工作有关的角色，如学生、雇员及退休人员，甚至包含了副业、家庭、公民的角色。生涯是以人为中心的，只有在个人寻求它的时候，它才存在。

在舒伯的生涯定义中，生涯不再是客观的职业，而是具有浓厚主观个人色彩的志业。一般所指称的生涯教育、生涯咨询或生涯指导，一律遵循舒伯的定义。而学界有关的生涯研究（career studies）也成了一支显学（Gunz & Peiperl, 2007；Inkson & Savickas, 2012），延续至今。

（三）当代生涯之义：变化与应变

20世纪末期，受到贸易全球化与人工智能、5G、物联网、大数据等高端科技的冲击，产业的生态链产生了急剧的变化。由于日益加剧的全球性竞争以及兼并、收购等商业决策的实施，组织体不再是一个稳定的结构。雇主无法保障雇员的岗位，个人也无法终身与一个雇主打交道，不能像以前一样沿着组织内的阶梯向上攀登。组织环境比过去更不可预测，更具流动性，工作的横向流动也打破了不同组织之间的界限。个体生涯发展的重心从组织回到自己身上，为自己找出路，为自己负责。

生涯之义在性质上，已无法从其内涵的语意涵盖其多元又多变的性质，只好从外延的形容词加诸"生涯"，希望能渲染其变化与应变的元素与内涵。

1. 定制化生涯（customized career）

这是一种创新的生涯样貌，允许个体沿着多方向的路径"量身定做"自己的职涯发展，使其与自己在整个生命周期中不断变化的需求保持一致（Benko & Weisberg, 2007）。现代人通常不太愿意为了事业而牺牲个人时间。相反的，他们倾向于根据自己的需要，而不是工作组织的需要，来形塑自己的生涯面貌。在这个不确定的时代，许多人更重视照顾自己的个人需求，而不是提升在公司中的地位。

2. 组合式生涯（portfolio career）

与上述"定制化生涯"类似的概念称为"组合式生涯"。所谓组合（portfolio），原意指的是个人或机构的财经投资组合。组合式生涯意指个体以市场投资组合的多元概念，将"个人生涯"的自由、灵活和多样性置于看似安全的"公司生涯"之上，追求多种收入来源（提供更多的财务安全和将风险分散到多个项目或业务）（Handy, 1995）。第三次工业革命的快速发展、自由职业的兴起加上新兴的就业经济，使得组合式生涯成为许多青壮年竞相追逐的生涯形态。

个体可以将多种收入来源组合起来，通常是全职或兼职工作、自由职业或顾问工作的组合。因此每一个人的组合方式都是独一无二的。例如，将咨询顾问与兼职工作结合，一方面开发自己的产品或专业服务，另一方面变身为自由撰稿作家，同时又兼网红。组合式生涯的最大特色是自我管理：自己决定何时工作、何时休闲、和谁一起工作、在哪里工作，以及自己估量自己值多少身价。

3. 万花筒生涯（kaleidoscopic career）

万花筒蕴含着无限的变化，只要通过两片玻璃与三片棱镜，每次旋转都能创造出五彩缤纷的美丽影像。1980年与2000年之间的千禧世代（millennials）女性，喜欢根据自己的价值观、选择和偏好来定义自己的生涯，开创了这一个新的生涯样貌：万花筒生涯（Mainiero & Sullivan, 2005）。

"生涯就像万花筒，当筒子旋转的时候，筒内的小玻璃片或有色的碎花落入新的安排，就会产生奇妙的变化；女性可以经由转换生活的重心来改变生涯模式，以新的方式安排角色和关系。"（Mainiero & Sullivan, 2005, p.111）基于三千多人的样本和多样的设计，研究发现了能够表征万花筒生涯的三个参数：本真性（authenticity）、平衡性（balance）和挑战性（challenge）（Sullivan & Mainiero, 2008）。这三个参数就像万花筒中的三面棱镜，彼此相互影响：根据女性生活中当前事件的变化，以及生活与职业的契合程度不同，它们彼此的权重会有所调整，从而折射出不同的生涯图像。三棱镜的这三个参数会随着个人生命周期的推移而变化，从而创造出女性不同的生涯模式。

4. 多变性生涯（protean career）

protean有变形之义。其字源为proteus，是古希腊的海神，具百变能力，可随意志以多种形象变现人形。其义可隐喻为"变色龙"或"变形虫"，随着环境条件的变化而迅速进行调整。因此，多变性生涯依其特性又可称为百变生涯，指由于工作环境的多重变化，个人必须适时且及时地改变生涯轨道。在这种新的生涯理念中，生涯的驱动力在于个体，而不在于组织，员工自己必须对职涯的管理负起责任。组织心理学家早在1976年即已提出多变性生涯的概念，但是直到20世纪末期才意识到此一"变形"隐喻在生涯理论的实用性与重要性（Hall, 2002）。

延伸阅读1-1

多变性生涯的特征

多变性生涯并没有一个很清楚的定义，包括下列要件或特性（Hall, 2002；谢晋宇，2005）。

1. 关键维度：从组织心理学的角度观察，多变适应的底气来自两股力量，分别是价值驱动的生涯定向与自我导向的生涯管理。价值驱动（values-driven）的生涯定向意味着根据自己的条件定义价值观，标定生涯目标，并根据这些条件评估职业成功。成功被认为是自主定义的"主观"成功（例如：角色平衡或幸福感），而不是他人定义的"客观"成功（例如：加薪或晋升）。当我们根据个人价值观管理自己的职涯发展时，就会出现自我导向（self-directed）的生涯管理。

2. 元能力：霍尔提出了两种与多变生涯相关的元能力（meta competencies）：身份意识（identity awareness）和调适力（adaptability）。身份意识是促成价值驱动力的关键，调适力则涉及因应职业和工作变化的能力。因此，多变性生涯强调一系列的学习周期。这些元能力的核心在于学习如何学习（learn to learn），个人的终身学习是生涯发展的重中之重。这使得就业力（employability）或自我学习能力愈来愈重要。

3. 独特的个体差异：传统职业生涯阶段划分差异不大，但多变性生涯主张自主设计的职业生涯。例如，可以在30岁才选择进入职业生涯的第一站，也可以在40岁的时候改变自己的生涯方向，这在传统的职业生涯理念中是难以想象的。职业生涯年龄比生理年龄更有意义。一个35岁的人，可能已经在不同行业有了10年的跨行从业历史，这使得这个人的生涯之路与常人35岁的职业生涯经历完全不同。每个人的职业生涯都可能有不同于他人的入口与出口、高峰与低谷。

4. 创生新兴职业：个人在不同的产品领域、技术领域、职能、组织等之间流动，这种流动可能激发出许多职业的创新与组合。例如，一个专精中国古典绘画的艺术家，可能在蛋糕的设计上发展出中式风味的造型特色，成为古典蛋糕烘焙师。当代不同专业跨界结合，许多新兴的职业快速崛起，例如"网红经纪人""AI对谈机器人（chatbot）工程师""网络游戏剧情编剧/作家""创作者开发经理"等。

5. 无边界生涯（boundaryless career）

"边界"是一种标定势力范围的界限，无边界生涯最简洁的定义就是跨组织生涯（interorganizational career），即跨越不同组织、部门、领域的生涯发展。这类职涯发展的人没有固定的工作岗位，他们的工作分散在多个职场领域。无边界生涯的概念最早出现于20世纪90年代，由亚瑟（Arthur，1994）首先提出。与传统的职业生涯不同，无边界生涯强调以就业力的提升替代长期雇佣保证，个体自由跨越组织界限，自主就业。

在《无边界生涯》（*The Boundaryless Career*）一书中，详细描述了六种不同类型的无边界生涯（Arthur & Rousseau，1996，p.6）：

(1)像典型的硅谷公司职员一样，流动于不同雇主的边界之间；
(2)像学者或经理人一样，在现在的雇主之外获得外部拓展服务的机会；
(3)像房地产商一样，接受外部网络和信息而得以永续经营；
(4)组织本身打破阶层体制和晋升渠道，职位之间得以自由流动；
(5)对"职业与个体"或"组织与家庭"之间边界的跨越；
(6)个体主观理解，未来生涯是无边界而不受组织结构的限制的。

总结这些定义中的共同特征，在于撤除了边界的藩篱，在组织之间穿梭，"独立于而不是依赖于传统组织的职位安排"（Arthur & Rousseau，1996，p.6）。因此，无边界生涯是一种多角度的跨界概念，同时涉及了物理和心理、主观和客观等层面的跨越。

二、生涯的本质

结合上述生涯定义的流变来看，"生涯"随着时代的更迭，其多重含义也应运而生。然深究其内涵，亦有不变之底蕴，以下分述之。

（一）方向性

一个人的生涯发展，宛如在茫茫大海中破浪前进，仿佛有其方向可循。如同赫尔曼·黑塞（Hermann Hesse，1877—1962）在《流浪者之歌》（*Siddhartha*）一书中所言（Hesse，1922/1974，p.75）。

> 大多数的人就像是落叶一样，在空中随风飘游、翻飞、荡漾，

最后落到地上。一小部分的人像是天上的星星，在一定的途径上走，任何风都吹不到他们，在他们的内心中有自己的引导者和方向。

生涯沿着哪条路径向哪个方向前进？内心中自己的引导者为何？可能是在追求某种需求的满足，也有可能是高度的兴趣或能力的发挥，甚至有些是内在召唤的生命意义或价值。

纳米布沙漠（Namib desert）位于非洲西南部的纳米比亚（Namibia），是地球上最古老的沙漠，它的干燥酷热持续了八千万年，每年降雨量少于五毫米，环境恶劣、寸草不生。沙漠狮是这片古老沙漠中独有的珍稀动物。1997年，纳米比亚首席科学家菲利普·斯坦德（Philip Stander）博士发现沙漠狮被猎杀到仅有20只幸存，于是展开了"沙漠狮保育计划"（Steenkamp & Stander, 2018）。沙漠狮是地球生物的一项奇迹，更是极度濒危的物种，在斯坦德博士保育研究下，经过了近三十年的努力，终于成长到现有的130～150只。他舍弃豪华的科学研究站，将一辆休旅车改造成一人行动的研究车，像苦行僧般日日夜夜守护着沙漠狮群（舒梦兰，2020）。这项工作已成为他的终身承诺，这种不计个人得失、只求为人类保留地球珍贵物种的许诺，是斯坦德博士内在的引导者和方向。

（二）时间性

"生涯"意指"一生当中与时俱进依序发展各种经验的综合体"（Arthur et al., 1989, p.8）。"生涯"的本质，是横贯一生的发展。从过去、现在到未来，个体的生涯发展历程是踏在接二连三的"职位"（position）上前进的：每一个现在的"职位"，都受到过去"职位"的影响，也是为未来的"职位"预做准备。这些"职位"是"依序"发展的。如同前述"军人生涯"，是由军校学生、尉官、校官晋升至将官的一种"职位"的依序发展。

虽然当代的"无边界生涯"改变了职位升迁的阶梯式渠道，但是改变不了从过去、现在到未来的时间性寓意。"多变性"生涯驱使个体在"现在"的全职与兼职上全力以赴。因此，一个人若是掌握不住现在，就看不到未来。

(三) 空间性

从"生涯"在不同年龄发展阶段的横切面看，个人会同时呈现不同的角色。这些角色不全然是职业，但又都与职业活动有直接或间接的关系。以中年女性"教师生涯"为例，生涯角色经验可能包括人妻、人母、人师、人子等。早期舒伯将生涯中的"生活"限定为"一个人在其就业前、就业时、离业后之生活"（pre-occupational、occupational、post-occupational life）（Super, 1983）。按舒伯的原意，生涯是一种由职业所定义的生活，但不等于生活的全部。因此，就其空间性观之，生涯重心会在不同的角色间浮动。

然而，后现代的生命设计范式扩大了舒伯的解释，生命中的"空白位置"也极其重要。有的大学生因家庭变故必须休学一两年；以色列大部分学生在升读大学前，皆必须服完两年到三年的兵役。这些求学生涯中的"空白位置"其实在生命的阅历中并不空白。就业后生涯历程中的待业状态也是如此，前一个职位与后一个职位的转衔阶段，例如女性因养儿育女而离职在家，男性因照顾年迈双亲必须留职停薪。这些经历通过沉潜都会形成一种特殊且有意义的身份认同，如同《易经》乾卦的"潜龙勿用""见龙在田"，形塑了生涯韬光养晦的空间意义。

(四) 独特性

个人在组织内外与工作相关的经历和其他相关的角色经验，在个人的一生中交织而形成了独特的模式（Hall, 2002；Sullivan & Baruch, 2009）。如果以类似的顺序经历着类似的职位或角色，不同的人可能有相似的生涯发展；但每个人的生涯发展又是独一无二的，因为人们在每一个职位上或角色上的表现方式都不尽相同。

从当代的定制化生涯与组合式生涯特性，穿透了多元又多样的多变性与无边界生涯观，每一个人的生涯经验都有着多重属性。个体的才能、经验和声望在无边界的职场中穿梭积累，形成个体独特的职业心理与生涯形象。

(五) 现象性

生涯的存在，是个人主观意识认定的存在。当一个人开始思考自己的现在与未来的关联性时,"我思故我在",生涯才开始"如影随形"。

换个角度看,生涯是一种对客观"位置"的主观知觉。生涯中的每一个位置都是客观的现实,但是每个人对每个位置的知觉是完全主观的。前者是"人如何从事他的工作";后者是由"人如何深观他的工作",以至于"人如何从工作中看见自己"。"生涯"定义了人如何在工作环境的时空框架内"看"自己:可以从过去的成功或失败看,可以从现在的能力或才干看,也可以从未来进一步的计划看。

从现象学的观点看,生涯发展也是一种在世存有(being-in-the-world)的形式。生涯是活出来的,人活在世间与他者相互构成,借助不断的筹划、开展、反思与建构,在世间持续活出个人意义之整体经验(刘淑慧等人,2014,p.14;刘淑慧,2022)。因此,生命的存在意义在生涯发展过程中得以完成。

第二节 华人的生涯观

career 目前中译为"生涯"。在华人的概念中,除了"生涯"的本意外,它与"生计""志业""命运"等词所指陈之概念有些相通,但又不全然能画上等号。细数这些常用名词的基本内涵,又都与"未来"有关。

华人对未来的重视,可以从新生儿满周岁"抓周"的习俗中窥之。"抓周"的习俗源自江南,后来渐渐通行各地。北齐颜之推《颜氏家训》里有这样的记载。

> 江南风俗,儿生一期,为制新衣,盥浴装饰,男则用弓矢纸笔,女则用刀尺针缕,并加饮食之物,及珍宝服玩,置之儿前,观其发意所取,以验贪廉愚智,名之为试儿,亲表聚集,致宴享焉。(《颜氏家训·风操》)

试儿之时,亲表聚集,可见其典之隆。试儿用的盘子叫"晬盘","晬"是子生一岁之谓。家庭中的长者将试儿的用品放在竹条编的晬盘中,放在小孩的面前,任由抓取,由此预卜其未来。《红楼梦》中贾宝玉抓周时什么都不要,只抓脂粉妆环,似乎命中注定一生在脂粉圈里打滚。

文字可以反映出一个民族的生活经验。一个民族独特的文字,可以呈现出其文化中独特的思维方式和生活方式。例如,"道",英文只能译其音 Tao;"孝"乃中国人之重要伦常,英译 filial piety,属于冷僻词;"风水",英文取其音译 feng shui;"炒"是中国人美食的功夫,英译 stir fry,要用两个动词费力地来形容华人最平常的烹饪方式。这表示这些汉字所反映出来的华人文化内涵,是英美语系民族所不曾体验到的。同理,career 的中译之不易,似乎也蕴含着类似的文化现象。欲了解华人的生涯概念,有必要从意义相近的"生计""志业""命运""安身立命"等词汇中,去探讨华人的"生涯"内涵。

一、生涯与生计

古代中国人把"生涯"看成是"人生的极限"。庄子有谓:"吾生也有涯,而知也无涯。"原指人之形性、愚智、修短,各有所极,道出了生命的限际,有生即有涯。这种对生命有其极限的解释,较强调其"时间性"的内涵。

中国文人从生活的体验中,又将"生涯"视为"生活",或者更具体地定义在"生活的方式"这一个层次上。譬如:"杜门成白首,湖上寄生涯"(唐,刘长卿);"非常之锡,乃溢生涯"(《庾子山集·谢赵王赉丝布等启》)。南朝陈国的沈炯在《乐府诗集》的《独酌谣》中也有类似的看法:"生涯本漫漫,神理暂超超。"还有"谁能更拘束,烂醉是生涯"(唐,杜甫,《杜工部草堂诗笺·杜位宅守岁》);"暮景生涯,恍如落日;少年梦事,旋若好风"(宋,陈亮,《谢陈参政启》);"番家无产业,弓矢是生涯"(元,马致远,《汉宫秋·楔子》);又如"杀戮如同戏耍,抢夺便是生涯"(《醒世恒言》)。

从这些线索来看,华人的生涯观大致可以粗分为两个层次:第一个层次是指"生活",用以说明某一类市井小民的生活方式;就第二个层次看,生涯又有"生业",即谋生之业,也就是一个人用来谋生的事业之意,较通"生计"之义。

"生计"者,谋生之计也。陈书《姚察传》有云:"清洁自处,赀产每虚,或有劝营生计,笑而不答。"唐朝白居易《长庆集六二首夏诗》亦有:"料钱随月用，生计逐日营。"又如唐朝沈佺期《饯高唐州询》诗："生涯在王事，客鬓各蹉跎。"元朝高文秀《襄阳会》第一折："叠盖层层彻碧霞，织席编履作生涯。"因此，中国传统社会将"生计"视为生存糊口的代名词，指用以满足或维系最基本的需求。

二、生涯与志业

从前文看来，英文中career这一个概念，无论用中文词汇中的"生涯"还是"生计"来表达，都不是很精准的；生涯的意思有过之，生计的意思又不及。

如果我们跳出沿用已久的"生涯"或"生计"本意，从career的原意去追溯中文含义，较贴近的大概是"事业"或"志业"的意思。我们不妨从"志"这个字的内涵，去深入研究华人的生涯概念。祖先把文字当作表达意思的工具，是将生活经验凝聚在文字的符号里。英文中可以由拉丁词根去追溯其原来的语意；同样地，从中文的形义里去探源，或许可以找到其深邃的底蕴。

（一）士人之心，以仕明志

从"志"这个字看，上为"士"，下为"心"。士人之心，是为志。传统社会将人民分为四类。"古者有四民：有士民，有商民，有农民，有工民。"（《穀梁传·成公元年》）在四民之中，儒家采取二分法，依其职业的性质，"或劳心，或劳力，劳心者治人，劳力者治于人。治于人者食人，治人者食于人，天下之通义也"（《孟子·滕文公上》）。显然儒家是将"士"归于"劳心""治人"的阶层，其他"农、工、商"则划归"劳力""治于人"的阶层。

"士"这一个阶层要想治人，必须通过举荐或考试。在周朝，"凡士之有善，乡先论士之秀者，升诸司徒，曰选士。司徒论选士之秀者而升诸学，曰俊士。俊士升而不征。亦曰造士。大乐正论造士之秀者升诸司马，曰进士。司马论定其材，使之任官"（《教育大辞书》，1974，科举条，p.736）。任了官职的士，称为儒吏，是中国传统社会中"最受尊敬的角色"，几乎是每一个小孩子的"梦想"（金耀基，1979，p.71）。

梦想是一种对未来的憧憬。这种成为儒吏的憧憬，对"农、工、商"阶层的百姓而言，几乎是海市蜃楼。因为由劳力阶层晋升到劳心阶层，必得"有志于学"，要彻底改变生活方式，从六德（知仁圣义忠和）、六行（孝友睦姻任恤）、到六艺（礼乐射御书数）。这对于一般劳力阶层不是一件容易的事。即使是"士"这个阶级，想要到达"学而优则仕"的境地，也必须在品德上有所历练，在学问上穷通经典，非十年寒窗不可。

（二）君子不器，上善若水

在儒家的价值观里，君子是最高的价值标准。"君子不器"，君子不能拘束于一技一艺。因此中国士人的生涯观是"功能普化的"（金耀基，1979，p.52）。

> 是以，中国人缺少一种"理性的专业化"心理，或缺少一种帕森斯（T. Parsons）所说的"工具取向"（instrumental orientation），绝对地走上了反专业化的道路，其结果是形成一种高度的"混合"（fused）的现象，在学术上如此，在政治上亦如此。严几道尝言："中国帝王下至守宰，皆以其身兼天地君亲师之重责。"用社会学的词语来说每个"角色"都是高度"功能普化的"。

因此，"士人之心"的含义，在儒家文化中"不仅无从事专精自然科学上一事一物之理想，亦无对人文界专门探求其一种智识与专门从事某一种事业之理想"（钱穆，1953，p.68）。

道家则推崇"上善若水"，也有类似的观点。自然中最上乘的善就是如水一般的特性，水不会自我设限，放在何种容器中，就显现何种存在的状态。水的雍容大度，如江河不捐细流，如湖海能纳百川。水善于与他人相处，不同的水流交汇，很自然就交融在一起。水极能适应环境，遇平坡可清缓，遇陡坡则湍急，总是循序而下。水善于发挥所长，可洗涤污秽，也可切割坚石；而一有孔窍，或趁隙而入，或立刻涌出，都能积极把握时机（文心工作室，2001）。

水性至柔至弱，可处众人之所恶；水善利万物而不与之相争，却又能将自身的质地发挥到极致。"上善若水"不仅是华人推崇的生命哲学，也可视为一种华人的生涯观。

（三）高士行止，随物赋形

士人之心自古在朝为贤仕，在野为高士。《论语·卫灵公》子曰："邦有道，则仕；邦无道，则可卷而怀之。"

战国时期楚国屈原，因坚持理想被放逐三年，心烦意乱，不知所从。有一次，屈原踽踽于江潭之间，独行于水泽之岸，容貌枯槁。沿途遇到一位渔父，认出他是三闾大夫，问他为什么会沦落如此光景。屈原叹曰："举世皆浊我独清，众人皆醉我独醒，是以见放。"

渔父不以为然，回曰："圣人不凝滞于物，而能与世推移。"如今世人皆浊，或可扬泥随波；众人皆醉，为何要深思高举、独醒独清呢？屈原不服，言道："吾闻之，新沐者必弹冠，新浴者必振衣；安能以身之察察，受物之汶汶者乎？宁赴湘流，葬于江鱼之腹中；安能以皓皓之白，而蒙世俗之尘埃乎？"

渔父微微一笑，拍打着船板，唱着小调："沧浪之水清兮，可以濯吾缨；沧浪之水浊兮，可以濯吾足。"（《楚辞·渔父》）头也不回地离开了。

在这辞赋中屈原所展现的是两种态度。其一是坚持理想，举世皆浊我独清。后又借着渔父之口，想要说出内心深处另一种出世的人生态度：水清可濯缨，水浊可濯足。这两种声音在屈原的心中是一种幽暗且渴望被看见的存有哲学，有时独清独醒，有时随物赋形。

> 如万斛泉源，不择地而出，在平地滔滔汩汩，虽一日千里无难。及其与山石曲折、随物赋形而不可知也。所可知者，常行于所当行，常止于不可不止，如是而已矣，其他虽吾亦不能知也。（苏轼《文说》）

苏东坡以此文描述其文学创作之理念。观乎苏轼一生之生涯行止，即便是山石曲折，当如行云流水，初无定质，后如万斛泉源，不择地而出，随物赋形，滔滔汩汩。这也成了我们观察华人生涯观的一种视角，可行于所当行，亦可止于不可不止。

(四) 科举取士，鲤跃龙门

由"士"这个阶级到达"仕"这个目标，必须通过科举。科举是中国文人鲤跃龙门的晋升之阶，天下之士皆视考试为入仕之正途。科举之制，肇自隋唐。汉惠帝取孝悌力田，汉武帝举贤良方正，尚有浓厚的人文气息。炀帝大业三年（607）建进士科，取士一概以诗赋策论为主；明代科举所试之文曰四书义，通称制义，亦曰"八股"，则科举取士流于文字考据，渐行渐远，愈失其原始之微意；降至清朝，科举之毒较朱明尤甚。光绪三十一年（1905），停科举，凡一千二百余年。一千二百余年的科举之弊，禁锢人心，毁伤人才，"虽聪明奇特之士，亦不得不穷年。……世子除帖括声韵外，茫然不知天地为何物"（《教育大辞书》，1974，科举条，p.737）。

这种完成个人志业的唯一管道，虽然禁锢才智，但所得者不只可实践一个人的理想与志向，而且与家族的荣耀，甚至与儒家所建构的核心"孝道"联结在一起。大势所趋，人人以得第为荣。因此，生涯荣显之道，以前是科举，现在则是升学考、留学考或高考等。

三、生涯与命运

从抓周开始，一个中国人往后的生涯发展便在文化的大环境中与时推移。其命运如何，委实充满了变数。有一类变数是客观的，存在于个体之外的，称为"物理环境"，如身世、性别、家业、时局等；另一类变数是主观的，存在于个体之内的，称为"心理环境"，与"物理环境"有着绵密的互动关系。这两类变数的互动之学，中国人称之为"命学"。生涯之学与命运之学，两者之间有何关联？

(一) 命盘与命宫

在传统的中国社会，命盘是算命先生在为人指点迷津的时候所使用的工具，其历史可远溯至宋朝，徐子平的《渊海子平》、陈希宜的《紫微斗数全书》，均有详细记载（黄光国，1990）。排盘时除了必备性别、生辰八字（农历）外，另备一个空白命盘，在命盘十二空格右下角分别有十二地支，每人相同，不可变动。命盘中代表中国人生活空间的十二个命宫，其特征与国人的生活经验是相通的。

黄光国认为，儒家文化中命盘上的十二个"宫"其实已经涵盖了个人的"自我"与其"心理环境"中最重要的几个层面。其中，从生涯的观点看，较有关联的是"三方"——"命宫""财帛宫""事业宫"三者的关系（黄光国，1990，p. 23）：

> 在命盘上，"事业宫"指的是个人事业发展的状态，包括他的职位、他的工作、他在工作上是否能够发挥所长，以及工作所带来的各种酬赏。在传统命学里，倘若以"命宫"为本宫，"财帛宫""事业宫"与之间隔三个宫位，构成所谓的"三方"，其中含意是："自我"的这三个层面有相当紧密的关联。个人天赋的能力，他所从事的行业，以及他的经济收入，三者往往密不可分。

中国人有一句口头禅："生死由命，富贵在天。"道尽人生在世，似乎对命运只能服从、顺从、听从。然而，在传统命学里，则是以积极的态度来面对人的一生的。

> 传统命学在看个人一生的际遇时，并不是把个人看作是一无作为、完全受命运支配的被动物体。相反的，精通命理的人反倒主张在相当大的范围内，个人可以通过其主观意志来支配自己的命运。而个人支配命运的主要途径，便是通过自己在工作上的努力，来追求成就，开创未来。（黄光国，1990，p. 23）

由此看来，将中国人的生涯概念放在命盘的框架内检验，有两层含意：它是命定的，它也是可以自定的。所谓命定，一半由"命宫"中所描述的个人天赋条件所决定，属"先天的运势"；另一半由其他诸宫所决定，属"后天的运势"。这一些条件大半是由遗传（基本上是由父母宫及命宫承传）所决定的，个人很难予以改变。而所谓自定，是个人在命定的物理环境中，凭着其主观的意志力，开创出适合于自我发挥的心理空间之谓，也就是俗称的趋吉避凶之意。

值得进一步观察的是，事业宫在命盘中的特殊位置。一方面，事业宫极易受到其他各宫的影响（如祖上福荫、姻亲关系等），对某些人的生涯发展提供了有利的条件；然而，也有人因其他各宫条件之不足，事业宫发达不起来。另一方面，有人靠自己的勤苦奋发，"朝为田舍郎，暮登天子堂"，其余各宫也能突破现状，一齐荣显。因之，事业宫的发展可以形成支配命运的主轴。

（二）命与运

命与运一直是中国人——无论在治世还是乱世，不分达官贵人或是贩夫走卒——都感兴趣的话题。由于命运之不可捉摸，命理之学也就在世人的眼中充满了神秘的色彩。

当代人类学或心理治疗的观点，对中国人的命运论另有较为务实的见解。李亦园对于"命"的看法是："一部分的中国人相信，个人的命是由自己的生辰八字所决定，每个人都有其特殊的命；不但人有命，世界也有它的命，世界的命如果和某个人的命形成和谐的关系，该人就会有好运气。如果两者的关系不和谐，该人就会有歹运。"（柯永河，1993，p. 396）李氏为著名之人类学家，据他观察，"运"乃是由两种"命"相互作用的结果：个人的"命"与大环境的"命"如果相适配，作用在个人就是好运；如果不和谐，作用在个人就是歹运。例如：一个大学毕业生申请美国研究所入学许可，不幸被拒绝，他可能会委诸"运气太差"。实际的状况是，他个人所拥有的条件（自己的命）与申请的系所要求的条件（环境的命）不合，其结果就造成"歹运"。

柯永河（1993）将李氏的个人之命再加细分。他认为我们身上具备的条件可分为"注定之命"与"自定之命"。前者是"与生俱有的"，包含生辰八字、性别、外貌、体质、父母、家庭等，它是我们不能抗拒、摆脱，也不能改变的，但时时刻刻都紧跟着我们。后者是"后天获得的"，包含社会地位、名誉、性格、常识、专长、技能以及各种习惯等。它和"注定之命"不无关系。但是具有相同"与生俱有的命"的两个人，不见得享有相同的社会地位、名誉等。这种差异乃后天获得的条件或"命"所使然。而"运"则是个人的先天之命、后天之命，与其他个体和环境之命相互作用所导致的结果。

柯氏为著名临床心理学家，他对个人的"命"与时代的"命""相配"而形成的"运"，有着独到的见解（柯永河，1993，p.405）：

> 个人的命要和环境的命相配，必须依靠两个条件：其一是个人必须有环境所需要的条件或"命"，其二是个人必须要有和环境的命相配合的意愿。个人一生中是否有好运，就要看个人是否有计划性地经常经由进修、学习储存许多当时环境所需要的条件或命，以及个人有没有意愿用自己的条件去配合环境的。若缺乏有用条件又不愿意与环境相配合者，永远不会遇到好运……

上述之命运观可以解释中国人一生当中的各种活动，从求学、升学、就业、结婚、生子、疾病到死亡，无所不包。直言之，中国人的命运论至少蕴含着两种和现代生涯心理学的观点相通的精神。其一，个人的"命"与大环境的"命"之和谐关系会产生好"运"；生涯心理学亦强调个人特质与环境特质的适配，会产生良好的生涯适应。其二，后天之命属"自定之命"，可以克服先天之命的"注定之命"；生涯心理学也认为生涯可以主动塑造，通过认知作用，个人是生涯的主导者与凝铸者。

四、安身与立命

在西方"生涯"这个概念的框架之下，若论及华人的生涯实存状态，经常出现的词汇是"安身立命"，大抵指的是生活有容身之所，精神有寄托之处。安身立命用之于庶民百姓，如元末明初《水浒传》第二回："何不逃去投奔他们？那里是用人去处，足可安身立命。"亦用之于禅师问道，见之于《景德传灯录》中的记载，僧问："学人不据地时如何？"师云："汝向什么处安身立命？"

安身立命以成语出现，其内容分别涵盖安身与立命两语两义。安身有安顿容身的意思，主要在于满足生理与安全的基本需求。立命有尽心知性之意，主要在于满足隶属、自尊、自我实现等精神层次的需求。

(一) 安身之道：中为体，和为用

《吕氏春秋·谕大》有云："天下大乱，无有安国；一国尽乱，无有安家；一家皆乱，无有安身。"原意是指如果天下纷扰，就没有安定的国家；如果国家动乱，就没有平安的家园；如果家庭失和，连容身的地方都没有了。

将安身的语境放在当代以中华文化为本位的社会处境，意指在复杂的人际关系中，维持一种最基本的心理社会均衡（psychosocial homeostasis）（Hsu, 1971）。何以安身？生活有容身之所，在物质层面比较简单，只要满足基本的生计需求即可；在心理层面维持一种最基本的"心理社会均衡"，相对就比较复杂。

1. 中为体

华人独特的安身之道，以中为体，以和为用。"中和"一词首见于《管子·正》："中和慎敬，能日新乎？"亦见于《庄子·说剑》："中和民意，以安四乡。"（方满锦，2015）

"中和"是中庸开宗明义最重要的概念，也是核心的哲学思想。《中庸·第一章》："喜怒哀乐之未发，谓之中；发而皆中节，谓之和。中也者，天下之大本也；和也者，天下之达道也。致中和，天地位焉，万物育焉。"人的喜怒哀乐在未发之际，就是"中"。表现出来了以后，没有过与不及，就是"和"。"中"是天下万事万物的根本，"和"是天地之间所遵守的原则。如果做到了中与和，天地的一切都会各归其位，万事万物都可以顺利地生长发育。

2. 和为用

"中"是大本，其本体是静默的；"和"是达道，其致用是动态的。生涯发展的"安身"，面对各种内在与外在的冲突，西方强调自我实现，华人依循

的原则是和而不同。华人生涯梦想的实现不仅是个人的愿景，也必须调和家族或社会的期待。儒家思想的人伦主义，强调个人实践的目标是由自身外部向内观照的取向。我们必须考虑在兼顾家族、社会制度与文化系统的和谐与稳定前提下，完成自己的生涯梦想（金树人、黄素菲，2020）。对华人来说，信守和平、和睦与和谐，不仅仅只是生活习惯；以和为贵、与人为善，家和万事兴，更是一种深刻的文化认同。《论语·子路》："君子和而不同，小人同而不和。"孔子所谓的"和而不同"，其精神在于寻求人与人之间在确保个性差异的基础上，还必须维持心理上的和谐。

安身之道，就其"性"而言是中，就其"情"而言是和；就其"体"而言是中，就其"用"而言是和；就其"静"而言是中，就其"动"而言是和（高明，1986，p. 261）。因此，安身的内在是中道，安身的外在是和谐。安身之道，中为体，和为用。

（二）立命之道：诚为体，德为用

"安身"表明了人不可脱离人所实存的生活世界。"立命"进一步强调精神上的超越以及境界上的提升。

在《论语》中，曾经分别论及安、身、立、命，唯仅止于初探。立命之道的轮廓出现在《孟子》。孟子曰："尽其心者，知其性也。知其性，则知天矣。存其心，养其性，所以事天也。夭寿不贰，修身以俟之，所以立命也。"一个人如果能存心养性，遵守天道，对于寿命的短长就毫无悬念；只要专心修养心性，就是成全天命之道。宋明理学吸收了中国佛教哲学和道教哲学，重视儒家的立命之道，继之以"为天地立心，为生民立命"（《张载·张子语录》）阐发之。这都是立命之道淳厚的文化底蕴。

1. 诚为体

天命之道的内在核心是"诚"。孟子虽把存心养性视为立命之道的内在依据，而"天道诚"则为立命之道的超越指向。《孟子·离娄上》："是故诚者，天之道也。思诚者，人之道也。"所谓"思诚"，就是以"天之道"的诚作为终极的体性，扮演好人之为人的角色，力求进入天人合一的精神境界。《中庸》

对上述的"诚者"有着更系统的演绎。

> 唯天下至诚，为能尽其性。能尽其性，则能尽人之性。能尽人之性，则能尽物之性。能尽物之性，则可以赞天地之化育。可以赞天地之化育，则可以与天地参矣。(《中庸·第二十二章》)

中庸的"至诚"，是立命之道的本体，其体性从"能尽其性"，一路拾级而上，延伸至可以"与天地参"。《中庸·第二十章》："诚者，天之道也；诚之者，人之道也。"诚，此乃天生万物之道；做到了诚，是人之为人的道。

2. 德为用

如何以至诚为体，实践立命之道？立命之道，以诚为体，以德为用。《尚书·多士》："天命靡常，惟德是辅。"意指上天赋予的天命并不是固定不变的，需仰赖有品有德之人懿行之。换句话说，在执行与实践的层次上，天命还需要德去配合，这是一种传统文化中以德配天的思维。

《易经》相当推崇厚德之美："地势坤，君子以厚德载物。"大地的气势敦厚和顺，君子应像大地一样厚实美德，承载万物。《中庸·第十七章》称此为"大德者必受命"，是说具有道德上至高的情操与素养的人，必受天命之托付。至于宋代张载的"民吾同胞，物吾与也""为天地立心，为生民立命"，立命不只是为了"成己"，更扩及庶民百姓的"成物"，其民胞物与社会责任的胸襟，品德之性更趋圆善。

延伸阅读 1-2

大医精诚与弱德之美

大医精诚

悬壶济世者的生涯发展，西方有关医德之论述沿袭古希腊医学之父的希波克拉底誓词 (Hippocratic Oath)，华人则以中医的《大医精诚》为师。《大医精诚》出自唐代有药王之称的孙思邈所著之《备急千金要方》第一卷，此乃中医典籍论及医德最精湛者，凡习医者必读。《大医精诚》阐述了有关医德的两个核心纲领。

第一是"精"：医者要有精湛的医术，医道是"至精至微之事"，需用心精微。习医之人必须"博极医源，精勤不倦"，因为"治病三年，乃知天下无方可用"。

第二是"诚"：医者要有高尚的品德，医德是"见彼苦恼，若己有之"。习医之人"必当安神定志，无欲无求，先发大慈恻隐之心，誓愿普救含灵之苦"。若有疾厄来求救者，不得问其贵贱贫富，普同一等，皆如至亲。至若为医之道，"不得多语调笑，谈谑喧哗，道说是非，议论人物，炫耀声名，訾毁诸医，自矜己德"。

弱德之美

叶嘉莹（2019）在坎坷的生涯中领悟出弱德之美（The beauty of passive virtue）一说，隐喻一种经历磨难、笑对生命之坎的立命之道与生命美学。这对于华人的立命以德，提出了新颖而独到的观点：有强者之德，也有弱者之德。

叶嘉莹教授毕生致力于中华古典诗词的创作、研究和传播。1924年出生于北京，满族人。1948年随丈夫赴台湾，任教于台湾大学等多所大学。1966年赴美讲学，担任哈佛大学和密歇根大学客座教授。1969年移居加拿大，担任哥伦比亚大学终身教授，1989年当选加拿大皇家学会院士。20世纪70年代末返回中国讲学，担任天津南开大学中华古典文化研究所所长。

她成长于多艰之世，身经时局忧患、亲人骤逝等多重打击，却能够把个人小我投入更为辽阔的生命境界。李清照等古典词人的生涯坎坷际遇升华到乐天知命，叶嘉莹感同身受："弱德不是弱者，弱者只趴在那里挨打。弱德就是你承受，你坚持，你还要有你自己的一种操守，你要完成你自己，这种品格才是弱德。"（行人文化，2020；陈传兴，2020）它是有一种道德的持守，而这个道德是在被压抑之中的，不能够直接表达出来；以"诬罔"（欺骗皇帝）的罪名判处宫刑转而"究天人之际，通古今之变，成一家之言"的司马迁即属之。

"君子以厚德载物。"经过了千百年来在华夏大地上的流转，中国文人淬炼出了独特的弱德之美。《史记·太史公自序》中说道：《诗经》里的诗篇，大多是圣贤们为抒发生命中的忧愤而写出来的（"《诗》三百篇，大抵圣贤发愤之

> 所为作也")。观乎"我心如冰剑如雪"的韩愈,"一蓑烟雨任平生"的苏轼,"留取丹心照汗青"的文天祥,均属弱德处境中的立命之道。

大德懿行的背后,含摄至诚的本体意识。因此,生涯发展的立命之道,内在是至诚,外在是品德。立命之道,诚为体,德为用。

五、华人生涯观的特色

由于难以寻绎符合英文 career 信、达、雅的中文译名,我们试着从相近的词汇中寻找华人的生涯观。从"生涯""生计""志业""命运""安身立命"等近似 career 的概念中观察,传统华人生涯观有以下几项特性,呈现出千百年来中国人的生涯意识。

(一) 升学考试,进身之阶

古时候中国人将科举视为人生最重要之生涯抉择,穷年苦学,甚至引为人生最终之目标。现今各级学校之入学考试亦隐然有科举之余韵。一般学子在其生涯计划中只有"升学目标",而无"求学目标"(张春兴,1983),青年人也把大学升学考试视为最终的生涯目标。流弊所及,使得社会及个人忽视了考试以外多元化的生涯进身之阶,也忽略了终身学习的重要性。

(二) 性别期待,男女有别

中国传统社群以家庭为单位,而由"齐家"到"平天下"是沿着父子关系这个主轴延展到社会。因此,抓周时"男则用弓矢纸笔,女则用刀尺针缕",明显对男女生涯发展有不同的性别期待。此外,"男主外,女主内"的传统角色职能,也仍影响到今日两性的生涯发展。

(三) 服从权威,克绍箕裘

在传统观念里,个人事业的成功,是为了彰显家族或祖上之余德。反之,为了维系家族之声望,个人的事业必须"克绍箕裘",强调家族事业之世代相传。时至今日,仍有部分年轻人无法按自己的意志选择生涯方向:世代行医者,子女必须习医;世代从商者,子女必习商事;许多大企业的第二代、第三代继承者少有外人,可见一斑。

(四) 君子不器,上善若水

君子是儒家最高的道德标准。君子有所为,有所不为;穷则独善其身,达则兼济天下。作为一个君子,有高明的见识,深邃的涵养,守常达变。"君子不器",君子不能拘束于一技一艺。孔孟看重博学与通达,认为君子不要让才能局限在狭隘的"专业"中,而应该是一个通才。

上善若水,"有道则见,无道则隐"。孔子"可以速而速,可以久而久,可以处而处,可以仕而仕"。孟子称赞孔子,"圣之时者也"(《孟子·万章下》)。生涯犹如万斛泉源,初无定质,随物赋形,行于所当行,止于不可不止。

(五) 注定之命,自定之命

中国人的生涯之命是放在大环境的框架内发展的,考虑生涯发展不能脱离和自己生息相通的成长环境。命盘中虽然注定了人的先天之命,但仍留有大片的回旋空间,让一个人配合环境的命,发展后天的自定之命。此种观点倒是和现代的生涯观相互应和,将在本章第四节详加阐述。

(六) 安身以和,立命以德

安身立命是华人独有的生涯实存状态,生计可糊口即是安身,精神有寄托即属立命。这个概念的源头,可远溯先秦战国之《吕氏春秋》,其底蕴完备于孔孟儒学,深化圆熟于宋明理学。若问何以安身立命?安身之道,中道为体,和谐为用;立命之道,至诚为体,厚德为用。简而言之:安身以和,立命以德。

面对全球化经济浪潮的冲击,东方文化与西方文化不断地通过各种方式交流与融合,当代华人的生涯观呈现出何种风貌?一项针对台湾省大学生的生涯观研究发现(王秀槐、陈珍德,2019),大学生不仅传承了传统中华文化强调的积极进取与实力培养,也吸纳了西方浓厚的个人主义强调的自我定向与生涯定位,并因应现实环境而发展出特有的生涯原型,而呈现出多样化的生涯风貌。

第三节 生涯咨询发展史

21世纪的生涯咨询范式,从20世纪经验论的职业指导范式、人本论的生涯发展范式,推移至后现代社会建构论的生命设计范式。本节依次介绍职业指导、生涯发展与生命设计三种范式诞生的经济与社会发展背景。

一、职业指导范式的发展背景

第一波经济浪潮阶段(大约1850—1910)的农业革命(agricultural revolution)对经济发展影响深远。农业机械化以及农业技术改良,不仅增加了粮食供应,也促进了社会结构和经济体系的变迁。农业劳动力需求的下降,人力从农村迁移至城市,不仅推动了都市化进程,也提供了工业革命所需的丰沛劳动力。第二波经济浪潮阶段(大约1900—1950)受到第二次工业革命的影响,工厂将生产集中至单独特定的区域。劳动分工使得技术更具生产效率;随着科学新技术的发展,工人阶级开始受到关注,而且诞生了一批为数众多,具有专业知识的中产阶级。工作(jobs)这个集合名词开始出现。此时心理学也以科学的姿态问世,研究人类能力的差异。美国职业指导运动由此兴起,进而蓬勃发展。

(一)人类能力的研究

在英国,弗朗西斯·高尔顿(Francis Galton, 1822—1911)分别于1874年与1883年出版了两部有关人类能力的专著。在德国,威廉·M.冯特(Wilhelm M. Wundt, 1832—1920)于1879年在莱比锡大学建立了第一个研究人类行为的实验室。在法国,阿尔弗雷德·比奈(Alfred Binet, 1857—1911)与V.亨利(V. Henri)于1886年发表了有关心理测量概念的文章(Borow, 1964)。在美国,G.斯坦利·霍尔(G. Stanley Hall, 1844—1924)于1883年建立了一个心理实验室,专门研究儿童的身心特征。1890年,詹姆斯·麦基恩·卡特尔(James McKeen Catell, 1860—1944)首度发表论文,宣称可以用心理测验作为测评个别差异的工具。教育家约翰·杜威(John Dewey, 1859—1952)的教育改革,也开始强调重视个体的动机、兴趣与发展。

（二）第二次世界大战的职业指导

第二次世界大战爆发，大规模动员所需的人才分类与训练，以及战后复员所需要的就业安置，使得职业指导计划在军方及民间需求甚为强烈。1944年，退伍军人服务机构在全美各地成立了许多服务中心，提供包括就业指导在内的各项服务。值得一提的是，许多中心设在大学或社区学院。这种咨询的服务方式逐渐形成了高等教育机构中职业指导计划的发展模式。为了确保此种指导形式得以落实，美国国会在 1946 年通过了《乔治·巴登法案》（George Barden Act），提供经费在学术界培养更多的咨询人员，以及分配更多的经费给各州推广职业指导计划。

战争结束，进入大学及社区学院的青年人数急剧攀升。这些青年需要有系统的指导，以选择适当的专业。美国教育测验服务社（Educational Testing Service）针对学生需求所研发的测验计划甚受欢迎，涵括了完整的生涯规划设计，可以帮助学生在校时选择主修方向，毕业时选择职业。

（三）第二次世界大战后的心理测评发展

第二次世界大战后应用心理学的蓬勃发展，又带动了另一波心理测验的汹涌浪潮。工业心理学、教育心理学、咨询心理学与学校心理学这些新兴的学术领域只要涉及心理评估，都需要发展新的心理测验工具。这一时期的心理测验也开始注意性别差异、文化差异、年龄差异等问题，使职业指导在使用测验时，也更能兼顾到测验使用的伦理问题。

1958 年，美国立法部门通过了对生涯咨询运动影响深远的《国防教育法》（National Defense Educational Act）。《国防教育法》的目的，是挑选出具有特殊才能的中学生，提供适切的咨询计划，辅导这些学生充分施展其才华。因此联邦政府将充裕的经费拨入中学的咨询中心，这部法案将职业指导运动与心理测验紧密地结合在一起。

战后民间心理测验类图书的出版，犹如雨后春笋。这种商业与学术的联手，促使心理测验的编制、修订、使用与发行更加审慎，以接受市场的监督与考验（Cronbach, 1984）。随着测评理论日渐严谨，心理测验修编过程、技术日渐精致与考究，这种心理测验的商业化成为大势所趋。此外，计算机科技也被引进到心理测验的计分、文字解释中，使得职业咨询人员更能有效地运用测验的结果。

二、生涯发展范式的发展背景

第三波经济浪潮阶段（大约1940—1990）紧跟着第三次工业革命，特色是数字化的科技革命（technological revolution），微芯片的发明和计算机的发展改变了工作的本质和工作的阶层化。职场更趋于复杂化、专业化与阶梯化，一个人可以在机构中从入职、升迁一直到退休。这一阶段人本主义心理学与发展心理学日趋成熟，也使得生涯发展理论的主题，如生涯探索、生涯成熟、生涯抉择等相关的体系日益完备。

（一）生涯教育的萌芽

20世纪60年代末期至70年代初期，欧美工业化较早的几个国家萌发了教育必须有计划地配合经济发展与成长的观念。美国当时发现高中教育内容无法满足学生就业的需要，中途辍学的学生非常普遍，生涯教育（career education）的概念开始擘画为具体的教育政策。美国联邦教育署署长西德尼·P.马兰（Sidney P. Marland, 1914—1992）于1971年1月23日在得克萨斯州休斯敦全美中学校长联席会议上发表了第一篇有关生涯教育的演讲，此为生涯教育在美发展的开端。马兰接下来的几次演讲又提出其对生涯教育的实施构想与计划，自此生涯教育在美国的推展如风起云涌。

生涯教育是一种新的教育哲学，将生涯发展的概念统合在学习的历程中，由幼儿园到成人，其内容包括生涯认识、生涯探索、价值澄清、决策技术、生涯定向及生涯准备等。生涯教育计划强调生涯探索与发展的需求，使得生涯咨询在学校的辅导系统中占据一席之地。

（二）职场变化与中产阶级

职业指导在经过了半个世纪的稳定发展后，遭逢了第二次世界大战之后社会的结构性改变。这门专业必须加入新的元素，才能适应新的需要。

大约在 20 世纪 50 年代，第二次世界大战后的产业复苏，产生了大批的中产阶级。这些阶级遍布各个新兴的阶层组织。阶层组织（hierarchical organizations）的特征是各个职位的分工愈来愈精细，逐级升迁的职位强调彼此的衔接关系与权责分工。生涯发展的特征，就是追求职位的升迁与薪资的增长。生涯的本质从职业转变为生涯阶梯（career ladder），是一种个人一生当中在不同发展阶段，不断循着阶梯拾级而上的隐喻。

（三）专业水准的认证

另一个对生涯发展范式影响深远的措施是对咨询人员的专业定位。20 世纪 70 年代咨询在校园、社区逐渐普及后，设定专业标准的呼声愈来愈高。1972 年美国人事与辅导学会（American Personnel and Guidance Association，简称 APGA）通过了咨询人员的养成标准；1977 年又通过了博士阶段咨询师教育课程的基准。1984 年，美国生涯发展学会（National Career Development Association，简称 NCDA）也通过了生涯咨询师的专业认证制度。

三、生命设计范式的发展背景

第四波经济浪潮阶段（大约 1994 年至今）是指第四次工业革命一直在发展的信息与通信革命（information/communications revolution）。它的特点是模糊了物理、数字和生物领域之间的界限，融合了突破性的新兴科技。从此拉开了社会与经济大变革的序幕，启动了一种从根本上改变工作本质、商业活动和社会脉动的大趋势（Schwab, 2016）。这些变化可能导致成千上万的工作岗位被淘汰，许多我们熟知的职业无端消失或产生根本性的改变。数字化（digitization）和自动化（automation）因此深深地影响了人们的生涯选择与生涯发展。生涯理论也因此产生新的质变，进入了生命设计范式。

（一）第四次工业革命的巨变

过去几个世纪的经济和科技变革，代表了三大工业革命的进程：(1) 18 世纪末小规模的机械生产；(2) 19 世纪后期的大规模工业生产；(3) 20 世

60 年代的个人电脑和互联网。当前工作世界的巨变，被描述为第四次工业革命，即工业 4.0，其特征是众多的关键技术如雨后春笋般地出现，例如遗传学、人工智能、云计算、量子科技、纳米科技、生物技术和 3D 打印等（Schwab, 2016）。与以往工业革命的关键区别在于，当前的科技不仅是想要取代体力劳动和协助人类工作，而是试图完全取而代之。尤有进者，科技进步正以指数级的速度推进，我们正处于未来几十年尚未发生的根本性变革和科技突破的开端（Brynjolfsson & McAfee, 2014）。这种新兴的劳动关系相对地也就缺乏安全的保障。安全保障是人的天性，职场的结构性变化也造成了许多从业人员的焦虑与不安。除此之外，新的经济形势需要提高个人的应变素养与生涯管理能力，外加风险管控与抵御能力。

前述无边界生涯与多变性生涯就是在这种新的形势下，对当代人生涯处境的重新定义。这也促成了生命设计范式的诞生。

（二）工作结构的两极化

近几十年来，美国和欧洲劳动力市场受科技跃进的一个巨大影响，是工作两极化（job polarization）的加剧（Autor & Dorn, 2013）。工作两极分化，中端技能工作被掏空，而基层技能服务工作和高端技能工作不成比例地新增。这是因为多数的中端技能工作（如办公室管理、机器操作）遵循着精确与可以预测的程序，相对容易通过最新 AI 技术实现自动化。相比之下，基层技能的服务工作（如个人护理、清洁、保安）以当前的科技很难实现自动化。高端技能工作（如科研人员、教育工作者、管理人员）则涉及创造性的问题解决和复杂的组织阶层互动，基本上很难被替换。工作两极分化的结果，使得许多从事中端技能工作的员工被推到了薪水较低和技能较低的职位，必须经由不断的终身学习和继续教育来提高技能，才能避免这种新科技所带来的冲击（Autor, 2015；Frey & Osborne, 2013）。

（三）零工经济的增长

近几十年来出现的第二个主要就业趋势是零工经济（gig economy）的增长（De Stefano, 2016）。gig 是英文中的俚语，原意是指承接一档短期、临时性的流行音乐或爵士乐音乐表演。零工经济是新兴的词语，是一种自由市场体系的产业生态，系指雇主将工作中的部分环节指派给外雇人员，论件数或论批次计酬，由企业组织与独立工作者签订短期合约。数字时代信息流动便利，愈来愈多工作任务可以由网络远程执行完成。利用互联网和移动技术可以快速地匹配供需方，企业可以雇用全世界各地的自由工作者（freelancer）[①] 来完成进行中的项目，而自由工作者也可以通过远程协作参与世界各地适合自己专业技能的工作任务。

在一般产业中，零工经济的从业人员包括自由职业者、独立承包商、派遣人员以及临时或兼职的企业雇员。一张名片上印着数种专业，相当于现代流行的斜杠青年（slasher）或斜杠族（slashie）的概念。

根据对来自美国、英国、德国、瑞典、法国和西班牙的8000多人的调查，麦肯锡全球研究所（McKinsey Global Institute，2016）估计，美国和欧盟有20%～30%的适龄劳动人口从事零工经济的独立工作，其中大多数人（56%）把这种独立工作视为补充收入的兼职副业（又称为 side hustle，side job 或是 side gig）。只有少数（14%）的人依赖其为主要的收入来源。也有近半数的人是希望能兼顾家庭与工作，或在零工经济中寻求职涯的自主与掌控。零工经济让上班族在工作之外，投入兴趣赚取更多收入，开启多重身份的斜杠人生。5G 时代的来临，随着互联网和移动科技的急速进步，估计未来投入零工经济的人数将会逐年增加。

总之，生涯理论的范式在人类工业革命的进展中，因应时代的变革而不断地修正。生涯咨询人员需要充分了解这些重要发展的背景，适时提升我们对科技发展冲击的敏锐度，采取适当的理论以提供有效的咨询。

第四节　生涯咨询的定义与主题

由前一节的描述可知，生涯咨询历经百年来的演进，其内涵不断反映社

[①] freelancer 中文译为"自由工作者"，是一种并非固定受雇于企业、可独立完成项目的工作者，通常收取一次性报酬。这种工作形态大多为提供编程、网页设计、营销、顾问等高附加价值服务。

会的变迁、学术的思潮以及个人的需要。本节主要阐明当代生涯咨询主要的定义与主题。

一、生涯咨询的定义

现代社会日新月异、变化万千，生涯咨询的服务所扮演的角色越发重要。生涯咨询向来在不同层面提供不同的协助（Watts et al., 1986）：（1）对人，从复杂的教育选择与职业选择过程中，寻求因应之道，以获得最大的益处；（2）对教育人员与训练人员，帮助学习者联结课程与需求之间的关系，增进服务的效率与质量；（3）对雇主，协助雇方发现受雇者的才华与动机，以符合雇方的需要；（4）对政府，扩大人力资源的最大效用，投入社会及政治的建设工程。

生涯咨询（career guidance）是由咨询人员结合其专业知识，提供一套有系统的计划，用来促进个人的生涯发展的过程。在这套计划中，结合了不同心理学科的方法与技术，帮助个人了解自己，了解教育环境、休闲环境与工作环境。经由生涯抉择的能力，选择适当的生活方式，增进个人的幸福，进而谋求社会的福祉。

现代社会尊重社会成员自由选择生活方式的权利，生涯咨询能提高人力资源在分配与应用上的效能，使得教育机会与职业机会的提供能发挥适才适所的作用。

二、生涯咨询的主题

这是一个乌卡（VUCA）时代。VUCA 是易变性（volatile）、不确定性（uncertainty）、复杂性（complexity）和模糊性（ambiguity）的集合词（吴晨，2022）。相对于 20 世纪的稳定与可预测性，21 世纪的乌卡，既复杂又模糊，充满了波动性与不确定性。生涯咨询的对象是成长中的个体，一个人在变动的社会中，从生涯认知、生涯探索、生涯准备到生涯选择，以至投身工作，完成一生的志业。环绕着个人的生涯发展与生命设计，生涯咨询所提供的服务强调以下六个主题。

（一）自我概念的觉察与发展

自我概念（self-concept）是对"自我"的"概念"，是指"个人对自己多方面知觉的总和。其中包括个人对自己性格、能力、兴趣、欲望的了解，个人与别人和环境的关系，个人对处理事务的经验，以及对生活目标的认识与评价等"（张春兴，2006，p.664）。

"知道你是谁，比知道你要去哪里更重要。"（金玉梅译，1996，p.183）生涯咨询的目标在于指引来访者"去哪里"，同时又特别强调"知道你是谁"的内涵。生涯咨询重视自我概念的发展有两层意义。其一，视自我即历程（self-as-process），从个体发展阶段看，自出生直到死亡，自我的客观内涵在不断地变化。其二，视自我即概念（self-as-concept），虽然客观的自我内涵不断因时空转换而有丰富的变化，但个人对其知觉系纯然的主观。因此，协助个人获得明确的自我概念，是生涯咨询在协助个人选择职业时的重要工作。毕竟，能做自己喜欢的事，能走自己喜欢的路，是一件很幸福的事（罗曼琳，2015）。

（二）以人为本实现人的价值

当代经济发展迅速，个体不再是为了安身而求谋生之道。当低层次的生理需求与安全需求得到满足时，就会激发出更高层次的需求，以个性的全面发展为人生目标，通过生涯发展以实现人之所以为人的价值。在"多变性生涯"与"无边界生涯"的时代，个体拥有了更多的生涯自主权和选择权，可以在多重职涯轨道之间自由切换，也可以在生命不同阶段调节工作、家庭与休闲的比重。

在多元混沌的后现代社会中，除了自我概念的实现外，探索深层的生命意义，甚至回应内在召唤（calling）的使命感，似乎更显得重要。对自我生命意义与使命感的追寻，也逐渐成为生涯领域的显学之一（王玉珍、吴清麟，2017；王秀槐、陈珍德，2019；Duffy & Blustein，2005）。这驱使了生涯咨询珍视以人为本的价值。个体发挥最大限度的光与热，不仅实现个人的价值，也促进人类整体的进步与发展。

(三) 发展就业力与终身学习

当代产业结构的调整，促进了职业世界的变革，日益复杂的跨专业渠道突出了培养就业能力以及终身学习的重要性。就业力是一种具有支撑力与发展性的关键能力。狭义而言，就业力指能够获得初次就业、持续就业，以及在必要时获得新就业的能力。广义而言，就业力包括了在职场发展所必备的知识、技能与态度。

2003 年联合国教科文组织（UNESCO）提出终身学习五大支柱，2005 年欧盟提出终身学习八项关键能力，以及近些年出现的21世纪关键能力（Trilling & Fadel，2009）（包括"学习及创新技能""数字素养技能""生涯及生活技能"等），其内涵都强调持续的终身学习是关键能力中的重中之重。后现代新兴的生涯范式强调训练个体成为构建生涯丰富生命的专家，能够预测和应对生涯环境的多变与转型，为有意义的未来创造希望，故而终身学习成了一种丰富生命的素养。

(四) 对生活方式及休闲价值的重视

教育、休闲与职业交织影响而形成个人特有的生活方式，每一个人的生活方式又和其生命价值的清晰程度有关。生涯咨询将休闲视为生涯当中与教育、职业不可分割的部分：宛如一幅中国山水画中，留白的部分也同时构成全幅画的精髓；又似日式花道，空间的安排衬托出花姿的空灵。生涯理论甚至鼓励以休闲的开放心态面对待业（Pryor & Bright，2014；Krumboltz，2009）。

面对第五波经济浪潮的冲击，休闲时代开始主导人们的日常生活；对休闲、娱乐和其他空闲时间的渴求，将成为许多人生活的重心（Molitor，2000）。SOHO 族[①]与斜杠族的兴盛，足以证明这一发展的影响已经是全球化的趋势。生涯的选择在本质上就是一种生活方式的选择，包括了一种对工作、学习与休

[①] SOHO 族（Small Office Home Office）狭义指的是小型居家办公者，广义的 SOHO 族相当于自由工作者（freelancer），延伸为通过网络科技、在任何非正式办公场合的地方工作，可全职或兼职接案。SOHO 族与斜杠族这类的自由工作者都在追求工作与生活的均衡与融合。

闲在生命重心比例分配的选择。尤有甚者，新冠疫情之前世界各国已经兴起了一边度假一边工作的度假办公（workation）。这个新创词语源于工作（work）与度假（vacation）的结合。后新冠疫情时代这种新兴的工作形态更受到欢迎，不仅可以追求工作与休闲的平衡，更试图将工作与休闲融合。这种新的生涯形态让我们认识到"工作和休闲中存在着相互融合元素"也是一种新的生命态度（Lufkin, 2022）。workation最大的吸引力，在于员工可以运用这种方式的灵活性，以"有意义的方式"将工作和休闲结合起来。

（五）文化特色的自觉

一般通用的生涯理论，多半能反映出文化脉络的复杂性和特殊性。无可讳言，若干西方的生涯理论蕴藏着浓厚的种族中心或个人主义色彩（Stead, 2004）。华人在现代化的过程中，源于固有孝道、家族责任与义务等关系主义的特性，形成了有别于西方的心理适应的问题。当代华人面临的是东方关系主义与西方个人主义并存的双文化现象，如何在"维护和谐的华人关系主义"与"独立自主的西方个人主义"之间维持建设性的平衡，成了华人生涯咨询的困境与挑战（金树人、黄素菲，2020）。

这是一种文化特性的自觉运动。生涯理论与干预措施若要能够被咨询人员得心应手地采用，必须反映文化底蕴的特殊性。在撷取西方理论的精华之余，我们必须从华人生涯困境中反思，如何从文化融合（cultural inclusion）的视角发展含摄华人文化的生涯模式。

（六）审时度势，随机应变

生涯咨询的重要课题，在于协助来访者针对当代变动不居的社会特性与需求，培养因应的观念与做法。就社会学的观点，是指预先社会化（anticipatory socialization）与继续社会化（continuing socialization）：前者指个人必须未雨绸缪地培养日后进入社会需要的知识、价值与技能；后者主张面对不断变化的现代社会，个人必须不时学习新观念、新技能，以充实个人掌控环境的能力（彭怀恩，1994）。

如何帮助现代人在不确定的年代，能够"根据自己原来的样子，审时度势，随机应变，选择一种可以安身立命的生活方式"（金树人，2015），成了生涯咨询人员的使命与挑战，其中四个要素均与面对变化的适应有关（黄素菲，2018）。

1. **审时：**注重个体发展的节奏与特征。
2. **度势：**忖度外在环境的趋势与脉动。
3. **随机：**因应变迁社会的机缘与巧合。
4. **应变：**强调多元弹性的适应与改变。

环境的"变化"与个人的"应变"，成了个人生涯发展过程中应有的警觉与认识。无怪乎学者们认为，"生涯之学，即应变之学"（A study of careers is a study of change）（Maanen & Schein，1977，p.33）。

结论

英文的 career 与汉字的"生涯"有其各自表述的字源与含义。从"生涯""生计""志业""命运""安身立命"等近似 career 的概念中观察，华人的生涯观呈现出以考试为晋身之阶，性别期待男女有别，服从权威、克绍箕裘，君子不器、上善若水，以及安身以和、立命以德等特性，反映出千百年以来华人的集体生涯意识。西方的 career 随着不同时代工业革命的变迁，其本质与定义也不断地流变。

百年来生涯咨询服务的发展，由草创到兴盛，其范式的转移从经验论的职业指导范式、人本论的生涯发展范式，延伸至社会建构论的生命设计范式，深受经济与社会发展的脉络所影响。生涯咨询强调以人为本，实现人性的价值、自我概念的觉察与发展、就业力的发展与终身学习；强调工作与休闲的均衡发展、文化特色的自觉，以及对于变迁世界的适应等主题。这种以人为本的价值张力，经由政府的政策引导、生涯教育的提倡、专业社团的专业自律、生涯理论的深耕，滋润了生涯咨询成长的沃土。

参考文献

文心工作室（2001.2.26）:《老子》经典名句: 上善若水。人间福报https://www.merit-times.com/NewsPage.aspx?unid=169637

王玉珍、吴清麟（2017）: 成人生涯召唤量表之编制及其信效度分析。教育心理学报, 49(1), 1—21。

王秀槐、陈珍德（2019）: 问世间"生涯"为何物？台湾大学生生涯概念原型分析研究。教育科学研究期刊, 64(2), 39—68。

方满锦（2015）: 先秦诸子中和思想研究论集。台北: 万卷楼图书股份有限公司。

行人文化（2020）: 掬水月在手: 镜中的叶嘉莹。成都: 四川人民出版社。

吴晨（2022）: 超越乌卡: 不确定时代的长期主义思考。杭州: 浙江大学出版社。

金玉梅译（1996）: 如何建立愿景: 让梦想看得见。天下杂志, 11月号, 182—192。

金树人（2015）: 上海交通大学授课讲义。

金树人、黄素菲（2020）: 共舞与创新。载于金树人、黄素菲（主编），华人生涯理论与实践，页xiii-xvi。台北: 心理出版社。

金耀基（1979）: 从传统到现在。台北: 时报出版社。

柯永河（1993）: 心理治疗与卫生: 我在晤谈椅上四十年。台北: 张老师文化。

高明（1986）: 高明经学论丛。台北: 黎明文化事业公司。

黄光国（1990）: 自我实现的人生。台北: 桂冠图书公司。

张春兴（1983）: 成长中的自我探索。台北: 东华书局。

张春兴（2006）: 张氏心理学辞典（重订版）。台北: 东华书局。

教育大辞书（1974）: 台北: 台湾商务印书馆。

陈传兴（2020）: 掬水月在手: 叶嘉莹文学纪录片。广州: 行人文化。

彭怀恩（1994）: 生涯规划的迷思与再思。青年辅导年报, 199—204, 台北: "行政院"青年辅导委员会。

舒梦兰（2020.6.18）: 一个伟大守护者的故事。东森新闻https://news.ebc.net.tw/news/world/214745

黄素菲（2018）: 叙事治疗的精神与实践。台北: 心灵工坊。

叶嘉莹（2019）: 弱德之美: 谈词的美感特质。台北: 台湾商务印书馆。

刘淑慧（2022）: 本土咨商理论之发展: 以辨证存在生命生涯模式为例。本土咨商心理学学刊, 13(1), 1—59。

刘淑慧、陈弈静、卢丽琼、卢怡任、敬世龙（2014）: 存在现象学取向生涯咨询方案: 以马来西亚经验为例。辅导季刊, 50(3), 13—23。

钱穆（1953）: 国史新论。香港: 自行出版。

谢晋宇（2005）: 人力资源开发概论。北京: 清华大学出版社。

罗曼琳（2015）: Thought paper. 未出版。

Arthur, M. B. & Rousseau, D. M.(Eds.)(1996). *The boundaryless career: A new employment principle for a new organizational era.* Oxford University Press.

Arthur, M. B.(1994). The boundaryless career: a new perspective for organizational inquiry. *Journal of Organizational Behavior, 15,* 295—306.

Arthur, M., Hall, D., & Lawrence, B.(Eds.)(1989). *Handbook of Career Theory.* Cambridge University Press.

Autor, D. H.(2015). Why are there still so many jobs? The history and future of workplace automation. *Journal of Economic Perspectives, 29*(3), 3—30.

Autor, D. H., & Dorn, D.(2013). The growth of low-skill service jobs and the polarization of the US labor market. *American Economic Review, 103*(5), 1553—1597.

Benko, C. and Weisberg, A.(2007). Implementing a corporate career lattice: the Mass Career Customization model, *Strategy & Leadership, 35*(5), 29—36.

Borow, H.(1964). *Man in the world at work.* Houghton Mifflin.

Brynjolfsson, E., & McAfee, A.(2014). *The second machine age: work, progress, and prosperity in a time of brilliant technologies.* W. W. Norton & Company.

Cronbach, L. J.(1984). *Essentials of psychological testing* (4th ed.). Harper & Raw.

Duffy, R. D., & Blustein, D. L.(2005). The relationship between spirituality, religiousness, and career adaptability. *Journal of Vocational Behavior, 67*(3), 429—440.

De Stefano, V.(2016). The rise of the "just-in-time" workforce: On-demand work, crowdwork and labour protection in the "gig-economy". *ILO Conditions of Work and Employment Series* (Vol. 7). International Labour Office.

Frey, C. B., & Osborne, M. A.(2013). *The future of employment: How susceptible are jobs to computerization?* Oxford Martin School.

Gunz, H., & Peiperl, M.(2007). *Handbook of career studies.* Sage Publications.

Hall, D. T.(1976). *Careers in organizations.* Scott, Foresman.

Hall, D. T.(2002). *Careers in and out of organizations.* Sage Publications.

Handy, C.(1995). *The age of unreason.* London, England: Arrow books.

Hesse, H.(1922). *Siddhartha.* 苏念秋译（1974）：流浪者之歌。台北：水牛出版社。

Hsu, F. L. K.(1971). Psychological homeostasis and Jen: Conceptual tools for advancing psychological anthropology. *American Anthropologist, 73,* 23—44.

Inkson, K., & Savickas, M.(2012). *Career studies.* Sage Publications.

Krumboltz, J. D.(2009). Happenstance learning theory. *Journal of Career Assessment, 17,* 135—154.

Kuhn, T.(1962). *The structure of scientific revolutions.* 王道还编译（1985）：科学革命的结构。台北：远流出版社。

Lufkin, B.(2022, March 10). *Workcations: The travel trend mixing work and play.* BBC.

https://www.bbc.com/worklife/article/20220309-workcations-the-travel-trend-mixing-work-and-play

Maanen, J. V. & Schein, E. H.(1977). Career development. In J. R. Hackman & J. L. Shuttle (Eds.), *Improving life at work.* Goodyear Publishing.

Mainiero, L. A., & Sullivan, S. E.(2005). Kaleidoscope careers: an alternative explanation for the opt-out revolution. *Academy of Management Executive, 19,* 106—123.

Maree, J.G.(2015). Blending retrospect and prospect in order to convert challenges into opportunities in career counselling. In: Maree K., Fabio A. D.(Eds.), *Exploring new horizons in career counselling.* Sense Publishers.

McKinsey Global Institute.(2016). *Independent work: Choice, necessity, and the gig economy.* http://www.mckinsey.com/mgi.

Molitor, G. T. T.(2000). Emerging economic sectors in the third millennium: Introduction and overview of the "big five". *Foresight, 2,* 323—329.

Pryor, R. G. L., & Bright, J. E. H.(2014). The chaos theory of careers (CTC): Ten years on and only just begun. *Australian Journal of Career Development,* 23(1), 4–12.

Savickas, M. L.(2015). Career counseling paradigms: Guiding, developing, and designing. In P. J. Hartung, M. L. Savickas, & W. B. Walsh(Eds.), *APA handbooks in psychology®. APA handbook of career intervention, Vol. 1. Foundations*(pp. 129—143). American Psychological Association.

Schwab, K.(2016). *The fourth industrial revolution.* Crown Business.

Stead, G. B. (2004). Culture and career psychology: *A social constructionist perspective. Journal of Vocational Behavior,* 64(3), 389–406.

Steenkamp & Stander(2018). *Vanishing kings: Desert lions of the Namib.* HPH Publishing.

Sullivan, S. E. & Baruch, Y.(2009). Advances in career theory and research: A critical review and agenda for future exploration. *Journal of Management.* 35(6), 1542—1571.

Sullivan, S.E. & Mainiero, L.A.(2008). Using the Kaleidoscope Career Model to understand the changing patterns of women's careers: Implementing human resource development programs to attract and retain women. *Advances in Developing Human Resources, 10*(1), 32—49.

Super, D. E.(1957). *The psychology of careers.* Harper and Row.

Super, D. E.(1976). *Career education and the meaning of work.* Monographs on career education. The Office of Career Education, U. S. Office of Education.

Super, D. E.(1983). The history and development of vocational psychology: A personal perspective. In W. Bruce Walsh & Samuel H. Osipow(Eds.), *Handbook of vocational psychology.* Mahwah, NJ, US: Lawrence Erlbaum Associates, Publishers.

Trilling, B. & Fadel, C.(2009). *21st century skills: Learning for life in our times.* Jossey-Bass.

Watts, A. G., Dartois, C., & Plant, P.(1986). *Educational and vocational guidance services for the 14~25 age group in the European Community.* Brussels, Belgium: Commission of the European communities, Directorate-General for Employment, Social Affairs and Education.

第二章 历程与范式：生涯咨询的实施

生涯咨询的实施，可依循四个步骤：
苦："为果之苦"，认清痛苦是什么
集："为因之集"，明白痛苦的来源
灭："为果之灭"，确定痛苦之可治
道："为因之道"，消除痛苦的方法

> 苦、集、灭、道，是名四圣谛。
>
> ——《大般涅槃经·第十二》

近年来，缘于生涯咨询的强烈需求，许多咨询从业人员将生涯咨询视为主要的工作项目。不仅如此，其他的助人专业，如社会工作、临床心理学、人力资源等，也将与生涯发展有关的协助纳入与本行相关的专业范围。一般民间的企业管理顾问公司、企业人力资源部门也视生涯规划为重要的服务项目。除了传统各级学校对青少年的服务外，成人的生涯服务也成了社区心理健康的主要工作（Flamer, 1986）。由于成人的生涯问题远较青少年复杂，当代生涯咨询的内涵也渐渐融入了心理健康的功能与做法（Maree, 2020）。

生涯咨询的运作，必须要有理论范式为依据。从生涯咨询的发展历史来看，理论范式的诞生与转移植根于社会经济环境的变化。生涯理论经历了四个重大的工业革命所推动的经济浪潮，形成了目前的三大范式。咨询师可以在职业指导、生涯发展与生命设计三项不同的范式中，根据来访者的需要进行选择与调整。

生涯咨询的应用范围包括教育辅导、就业服务、职业转型、企业员工发展。这些服务在学校、职场，为学生、进入职场者、家庭主妇、中高龄者做出生涯选择、提供就业辅导以及处理职场问题。这反映了生涯咨询专业在支持个人生涯发展和解决职涯发展中的多样化应用。对于生涯咨询人员能力与培训和资格认证的规范，也成了生涯咨询体系相当重要的一个环节。

生涯咨询的实施必须考虑四个基本要件。这四个基本要件为：（一）生涯咨询服务的对象；（二）生涯咨询服务的方式与历程；（三）生涯咨询理论采用的范式；（四）生涯咨询人员的能力与资格。以下各节将分别说明之。

第一节 生涯咨询的对象

什么样的人需要接受生涯咨询？一般较常见的有以下几类。

一、生涯已决定者

生涯已决定者（career decided）是指来访者在生涯发展的过程中，已完成了重大的生涯抉择。例如一位高三学生决定了大学要进哲学系，一位大一学生决定要转化学系，一位大四学生决定毕业后要赴英进修等皆是。理论上来看，一位生涯已决定者大致的状况是：经过了自我的探索阶段，对自己的能力、兴趣都很清楚，对选项的性质、相关的信息都搜集得相当仔细；重要他人的意见也都纳入考虑。最后，权衡轻重，在几个选项中择一而行。

就常理推断，既然决定已经做了，何必再接受咨询？有几种可能：其一，来访者已经做了决定，但还需要确认选择的正确性；其二，来访者希望借由生涯咨询的协助进一步形成达到目标的具体步骤；其三，来访者表面上看似笃定地做了一个决定，但事实上可能还是一个"生涯犹豫者"。这种"已经做了决定的"状态可能是一种假象，其目的在于暂时解除必须选择的焦虑（Peterson et al., 1991），这种假象称为假性定向（pseudo crystallization）（Ginzberg et al., 1951）。所谓"假性定向"是指在某一个生涯发展阶段，当大多数的人都到达了定向的程度，仍有少数人表面上看起来已经决定了未来的方向，实质上只是假象。"假性定向"这个概念提醒我们注意这种"外表定向、实质非定向"现象。

生涯定向的程度与认同状态（identity status）有关。马西亚（Marcia, 1966）根据心理社会发展理论实际调查发现，个体从自我追寻到自我肯定的历程，以探索（exploration）与承诺（commitment）两个维度被分为四种不同的认同状态（陈坤虎等人，2005），参见图 2-1。

```
                          高探索
                            ↑
              ┌─────────────┼─────────────┐
              │ 认同延缓型  │ 认同达成型  │
              │(moratorium) │(achievement)│
              │             │             │
    低承诺 ←──┼─────────────┼─────────────┼──→ 高承诺
              │             │             │
              │ 认同迷失型  │ 认同早闭型  │
              │ (diffusion) │(foreclosure)│
              └─────────────┼─────────────┘
                            ↓
                          低探索
```

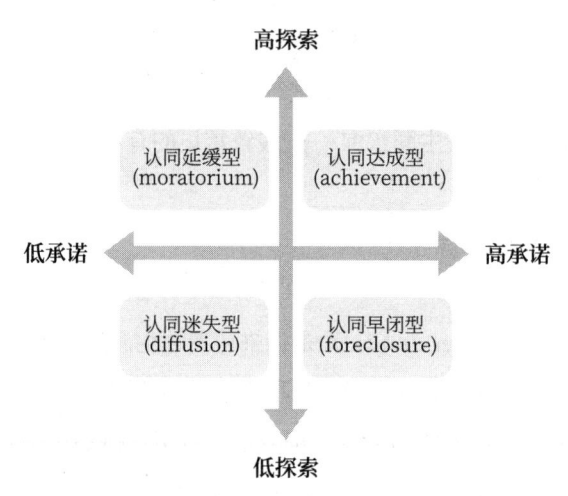

图2-1 四种自我认同状态（资料来源：Marcia, 1966）

1. 认同达成型（identity achievement）：经历探索，做出承诺。此类型的人经历充分的探索后，在面对现实环境及未来选择时，已有确定方向并对未来的生命目标做出承诺。这是一个漫长的过程，通常不太容易在青春期结束时就实现。

2. 认同早闭型（identity foreclosure）：缺乏探索，但有承诺。此类型的人没有经历过严谨的探索，却已做出承诺。华人的父母可能会为孩子做出生涯抉择，而不太给孩子自主选择的机会。在某些情况下，青少年也有可能强烈认同父母或生活中的其他榜样，希望追随他们的脚步。这是一种闭锁的状态，看似已经找到方向，暂时不会对未来感到迷惘，但是生涯目标主要依赖成人的安排或社会的期待。

3. 认同延缓型（identity moratorium）：正经历探索，但未做出承诺。此类型的人正在经历认同危机，还没有做出承诺，但积极提出问题并寻求答案。这些人不断寻求自我定位，尝试不同的角色、探索不同的想法以及各种选择；唯其未来发展有良好的预期。

4. 认同迷失型（identity diffusion）：缺乏探索，也未做出承诺。此类型的人对于未来的探索没有取得进展，也没有坚定的承诺。这些人可能会漫无目的地漂流，与周围的人几乎没有联系；尚未考虑或解决任何身份认同的问题，对生活没有什么目标感，惶惶迷失而不知所措。

前述的生涯已决定者，有可能是"认同达成型"，但也有可能是"认同早闭型"。至于另外两类"认同延缓型"与"认同迷失型"都属生涯未决定者，两者重要程度不同，辅导的方式也有差异。

二、生涯未决定者

生涯未决定者（career undecided），是指来访者对未来的生涯抉择还未有具体承诺。这些人的生涯困扰处于一种生涯未定向（career uncertainty）的状态。犹豫不决或优柔寡断是生涯未定向者的外显行为特征，这种现象看似单纯，其内涵却是相当复杂。

学术界对生涯未定向的研究开始于20世纪30年代，盛行于20世纪的中后期，多数是以大学生为研究对象。目前学界已有共识，生涯未决定者分为两类：发展性生涯未定向（developmental career indecision）与迟滞性生涯未定向（chronic career indecisiveness）(Fabio et al., 2013)。发展性生涯未定向的人仅仅是短期性的犹豫不决，暂时无法选择，但有可能在不久的将来做出决定。迟滞性生涯未定向的人，其优柔寡断的原因较为复杂，一般归因于高焦虑倾向和低解决问题的能力，或源于情绪和与人格相关的适应困难（Savickas, 2004）。这两类型的生涯未定向各自有着不同的心理、社会与文化影响因素。

（一）发展性生涯未定向

发展性生涯未定向，是一种"不能也，非不为也"的状态，发生于常规的生涯发展阶段，属于短期性的生涯未定向。这类型的生涯未决定者对自我探索尚未成熟，还没有足够的能力或知识进行决定，是客观的"不能"，非主观不愿意的"不为"。另外，也有可能是多重选择的未定向，由于同时具备多种的才能或兴趣而无法做决定。例如：有的人同时对商业、文学、建筑都有兴趣，只好维持在暂时未决定的状态。事实上，发展性生涯未定向的犹豫不决是一种常态现象，一定程度的犹豫可能是有益的；这类人可能需要时间系统地整理自己的选项，以做出明智的决定（Germeijs & Verschueren, 2007）。

（二）迟滞性生涯未定向

迟滞性生涯未定向，是一种"不为也，非不能也"的状态，是主观的"不为"，非客观做不到的"不能"。许多研究发现，这种类型的优柔寡断通常伴随有不同程度的焦虑症状（Fuqua et al., 1988；Kaplan & Brown, 1987；Saka et al., 2008），又称为焦虑性未定向（金树人等人，1989）。综合过去众多的文献，迟滞性生涯未定向的犹豫状态，大约可归纳为下列几项原因。

1. 错误的认知

有些生涯犹豫者之所以裹足不前，是受困于一些认知上的障碍，例如完美主义或"如果我现在不做决定，也许将来能有更好的决定"等。除非这些障碍得到清除，否则犹豫的行为会持续下去。这些想法称为非理性期待（irrational expectations）（Nevo, 1987）或失能信念（dysfunctional beliefs）（Hechtlinger et al., 2019）。

最近一篇研究（Hechtlinger et al., 2019）针对功能失调的生涯抉择信念编制了一份测量关于生涯抉择的认知失调信念（dysfunctional career decision-making beliefs）的量表，其内涵包括五个维度："机会或命运的作用""决定的关键性""重要他人的作用""专业帮助的作用""感知的性别障碍"。错误的认知作用会导致个人焦虑程度的升高、将未能做好生涯抉择的挫败归因于运气不佳、推卸生涯未定向的责任、缺乏自我效能等。

2. 家庭的影响

家庭中融为一体的感觉，固然可以增加家庭成员的凝聚力或向心力，然而当有成员企图改变这种平衡状态时，就有可能招致其他成员的反对。这种现象在传统华人的家庭结构中甚为常见。

华人家庭中重要长辈对个体生涯之影响，通常可分为间接与直接两种方式（洪瑞斌等，2020）。前者是长期的社会化历程：家庭对个体价值观的形塑与内化，而影响个体生涯抱负或生涯目标的形成（王秀槐，2002；杨康临、洪瑞斌，2008）。后者则是直接地介入与干预：家庭成员在个体生涯抉择与选择过程中，提供武断的建议与咨询，造成各种程度的影响（王玉珍、吴丽琴，

2009；杨康临、洪瑞斌，2008）。

3. 情绪与人格

在上述这些原因中，有些学者特别重视情绪与人格因素（Saka et al., 2008），他们将迟滞性生涯未定向者的困扰分为三大主因，分别是："悲观主义""焦虑状态""自我认同"。

（1）悲观主义：是指一种聚焦在事情的阴暗面、预期凡事会产生负面结果的心理倾向，充满着悲观的想法和信念，包括三小类。第一，对整个历程感到悲观：自我效能期待低落，逃避处理决定自己方向的挑战，认为自己无法适当执行生涯任务；第二，对工作世界充满悲观：其忧郁、敌意、自我怀疑、专注困难、罪恶感、自卑、严厉的自我批评等心理特质充斥在所有的生活面，例如"找到一个好工作是不可能的"，认为忙了半天只是在浪费时间；第三，对自己的控制能力抱持悲观：相信运气胜于相信自己的能力，较不会积极解决问题与接受挑战，认为自己无法控制过程与结果，不值得在过程中投资，也缺乏动机。

（2）焦虑状态：焦虑与生涯犹豫一向有着明显的相关，焦虑的理由可分为四小类。a.对过程的焦虑：要求完美而在做决定之前感到无比的压力与不安。b.对不确定的焦虑：对未来感到不确定，无法容忍情境的模糊。c.对抉择过程的焦虑：抉择必须完美，担心做错了选择，恐惧失去其他更合适的选择，担忧必须为选择负责任。d.对结果的焦虑：害怕选择之后会不如预期的成功，或者无法满足自己对工作的期望。

（3）自我认同：自我认同分成四小类。第一类是特质焦虑：持续对生涯抉择感到高度焦虑，难以产生对职业的认同与承诺。第二类是自尊的问题：职业选择系一个人自我概念的充分实现，自尊是驱动自我概念的核心。我们通过选择职业实现个人的潜力，并提升自我价值感。通常自尊愈低落者，生涯犹豫的程度愈高。第三类是缺乏稳定的自我认同感：无法呈现清晰的自我认同，其明显的特征表现在对于职业无法表达出明确的信念、价值、兴趣与目标，其职业自我概念不仅未具体化，而且不稳定。第四类是依附与分离的问题：包括在重要决定时关键他人（通常是家人）不满意或不支持；渴望获得重要他人的赞赏、希望取悦对方；在决定过程中与重要他人起冲突，感到内疚与焦虑等。

第二节 生涯咨询的服务方式

从前一章的定义来看，生涯咨询所涵盖的范围十分广泛。由于辅导对象需求不同，咨询人员涉入的程度不一。以咨询人员涉入程度为指标，生涯咨询的服务方式可以概分为六种类别：(1) 信息提供；(2) 自助式活动；(3) 工作坊；(4) 生涯规划课程；(5) 生涯团体咨询；(6) 生涯个别咨询。

一、信息提供

在这一个层级，咨询人员涉入的程度最浅。通常是在辅导机构设置一个资料展示区，搜集来自政府部门、民间机构编写的职业简介、就业短信、职业分类介绍或升学信息等。用户不必事先登记。在华人的教育环境中，学生不太习惯主动找辅导老师或前往心理咨询中心，怕被贴上标签。信息提供的服务可以减少这种心理障碍。

二、自助式活动

自助式活动的代表性设施是电脑辅助生涯咨询系统（computer-assisted career guidance systems）。用户在咨询人员的解说下即可自行操作，还可打印出咨询的结果。一般而言，计算机科技在生涯咨询中的应用有三种形式：(1) 由独立的计算机或局域网络提供生涯计划或生涯信息的处理系统；(2) 由互联网（Internet）提供生涯计划或生涯信息的处理系统；(3) 由互联网提供支持性的网络咨询（cyber counseling）(Nile & Harris-Bowlsbey, 2002)。国外有些大专院校（如伊利诺伊大学）的生涯发展中心会列出生涯规划的流程图，学生按图索骥，在有困扰的部分按照说明自行取用相关的信息。如有不明了的地方，再行询问咨询人员。

三、工作坊

工作坊可视为是一种团体辅导或团体教学的形式，但是和团体咨询略有不同。工作坊的次数较少，时间较密集，主题较固定（例如双生涯问题、生涯抉择的方法、生涯探索牌卡、生涯设计师等）。

四、生涯规划课程

生涯规划课程以授课的方式进行，在课程中安排各种生涯探索活动，协助学生生涯定向及生涯规划。近年来，有愈来愈多的中学与大学开设生涯发展与生涯规划的相关课程，希望能帮助学生在专业能力之外，培养生涯意识以及未来生涯适应的能力。

五、生涯团体咨询

生涯团体咨询基本上采用团体咨询的助人理论与技术，促进个体在生涯发展上的认知、情感、态度及行为等方面的成长与发展。科克伦（Cochran, 1984）归纳了不同的生涯团体性质，从内容取向团体（content-oriented groups）（结构性高）到历程取向团体（process-oriented groups）（结构性低），针对团体成员的年龄与需求，采取不同的设计。

六、生涯个别咨询

此一层级咨询人员涉入的程度最深，所需的专业程度与要求最高。关于生涯咨询（career counseling）与个人咨询（personal counseling）之间的区别，存在长期而广泛的讨论（Amundson et al., 2014）。许多人在生命中的某个时刻，希望在生涯规划或生涯问题相关的决策方面获得帮助，然而这些问题又可能纠缠着其他生活上的议题。生涯咨询处理的较多是生涯问题，可这个问题表征的后面是人陷入困境的历史的原因；就像是一座冰山，浮在水面上的部分是生涯问题，水面以下的部分更复杂。我们咨询的对象是人，不是问题；专业领域可以被切割，但是人的问题表征以及问题背后的原因是串联一体的。例如，来访者带来的首要问题是想要知道护理师的生涯发展，而纠结在底层的是如何处理来自长辈期待的冲突，以及来访者与异性朋友对未来生涯规划看法的矛盾。

个人咨询和生涯咨询的过程有很多相似之处，在心理咨询师的专业训练中，咨询心理学的核心课程包括了生涯咨询。加拿大咨询与心理治疗学会（CCPA，2020）、美国咨询心理学会（ACA）（CACREP，2016），以及中国台湾地区咨询心理师的培训，都将生涯发展议题与生涯咨询的训练列入咨询专业人员专业认证必备的能力之一。虽然生涯咨询的过程类似于个人咨询，咨询专业人员也必须了解生涯理论以及具体的介入策略。

许多学者认为，生涯咨询和个人咨询的整合相当有必要（Swanson & Fouad, 2015）。生涯咨询和个人咨询所见到的来访者都有共同的问题，他们在认知、情绪困扰或行为偏差的处理方面并没有太大的区别。在生涯咨询中，生涯咨询师如果同时结合咨询助人的技巧，面谈将会更有效。这样一方面可以减少来访者负面的心理适应症状，另一方面也可提高解决生涯问题的能力（Gysbers et al., 2014）。

事实上，过去不断有学者指出（Yost & Corbishley, 1987），在一个生涯咨询的过程中，来访者经常得澄清自己的价值，重新评估生活目标，学习新的人际关系，增加自己的自尊自信。生涯咨询师也必须经常面对来访者的情绪问题（如自卑、罪恶感、焦虑等），行为问题（如缺乏自我肯定），以及认知问题（如"我不能""我不要""我不应该"等想法）。因此，生涯咨询不仅在增进生涯发展，也在增进个人发展（personal development）；生涯咨询师不仅要专精生涯咨询的理论与方法，也必须熟悉心理咨询的理论与方法。

上述这些生涯咨询的服务方式，需视来访者的需要而调整。一般而言，正式的辅导机构，如大学的心理咨询中心、就业指导中心，均可提供综合性的服务。图2-2是综合应用的例子，可资参考。

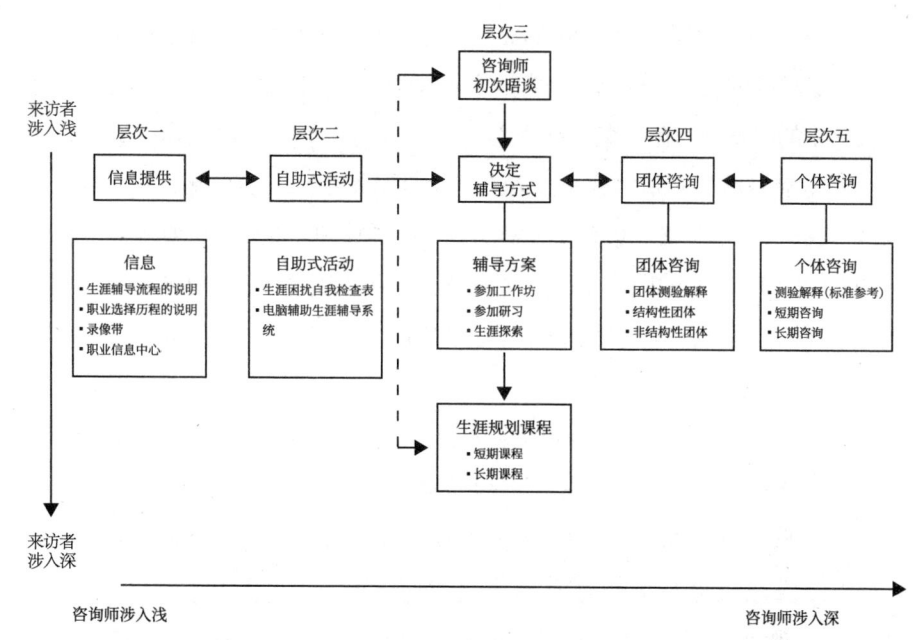

图2-2　生涯辅导中心的综合性生涯咨询服务（修改自：Spokane, 1991, p.19）

为了维护来访者的权益，针对服务对象的性质以及工作的性质，生涯咨询专业人员的分级、认证与继续教育相当重要，将留待第五节讨论。

第三节　生涯咨询的历程

咨询的目的，在于通过互动的历程促成来访者的成长与改变。为使实务工作"见树又见林"，生涯咨询人员在深入使用各种辅导工具等微观技术应用之前，对生涯咨询的历程宜有一个概览性的了解。

一、历程的架构

面对带着生涯困扰前来求助的来访者，咨询师关注的是如何提供最佳的介入策略，让对方产生有意义的改变，以达成良好的生涯适应。本节所整理之综合历程，是根据斯伯肯（Spokane, 1991）的生涯介入（career intervention）模式，参酌国内临床与咨询工作者的实务经验，逐步修改而成，其历程概念来自佛学中的四圣谛：苦、集、灭、道。

四圣谛是佛学的基本教义，语出《大般涅槃经》："苦、集、灭、道，是名四圣谛。"包括苦谛、集谛、灭谛、道谛四种谛理，此四圣谛括尽了人在世间的两重因果，苦是果，集是因，是迷界的因果；灭是果，道是因，是悟界的因果。烦恼的消除，大多遵循这四个步骤完成之。

苦："为果之苦"，认清痛苦是什么。
集："为因之集"，明白痛苦的来源。
灭："为果之灭"，确定痛苦之可治。
道："为因之道"，消除痛苦的方法。

生涯的困扰基本上也是烦恼的一种。来访者通常容易体察的是痛苦的情绪状态，不易觉察痛苦的来源，遑论解决之道。生涯咨询可遵循苦、集、灭、道四个阶段的历程，运用适当的生涯咨询原则与方法，协助来访者解决困难。为使各阶段的历程更加清晰，阶段内再以"开、示、悟、入"四个层次划分之。"开、示、悟、入"的概念来自禅学的《六祖坛经》，用以说明"觉"的四个层级：开启、示现、领悟、融入。

若以"苦、集、灭、道"为经，以"开、示、悟、入"为纬，生涯咨询的历程模式如表2-1。

表2-1　生涯咨询的历程模式

	苦	集	灭	道
开	接案阶段	心理测评	质疑阶段	生涯筹划
示	困扰检核	故事叙说	生涯抉择	行为控制
悟	生涯需求	原因集成	难舍能舍	回溯控制
入	松绑阶段	假设验证	下定决心	追踪辅导

二、四大阶段之具体内容

（一）苦：为果之苦，认清烦恼

生涯咨询历程的第一个阶段，以"苦"名之，体察"为果之苦"，主要的目的是让来访者接纳、认清目前的痛苦状态，体察身心所透露出来的信息。第一阶段包含了四个小阶段，分别为接案阶段、困扰检核、生涯需求，以及松绑阶段，以下分别说明之。

1. 开：接案阶段

每一位前来求助的来访者，除了带着想要求解的需求外，通常伴随着不同程度的焦虑。这种情绪状态之指向有二：对内，反映出对自身困扰之不安；对外，反映出对咨询情境陌生的焦虑。因此这一阶段辅导的目标，首在建立一个安全的辅导气氛上。生涯咨询师的主要工作和一般咨询初期的工作类似，包括暖身、确定双方的期待以及告知保密原则等。

2. 示：困扰检核

咨询初期如果能有设计周详的生涯困扰检核表，显示生涯阻隔因素（career barriers）（Swanson & Tokar, 1991），能够让来访者与咨询师很快地进入状态。在大学生的生涯阻隔因素部分，台湾大学生有九种常见的生涯困扰：（1）方向不明；（2）信心不足；（3）学习干扰；（4）坚持不足；（5）发展阻挠；（6）意志薄弱；（7）犹豫行动；（8）科系困扰；（9）决策干扰。这些因素可以通过《生涯发展阻隔因素量表》予以检核（陈丽如，2010）。

此外，美国伊利诺伊大学厄巴纳香槟校区生涯发展中心提出了一个生涯规划的框架，可作为生涯咨询初期检核生涯困扰的概念模式（Swain, 1984），参见图2-3。

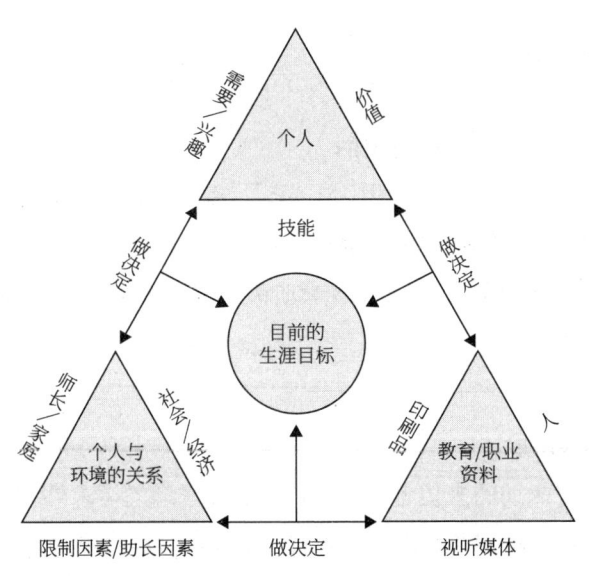

图2-3　生涯规划模式（资料来源：Swain, 1984）

在此生涯规划模式中，通过三个大区块的生涯探索活动与资料的搜集，经由生涯抉择的历程，决定目前的生涯目标。

最上方的区块与自我了解有关，包括内在各项个人特质的理解，如需要、兴趣、价值与技能等。

右下角的区块与教育/职业资料的搜集有关，从各种印刷品、视听媒体与相关人士中，寻找与生涯目标有关的信息。

左下角的区块则是对个人与环境的关系进行探索，从社会经济发展的脉络，到身边关键他人（如父母或师长）的意见，综合汇整相关的助长因素或限制因素。

任何一个区块出现了困扰，都会干扰到生涯抉择，进而影响到中间区块的生涯目标。

3. 悟：生涯需求

这个阶段的主要目标是提供一种安全且安静的情境，让来访者澄清内在的生涯需求。对于无法明确表示求助需求的来访者，也可采用生涯幻游技术

（参见第六章），让来访者在放松的情境中，投射出内在的生涯需求，带动一连串的内在探索。

4. 入：松绑阶段

生涯幻游技术所澄清者，是在现实世界中未能满足的需要。对大多数人而言，需求的澄清尚不足以产生行为改变的动力。然而，问题的固着现象渐渐开始松绑。在这种情况下可准备进行下一阶段的活动，包括有关兴趣、能力或生命主题的评估。

（二）集：为因之集，确知苦因

生涯咨询历程的第二个阶段，以集名之，探究"为因之集"，主要的目的是让来访者确知、认清生涯困扰表象底层的原因。这一个阶段包含了以下四个小阶段，即心理测评、故事叙说、原因集成、假设验证，以下分别说明。

1. 开：心理测评

此一阶段是借着各种心理测评方法的实施与解释，让来访者发现"我是谁"。这些方法包括各式心理测验、生涯方格单、职业组合卡或生涯家族图等。在此过程中，咨询师最大的挑战是如何将生硬的数据转换为有意义的信息，通过适当的解释，使来访者觉察，而引发出进一步自动自发的探索、澄清或做决定等建设性行为。

如果将心理测评技术融入故事叙说，叙事取向的生涯理论发现，在这一阶段更能发挥"为因之集"的理解。

2. 示：故事叙说

后现代的生涯咨询采取了故事叙说的方法，经由早期经验回溯或生涯困境的故事叙说，发现隐藏在故事中的生命主题，从而带出未来的生涯篇章，而产生行动的力量。

从 20 世纪职业指导到后现代生命设计思潮的演进，无论实务工作者或实证研究者都发现，生涯咨询的过程中若能融合量化评估技术（quantitative assessment techniques）（如心理测评）与质化评估技术（qualitative assessment techniques）（如故事叙说），将产生最大的咨询效益（Maree, 2015）。

3. 悟：原因集成

通常这一个阶段问题的症结也会渐渐明朗。是生涯信息不足？是对自我的了解不够？是生涯抉择的方法不熟？是不良的生涯信念作祟？抑或是内在价值观的冲突？在这一个阶段，希望能让来访者产生新的洞见，直指问题的本源。

4. 入：假设验证

在"集"这个大阶段，来访者与咨询师普遍的感觉是"两岸猿声啼不住"，但是还未到"轻舟已过万重山"的豁然之境。对于生涯困扰的原因有所领悟之后，接续这一小阶段的性质是假设验证（hypothesis testing）（Pepinsky & Pepinsky, 1954）。由于对自我的理解或新的生涯信息带给来访者新的认知素材，来访者经常会有新的假设出现。假设的提出通常是在新的信息加入之后，在得到验证之前，来访者仍是处于半信半疑的焦虑状态。例如："跟你谈到现在，我发现我的确是个喜欢静态文字工作的人，好像现在这种公关的工作的确不适合我，真的如此吗？换了工作之后，一定比现在更好吗？"这一个阶段的咨询任务，让来访者的疑惑（假设的来源）得以呈现、讨论、验证、沉淀。

（三）灭：为果之灭，知其可治

生涯咨询历程的第三个阶段，以灭名之，确知"为果之灭"，主要的目的是让来访者通过适当的方法，消解生涯问题所带来的困扰。

咨询进入这一个阶段，来访者需要学习做一个（暂时性的）生涯抉择。对于咨询师而言，这一个阶段的挑战不仅在于生涯抉择的进行，也在于焦虑情绪的处理。本阶段分为质疑阶段、生涯抉择、难舍能舍、下定决心四个小阶段。

1. 开：质疑阶段

此一阶段明显出现的现象，是来访者发生了可行性质疑（feasibility inquisition）（Spokane, 1991）。所谓"可行性质疑"，是指来访者怀疑自己能否克服阻力，达成新的目标。即使生涯难题的冲突明朗化，环境的阻碍也已经摊开来讨论，仍有许多人没有办法执行一个合理而恰当的选择。他们害怕改变必须面临的新阻力，害怕"一波未平一波又起"。这时焦虑有可能戏剧性地攀高，来访者会要求咨询师一起去检视这些阻力的来源。唯有平安地突破这种心理障碍，才有可能对新的生涯抉择产生认同或承诺。

2. 示：生涯抉择

当生涯信息的搜集愈清晰，对自我的了解也拨云见日，接下来的工作是明示生涯抉择的方法。每一个人做决定的风格不一，做决定的方法也是五花八门。有关生涯抉择的实施，将在第十一章中详细介绍。

3. 悟：难舍能舍

苦与乐是相对的，苦的真灭在于确定苦之诸源能够渐渐除去。这是一种崭新的、欢喜的领悟。来访者正式进入生涯抉择的历程，就必须学习何谓难舍，何谓能舍。

做决定不是一件容易的事（Yalom, 1991），不易做决定的一大关键是"左右不逢源"，"做决定之苦"甚至触及存在的核心。来访者在这一阶段，必须深入每一个选择方案的"是"与"否"，接触苦源，面对苦源，从中了悟难舍能舍、能舍即得的智慧。此外，在决定的过程中，看清了自己在不同选项中所坚持的价值信念。这种澄清的过程也带来了一种新的领悟。

4. 入：下定决心

"鱼与熊掌不可兼得"最能形容下决心时的冲突心态。虽然在生涯抉择过程中，所有可能的取舍都已经被摊开来检视；但即使是下定了决心，还是会经过一段后悔期。我们以图 2-4 来说明这种"下决定"的认知历程。

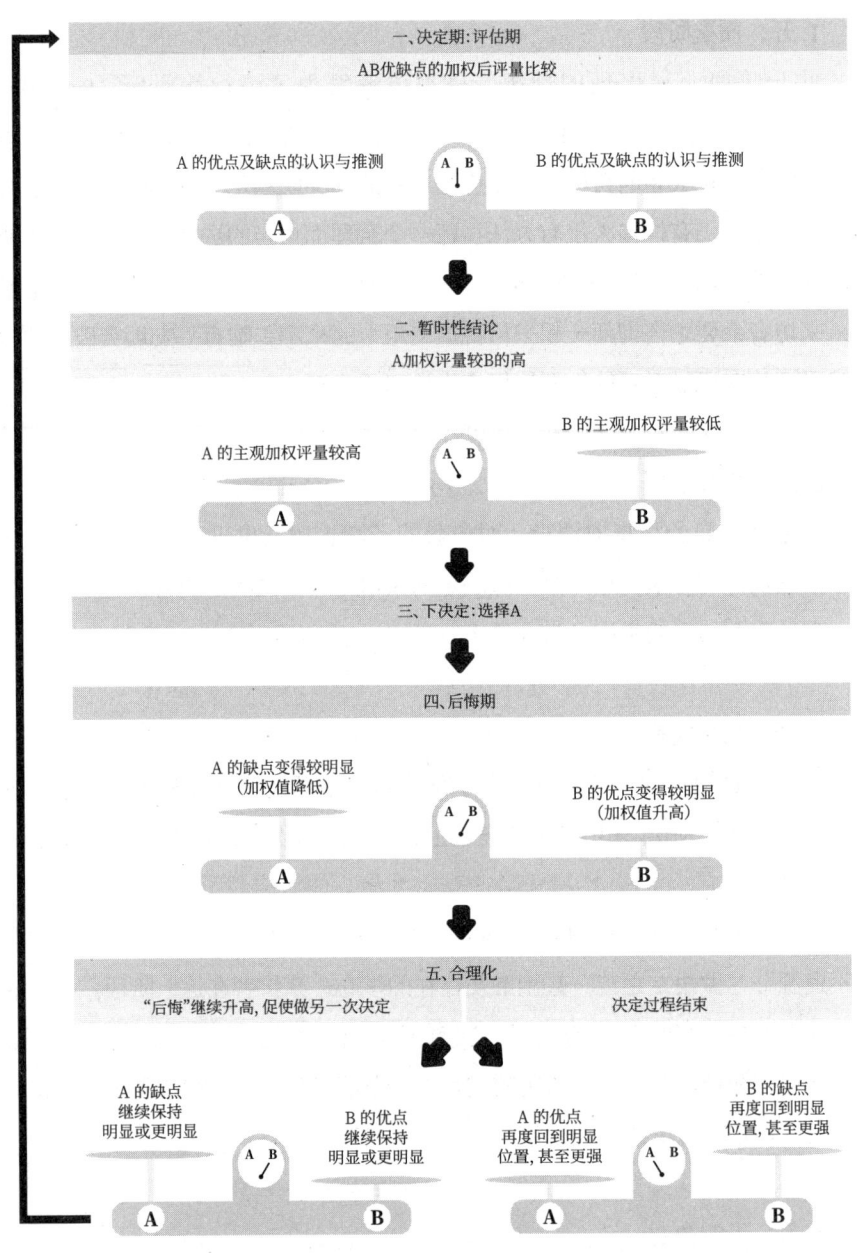

图2-4 两种选项的"下决定"认知历程（资料来源：吴英璋，1993）

一、决定期：评估期
AB优缺点的加权后评量比较

A的优点及缺点的认识与推测　　　B的优点及缺点的认识与推测

二、暂时性结论
A加权评量较B的高

A的主观加权评量较高　　　B的主观加权评量较低

三、下决定：选择A

四、后悔期

A的缺点变得较明显（加权值降低）　　　B的优点变得较明显（加权值升高）

五、合理化

"后悔"继续升高，促使做另一次决定　　　决定过程结束

A的缺点继续保持明显或更明显　　B的优点继续保持明显或更明显　　A的优点再度回到明显位置，甚至更强　　B的缺点再度回到明显位置，甚至更强

就图2-4来看，假定来访者面临的是二选一的决断困境："出国读研"还是"在国内读研"。他之所以会左右为难，是可能"左"的优点是"右"的缺点，

"右"的优点是"左"的缺点。经过主观的加权评估，他得到一个暂时性的结论：选择出国读研。如果他确实认为 A 的加权测评较 B 的为高，他就理所当然地决定了"出国读研"。许多咨询师大体上会认为生涯抉择到此告一段落，而忽略了另一段潜伏在暗处的心理纠缠历程：后悔与合理化。

"后悔期"可长可短，其特征是患得患失。这时期 A "出国读研"的缺点会变得较为明显、上升，优点似乎变得不再强势；而 B "在国内读研"的优点在心目中的分量不自觉加重，缺点好似不那么凸显。这种"二度挣扎"的心情飘忽随着时间的紧迫（申请国外研究生课程的日期将截止）慢慢紧缩，进入了合理化期。

"合理化期"接受了原先的 A 选择，以"甜柠檬"的合理化作用接纳了这个选择的缺点。例如"其实（国外）语言的障碍正是一种'天将降大任于是人也'的契机……"。反之，如果后悔期持续下去，也就是 A 的缺点继续升高或更明显，就得再回到原点，重新来过，也许就会选择 B 了。

这是一种下定决心的认知历程，重点在接纳及容许"后悔期"的发生。经历了这个阶段心情的起伏跌宕，来访者才能真正体验到所谓的"放下"，而决定的清晰度（为何而舍，为何而得）也将咨询进程推进到下一行动阶段。

（四）道：为因之道，行动方案

生涯咨询历程的第四个阶段，以"道"名之，建构"为因之道"。主要的目的是让来访者采取积极的行为策略，以开启新的生命道路。这个大阶段主要包括执行与追踪两个重点，目标在于增强来访者所做的改变。

1. 开：生涯筹划

生涯筹划是一种"认知控制"。所谓认知控制，是指一种为了达到生涯目标所预为擘画的认知蓝图。"意在笔先""成竹在胸"均属认知的控制，在正式蘸墨落笔之前，对每一个重要的布局做好的沙盘推演。闻名国际的日本导演黑泽明在电影正式开拍之前就做好了巨细靡遗的分镜表，每一个镜头的细节都跃然纸上。这也是一种认知控制。执行生涯目标的认知控制，有以下几个规范性的参考步骤（Isaacson, 1985）。

(1) 确定目前的位置与未来的目标；
(2) 搜集必须具备的新条件；
(3) 分析达到目标可能的路径；
(4) 选择路径且制订时间表；
(5) 确定可能的调整；
(6) 建立谋职策略；
(7) 计划改变；
(8) 跨出第一步；
(9) 评估与反省。

2. 示：行为控制

行为控制是指将认知控制的内容付诸实践。截至目前的计划都属"纸上谈兵"，必须付诸实践，才能增进对环境有效操控的感觉。所谓"逢山开路"，是将遭遇到的阻碍铲除；"遇水架桥"，是创造新的有利环境（吴英璋，1993）。

3. 悟：回溯控制

回溯控制是指在整个行动告一段落之后，来访者借着"归纳""演绎""推论"等反思，领悟到自己的确可以做自己行动的主人，有能力改善自己的苦源，因而建立起解决问题的信心。最重要的是通过回溯控制，个体由成功的离苦经验中逐渐形成俯瞰生涯困境的习惯，不只消极地体察到"解决之方"，也能积极地了悟到"为因之道"。

4. 入：追踪辅导

追踪辅导是生涯咨询工作的最后一个环节，在就业安置方面特别重要。追踪辅导的目的在于了解个人经过辅导后的适应状况，并进一步追踪与观察未来可能遇见的困难。根据经验法则，来访者所做的生涯抉择在现实面前有时并不如预期的理想；有时虽然经过了缜密的抉择，选择了满意的职业或专业，也顺利通过了必要的准备进入下一阶段的生涯路，仍然有可能需要协助以适应新的环境。除此之外，在学校的辅导系统中，追踪辅导的价值也在于经由学生在职业或学习过程中的信息，提供辅导计划有效性的反馈，作为评估及修正辅导措施的重要参考。

总之，生涯咨询的互动过程是动态的，生涯个案的问题大多错综复杂。实际运作时，咨询师应在原则性的框架下，视实际状况进行弹性的调整。

第四节　生涯理论的范式

在社会科学领域，范式转移（paradigm shift）并不意味着新的范式必须取代旧的范式。也就是说，新的范式应新的需求而生，旧的范式仍旧有其适用价值。生涯理论三种范式的诞生与使用，都有其时代背景与需求，也都有其预期的价值与效用。因此，专业人员应充分掌握这些范式的精神，针对来访者的需求，选择最适当的范式依据与介入策略。

延伸阅读 2-1

生涯理论的范式结构

生涯理论的三个范式，各自萌芽于不同社会条件的历史阶段。在人类发展史上，随着社会脉动的推移，人类对世界本质的假设与对现象知识的理解也随之产生变化。对不同的理论而言，本体论（ontology）衍生认识论（epistemology），认识论滋生范式，范式规范了历程（如图2-5所示）（Savickas, 2015）。咨询师汲取了不同世界观的"观点"与认识论的"哲学"，从而派生了特有的"范式"与"历程"，进而运用在与来访者的互动中。

咨询师　观点 → 哲学 → 范式 → 历程　来访者

图2-5　从咨询师到来访者互动的范式结构（资料来源：Savickas, 2015, p.130）

观点（perspective）是一种观看世界的方式，也是一种价值或信念的假设框架，提供了理解世界的本质脉络，相当于本体论。生涯理论的本体论，在于探究生涯咨询的本质究竟为何。

科学哲学（philosophy of science）是一种从本体论所派生的认识论，用以形成有效的知识系统，据以建构理论与概念模式。生涯理论的知识论，在于探讨个体如何认识世界，咨询师与来访者通过何种方式获取知识。

范式（paradigm）是一种根据认识论所建构的概念模式，用以形成一组独特的运作历程。按照库恩（Kuhn，1962/1985）的定义，每个范式都包含共同的假设、共同的理解和集体价值观，这些价值观用来构建社会实践的方式，包括了生涯教育、生涯咨询等。

历程（process）是一种根据理论范式所发展出来的方法论（methodology），用于解决实际的问题，带出预期的效果。

生涯理论的三个范式，其结构详如表2-2。

表2-2 生涯理论的范式结构

范式	观点	科学哲学	历程
职业指导	经验主义（empiricism）	形式主义（formalism）	导之、辅之、安之
生涯发展	人本主义（humanism）	机体主义（organicism）	教育、教练、辅助、心理咨询
生命设计	建构主义（constructionism）	情境主义（contextualism）	设计、愈合

（资料来源：Savickas，2015，p.140）

职业指导范式采取形式主义的认识论，以经验主义的观点客观地探讨个别差异，从来访者的测验分数中发现其性格特征，与相似性高的职业进行匹配。

生涯发展范式运用机体主义的认识论，并以人本主义的视角来看待个体的主观发展，从符合来访者的生命阶段相应的发展任务中，寻求身心的安顿；同时也协助来访者以新的态度、信念和能力，促进下一阶段的生涯发展。

生命设计范式遵循脉络主义的认识论，并从建构主义的角度来看待个体的生涯故事。咨询师将来访者视为撰写自传故事的作家，鼓励其从生命主题中构建自己的职业生涯。

一、职业指导的范式

职业指导的范式采用的认识论是形式主义，强调通过分门别类的方式来理解万事万物，并不重视历程（Pepper，1970；Savickas，2015）。形式主义应用在心理学上，认为个人的特质是可以分析与分类的，稳定持久且不易改变。这个哲学论述的喻根①（root metaphor）是类型（type）。在职业指导的范式中，"人"有其类型，"境"也有其类型，形式主义主要回答"来访者像是哪一种类型的人？"。理论的精义就是"人"与"境"在类型上适配的一致性（Savickas，2015）。

（一）经验主义的职业指导

职业指导范式的本体论是经验主义，科学哲学中的经验主义强调证据和经验，所有理论和假设都必须被实验检验，而非单纯依赖先验推理、直觉或启示。经验主义的研究使用包括实验和经过验证的测量工具，因而成了职业指导科学方法的基础。

职业指导的开创者帕森斯（Parsons，1909）是一个毕业于康奈尔大学的工程师，热衷于社会改革。他曾在公立学校教过数学、历史、法文；也当过铁路工程师；还通过律师考试，在波士顿大学法律系教过书。他在1908年1月13日成立了波士顿职业局（Boston Vocation Bureau），开启了职业指导的先河，被后人尊称为"美国职业指导之父"。

1908年5月1日，帕森斯发表了一场日后对生涯咨询运动有深远影响的演讲。他详述如何以系统的步骤，辅导了将近八十名前来职业局要求协助的男女求职者。帕森斯在1908年9月26日辞世。隔年5月，第一本职业指导的专著《选择职业》（*Choosing a vocation*）得到了出版，总结了他在职业局如流星般短暂而璀璨的事业（Picchioni & Bonk，1983）。他对生涯咨询运动最重要的贡献是建立了协助个体选择职业的概念架构，这也是职业指导的基本模式

---

① "喻根"又称为基本隐喻（basic metaphor）或关键隐喻（master metaphor）（Pepper，1970），系指采用一种根源性的比喻方式，以表征抽象世界的本质。

(Parsons, 1909, p.5)。

1. 要清清楚楚地了解自己，包括了解自己的性向、能力、兴趣、野心、资源及限制，以及这些特质的成因。
2. 要明明白白地认识职业，知道各种工作成功所必须具备的条件和要求、优点与缺点、待遇、就业机会与发展前途。
3. 要实实在在地推敲论证，发现以上这两组事实之间的关联性。

他在书中开宗明义地指出科学方法的重要性。他强调要采用实实在在推敲论证的科学方法，进行人与工作的适配，将职业指导的范式提升至常规科学（normal science）（Kuhn, 1962/1985）。常规科学是指科学家在特定范式或解释框架内进行理论、观察和实验的规范性工作，科学社群中的专业人员与研究人员采用统一标准的模式以解决类似的问题。职业指导的常规科学模式即是人境适配。

（二）个人与环境的适配

人境适配的范式主要在于区辨个人与环境的相似性与匹配性。随着科学的进步，专业人员使用测验或量表对个人进行研究。帕森斯辞世之后，职业指导的第一个正式定义是由佩恩（Payne, 1923）在全美职业指导协会的大会上提出的："职业指导是一个科学的、持续的过程，通过这个过程，对个人进行测试、量测和评估，然后针对最佳的工作发展方向提出建议。"（Payne, 1923, p.104）

心理测评研发的开花结果，为咨询人员提供了有利的辅导工具，因而促成了特质因素论的兴起。

（三）特质因素论的职业咨询

从帕森斯之后，职业指导即遵循着科学性、实证性、合理性、临床性和问题解决的特点发展。这种科学的指导观点，形成了一种称为明尼苏达学派（Minnesota point-of-view）的学术社群（Williamson, 1947）。该学派具有三个关键的假设。首先，职业指导应以客观数据为准则，为咨询行动提供值得信赖的基础。其次，利用科学的方法搜集数据，对个人的能力和兴趣进行测评。再次，职业指导根据这些数据帮助个人综合性地评估与他们未来有关的机会、选择和目标。采用此一范式的理论被统称为特质因素论（trait-and-factor theory）。

在生涯理论的发展史中，咨询方法比心理测评工具的出现推迟了约莫半个世纪。1939年E. G. 威廉姆森（E. G. Williamson，1900—1979）系统地整理了职业指导的工作模式，总结在《如何为学生提供咨询》（*How to counsel students*）一书中。他将咨询的过程，分为六个连续的步骤（林幸台，1990，p.49）。

1. 分析：通过各种途径及主观与客观的工具，搜集有关个人的兴趣、性向、态度、家庭背景、知识、教育程度等资料。

2. 综合：以个案研究方法及测验的图表方式，综合整理所搜集之资料，以显示个人之独特性。

3. 诊断：描述个人的特质或问题所在，比较各项图表与测验常模或类型等资料，必要时再进一步探索问题之成因。

4. 预断：依各项资料，预测个人职业成功的可能性；或针对问题，研判其可能的后果及调适的可能性，据以选择调适之道。

5. 咨询：协助来访者了解、接受并运用各项有关个人与职业方面的资料，进而与来访者晤谈有关择业或调适的计划。

6. 追踪：协助来访者执行计划，若有新问题产生，则再重复上述各项步骤。

由于其技术充满了教导的色彩，又称为指导式咨询学派（directive counseling），有别于罗杰斯（Carl Rogers，1902—1987）的非指导式咨询学派（non-directive counseling）。

二、生涯发展的范式

生涯发展的范式采用的认识论是机体主义，以有机体（organism）的模拟来说明如何认识外在的世界（Pepper, 1970; Savickas, 2015）。机体主义的哲学立场认为，宇宙的现象是生机活泼的，就像生命有机体一样，在不断地变化与成长。这个哲学议题的"喻根"是发展（development）。机体主义的观点试图回答"它是如何发展的？"。在这一哲学体系中，作为主体的"自我"是自身发展的源泉，做好自己生命的主人。个体必须开发自己的内在资源，为下一个生命阶段及其任务做好准备（Savickas, 2015）。

（一）人本主义的生涯发展

心理学第三势力的人本主义思潮兴起，强调人的主体性和自主选择，认为经验主义所看到的"特质"只是人的一部分。这使得职业指导的"类型化"范式必须有所调整。

新范式的标志性人物是舒伯（Super, 1983）。他以"生涯"的定义扩展了"职业"的定义，倡议以生涯的发展心理学涵盖职业的差异心理学。从人本主义的观点出发，生涯抉择不是一次性的人境适配，而是一辈子的事。舒伯主张生涯发展是一个自我实现的历程，个人在职业中实现自我，在工作中彰显自性。

（二）"评估—标定—发展"的工作模式

人本主义与社会脉动的契合，使得生涯发展范式随即在学校与职场迅速拓展开来。在实践场域发展出来的工作模式包括三个要素：（1）评估发展状态；（2）标定可能的机会与挑战；（3）发展内外在资源。这种评估—标定—发展（assess-orient-develop）的模式融入了各级学校的生涯教育，以课程、课外活动、工作坊、夏令营等形式，培养学生生涯发展的态度、信念与能力。生涯咨询人员以舒伯的生涯发展理论为依据，走入学校、职场，服务的对象包括学生、成人、社会大众。

在职涯发展领域，新萌芽的生涯咨询专业人员称为生涯教练（career

coaches），主要在于指导成人在职场上的生涯发展。一般在职场上，职涯之路沿着生徒（apprentice）—同事（colleague）—职场导师（mentor）—赞助人（sponsor）的发展阶段推移（Dalton et al., 1977）。生涯教练协助不同阶段来访者的职场升迁，其工作模式也是依照"评估—标定—发展"的模式：（1）评估来访者目前的状态、目标与能力；（2）标定来访者的机会、挑战与阻碍，针对来访者达成目标所需的技能提供适度的反馈；（3）发展事业成功所必备的知识与能力。进阶的生涯教练服务被称为高阶主管教练服务（executive coaching，或译总裁教练术），是一种特别对中高级企业管理者（包括执行长）提供的教练服务（陈茂雄，2008）。

（三）人本范式与生涯理论的视域融合

人本主义的范式尊重自我的发展与实现，强调自主选择。人本主义带动了心理咨询的第三波运动，代表性人物是卡尔·罗杰斯。

罗杰斯为非指导式咨询学派的宗师，他的非指导式咨询为生涯咨询运动注入了新的思维方式与方向。他早期的代表作为1942年发表的《咨询与心理治疗》（Counseling and psychotherapy），开创性地提出了非指导式咨询在处理生涯议题时的三原则：第一，生涯抉择不能只注意个人特质与职业条件的配对，还必须加入来访者情意与动机因素的考虑；第二，来访者的自我接纳与自我了解，是咨询的首要目标；第三，咨询师必须更关心其与来访者之间的互动，及来访者在咨询过程中的口语表达内容。罗杰斯特别强调，不应有任何借口将"人"与"职业"的议题分开处理。

从本质上看，人本主义的咨询对人的尊重甚于仅仅关注职业问题，可促使来访者更加了解自己，从而激发内在的智慧，采取自己能够接受的步骤，自行操控与主导命运。自此之后，职业问题被视为一种人本取向浓厚的发展议题，必须放在生命发展的脉络中思考。

三、生命设计的范式

为了因应工业4.0所带来的冲击，生涯理论发展步入了一个新的里程。21

世纪初，奠基于社会建构主义（social constructionism）的生命设计范式脱颖而出，被称为生命设计（life design）。生命设计的范式采用的认识论是情境主义，这个哲学议题的"喻根"是情境中的行动（act in the context）。情境主义的观点试图回答："它是如何发生的？"从动能的角度看待个体的发展变化，个人从其所存在的文化与社会脉络中了解自己，了解这个世界。换言之，生涯意识中的行为是否成功或有无生命意义，存在于行为者与其所处的情境之中（Savickas，2015）。

（一）生命设计的社会建构

中文的"设"与"计"，有"设定"也有"计算"的意思。"设定"与"计算"是一种基本功夫，设计的基本功包括颜色、几何、物料、比例等基本学习元素，得心应手之后创作出不同的艺术成品（胡恩威，2021）。"苹果"不单只是一家科技公司，而是通过设计产生一种独特的美学价值。"小米"也是通过设计高性价比的产品而异军突起。市场与需求一直在改变，"设定"与"计算"必须在基本功夫之上，吸纳环境脉络的市场调研数据，随时机动调整，就是一种社会建构主义的精神。

生涯理论的生命设计范式采用"设计"的比喻，应用于21世纪的生涯发展，也基于社会建构主义的精义。自己的生涯路，自己设计。掌握设计的基本功夫，还需要眼观四面，耳听八方，审时度势，打造出自己的独特品牌。

（二）工作意义的社会建构

生命设计的灵魂在于工作意义的发现与实践。社会建构主义将意义视为在人与社会的互动中，引领个人前行的力量。袁隆平世界知名的杂交水稻研究专家，一生使命就是"喜看稻菽千重浪"，让世界所有人远离饥饿。他与基层农民、研究团队以及无数社群团体共同努力，为解决世界粮食安全及短缺做出了卓绝贡献。这种工作意义不仅是属于个人的，也是社会共构的。

（三）自我认同的社会建构

随着上述对意义建构的强调，生涯范式吸纳了存在主义和人本主义的第三势力——心理学，其目的是打造一种能够突出人们独特性（并非"适配性"）的方法（Savickas，2015）。有趣的是，这些观点与逻辑实证主义的融合，使得传统职业指导中看似被边缘化的测评模式，因为突出了一种强调主观性和独特性的味道，重新获得青睐。生涯理论家开始重视协助来访者以自己的特性构建自己的现实，以确保在咨询前进的时时刻刻都能建立职业生涯的身份认同（identity）。

生命设计的主体是个人，个人的自我意识由人与社会所共构而成。每一个人必须扮演许多的社会角色，即使角色是短暂的、转换的，甚至是片段的，在与社会的互动过程中，会形成多重角色的身份认同①。所以，在回答"我是谁"这个既传统又关键的问题时，这个"我"不再是一个固定不变的特质，而是在行动之中不断建构、解构与共构的"我"。

（四）叙事取向的生命设计

个体如何在变动不居的社会环境中，既能从多元的角色中认识变化中的自我面貌，又能维持一个前后连贯而又充满生命意义的生涯意识？这个范式主要采取了叙事心理学（narrative psychology）的叙事方法。

故事叙说取向的生涯咨询，顾名思义，是以"说故事"的方法进行生涯咨询。个体的生涯发展被比喻为一个故事叙写的过程：在咨询的过程中，咨询师和来访者共同书写故事，从过去、现在到未来，故事可以进行叙说、改写与诠释。通过这样灵活的方法，来访者根据自己描绘的自我画像，选择一种安身与立命的生活方式，也为生涯赋予了意义。

---

① 华人身份认同的表征之一，是用印，有官章也有私章。1981年发现的一枚中国古代印章，呈八棱二十六面球体，其中正方形面18个，三角形面8个，正方形面中的14个镌刻有印文，代表的正是一种多元的身份认同。此章为南北朝时期西魏的朝官独孤信所用，他兼通文武之道，身兼无数官职。因批核不同公文须用不同的官衔用印，为省却寻找官印的麻烦，设计了一颗多面体的印章。在印文中囊括了公文、上书、书信等多种用印功能，各项职能身份清晰明白。（煤精印，2023）

四、下一波的生涯理论范式

新兴的生涯理论范式紧跟着一波又一波的经济浪潮或产业革命。林奇（Lynch, 2014）从技术经济的角度撰文，认为我们正接近技术经济变革的第五次浪潮的尾声，第六次的神经技术浪潮（neurotechnology wave, 2010—2060）正被生物芯片（biochip）和脑成像技术（brain-imaging technologies）的进步快速推动，这将使生物分析变得经济和普遍。他从科技与经济的角度思考，认为人类社会创造了科技，反过来又将被科技发展所塑造。

下一波的生涯理论范式尚难预测，但对于乌卡时代的冲击，生涯心理学自有因应的对策。早期积极不确定论（positive uncertainty）主张以积极乐观的态度面对不确定性（Gelatt, 1989）；当代对于生涯事件中机会与偶发因素高度重视的偶然学习论（Krumboltz, 2011），强调非线性与复杂性的生涯混沌理论（Bright &Pryor, 2014）。聚焦于认识缘起缘灭现象的生涯因缘观（金树人，2020），以及结合西方现象学与东方易经的辩证存在生命生涯模式（Dialectic Existential Lifecareer Model）（刘淑慧，2022）等，都是生涯理论面对不确定性时代浪潮所筹谋的因应之道。

第五节　生涯咨询师的能力与资格

随着生涯咨询需求的增加，生涯咨询的内容不断更新与调整，相关咨询人员的资格培训与认证变得尤为重要。要提供全面且高质量的生涯咨询服务，咨询人员必须经过严格的培训和资格认定。生涯咨询人员的培训和认证体系，可确保从业人员具备足够的专业能力，协助个人进行生涯发展，并且不断更新技能以应对劳动市场的变化。随着社会对生涯发展需求的提升，相关的职业资格与专业发展资源也在不断扩充。

一、生涯咨询人员之服务内容

生涯咨询人员所服务的处所不一，通常以学校单位居多，其次是民间的企业管理顾问公司、私人心理诊所或公私立的职业指导机构。基本上，生涯咨询人员要能提供以下服务。

1. 学生辅导与生涯规划：提供学生生涯规划，特别是在高中和大学阶段，帮助学生选择合适的教育途径或职业方向。

2. 生涯探索与生涯定向：协助个人了解自身的兴趣、技能和价值观，并探索合适的职业方向。

3. 生涯发展评估：使用职业测评工具来帮助个人了解自己的职业兴趣和性格特质。

4. 生涯规划与决策支持：帮助个人分析职业机会，根据个人的兴趣和技能做出生涯选择。

5. 求职策略与规划建议：帮助求职者撰写简历、求职信、准备面试技巧以及提供职业规划建议，并帮助制订个人发展计划（IDP）。

6. 职业转型与再培训：帮助成年转业者或重返职场的人评估转换职业的可能性，并设计重新进入劳动市场的策略，包括再教育和技能提升的建议。

7. 企业内部咨询服务：为企业提供员工的职涯发展辅导服务，帮助企业进行员工培训、发展与晋升计划和职场心理支持。

8. 员工发展与职场辅导：协助企业员工进行职涯发展，提供工作生活平衡和职场挑战的建议。

9. 职业健康与心理辅导：提供职场压力管理、工作与生活平衡的建议，帮助员工提高工作效率和满意度。

10. 终身职业发展教育：强调终身学习和职业发展的理念，为不同年龄层提供职业发展支持。

全球各地的生涯咨询服务项目有其相似之处，特别是在生涯发展、生涯选择、求职指导、生涯转换与员工辅导等项目上。不同的是，某些国家（如德国和日本）更强调政府和职业学校的支持介入，并专注于中高龄者职业再培训方面的服务；而美国和澳大利亚则强调灵活的生涯发展路径和个性化的职场心理支持服务。

目前许多国家或地区对终身学习的重视，也对生涯发展的服务内容产生了影响。终身学习需要终身指导（Van Esbroeck, 2002）。在大多数国家，终身指导涵盖了对不同年龄范围的人提供更广泛的生涯服务。随着经济、职业和社会变革速度的持续加快，为了提供有效的帮助，生涯咨询人员都需要具备生涯咨询能力，以帮助来访者制订与其生涯相关的终身学习计划（Hiebert & Neault, 2014）。

二、生涯咨询人员之专业能力

生涯咨询人员散布于各行各业，其职称与工作范围也有所不同，包括生涯团体专业人员、生涯教练、新员工面试专家、学校辅导老师、人力资源专家、劳动力市场信息资源专家、就业安置专家等。若要成为合格的生涯咨询专业人士，建议在以下九个指定领域满足最基本的能力要求（NCDA, 2021）。

1. 生涯发展理论（career development theory）：从事生涯教育和生涯咨询的专业人士所必需的理论基础和知识。

2. 个体与团体咨询技术（individual and group counselling skills）：从事个人咨询和团体咨询的能力，对有效的生涯咨询至关重要。

3. 个体/团体评估（individual/group assessment）：个体评估技术与团体评估技能，是从事生涯咨询的基本技能。

4. 信息/资源/科技（information/resources/technology）：生涯咨询人员必须具备相关的信息/资源/科技知识和技能。

5. 项目推广、管理和实施（program promotion, management and implementation）：在各种环境下开发、计划、实施和管理综合性生涯发展项目所需的技能。

6. 教练、咨询和绩效改进（coaching, consultation and performance improvement）：以生涯教练或生涯咨询的形式影响个人在组织生涯发展过程中所需的知识和技能。

7. 督导（supervision）：在评估咨询师绩效、维持和提高专业技能，以及在咨询过程需要协助时，是不可或缺的职能。

8. 伦理／法律问题（ethical/legal issues）：生涯咨询的伦理和法律实践所需的信息和知识。

9. 研究／评估（research/evaluation）：对于生涯咨询和生涯发展研究与评估所需的知识和技能。

这些能力有助于生涯咨询师在多变的职业环境中，有效地帮助个人和组织进行生涯规划和决策。全球大多数国家对生涯咨询专业人员的能力认定，主要集中在对生涯发展理论、职业评估工具、咨询与辅导技巧以及职业伦理等方面的评估与规范。少数国家和地区由于其多元文化的特殊性，例如美国、欧洲和新加坡，在专业能力认定中尤其强调跨文化敏锐度与多元文化适应的重要性。

三、生涯咨询人员的专业认证

从专业发展的立场，通过具有公信力的机构提供专业背景和资格验证，可维持生涯发展领域的专业品牌和形象，以及规范严格的质量标准、实践范围和道德准则，确保专业的可信度和透明度。从消费者或来访者的立场，可增强对生涯专业的信心以及对专业人员的信任。以下分别以"总"（国际）—"分"（国家／地区）方式进行生涯咨询人员专业认证的介绍。

（一）国际专业认证

全球职业生涯规划师（Global Career Development Facilitator，简称 GCDF）是一个全球性的生涯咨询人员资格认证体系，用来培养生涯发展、生涯规划和生涯咨询领域的合格专业人员。全球职涯规划师的源头是职涯规划师（Career Development Facilitator，简称 CDF），CDF 体系在专业人员完成依据十二项职涯规划师的核心能力，进行为时120小时的专业培训合格后，予以授证（Splete & Hoppin, 2000）。

全球职业生涯规划师由美国全国咨询师认证管理委员会（NBCC）、美国生涯发展学会（NCDA）和全国职业信息协调委员会（The National Occupational Information Coordinating Committee，简称 NOICC）三个机构于1997年开始推动，目前GCDF的认证工作由全国咨询师认证管理委员会下属的认证与教育中心（The Center for Credentialing and Education，简称 CCE）进行全球性推广。

从2000年开始，全球职涯规划师的认证开始发展美国以外国家/地区的培训与认证。GCDF包括至少120小时的专业培训，涵盖12个核心能力领域：助人技巧、劳动力市场信息和资源、测验评估、多元族群、伦理和法律问题、生涯发展模式、就业技能、培训客户和同侪、项目管理与实施、推广和公共关系、计算机技术以及咨询与督导（参见 https://www.cce-global.org/credentialing/gcdf/corecomp）。这些核心科目，可基于各个国家本地特色而调整。

GCDF认证期限为五年。在五年结束时，CCE还要求完成至少75小时的继续教育训练以保持认证。经过多年来的发展，在美国有超过14,000人获得了GCDF的认证。在全球23个不同的国家/地区，有超过30,000人获得了GCDF的认证（CCE, 2021; Hiebert & Neault, 2014; Splete & Hoppin, 2000）。

（二）国家/地区专业认证

全球各地生涯咨询人员培训，均强调相关的学历背景与实务经验。在学历与专业能力要求方面，生涯咨询从业者通常需要相关学历背景，如心理学、生涯辅导、教育学等。这些学历涵盖生涯发展理论、个人与小组咨询技巧、心理测评工具的使用等内容。专业培训课程是生涯咨询的核心，无论是在大学层面还是专业机构，这些课程必须包括理论学习与实务操作的结合。

在实务经验的要求方面，生涯咨询师通常需要在不同的工作情境中实践所学的理论与技能。几乎所有国家和地区都要求实习或工作经验，这在培训课程或认证过程中非常关键。

除了国际性的认证（GCDF）之外，全球各地生涯咨询人员认证的方式大同小异。主要包括专业认证与持续专业发展（Continuous Professional

Development，简称CPD）。大多数国家和地区都有专业的认证系统，从业者必须通过认证考试或资格评估才能成为合格的生涯咨询人员。认证机构可能是政府机构或民间专业协会。持续专业发展（CPD）是保持资格持续有效的一个关键要求，从业者授证之后必须定期参加培训、研讨会或进修课程，要求对其专业技能和前沿知识进行持续不断的精进与完善，以确保跟上行业的最新发展。

全球各地生涯咨询人员认证的方式，在认证的形式与内涵上略有不同，大约可从以下五个角度进行观察。

1. 政府参与度与监管模式：在中国、日本、德国，政府在生涯咨询的认证和培训中扮演重要角色。例如，中国的人力资源和社会保障部（https://www.mohrss.gov.cn/SYrlzyhshbzb/）、德国的联邦劳工及社会事务部（https://www.bmas.de/EN/Home/home.html）以及日本的厚生劳动省（https://www.mhlw.go.jp/index.html），都对生涯咨询体系有较强的监管。

而美国、英国、澳大利亚等地专业协会在生涯咨询的认证中起了主导作用，如美国的NCDA和英国的CDI（https://www.thecdi.net），政府干预相对较少。这些专业团体负责制定标准、监控行业伦理规范和资格认证。

2. 培训结构与认证途径：芬兰和德国的系统非常结构化，生涯咨询与职业教育体系高度融合，尤其是针对职业学校学生。这些国家有统一的国家级考试或标准化认证。

美国、澳大利亚与中国台湾地区强调灵活的职业发展路径，从业者可以通过多种途径获得认证，如职业资格证书或专业认证，或由专业协会提供专业发展课程。

3. 持续专业发展与再教育要求：美国、澳大利亚和英国对从业者的持续专业发展要求非常严格，定期进修是维持资格的重要部分，持有证书的生涯咨询师必须参加相关的持续专业培训以保证资格的有效性。在海峡两岸，持续专业发展同样受到重视，在实施层面上具有更多的弹性，各地的专业团体都提供了多样的进修途径。

4. 认证和培训的多样性：美国和英国的认证系统通常更加多样化，有不同层级和专业领域的资格认证，如职涯规划师（CDF）或持证专业咨询师（Licensed Professional Counselor，简称LPC）。

相比之下，德国、芬兰和日本的认证较为统一，从业者需通过政府认可的考试，从业者往往只能通过特定途径获得资格认证，并在职业导向的教育体系中接受专门的训练。

5. 文化与社会体制的差异：在东方，诸如中国、日本、韩国等地的生涯咨询，注重传统儒家文化中的职场伦理和集体主义精神。这与西方国家强调的个人发展导向有所不同。在为社会特定族群提供服务时，例如中高龄劳动力、重返职场的女性、外籍劳工、新住民和 Z 世代等，涉及许多与东方文化相关的独特求助行为，以及在职涯选择中面对个人主义与集体主义的双重文化模式与价值观冲突。因此，课程培训需要在国际化与本土化之间取得平衡，确保既能适应全球趋势，又能回应本地文化需求。

延伸阅读 2-2

生涯专业人员的凭证：以 NCDA 为例

为有效维护生涯咨询专业的标准和道德规范，美国生涯发展学会（NCDA）以能力本位（competency-based）为基础，建立了一套生涯咨询师的证照制度。鉴定合格者称为国家认证生涯咨询师（National Certified Career Counselor）。

NCDA 认证的生涯咨询师因工作性质与专业要求之不同，共分为六类（NCDA, 2022a），参见图 2-6。

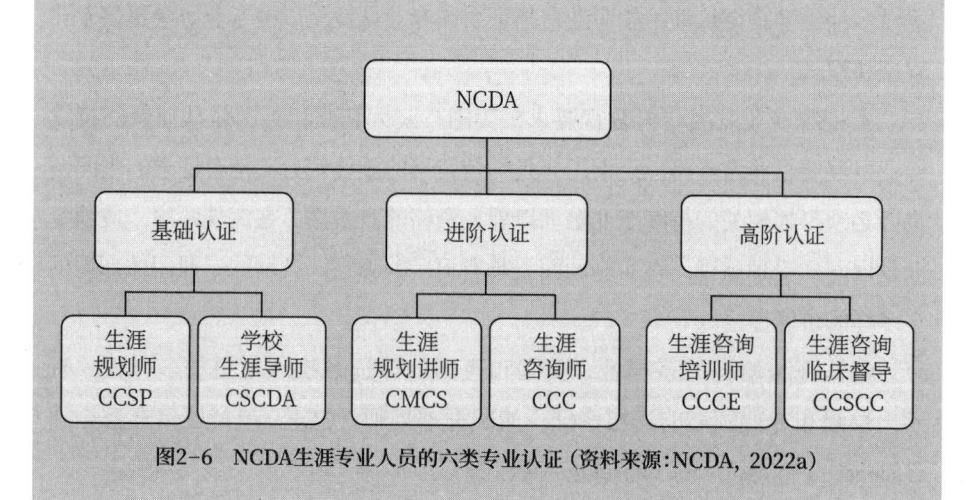

```
                        NCDA
          ┌───────────────┼───────────────┐
      基础认证         进阶认证         高阶认证
       ┌──┴──┐          ┌──┴──┐          ┌──┴──┐
    生涯    学校       生涯    生涯     生涯咨询  生涯咨询
    规划师  生涯导师   规划讲师 咨询师   培训师    临床督导
    CCSP   CSCDA      CMCS    CCC      CCCE     CCSCC
```

图2-6　NCDA生涯专业人员的六类专业认证（资料来源：NCDA, 2022a）

1. 基础认证

（1）生涯规划师（Certified Career Services Provider，简称 CCSP）：是指在不同机构或场所提供生涯服务的咨询人员。生涯规划师在原属单位可能是顾问、教练、人力资源从业者、培训师、招聘人员等。生涯规划师不需要特定的教育程度和工作经验，但必须完成 NCDA 生涯培训计划的基本课程：职涯发展服务课程（Facilitating Career Development Program）（NCDA, 2022b）。

（2）学校生涯导师（Certified School Career Development Advisor，简称 CSCDA）：是指协助在校学生进行生涯规划辅导的咨询人员。学校生涯导师与其他生涯人员合作，协调学校和社区生涯咨询工作的设计、实施和监督，以提高学生具有竞争力的技能、知识和证书，顺利进入就业市场。凡具有三年生涯发展经验的学校辅导硕士研究生，可直接申请，无需参加培训。具有学士学位（任何专业/学科）者则必须通过 NCDA 的两套专业培训课程：职涯发展服务课程（Facilitating Career Development Program）和学校生涯发展顾问课程（School Career Development Advisor Program）。

2. 进阶认证

（1）生涯规划讲师（Certified Master of Career Services，简称 CMCS）：生涯规划讲师必须至少拥有学士学位，并具有 5～7 年的生涯服务经验。申请人必须完成学士学位（任何专业/学科）和 7 年全日制（14,000 小时）工作经验，或硕士以上学位和 5 年全职（10,000 小时）工作经验。工作经验必须限定在生涯发展领域或职业指导机构。

（2）生涯咨询师（Certified Career Counselor，简称 CCC）：对生涯咨询师的认证适用于具有咨询师教育、咨询心理学、复健咨询或相关咨询学位（硕士或更高学历）的生涯咨询师，主要从事生涯咨询相关服务。

生涯咨询师证书认证强调"个体咨询"和"生涯咨询"的重叠性。生涯咨询涉及一组核心能力，此证书是将一般咨询和生涯专业知识结合在一起。无论申请者认为自己是专业的生涯顾问，还是提供咨询的生涯服务专业人士，此证书旨在认可这两类能力的组合。

通过 NCDA 成为认证生涯咨询师的三个核心要素包括"咨询高级学位""生

涯专业化的后续培训"以及"证明生涯咨询所需能力"。NCDA 的生涯咨询师认证的学位，也认可美国学位或国际学位。

3. 高阶认证

NCDA 为确保对于生涯咨询师的后续培训质量，另外设置了两类对于资格要求更为严苛的高阶专业认证，包括生涯咨询培训师（Certified Career Counselor Educator，简称 CCCE）与生涯咨询临床督导（Certified Clinical Supervisor of Career Counseling，简称 CCSCC）。

总而言之，全球各地生涯咨询人员的培训和认证程序在学历要求、专业培训、实务经验、专业认证及持续专业发展方面具有许多共通之处。主要的差异体现在政府的介入程度、培训结构、专业团体的角色、认证途径的灵活性、持续专业发展的要求，以及文化与教育体制的影响（Hiebert & Neault, 2014；OpenAI, 2024）。这些相似点与差异性，大体上反映了各国根据自身劳动力市场需求与文化背景所设计的生涯咨询体系。

结论

生涯咨询的服务对象，根据来访者生涯困扰的性质，大致可以分成"非不能也，不为也"与"非不为也，不能也"两大类。前者称为发展性生涯未定向，基本上通过教育辅导的方式增进生涯探索，可达辅导效果。后者称为迟滞性生涯未定向，这类型的生涯未决定的状态背后的原因甚为复杂，需要深度的咨询介入。

辅导机构采用的生涯咨询方式可以概分为信息提供、自助式活动、工作坊、生涯规划课程、生涯团体咨询、生涯个体咨询等方式。生涯咨询可遵循苦、集、灭、道四个阶段的历程，运用适当的生涯咨询原则与方法，协助来访者解决困难。生涯理论经历了四个阶段工业革命所推动的经济浪潮，形成了目前的三大范式。咨询师可以在职业指导、生涯发展与生命设计等三项不同的范式中，根据来访者的需要进行选择与调整。一位称职而且有效的生涯咨询师，在专业课程的培训方面，至少需要具备生涯发展理论、咨询与心理治疗理论、咨询技术、生涯测评工具及应用、职业信息、求职策略等知识及实务经验，才能愉快胜任。专业认证制度的建立，不仅可以确保专业质量，提升专业水准，同时也可以保护来访者受到不当处置。

参考文献

王玉珍、吴丽琴（2009）：大一生回顾升学生涯抉择与生涯适应之脉络相互影响模式探究。中华辅导与咨询学报，25，39-79。

王秀槐（2002）：人我之际：台湾大学生生涯建构历程之研究。本土心理学研究，17，167-242。

吴英璋（1993）：压力与调适研习会研习手册。台北：训育委员会。

林幸台（1990）：生计辅导的理论与实施。台北：五南图书公司。

金树人（2020）：缘起缘灭：东方缘观与生涯咨商。载于金树人、黄素菲（主编），华人生涯理论与实践，页403-443。台北：心理出版社。

金树人、林清山、田秀兰（1989）：大专学生生涯发展定向之研究。教育心理学报，22，167-190。

洪瑞斌、杨康临、庄骐嘉、陈筱婷（2020）：自我认同与生涯发展：双文化自我之生涯发展论。载于金树人、黄素菲（主编），华人生涯理论与实践，页365-398。台北：心理出版社。

胡恩威（2021）：设计的软实力。亚洲周刊，35卷，27期，51。

陈坤虎、雷庚玲、吴英璋（2005）：不同阶段青少年之自我认同内容及危机探索之发展差异。中华心理学刊，47卷，3期，249-268。

陈茂雄（2008）：咨商辅导的新领域——"企业主管教练服务"的行动研究。（未出版硕士论文），台北教育大学。

陈丽如（2010）：生涯发展阻隔因素量表（第二版）。台北：心理出版社。

杨康临、洪瑞斌（2008）：家庭与大学生生涯发展之互动关系及其社会化影响机制。1996年度辅仁大学补助整合型计划期末报告。

煤精印（2023.2.24）：维基百科。https://zh.wikipedia.org/wiki/煤精印

刘淑慧（2022）：本土咨商理论之发展：以辩证存在生命生涯模式为例。本土咨商心理学学刊，13(1)，1-59。

Amundson, N. E., Harris-Bowlsbey, J. A., & Niles, S. G.(2014). *Essential elements of career counseling: processes and techniques.* Pearson/Merrill.

Bright, J. H. E., & Pryor, R.G. L.(2014). Limitation and creativity: a chaos theory of careers perspective. In J. G. Maree & A. DiFabio(Eds.), *Exploring future/new horizons in career counselling: Turning challenge into opportunity* (pp. 7–19). Sense.

CACREP(2016). *2016 CACREP Standards*. https://www.cacrep.org/for-programs/2016-cacrep-standards/

Capuzzi, D., & Stauffer, M. D.(2012). *Career counseling: Foundations, perspectives, and applications* (2nd ed.). Routledge.

CCE(2021). *Global Career Development Facilitator.* https://cce-global.org/gcdf.

CCPA(2020). *Accreditation procedures and standards for counsellor education programs at the master's level.* https://www.ccpa-accp.ca/wp-content/uploads/2021/03/AccreditationProcedures_en.pdf.

Cochran, D. J.(1984). Group approaches. In H. D. Burck & R. C. Reardon(Eds.), *Career development interventions*, (pp. 124–140). Charles C. Thomas.

Dalton, G. W., Thompson, P. H., & Price, R. L.(1977). The four stages of professional careers: A new look at performance by professionals. *Organizational Dynamics, 6*(1), 19–42.

Fabio, A. D., Palazzeschi, L., Asulin-Peretz, L., & Gati, I.(2013). Career indecision versus indecisiveness: Associations with personality traits and emotional intelligence. *Journal of Career Assessment, 21*(1), 42–56.

Flamer, S.(1986). Editorial-Clinical-career intervention with adults: Low visibility, high need? *Journal of Community Psychology, 14*, 224–227.

Fuqua, D. R., Newman, J. L., & Seaworth, T. B.(1988). Relation of state and trait anxiety to different components of career indecision. *Journal of Counseling Psychology, 35*, 154–158.

Gelatt, H. B.(1989). Positive uncertainty: A new decision-making framework for counseling. *Journal of Counseling Psychology, 36*, 252–256.

Germeijs, V., & Verschueren, K.(2007). Educational choices in adolescence: The decision-making process, antecedents, and consequences. In V. B. Skorikov & W. Patton(Eds.), *Career development in childhood and adolescence* (pp. 203–219). Sense

Ginzberg. E., Ginsburg, S. W., Axelrad, S., & Herma, J. L. (1951). *Occupational choice.* Columbia Press.

Gysbers, N. C., Heppner, M. J., & Johnston, J. A.(2014). *Career counseling: Process, issues, and techniques* (3rd ed.). American Counseling Association.

Hiebert, B. & Neault, R. (2014). *Career Counselor Competencies and Standards: Differences and Similarities across Countries.* doi: 10.1007/978-1-4614-9460-7_39.

Hechtlinger, S., Levin, N., & Gati, I.(2019). Dysfunctional career decision-making beliefs: A multidimensional model and measure. *Journal of Career Assessment, 27*(2), 209–229.

Isaacson, L. E.(1985). *Basics of career counseling.* Allyn and Bacon.

Kaplan, D. M., & Brown, D. (1987). The role of anxiety in career indecisiveness. *The Career Development Quarterly*, 36(2), 148–162.

Krumboltz, J. D. (2011). Happenstance learning theory. *Journal of Employment Counseling, 48,* 89–91.

Kuhn, T. (1962). *The structure of scientific revolutions.* 王道还编译（1985）：科学革命的结构。台北：远流出版社。

Levin, N., Braunstein-Bercovitz, H., Lipshits-Braziler, Y., Gati, I., & Rossier, J. (2020). Testing the structure of the Career Decision-Making Difficulties Questionnaire across country, gender, age, and decision status. *Journal of Vocational Behavior, 116,* 1–13.

Lynch, Z. (2014). *Neurotechnology and society* (2010—2060). https://lifeboat.com/ex/neurotechnology.and.society.

Marcia, J. E. (1966). Development and validation of ego-identity status. *Journal of Personality and Social Psychology, 3,* 551–558.

Maree, J. G. (2015). Research on life design in (South) Africa: A qualitative analysis. *South African Journal of Psychology*, 45(3), 332–348.

Maree J. G. (2020). Innovating career counseling by promoting social justice (advocacy) and decent work for all: Helping people make social contributions and heal themselves. *Innovating Counseling for Self- and Career Construction: Connecting Conscious Knowledge with Subconscious Insight,* 115–124.

National Career Development Association. (2021). https://www.ncda.org/aws/NCDA/pt/sp/compentencies_multi_cultural.

National Career Development Association. (2022a). https://ncda.org/aws/NCDA/pt/sp/credentialing_home_page.

National Career Development Association. (2022b). *NCDA Facilitating Career Development Training.* https://ncda.org/aws/NCDA/pt/sp/facilitator_overview

Nevo, O. (1987). Irrational expectations in career counseling and their confronting arguments. *The Career Development Quarterly, 35,* 239–250.

Niles, S. G., & Harris-Bowlsbey, J. (2002). *Career development interventions in the 21st century.* UPearson Education.

OpenAI (2024). *ChatGPT* (Aug 14 version) [Large language model]. https://chat.openai.com/chat.

Parsons, F. (1909). *Choosing a vocation.* Houghton Mifflin.

Payne, A. F. (1923). The relational and educational guidance to vocation education. *National Vocational Guidance Association Bulletin, 1*(7), 103–107.

Pepinsky, H. B. & Pepinsky, P. N. (1954). *Counseling theory and practice.* Ronald Press.

Pepper, S. C. (1970). *World hypotheses: A study in evidence.* University of California Press.

Peterson, G., Sampson, J. P. Jr., & Rearson, R.(1991). *Career development and services: A cognitive approach.* Brooks/Cole.

Picchioni, A. P., & Bonk, E. C.(1983). *A comprehensive history of guidance in the United States.* Texas Personnel and Guidance Association.

Saka, N., Gati, I., & Kelly, K. R.(2008). Emotional and personality-related aspects of career decision-making difficulties. *Journal of Career Assessment, 16,* 403–424.

Savickas, M. L.(2004). Vocational psychology overview. In C. Spielberger(Ed.), *Encyclopedia of applied psychology* (pp. 655–667). Amsterdam, Holand: Elsevier.

Savickas, M. L.(2015). Career counseling paradigms: Guiding, developing, and designing. In P. J. Hartung, M. L. Savickas, & W. B. Walsh(Eds.), *APA handbooks in psychology®. APA handbook of career intervention, Vol. 1. Foundations* (pp. 129–143). American Psychological Association.

Sharf, R. S.(2006). *Applying career development theory to counseling* (4th ed.). Wadsworth.

Splete, H. H., & Hoppin, J.(2000). The emergence of career development facilitator. *Career Development Quarterly, 48,* 340–347.

Spokane, A. R.(1991). *Career intervention.* Prentice Hall.

Swain, R.(1984). Easing the transition: A career planning course for college students. *Personnel and Guidance Journal, 62,* 529–532.

Swanson, J. L., & Fouad, N. A. (2015). *Career theory and practice: Learning through case studies.* Sage.

Swanson, J. L. & Tokar, D. M.(1991). Development and initial validation of the Career Barrier Inventory. *Journal of Vocational Behavior, 39,* 344–361.

Van Esbroeck, R. (2002). Career guidance and counselling for lifelong learning in a global economy. In B. Hiebert & W. Borgen (Eds.), *Technical and vocational education and training in the twenty-first century: New roles and challenges for guidance and counselling* (pp. 49-66). UNESCO.

Williamson, E. G.(1947). Counseling and the Minnesota point of view. *Educational and Psychological Measurement, 7,* 141–155.

Yalom, I. D.(1991). *Lover's executioner: And other tales of psychotherapy.* 吕健忠译（1991）：爱情刽子手：十个为情所苦的心理治疗故事。台北：联经出版事业公司。

Yost, E. B., & Corbishley, M. A.(1987). *Career counseling: A psychological approach.* Jossey-Bass.

第三章 兴趣与匹配：生涯类型理论

生涯类型论简洁而优雅，六角结构精致简约，人境适配的结构严谨有序，测评工具省时而好用，在生涯咨询所发挥的功效令人钦佩与赞叹。

> 以须弥之高广内芥子中，无所增减。
>
> ——《维摩诘经·不思议品》

将须弥山放到芝麻大小的芥菜籽之中，须弥山没有缩小，芥菜籽也没有放大。这种兼容自在、融通无碍的譬喻，很适合霍兰德的生涯类型理论（Theory of Career Typology）。约翰·霍兰德（John Holland，1919—2008）将大千世界工作的类型，巧妙地放到一个对应的六角型芥子中。生涯类型理论是一种典型的个人与环境适配理论。人境适配心理学的基本假设是个人与环境之间存在一种互动关系，个人影响环境，环境也影响个人。从职业心理学发展的历史来看，也许没有其他理论比生涯类型理论更彻底地实现了这一基本理念（Swanson & Chu, 2000）。霍兰德的人境适配理论自1959年提出以来，一直是职业心理学具有影响力的一支重要力量。该理论的吸引力绝大部分来自它的简洁与实用。

在特质因素论中，特质（trait）是指通过心理测验所能够测到的特征；因素（factor）是指胜任工作表现所必须具备的特征。特质因素论泛指研究个人心理特质与职业因素相互匹配的理论。特质因素论的心理学家擅长将各种心理特质予以分类，根据统计方法与测验原理编制心理测验。本章所介绍的霍兰德生涯类型理论，是特质因素论中一个独树一帜的理论。

霍兰德（Holland，1966，1973，1985a，1992，1997）通过五次修订不断完善其类型学理论，体现出了他在理论发展过程中早期工作和后期进一步完善的痕迹。霍兰德的生涯类型理论以及根据其理论发展出来的霍兰德分类系统和生涯测评工具，对于日后生涯理论、生涯学术研究和生涯咨询实践的发展，产生了巨大且深远的影响（Nauta，2013）。2008年美国心理学会特颁"心理学杰出科学应用奖"，颂词赞曰："霍兰德凭借着敏捷的才思与深厚的学术造诣，对应用心理学界的学生、学者和执业人员产生了悠远的影响和启发。"

第一节　理论缘起

霍兰德于 1942 年毕业于奥马哈市立大学，在大学时期主修心理学。他在为期三年半的军旅服务期间，对于职业指导的探究产生了浓厚的兴趣，随后在明尼苏达大学攻读博士学位。

博士毕业后的 60 年，霍兰德投入了生涯类型理论的理论建构与心理测评工具的研发的工作中。他的职业生涯发迹于美国大学考试中心（American College Testing Program）（1963—1969），其后任教于约翰霍普金斯大学（Johns Hopkins University）（1969—1980）。退休之后，担任约翰霍普金斯大学荣誉教授。

1995 年美国心理学会颁发杰出贡献奖给霍兰德，在颂词中提到："霍兰德的生涯理论提供了一个智能性的工具，统整了我们对职业意图、职业兴趣、人格与工作史的知识。他在职业心理学杰出的贡献，使得职业心理学迈出了重要的一大步。"（Holland，1997，封底里页）2008 年，也就在他辞世前不久，霍兰德获颁美国心理学会年度"心理学杰出科学应用奖"。2009 年 12 月出版的《生涯发展季刊》（Career Development Quarterly）（Gottfredson & Johnstun, 2009），表彰了霍兰德一生杰出的贡献。

一、疑惑中的索解

霍兰德的理论发展，源自于他对当时使用心理测验的疑惑，他从疑惑中产生解决问题的动力，进而发展出理论。早期在生涯咨询中使用测验，大致遵循着特质因素论的几个固定步骤。这种方法的咨询过程通常从来访者的面谈开始，然后对个人特质进行广泛的心理测评，最后对评估结果进行解释，并在这些结果与一个或多个职业分类系统之间建立联系。特质因素论假设在获得有关自我和工作的准确信息后，大多数人将能够做出理性的职业选择。

此种标准公式化的咨询历程，被柯来兹（Crites，1981）嘲讽为"三次面谈，一团迷雾"（three interviews and a cloud of dust）。第一次的晤谈，按例是先搜集来访者的背景资料，分析需要，决定要实施哪一种测验。然后，在下次晤谈之前，完成施测。第二次晤谈是进行测验解释。指导来访者一些心理测量方面的概念，例如百分等级或标准分数等，考虑内在各种特质的差异，从而了解测验分数在团体中的位置。第三次则是根据测验的结果，指导来访者进行生涯选择。咨询人员也许会提供一些相关的职业资料，建议对方进一步探索工作的世界。

然而，来访者离去之后，会不会自己继续探索资料，不得而知；是否做了一些测验，就能对未来工作或选系的走向有所帮助，也是个问号。当时职业指导上使用测验最大的缺憾，是测验归测验，工作世界归工作世界，两者之间缺乏直接的关系。如何经由一个理论联系这两端，生涯类型理论做到了。

1959年，当霍兰德首次提出生涯类型理论时，其目标是为咨询师和来访者提供一个联系这两端的实用框架。在此之前，职业兴趣个体差异的研究和职业环境的研究是独立进行的，霍兰德经年在教育、军事和临床领域担任职业顾问，认识到必须将这两者有机结合才是真正有用的。此外，他总结道："简单"至关重要，如果一个理论过于复杂，咨询师无法解释清楚，来访者也无法理解，更遑论能够充分利用。因此，霍兰德心目中期待的理论必须"强大"到能够巧妙联系"人"与"境"这两端；同时又必须简明扼要，便于使用。生涯类型理论在日后广受欢迎，足以证明霍兰德显然实现了这个目标（Nauta，2013）。

霍兰德采取的是特质因素论的范式，在此基础之上创造了自己的典范。霍兰德的风格是从实践到理论，再从理论到实践的循环。实践与理论的交织一直是霍兰德模式成立以来的特征。霍兰德定期与专业同行交流，不断进行测试、修订和运用，是该理论获得广泛公众认可和专业支持的重要原因（Spokane & Cruza-Guet, 2005）。此论既出，在生涯发展与职业心理学的学术坛坫之上，波澜壮阔，声势澎湃。

在理论发展过程中，霍兰德设计了两个联系"人"与"境"重要的心理测评工具：《职业偏好量表》（Vocational Preference Inventory，简称 VPI）（Holland, 1985b）和《自我探索量表》（Self-Directed Search，简称 SDS）（Holland 1994）。

二、特质因素论与明尼苏达学派

霍兰德受到明尼苏达经验主义的影响：如果一个东西是移动的，就测量它；如果有两个东西移动，就测量它们的相关（Spokane & Cruza-Guet, 2005）。

从概念上看，生涯咨询的特质因素论的起源可以追溯到帕森斯为匹配个人与工作所做的开创性努力。20世纪30年代，统计应用和心理测量方法发展到可以进行客观匹配的地步。明尼苏达州就业研究院（The Minnesota Employment Stabilization Research Institute）成立于明尼苏达大学，旨在帮助因大萧条而失业的工人。明尼苏达州的研究人员使用差异心理学的研究方法，将帕森斯的基本概念操作化，开发心理测量工具和职业分类系统。在这十年中，威廉姆森被任命为明尼苏达大学心理测验中心（现明尼苏达大学咨询中心）主任。威廉姆森成功采用了明尼苏达州就业研究院开发的方法，解决大学生的职业发展问题。在当时威廉姆森的影响力远近驰名，被称为明尼苏达学派（the Minnesota point of view）（Williamson, 1947）。

随着美国军队在第二次世界大战期间迅速扩张，明尼苏达学派开发的方法和技术被应用于对武装部队新兵的职能分类，便于将其分配到战区执行适当的战务。战后，退伍军人事务医疗中心（The Veterans Affairs Medical Centers）的职业复健人员和大学咨询人员也都采用了这些方法，协助退伍军人转向民间就业（Chartrand, 1991）。

霍兰德毕业于明尼苏达大学，很自然地，其论述深受特质因素论与明尼苏达学派的影响。

延伸阅读 3-1

明尼苏达学派之工作适应论

受到明尼苏达学派影响的另外一个理论，是明尼苏达工作适应论（The Minnesota Theory of Work Adjustment，简称 MTWA）（Dawis & Lofquist, 1984），这也是一个典型的人境适配理论。MTWA 的开发大量借鉴了明尼苏达学派深厚的测量理念。该理论提供了一组明确可检验的假设，刺激了未来数十年的研究以及相关工具的发展。

MTWA 由预测模型和过程模型组成（Dawis, 2005）。当时大部分研究都集中在预测模型的结构组成。近年来为适应当前对工作环境适应和变化的关注，MTWA 动态的过程模式部分也愈受重视。

预测模型：MTWA 的预测模式认为，个体努力寻求人境的适配，当个人的价值符合工作环境的增强系统，即能达到自我的内在满意（satisfaction）；当个人的能力符合工作环境的技能要求，即能达到雇主的外在满意（satisfactoriness），其结果是留职或升迁，反之，则是调职或解雇。详见图3-1。

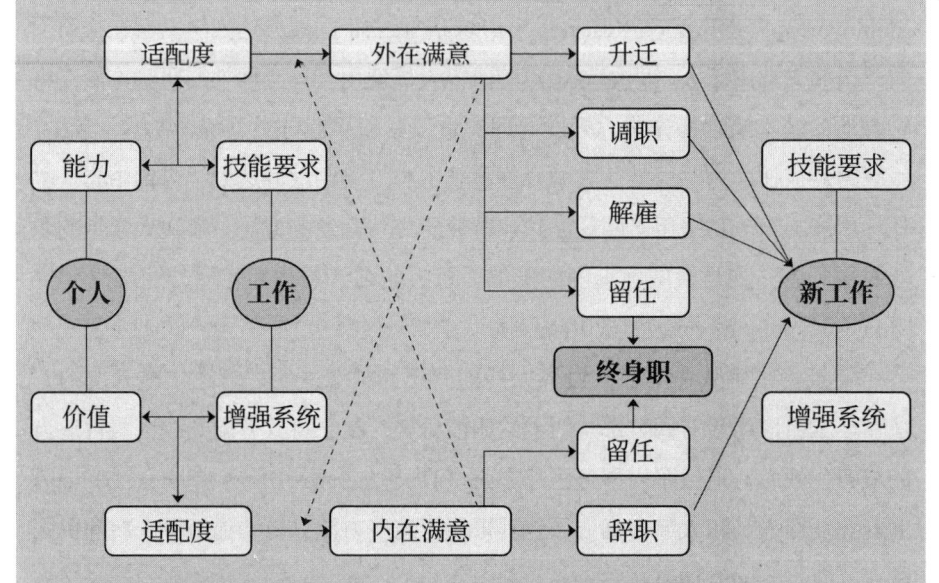

图3-1 明尼苏达学派工作适应的预测模式（资料来源：Dawis & Lofquist, 1984）

过程模型：MTWA 的过程模式主要在于说明工作适应的调适方法。基本上有四种类型：（1）主动（activeness）：改变环境来降低对工作的不满，例如主动争取工作调整或加薪；（2）回应（reactiveness）：改变自己来调整对工作的不满，例如学习新技能或降低期待；（3）弹性（flexibility）：以大局为重，容忍职场上的不适应；（4）坚持（perseverance）：未到最后关头，绝不放弃。正如个人在这四种适应渠道中的行为，环境也可能采取相对应的调适策略（Swanson & Schneider, 2013）。

同样是受到明尼苏达学派的巨大影响，生涯类型理论的贡献在于前期的职业选择，MTWA 的贡献则着重于就业之后的工作适应。

第二节　基本概念

霍兰德的类型论主要在于找出实用而又简捷的方法，帮助人们选择工作、更换工作，以及得到工作上的满足感。

一、理论的基本原则

霍兰德以下列的六个基本原则为基础，发展出简明实用的类型论。

1. 选择一种职业，是一种人格的表现。
2. 职业兴趣即是人格的呈现，因此职业兴趣测验，就是一种人格测验。
3. 职业的刻板化印象（stereotypes）是可靠的，而且有其重要的心理与社会的意义。
4. 从事相同职业的成员，有相似的人格与相似的个人发展史。
5. 由于同一职业团体内的人有相似的人格，他们对于各种情境与问题的反应方式也大体相似，因此塑造出特有的人际环境。
6. 个人的职业满意程度、职业稳定性与职业成就，取决于个人的人格与工作环境之间的适配性。

从这些基本原则看来，霍兰德的理论不是单行道：职业可以改变个人，个人也可以改变环境，是互相影响的。同时，它又是"结构的"或"类型的"，因为霍兰德的类型论将浩瀚如海的个人与职业的数据归纳成六个大类，仿佛将"须弥"纳于"芥子"之中。基于此，霍兰德自称他的理论是"结构交互式"（structural-interactive）或"类型交互式"（typological-interactive）的理论。这些类型详见以下的叙述。

二、主要假设与衍生假设

（一）主要假设

霍兰德将美国社会中的职业归纳成六大类型。相应地，也有六种不同类型的人会去从事和自己的类型相同的职业。其主要假设为：

1. 美国文化中大多数的人可以被归纳为六种类型：实际型、研究型、艺术型、社会型、企业型和常规型。

2. 在美国的工作环境中，也有这相同的六种类型：实际型、研究型、艺术型、社会型、企业型和常规型。

3. 人都在追求与其类型相匹配的工作环境，这种环境能施展个人的技术与能力，能展示个人的态度与价值，以及能胜任问题的解决和角色的扮演。

4. 人的行为由人格与环境的交互作用所决定。

这六大类型，其字首按照一个特定的顺序排成一个六角形：RIASEC（参见图3-2）。这六个类型以及R-I-A-S-E-C的顺序在大多数的国家与地区都得到实证研究的支持。这六角的图形显示出霍兰德类型理论的精义，我们可以借此了解霍兰德的理论假设、分类系统以及霍兰德代码的运作。在心理测验中可以测得这六个类型的个别分数。在生涯教育或生涯咨询的运用上，通常只取前三码，称为综合代码（summary code）或霍兰德代码（Holland code），用以代表一个人、一个专业或一个职业的特性，例如SEA。六个类型之间的相对位置，也表现出类型与类型之间心理相似的程度，详见以下"一致性"的解释。

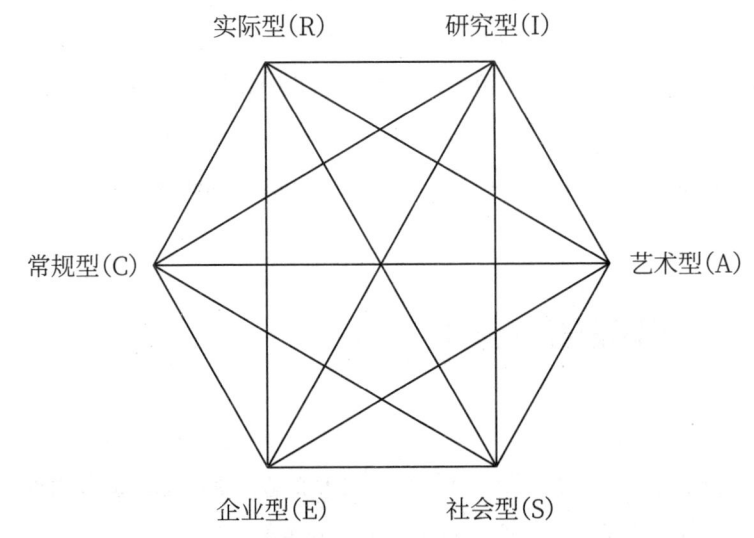

图3-2 霍兰德的六角形模式（资料来源：Holland, 1997, p.6）

这六种类型的内容如下所示。

1. 实际型（Realistic type）

实际型的人：实际型的人喜爱具体明确、需要动手操作的工作环境。他们通常情绪稳定、忍耐力强，给人的印象是诚实、谦和、节俭、脚踏实地。喜欢用实际行动代替言语表达，重视现在胜于重视未来。他们对于操作机械、修理仪器等技术、体力活动表现出浓厚的兴趣，喜欢从事机械、电子、建筑、农事等方面的工作；较不喜欢需要社交、与人接触的活动。常有以下特征。

重视物质	顺从	温和	实际
自然	坦白	害羞	谦虚
有恒	诚实	稳定	节俭

实际型的工作环境：实际型的工作场合会比较多地运用到身体的实际操作，通常需要运用某些特殊的技术，以便进行机器修理、电子器材维护、汽车驾驶或动物豢养等工作。在这类的工作环境中，处理与事物接触的问题比处理人际的问题还重要。实际型的工作环境比其他的工作环境更容易造成生理伤害或意外事件，例如高楼建筑工地、管线装设、户外涂漆等。

2. 研究型（Investigative type）

研究型的人：研究型的人擅长运用心智能力去观察，与物接触、分析推理，喜欢与符号、概念、文字、抽象思考有关的活动。他们的个性独立、温和、谨慎、保守、内向，头脑聪明，思考理性、有逻辑。在工作上，他们表现出优异的科学能力，能提出新的想法和策略。他们喜欢从事理化、生物、医药、编程等需要动脑的研究工作；较不喜欢领导、竞争等需要企业能力的工作。常有以下特征。

重视方法	分析	独立	温和
谨慎	智慧	精细	好奇
批判	内向	理性	保守

研究型的工作环境：研究型的工作场合通常需要运用复杂与抽象的思考能力。在这些工作环境的人常常采用数学或科学的知识，寻求问题的解决。例如电脑程序员、医师、数学家、生物学家等。在大型的企业中，研究发展部门也是属于这类的工作环境。这类的环境不太需要处理复杂的人际关系，大多数的情况下，他们必须独立解决工作上所发生的问题。

3. 艺术型（Artistic type）

艺术型的人：艺术型的人喜欢自由自在、富有创意的工作环境。他们喜欢借着文字、声音、动作或色彩来表达内心想法和对美的感受。他们个性热情、冲动，有丰富的想象力和创造力。在工作上，乐于独立思考、创作，不喜欢受人支配。他们对美的事物接触有敏锐的直觉，喜欢从事音乐、文学、戏剧、舞蹈、美术等艺术气息浓厚的工作，较不喜欢从事文书处理等方面的传统性工作。常有以下特征。

崇尚理想	不从众	有创意	复杂
无条理	富幻想	善表达	直觉
情绪化	不实际	独立	冲动

艺术型的工作环境：艺术型的工作场合非常鼓励创意以及个人的表现能力。这个类型的环境提供了开发新产品与创造性解答的自由空间。例如艺术家、音乐家、自由文字工作者等。这些人可以无拘无束地进行创作，没有上下班时间的束缚，来去自如。工作环境鼓励感性与情绪的充分表达，不要求逻辑形式；经常使用到的工具也是为了传达内心的情绪或创意，如琴棋书画等。

4. 社会型（Social type）

社会型的人：社会型的人喜欢从事与人接触的活动。他们的个性温暖、友善，乐于助人，容易与人相处。对人慷慨、仁慈，喜欢倾听和关心别人，能敏锐察觉别人的感受。在团体中，乐于与人合作，有责任感，喜欢和大家一起完成工作，不爱竞争。他们关心人胜于关心与物接触，喜欢从事教师、辅导、护理、宗教等与帮助他人有关的工作，较不喜欢从事需要技术、体力等机械操作方面的工作。常有以下特征。

令人信服	社会化	助人	敏锐
善体人意	能同理	宽宏	合作
有责任心	仁慈	友善	温暖

社会型的工作环境：社会型的工作场合鼓励人和人之间的和谐相待，互相帮助，和睦相处。工作环境中充满了有教无类的经验指导与交流，心理的沟通，灵性的扶持等。例如各级学校的教师、婚姻咨询师、咨询心理学家、牧师、精神科医师等。社会型的工作氛围强调人类的核心价值，如理想、仁慈、友善和慷慨等。

5. 企业型（Enterprising type）

企业型的人：企业型的人喜爱冒险、竞争，通常精力充沛、生活紧凑，个性积极、有冲劲。他们的社交能力强，是沟通协调的高手。在工作上表现出强烈的野心，希望拥有权力、受人注意，并成为团体中的领导者。做事有组织、有计划，喜欢立刻采取行动，领导人们达成工作目标、赚取利益。喜欢销售、管理、法律、政治方面的活动，不喜欢花太多时间做科学研究。常有以下特征。

精力充沛	冒险	武断	外向
善于表达	野心	冲动	自信
引人注意	乐观	社交	热情

企业型的工作环境：企业型的工作场合经常管理与鼓舞其他人，力图达成组织或个人的目标。工作环境中充满了权力、金融或经济的议题，甚至为了达成预期的绩效，不惜冒点风险。例如企业经营、保险业务、政治活动、证券市场、公关部门、营销部门、房地产销售等。企业型的工作氛围重视升迁、绩效、权力、说服力与推销能力；非常强调自信、社交手腕与当机立断。

6. 常规型（Conventional type）

常规型的人：常规型的人个性保守谨慎，注意细节，有责任感。做事按部就班、精打细算，清清楚楚。他们喜欢安定，奉公守法，不喜欢改变、创新和冒险。在工作上，表现出有秩序、做事仔细、有效率、尽本分、值得信赖。他们喜欢在别人的领导下工作，乐于配合和服从。喜欢从事会计、秘书、银行等数字计算、文书资料处理方面的工作，较不喜欢从事艺术活动。常有以下特征。

缺乏弹性	守本分	顺从	抑制
缺乏想象力	有良知	节俭	保守
有条理	谨慎	有恒	责任

常规型的工作环境：常规型的工作场合注重组织与规划。大多数常规型的工作环境包括了办公室的基本工作，如档案管理、数据记录、进度管控等；此外，也需要运用到数字与人事行政的能力，典型的部门包括秘书处、人事部门、会计部门、总务部门等。

霍兰德指出，选择一个职业，是一种将内在动机、知识、人格与能力投身于外在工作世界的一种外显行动。职业不只是一组独立存在的技能或工作，更表征的是一种生活方式。一位木工达人不仅代表一种工艺身份、社会角色，更是一种特殊的生命形态（Holland，1997，p.8）。人所处的工作世界是大宇宙，人的内在世界宛如一个小宇宙。霍兰德生涯类型理论发现了在人的内在世界与外在工作世界有着相对应的类型排列。以下的衍生假设，进一步说明类型之间的关系，以及个人类型与职业类型之间的关系。

> **延伸阅读 3-2**
>
> **霍兰德类型：兴趣？人格？**
>
> 生涯类型理论的 RIASEC 六个类型，其属性究竟是兴趣（interest）还是人格（personality）？
>
> 1. 兴趣角度：早期霍兰德自编的《职业偏好量表》（VPI）就是以兴趣的题目来测量六个类型。在实际的应用上，绝大多数的测量霍兰德类型的量表都是兴趣量表，例如史东兴趣量表（Strong Interest Inventory，简称 SII）。美国劳工部就业培训局的官方线上数据库 O*NET（Occupational Information Network），亦将 RIASEC 归为兴趣的范畴。在一般介绍心理测验的书籍中，测量 RIASEC 类型的测验都被归在兴趣测验。
>
> 2. 人格角度：霍兰德的模式就是一个职业人格与工作环境的理论（a theory of vocational personalities and work environments）（Holland，1997）。霍兰德认为，我们对职业的偏好会投射出我们内在的人格特质。选择一个职业，就是一种人格的表现（Holland，1973，p.6）。从六个类型内容来看，各类型都包含了兴趣、能力、偏好、态度与性格的描述，这些类型也称为人格类型（personality type）。他在 VPI 之后所编制的《自我探索量表》（SDS），内容方面大胆创新，类型的评估指标包括职业抱负、喜爱的课程活动、职业名称与能力评估。SDS 的测评反映出六个类型的内涵，这些类型广泛地基于人格的属性，并非被狭隘地定义为兴趣；而兴趣只是对兴趣量表的题项反应模式（Spokane & Decker，1999）。以霍兰德本人的看法，兴趣测验就是人格测验（"interest inventories are personality inventories"）（Holland，1997，p. 8）。
>
> 3. 重叠角度：兴趣和人格之间的关系向来是一个激烈争论的话题（De Fruyt & Mervielde，1997；Gottfredson et al.，1993；Schinka et al.，1997）。为数众多的研究发现，兴趣测验与人格测验之间的关联性大约在 0.50 与 0.60 之间，说明两者之间固然各自有其独特的成分，也有部分性质是重叠的（金树

人,1991）。

综合这些数据来看，我们可以归纳出两个结论。

其一，在咨询的应用上，如果六类型的分数来自单纯的兴趣题项，则来访者的类型代表纯属"喜欢做的事"；如果六类型的分数来自测量综合性人格特质（如SDS），则来访者的RIASEC类型也必须视为含有兴趣以外的个性或特质成分。

其二，在理论的建构上，霍兰德的生涯类型理论原本从兴趣的角度探索职业指导的问题。他提出职业兴趣的人格观，是一种生涯心理学中的人格理论，一方面使得学界对职业兴趣的认识有了性质上的变化，另一方面也提供了人格研究的新观点，值得与现有人格模式进行系统的比较。

（二）衍生假设

霍兰德为了测量这六个类型，发展出《职业偏好量表》与《自我探索量表》。从量表中可以得到六个不同的分数，分别代表六个类型的强度。在这六个类型的基础上，霍兰德提出了以下几个在理论操作上的衍生假设。

1. 适配性

适配性（congruence）是指人格与环境的适配关系，是霍兰德理论三个衍生假设中最为重要的一个假设。性格与环境愈相似，彼此关系就愈和谐。社会型的人喜欢在社会型的环境中工作，研究型的人也会喜欢研究型的环境。反之，研究型的人在销售环境中工作会发现工作环境不协调，格格不入。传统型的人在艺术环境中工作也会发现难以适应艺术或音乐工作中所要求的变动性和灵活性。人与工作配合得当，如R型的人在R型的工作环境，则可谓其适配性高；反之，R型的人选择了S型的工作环境，则适配的程度最低。根据霍兰德的假设，适配性的高低可以预测个人的职业满意程度、职业稳定性以及职业成就。

计算适配性的程度有三种方式：(1) 六角模式指数；(2) 曾史二氏指数；(3) 艾钦指数。在此分别说明如下。

(1) 六角模式指数（hexagonal model index）：从代表个人兴趣与环境性

质的霍兰德代码各取第一个字母,可出现四个不同适配性程度的层级。表 3-1 表示四种不同的适配性程度。

如果前缀相同,指数为 4;例如实际型的人(R)选择实际型(R)的工作。

如果前缀相邻,指数为 3;例如实际型的人(R)选择研究型(I)或传统型(C)的工作。

如果前缀相隔,指数为 2;例如实际型的人(R)选择艺术型(A)或企业型(E)的工作。

如果前缀相对,指数为 1;例如实际型的人(R)选择社会型(S)的工作。

表3-1 适配性的程度

指数	适配性程度	个人类型	环境类型
4	最高	R	R
3	次高	R	I, C
2	适中	R	A, E
1	最低	R	S

注:本表是以 R(实际)型的人为例

(2) 曾史二氏指数(Zener-Schnuelle index):曾史二氏指数(Zener & Schnuelle, 1976)系计算两个霍兰德代码(个人类型与环境类型)之中三个代码的相似性概率,霍兰德认为此法与其所采用的六角模式指数相关甚高($\gamma=0.75$)。详如表 3-2。

如果一个人的兴趣代码是 SEA,他的职业或专业代码也是 SEA,多半的情况下他会是胜任愉快的。如果 SEA 这个人的专业或职业代码是 IRE,这个人会相当郁闷,因为 IRE 性质的专业会让他痛苦难熬,IRE 性质的工作会让他提不起劲。

(3) 艾钦指数(Iachan index):艾钦指数的特色,是分别计算两组代码每一个代码两两适配的程度,各以一个数值呈现。再将三码相符程度的数值相加,即可得到一组艾钦指数。参见表 3-3。

表3-2 曾史二氏指数

指数	适配程度	环境类型	个人类型
6	完全相同	RIE	RIE
5	前两代码相同	RIA	RIS
		REI	IER
4	三个代码相同，但顺序不同	ERI	REI
		RIE	EIR
3	第一代码相同	SIA	SER
		RIC	IER
2	任两代码相同	CES	SCR
		ASE	ESI
1	任一代码相同	SEA	AIR
0	任一代码之首码，未出现在他码	IRE	SEA

（资料来源：Zener & Schnuelle, 1976）

表3-3 艾钦指数

环境代码 \ 个人代码	第一码相符	第二码相符	第三码相符	不相符
第一码	22	10	4	0
第二码	10	5	2	0
第三码	4	2	1	0

（资料来源：Iachan, 1984b）

例如，如果个人代码的第一码与环境代码的第一码相符，可得到22分；如果个人代码的第一码与环境代码的第二码相符，可得到10；如果个人代码的第一码与环境代码的第三码相符，可得到4分，以此类推。以下是一个计算的实例。见表3-4。

表3-4 艾钦指数计算实例

个人代码 环境代码	R 第一码相符	I 第二码相符	C 第三码相符	不相符
第一码 R	22	10	4	0
第二码 I	10	5	2	0
第三码 E	4	2	1	0

个人代码为 RIC，环境代码为 RIE 的艾钦指数：

$$指数 = 22 + 5 + 0 = 27$$

艾钦指数可转换成百分等级，以了解受试者在团体中适配性程度的位置。就原始分数看，可以归纳出四种适配性层次的等级。

适配性最高：26～28

适配性次高：20～25

适配性稍低：14～19

适配性最低：13 及以下

在生涯咨询中，提高个人与环境适配的程度是一个重要的目标。想要选择职业的来访者通常会希望找到一个与自己的个性相符的环境。大多数前来现场咨询的来访者，有很大的比例处于适配性低下的状态。例如进入金融专业的学生发现自己的兴趣其实在艺术领域；在人群中感到索然无味的社工其实热爱的是拥抱大自然。

2. 分化性

分化性（differentiation，或译区分性）是指内在六种类型强度差别的程度。分化性愈高，表示同一个人在这六个类型中，有少数的组型愈突出。例如，一个人 S 与 A 的分数明显地高于其他的分数（I、R、C 和 E），在生活中他喜欢绘画、写作、帮助他人、领导青年团体、在医院做志愿者工作，而明显地不喜欢与机器、办公室、科学和商业打交道的环境。分化性愈低，表示六种人格的类型与类型之间的区别不大。

六种类型在《自我探索量表》上面的得分可以绘出一张折线图，参见图3-3。一个分化性高的人，所绘出的折线图曲线是高峰低谷，表示其兴趣较为集中，容易区别；相反地，分化程度低的人，其折线图的曲线较为平坦舒缓，表示其兴趣较为分散，较难区别。一般而言，探索中的青少年其兴趣分化的程度较低；而兴趣发展较为稳定的成年人，其分化程度通常会比较高。

分化性经过量化，其程度的高低由霍兰德代码中最高分与最低分差距的绝对值表示。在《自我探索量表》中，代表各类型的量表分数由0分至50分。例如某甲为一名45岁的女性，最高的是研究型，得分为48分；最低的是企业型，得分为8分。其差距的绝对值为40，换算常模所得分化性程度的百分等级是98（Holland et al., 1994），表示其分化性甚高。

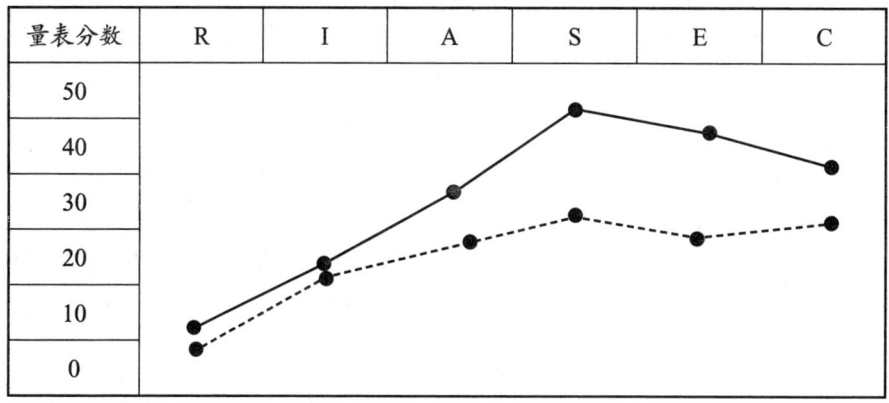

示例：——相当于SECAIR；分化性=40
……相当于SECAIR；分化性=20

图3-3 两种不同的分化性程度折线图（资料来源：Holland, 1997）

分化性低的人有两种情形要特别注意：一种是六个类型分数普遍高，另一种则是普遍低。前者显现出这个人对什么都有兴趣；相反地，后者是对什么都兴趣缺缺。

上述的分化性计分方式忽略了中间其他四个分数之间的差异，有的学者（Iachan, 1984a）提出另外一套计算公式：

$$L_1 = 0.5\{X_1 - 0.5(X_2 + X_4)\}$$

X_1表示六个类型总分中最高的分数

X_2 表示六个类型总分中第二高的分数

X_4 表示六个类型总分中第四高的分数

例如来访者是一位 26 岁的研究生，六个类型在成人生涯兴趣量表（林幸台等人，2005）的得分如下：

R = 3.9　I = 2.4　A = 3.8　S = 3.7　E = 1.0　C = 1.0

X_1 为 R=3.9

X_2 为 A=3.8

X_4 为 I =2.4

L_1 = 0.5 {3.9 － 0.5(3.8 ＋ 2.4)}

　　= 0.5 {3.9 － 3.1}

　　= 0.4

经换算常模所得的百分等级是 93，表示其兴趣类型的分化程度与一般成人相比较，相当高。

霍兰德的六个类型可以看出个人在内在的分化性方面有所不同，环境也是如此。一些环境比其他环境允许更多的自由流动。例如在大学工作的教师可以一方面做研究（I），另一方面教学生和帮助他们选择课程（S），也可以为企业提供咨询或兼任校内外的教育行政工作（E）。这是一种区分性较低的工作环境。

3. 一致性

一致性（consistency）是指这六个类型中，类型与类型之间相似的程度。以前两码为例，如果分数最高的这两个类型，在六角形上相距的位置是"相邻"的，距离最近，即表示其心理上相似的程度最高；反之，如果这两个类型的位置是"相对"的，距离最远，即表示其心理上相似的程度最低。居中者是"相隔"的位置。表 3-5 列出了以两种类型组成的三种一致性程度（高、中、低）之所有组合。例如某生最高的前两个兴趣是实际型（R）与研究型（I），这两个类型在位置上是相邻的，因此内在类型的一致性甚高。

表3-5 《自我探索量表》一致性的三种程度

一致性程度	生涯类型的首两码
高（相邻）	RI，RC，IR，IA，AI，AS，SA，SE，ES，EC，CE，CR
中（相隔）	RA，RE，IS，IC，AR，AE，SI，SC，EA，ER，CS，CI
低（相对）	RS，IE，AC，SR，EI，CA

（资料来源：Holland，1997）

以霍兰德代码的前两码来呈现一致性的高低，精确度略为宽松。因此思特拉恩（Strahan，1987）进一步以前三码来推算，则一致性的程度由两码的三个层级扩增到三码的十个层级，可以更精确地区分出一致性的程度，参见表3-6。数字愈大，表示一致性的程度愈高。

以此法所呈现的一致性最高的层级是10，以RCI为例，第一码和第二码、第三码都是相邻贴近的位置。一致性最低的层级是1，以RSA为例，第一码和第二码相对、第一码和第三码相隔。

有人会担心，首两码的一致性低是否表示内在的兴趣有冲突？例如某人第一个类型是艺术型（A），第二个类型是常规型（C），两类型的位置最远。我们可以用心理学家卡尔·G. 荣格（Carl G. Jung，1875—1961）的概念来解释。

荣格认为（Jung，1953/1999），相对的人格类型不是截然的二分，而是要根据一个人对这两个类型使用量的多寡而定。以外倾型（extraversion）与内倾型（introversion）为例，如果我们说一人是外倾型，表示他经常使用的人格类型有较多是外向的（如百分之八十），其中较少是内向的（如百分之二十）。因为这百分之二十出现的频率不多，较不容易被来访者觉察，但是并不表示外倾型的人没有内倾型的性格。因此，对外倾型的人而言，外倾型是显性的、强势的、较常使用的；相对那部分的内倾型则是隐性的、弱势的、较少使用或较不喜欢使用的。

以此类推，在霍兰德的类型论中，我们也发现六个类型其实是三组成双成对的："实际型"与"社会型"，"研究型"与"企业型"，"艺术型"与"常规型"。以"实际型"与"社会型"为例，如果"实际型"与"社会型"分数都在

表3-6 霍兰德代码三码与两码一致性之测评法比较

霍兰德代码						三码层级	二码层级
RIA	IAS	ASE	SEC	ECR	CRI	9	3
RIS	IAE	ASC	SER	ECI	CRA	7	3
RIE	IAC	ASR	SEI	ECA	CRS	8	3
RIC	IAR	ASI	SEA	ECS	CRE	10	3
RAS	ISE	AEC	SCR	ERI	CIA	3	2
RAE	ISC	AER	SCI	ERA	CIS	4	2
RAC	ISR	AEI	SCA	ERS	CIE	5	2
RAI	ISA	AES	SCE	ERC	CIR	6	2
RSE	IEC	ACR	SRI	EIA	CAS	1	1
RSC	IER	ACI	SRA	EIS	CAE	2	1
RSI	IEA	ACS	SRE	EIC	CAR	2	1
RSA	IES	ACE	SRC	EIR	CAI	1	1
REC	ICR	ARI	SIA	EAS	CSE	6	2
REI	ICA	ARS	SIE	EAC	CSR	5	2
REA	ICS	ARE	SIC	EAR	CSI	4	2
RES	ICE	ARC	SIR	EAI	CSA	3	2
RCI	IRA	AIS	SAE	ESC	CER	10	3
RCA	IRS	AIE	SAC	ESR	CEI	8	3
RCS	IRE	AIC	SAR	ESI	CEA	7	3
RCE	IRC	AIR	SAI	ESA	CES	9	3

（资料来源：Strahan，1987）

"喜欢"以上，表示来访者在日常生活中惯用这两种兴趣类型。虽然这两型在六角形的位置是相对的，来访者可以对"实际型"有关的事很投入，对"社会型"有关的事也很有兴趣，其实是并行不悖的。

"霍兰德代码"是取三个排列分数最高的前三码。因此，在霍兰德代码中所呈现出来的是三个强势的类型，表示这三个类型较常被使用。相对地，其他三个类型并不是不重要，而是较少被使用。有这样的认识，对测验结果的解释就不会受到类型对立位置的影响，而会提醒咨询人员注意来访者在生活经验中使用这些类型的相对强度。

因此，从一致性的角度来看，对立位置的类型与类型之间并无冲突可言，只是我们在使用这些兴趣的强度上，有弱势与强势之别。

4. 认同性

认同性（identity）包括个人认同与环境认同两类。个人认同（personal identity）是指个人在生涯目标、兴趣及能力各方面的清晰度与稳定度。《职业认同量表》（Holland et al., 1980）可用以测量认同性的分数（林桂凤，1991）。在量表中出现的题目均为反向题，例如"如果现在必须立刻选择一种职业，我害怕自己会做不当的选择"。《职业认同量表》分数高者，表示其职业选择的清晰度与稳定度也高。调查发现，大四学生的职业认同程度高于大二学生，而大二学生的职业认同程度又高于高三学生。

环境认同（environment identity）则指某一类的环境或职业是否有清楚的目标、任务与报酬系统。

这四个诊断理论指标（适配性、分化性、一致性与认同性）用以解释生涯类型理论的理念与结构。在所有条件都相同的情况下，具有高适配性、高分化性和一致性且自我认同性清晰的人，应该比适配性差、分化性与一致性较低的人更具有可预测性和好的适应能力（Holland，1997）。

第三节 生涯咨询的应用

一、霍兰德类型的测评

（一）个人类型的测评

通过客观的心理测验，可以测量霍兰德的六个类型。霍兰德自行研发的测评工具有《职业偏好量表》（Holland, 1985b）与《自我探索量表》两种。测评六角形模式的中文版本，在大陆与台湾（Wong & Wong, 2006）均有不同的版本。

台湾的版本依照研发的先后顺序，包括：

◎ 职业自我探索量表（林幸台，1984）：大学以上适用；

◎ 职业探索量表（路君约等，1989）：大学以上适用；

◎ 大考中心兴趣量表（金树人等，1993）：高中生适用；

◎ 职业兴趣组合卡（国中版）（金树人，2001）：初中生适用；

◎ 职业兴趣组合卡（高中职以上适用）（金树人，2009）：高中、职高以上适用；

◎ 生涯兴趣量表（林幸台等人，2006）：分大专适用及成人适用两个版本；

◎ 生活彩虹探索（林一真，2007）：九年级至成人适用。

◎ 国中生涯兴趣量表（金树人等，2013）：初中生适用；

◎ 大考中心兴趣量表线上版（大学入学考试中心，2017）：高中与职高适用。

（二）环境类型的分类

霍兰德认为根据六个类型的特性，不仅个人可以得到以三个类型为主的类型代码，人所处的环境亦然。也就是说，环境是人的组合，物以类聚，环境因人的群聚而形成其特性。因此，人的霍兰德代码可以从质性与量化的方法中测得，环境也有霍兰德代码。

在应用上，霍兰德的理论最大的功能在于协助来访者整合个人特质与职业资讯。例如一位高中毕业准备考大学的来访者，他在心理测验所测得的霍兰德代码是SAE。根据《大学入学考试中心兴趣量表使用手册》专业的兴趣代码（区雅伦、陈清平，2001），可以查到的相关专业包括（部分）：

SAE（男生）
  心理学系
  教育学系
  哲学系
  辅导与咨询学系
  文学系
  翻译学系

如果这位学生想要进一步查询将来毕业后与这个代码相似的职业有哪些，根据测验所得到的资料，也可以找出一组职业群。在《生涯兴趣量表》（林幸台等人，2006）指导手册的"职业索引"中，可以由测验结果查到相关的资料，例如：

SAE
  社区社工人员
  空中乘务员
  家庭计划推展人员
  报纸新闻编辑人员
  语言教学人员
  医院社工人员

如果知道自己的霍兰德代码，也可通过美国O*NET网站搜寻相关的职务职能数据。这是官民合作隶属美国劳工部就业和培训管理局（Employment and Training Administration）的职业信息网站（http://www.onetonline.org/）。

二、测验的解释

当一个人在量表上圈选一个职业名称的时候，会透露出许多的信息：他的动机，他对这个职业的理解，他对自己能力的认识。个人在题项上的反应，是一种内在特质的投射与表露（Holland, 1959）。

在测验的题项中，职业名称或活动名称是抽象的概念，是一种语义知识（semantic knowledge）。勾选一个喜爱的职业名称或活动，其中饱含着丰富的事件记忆，是一种情景知识（episodic knowledge）。测验的解释必须通过题项中的语义唤起来访者的事件经验，测验的结果才有意义。在测验的解释中让经验说话，有三个层次。

1. 名义层

"名义层"又称"类别层"，指测验所欲测量的因素结构，如兴趣测验的"艺术型"或"社会型"。这个层级的概念最为抽象，咨询师的解释可能与来访者的认知相同，但也可能互有出入。

经由测验所得到三个英文字母的霍兰德代码（如ASE、RCI），只是一组抽象符号的语义知识。咨询师通常会解释这三码的意思，例如提供ASE这三码的文字说明，让来访者了解这三类职业兴趣的内涵。如果进一步解释衍生性假设中的四组概念，也都是在语义知识中进行"概念"的转换。

2. 题项层

"题项层"又称"概念层"，指测验中代表概念的题目，如"艺术型"中的"我喜欢参观画展"，"社会型"中的"我善于察言观色"。这个层级代表着来访者经由事件记忆层的母群体中抽样而来的观念。

> A：休姆首先断定人有两种知觉：一种是印象，一种是观念。"印象"指的是对于外界实在的直接感受，"观念"指的是对印象的回忆。
>
> Q：能不能举个例子呢？
>
> A：如果你被热炉子烫到，你会马上得到一个"印象"。事后你会回想自己被烫到这件事，这就是休姆所谓的"观念"。两者的不同在于"印象"比事后的回忆要更强烈，也更生动。你可以说感受是

原创的，而"观念"（或省思）则只不过是模仿物而已。"印象"是在我们的心灵中形成"观念"的直接原因。（Gaarder，1995，p.368）

印象不等于观念，正如同自我经验不等于测验结果。如果我们不了解测验的这种特性，不能善用测验，潜在的危险是反被测验拉着团团转。一如余德慧（1996）的观察。

人文社会科学研究一直以"概念"来揭露各种人类经验，可是却是被"概念"牵着鼻子走；我们以为可以用各种心理学概念说明人类经验，但这条路走下来与人的经验却愈行愈远。心理学家愈来愈无法碰触到人类的生活经验，有时，反而被自己创造的概念拉着团团转。（p.20）

测验之于所要测量的心理特质，犹如样本之于母群体。我们不能窥得人类心理特质之全貌，犹如我们无法穷尽一个母群体的特性。因此心理学家所发展出来的方法，是以样本间接推论母群体所具有的特质；以心理测验的题项间接观察心理特质所具有的特性。比方说，我们发展出一份兴趣量表，其中有25题可以代表一个人的科学兴趣。这25项活动只是科学兴趣的表征（representation），并不能涵括所有的科学兴趣活动，毕竟每一个人的科学活动经验都不同。

因此，来访者勾选"我喜欢参观画展"的"题项"时，这组文字的刺激还只是在"概念"的层次，是对参观画展印象的模糊回忆。"概念"是间接的，抽离了储存于长时记忆中直接而强烈的经验感受。"印象"是直接的，除了感受之外，还有引起感受的人、事、时、地、物，这些都储存在故事记忆中。让抽象的概念回到丰富的生活经验里去，产生共鸣与回响，测验结果的意义才能常驻于来访者的心目中。

3. 故事层

"故事层"又称"经验层"，是指生活经验中的事件记忆，是题项层的母群体。如："我小学的时候参加县立的美术比赛得了第一名，从那时候起，拿起画笔对我而言是件快乐的事。"这是属于艺术型的事件记忆。又如："我想起来了，念大学的时候，同学们遇到困难时都喜欢来找我倾诉，我很能够倾听。"这是属于社会型的事件记忆。当我们邀请来访者从勾选的题目回忆类似的经验时。这些故事就会携手浮现出来。

让故事的经验说话，不仅让来访者知道测验结果的"名义层"，还要带着他回到"题项层"与"故事层"，在生活印象中启动自我知识。在图3-4中，我们以霍兰德的六角形兴趣组型中的艺术型与社会型为例，呈现上述这三个层次的关系。

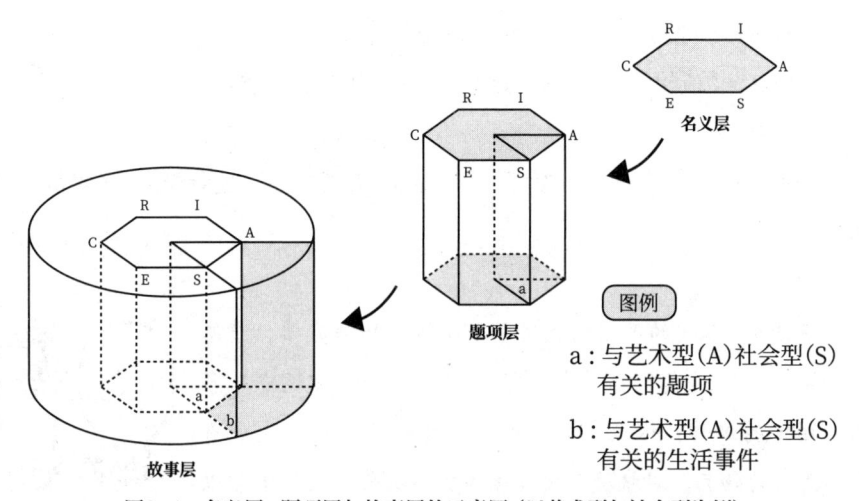

图例
a：与艺术型(A)社会型(S)有关的题项
b：与艺术型(A)社会型(S)有关的生活事件

图3-4 名义层、题项层与故事层的示意图（以艺术型与社会型为例）

三、类型解释与故事叙说

量化的测评数据与质性方法的结合，是当代生涯咨询的趋势（Maree，2015）。在测验解释的过程中，如果援引上述"让经验说话"的概念，也就是将叙事心理学的方法融入进来，在相当程度上可提高来访者的自我理解。

（一）语意陈述的画线

从测验中可以得到霍兰德六个类型的分数，以及前三个最高分的兴趣代码。得到上述的霍兰德代码后，进行名义层—题项层—故事层的故事叙说，采用的方式主要是邀请来访者在兴趣类型的解释文字陈述句下画线。具体做法如下（Burlew & Morrison, 1996；Toman, 2001）。

a. 从测验的结果中找出前三码。
b. 对各组单码进行各有其属性的叙述。
c. 检视每一段叙述，在最符合自己状况的句子或段落底下画线。
d. 根据这些句子，引发出来访者自己的故事。
e. 在另外一张空白纸上，列出所有画线的句子。
f. 将这些数据汇整，寻找出这些数据底层的主题或组型。

兴趣类型的文字解释可参考《大学入学考试中心兴趣量表》（区雅伦、陈清平，2001）。

实用型（R）的人情绪稳定、有耐性、坦诚直率，宁愿行动不喜多言，喜欢在讲求实际、需要动手的环境中从事明确固定的工作，依既定的规则，一步一步地制造完成有实际用途的物品。对机械与工具等事较有兴趣，生活上亦以实用为重，认为眼前的事重于对未来的想象，比较喜欢独自做事。喜欢从事机械、电子、土木建筑、农业等工作。

研究型（I）的人善于观察、思考、分析与推理，喜欢用头脑依自己的步调来解决问题，并追根究底。他们不喜欢别人给他指引，工作时也不喜欢有很多规矩和时间压力。做事时，他们能提出新的想法和策略，但对实际解决问题的细节较无兴趣。他们不是很在乎别人的看法，喜欢和有相同兴趣或专业的人讨论，否则还不如自己看书或思考。喜欢从事生物、化学、医药、数学、天文等相关工作。

艺术型（A）的人直觉敏锐、善于表达和创新。他们希望借文字、声音、色彩或形式来表达创造力和美的感受。喜欢独立作业，但不要被忽略，在无拘无束的环境下工作效率最好。生活的目的就是创造不平凡的事物，不喜欢管人和被人管。和朋友的关系比较随性。喜欢从事如音乐、写作、戏剧、绘画、设计、舞蹈等工作。

社会型（S）的人对人和善，容易相处，关心自己和别人的感受。喜欢倾听和了解别人，也愿意付出时间和精力去解决别人的冲突。喜欢教导别人，并帮助他人成长。他们不爱竞争，喜欢大家一起做事，一起为团体尽力。交友广阔，关心别人胜于关心工作。喜欢从事教师、辅导、社会工作、医护等相关工作。

企业型（E）的人精力旺盛、生活紧凑、好冒险竞争，做事有计划并立刻行动。不愿花太多时间仔细研究，希望拥有权力去改善不合理的事。他们善用说服力和组织能力，希望自己的表现被他人肯定，并成为团体的焦点人物。他们不以现阶段的成就为满足，也要求别人跟他一样努力。喜欢管理、销售、司法、从政等工作。

事务型（C）的人个性谨慎，做事讲求规矩和精确。喜欢在有清楚规范的环境下工作。他们做事按部就班、精打细算，给人的感觉是有效率、精确、仔细、可靠而有信用。他们的生活哲学是稳扎稳打，不喜欢改变或创新，也不喜欢冒险或领导。会选择和自己志趣相投的人成为好朋友。喜欢从事银行、金融、会计、秘书等相关工作。

（二）RIASEC与CSI的结合

测验解释与自我觉察之间如果能产生有意义的联结，就能够产生新的看法与体会，从而发展个人的行动计划。然而，测验结果经由电脑或人工的计算，再给予书面的告知，很难让受测者产生"这就是我"的感觉。

生涯风格面谈法（Career Style Interview，简称 CSI）是一套参考阿德勒咨询学派的叙事技术（Savickas，1989）。在此方法中列举了若干问句，每一个刺激问句都有不同的主题，可以刺激来访者思考相关的经验内容，带入故事的情节。"我的生涯兴趣工作单"（林幸台等人，2006）设计了结合 RIASEC 与 CSI 的活动，灵活采用绘图的方式，使测验结果与内在的故事经验产生共鸣，以深化其效果。这项设计的主要目的，是希望从量化与质性的途径切入，启动与兴趣有关的事件记忆，尽量贴近来访者原本的兴趣经验。咨询人员在这里努力去做的，是让来访者增加对兴趣本质的体会。图 3-5 是一个应用的例子。

霍兰德兴趣代码	R	I	A	S	E	C
生涯兴趣量表兴趣组型（前三码）	●	●				●
我最向往的职业(一) 医生		●	●	●		
我最向往的职业(二) 建筑师			●			
我最向往的职业(三) 森林保护	●	●				
我的快乐画面(一) 工地			●			
我的快乐画面(二) 陶艺			●			
我的快乐画面(三) 环山部落	●					
我的岛屿度假计划 工、商、事	●				●	●
偶像（贝聿铭）	●	●	●			
杂志（科学人）	●	●				
书籍（科普类）	●	●				
休闲（登山）	●	●	●			

图3-5 我的生涯兴趣工作单应用实例（资料来源：林幸台等人，2006）

在"我的生涯兴趣工作单"上包括：

1."兴趣组型"：从测验结果中得到的霍兰德前三码。

2."我最向往的职业"：列出三种来访者以前曾经非常向往，但是至今仍无缘实现的职业。

3."我最愉快的经验"：请来访者尽可能地回忆，在最近曾经历过哪三件事，感到非常的愉快。

4."我的岛屿度假计划"：根据霍兰德的六个类型特征的描述，设计六个度假的岛屿。（例如："社会型"的岛屿，岛民亲和性高，给人温暖的感觉，关怀生命，喜欢与人交谈，乐于助人。岛上多元宗教并存，遍布教堂与寺庙，大多数的居民都有虔诚的宗教信仰）请来访者决定，如果只能选三个岛屿的话，最想去哪里。

5."我喜欢做的事"：让来访者在五个活动项目（角色楷模、书籍、杂志、休闲活动、学校课程）中任选，分别填入。当每一个活动出现时，请来访者描述喜欢该活动"标志物"的属性，以彩色笔将颜色标示在工作单上。例如，来访者的偶像/角色楷模是"贝聿铭"，最欣赏的偶像特质是"创意"（A）、"环保意识"（R）、"理性"（I）。当彩色笔绘出色块时，即可邀请来访者进行故事叙说。我们发现，颜色的粗细、轻重，也隐藏着不同感受的故事印象。

生涯风格面谈法的提问项目包括：

（1）角色楷模。主要问句："在成长的过程中，有哪些人是你最仰慕的？"这些人物可以是名人，也可以是电影小说或漫画中的角色，也可以是家庭或亲戚中的成员。

在和来访者讨论这些楷模的过程中，要来访者特别说明所仰慕的是这个楷模的哪些特质，这些特质可以归为哪种类型。

（2）书籍。第二个刺激问句，是请来访者列举出最喜欢阅读的书籍。在来访者最喜欢的书籍中，其性质可以归纳为哪几种类型？

（3）杂志。来访者最喜欢的杂志是什么？如果要长期订阅，选出一至三种杂志来。尽可能让来访者谈谈这些杂志的风格、最喜欢的专栏等。一个人喜欢某种类型的杂志，除了反映出其个人兴趣外，也能显示出当时其所偏好的生活环境或心理环境。以霍兰德的六角形心理空间为例，社会型的人可能喜欢《三联生活周刊》；企业型的人可能喜欢《财经》《21世纪经济报道》；艺术型的人可能喜欢《人民文学》《读者》《时尚》等。

（4）休闲活动。第四个刺激问句与休闲活动有关。在休闲活动中，最主要能看出来访者的兴趣。以下是几个参考的问法。

"在放学或下班后，最想做的是什么事？"

"有哪些休闲嗜好？"

"上个周末在做什么？"

将休闲活动与工作区别出来后，最重要的事情是讨论在休闲活动中来访者所扮演的角色。这个角色的功能是什么？来访者能从这个角色中得到什么？有时我们能从来访者的回答中得到意外的答案。有一位来访者喜欢休闲时玩保龄球。一般都认为打保龄球是为了满足健身或竞技的需要，但是这位女士的回答是，保龄球最吸引她的地方是记录得分（Savickas, 1989）。休闲活动与工作活动最大的不同，在于前者没有太大的压力，可以随心所欲，因而也最能看出"兴趣"的内在本质。

（5）学校课程。第五个刺激问句是学校的学习课程。问句的重点放在有哪些课程的学习令来访者有成就感（得高分）或满意感（学得快乐）。要注意区辨的是将老师的因素尽量排除。确认来访者对某一学科特别感兴趣，是因为喜欢课程本身，还是因为只喜欢该堂授课的老师。

四、类型论的潜在结构与应用

在生涯类型理论的六角结构之下，潜藏着一组更为简洁的对应关系："事务处理—心智思考"（D/I）、"与物接触—与人接触"（T/P），如图3-7。

1. 事务处理（data）：对应常规型（C）。

2. 心智思考（ideas）：对应艺术型（A）。

3. 与物接触（things）：对应实际型（R）& 对应研究型（I）。

4. 与人接触（people）：对应企业型（E）& 对应社会型（S）。

六角形的定义虽可望文生义，但仍会造成相当程度的认知负荷。从六角形图式底层的对应关系理解类型之下的特性，可以减少工作记忆（短时记忆）的认知负荷，增进理论应用的效应。从认知心理学的角度观之，工作记忆的信息处理量是有限的。图式构建使得信息处理的速度加快，可在工作记忆区经由大量的实践经验整合，进一步自动化之后，快速储存于长时记忆中（Sweller, 1994）。

延伸阅读 3-3
类型论的潜在结构

1. 工作世界图的概念：早期职业心理学的发展，一直有将职业依其某种特性呈现在平面图上的构想。史东（Strong, 1945）曾将34个职业按其性质组织兴趣全图（interest global chart），用以辅助解释《史东兴趣量表》的结果。霍兰德等学者（Tiedeman et al., 1971）以霍兰德的《职业偏好量表》所得的分数，采用构型分析法（configural analysis）将40个职业的相对位置呈现在一个二元维度的平面图上。

在美国大学考试中心（American College Testing）有关职业研究的计划中（Prediger, 1976），以霍兰德的理论为蓝本，发现在霍兰德六角形的兴趣结构下潜藏着两个双极维度：一个维度为"事务处理"（data）与"心智思考"（ideas），另一个维度为"与物接触"（things）与"与人接触"（people）（参见图3-6）。这两个维度的性质，在后续的几个研究中都得到证实（Prediger, 1981, 1982; Rounds, 1993）。

在实际应用上，潜在二元维度的六角形图式很微妙地将RIASEC兴趣类型与其底层的性质结合，美国大学考试中心整合霍兰德的六角类型与潜在二元维度，将职业群体的相对位置标定在坐标图上，得到工作世界图（Word-of-Work Map）（ACT, 2009）。

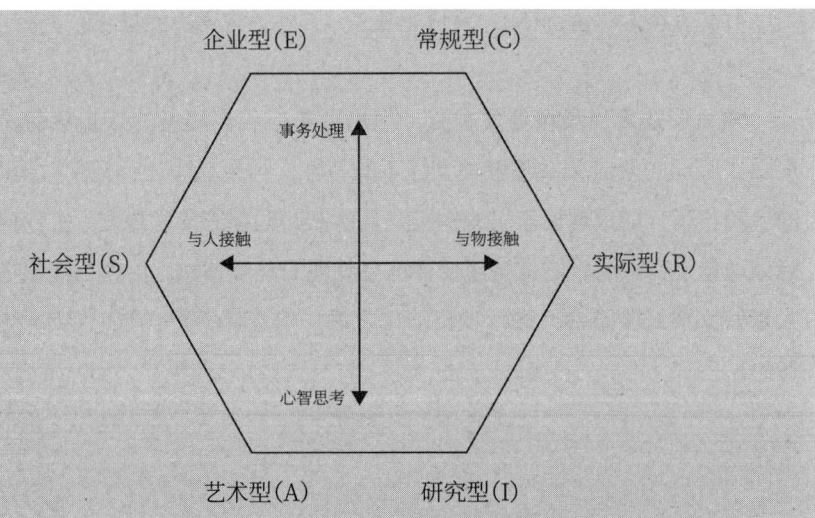

图3-6　ACT六角形的潜在二元维度模式图　（资料来源：Prediger，1976）

2. 改良式的六角形模式图：为了考验六个类型与"事务处理－心智思考"（D/I）、"与物接触—与人接触"（T/P）之间的对应关系，我们分别以高中生、大学生与成人为对象进行了一系列的研究（金树人，1993；金树人、张德聪，1993），发现霍兰德的六角形模式与其潜在结构在华人文化中出现了一个新的对应关系，如图3-7。

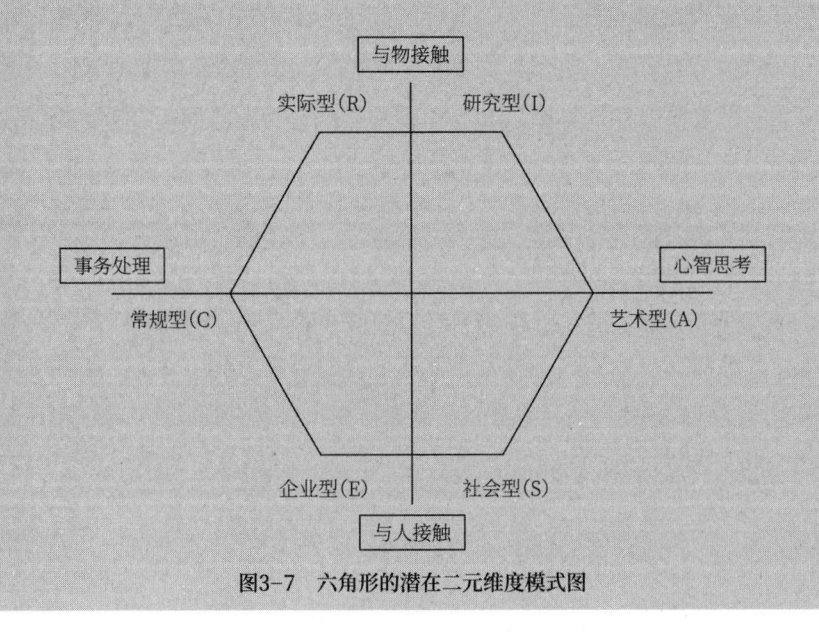

图3-7　六角形的潜在二元维度模式图

> 从图 3-7 中观之，趋近于 Y 轴"与物接触"这一端的兴趣类型，是"实际型"（R）与"研究型"（I），而非原来单纯的"实际型"（参见图 3-6）；趋近于 Y 轴"与人接触"这一端的兴趣类型，是"企业型"（E）与"社会型"（S），而非单纯的"社会型"。另外，趋近于 X 轴"事务处理"这一端的是单纯的"常规型"（C），而非原来的"常规型"（C）与"企业型"（E）；趋近于 X 轴"心智思考"这一端的是单纯的"艺术型"（A），而非原来的"研究型"（I）与"艺术型"（A）。

此一潜在二元维度的六角形图式也适合于生涯探索的团体辅导课程。可参考以下的实施方式。

1. 准备两段约三米长的绳子，在地面上十字交叉成 X 轴与 Y 轴，两轴的端点分别标出 data-ideas 与 things-people。

2. 请所有的成员想想最近在工作或学习上三件最开心的事。

3. 找出这三件事的共同点，根据 data-ideas 与 things-people 的性质来区分，在不同坐标象限的落点，找出共同点。共同点的特性会落在四个象限的哪一个区域？

4. 成员各自找到开心的区域，与落在同一区域的其他成员分享开心的故事。

5. 带领的课程老师最后将 RIASEC 分别标示在坐标上的六个对应位置。

五、适配性的诊断与辅导

在前节的叙述中，我们了解到霍兰德以一套科学的检验标准（适配性、分化性、一致性与认同性）来诊断人境适配的各种现象，而"适配性"是最关键的。

职业不仅是一个人安身之处（making of a living），也是一个人立命之所（making of a life）。vocation 的拉丁词根是 vocatio，意指"一种召唤"（a calling）。职业的定义，按韦氏字典的诠释，是指"一种表现某种功能或进入某种生涯的呼唤、召唤或驱使"（Neufeldt, 1988）。这种呼唤蕴涵了牵引出个人意义、隶属、责任与生命的使命。从存在的观点看，职业映照出人类的存在经验，突显了潜伏于存在核心的生命目的。

然而，在生涯的困扰问题中，我们常见到的是个人与职业之间适配的问题。这也是生涯发展领域最常见的话题。个人与职业之间适配的状况，经常出现在两者兴趣、能力或个性不合的问题上。

我们如何能够采用适配性的概念，理解来访者存在焦虑的本源，从而进行辅导？首先，我们必须了解生涯现象底层的两种生命情态；其次，借着霍兰德的理论，让来访者有所觉察，进而产生实质改变。

（一）生涯现象底层的两种生命情态

人可以在工作中，完成如其所是的自己。玫瑰就是玫瑰，即使不叫玫瑰，仍然是玫瑰（A rose is a rose is a rose.）（G. Stein, 1874—1946）。每一个人，每一株植物，每一只动物都有一个天生的使命，完成如其所是的自己。玫瑰不会用天堂鸟的形式完成自己，即使天堂鸟是七彩夺目的；大象不会用蜂鸟的形式完成自己，即使蜂鸟是轻盈灵巧的。E. 弗洛姆（E. Fromm, 1900—1980）与铃木大拙（D. T. Suzuki, 1870—1966）以"生活的艺术家"来传达这样的概念（Fromm et al., 1970/1989, p.39）。

> 就这样的人而言，他每一个行为都表现了原本性、创造性，表现了他活活泼泼的人格。在其中，没有因袭，没有妥协，没有受禁止的动机。他只是如其所好的那样行动着，他的行动像风那样随意飘着，他没有拘泥于片面的、有限的、受限制的、自我中心的存在之自我。他已经从这个监牢中走了出来。唐代一位伟大的禅师说："随处做主，立处皆真。"（当一个人是自己的主人，则不管他身居何处，他都忠实于自己而行为。）

当一个人能够以自身原本的面目去生活的时候，生命自身的完成就是一种至深的乐趣。在生涯的个案里我们发现，如此平凡的人生境界对有些人来说是遥不可及的梦想，其中一个原因是区分不出"如其所是的自己"与"如期所是的自己"。

"如其所是的自己"是自性的我;"如期所是的自己"是别人期待的我。当"如其所是"被"如期所是"所取代时,也就是自我疏离的开始,苦恼的开始。

1."人之所有"的情态 vs."人之所是"的情态

自我状态的分道扬镳,产生了两种实存的生命情态:"人之所有"(having)与"人之所是"(being)[①](Fromm,1976/1991,pp.33-34)。

> 在"人之所有"的生存情态中,我跟世界的关系是一种占有、据有或拥有的关系。我要每个人,每样与我接触的物(包括我自己)都是我的财产。
>
> 在"人之所是"的生存情态中,我们必须分辨两种内涵。其一是跟"有"的生存情态相对照的……意味着活泼与对世界的真诚关切。其二是跟"外表"相对照的,其所指的是真正的本性,真实的实在……

在"人之所有"的生存情态中,"我有一份工作",表示我借着我所拥有的工作来定义"我"这个主体。主体不是"我自己",而是"我所拥有的职业",在这层意义上职业等同于一份资产。如果这份工作不是自己真正喜欢的,会让一个人仿佛戴着面具、穿着盔甲上班。他们失去了反应能力(response-ability),也失去了为自己行为负责(responsibility)的能力。

在"人之所是"的生存情态中,它指明了人之所以为人的本质,指明了人

---

① 往昔谈论"人之所有"与"人之所是"的概念主要有三位学者,都为自己的专著选择了极为相似的书名:法国马塞尔(Marcel,1954)的《存在与占有》(*Being and Having*)、德国斯泰赫林(Staehelin,1969)的《占有与存在》(*Having and being*),以及美国弗洛姆的《占有还是存在》(*To have or to be*,1976)。三本书都立基于人道主义精神,从不同角度阐明同一主题:马塞尔从神学和哲学角度阐述这两种存在现象的分立以及融合之道;斯泰赫林对当代科学中的唯物主义做了建设性探讨,并对社会现况的现实分析(wirklichkeit analyse)有所贡献;而弗洛姆则是对生存的这两种情态从心理层面和社会层面进行深入的剖析(Fromm,1976/1991,p.1)。

的真实本性，而非其表象（Fromm, 1976/1991）。"我自己"就是我活动的主体，活动的全部，我是不必戴面具的；在工作上随性又随兴，有着充分的反应能力，活泼又自在，自信满满。

"人之所有"的生存情态大多数是由社会、文化的大环境所造成。以两岸的社会变迁来看，多数人有着类似的经验：譬如，20世纪80年代，电脑吃香，于是"你应该念信息工程"；20世纪90年代，金融吃香，于是"你应该念经济或财会"；21世纪，数字科技吃香，于是"你应该念AI或元宇宙"。如期所是的"人之所有"载满了诸多社会的期许与价值，把外在的价值视为自己的价值，把外在的期许视为自己的期许。大风起兮，扬帆而去，以为风势就是罗盘的指向，不自觉地背离了自性的航道，渐行渐远。于是许多人的生涯向内投射了性别期待（"女孩子念什么理工！"）、家族期待（"我们家世代行医，你要为祖宗争口气！"）或文化期待（"你是我们客家人的希望！"），和真正的自己渐渐疏远（参见图3-8）。

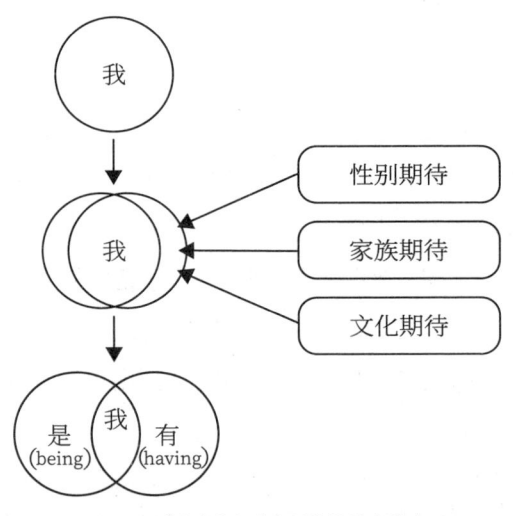

图3-8 "我有"与"我是"的分离状态

2. "人之所有"与"人之所是"的混淆

"假作真时真亦假，无为有处有还无"是这一类个案真正的苦楚。《红楼梦》这两句话放在生涯来访者的语境，意思是：当把"虚假的我"（having）当成"真实的我"(being)的时候，"真实的我"无从认可，真假互相混淆，两者之间的界限变得模糊不清。

把假的当作真的，真的就变成了假的；把不实在的当成实在的，实在的也成为不实在的了。看似真实的往往会随着时间变得模糊，最终回归虚无。生涯咨询师的功能，是协助来访者觉察这两种生命情态的存在状态。

例如，一个原本喜欢艺术的年轻女性，奉母亲之命读了会计，也做了十年的会计，以为会计就应该是自己的最爱（以假当真）。但在这十年当中，她偶尔接触摄影或花艺，都会被深深地触动。"假作真时真亦假"，她把对艺术的喜爱深埋心底，却怀疑自己是不是真的喜欢艺术（疑真似假），她分不出什么是自己原来的样子，什么是后来的样子。长期下来，生命实存的状态恍恍惚惚，"无为有处有还无"，会计工作索然无味，仿佛把不存在的日常当成存在的必然，让自己真正踏实的存在（艺术喜好）也成为不存在似的了。

完形治疗大师弗瑞德雷克·S. 皮尔斯（Frederick S. Perls, 1893—1970）在自传里举了一个例子（Perls, 1972）。

> 我在抽烟。我在吹出一个个烟圈圈。我认得出都是烟圈圈。清风徐来。它上升，变形，扩大了，变薄了。它还在那里……若有似无。它无边无际。它不见了。我必须费力地去找它。现在它走了。走了？没有，它在那里与空气融为一体，但再也无法辨认。我们可以取些样本分析空气，追索它的本质，虽然它的完形、它的定义，已经走了。

在这个例子里，室内原本是清新的，空气质量是原来的样子，就如同原来的自己。烟圈的出现，先是浓郁，次而清淡，遂分不出什么是原来的新鲜空气，什么是后来的污浊烟味。如何把"原来的"与"后来的"明白地区分出来，这是咨询师的一大挑战。

(二)"人之所有"与"人之所是"之明朗化

我们用以下的例子，来说明如何应用六角形图式，让"人之所有的情态"

与"人之所是的情态"明朗化。

以下这个案例，不是特例，而是集数个类似的个案抽取出的通例，我们试以前述皮尔斯的例子呈现之。

> 我在工作。我在整理一份会计报表。我闻得出那是报表味。抽屉里，档案夹内，墙上。它到处都是……若有似无。它无边无际。它在那里与空气融为一体。它不见了。再也无法辨认。我真的无法辨认。那不打紧，请告诉我，好些时候了，为何我在这个房间内坐立难安？

首先，由测验的结果观之，来访者的霍兰德代码是艺术型（A）与常规型（C）最高，其他的类型偏低。艺术型（A）的底层结构是"心智思考"，常规型（C）的底层结构是"事务处理"。来访者是一位"胜任而不愉快"的会计师。

咨询师的做法，首先是让经验说话。当这个经验以某种表征呈现时（如上述，A与C的兴趣最高），只有回到那个曾经发生过的经验世界才能显现出它的意义，区别"人之所有"与"人之所是"的情态。让经验说话的意思是，邀请来访者回到曾经发生过的经验世界去，看看哪些原始经验是快乐的，哪些是郁闷的。

以前例而言，测验的结果是艺术型（A）与常规型（C）最高，然而后者却是目前食之无味的会计工作。我们回到来访者的事件记忆中，让她叙述真实的经验。我们同样邀请她的经验说话："你的艺术型（A）很高，这让你联想到什么？"我们可能会听到这样的陈述。

—— 我在初中时曾经拿到全县美术比赛第一名；
—— 我以前常常在半夜撑住不睡，为的是静静地看着一朵朵盛开的昙花，悸动不已；
—— 妈妈说女孩子学会计生活有保障，比较单纯，我一向听妈妈的话，可是……
—— 为了让妈妈高兴，我的会计成绩一直很好，老师也很称赞我，可是经过广告设计科的教室时，我真的很想进去，我觉得作为广设科的学生好幸福；

——在工作上我常得到老板的称赞，但是……现在我常会坐在办公室发呆，望着那些数字发呆；

——你知道吗，下了班我还去学插花，半年多了。我又报了摄影班。感觉？你问我的感觉？我常在里面会忘了时间，感觉？我说不上来，至少比上班要好……

"兴趣"之英文是 interest，拆开来看是 inter-est（May，1983），以存在主义的观点，"兴趣"是指进入（inter）某项活动之后，产生了物我交融、天人合一的高峰经验（est，英文语法中的最高级）。咨询师带她离开了房间，呼吸一下外面新鲜的空气，那是原本属于她的高峰经验。英国文豪莎士比亚（W. Shakespeare，1564—1616）透视了生命的本质，认为"玫瑰即使不叫玫瑰，依然芬香如故"（A rose by any other name would smell as sweet.）。她这朵玫瑰曾经闻不到玫瑰之味，可现在芳香的味道回来了。

当她回来的那一刹那，觉察到了曾经一同呼吸的东西，重新看清楚"以为是自己但终究不是自己"的那一部分。回到图 3-7 上，她看得到目前的工作栖息在左端（性质上是 data），真正的高峰经验都活跃在右端（性质上是 ideas），两者遥遥相对。她顿悟（insight）到为何多年来如此闷闷不乐。

法国存在主义思想家马塞尔认为，在"人之所有"的状态中，我们倾向于把人对象化，当他是工具、不在意他自身的历史、情感或本质。这是属于主客之分的二元对立关系。在"有"的面向里，很自然也会以自身对世界、他人、自己的物化与占有，来界定存在的状态；如此一来，人便会焦虑于无法掌握自己的存在特性。然而，在"人之所是"当中，我们卸下"玫瑰不叫玫瑰"的社会面具，接触自己的清香本质，才能与他人的本质自在相处。因此，我们鼓励人们重视"人之所是"，通过主观经验中与另一主体的爱的联结，从而找到人生的意义和价值；如此我们存在的世界才会充满意义与生机，才能解决人类的精神危机（Marcel，1933/2021）。

六、霍兰德小六码

看清楚了"人之所有"与"人之所是",正苦于"人之所有"的人一般反应通常有两种。其一,毅然决然地回头走向"人之所是"的道路。例如当发现自己真正喜欢的是文学,而不是现在就读的法律,休学开始准备重考。又如前述的例子,可弃会计而入艺术。其二,受到环境的限制,想要找退而求其次能够兼顾理想与现实的出路。如前述的例子,白天是正职的会计师,晚上是兼职的日本花道老师。

但是还有更棘手的状况,例如读了三年大学本科的医学院(I),才发现真正的兴趣是哲学与心理学(A),现实上不可能转系,怎么办?又如,大学信息科学系毕业,顺利进入一个大型的计算机公司(C)工作了十年,发现真正有兴趣的是心理咨询的助人工作(S),现实上不可能转行,怎么办?

为了解决这种生涯教育与生涯咨询中常见的现象,"霍兰德小六码"的理念应运而生。"霍兰德小六码"的理念源自生涯类型理论的适配性概念。"霍兰德小六码"的基本假设是指:

1. 霍兰德类型论中的六角形是一个大六角形,每一角的每一主码中都隐藏着一个生涯兴趣小六码。

2. 外码,是指大六角形中的主码,代表教育或工作环境;内码,是指此一主码中的小六码,代表这个大环境中存在着六种"微型"的 R-I-A-S-E-C 职业环境。

3. 在大六角形的主码(外码)所属的环境中,若能充分适配小六码(内码)所属的兴趣与能力,可预测个人较高的满意程度与表现程度。

例如在一个 A 型的教育或工作大环境之中,也同时存在着一个微型的 R-I-A-S-E-C 六角形。这微型的小六码适合六种类型兴趣的人在 A 型的工作环境之中发挥所长。如果内码是 C 型的人进入外码 A 型的工作环境,在霍兰德小六码的理念中,只要在 A 型(外码)的工作环境找到适配于 C 型(内码)的工作职位,就能够胜任愉快。

"霍兰德小六码"的设计,希望在"人之所有"的存在一角,虽不满意,但如果向内探访,也可寻幽访胜,找到"人之所是"的桃花源。

延伸阅读3-4
"生涯兴趣小六码"的研究

一般经验丰富的生涯咨询师，经常有机会运用到"霍兰德小六码"的概念。然而"霍兰德小六码"第一次得到研究上的证实，来自黄素菲（2014）的一个首创性研究。此研究以台湾某医科大学的生命科学系一至四年级学生为对象（男生96人，女生66人），进行"生涯兴趣小六码"的探讨。生命科学系的霍兰德代码为IRA，以全体受试者的生涯兴趣分数形成的"生涯兴趣小六码"结构图谱（图3-9），可以看到每个生涯兴趣主码内，都有生涯兴趣小六码的分布，清晰地形成了"生涯兴趣小六码"的结构特征。甚至与生命科学系霍兰德代码无关的E、C内，其专业领域内生涯兴趣小六码分布，比R与A更多、更复杂。因此，可以看出大学专业环境内，由于过早实施定向分流，确实存在多元兴趣分布的现象。

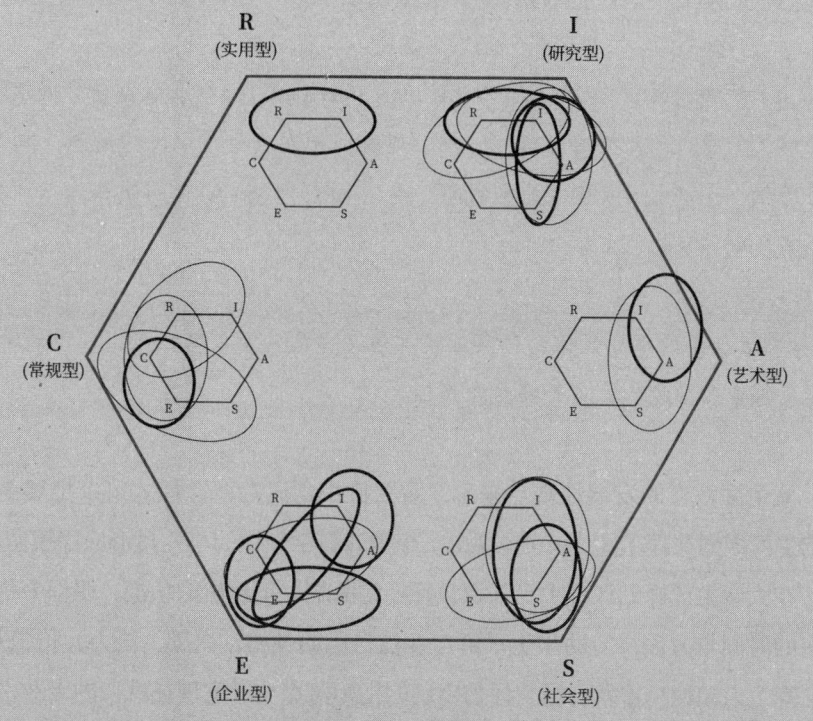

图3-9 生命科学系"生涯兴趣小六码"结构图谱（资料来源：黄素菲，2014）

（粗圈为两码，细圈为三码）

黄素菲（2014）进一步建议，根据"生涯兴趣小六码"之结构模式，发展多元生涯发展路径；将"生涯兴趣小六码"的概念模式，延伸至跨领域学习历程的设计，以期提供一种院系本位(department-based)的课程设计。以台湾省某高校的生命科学系为例，全体学生之生涯兴趣霍兰德代码以 IA 者最多，IR 者次之，IS 再次之，建议增加以 I 为前缀，A、R、S 为次码之双码学习历程设计。如此可有四种课程路径（p.161）。

（1）专业生涯路径（theoretic bio-science career path）：如 IR 学习历程——生命科学、生技研发、医师（外科）领域；RI 学习历程——生物技术、生态环境保育等生技领域。

（2）应用生涯路径（applying bio-science career path）：生资、分生、生化、制药、结构及临医等；如 IS 学习历程——食品营养、医师（内科）等领域。

（3）跨学科生涯路径（interdisciplinary career path）：跨领域如科管、科法或智财所；如 IA 学习历程——社会科学研究人员；如 EC 学习历程——管理人员领域；如 CE 学习历程——采购、业务人员等领域。

（4）转领域生涯路径（transformation career path）：毕业后当补习班老师、当导演、当作家、到公司上班、心理、建筑、剧团、会计、文法商等；如 SA 学习历程——以生物或化学为主的高、国、小教师；如 AI 学习历程——作家、评论家、剧作家等艺文领域。

"霍兰德小六码"的概念落实在这些多元发展的生涯路径上，在学的学生既能发挥专业智能，也可兼顾生涯兴趣。

从生涯教育的发展性观点来看，霍兰德小六码的概念模式可以推展至大学的生涯规划课程。图 3-10 呈现出一个地球科学领域的小六角形应用模型。

在大学生涯规划课程中，任课教师经常面临以下尴尬的状况。课程中花了很多的时间与方法，协助学生了解与评估自己的性格、兴趣、能力、价值观、信念等个人知识，才发现这些评估出现的指标落点与学生现在就读的专业格格不入，甚至在霍兰德六角形上的位置是对立的（例如最突出的内码为 S，现在

第三章 兴趣与匹配：生涯类型理论

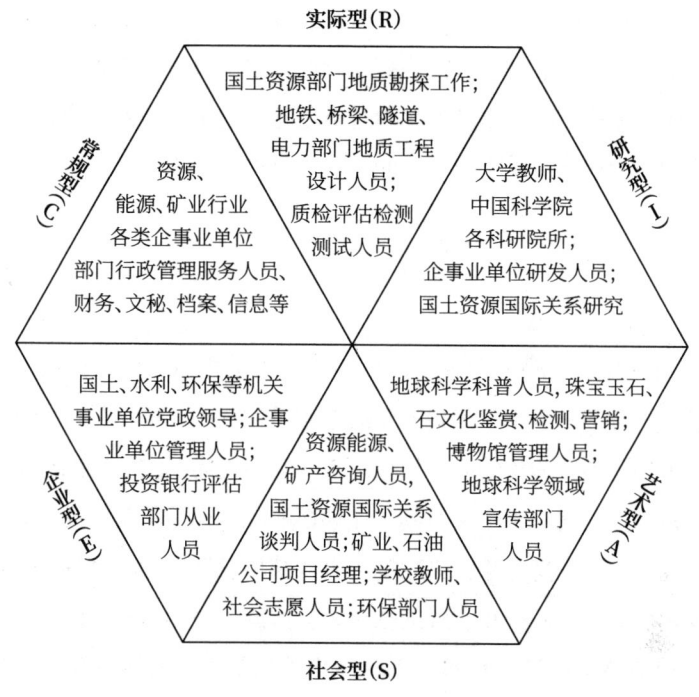

图3-10 地球科学领域之内的小六角形（资料来源：刘慧，2019）

[六边形图示内容]

实际型(R)：国土资源部门地质勘探工作；地铁、桥梁、隧道、电力部门地质工程设计人员；质检评估检测测试人员

研究型(I)：大学教师、中国科学院各科研院所；企事业单位研发人员；国土资源国际关系研究

艺术型(A)：地球科学科普人员，珠宝玉石、石文化鉴赏、检测、营销；博物馆管理人员；地球科学领域宣传部门人员

社会型(S)：资源能源、矿产咨询人员，国土资源国际关系谈判人员；矿业、石油公司项目经理；学校教师、社会志愿人员；环保部门人员

企业型(E)：国土、水利、环保等机关事业单位党政领导；企事业单位管理人员；投资银行评估部门从业人员

常规型(C)：资源、能源、矿业行业各类企事业单位部门行政管理服务人员、财务、文秘、档案、信息等

就读的专业为外码R）。

当加入了霍兰德小六码的概念模式后，在地球科学领域（外码R型）的所有不在这个领域兴趣范围内的学生，顿时都找到了活路。例如，兴趣类型以S型为主的地球科学系学生，也可以在有关资源能源等领域发挥具有S型特色的咨询、谈判、教学等专长。

当活用了霍兰德小六码的概念模式，在教师的反馈方面，出现了正面乐观的信息："（小六码）模型让我自己对于本专业的就业去向有了更为全面的认识，以六边形作为线索，更便于对就业去向进行梳理，呈现出来的效果也比较直观，提升了专业和职业探索教学环节的效果。"（刘慧，2019）在学生自我反馈方面，也出现了希望感："通过六边形的探索，我惊讶自己的专业原来有这么多的发展方向，对自己适合的方向也有了清晰的认识，感觉很有收获。"（刘慧，2019）

每个人独特的兴趣类型，唯有在合适的职业生涯中得以充分展开，才能真正施展个人才华，展现自身的态度与价值。这不仅契合人类存在的本质，也正是霍兰德理论的核心。本章旨在通过类型论的运用，帮助来访者从"人之所有"的迷惘中，找到"人之所是"的生命立足点。

结论

芥子纳须弥，一沙一世界。极小芥子犹如霍兰德六角形，极大须弥犹如大千世界。一粒芥子虽小，却也能无碍地容纳须弥山。极小与极大之物，原不兼容，经由生涯类型理论的巧妙设计，也能互容无碍。霍兰德的理论是一种基于职业人格制定出的对于个人及其工作环境的综合评估系统。在过去半个多世纪，霍兰德的生涯类型理论、霍兰德分类系统以其理论为根基的生涯咨询，在塑造生涯发展理论、研究和实践的独特风貌方面，做出了伟大的贡献。

霍兰德的类型论简洁优雅，六角结构精致简约，人境适配的结构严谨有序，测量工具省时好用，在生涯咨询中发挥的功效令人钦佩与赞叹。与任何其他生涯理论相比，该系统已经接受了数量惊人的检验和分析。这些研究绝大部分支持了六种类型的六角形与潜在结构、测量工具的有效性，以及理论在"人"与"境"中的互动性。虽然，其他的生涯理论也曾受到类似的好评，其他分类系统也在一定程度上被人们所接受，其他的咨询技术也达到了相当程度的普及，却没有任何一个理论系统能够如同生涯类型理论一般，在理论整合、研究发展和循证咨询实践（evidence-based counseling practice）三方面，呈现出如此无远弗届的影响力。

参考文献

余德慧（1996）：微米经验。张老师月刊，225,111-24。
林一真（2007）：生活彩虹探索。台北：心理出版社。
林幸台（1984）：职业自我探索量表之编制研究。彰化教育学院学报，9,63-81。
林幸台、金树人、张小凤、陈清平（2006）：生涯兴趣量表使用手册。台北：测验出版社。

林桂凤（1991）：生涯探索期男女学生职业兴趣结构及其适配性、一致性、分化性与职业认定之研究（未出版硕士论文）。台湾师范大学。

金树人（1991）：职业兴趣与人格之关联性研究。教育心理学报，24, 91-115。

金树人（1993）：大学生职业兴趣结构分析。辅导与咨商学报，1, 37-55。

金树人（2001）：职业兴趣组合卡（国中版）。台北：心理出版社。

金树人（2009）：职业兴趣组合卡（高中职以上适用）。台北：心理出版社。

金树人、田秀兰、林世华（2013）：国中生涯兴趣量表。台北：心理出版社。

金树人、林幸台、陈清平、区雅伦（1993）：大考中心兴趣量表编制之研究（一）。台北：大学入学考试中心。

金树人、张德聪（1993）：中国人之职业兴趣结构分析（III）。台北：科学委员会专题研究计划成果报告。

区雅伦、陈清平（2001）：大学入学考试中心兴趣量表使用手册。台北：大学入学考试中心。

黄素菲（2014）：以"生涯兴趣小六码"建置多元生涯发展路径。教育实践与研究，27(2), 133-166。

路君约、简茂发、卢钦铭、林一真（1989）：职业探索量表修订报告。台北：青年辅导委员会。

刘慧（2019）：个体—专业—职业探索六边形模型（未发表）。南京大学。

ACT. (2009). *ACT interest inventory technical manual.* ACT.

Award for Distinguished Professional Contributions: John L. Holland. (1995). *American Psychologist, 50,* 236-238.

Award for Distinguished Scientific Application of Psychology: John L. Holland. (2008). *American Psychologist, 63,* 672-674.

Burlew, L. D. & Morrison, J. (1996). Enhancing the effectiveness of vocational assessment in promoting lifestyle change via specific change strategies. *Measurement and Evaluation in Counseling and Development, 29*(3), 163-175.

Chartrand, J. M. (1991). The evolution of trait-and-factor career counseling: A person X environment fit approach. *Journal of Counseling and Development, 69,* 518-524.

Crites, J.O. (1981). *Career counseling: Models, methods, and materials.* McGraw-Hill.

Dawis, R. V. (2005). The Minnesota theory of work adjustment. In S. D. Brown & R. W. Lent (Eds.), *Career development and counseling: Putting theory and research to work* (pp. 3-23). Wiley.

Dawis, R. V., & Lofquist, L. H. (1984). *A psychological theory of work adjustment.* University of Minnesota Press.

De Fruyt, F., & Mervielde, I. (1997). The five-factor model of personality and Holland's RIASEC interest types. *Personality and Individual Differences, 23,* 87-103.

Fromm, E. (1976). *To have or to be?* 孟祥森译（1991）：生命的展现。台北：远流出版公司。

Fromm, E., Suzuki, D. T., & Martino, R. (1970). *Zen Buddhism and psychoanalysis.* 孟祥森译（1989）：禅与心理分析。台北：志文出版社。

Gaarder, J. (1995). *Sophie's world.* 萧宝森译（1995）：苏菲的世界。台北：智库文化。

Gottfredson, G. D., & Holland, J. L. (1996). *Dictionary of Holland Occupational Codes.* Psychological Assessment Resources, Inc.

Gottfredson, G. D., & Johnstun, M. L. (2009). John Holland's contributions: A theory-ridden approach to career assistance. *Career Development Quarterly, 58*(2), 99–107.

Gottfredson, G. D., Jones, E. M., & Holland, J. L. (1993). Personality and vocational interests: The relation of Holland's six interest dimensions to five robust dimensions of personality. *Journal of Counseling Psychology, 40,* 518–524.

Hogan, R., & Blake, R. (1999). John Holland's vocational typology and personality theory. *Journal of Vocational Behavior, 55,* 41–56.

Holland, J. L. (1959). A theory of vocational choice. *Journal of Counseling Psychology, 6,* 35–45.

Holland, J. L. (1966). *The psychology of vocational choice.* Blaisdell.

Holland, J. L. (1973). *Making vocational choices: A theory of careers.* Prentice Hall.

Holland, J. L. (1985a). *Making vocational choices: A theory of personalities and work environments* (2nd ed.). Prentice Hall.

Holland, J. L. (1985b). *Manual for the Vocational Preference Inventory.* Psychological Assessment Resources, Inc.

Holland, J. L. (1992). *Making vocational choices: A theory of vocational personalities and work environments.* Psychological Assessment Resources, Inc.

Holland, J. L. (1994). *The Occupations Finder. Psychological Assessment Resources,* Inc.

Holland, J. L. (1997). *Making vocational choices: A theory of vocational personalities and work environments* (3rd ed.). Psychological Assessment Resources, Inc.

Holland, J. L., Diager, D. C., & Power, P. G. (1980). *My Vocational Situation.* Consulting Psychologists Press.

Holland, J. L., Powell, A. B., & Fritzsche, B. A. (1994). *The Self-Directed Search: Professional user's guide.* Psychological Assessment Resources, Inc.

Iachan, R. (1984a). A family of difference indices. *Psychometrika, 49,* 217–222.

Iachan, R. (1984b). A measure of agreement for use with the Holland classification system. *Journal of Vocational Behavior, 24,* 133–141.

Jung, C. G. (1953). *Psychological types.* 吴康、丁传林、赵善华译（1999）：心理类型。台北：桂冠图书。

Marcel, G. (1933). *Etre et avoir.* 陆达诚译（2021）：是与有。台北：心灵工坊。

Maree, J.G. (2015). Blending retrospect and prospect in order to convert challenges into opportunities in career counselling. In: Maree K., Fabio A.D. (Eds.), *Exploring new horizons in career counselling.* Sense Publishers.

May, R.(1983). *The discovery of being: Writings in existential psychology.* Norton.

Nauta, N. M. (2013). Holland's theory of vocational choice and adjustment. In S. D. Brown, & R. W. Lent (Eds.), *Career development and counseling: Putting theory and research to work* (2nd ed.) (pp 55–82). Wiley.

Neufeldt, V. (Ed.). (1988). *Webster's new world dictionary* (3rd ed.). Simon & Schuster.

Perls, F. S. (1972). *In and out the garbage pail.* Bantam Books.

Prediger, D. J. (1976). A world-of-work map for career exploration. *Vocational Guidance Quarterly, 24,* 198–208.

Prediger, D. J. (1981). Getting "idea" out of the DOT and into Vocational guidance. *Vocational Guidance Quarterly, 29,* 293-305.

Prediger, D. J. (1982). Dimensions underlying Holland's hexagon: Missing link between interests and occupations? *Journal of Vocational Behavior, 21,* 259–297.

Rosen, D., Holmberg, K., & Holland, J. L. (1994). *The Educational Opportunity Finder.* Psychological Assessment Resources, Inc

Rounds, J. B. (1993). Vocational interests: Evaluating hexagonal structure hypotheses. In R. V. Dawis & D. Lubinski (Eds.), *Individual differences and assessment.* University of Minnesota Press.

Savickas, M. L. (1989). Career-style assessment and counseling. In T. Sweeney (Ed.). *Adlerian counseling: A practical approach for a new decade* (3rd. ed.) (pp. 289–320). Accelerated Development Press.

Schinka, J. A., Dye, D. A., & Curtiss, G. (1997). Correspondence between five-factor and RIASEC models of personality. *Journal of Personality Assessment, 68,* 355–368.

Spokane, A. R., & Cruza-Guet, M. C. (2005). Holland's theory of vocational personalities in work environments. In S. D. Brown, R. W. Lent (Eds.), *Career development and counseling: Putting theory and research to work.* (1st ed.) (pp. 24–41). John Wiley.

Spokane, A. R., & Decker, A. R. (1999). Expressed and measured interests reconsidered. In M. L. Savickas and A. R. Spokane (Eds.), *Vocational interests: Their meaning, measurement, and counseling use* (pp. 211–233). Davies-Black.

Spokane, A. R., Luchetta, E. J., & Richwine, M. H. (2002). Holland's theory of personalities in work environments. In S. D. Brown and Associates (Eds.), *Career choice and development* (4th ed.) (pp. 373–426). John Wiley & Sons.

Strahan, R. F. (1987). Measures of consistency for Holland-type codes. *Journal of Vocational Behavior, 31,* 37–44.

Strong, E. K., Jr. (1945). *Interest global chart.* Stanford University Press.

Swanson, J. L., & Chu, S. P. (2000). Applications of person-environment psychology to the career development and vocational behavior of adolescents and adults. In W. E. Martin, Jr. & J. L. Swartz (Eds.), *Person-environment psychology and mental health: Assessment and intervention.* Lawrence Erlbaum.

Swanson, J. L., & Schneider, M. (2013). Minnesota theory of work adjustment. In S. D. Brown, & R. W. Lent (Eds.), *Career development and counseling: Putting theory and research to work* (2nd ed.) (pp. 29–53). Wiley.

Sweller, J. (1994). Cognitive load theory, learning difficulty, and instructional design. *Learning and Instruction, 4* (4), 295–312.

Toman, S. M. (2001, June 29). *Eliciting career storied from interest inventory results.* [Paper presentation] National Career Development Conference, Tucson, AZ.

Tiedeman, D. V., Brgan, J. G., & Rulon, P. J. (1971). *The utility of the Airman Classification Battery for assignment of airman to eight Air Force specialties.* Educational Research Corporation.

Williamson, E. G. (1947). Counseling and the Minnesota Point of View. *Educational and Psychological Measurement, 7*(1), 141–155.

Wong, C., & Wong, P. (2006). Validation of Wong's career interest assessment questionnaire and Holland's revised hexagonal model of occupational interests in four Chinese societies. *Journal of Career Development, 32*(4), 378–393

Zener, T. B., & Schnuelle, L. (1976). Effects of the Self-Directed Search on high school students. *Journal of Counseling Psychology, 23,* 353–359.

第四章 时间与空间：生涯发展理论

职业选择并非单一或连续的个别事件，必须放在发展的框架中，从生命的历程来理解。生涯发展的概念由此修正了职业指导的范式，向前开创了一个崭新的局面。

> 子曰：吾十有五而志于学，三十而立，
> 四十而不惑，五十而知天命，六十而耳顺，
> 七十而从心所欲，不逾矩。
>
> ——《论语·为政》

在历史长河的时间纵深中，孔子简洁有力地描述了其生涯发展的历程，以及在不同时间点上关键的发展重心。王国维的《人间词话》提到，古今之成大事业、大学问者，必经过三种境界。此三种境界可比拟生涯发展阶段的不同意境："昨夜西风凋碧树，独上高楼，望尽天涯路"，此第一境乃青年也；"衣带渐宽终不悔，为伊消得人憔悴"，此第二境乃中年也；"众里寻他千百度，蓦然回首，那人却在灯火阑珊处"，此第三境乃老年也。

西方有关生涯理论的推演里，生涯发展理论的发展是重要的里程碑。生涯发展理论主要包括舒伯的生命广度与生命空间取向（A life-span, life-space approach to career development）和 L. S. 戈特弗雷德森（L. S. Gottfredson）的设限与妥协取向（Circumscription and compromise），主张职业选择并非单一或连续的个别事件，必须放在发展的框架中从生命的历程来理解。生涯发展的概念由此修正了职业指导的范式，向前打开了一个崭新的局面。

舒伯的发展理论是 20 世纪最有影响力的生涯理论（Borgen，1991）。舒伯的生涯发展理论以差异心理学、发展心理学与自我概念理论为基础，是一个不论纵深及幅度都较职业指导更为广袤的理论。

戈特弗雷德森（Gottfredson，1981，2002，2005）的设限与妥协理论，重点关注在童年和青春期的生涯发展，她将这一理论描述为一种自我创造的理论。她的理论描述了个体如何经由内在自我与外在环境因素的相互作用，通过"设限"与"妥协"这两个主要的机制，发展出职业抱负（occupational aspiration）的历程。

第一节　生命广度与生命空间取向

生涯发展历程，
　基本上即是自我概念的发展和实践的历程。
　　　　　　　　　——舒伯（Donald Super, 1910—1994）

1976 年至 1979 年，舒伯旅居英伦，埋首进行了四年的跨文化研究，提出了生命广度与生命空间的生涯发展观（Super, 1980）。继而，舒伯在 1990 年根据英国剑桥郡地区教堂的拱门提供的灵感，提出了生涯发展的拱门模式（archway model），将理论精华以弧状基石镶嵌的象征比喻，形成一个生涯发展理论。

一、基本概念

舒伯本人承认，自己并没有开创所谓的"Super 理论"，只不过将现成的理论集其大成（Super, 1990, p.199），称为差异—发展—社会—现象学的心理学（differential-developmental-social-phenomenological psychology）。很明显的，舒伯的蓝图试图汲取这四大学术领域当中有关生涯发展的精义，建构一套完整的生涯发展理论。

（一）基本假设

舒伯所提出的理论假设，早期只有十项（Super, 1953）；随着思想的成熟与相关研究的启发，开展至十二项；最后，成形于 1990 年发表的十四项（Super, 1990, pp.206—208）。这十四项重要的假设，主要关注个体"如何"通过一系列的职位与工作而开展自己的生涯。其中包括了两个重要的维度：横贯一生的时间（chronological time）与纵横上下的空间（contextual space）。在此分述如下。

1. 在能力、人格、需求、价值、兴趣、特质和自我概念等维度上，普遍存在着个体差异。

2. 基于这些个人独特的本质，每一个人都适合从事某一些特定的职业。

3. 每一项职业均要求一组特定的能力和人格特质。因此，每一个人可以适合不同的职业，而且每一项职业可以适合不同的人。

4. 人们的职业偏好与能力受到生活和工作情境的影响，因而形成的自我概念，会随着时间的推移而改变。自我概念会在青少年晚期之后逐渐稳定和成熟，在生涯选择与适应上持续地发挥影响力。

5. 上述的改变历程，可归纳为一系列的生命阶段，称为大周期（maxicycle），包括了成长、探索、建立、维持、衰退五个阶段。每一个阶段至下一阶段之间有"转换期"，称为小周期（minicycle），转换期通常受到环境或个人各种不稳定因素的影响。然而，转换期的不确定会带来新的成长、再探索、再建立的契机。

6. 生涯模式（career pattern）的性质包括了从事职业的阶层水平、经过尝试和稳定进入工作世界的经历、频率和持久性等。这些均受到个人父母之社会经济地位，以及个人的心理能力、教育、技巧、人格特质（包括需求、价值、兴趣与自我概念）、生涯成熟度及生涯机会的影响。

7. 在任何生涯阶段是否能成功地适应环境需求和个体需求，取决于个人的准备度或生涯成熟度（career maturity）。

8. 生涯成熟度是一个假设性概念，如同智力的概念一样，甚难界定其操作性定义。但可以确定的是，生涯成熟度并非是单一维度的。

9. 生涯阶段中的发展是可被引导的，一方面促进个人能力和兴趣的成熟，一方面协助其进行现实考验（reality testing）和自我概念的发展。

10. 生涯发展历程，基本上即是职业自我概念（vocational self-concepts）的发展和实践的历程。自我概念是"遗传性向、体能状况、观察和扮演不同角色之机会、评估角色扮演、与他人互相学习"等交互作用历程的产物。

11. 在个人和社会之间、在自我概念和现实考验之间的彼此涵容或退让妥协，均属角色扮演和反馈学习的历程。这些学习的场域包括了游戏、生涯咨询、教室、打工场所以及正式的工作等。

12. 工作满意度和生活满意度取决于个人如何实现自身的能力、需求、价值、兴趣、人格特质与自我概念。

13. 个人从工作中所获得的满意度，取决于个人实践其自我概念的程度。

14. 对大多数男人或女人而言，工作和职业的经验提供了组成其人格核心的焦点。但是对有些人来说，工作与职业在生命经验中处于边缘位置，甚至是微不足道的；反而其他的角色，如休闲活动和家庭照顾居于核心。社会传统，诸如性别角色的刻板化印象、楷模学习、种族偏见、环境机会结构及个体差异等，决定了个人对工作者、学生、休闲者、家庭照顾者及公民等角色的偏好。

这十四项基本假设，涵盖了舒伯生涯发展理论的主要理念，例如生涯发展阶段、生涯角色、生涯模式、生涯成熟度等。其中，贯穿这些理念最核心的主轴，是自我概念。舒伯认为，职业选择的历程，即是自我概念实践的历程；人有一种驱动力，不断地将理解到的自己融入工作中，在工作中实践自我。

这些假设主要阐明了三个重点（Hartung，2021）。首先，该理论假设自我概念的发展、实施和调整，涵盖了横跨一生的决策和重新决策的过程。自我概念一方面在整个生命周期中变得愈来愈稳定，使人的生活具有连续性；另一方面，自我概念仍然随着时间的推移和经验的累积而改变。其次，该理论假设生涯发展涉及职业自我概念的发展与实践，缘于自我不断地寻求人境适配的和谐与稳定。最后，个人在工作中体验到的主观成功和满意度，是其在职业选择中实现职业自我概念的能力的函数。在工作中能够充分自我实现的人，更有可能体验到更高的成就感。

(二) 生涯发展的拱门模型

舒伯在 1990 年提出了拱门模型（参见图 4-1），这个拱门的灵感来自于英国剑桥郡一个教堂的拱门：诺曼拱门（Norman arch）[①]。

---

① 诺曼拱门是诺曼人（Norman）征服英国后所发展出来的罗马式建筑式样，以雄伟而壮观的半圆形拱门及几何装饰为主要特征。

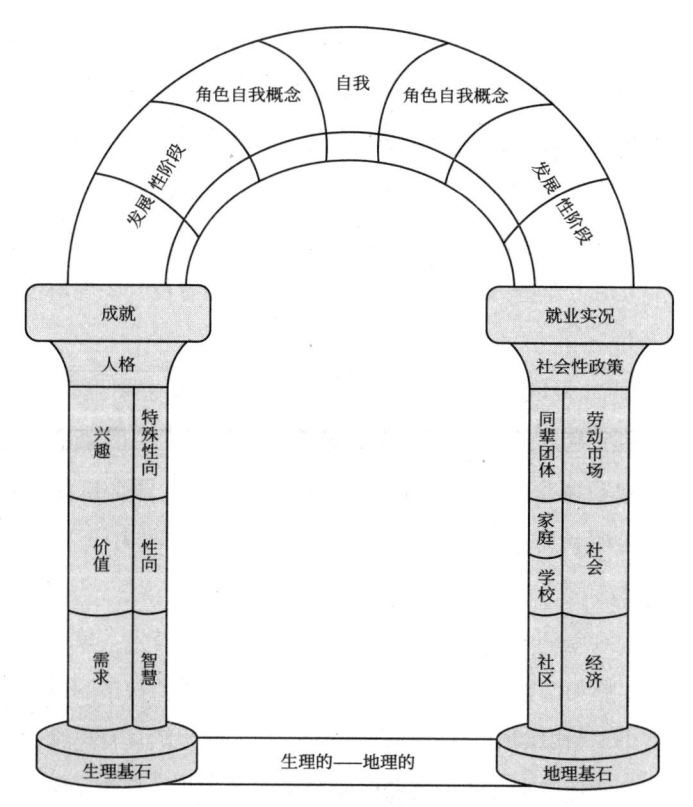

图4-1 舒伯的生涯发展拱门模型（资料来源：Super, 1990, p.200）

在这个拱门模型中，底层最基础的部分有三：左边是生理基石（biographical segment），主要是个体的生理遗传基础；右边是地理基石（geographical segment），主要是个体的成长环境，特别是出生的国家与原生家庭；中间则是这两个基石延伸交互熔铸的地基。

舒伯的整个理论基础奠基于这个拱门模式，拱门的"生理基石"支持了个人心理特质的发展，如需求、价值、兴趣、智力、性向与特殊性向，这些因素发展出一个人的人格倾向，并导向个人的成就表现。

"地理基石"则包括社区、学校、家庭、同辈团体、经济、劳动市场等社会范畴。这些因素影响了社会政策及就业实况。联结左右两大基石的拱形，则是由生涯发展阶段与自我概念所串联而成，主导个人的生涯选择与发展。

这两根擎天支柱向上延伸，通过个人的生涯发展阶段，逐渐形成"角色的自我概念"，进而发展成"自我"。"自我"居于拱门的中央最高点。从力学的观点看这个拱门的结构，支撑自我的力量是由左右两侧一块一块的基石从底层堆叠而上的。因为这些基石的存在，"自我"才能屹立于顶端。至于基石之间的接缝，必须要有水泥镶砌其间，舒伯称这些水泥为各种学习理论。

（三）自我概念的演进

舒伯从理论的雏形（1957）到理论的定型（1984）再到晚年发表的最后一篇文章（1990）为止，其理论系以"自我概念的发展与实践"一以贯之。细数舒伯理论的演进史，他对自我概念的看法，既有早期从差异心理学到发展心理学的色彩，也有晚年的建构心理学的雏形（Hartung, 2021），以下分别扼要叙述之。

1. 前期的自我概念：从差异心理学到发展心理学

差异心理学主张自我概念（即人格特质或特征）的内容是一种客观知识，与职业知识相结合，可以促进有效的生涯抉择。舒伯以差异心理学的观点为基础，认为个人是其经验的组织者，自我概念系个人对自我与情境互动的心理表征。发展心理学也反映了这样一种观点，自我概念随着时间的推移而浮现、发展和变化。

舒伯生涯发展理论的核心是"发展性的自我概念"。早期舒伯（Super, 1957）主张，所谓的职业发展，即是一个自我概念的发展与实践的历程。他认为自我概念的发展过程，就是自我分化、角色扮演、探索及接受现实考验的一连串过程。他将"自我概念"界定为一个有结构的、多元维度的自我概念系统（self-concept system），而非许多单一自我概念的集合。同时，舒伯观念中的自我概念，是一个人对自己，以及对自己所处环境的一种主观的看法。

2. 后期的自我概念：建构心理学

舒伯晚期逐渐认定，自我概念的形成是个人对自我与情境的主动建构历程（Super, 1984, 1990, p.222）。

霍兰德和特质因素论所主张的自我特质基本上是静态的，以一次性的职业选择为关注的焦点。但生涯选择是发展性的，由一系列变化中的内在偏好来适应变迁中的环境脉络，持续地导向较佳的选择。因此，生涯的选择是奠基于"人"对变化中的社会/经济情境与结构，进行个人内在缜密评估的历程。他承认采用凯利（Kelly, 1955）个人构念（personal constructs）的假设，或能更清晰地说明个人对环境的觉知与建构（Super, 1990, p.223）。

建构主义（constructionism）建立在差异化和发展性的立论之上，反映了自我建构通过工作和职业来塑造经验的观点。在建构主义者的论述中，具有更大动能的自我有意识地决定和编撰工作角色，类似于叙写自己生涯故事的作家。建构主义的自我观超越了"匹配"和"发展"，更加强调个人有目的地反思、塑造和理解个体的生涯进程。

舒伯晚年的主张，让其理论的走向与社会建构主义（social constructionism）汇流在一起，成为一条浩浩荡荡、澎湃汹涌的大江大河。舒伯晚期的论述，已经不再将生涯视为一种客观开展的历程，而是一种主观建构的历程（Savickas, 2002, p.154）。

二、生命广度与生命空间的生涯发展观

"生命广度与生命空间的生涯发展观"这个观念萌芽于1974年，经过了六年的酝酿与修改，开始大放光彩（Super, 1980）。除了原有的发展阶段理论之外，舒伯还加入了角色理论，描绘出一个多重角色生涯发展的综合图式。这个生命广度、生命空间的生涯发展理论，舒波以生命—生涯彩虹图（life-career rainbow）表示之（参见图4-2）。

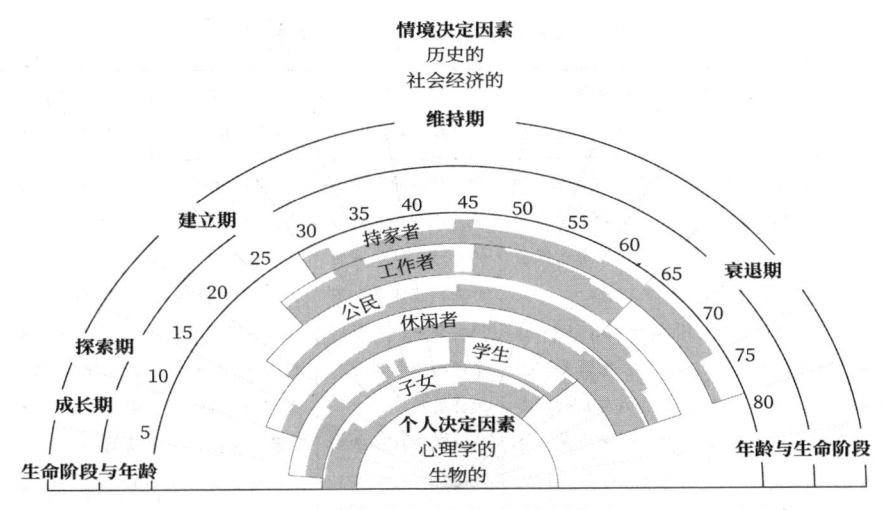

图4-2　生涯彩虹图：生命空间的多重角色（资料来源：Super, 1984, p.201）

（一）横贯一生的彩虹：生命广度

在生涯彩虹图中，第一个层面（相当于地球的经度）代表的是横跨一生的生命广度，又称为"大周期"。彩虹的外围显示人生主要的发展阶段和大致估算的年龄：成长期（约相当于儿童期）、探索期（约相当于青春期）、建立期（约相当于成人前期）、维持期（约相当于中年期）以及衰退期（约相当于老年期）。

从成长、探索、建立、维持到衰退，这一连串纵贯式的生命全期发展，标记着一个人生涯成熟的程度。生涯成熟是指一个人在不同的生涯发展阶段，其因应生涯发展任务的准备程度。这里所指称的生涯发展任务，受到两个因素的影响：其一，个人生理与社会发展的程度；其二，社会期待个人必须达到的程度。

例如对于一位29岁的年轻人而言，在图4-2中所应达到的发展阶段是"建立期"，建立期的生涯发展任务是"从尝试、定向到稳定"，包括了：(1) 找到机会做自己想要做的事；(2) 学习和他人建立关系；(3) 寻求专业的扎实与精进等（参见表4-1）。这反映出个体本身在生理与社会层面的成熟程度，也是社会期待他在生涯发展行为上应该达到的程度。有关生涯发展阶段以及各阶段的生涯发展任务，详见表4-1。

表4-1 舒伯的生涯发展阶段与发展任务一览表

成长期 0～14岁	探索期 15～24岁	建立期 25～44岁	维持期 45～64岁	卸任期 65岁及以后
在家庭或学校与重要他人的认同过程，逐渐发展自我概念。需求与幻想为此一时期最主要的特质。随着年龄的增长、学习行为的出现，社会参与的程度与接受现实考验的强度逐渐增加，兴趣与能力也逐渐发展。 1. 幻想期（4～10岁）：需求支配一切；热衷于幻想游戏中的角色扮演。 2. 兴趣期（11～12岁）：兴趣嗜好为其行为方向的主要决定因素。 3. 能力期（13～14岁）：能力的重要性逐渐增加。开始考虑工作所需要的条件与训练。 **发展任务：** 1. 发展自我图像。 2. 发展对工作世界的正确态度，开始了解工作的意义。	在学校、休闲活动及打工的经验中，进行自我试探、角色探索与相关探索。 1. 试探期（15～17岁）：考虑需要、兴趣、能力与机会。有了暂时性的决定，这些决定在幻想、讨论、课业和工作中细加思量。考虑可能的相关领域和工作层级。 2. 转换期（18～21岁）：进入就业商场或接受导业训练，更重视现实的考虑，试图实现自我概念。将一般性的选择转为特定的选择。 3. 试验并初步承诺期（22～24岁）：初步确定了就业的选择，并试探其成为长期就业的可能性。必要时，会再重复探索到具体的过程。 **发展任务：** 1. 就业偏好逐渐具体化。实现就业偏好。 2. 就业偏好的特定化。发展一个符合现实的自我概念。 3. 学习开创更多的机会。	确定适当的职业领域，逐步建立稳固的地位。职位可能升高，可能会有不同的领导，但所从事的行业和职业不太会改变。 1. 试验投入和建立期（25～30岁）：在已选定的职业中安步当车。可能因满意程度的差别略做调整。 2. 晋升期（31～44岁）：致力于工作上的稳固与安定。大多数的人处于具创造力的巅峰，身负重责大任，辈分攀升，表现胜任愉快。 **发展任务：** 1. 找到机会从事自己想要做的事。 2. 学习和他人建立关系。 3. 寻求学业的机会与精进。 4. 确保一个安全的职位。 5. 在一个稳固的位置上安定的发展。	在职场上崭露头角，全力稳固现有的成就与地位，逐渐减少创意的表现。面对新进人员的挑战，全力应对。 **发展任务：** 1. 接受自身条件的限制。 2. 找出在工作上的新难题。 3. 发展新技巧。 4. 专注于本务。 5. 维持在职业领域中既有的地位与成就。	身心状态逐渐衰退，从原有工作上退隐。发展新的角色，寻求不同的满足方式以弥补将要退休的失落。 1. 减速期（65～70岁）：工作效率降低，工作内容或性质改变以符合逐渐衰退的身心状态。有人找到兼职工作。 2. 退休期（71岁以后）：停止原有的工作，转移精力至兼职、志愿者或休闲等活动。 **发展任务：** 1. 发展非职业性质的角色。 2. 学习适合于退休人士的运动。 3. 做以前一直想做的事。 4. 减少工作时间。

（资料来源：Herr & Cramer, 1996, p. 321）

在这五个主要的人生发展阶段内，各个阶段内还有若干小阶段，详见图4-3。图中虚线部分表示阶段之间或有重叠的现象，并不完全受年龄区分的限制。舒伯特别强调各转型期的年龄划分有相当大的弹性，而且每个转型期和这个转型期来临之前的发展阶段都包括了一个"小周期"的循环（参见表4-2）。

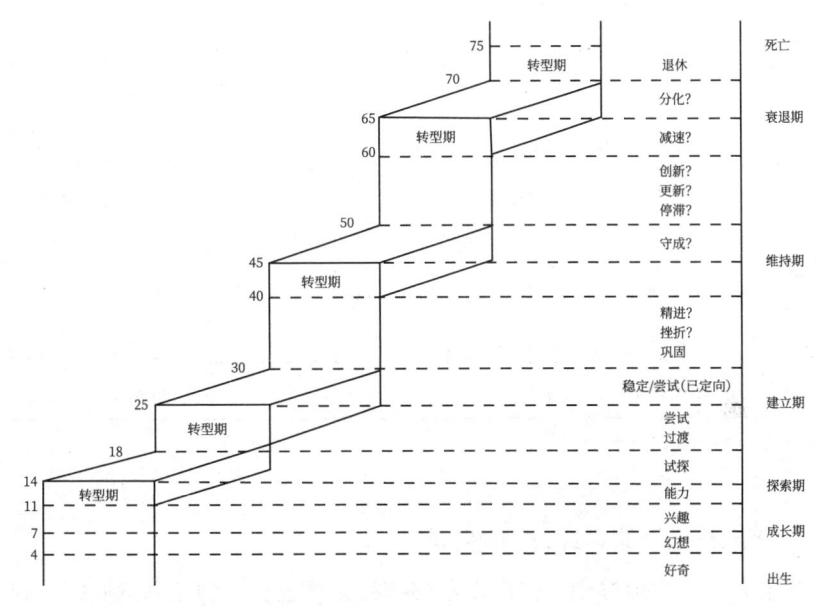

图4-3　大周期：发展阶段与发展任务（资料来源：Super, 1990, p.200）

转型期在生命广度的大周期（参见图4-3）中有其特殊的重要性。每经过一个转型期，个人就要面对一个新的小周期，也就是再一次度过"成长—探索—建立—维持—衰退"这样类似于大周期的一个循环。

举例来说，一位高一的新生（15、16岁），经历了人生的第一个转型期之后，必须重新"成长""探索"新的角色与学习的环境；一旦"建立"了固定的适应模式，同时"维持"了一段时日后，开始面对另一个转型期，准备踏入工作世界。旧有的习惯在形式上衰退，继之以新的工作角色的成长、探索、建立、维持与衰退，如此周而复始，直到退休。另外，一个人在生涯转换时，也会经历一个新的小周期。

表4-2　生命广度内的小周期：发展任务的循环与再循环

发展阶段	年龄			
	青春期 14～25岁	成年早期 25～45岁	中年期 45～65岁	成年晚期 65岁以上
衰退期	嗜好的收敛	减少运动	注意养生之道	减少工作时间
维持期	考验目前的职业选择	使目前的职位安定	从竞争中求稳固	维持自得其乐的嗜好
建立期	进入一个主修的领域	就职于一个稳定的职位	发展新的技能	做以往想要做而一直没做的事
探索期	学到参考更多的机会	找到机会做自己想做的工作	找出困难全力以赴	找一个好的养老处所
成长期	发展实际的自我概念	和别人发生联系	接受自己的局限	发展和职业无关的角色

（资料来源：Super，1984，p.203）

（二）纵贯上下的彩虹：生命空间

在生命周期的推移中，生命以不同的社会角色在生命空间的脉络中自主浮沉，成就了个体的生涯发展。彩虹的拱形斑斓色谱，如同这些不同的社会角色。在"生命/生涯彩虹图"中，最外层代表生命广度，内层的弧度代表的是纵贯上下的生命空间，由一组社会性的职位或角色所组成。

1. 生命角色

舒伯认为人在一生当中必须扮演九种主要的生命角色（life roles），依序是：(1) 儿童；(2) 学生；(3) 休闲者；(4) 公民；(5) 工作者；(6) 夫妻；(7) 家长；(8) 父母；(9) 退休者。不同角色的交互影响，塑造出个人独特的生涯模式。此外，角色也活跃于四种主要的人生舞台：(1) 家庭；(2) 社区；(3) 学校；(4) 工作场所。

每个人踏入学校之后，终其一生，都有机会在不同的舞台上扮演不同的角色。从谋得第一份职业到28、29岁结婚，各种不同角色先后或同时在人生的舞台上层见叠出，直至退休。之后，仍有某些角色延续至终。在某一个角色上的成功，可能带动其他角色的成功，反之亦然。不过，舒伯进一步指出，为了某一个角色的成功付出太大的代价，有可能导致其他角色的失败。

2. 角色突显

角色的消长盛衰可以在图4-2中以色块的部分表示出来。除了受到年龄的成长和社会上对个人发展任务的期待之外，角色的消长盛衰还受到个人在各个角色上所花的时间和情绪涉入的程度的影响。因此，从这个彩虹图的色块比例引发出了"角色突显"的观念。

角色突显（role salience）是指一个人在这些角色位置上投入的程度（Super, 1990, p.218）。角色投入的程度在不同的生涯阶段会有变化，可由四项指标测定投入程度的深浅：承诺程度（commitment）、参与程度（participation）、价值期待（value expectations）和角色理解（knowledge of roles）。其中，承诺程度、参与程度和价值期待三种层面可以通过《工作重要性量表》（Salience Inventory）（Nevill & Super, 1986）测得。这三个层面说明了个体投入角色的指标包括了情意、行为与价值三个主要成分。例如对于工作角色，某人愿意投入所有的工作时间（行为），也认为这份工作能得到理想的薪水与福利（价值），但是希望能将部分心力投注在家庭与休闲等其他角色（情意）。

"角色突显"在每个年龄阶段突显的角色组合都不同，其生涯模式特别能反映出一个人当时的价值观。舒伯相当重视价值对个人生涯的影响，曾发展出21种价值观，其中的14项价值分别可借两种量表测得：《价值量表》（The Value Scale）（Super & Nevill, 1989）与《工作重要性量表》。这14项价值为：

1. 能力运用　　2. 成就感　　　3. 审美　　　　4. 利他主义
5. 自主性　　　6. 创造力　　　7. 经济报酬　　8. 生活方式
9. 体能活动　　10. 名声地位　　11. 冒险犯难　　12. 社交互动
13. 多样性　　　14. 工作条件

由彩虹图中可看出人在一生当中角色突显的程度。每个弧形代表人生中的某个角色，弧形中的色块配色愈重，就表示投入的心力愈多，反映出这个角色的重要性，因此每个阶段均有突显的角色组合出现。图 4-2 所呈现的是一个虚拟案例。在此例中，成长阶段最突显的角色是儿童；探索阶段在 15～20 岁是学生；建立阶段在 30 岁左右，先是家长，紧接着是工作者；维持阶段在 45 岁左右，学生的角色分量突然增加，工作者的角色中断，而公民与休闲者的角色逐渐增加。角色突显的组合可以使我们看出在生涯发展过程中，工作、家事、休闲、学习研究、社会活动对个人的重要程度，以及在不同发展阶段所看重的价值与特殊意义。

3. 角色平衡

多元的社会角色形成生命脉络中特有的生命结构。结构中缤纷的角色让我们在不同的人生舞台中咽遍酸甜苦辣或悲欢离合。角色的失落或重叠，都会造成心理上的波折。例如形势变动造成猝不及防的离职，经常是造成焦虑与抑郁的主因（Paul & Moser, 2009）；工作角色的超负荷或与其他家庭角色的重叠，也会引发工作倦怠（job burnout）（Maslach et al., 2001）。

在人类发展的许多角色环境中，一系列因素决定了角色突显和角色平衡的形态。这些因素包括流行的文化价值取向、工作性质的变化、社会多样性、波动的经济条件、性别与家庭期望、社会阶层以及职业和其他障碍（Hartung, 2002）。角色彼此之间可能是互补的、支持的，也可能是冲突的、紧张的。例如，家庭角色的支持可以缓解工作压力，而工作过度可能会使家庭生活紧张。

研究发现，我们可以主导或管理这些角色，角色发展平衡的状态已经被证实可以提高整体生活的满意度与幸福感（Niles et al., 2001）。舒伯主张，在典型的生命结构中，同一发展阶段可突显两三个主要的角色，其余充当次要角色或暂时退隐（Super et al., 1996）。

三、生涯模式、生涯成熟度与生涯适应

舒伯及其研究团队从事生涯模式研究（Career Pattern Study）长达二十年（Super et al., 1957），提出了生涯模式与生涯成熟度的应用概念。在那之后，

研究团队发现生涯成熟度较难适用于青春期以后的阶段，遂而提出生涯适应（career adaptability）的建构。

1. 生涯模式

上述的角色概念随着发展阶段的更迭，其组合的形式也会不同。这些整体变动的历程，会形成不同的生涯模式。

根据舒伯的分析，男性与女性各有不同的生涯发展模式。一般而言，男性的生涯发展主要有四种不同的生涯模式，而女性则有七种类型（Super, 1957）。

（1）男性的生涯模式

a. 稳定生涯型（stable career pattern）：这类型的人由学校毕业之后即进入职场，并未经过太多探索或尝试的历程，直接迈入长期而稳定的生涯发展。

b. 传统生涯型（conventional career pattern）：这类型的人经由一段时间的尝试努力之后，渐趋稳定；在试验多种职业之后，会选择一样稳定的工作。

c. 摆荡生涯型（unstable career pattern）：这类型的人在不稳定的情况之下尝试一段时间后趋于稳定；但是在短暂的稳定后，又回到不稳定的状态，在稳定与不稳定之间摆荡。这种形态的人，通常会较晚才进入发展阶段的建立期。

d. 多轨尝试型（multiple-trial career pattern）：这类型的人一直不断地在尝试不同的工作，经常在做重大的改变；和摆荡生涯型不同的地方，在于多轨尝试型稳定的现象很少出现，很少有工作让他们长期停留。

（2）女性的生涯模式

a. 家庭主妇型（stable homemaking career pattern）：这类型的女性从学校毕业后，就因为婚姻而直接走入家庭。她们结婚之后就以家庭为生涯重心，缺乏明显的在外工作经验。

b. 传统生涯型（conventional career pattern）：这类型的女性在高中或大学毕业后，经过了一段时间全力投入职场；其后，因为婚姻而走入家庭，从此以家庭主妇为生涯的重心。

c. 职业妇女型（stable working career pattern）：这类型的女性在高中或大学毕业后，直接进入职场工作，一直到退休。

d. 双轨生涯型（double-track career pattern）：这类型的女性在工作后结婚，并未放弃工作，事业角色与家庭角色并重，双轨并行。

e. 间断生涯型（interrupted career pattern）：这类型的女性在高中或大学毕业后工作一段时间，因结婚而中断工作，全心投入全职的家庭主妇。等到孩子能够独立地照顾自己后，再复出工作。

f. 摆荡生涯型（unstable career pattern）：这类型的女性，有时辞掉工作回到家庭，又会再复出工作；一段时间后又回到家庭。她们不断地在家庭与工作中来回穿梭，呈现出不稳定的生涯发展形态。

g. 多重尝试型（multiple-trial career pattern）：这类型的女性，有时会投入职场，但不会全心全意地经营自己的事业。终其一生，会经历不同的工作，这些工作在性质上并无相关。

这七种类型可以放在职业与家庭两个极端所构成的光谱上来看。这反映出半世纪前舒伯的看法，女性的生涯发展组型似乎脱离不了"职业"与"家庭"的影响。随着社会的变迁与女性性别意识的抬头，女性的生涯发展已经不再是从"职业"与"家庭"中二选一那么简单，许多女性试图调整这两个角色，朝向多重角色的方向整合。

（3）组织中的生涯模式

组织中的生涯发展是成人生涯中相当重要的一环。霍尔（Hall，1990）根据生涯路径的迂回状态，提出了多元生涯路径模式（alternative career-path model），整理出企业组织中十种不同的生涯模式。

a. 传统晋升型（traditional pattern）：这类型的人遵循着传统的模式，循序渐进地在组织内发展。职位随着经历而调整，稳扎稳打，逐步攀升。

b. 美国大梦型（American dream）：这类型的人在组织内平步青云，在很短的时间内就蹿升到组织的顶点。

c. 早期高峰型（early-peaking pattern）：这类型的人在进入组织的早期，很快地就会向上攀升，但到三四十岁就遇到瓶颈，进入平缓的发展。

d. 晚期高峰型（late-peaking pattern）：这类型的人进入组织后平缓地发展，但是平缓不代表失败；不断累积经验后渐入佳境，到了后期才进入生涯的巅峰。

e. 稳定状态型（steady-state pattern）：这类型的人持续而稳定地发展，职位变化不大，没有太大的企图心，相对也不易有挫折感。这类型常出现在专业技术人员的身上。

f. 多重波段型（multichannel pattern）：这类型的生涯模式呈现出螺旋式连续性波动。在职场内经过了一段时间的学习，短期内攀升到一个位置。然而，因为组织的重组，会分配到另一个新的低阶位置，必须重新学习；好不容易小有进展，又因组织的波动，再回到另一个新的原点，重新攀爬。随着未来组织结构快速的调整，这种类型会经常出现。

g. 翻腾不定型（floundering pattern）：这一类型的生涯模式呈现为在组织底层不断翻搅冲撞，无法升迁。这类型的人在组织中无法找到适得其所的发展空间，起伏不定。

h. 昙花一现型（temporary advancement pattern）：这一类型的人经常被临时派遣担任主管职务，任务完成后又回到原来的岗位。

i. 中年更新型（mid-career renewal pattern）：这一类型通常在中年会遇到生涯瓶颈，经过一番新的淬炼后，重新出发，再上一层楼。

j. 老骥伏枥型（phased retirement）：这是为即将退休的资深员工规划的生涯模式。让资深员工有弹性地减轻工作负担，或担任咨询顾问的工作，以提携后进。

杨育仪（1997）以台湾省 15 位药学系的男性毕业生为对象，在他们具备 20 年的工作经历后，针对这些年龄介于 43 岁至 49 岁的中年人进行生涯模式的研究。研究发现可以整理出七种生涯模式，分别是：四平八稳型、尝试稳定型、早期蜕变型、飞跃成长型、曲折起落型、转折发展型、起伏多变型，每一种类型都有其独特的生涯发展历程。

延伸阅读 4-1

新兴的生涯模式

选择不同的生涯模式，表征了不同的生活风格，以及生命当下所珍视的价值。与传统的生涯模式相较，"度假办公""数字游民""FIRE族"都是新兴的另类生涯模式。

1. 度假办公（workation）：Workation 是个新创的英文词，结合了 work 与 vacation 两词，意指离开办公室所在城市，到异地远程上班，一边工作一边旅行。时间可为一至二周，甚至长达一两年以上。这个词在近年来愈来愈流行，用于描述这种新型的工作方式。从美国到日本，选择度假办公的多数为全职上班族（蔡靓萱，2022）。这种自由自在的生涯形态使人们可以将工作与度假融合在一起：当天上午在台东租来的民宿中与远在加拿大、意大利的同事视频开会，绞尽脑汁解决工作难题后，下午就出现在台东都兰的冲浪海滩；两个月后可能出现在峇里岛，先练完瑜伽然后开会。

新冠疫情的暴发促使远程办公（telecommuting）成为新常态，也使得 workation 风气在日本随之增长。日本官方持续推动上班族环境的改革，愈来愈多都道府县推出了更多"度假办公"友好的场所，包括性价比很高的中短期住宿公寓、共享办公室，以及各种优惠促销活动（邱莉燕，2022）。只要在有网络的地方，就能靠着一台笔记本电脑逍遥走天下，将工作与旅行结合，达到不局限地点的生活模式。

2. 数字游民（digital nomad）：数字游民是一种被数字信息技术赋能的全新生活方式，特指完全依靠互联网创造经济收入，并借此打破职业与地理区域之间牢不可破的关系，达成地理位置自由和时间自由，并尽享地理套利红利，在全球移动生活的生涯形态（数字游民，2022；Makimoto & Manners, 1997）。所谓地理套利，是指这些现代的游牧民族（nomad）逐美景而居，让赚到的薪酬更值钱。比如为硅谷高科技公司工作，人却是在泰国清迈租屋生活。这些族群觉得单纯追求绝对高收入没有意义，而是考虑如何借助地理位置的变换，花同样的钱获得更高水平的生活质量（邱莉燕，2022）。如能携家带眷，则更能兼顾生涯彩虹图中多重的生涯角色，以家人为中心来安排工作与生活。

3. FIRE族（Financial Independence, Retire Early）：FIRE 的生涯模式来自

于"financial independence, retire early"（经济独立，早早退休）的首字母缩写。这是一种以经济独立和提前退休为目标，以及重视幸福感多于对物质的满足的一种生活类型，在21世纪10年代特别受到千禧一代的欢迎（FIRE，2022）。崇尚这类生涯模式的人意识到自己并不想继续做朝九晚五的高压上班族，不再为了五斗米而放弃重要的生活品位，宁可舍弃对财富的激烈竞争，选择比自己财政承受能力低但是自由自在的生活方式。FIRE的追随者认为在传统的经济环境下，工作者几乎无法拥有控制自己存在的感觉。一位人资部门的主管表示："生了孩子后，我在如何能把更多的时间花在孩子身上这个问题上面临很大的压力。因为传统的生活方式，使我几乎被我的工作所奴役。"（Kurutz，2018）。这种生涯形态吸引了信奉俭朴生活的人、宗教人士和环保人士。然而，崇尚FIRE的人之所以能够提早退休，基本条件是必须达成财务自由。换句话说，拥有财务灵活性，才能拥有最终的生活灵活性。

这些新兴的生涯模式，在于追求工作与休闲的平衡、多重生涯角色的平衡、物质与心灵的平衡。弹性与平衡，也许是人类生涯形态改变的重要指标，也是生涯发展的未来趋势。

2. 生涯成熟度

舒伯及其同事在生涯模式研究中（Super et al.，1957），也提出了生涯成熟度的概念。生涯成熟度包括了"情意"与"认知"两个层面。情意层面内含生涯规划与生涯探索两种态度；认知层面包含生涯抉择与认识工作世界两类的智能。

生涯成熟度经由《生涯发展量表》（Career Development Inventory）（Thompson & Lindeman，1981）而测得。生涯发展量表共分两部分：第一部分评估青少年生涯成熟的四个维度，生涯规划、生涯探索、生涯抉择及认识工作世界，包含四个分量表。生涯规划与生涯探索两个分量表组合成"生涯发展态度"，生涯抉择与认识工作世界两个分量表组合成"生涯发展认知"；第二部分评估对偏好职业的认识，由一个分量表单独构成。其结构参见图4-4。

（1）生涯发展态度："生涯规划"分量表着重于未来的思考和计划，"生涯探索"分量表关心的是资源的处理整合，两者同样重视工作态度，合起来就是舒伯所指的"生涯发展态度"。

a. 生涯规划:"生涯规划"这个分量表最关键的部分是要看出一个人对于生涯规划专注投入的程度。这个部分关心的是个人花了多少心思在信息寻求的活动上？对工作上的各种状况，他们觉得自己了解多少？信息寻求的活动涵盖了以下几种：学习有关职业方面的信息、和成年人谈谈个人计划、选修一些可以帮助个人做出生涯抉择的相关课程、参与课外活动或打工、争取工作上的训练或教育机会等。

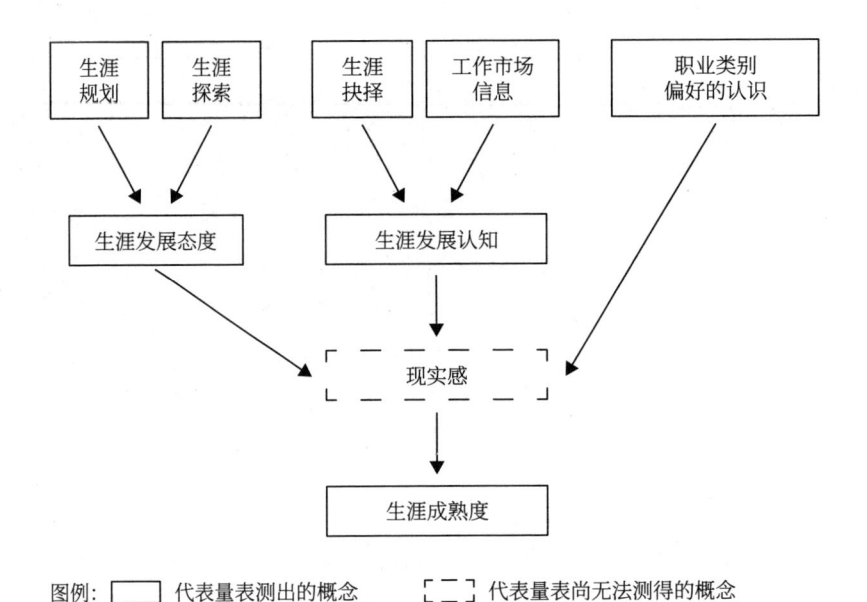

图例：□ 代表量表测出的概念　　[ ] 代表量表尚无法测得的概念

图4-4　生涯成熟度之概念图

　　b. 生涯探索:"生涯探索"分量表最重要的是能够测量出一个人愿意探索或搜寻生涯信息的程度。这些包括是否愿意运用包括父母、亲戚、朋友、老师、咨询师、书籍以及电影等资源进行探索，以及从这些资源所获得的信息量有多少。

　　(2) 生涯发展认知:"生涯抉择"分量表的概念是关心运用知识和思考做决定的能力。"工作市场信息"分量表强调搜索职业信息的能力。两者同样重视工作智能，合起来就是舒伯所指的"生涯发展认知"。

　　a. 生涯抉择：舒伯相当看重一个学生知不知道该如何做好一个生涯抉择。

"生涯抉择"分量表包括学生是否拥有做决定的能力，以及如何实际进行生涯抉择的操作。在这个分测验中，会给受试者几个假设情境，这些情境下的虚拟人物必须做出生涯抉择，因此受试者必须设身处地为这些人物找出最适当的决定。

b. 工作市场信息：舒伯认为一个人进行有效的生涯抉择前，必须具备充分的职业信息。"工作市场信息"分量表主要在于评估受试者是否具备足够的了解职业环境的知识，包括进入职业之前应该有的准备，以及进入职场后如何表现。

（3）职业类别偏好的认识：这个概念原本不在舒伯的原始理念中，而是在生涯发展量表内额外强调的。在生涯发展量表中，要求学生选出20组他们所喜欢的职业群，然后根据这些职业类别提出问题。问题包括工作的职责、工作中需使用的工具与设备，以及这份工作的体能要求是什么。除此之外，受试者还需要依据九种不同的领域，来判定自己的能力，分别是语文能力、非语文的理解力、数算能力、行政能力、机械能力、空间能力、运动协调能力、英文能力和阅读能力。受试者要回答从事这些职业的人拥有哪些兴趣，可供受试者选择的兴趣范畴包括了语文、数学、行政、机械、科学、艺术、营销、社交和户外等各种兴趣。如此设计，就可以知道受试者对自己喜好的职业，有多少认识和理解。

（4）现实感：现实感（realism）是舒伯在1990年提出的概念，它无法通过任何测量工具予以测量。现实感是一个整体的概念，其内容包括了前述的情意与认知层面，主要在于评估一个人是否能综合个人的、自陈的以及客观的测评资料，据以研判个人目前的生涯准备程度，能否进入一个适性发展的职业环境。

由于不同的阶段会有不同的生涯发展任务，因此生涯成熟程度会因年龄不同而有所差异。如果达到了某一阶段生涯发展任务的要求，例如30岁有一个稳定而投入的工作，表明他是成熟的，生涯发展是顺利的；然而，一个人已届"而立"之年，经常漂浮不定地转换工作，即为发展迟滞，以后的生涯发展也会受到影响。

3. 生涯适应

前述生涯成熟度的概念的核心含义是生物发展的概念，有其限制。经过多年的研究与对理论本质的反思，舒伯的研究团队采纳了一种心理社会结构的新概念：生涯适应（Savickas, 1997；Super & Knasel, 1981；Super et al., 1996）。生涯适应这一心理建构足以在整个生命周期内，应对发展任务、生涯转衔和工作创伤的心理准备和资源调度（Savickas, 2005）。有关生涯适应的内涵结构与应用，将在第七章的生涯建构论详述之。

总之，生命广度与生命空间的发展观长期以来，将差异心理学、发展心理学和建构主义关于自我概念的理解，整合在一个关于生涯选择和发展的宏大论述中。在实际的应用上，舒伯所发展出来的咨询工具与咨询介入模式，无论是测评工具（量化）的应用，或是叙事方法（质性）的结合，都呈现出海纳百川"集大成"的精神。

四、生涯咨询的应用

好的理论，就是实用的理论（Lewin, 1952, p.169）。在理论发展过程中，舒伯和他的同事同时设计了方法和工具，帮助个人在一生中做好准备、投入工作角色。这一套咨询指南，称为生涯发展评估与咨询（Career-Development Assessment and Counseling），简称 C-DAC（Super, 1983）。C-DAC 系统地将生命广度和生命空间理论的关键组成部分（即生涯拱门、生涯彩虹图以及阶梯模式）融合到生涯咨询的实践中，将理论中的差异性、发展性、自我概念三大精义综合成一个全面覆盖的方案。

C-DAC 的差异心理学部分反映了帕森斯的匹配模式和霍兰德的人境适配论。C-DAC 的发展心理学部分直接反映了舒伯（1990）的生命广度生命空间理论，结合了构成生涯拱门的阶段和角色。C-DAC 的自我概念部分，客观地评估采用传统特质因素论，主观的评估则加入了建构主义的叙事方法（Super et al., 1992）。

（一）心理测评工具的应用

C-DAC 方法使用多元的生涯评估组合，帮助来访者在其独特的生活环境中探索其人生角色、发展阶段和任务、生涯态度和知识、价值观和兴趣。生涯咨询人员与研究人员可在 www.vocopher.com 上免费浏览这些工具。

C-DAC 的实施，分为"初步预览""深度查看""量化评估""质性评估"四个步骤（Hartung, 2021；Super et al., 1996）。

1. 初步预览：生命空间

第一步骤的目的是针对理论中生命空间的评估，广泛搜集相关数据（如学校和先前的咨询记录），确定来访者主要的问题以及形成初步的干预计划。第一步的核心工作，在于评估工作这项角色相对于其他场域（如学校、家庭和家庭、社区和休闲）中生活角色的重要性。

这种评估可以通过对话进行，也可以使用 C-DAC 中的《工作重要性量表》，衡量"参与程度""承诺程度""价值期待"在实现学生、工人、公民、家庭主妇（包括配偶和父母）和休闲者这五种人生角色价值的程度。确定角色突显的水平，可以帮助来访者看清楚希望如何安排自己的生活角色。

2. 深度查看：生命广度

第二步骤的目的是针对理论中生命广度的评估。这是一个深度视角，主要检核个体生涯发展阶段与生涯成熟程度。生涯选择准备度较低的个人需要采取干预措施，以提高计划性、探索性行为以及有关决策和工作及职业结构的知识。

（1）生涯发展阶段评估：使用《成人生涯关怀量表》（Adult Career Concerns Inventory，简称 ACCI），用以量测生涯发展阶段。ACCI 的 4 个量表和 12 个分量表分别衡量与职业阶段和发展任务相关的关注点，包括探索（具体明朗、分化聚焦、开展落实）、建立（稳定、巩固、精进）、维持（守成、更新、创新）和衰退（减速、退休规划、退休生活）。ACCI 可用于测量发展性任务的掌握情况以及对发展性任务的关注程度（Niles et al., 1997）。

（2）生涯发展成熟评估：采用《生涯发展量表》测量生涯发展水平，可评估做出教育和生涯选择的准备情况。

生涯成熟度也可以通过《生涯成熟调适量表》（Career Maturity Inventory-Adaptability Form）（Savickas & Porfeli, 2012）（青少年适用）和成年人的《生涯适应量表》（Career Adapt-Abilities Scale）（Porfeli & Savickas, 2012）（成人适用），予以评估。

这一个步骤至关紧要，来访者必须已经做好身心的准备才有可能人境适配，否则很难进入下一阶段的客观评估。

3. 量化评估：自我概念

第三步骤的目的是针对理论中自我概念进行客观评估。这一阶段相当于传统特质因素论的做法，可广泛使用各种适当的量表来衡量客观的职业兴趣、能力和工作价值观。

4. 质性评估：生命主题

第四步骤的目的是针对理论中的自我概念进行主观评估。与前一阶段的客观测评不同，舒伯的团队在这一阶段开始尝试采用质性的方法进行主观的测评。C-DAC 中包括了两种主观的测评方式：横断方式（a cross-sectional view）与纵贯方式（a longitudinal view）（Savickas, 2002；Super et al., 1996）。横断方式包括生涯方格或职业组合卡（参见第五章）等方法；纵贯方式则可通过生涯传记（career autobiographies），进行生命主题的探讨。生涯传记的实施方式包括生命线（参见第六章）、生涯家族图（参见第十二章）等。

横断方式是一种横截面的视图。为了补充自我概念测评视角的不足，纵贯方式以传记主题（biographical themes）提供了从过去到未来的纵向视图。传记主题是一种自传式的主题描述，给来访者提供了一种反思性的参照架构，以探索自我在过去、现在和未来的连续性。生涯主题的本质不在于"报告"过去的经历。相反的，这些主题解释了过去发生过的事实，使其适当回应目前的需要，传达了支持当前目标和塑造未来的信息。生涯主题评估使用的方法是一种个人自传式的回顾，从工作历史中的连续性线索，发现自传中隐现的主轴，然后使用这种结构以诠释过去、解释现在和预见未来（Savickas, 2002）。

总之，C-DAC 是一项综合性的生涯实践计划，有助于指导生涯从业人员向儿童、青少年和成年人传递生涯成功所必需的规划态度、生涯信念和决策能力（Savickas，2005）。该方法也试图帮助个人完成发展任务，澄清与实现自我概念。C-DAC 也是一项综合性的生涯介入计划，旨在将个人和与其自我概念相关的职涯联系起来，并在其生活角色的安排范围内，归纳出个人的综合情况和行动计划，为生涯咨询提供了有用的指南和方法。有兴趣的读者可追溯学习 C-DAC 原始方法（Super，1983）和后续延伸的发展与应用（Taber & Hartung，2002）。

（二）叙事方法的应用

舒伯在长期的生涯模式研究中搜集了大量生活史数据，捕捉丰富的背景和故事。此外，他也参酌了叙事方法在生涯咨询中的运用，以主题外推法（the thematic-extrapolation method）（Jepsen，1994；Super，1954）发现生活主题以促进生涯选择和发展，可视为后现代叙事生涯的起源。以下两个例子聚焦于舒伯理论的应用。有关生涯叙事的发展，在舒伯辞世之后，波澜壮阔，开创了生涯理论的新范式。本书在第六、七两章将会有详细的说明。

1. 生涯彩虹图的叙事

高学历女性在专业发展与原生家庭及婚姻家庭关系中，经常会有不同角色取舍的冲突。生涯彩虹图配合故事叙说，可进行深度的梳理。在此举一个案例说明之（贺晶、金树人，2014）。

（1）困扰问题：研究参与者 F 刚刚结婚一年半，父母亦需要她的照顾。她偶然发现海外开设了一个有关艺术治疗的三年硕士课程，很想前往就读，从而陷入生涯角色冲突的风暴中。F 的生涯故事充满许多不确定与变化的因素，除了专业发展与其婚姻家庭、原生家庭三大情境之间的互动变化之外，在各个情境的内部也存在不同角色之间的拉扯。

（2）实施方式：在采用生涯彩虹图为研究工具时，并未限定研究参与者要按照舒伯所提出的角色去呈现其生涯发展故事，而是邀请其列出认为在专业发展、婚姻家庭和原生家庭中所拥有的生涯角色，最多不超过十个。除了绘制彩虹图外，还可以采用故事叙说的方式呈现角色故事。

（3）研究结果：F通过绘制生涯彩虹图及参与访谈，第一次尝试对自己的决定做如此细致、具体的分析，由最初被现实环境和社会角色期待的改变拉扯着成长，到后来通过探究不同角色故事背后的意义，逐渐了解自己，发现更多的力量与可能，进而主动进行角色的统整，踏上追求独立之路。

F理性的决定并不是在社会期待的责任下被动地做出的牺牲，而是主动依据自己赋予角色背后的意义而进行的角色调整。F发现自己之所以如此想要去进修，背后潜藏的是对"自由"和"创意"这两项生涯主题的追求。当看清楚自己将来专业发展中重要的元素后，F开始不再坚持去海外进修这一个达到自己需求却又会引起冲突的方式，而是开始去探索实现"自由"和"创意"更多的可能选项，从而一定程度上达成了生涯角色的平衡。

2. 生涯传记的叙事

当一个人理解了自己过去主观经验得到的兴趣、能力与价值，这些有关于"我"的概念就会被转化成为一种生命主题，通过生涯选择与生涯抉择的过程，在未来实现这个隐藏着自我概念的生命主题（Super et al., 1996）。

每一个人的生命经验藏身于过去生涯传记的事件与情节之中。通过叙说的方式，能够形成意义的建构，化为未来生涯故事中的主题。在杨淑涵（2002）的研究课题，探讨为何台湾高级职业学校的女学生会选择进入非传统的生涯领域。晓翎（化名）高中念的是工科，大学念的是电子。一位女孩为何会在这个以男孩为主的电子行业奋斗不懈？晓翎以生涯传记叙说的方式，经历了主题发现与未来生涯质量改变的过程。

开始的阶段，研究者让晓翎叙说她过去的生命故事。前后一共整理出八段与性别意识有关的故事，其中一个是（杨淑涵，2002）：

> 那时候我想说因为我们是工科，觉得男生数理方面比较强，很怕会跟不上。可是后来发现好像也没有。记得我们有一科基本电学，那科的老师就会说男生要考几分，而女生考几分就可以了。那时候我就很不屑，我就说我一定要考得比他们那些男生高。老师觉得男

生在数理方面会比较强，可是我觉得不一定吧，我是觉得老师好像在歧视女性，我就觉得很讨厌，所以我就回去对那一科很认真很认真地读，结果考全班最高分。

在这个故事中，浮现出"体验到'赢'的重要"的生命主题。每一段生涯传记中的故事，都会出现不同但是类似的主题。八段故事分别出现的八个生命主题依次为：1."不服输个性的养成"→ 2."不能输给别人的启发"→ 3."体验到'赢'的重要"→ 4."遭遇到'输'的痛苦"→ 5."努力摆脱'输'的痛苦"→ 6."咽到'赢'的甜头"→ 7."更相信'赢'的重要"→ 8."达到'赢'的目标"。

研究者将这些访谈的文本让晓翎过目，然后在这些文字中找出最有感触的段落，在文字底下画线。这样做的目的是在第二阶段访谈时，能够从中看到不同的观点，进一步重写其未来的生涯抉择故事。

"要赢过别人"是第一阶段八个故事浮现出来的共同主题。这个共同主题的发现让晓翎产生了改变。从生涯传记的故事文本中，晓翎看到过去的自己为了不想输给别人所付出的代价与痛苦之后，产生了质变。她在第二阶段的叙述中说道（杨淑涵，2002）：

我现在都尽量改变，我不要去跟别人比较，因为这样子对我很痛苦。而且我是真的很痛苦，因为都会想到这件事，这样子就会一直给自己很大很大的压力。只要每次一想到这种事，你压力一大，很多事就做不好：你只是在想这件事你要怎么办，你要怎么办，就不能专心做自己的事。我是想改变自己就是不要管，就是做自己想要做的事。

在重新叙述（re-telling）中，显然她选择放下过去生命主题中跟别人比较、怨恨别人的心态。因为这似乎带给她很大的痛苦，每次一想到可能会输给别人，就一直给自己压力。面对未来的大学生活，她开始告诉自己不要再把成绩看得那么重，而是脚踏实地去学。改变的具体行动是新的生涯规划，以续集的方式写出新的生命故事。

　　历史虽无法改变，但生命可以有新解。从生命主题中，咨询师与来访者共同找到关键经验。这些关键经验突显了生涯传记的张力。来访者可以决定是否以这些经验为基调，加上新的素材，铺陈出更贴近于生命本质的生涯续篇。

　　总之，舒伯经历了长期的观察与研究，提出了生涯发展的观点，为生涯发展与辅导的学术典范奠定了继往开来的基石。从此，职业指导开始以生涯发展的面目脱胎换骨，出现在学术领域。舒伯仿佛在一个生命相对的高度，以广角镜和望远镜绘制生涯发展的地形地貌，视野宽阔，焦距深远。他不断吸收新的建构取向论述，认为生涯发展历程是个人对自身特质、潜在生涯选项及工作世界统整与调适的建构历程。风生水起，也为后现代的生涯建构论开创了先机。

第二节　设限与妥协理论

　　戈特弗雷德森是德拉瓦大学（University of Delaware）教育心理学荣誉退休教授。她在年轻时曾经参加和平工作团（Peace Corps），远赴马来西亚工作三年。和平工作团是美国政府的一个独立志愿者机构，旨在展开国际社会与经济援助的活动。在多元文化冲击之下，她不断思索社会不平等（social inequality）的根源何在。"社会不平等"是社会科学研究中最重要的议题之一。人类社会存在着各种各样不同形式的"不平等"，包括性别、阶级、族群等，以不同的形式依附于社会文化之中。她的博士生岁月在霍兰德的研究中心度过，深谙霍兰德的生涯类型理念。她发现社会学与心理学关注生涯的角度，真是各有千秋。聚焦于生涯选择的议题，她想要索解的困惑包括（Gottfredson, 1996, p.180）：

　　1. 如果霍兰德理论中的适配性是生涯成就与否的关键指标，为何有些人的兴趣与工作内容相符合，工作满意度却并不高？

2. 为什么有些人选择进入的大学专业或职业，并不符合测验所测出来的兴趣？

3. 职业心理学似乎忽略了妨碍个人生涯目标与机会的外在障碍。这些障碍很有可能是影响青少年职业抱负水平（level of aspiration）深层源头的社会不平等。

困而知之，在这些困惑的冲击下，她深知必须深入社会学与心理学的优点与限制，才能合理解释这些疑惑。戈特弗雷德森遂于1981年提出设限与妥协论（Gottfredson's Theory of Circumscription and Compromise），主要说明了青少年经由设限与妥协这两个机制，发展出职业抱负的历程。"设限"意指个人将不符合条件的职别剔除出考虑范围；"妥协"意指调整其职业抉择的标准，放弃不合宜的选项，从而妥协出可能实现的职业，作为未来生涯发展的目标（刘淑慧，1993；Gottfredson，1981；Swanson & Fouad，2015）。

一、基本概念

戈特弗雷德森的设限与妥协理论是一种发展理论，其特点是将生涯抉择视为一个过程而不是一个事件，并将个体发展的概念纳入这个过程。戈特弗雷德森和舒伯虽然都重视自我概念的发展，但不同之处在于她认为职业选择首先是社会自我（social self）的作用，其次才是心理自我（psychological self）的实现（Swanson & Fouad，2015）。戈特弗雷德森理论主张，心理变量（如兴趣或价值观）受到社会变量（如性别类型或社会阶层）的节制。戈特弗雷德森关注认知发展，因为孩子们会逐渐意识到自我概念和他们在世界上所生存的空间，并据此自动删除与自我形象不适配的职业选项，形成一个可以伸展职业抱负的社会空间（social space）。

这种职业抱负的发展与定位，受到设限与妥协两个历程的调节。经由这两个务实的历程，个体得到一份既符合个人条件又实际可行的职业参考清单。戈特弗雷德森进一步指出，"性别类型""职业声望""心理特质"是设限与妥协过程中考虑的三个主要维度（刘淑慧，1993；Gottfredson，1981）。换言之，青少年在发展的过程中，借由觉察自己的性别取向、社会经济水平与人格特质，比对职业的这三种特性，逐步形成一个为自己指引方向的职业认知地图（cognitive map of occupation）。

遗传与环境都会影响认知发展以及个性和兴趣。戈特弗雷德森将这种复杂的关系整合到她的生涯发展理论中，不仅涉及个人对自己的概念，而且还涉及他们如何看待自己存在的世界，用以设定职业认知地图。为了在这张地图上导航，个体必须借助内在的基因罗盘（genetic compass），指导他们在职业选项中做出选择。"基因罗盘"反映了"个人的生物自我"与"个人在世上遇到的经历"之间的相互作用，可作为生涯发展过程的指南。

二、设限与妥协的历程

戈特弗雷德森提出四个发展过程以解释上述这些现象：认知发展、自我创造、设限历程与妥协历程。以下分述之。

（一）认知发展

本理论的基础是认知发展在生涯选择中的作用。戈特弗雷德森（Gottfredson, 2005）指出，影响生涯选择的认知因素有二：职业认知地图与自我概念。为了将职业与自己的看法相匹配，孩子们必须了解自己和工作世界。在了解工作世界的过程中，孩子们会形成一张认知地图。这张地图对于生活在同一地区或国家的儿童来说是类似的。例如生活在香港的儿童接触的职业信息与澳门的儿童认识到的职业虽非完全一致，然大体上相去不远。此外，儿童自我概念的发展，对每个孩子来说都是独一无二的。为了形成职业认知地图和自我概念，儿童运用到一些认知学习能力。这些能力包括记忆、理解、应用、分析、评估与创造等（Anderson & Krathwol, 2001）。随着年龄的增长，孩子们从具体思维转变为更抽象的思维（Gottfredson, 2005）。

（二）自我创造

心理学中的一个古老议题是，先天（遗传因素）与后天（环境影响）哪一个对人类发展的影响较大？戈特弗雷德森（Gottfredson，2005）讨论了自我创造（self-creation）的概念，意指虽然个人的许多特征是基于生物学基础的，但这些遗传特征的出现和进一步发展，是个体主动的选择。重复的经历巩固了个人遗传的特征，将它们转化为较为稳定的"特质"。我们通过与他人的互动，以及观察自己和他人对我们的反应，来认识自己的特征和特质，从而创生了自我概念。因此，接触各种经验的丰富程度，会影响个人遗传基因的表现。戈特弗雷德森（Gottfredson，2005）通过基因驱动经验论（the genes-drives-experience theory）来解释儿童自我创造的过程。

1. 基因罗盘

随着孩子年龄的增长，基因原型（genotype）[①]在选择、指导和理解环境等方面等扮演着积极的角色。当个体选择做什么，以及如何理解自己的角色时，会受到基因原型中基因罗盘的影响。罗盘是一种用于指示方向或方位的工具，广泛应用于各种方向判读，譬如航海、野外探险、城市道路、地图定位等。基因罗盘意指罗盘的内在暗含了"以基因为磁场"的规律，无论外在环境如何复杂，基因罗盘都是引导个人前进的内在准则。例如绘画能力强的孩子可能会依照这个内在罗盘的指引选择更多的艺术活动，而有运动倾向的孩子会选择更多的体育活动。如果环境中的其他人增强了这些活动的技能，将有助于孩子选择更多此类活动。个人随着年龄的增长，可能会拥有更多的类似经历和更多对其特质的支持，从而发展出与生俱来的特征。

基因罗盘是引导个体在一生中做出某些选择的向导。然而，个人也必须处理影响其选择的环境阻挠因素。例如在父母都处于待业的状态下，个体想在养家的同时上医学院，虽然并不是不可能的，但确实困难重重。随着个体的成长，青少年会在环境的挫折中对自己的个性、技能、兴趣和价值观进行观察。在自我概念与环境的互动中，个体一生都在通过基因罗盘寻找自己的生存空间。这种自我创造的历程，也因此创生了个人独特的利基探索模式。

[①] 基因原型（genotype）又称遗传类型，指个体经由遗传而来的特质。此类特质常被用来作为个体归属或分类之根据，如黄种人或白种人。（张春兴，2011）

2. 利基探索

这种个体在生存空间摸索的过程，戈特弗雷德森称为利基探索（niche seeking）或利基创建（niche building）。这是源自发展心理学的概念（Gottfredson, 1996, 2005）。利基探索解释了个体如何根据个人的基因原型，找到安身立命的立足位置——生涯选择是宣布我们利基位置的一种方式。

niche 源自于法语，原意为壁龛或神龛，是在墙壁厚处设计的一种半圆形或长方形凹槽，用以陈置重要神像或饰物。在美语中，niche 也指攀岩者攀爬时施力的岩壁缝隙。由此可知，利基一词泛指一个恰如其分的位置：地方不大，小而精巧；边界清晰，乾坤深邃。此概念现已延伸至不同的学科，在生命科学领域，niche 指生态栖域，每个物种都有自己独特的生态栖地，借以跟其他物种划清界限。20 世纪 80 年代，这一专有名词被引入市场营销领域。利基，既有"利"又有"基"，企业根据自身所特有的资源优势，选定一个很小或很特别的产品定位，集中力量进入市场而获取最大收益，逐渐形成独占鳌头的领导品牌。

就个人而言，寻找利基（find your niche），意指发现个人据以立足于未来职场环境的特有品牌（Gottfredson, 1996, 2005）。选择职业的过程即是一种寻找利基的过程，也很像是攀岩的人在岩壁间的岩缝寻找手部攀抓或双脚立足的小小缝隙，以此为支点向上攀登顶峰。

希尔曼（Hillman, 1996/1998）借橡实蕴藏橡树形态的比喻，说明基因原型早已各自选定生命的蓝图。这股无形的命定力量，在童年及青春期最为明显。因此，我们应检视童年及青春期的幻想、欲望和遭遇，以从中窥出个人的生命图像。我们必须认真对待生命中发生的大小事件，借以找出其存在的价值，有意识、有意义地寻找自己的利基，活出个人独一无二的生命故事。

（三）设限历程

如前所述，青少年通过认知能力理解外在的职业世界。所谓设限，是指青少年随着理解能力的成熟，逐步删除职业中无法接受的选项，或剔除与自我概念不一致的选项，从而缩限至"可接受的职业选项区"（zone of acceptable alternatives）的过程。

通常青少年根据社会自我，以此为基准"自动地"排除不适合的职业，希望能将未来的自己安放在符合自己"性别角色"和"声望水平"的社会空间。以"性别角色"为例，孩子会建立"可容忍的性别界限"（tolerable sex-type boundary）。小女孩会排除卡车司机行业，因为那是"男生"的职业。同样地，小男孩会排除护理行业，因为那是"女生"的职业。以"声望水平"为例，青少年一方面建立"可容忍的程度界限"（tolerable-level boundary），将职业声望过低的职业剔除；另一方面也逐渐澄清"可容忍的努力界限"（tolerable-effort boundary），将职业声望过高但能力无法企及的职业剔除（参见图 4-5）（刘淑慧，1993；Gottfredson，1981）。

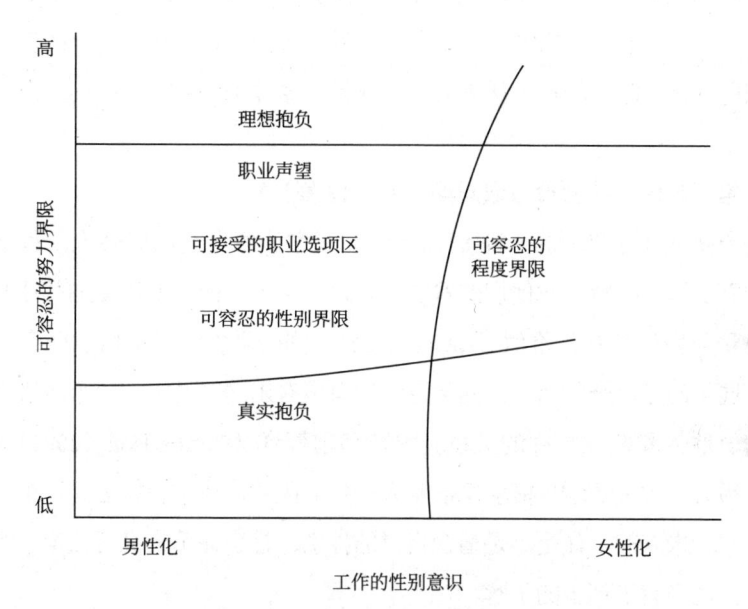

图4-5　容忍与设限区（资料来源：Gottfredson, 1996, p.188）

戈特弗雷德森（Gottfredson，1996）提出了以下四个逐步缩限的设限历程，通常男孩和女孩都会经历这些阶段。

1. 第一阶段：强弱与权力取向期（3～5岁）

这一阶段的特征是发展强弱与权力（size and power）的认知图式。学龄前和幼儿园阶段的儿童渐渐有客体恒常性的思维，开始以最简单的标准对人进行分类：若不是大而强，就是小而弱。他们渐渐认识到小孩没有什么支配力，但是外面有一个成年人的工作世界，他们以后也会长大成人，拥有支配的权力。

2. 第二阶段：性别角色定位期（6～8岁）

在这个阶段性别角色（sex roles）的概念逐渐成形。这个年龄段的孩子已经发展到以具体的语言进行思考，对外在事项进行简单的分类。他们开始认识更多的职业，主要是易接触的职业，例如学校的老师；或容易吸引孩子的注意力的职业，例如穿着制服的消防员、魁梧壮硕的警察等。在这个年龄段最明显和最突出的属性是性别。基于具体的思维模式，他们主要通过外表来区分性别，例如服饰和发式。又基于二元思维，儿童将特定的行为和角色（包括工作），视为单一性别，非女即男或非男即女。这种二分法让孩子认为自己的性别最优越。因此，这个阶段的孩子认为人与工作是根据性别角色来匹配的。

3. 第三阶段：社会价值取向期（9～13岁）

随着进入小学四年级，他们倾向于愈来愈注意自己的同龄人，包括对同龄人的看法以及同龄人对他们的看法。在这一点上，他们变得更加关注社会阶层、身份与地位等社会价值（social value）。例如学生经常会留意同学穿什么衣服、同学的父母开什么车、同学寒暑假有没有出国旅游等。这个阶段开始认识教育、收入和职业之间的关系。戈特弗雷德森（Gottfredson, 2002）指出，到八年级时，大多数学生能够像成年人一样对职业声望进行排名。这个年龄段的孩子对于未来的工作是不是适合自己的性别、社会评价的高低、容不容易达到目标，已经有了初步的了解。

这一阶段结束时，受到性别期待、能力评估与社会评价的影响，他们已经形成了自己的职业认知地图。中产阶层家庭的女孩会排除过于男性化的职业（如工程师、建筑承包商、汽车维修、警官），而蓝领阶层家庭的男孩会排除较为女性化的职业（如出纳员、发型设计师、护理师）。在设限的历程中，他们逐步缩小了特定的职业范畴。

4. 第四阶段：独特自我定位期（14岁及以上）

在这一阶段，青少年发展内在独特自我（unique self）的定位，开始意识到有必要考虑未来的职业选择。在这个阶段，兴趣、价值观和能力从模糊变得逐渐清晰。阶段一到阶段三侧重于拒绝"不可接受的选项"，因为更多关注的是"社会自我"；第四阶段的重点是确定哪些"可接受的选择方案"最受青睐，更多关注"心理自我"（Gottfredson, 1996）。此时已经可以根据性别与声望来区别不同 RIASEC 类型的职业，也准备跨入"妥协"的过程。例如 I 类型的医生，性别属中性，职业声望高。

（四）妥协历程

经过了上述的四个设限的发展阶段，青少年借由权力大小的认识、性别意识的成熟，社会价值的内化，以及自我特质的觉察，渐次删除或放弃了不适合的职业。当面对生涯抉择的关键时刻，他们就必须在喜好的清单（"可接受的选择方案"）进行"取"或"舍"的妥协。妥协的历程意味着必须放弃最喜欢的选项，从现实面切入。职业抱负可以视为是"可行性"（选择最可能实现的）和"适配性"（人与环境的契合度）身心交战的产物：理想抱负（ideal aspiration）可能会让位于现实抱负（realistic aspiration）。

"妥协"意味着退而求其次，有时必须接受不太有吸引力的替代方案。此乃人之常情，大多数人会接受"刚好"（good enough）的选择，而不是"最好"的选择。这种退而求其次的抉择过程，是从性别类型、职业声望和心理特质这三个维度进行取舍。妥协之道，首先放弃的是心理特质，其次是职业声望，最后才是性别取向。性别意识最接近自我概念的核心，最不容易放弃。

这种妥协的顺序也可能因妥协的程度而异。戈特弗雷德森（Gottfredson, 2002）根据妥协的轻重程度做出了不同的预测（"心理特质"在此以"兴趣"为例，参见图 4-6）。

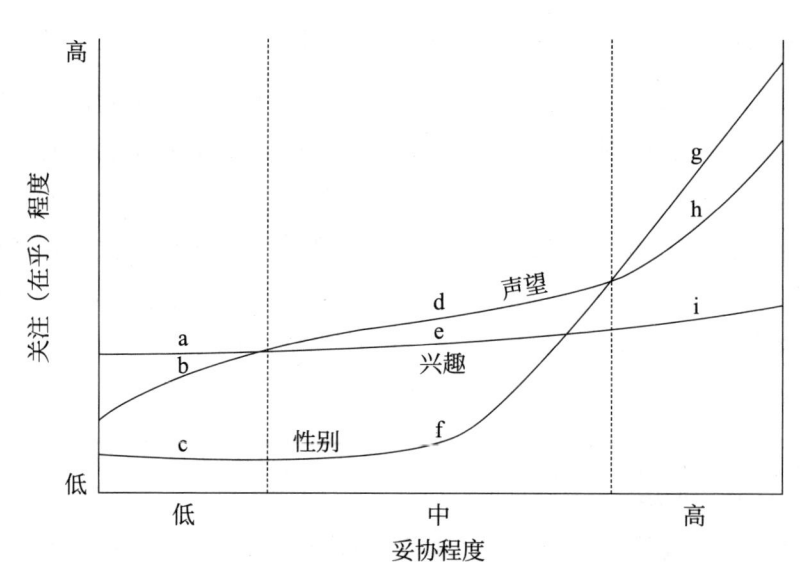

图4-6 性别、声望与兴趣的妥协（资料来源：Gottfredson, 2002, p.103）

1. 当妥协相对较低时（所有选择仍在个人社会空间内），个人最优先考虑的条件是必须符合兴趣，其次是声望。

2. 当妥协适度时（所有选项有限度地超出了社会空间），个人可能会先牺牲声望，然后稳住兴趣或性别。

3. 当妥协严重时（所有选择都远远超出了社会空间），个人可能会牺牲兴趣和声望，来维持性别认同。因为错误的性别认同对自我概念的威胁最大。

然而，也有研究发现（Betz, 2008），理想选择和现实选择之间妥协程度的差异与上述所预期的略有不同。如果妥协程度差异很小，则兴趣是最有影响力的；如果差异适中，则声望最具影响力；如果妥协程度差异很大，则会在性别或声望之前牺牲兴趣。

就设限与妥协的影响顺序而言，因发展阶段的不同，结果也大异其趣。在台湾省，一项包含小学、中学到高中学生的研究发现，在面对职业憧憬时，兴趣是最早被放弃的，其次是职业声望，最后是性别（王淑敏，1998）。然而，以台湾地区初中毕业后升学五年制专科学校的学生为对象的研究发现，在妥协的过程中，最不愿意放弃的是职业声望（林千立，1999）。根据研究样本在文化与社会特性的差异，推论出不同的群体可能发展出不同职业抉择标准的优先级（刘淑慧，1993；Pryor & Taylor，1986），这些研究上的出入应属合情合理。

设限与妥协理论是一个涉及生涯发展的理论，戈特弗雷德森所关注的是如何将这个理论应用于生涯教育与辅导（Gottfredson，2005），详见以下的说明。

三、设限与妥协理论的应用

戈特弗雷德森理论中的四个发展过程中，每一个历程都有可能带来特殊的发展危机。就教育与发展性的观点而言，可以通过教学或辅导的优化措施降低这些风险并促进发展。四个不同发展历程的生涯教育与辅导，有不同的优化主题、策略与活动，参见表4-3。

1. 认知发展：强调优化适度的学习。
2. 自我创造：强调优化丰富的经验。
3. 限制历程：重点优化清晰的自我洞察。
4. 妥协历程：注重优化有效的自我增值。

在优化的四种行为主题中，每一种主题提供了两种策略。戈特弗雷德森（Gottfredson，2005）曾与小学、初中和高中/大学三个年龄范围的学生讨论每种策略的应用，这三个阶段的学生大致对应理论的第二到第四阶段。不同的干预措施适用于不同的年龄，因此表中的单元1—9列举了每个发展阶段可资参考的活动和资源。

其中，有效学习（单元1—3）和经验探索（单元4—6）在所有年龄段都很重要，这是自我洞察和自我增值的基础。自我洞察最好从初中开始，青少年已经发展出更多的能力（单元7—8）。反之，自我洞察力的培养对于自我增值也至关重要，从高中开始，各种生涯抉择变得紧迫，将重点置于决策方法的练习与应用（单元9）。表4-3是一个参考性的指南，用于制定和部署不同发展阶段的综合咨询和指导，可视实际状况调整。

表4-3 不同发展历程之生涯咨询策略概览

发展历程	认知发展	自我创造	设限历程	妥协历程
优化主题	学习力优化	经验优化	自我洞察	自我增值
咨询师策略	A：降低认知复杂度 B：适应认知多样性	C：提供实际接触的经验 D：促进与扩大自我探索的范围。	E：增进与统整自我知识 F：增进职业生涯的概念	G：评估进入偏爱职业的可行性 F：强化内在自我与外在资源
小学阶段	1. 信息和任务是离散的、具体的、简短的，只需要简单的推论。	4. 实地考察、职业探索日、与不同工作者接触、体验活动、生涯档案。		
初中阶段	2. 信息量更长，需要相关想法的链接来进行推论；能力低的学生需要低复杂度的信息（参见1.）	5. 小说、传记、时事和日常生活中的典范；家庭或社区的简单工作、课外活动、兴趣爱好、野外教学、学校服务项目、社区访问。	7. 列出暂定的生活目标、个人主要优势和劣势、家庭期望、潜在障碍；识别角色冲突、工作要求、练习分析拒绝职业的理由；生涯抉择的简单练习。	
高中以上	3. 信息可能有些复杂；需要对信息进行一些分析和统整。能力低的学生需要较低复杂度的数据（参见2.）。	6. 广泛的课程选择、社区服务、工作访视、带薪实习课程、校内和校外实习、校企合作、学生会、童子军、学生实习政府；暑期工。	8. 对兴趣、能力、个性、价值观的正式评估；分析过去的活动、支持系统、潜在障碍、他人的影响；生涯咨询的数学化信息；设定和平衡职业生涯目标的练习。	9. 阅读简历撰写、面试、技能培养和焦虑管理方面的书籍和参与培训；接触就业人力银行、就业服务；最佳方案和备份方案的工具、建立支持系统、寻访人生导师或贵人。

（资料来源：Gottfredson，2005）

总之，设限，是一种个体主动删除认为不适合他们内在标准的选项的过程。妥协，是一种放弃他们可能喜欢的选项，而换取可行性较高的职业选项的过程。戈特弗雷德森认为，"性别取向""职业声望""心理特质"是青少年用以评估或判断未来职业志向的主要条件，职业抱负的发展即是在这三个条件之上，经由设限与妥协，将自我概念与职业印象契合的过程。

结论

舒伯在不同的生涯阶段时有新说新论问世，不是弃旧图新，而是如商汤《盘铭》之谓"苟日新，日日新，又日新"。其所关心的主题，聚焦在"自我概念的开展与实践"，首尾一以贯之。舒伯在八十有三的耄耋之年认为，自己这个年龄的生涯发展还在一个不断创新的阶段。他期待自己在专业领域居于拔尖领航的位置，可乘风破浪，可引领风潮，即使在生涯发展的"退休期"，还将自己置身于繁花似锦的"成长期"中，春上枝头，建构新论。做新民，其命维新；其人其说，足堪世范也。

虽然，舒伯的理论是一种全面的终身生涯发展理论，戈特弗雷德森的理论却是从另一个发展的角度，阐述了性别角色社会化和其他影响生涯愿景发展的社会因素，微妙地影响了个体的职别选择与生涯发展。戈特弗雷德森以女性特有的细腻感受与关注，贴近于生涯发展的现象场域，为生涯发展理论提供了舒伯视角未曾触及的独到观点，成为不可或缺的重要拼图。

参考文献

邱莉燕（2022）：既工作也度假，日本大推Workcation。远见杂志。https://www.gvm.com.tw/article/94530

贺晶、金树人 (2014)：高学历女性生涯角色协调历程之叙事研究。台湾咨商心理学报，2(1)，1–29。

杨育仪（1997）：生涯组型与生涯之锚的质性研究（未出版硕士论文），台湾师范大学。

杨淑涵（2002）：选择非传统学习领域之四技女生生涯抉择历程之叙说研究（未出版硕士论文），台湾师范大学。

刘淑慧（1993）：性别适切性、职业声望、职业性向、与职业兴趣在职业评量上的相对重要性：以情境与刺激型态为中介变项考验Gottfredson的理论。中华辅导学报，1，192-214。

数字游民 (2022). In *Wikipedia*. https://zh.wikipedia.org/zh-tw/ 数字游民。

蔡靓萱（2022）：度假办公，掀全球人才争夺战。商业周刊，1822，66-84。

王淑敏（1998）。职业偏好的设限与妥协之研究～Gottfredson理论的验证（博士论文）。台湾师范大学。

林千立（1999）。五专性别传统与非传统科系学生之职业妥协研究（硕士论文）。成功大学。

Anderson, L. W., & Krathwohl, D. R. (Eds.). (2001). *A taxonomy for learning, teaching, and assessing: A revision of Bloom's taxonomy of educational objectives.* Longman.

Betz, N. E. (2008). Advances in vocational theories. In S. D. Brown, & R. W. Lent (Eds.), *Handbook of counseling psychology* (4th ed.) (pp. 357-374). Wiley.

Borgen, F. H. (1991). Megatrends and milestones in vocational behavior: A 20-year counseling psychology retrospective. *Journal of Vocational Behavior, 39,* 263-290.

FIRE (2022, November 28). In *Wikipedia*. https://en.wikipedia.org/wiki/FIRE_movement

Ginzberg, E., Ginsburg, S.W., Axelrad, S., & Herma, J. (1951). *Occupational choice: An approach to a general theory.* Columbia University press.

Gottfredson, L. S. (1981). Circumscription and compromise: A developmental theory of occupational aspirations. *Journal of Counseling Psychology, 28,* 545-579.

Gottfredson, L. S. (1996). Gottfredson's Theory of Circumscription and Compromise. In D. Brown, L. Brooks, & Associates. (Eds.), *Career choice and development* (3rd ed.) (pp. 179-232). Jossey-Bass.

Gottfredson, L. S. (2002). Gottfredson's theory of circumscription, compromise, and self-creation. In D. Brown & Associates (Eds.), *Career choice and development* (4th ed.) (pp. 85-148). Jossey-Bass.

Gottfredson, L. S. (2005). Applying Gottfredson's theory of circumscription and compromise in career guidance and counseling. In S. D. Brown & R. W. Lent (Eds.), *Career development and counseling: Putting theory and research to work* (pp. 71-100). Wiley.

Hall, D. T. (1990). Career development theory in organizations. In D. Brown, L. Brooks, and Associates, (Eds.), *Career choice and development: Applying contemporary theories to practice* (2nd ed.). Jossey-Bass.

Hartung, P. J. (2002). Cultural context in career theory and practice: Role salience and values. *Career Development Quarterly, 51,* 12-25.

Hartung, P. J. (2021). Life-span, life-space career theory and counseling. *Career development and counseling: Putting theory and research to work* (3rd ed.) (pp. 95-127). Wiley.

Havighurst, R. J. (1953). *Human development and education.* Longmans, Green.

Herr, E. L., & Cramer, S. H.(1996). *Career guidance and counseling through the life span: Systematic approaches.* HarperCollins College Publishers.

Hillman, J.(1996). The soul's code-In search of character and calling. 薛绚译（1998）：灵魂符码：橡实原理诠释人的命运。台北：天下文化。

Jepsen, D. A.(1994). The thematic-extrapolation method: Incorporating career patterns into career counseling. *Career Development Quarterly, 43,* 43–53.

Kelly, G. A.(1955). *The psychology of personal constructs.* Norton.

Kurutz, S.(2018, September 1)*How to retire in your 30s with $1 million in the bank.* The New York Times. https://cn.nytimes.com/style/20180905/fire-financial-independence-retire-early/zh-hant/dual/

Lewin, K.(1952). *Field theory in social science: Selected theoretical papers by Kurt Lewin.* Tavistock.

Makimoto, T., & Manners, D.(1997). *Digital nomad.* John Wiley & Sons.

Maslach, C., Schaufeli, W. B., & Leiter, M. P.(2001). Job burnout. *Annual Review of Psychology, 52,* 397–422.

Nevill, D. D., & Super, D. E.(1986). *The Salience Inventory: Theory, application, and research.* Consulting Psychologists Press.

Niles, S. G., Herr, E. L., & Hartung, P. J.(2001). *Achieving life balance: Myths, realities, and developmental perspectives.* ERIC Clearinghouse on Adult, Career, and Vocational Education.

Niles, S. G., Lewis, D. M., & Hartung, P. J.(1997). Using the Adult Career Concerns Inventory to measure task involvement. *Career Development Quarterly, 46,* 87–97.

Paul, K. I., & Moser, K.(2009). Unemployment impairs mental health: Meta-analyses. *Journal of Vocational Behavior, 74,* 264–282.

Porfeli, E. J., & Savickas, M. L.(2012). Career Adapt-Abilities Scale-USA Form: Psychometric properties and relation to vocational identity. *Journal of Vocational Behavior, 80*(3), 748–753.

Pryor, G.L. & Taylor, N. B.(1986). What would I do if I couldn't do what I wanted to do? investigating career compromise strategies, *Australian Psychologist, 21:3,* 363–376.

Savickas, M. L.(1997). Career adaptability: An integrative construct for life-span, life-space theory. *Career Development Quarterly, 45,* 247–259.

Savickas, M. L.(2002). Career construction: A developmental theory of vocational behavior. In D. Brown(Ed.), *Career choice and development*(4th ed.) (pp. 149–205). Jossey-Bass.

Savickas, M. L.(2005). The theory and practice of career construction. In S. Brown & R. Lent (Eds.), *Career development and counseling*: Putting theory and research to work(pp. 42–70). John Wiley & Sons.

Savickas, M. L., & Porfeli, E. J., (2012). Career Adapt-Abilities Scale: Construction, reliability, and measurement equivalence across 13 countries, *Journal of Vocational Behavior, 80*(3), 661–673.

Super, D. E.(1953). A theory of vocational development. *American Psychologist, 8,* 185-190.

Super, D. E.(1954). Career patterns as a basis for vocational counseling. *Journal of Counseling Psychology, 1,* 12–20.

Super, D. E.(1957). *The psychology of careers.* Harper and Row.

Super, D. E.(1980). A life-span, life-space approach to career development. *Journal of Vocational Behavior, 16,* 282–298.

Super, D. E.(1983). Assessment in career guidance: Toward truly developmental counseling. *Personnel and Guidance Journal, 61,* 555–562.

Super, D. E.(1984). Career and life development. In D. Brown, L. Brooks, and Associates, (Eds.), *Career choice and development.* Jossey-Bass.

Super, D. E.(1990). A life-span, life-space approach to career development. In D. Brown, L. Brooks, and Associates, (Eds.), *Career choice and development: Applying contemporary theories to practice*(2nd ed.). Jossey-Bass.

Super, D. E., & Knasel, E. G.(1981). Career development in adulthood: Some theoretical problems. *British Journal of Guidance and Counseling, 9,* 194–201.

Super, D. E., & Nevill, D. D.(1989). *The Value Scale: Theory, application, and research.* Consulting Psychologists Press.

Super, D. E., Crites, J. O., Hummel, R. C., Moser, H. P., Overstree, P. L., & Warnath, C. F.(1957). *Vocational development: A framework of research.* Teachers College Press, Columbia University.

Super, D. E., Osborne, L., Walsh, D., Brown, S., & Niles, S. G.(1992). Developmental career assessment in counseling: The C-DAC Model. *Journal of Counseling and Development, 71,* 74–80.

Super, D. E., Savickas, M. L., & Super, C. M.(1996). A life-span, life-space approach to career development. In D. Brown, L. Brooks, and Associates, (Eds.), *Career choice and development: Applying contemporary theories to practice*(3rd ed.). Jossey-Bass.

Swanson, J. L., & Fouad, N. A.(2015). *Career theory and practice: Learning through case studies.* Sage Publications.

Taber, B., & Hartung, P. J.(2002). Developmental career assessment and counseling with a multipotential client. In S. G. Niles, J. Goodman, & M. Pope(Eds.), *The career counseling casebook: A resource for students, practitioners, and counselor educators*(pp. 171–175). National Career Development Association.

Thompson, A. S., & Lindeman, R. H.(1981). *Career Development Inventory: Vol. 1. User's Manual.* Consulting Psychologist Press.

第五章
构念与权变：个人构念理论

我们对于事情的判断、人物的观感、时事的臧否、对象的选取等，均源于内在认知构念的运作。个人构念理论在生涯咨询上的应用与研究不仅占有一席之地，且影响深远。

> 参透为何，承接任何。
>
> ——弗里德里希·威廉·尼采
>
> （Friedrich Wilhelm Nietzsche，1844—1900）

个人构念理论（Personal Construct Theory）是由凯利（Kelly，1955）所发展出来的人格与认知理论，在临床心理学上应用十分广泛。在美国、欧洲（尤其是英国）曾受到学术界与实务界高度的重视（Neimeyer，1985）。凯利是位资深的临床工作者，个人构念理论是其长达 25 年实务经验的结晶。

"人就像是科学家"（person-as-scientist）是凯利归结其理论精华的一种巧妙的譬喻。构念（construct，又译建构）是人用来解释世界的方式。一个科学家在其假设的理论世界中，不断地搜集数据、验证模式、修改参数；正如同一个人在他所预期发生的事件中不断修改与重构构念。我们对于事情的判断、人物的观感、时事的臧否、对象的选取等，均源于内在认知构念的运作。经过长久以来的发展，个人构念理论已经广泛地应用在临床心理学、教育心理学、工业心理学等领域。近年来，经过生涯心理学家们的努力，个人构念理论在生涯咨询上的应用与研究不仅占有一席之地，且影响深远。

在后现代主义的学术思潮运动中，凯利的个人构念心理学与皮亚杰（Piaget，1969）的认知心理学都被视为是一种温和的个人构念主义（constructivism）。个人构念主义的认识论主张人类经由内在的构念形成一套知识系统，我们所认知到的世界现实，来自于由内而外（inside out）与环境互动的主观建构过程。建构主义对于生涯理论的影响尤为深远，继凯利的个人构念理论之后，社会建构主义（social constructionism）更强调社会关系的脉络对内在构念组织系统建构历程的影响。在个人构念主义或社会建构主义思潮影响之下，生涯议题的心理干预被视为是一个由来访者和咨询师共同寻找新叙事的建构过程。有关叙事取向在生涯理论上的应用，将在随后两章介绍。本章将引介凯利个人构念理论及其在生涯咨询上的测量与应用。

第一节 基本概念

凯利认为，人就像是科学家（Each human being as a personal scientist）。人在这个世界上生活着，经历世上种种发生在自己身上的现象，自行预测自己的行为，然后根据预测来行事，渐渐地用自己的方式形成自己的行事理论。本节主要说明个人构念理论的梗概，及其在生涯咨询上的应用。

一、缘起：人就像是科学家

1931 年，乔治·凯利（George Kelly，1905—1967）在堪萨斯州立大学海斯堡校区（Kansas State University-Fort Hays）教授生理心理学。那是大萧条的时代，他感受到堪萨斯州中西部地区农民家庭的心理困扰，想要发展农村的临床心理服务。起初，凯利应用的是当时临床心理学博士都必须接受的弗洛伊德式训练。他让病患躺在沙发上对其进行梦的分析或自由联想。当遇到梦中出现的象征时，他会耐心地给予解释。

然而，凯利发现这些解释甚为牵强，不太适合当地百姓。随着时间的流逝，他发现自己对梦境之类的解释愈来愈不正统。后来，他开始用他自己的理解来"编造"解释。然而他意识到，对这些农民来说真正有意义的是他们对自己的困难有一种自身的解释构念，有一种自己理解问题的方式。他发现，尽管来自权威的任何解释都会被欣然接受，可如果来自他们自己的生活、他们自己的文化的理解，效果会更好。根据这些经验，凯利渐渐酝酿出了他的哲学和理论（Boeree，2017）。

凯利发现"人就像是科学家"的隐喻是其整个理念的精髓。长久以来，他注意到治疗师也和科学家一样，常常对人表现出一种类似的态度：他们有一套自己的治疗理论，用以预测治疗的效果。有趣的是，根据在堪萨斯州与学生和农民的工作经验，他发现这些平常百姓"也是"科学家。他们有预设立场，就像科学家有假设一样；他们测试这些期望的行为，就像科学家做实验一样；他们在经验的基础上提高对现实的理解，就像科学家调整理论以符合事实一样。总之，我们都习惯以自己的方式了解周围的世界，希望预测并控制发生在自己身上的事，如同科学家一样：假设、验证、预测、控制。凯利的整个理论就从这个比喻中构念起来。

二、哲学基础：构念权变论

个人构念理论的哲学观，是一种多元与变通的构念权变论（constructive alternativism）。我们对于自己生存环境的定见与诠释，都会不断地更新与调整；甚至逆境也能转化成机遇，我们因此创造我们的实相。

他在《个人构念心理学》（*The psychology of personal constructs*）一书中选择在第一章陈述理论的哲学基础，第二章才逐一分述其基本假设（Kelly, 1963）。构念权变论的哲学观点与实证主义心理学的论述是不同的。该理论邀请我们用构念权变论的创造性探索，取代对实相的碎片式探索，也就是采用理解和参与的心理学取代控制和操纵的心理学（Chiari & Nuzzo, 2003）。

> 我们假设我们对当前宇宙的解释，都有可能会被修订或替换……
> 我们的立场是，处理多变世事，总是需要多元的构念。
> 没有人要将自己缩限在一个角落里；
> 没有人要被环境完全束缚；
> 没有人想成为其自传的受害者。
> 我们称这种哲学立场为构念的权变。
> （Kelly, 1963, p.15）

凯利在临床工作中发现，我们"这一刻"对世界的解释有可能在"下一刻"就必须修改或摒弃。来访者对自己的人际关系、生活方式、工作场所的角色都有一套自己的解释方式。我有一个检验的构念系统，你也有一个，健康的人有一个，精神病患也有一个。任何构念的观点都有作用，对当时的人、事、地、物有一定的价值。然而，沧海桑田，世事多变，同样的观点在不同的时空，若是格格不入，方枘圆凿，就会适应不良。来访者之所以前来咨询，是因为这套构念系统僵化了。

穷则变，变则通。凯利主张，对于外在的现实（reality），个体总是会灵活地从这一个或另一个角度的视角来检验。山不转路转，路不转人转，人不转心转。只要心念一转，心态拐个弯，就是构念变通的作用。这种哲学主张对后现代面对不确定职涯的生涯思潮，产生了深远的影响。后现代主义的心理干预也因而被视为一个构念重组的过程，一个由来访者和咨询师在老故事中共构权变构念的过程，催生了叙事取向的生涯理论。

三、理论基础：构念及其特性

构念（construct），有别于概念（concept），是一种具有权变特性的概念。凯利不否认"构念"也有若干与"概念"平行的特性，但是"概念"的性质并不能涵盖他对"构念"的定义（Kelly, 1963, p.70）。构念镶嵌在一个构念体系中，可灵活地修正与调整。构念通常是两极共存的（好 vs. 坏，多 vs. 寡……），是构成解释与预测行为的基础。

构念的诸多特性形成了凯利的个人构念理论，包括了一项基本假设和十一项推论（Kelly, 1963），参见表5-1。

（一）基本假设

个体的活动受到用来预测事件的心理构念所主导。凯利的理论主张，一个人通过发展自己的构念系统来理解世界，这是解释自身经验的基础。构念系统中的核心单元即是构念。每个人所使用的构念皆不同，且组织其构念的方式也不一样。一个构念系统就像一种微型的科学理论，人们用这个理论来预测现实，个人与外界的任何接触都在不断地创造和验证个人构念。如图5-1所示，左侧是理论的假设与验证路径，右侧是构念系统模拟于理论的构念路径。

表5-1 基本假设与推论

推论	内容
基本假设（basic postulate）	个体的活动受到所用以预测事件的心理构念所主导
1. 建构推论（construction corollary）	个人通过对事物的连续构念，来形成对事件预测的认知
2. 个体推论（individuality corollary）	人们对于事件理解的建构过程是有个体差异的
3. 组织推论（organization corollary）	个人为了便于预测事件会发展出一套特殊的构念系统。系统中的构念在关系的层次与网络中相互连接。这些关系可能是松散的，也可能是紧密的
4. 二分推论（dichotomy corollary）	个人的构念系统是由有限数量的二分构念所组成
5. 选择推论（choice corollary）	个人在二分构念中进行权变的选择。通常会选择构念中对我们最有益的选项，扩展自己的构念系统
6. 范围推论（range corollary）	一个构念只适用于预测特定范围内的事件
7. 经验推论（experience corollary）	个人构念系统会随着个人持续对于事件所作的解释而改变
8. 调节推论（modulation corollary）	个人构念系统的变化，受限于该构念于适用范围内的可渗透性
9. 碎片推论（fragmentation corollary）	个人可连续使用各种不同的微型构念系统，而这些系统彼此之间并不兼容
10. 共同推论（commonality corollary）	一个人对于经验的构念与另一个人相似，代表其心理历程与他人的心理历程相似
11. 社交推论（sociality corollary）	如果一个人充分理解他人的构念历程，就得以在涉及他人的社会过程中发挥作用

（资料来源：Kelly, 1963）

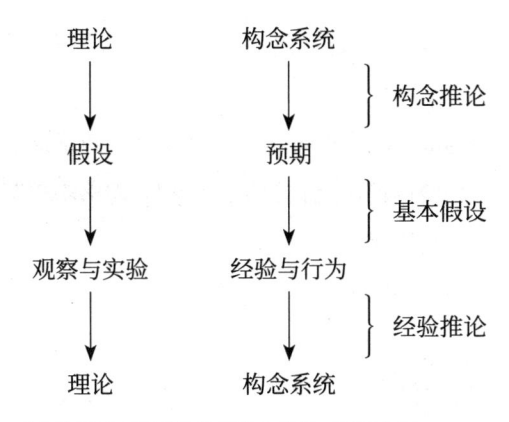

```
        理论              构念系统
         │                   │
         ▼                   ▼      ┐
        假设               预期      ├ 构念推论
         │                   │      ┘
         ▼                   ▼      ┐
       观察与实验          经验与行为  ├ 基本假设
         │                   │      ┘
         ▼                   ▼      ┐
        理论              构念系统    ├ 经验推论
                                   ┘
```

图5-1 "人就像是科学家"的假设与推论（资料来源：Boeree, 2017）

（二）主要推论

一个人在解释一个事件时，必然把一个或多个构念归类于这事件上，然后进行推论。凯利所指称的推论（corollary），是一种自然的结果。个人依自己的构念系统将构念抽象化，组织成为一个一致的系统（自然结果），即可用以推论所面临的事件。每个人利用自己组织的自然结果面对所遭遇的事件，便显示出各有的特色（贾馥茗，2000）。构念系统中许多的构念层层叠叠；个别的构念很少单独存在，总是若干个互相关联。凯利提出以下十一项推论。

1. 建构推论（construction corollary）：个人通过对事物的连续构念，来形成对事件预测的认知。

我们使用过去的经验构建我们的预期，期望事情会像以前发生的那样发生。如果在工作上表现得很好，就会得到加薪晋级。这是科学家从"理论"到"假设"的步骤，也是个人从"构念系统"到"预期"的历程。

2. 个体推论（individuality corollary）：人们对于事件理解的建构过程是有个体差异的。

由于每个人的经历不同，每个人对现实的构念也大异其趣。凯利称他的理论为"个人"构念理论，非常反对特质因素论所采用的性格类型或性格测评的分类系统。他自己发展出来著名的角色构念集成测验（Rep test）不是传统的常模参照测验，而是具有个人特色的测评方式（参见第二节）。

3. 组织推论（organization corollary）：个人为了便于预测事件会发展出一套特殊的构念系统。系统中的构念在关系的层次与网络中相互连接。这些关系可能是松散的，也可能是紧密的。

（1）管辖构念与从属构念：构念与构念之间以包含与被包含的关系组织成系统，人的行为在这个统整的框架之下展现。管辖构念（superordinate construct）将其他的构念包含在它的范围内，较具一般性，适用范围较广；从属构念（subordinate construct）则是被包含于管辖构念内的构念，较具特殊性，适用范围有限。例如在"工程师"管辖构念下，我们会发现"科学属性""理性""逻辑思考"等从属构念；又如在"画家"的管辖构念下，我们可能会发现"人文属性""感性""创意思考"等从属构念（Boeree, 2017; Kelly, 1963, p.155）。这也是刻板化印象的基础："我们"是"好的、干净的、聪明的"等，而"他们"是"坏的、肮脏的、愚蠢的"等。

（2）紧密构念与松散构念：构念之间的组织关系非常紧密，称为紧密构念（tight constructs）；反之，称为松散构念（loose constructs）。如果一直使用一种构念来预测另一种构念，则构念的组织很严密。偏见就是一个例子：一旦你将某人贴上了标签，你就会自动假设关于那个人的其他事情。这种匆忙下结论的速度很快，从紧密、现实到僵化只是一小步。

有时，结构之间的关系是松散的，松散的构念以一种灵活的方式运作。例如，当我们出国时，难免会对当地的风土人情抱有一些先入为主的观念。这些观念往往是带有偏见的刻板印象。然而，如果我们能以更松散的方式看待这些内在构念，反而会帮助我们在异国文化中处处发现惊喜。再比如，当我们进行如生涯幻游（参见第六章）时，自由地打破预期与控制、允许新奇的构念组合，这就是松散构念的体现（Boeree, 2017）。

4. 二分推论（dichotomy corollary）：个人的构念系统是由有限数量的二分构念所组成。

我们将经验存储为两极对立的构念，然后通过它们来看世界。凯利认为构念具有二分性质。它们有两极：有瘦的一定有胖的，有高的一定有矮的。如果都是胖的，那么胖就毫无意义，反之亦然。正是由于构念的这种特性，才使得事件在人的经验当中变得有意义、有秩序、能预期。实际上，这在古代中国已是一个充满智慧的见解。《易经》中，阴阳是构成整体的对立面。老子曰："天下皆知美之为美，斯恶已；皆知善之为善，斯不善已。故有无相生，难易相成，长短相较，高下相倾，音声相和，前后相随。"（《道德经》第二章），说的也正是这种构念特性。

5. 选择推论（choice corollary）：个人在二分构念中进行权变的选择。通常会选择构念中对我们最有益的选项，扩展自己的构念系统。

任何一个选择，都是对构念变动与否的考验。个体可以选择获得新的经验来扩展我们的构念，或者停留在当前安全的构念区域。例如我们可以尝试通过"异地求学的选择"来扩展我们对于"冒险"构念的理解：参加更多的考试、结识更多的异乡人、发展更多的人脉关系等。另一方面，我们也可能愿意通过做出"本地升学的选择"来定义我们对"安全"构念的坚持：留在故乡、陪伴家人，或者深入基层、深耕社区。

6. 范围推论（range corollary）：一个构念只适用于预测特定范围内的事件。

构念仅在有限的情况下有用，有些范围很宽，有些范围很窄。没有任何构念对所有事情的理解或预期都有用。哲学家可能会对好坏或善恶的构念限制在特定的道德行为上，而不是所有的人、事或信仰上。对一些人来说，少即是多（less is more）的构念适用于修身养性，但不适用于理财储蓄；这个构念对一些人适用范围很宽，而对另一些人适用范围很窄。

7. 经验推论（experience corollary）：个人构念系统会随着个人持续对于事件所作的解释而改变。

当事情不像过去那样如期发生时，我们会考虑调整构念，这也改变了对未来的预期。我们根据假设进行实验，实验的结果一方面验证个人理论的有效性，一方面不断地扩展或修正理论。

外在世界会发生许多不可预期的事情。凯利认为，当不可预期的事情发生时，正是调整新结构的大好时机，否则人对于环境的假设或预期会愈来愈不实际，愈来愈僵化。正由于这种个人解释系统的演化特性，他的一个经验性推论是：由于个体不断地对环境事件回应，其个人构念系统也会日新月异（Kelly, 1955, p.72）。

个人构念系统中预期与改变的关系，可参考图 5-2 的经验周期。经验周期可能长达一年或数年，也可能短至数分钟、一小时或三五天。

8. 调节推论（modulation corollary）：个人构念系统的变化，受限于该构念于适用范围内的可渗透性。

（1）可渗透构念与非渗透构念：有些构念是可以调整的，有些是不可渗透的。可渗透构念（permeable constructs）是指能容纳新的构念进入其适用范围的构念；反之，拒绝新的构念进入其适用范围的构念，称为非渗透构念（impermeable constructs）。

（2）核心构念与边缘构念：构念渗透性的相关特性是核心构念和边缘构念。核心构念（core constructs）是个体最基本与最重要的构念，不太容易撼动，非渗透性很强。边缘构念（peripheral constructs）是指核心之外的次要构念，较易调整或改变。核心构念通常涉及为人处事的基本价值观，不容挑衅与分化，而边缘构念则较为灵活，可以相对轻易地进行修改。举例来说，如果一个人对兴趣爱好非常坚持，但对于工作地点则没有特别要求，那么其兴趣偏好就较难改变，而工作地点则可能经常变动。

9. 碎片推论（fragmentation corollary）：个人可连续使用各种不同的微型构念系统，而这些系统彼此之间并不兼容。

有时构念之间会有冲突，这些冲突由不同的生活情境或生命角色所决定。碎片推论假设，我们内部的角色构念可能不一致。我是妻子、母亲、女儿、教授；我是一个具有某种种族、宗教信仰、政治和哲学认同的人；有时我是病人，有时是医生；有时我是客人，有时是主人。在这些不同的角色中，我使用的构念系统并不完全相同。通常情况下，这种碎片化是由环境分隔的。一个男人可能在白天当警长，表现得强硬、独断；但在晚上，他可能是一个父亲，表现得温柔、慈祥。因所处情境不同，角色所使用的构念不一定会发生冲突。然而，大义灭亲就是一种构念冲突的例子：如果这个警长发现自己的孩子酒醉驾车，就必须在两个不兼容的构念中，进行困难的抉择。

10. 共同推论（commonality corollary）：一个人对于经验的构念与另一个人相似，代表其心理历程与他人的心理历程相似。

人与人的许多经验是共享的，导致其构念与他人的构念高度相似。如果不同个体的构念系统对现实的理解是相似的，不同个体的经历、行为和感受也会是相似的。如果我们拥有相同的文化，我们就会以相似的构念看待事物、解释现象、预测行为。例如东方人强调集体主义（或关系主义），西方人主张个人主义，两类文化的行事风格就迥然有别。

11. 社交推论（sociality corollary）：如果一个人充分理解他人的构念历程，就得以在涉及他人的社会过程中发挥作用。

通过理解他人的构念，我们得以与他人交流。因此，我们可以尝试去解释另一个人是如何解释的。换句话说，我们愈是理解对方的构念，愈能与之建立关系，这也是同理心或共情能力的基础。

四、职业构念系统

凯利认为，职业发展是一个人生活的基本面向，是赋予人生意义的重要因素。职业构念系统（vocational construct system）是一个独立的个人构念体系（Neimeyer，1989；Kelly，1955，p.740）。该系统包括个人将工作世界和职业决策系统化的所有构念，用于计划、控制、指导和评估个人所有与工作相关的行为，并确定个人在劳动力市场中的移动路径（Savickas，1997）。职业构念系统还提供了一个结构化和动态的意义网络，以供个人解释职业生涯的现实面向。

此外，职业构念系统也隐含个人职涯中凭以决断的价值观。例如某人遇到"薪水高而且升迁机会大"的机会，但也受到"健康威胁大且影响家庭生活"的冲突。无论最后的抉择如何，抉择之所在反映出的此时所看重的价值（核心构念），对个人来说是有意义的。

五、抉择过程的C-P-C周期

个人构念论中构念权变的过程，也就是构念系统中的问题解决过程，凯利称之为 C-P-C 周期（C-P-C cycle）。每当个人的生活状况面临重大或戏剧性的变化时，无论是短期变化还是长期动荡，都必须在构念系统中寻找最能适应变化的组合。"在一个人发展的某个阶段，抉择的本身能更清楚地定义（自己的）立场，扩展自身的构念系统，这样它就会包含更多未知的事物，并带来更多的可能性。"（Kelly，1980，p.32）

构念本身就具有变通的特性，在面对新的抉择或陌生的情境时，其调节的过程就会出现一个"运筹帷幄"的权变历程。这一周期十分类似于《中庸》提到的格物致知的程序和方法："博学之，审问之，慎思之，明辨之，笃行之。"当遇到困难时，以格物之法"博学之，审问之"先行，其次进行"慎思之，明辨之"的内在认知历程，最后以"笃行之"完成整个致知（构念权变）的过程。吴芝仪（2000）撷取"慎思之""明辨之""笃行之"三个概念来分别形容 C-P-C 周期，十分贴切。

1. 慎思期（circumspection）：C-P-C 循环的第一阶段，相当于"谨慎思考"状态。这是一个从各种构念角度对特定抉择进行思考的历程。

慎思期是以假设性、试探性和相对性的思维方式，协助我们搜集与分辨大量的信息，从不同的构念进行选项的思考与研判。在慎思期，暂时无法统整构念之间的关联性，尚无法决断。

2. 明辨期（preempt）：C-P-C 循环的第二阶段，将思考的焦点聚敛于有限的选项，从对于选项研判的内在构念，进行利弊得失的权衡。凯利对"明辨"的解释，是指一个人从候选与备选方案中，统整构念之间的关联程度，删除次要构念，借以选择"谋思而后动"的行动方案。

3. 笃行期（choose）：C-P-C 循环的第三阶段，相当于"三思而后行"状态。

这是经过深思熟虑掌握特定构念，从而采取明确行动的历程。在笃行期，纷杂的生涯信息能被个体的构念系统所统整（"我知道我之所以这样采取行动，最主要的理由是……"）。一般而言，这是最佳的生涯抉择状态（Wu，1997）。

慎思期与明辨期要维持巧妙的平衡。慎思期固然要扩大构念的运用范围，集思广益，博采众议；但明辨期拖得愈久，也愈有可能使我们难以采取行动。凯利鼓励我们用这"慎思"与"明辨"的双脚跳进决策点，我们也被警告要确保有地方可以"着陆"。我们的目标是通过"笃行"来完善我们的构念预测系统，否则会陷入悬而未决的混沌。

六、构念系统的经验周期

一次生涯抉择只不过是进行生活实验的一个暂时的起跑点，如同一次C-P-C循环。在做生涯抉择之前，决定者或多或少具备了一些有关生涯的构念，其成分是对世界、对自己、对特殊职业的解释。这些构念自成系统，是一般人对生涯的世俗理论（lay theory）（Cochran，1987）。每一个人的理论都有一套独特的假设，包含了一些期待、预测、判断，或只是极其平凡的希望。人们借着一次又一次的生涯抉择，来检验这套假设。因此生涯抉择是一种科学家的实验。实验的结果一方面验证个人理论的有效性，另一方面促使人们不断地扩展或修正其理论。

个人构念系统中的经验周期循环（experience cycle），详见图5-2。

假设一位高中毕业生，受到热门专业发展前景好的影响，"预期"看好法律专业的前途，班上同学也有一半以上都将法政专业作为第一志愿。于是他花了很多的功夫搜集资料，顺利地考上了985大学的法律系。这些都是他的"投入"。经过一年，通过对相关课程的学习以及与本专业师生的"接触"，他发现自己的成绩并不好，个性也不适合，这个经验"推翻"了原有的假设。这使得他必须修改原有的预期，进行一个"建设性的改变"，也就是"我不能只跟着潮流走，我必须发现真正的兴趣到底在哪里"。

188 | 生涯咨询：理论与实践

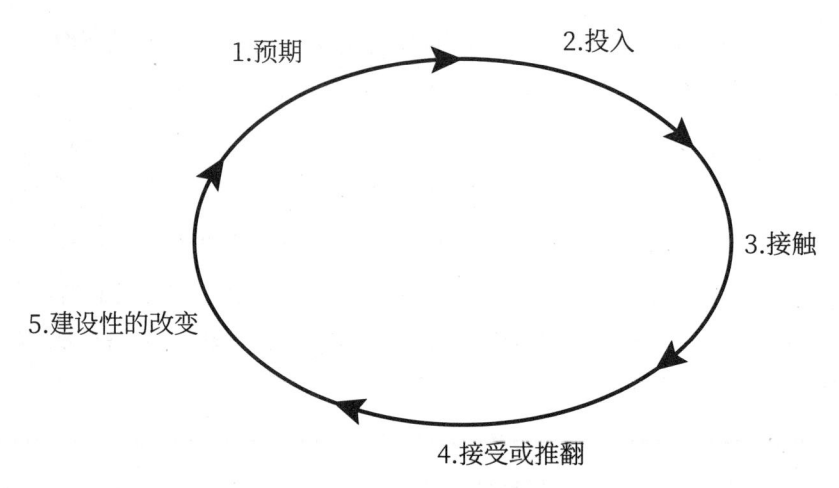

```
        1.预期         2.投入


5.建设性的改变                    3.接触


              4.接受或推翻
```

图5-2　个人构念系统中的经验周期循环（资料来源：Neimeyer, 1985）

七、决策构念的觉察与统整

由图 5-2 的经验周期观之，个人构念论对"不适应状态"的理论解释机制为：当一个人发现了原有的假设或预期与接触的事实不符，而又不能接受结果并及时修正其构念系统的假设时，即是心理烦恼的开端。凯利有云："我们对失常（disorder）的定义是，一个人不断地使用其已经失效了的个人构念。"（Kelly, 1955, p.831）一个人接受咨询或治疗，基本上是因为被已经失效了的个人构念"禁锢"（stuck）了。咨询的目标是助人"松绑"（unstuck）。

一个人需要接受生涯抉择咨询，表示其经常使用的生涯抉择框架（decision framing）出现了问题：决策框架系统中的构念在不同选项之间出现了相当程度的冲突或不和谐（Cochran, 1987）。例如一位准住院医师完成了二年期的一般医学训练，准备选择一个"次专科"开展医师职涯。他在五个选项中左右为难，所考虑的构念之间产生了不小的冲突，这个决定必须在院方规定的截止期限内完成。框架统整作用是将这些构念元素（详见第二节）清理、确认，并整合成一个更和谐的状态。统整的过程中，与现状格格不入者须要舍弃，影响力较微者须暂置一旁，重要性高者可集中置于枢纽，主要的任务是梳理出一个更明确的框架，用以明确这一次职业生涯选择的特性，通过专科项目转化为安身立命的行医生涯。这个案例的进行方式，详见第二节。

第二节 个人构念系统的测量与应用

从以上的说明可知，凯利的个人构念理论是要研究一个人如何形成自己的理论，考验自己的理论，修改自己的理论以便按理论行事。用以测量这种个人构念的方法，最早出现的形式称为角色构念集成测验（Role Construct Repertory Test）（Kelly, 1955; Cochran, 1980）。其目的在于了解与评估来访者构念系统的内涵与结构，其功能可用来理解个人认知复杂或单纯的程度，以及显示出个人以不同分化的词语理解世界的程度。

经过数十年来的发展，测量构念系统的方式繁多。以下分别介绍三种测量构念系统的方法：方格技术、阶梯法与职业组合卡。方格技术是一种分析个人评估特定事件所持构念的方法，并不允许拿个人的积分与一群其他人的积分来比较。在生涯咨询中，方格技术可以协助来访者从构念的类目检视职业选项的重要程度。基于方格技术所萃取的构念，还可进一步使用阶梯法（Hinkle, 1965）。阶梯法深入核心的构念，从核心构念中反思生涯困境的出路，回应核心构念的召唤。职业组合卡则结合了构念的萃取与霍兰德生涯类型，更能有效地进行生涯咨询。本节分述方格技术与阶梯法的测量与应用，第三节则介绍职业组合卡的应用。

一、方格技术

方格技术（grid technique）所衍化出的测量内容与方式，因来访者的需要与题材而有很大的差异。然其基本的实施步骤大体一致，主要包括以下部分（Jankowicz, 2004）。

1. 设定主题

适合个人经验的主题，务必明确、具体，可涉及个人生活的任何方面，如家庭、职业、工作等；是针对职业构念系统的主题进行测量，也是个人构念理论在生涯咨询应用的基本形式。

2. 选择职业名称

"职业名称"产生的方式有两种：一种是固定的，由咨询师列出固定名单，来访者根据名单做反应。对于年龄层级较低，或对工作世界并不是太清楚的人，列出职业的清单可能有困难，可以提供参考清单供来访者选取。另一种是自陈式的，由来访者自己提出清单。至于"职业名称"的数目并无严格限制，正在处理生涯抉择者可能有 3～5 个，在探索中的青少年或大学生可以列出至多 10 个。

3. 萃取构念

"构念"是个体在思考或判断时的基本认知架构，以两极对立的形式并存。其产生的方式有三种。

(1) 由咨询师列出固定构念，让来访者圈选。

(2) 由来访者自行列出自己认为考虑测量各种"职业名称"的重要特征。按照经验法则，10×10 的方格矩阵是最佳的方格结构（Cochran, 1983）；10 个职业名称可以包括足够的选项，10 个构念也足以充分代表个人的思考内涵。

(3) 进行三元萃取法。

三元萃取法（the method of triads）为典型的构念萃取法（Taber, 2020）。任何三种元素都能从其中的两种中找出相似点，这个相似点通常是另一元素的相异点。相似点的特性，便成为构念的相似极；相异点的特性，便成为构念的相异极。以下我们试着检查对于一般性的日常小决定（要吃哪一种午餐）内在构念的练习，说明构念的三元萃取法。

你今天中午要吃什么？有三种选择可以考虑：

一碗方便面；一个三明治；一碗牛肉面

请你先准备好三张名片大小的纸张，每一张写一样选择。将这三个选择任意分成两堆：一堆有一张，另外一堆有两张。请你想一下，这两张的性质有什么是相似的从而使这个相似点正好相异于另外一张的特性？请尽量想出不同的组合，愈多愈好。

然后，改变不同的排列与组合。用同样的方式进行下去。

你可能会提出下列的区分：

A：方便面 & 三明治　　　　牛肉面

　　便宜　　　　　　　　　昂贵

　　胆固醇低　　　　　　　胆固醇高

　　不爽口　　　　　　　　爽口

B：方便面 & 牛肉面　　　　三明治

　　要吃比较久　　　　　　可以很快吃完

　　有水分　　　　　　　　没有水分

　　热食　　　　　　　　　冷食

C：牛肉面 & 三明治　　　　方便面

　　没有防腐剂　　　　　　有防腐剂

　　营养　　　　　　　　　不营养

现在，请你想想方便面、三明治与牛肉面这三种选择有什么不同？并在下面方格中，将不喜欢的特性写在左边，将喜欢的特性写在右边。

参考表5-2，试着把这些想法，转换成1～5的分数：

1 非常趋近「不喜欢的特性」

2 有些趋近「不喜欢的特性」

3 趋近中点

4 有些趋近「喜欢的特性」

5 非常趋近「喜欢的特性」

在这个例子中，来访者喜好有水分的热食，便宜爽口又能节省时间，也相当看重饮食的营养与健康。因此，即便是选择吃午餐，在选择的认知背后也有隐而未显的构念，经由三元萃取法被看见。

4. 进行加权计分

第四步是让受试者在矩阵中，按照构念的顺序，以构念的特性逐一评估各个要素的差异性，依5点量表的等级予以评分。这个顺序一直重复到所有的细格均填完为止。然后进行加权计分。

表5-2　三元萃取之后的计分（括号内是加权值）

不喜欢的特性	方便面	三明治	牛肉面	喜欢的特性
昂贵	5（25）	4（20）	1（5）	便宜（×5）
胆固醇高	3（1）	4（4）	1（1）	胆固醇低（×1）
不爽口	3（1）	1（1）	5（1）	爽口（×1）
花时间	4（16）	5（20）	2（8）	节省时间（×4）
没有水分	5（5）	1（1）	5（5）	有水分（×1）
冷食	4（4）	1（1）	5（5）	热食（×1）
有防腐剂	1（1）	4（4）	5（5）	没有防腐剂（×1）
不营养	1（3）	5（15）	5（15）	营养（×3）
总分	26（56）	25（66）	29（45）	
优先级	2（2）	3（1）	1（3）	

若还没有进行加权计分的评分，表示每一组构念的重要性是相同的。在这种情况下，从表5-2可知尚未加权之前的喜好顺序是牛肉面、方便面、三明治。事实上，一个人在做任何一项判断时，所考虑的构念均有不同的轻重，因此必须进行加权值的计分（加权值置于表5-2中的括号内）。最看重的构念给予5分，其次4分，依序类推；无所谓轻重的构念，可以给0分，表示这个构念不会影响选择。例如上述选择午餐的例子，在八种考虑的因素中，来访者

最看重的是"便宜"（因为最近囊中羞涩），给予5分的加权；今天下午一点钟要上课，需要"节省时间"，给予4分加权；"营养"也不能忽略，给予3分加权。其余维持不变。将这些加权值乘入原有的数值，最后最优的选择出现的顺序是三明治、方便面、牛肉面。这和原先未加权之前的结果有所不同，但是最符合此时此刻的内在构念。

二、生涯方格

随着凯利的理论在研究与临床工作上应用的需要，方格技术衍生出不同的测量类型。生涯方格之间的差异主要是由"职业"与"构念"产生方式及是否自陈的差异所造成的，详见延伸阅读5-1。

自陈式生涯方格的代表性人物为科克伦（Cochran，1983）。此法强调符合正统的个人构念理论，其主要的精神是由受试者在没有任何提示或参考标准的情况下，自行选择"职业名称"，同时提出"自己的构念"。科克伦（Cochran，1983）一直认为，个人构念方格必须忠实地反映出个人的构念意义，此法较适合在生涯咨询中使用。

> **延伸阅读 5-1**
>
> ### 生涯方格的测评类型
>
> **1. 生涯区分方格**
>
> 博登（Bodden，1970）设计的生涯区分方格（career differentiation grid）提供的是一个标准化的生涯构念与职业名称。"生涯区分方格"包括了一个12×12的矩阵，以12个双极性的构念（如收入高—收入低）逐一测量12个职业（如农夫、机械技术员、建筑师等），采用7等级的李克特式（Likert-Type）量尺。生涯区分方格成了文献中的标准式测量工具，其存在的理由无非是实施过程标准化，有利于大量施测，以及进行不同群体间的比较（Adams-Webber，1979），故一般研究者多乐于采用（何幸娥，1992）。
>
> 严格来说，生涯区分方格的设计偏离了个人构念理论，只因其中的"要

素"与"构念"是现成制式的,并非"个人"的,不能反映出个人独特的构念系统。因此,对凯利的个人构念理论衷心拥护的学者遂另辟蹊径,发展出自陈式的个人构念方格。

2. 生涯抉择方格

吴芝仪(2021)发展本土化的生涯抉择方格,作为协助大专院校学生探索个人构念系统的工具,其与内米耶尔(Neimeyer, 1992)方格技术的最主要差异,是将生涯选项区分为"喜欢或可能考虑从事""不喜欢或不会考虑从事"以及"其他熟悉的工作或职业"三类,每一类均包含三项由来访者自行提供的职业名称,以及最后一项无须特别定义的"理想生涯",共计十个选项。生涯构念的抽取程序相似,但不限组数,让来访者自行依需要或实际情形来增减,而评定量尺则为1至5的五点量表。所得出的数据利用网络版WebGrid 5的软件包,将方格中的文字和数字资料输入,进行聚类分析和主成分分析。其结果不仅可以显示来访者与哪些组生涯选项的测量方式较为适配,更可以清楚描绘出来访者"理想生涯"所需具备的特质和条件,以及依据这些特质或条件指认出与"理想生涯"最接近的生涯选项,有助于来访者做出明智的生涯抉择和决定。

以上两种方式多应用在研究方面,至于咨询上的应用,则多采用科克伦自陈式或半自陈式的方法。

医学系毕业之后通过医师执照的准医师,会先接受"不分科住院医师"的PGY(post graduate year)训练。假设一位医科的"不分科住院医师"在完成PGY两年的完整训练要求后,准备从内科、外科、妇科、儿科等专科中,选择一个成为专业的"住院医师"。这位住院医师选择了内科,接下来的困扰是如何从医院内现有"内科"的八种次专科中,挑选一个次专科职位。她首先采用剔除法,删除了明显不喜欢的三科。如何从已经缩小范围的现有五科中(参见表5-3),了解自己的个人构念,进而依据这些重要的构念进行最后的抉择?

表5-3 自陈式"生涯方格"举隅（括号内是加权值）

不喜欢的特性	心脏内科	感染科	肾脏内科	内分泌科	血液肿瘤科	喜欢的特性
知识更新幅度小	4（16）	1（4）	3（12）	3（12）	5（20）	知识更新幅度大（×4）
技术重复性高	4（12）	3（9）	2（6）	1（3）	4（12）	处置的变化性高（×3）
规范/技法	1（1）	4（4）	2（2）	3（3）	4（4）	弹性/心法（×1）
思考时间短	1（4）	4（16）	5（20）	4（16）	5（20）	思考时间长（×4）
动手操作幅度大	1（3）	5（15）	3（9）	5（15）	3（9）	动手操作幅度小（×3）
病人余命时间短	3（3）	4（4）	5（5）	5（5）	2（2）	病人余命时间长（×1）
医患关系浅	2（10）	1（5）	4（20）	3（15）	5（25）	医患关系深（×5）
不适用家人	2（8）	1（4）	4（16）	4（16）	5（20）	家人朋友适用（×4）
团队气氛竞争紧张	1（5）	2（10）	5（25）	3（15）	5（25）	团队气氛互助和谐（×5）
诉讼可能性高	1（5）	1（5）	2（10）	4（20）	5（25）	诉讼可能性低（×5）
总分	20（67）	26（76）	35（125）	35（120）	43（162）	
优先级	4（5）	3（4）	2（2）	2（3）	1（1）	

（资料来源：周桂芳，2022）

1. 步骤一：产生职业名称（专科名称）

（1）界定专科名称：请准备五张名片大小的卡片，每张卡片写一个专科名称。

（2）填写专科名称：在空白的"生涯方格"的上方，由左到右，分别写上这五个次专科名称：心脏内科、感染科、肾脏内科、内分泌科、血液肿瘤科。

2. 步骤二：产生构念（三元萃取法）

（1）根据五张卡片上的专科名称，任意选出三张。

（2）把这三张卡片分成两堆。一堆是两张，另一堆单独一张。仔细想想看，有什么特性是这两张"相似"的，而这个特性是与另一张的特性"相异"的。分别列出这些特性，愈详细愈好。

（3）如果没有新的特性出现，将这三张卡片放回原来的五张当中，随意再抽取三张，然后重复上述的步骤。

（4）通过不同的专科名称产生构念，如果相类似的构念重复出现，表示出现的构念是自己内在常常出现的想法。

来访者经由上述的三元萃取法，萃取出以下的内在构念（重复出现的构念予以合并）：

√ 医学知识更新速度快慢或幅度大小

√ 医疗知识与技术的重复性高低

√ 医患关系的深浅与长短

√ 病人预期存活时间的长短

√ 未来独立开业的可能性

√ 医疗诉讼或争议的多寡

√ 需要跨专科沟通协调的多少

√ 紧急诊断病情时间的宽裕程度

√ 疗程的规范性或逻辑性

√ 医疗技术的精细程度及个人弹性调整的幅度

√ 接触病人的身心灵程度高低

√ 参与医疗行政事务的多寡

√ 与其他次专科会诊的程度

√ 医学专业能力对家人朋友的适用程度

√ 出勤时间被呼叫的频繁程度

√ 工作环境的团队和谐程度

√ 团队名师教导的程度

（5）把这些特性进行二元组合（如医患纠纷少—医患纠纷多），不喜欢的特性写在左边，喜欢的特性写在右边。

（6）当不再有新的想法出现时，可以开始进行评定分数。针对这些喜欢或不喜欢的特性，以 5 点量表的分数给五个专科打分数，5 表示最喜欢，1 表示喜欢的程度最低。

3. 步骤三：加权计分

在尚未加权之前，可以分别看出这些构念在五个次专科分别考虑的分量。但是这位住院医师在进行专科选项的考虑时，构念中内在需求或价值的比重或排序是不一样的。在此进行"喜欢的特性"的加权，5 表示最看重，1 表示看重的程度最低。从加权值的排序，我们可以看出来访者最看重的是"医患关系深""团队气氛互助和谐"与"诉讼可能性低"三项。

借由三元萃取法所产生的个人构念，可以细微地观察职业选项与相关的构念。我们内在构思的地图通常是隐而未显的，方格技术及其分析由内而外呈现出个体研判职涯的内在思路，提供了可靠的参考依据，协助我们进行最后的职涯抉择。

然而，三元萃取法所呈现的个人构念，大多属于表层的边缘构念。在协助来访者进行重大的生涯抉择时，若咨询师研判有必要再深入探索核心构念，此时可采用以下的阶梯法。

三、阶梯法

阶梯法（laddering）是一种通过边缘构念，层层深入核心构念的方法（Hinkle，1965；Neimeyer et al.，2001）。边缘构念在外，核心构念在内，如洋葱般由外而内，层层相叠。外层若隐若现，较易觉知；内层则甚隐微，不易察觉。

（一）实施步骤

1. 列举三项重要的构念

此法以"阶梯"为名，顾名思义，其过程如踏阶梯一般，循阶而下。阶梯的最上层是入口，属一般性的边缘构念，如"自主性高""喜欢帮助别人""收入高"等。我们先邀请来访者选出三项最在乎（加权值最高）的三项构念。

2. 选取其中一项进行阶梯法

先行选取其中一项构念，通过下列几种类似性质但句型不同的问话，就可以逐级而深入。由于这种方法会让来访者有被"穷追猛打"的感受，因此问话的语气要温暖尊重，问话的形式要委婉变化。

> 为什么你喜欢 X，而不喜欢 Y？
> 为什么对你而言，X 是那么地重要？
> 为什么你那么看重 X？
> 为什么你那么在乎 X？

这些问句的特色是以"为什么"提问。一般的心理咨询多习惯用 what、how、who、when 等提问，不鼓励用 why。然而阶梯法的殊胜之处，在于必须借着 why 的问句才能层层深入。例如：

> 咨询师：为什么你喜欢自主性高，而不喜欢自主性低的工作？
> 来访者：因为这样在工作上我才知道我在做什么。

上面来访者所回答的"知道我在做什么"属第二层构念的"关键词"，在性质上与第一层构念不同，因此成了再往下踏出的阶梯。接下来，同样形式的问句只要把握来访者回答的"关键词"，即可再接着探问：

> 咨询师：为什么对你而言，"知道你在做什么"是那么地重要？
> 来访者：因为这样我才能对自己的工作产生成就感。

来访者所回答的"成就感"属第三层构念的关键词，因为在性质上与第二层构念又不同。如果来访者在第三层构念就停住了，这是正常的现象，我们只要等待："没关系，可以慢慢想看看，一定还有另外的构念会出现……"以同样的方式继续问下去，一直到来访者无法回答为止，就有可能达到了核心或趋近于核心的构念。

从经验法则来判断，构念的出现愈来愈慢，且来访者的情绪由浮动到恬静的时候，就差不多是接近核心了。

3. 继续进行其他两项构念

接下来，对于其他两项构念，也进行同样的步骤。将这些数据汇整（参见表5-4）。

表5-4 阶梯法进行构念萃取实例

第一项构念	第二项构念	第三项构念
a. 自主性高	a. 喜欢帮助别人	a. 收入高
b. 知道自己在做什么	b. 得到内在的认可	b. 有安全感
c. 产生成就感	c. 发挥专长	c. 顾及生活品质
d. 觉得更有自信	d. 做自己想做的事	d. 身心平衡
e. 感觉自己是有用的人	e. 存在的价值	e. 有余力帮助别人
f. 这样活着才有意义	f. 证明这就是我	f. 生命价值
g. 这样活着才有尊严		g. 生命的意义

我们发现在阶梯的上层出现的构念多属边缘构念，其类别也分歧较大（"自主性高""喜欢帮助别人""收入高"）；但愈到阶梯的底层，愈接近核心构念，其性质也愈集中（"这样活着才有意义""证明这就是我""生命的意义"）。图5-3的构念环状结构图可以想象成一个立体的陀螺。生活就像陀螺一样，转个不停，一直在寻找动态的平衡。动态平衡的本质就是不稳定，陀螺美学就

在于一直在不稳定中寻找一种难度极高的平衡。生涯的重心如果在陀螺的边缘，陀螺的转动难免摇摇晃晃；如果重心落在陀螺的核心，人的状态就能维持平稳，以最省力的方式面对及处理生涯压力（金树人，2014）。

（二）咨询师注意事项

1. 说明实施的过程：由于进行的步骤与一般咨询的程序不同，来访者必须被充分告知如何进行。尤其一直被问"为什么"，如果事前未被告知为何要这样做，大多数的情况下会令人不快。

2. 解套卡住的部分：进行的过程不一定像上面的例子那么顺利，有的来访者经常会卡住，走不下去。一部分是因为来访者不习惯这样的思考，咨询师就必须耐心地等待。另一部分是因为出来的构念会带出许多相关联的记忆画面，有些是创伤经验或伴随强烈的负面情绪。咨询师要根据来访者的肢体变化或非肢体语言来判断应该是继续进行构念的探索，还是跳开来进行另一阶段的咨询。

3. 处理分岔的构念：所谓分岔的构念，是同时出现两个或两个以上的构念（通常两个比较多），不知该如何进行下去。一般采取的处理方式是任择其一。无论从哪个路径下去，核心构念都会终归于一。

4. 注意回转的构念：有时出来的构念会像旋涡般地绕圈子，例如会觉得更有自信→得到别人的肯定→受到尊重→会觉得更有自信→得到别人的肯定→受到尊重……这时候可以一方面提醒来访者注意"打转了"，一方面请对方静下来，认真地思考，提醒他："能不能有新的想法出来？"新的构念通常就会慢慢出来。因此，"等待"与"提醒新的想法"在这种状况下很重要。

5. 释放内隐的经验：在这个过程中，一层层的构念开展出来，背后的生命经验也会一层层地从记忆深处浮现出来。这些生命故事对这些构念有着深远的影响，而这些构念又主导着来访者的生涯抉择。

> 例一：当"安全感"出现时，我联想到小时候爸爸经商失败，我们家从广舍华厦搬迁到铁皮屋，下雨天的晚上还会漏雨，有时半夜有人上门要债，在黑暗中听到铁皮门被敲得哐哐作响。这段刻骨铭

心的遭遇让我特别看重安全感。

例二：我很在意"收入高"，并不是我爱财。小时家境并不好，爸妈都在海边养牡蛎，暑假台风来的时候所有的牡蛎田都一夕泡汤，而九月通常是要缴学费的。遇到这种困境，爸爸都要走到十几公里外的亲戚家借贷，经常是空着手回来。我永远忘不了爸爸进门时的眼神。

例三：我第一个写的就是"自主性"，最后出来的是"尊严"。妈妈从小就告诉我，什么事都要靠自己。爸爸在我10岁时就过世了，妈妈一手将我们五姐弟抚养长大。她只有小学学历，不容易找到工作，她就去学裁缝，我们的学费是她一针一线缝出来的。她活得很有自信，也很有尊严，她常说靠自己什么都不怕。我这才知道为什么我把"自主性"看得那么重。这让我恍然大悟。

过往经验的历历在目，原本就是生涯咨询的重要素材，能让来访者清楚自己生涯困顿的根源。我们要不要处理这部分，以及如何处理这部分，需视来访者带来的生涯问题而定。如果咨询师意图明显地借着阶梯法达到生涯咨询的目的，以回应原初的生涯问题，建议先将阶梯法完成。如果来访者也有意愿厘清冰山下更深层的困惑或情绪，在征得来访者的同意后，可顺势进入个人咨询（personal counseling），可进一步参考第六、七两章。

（三）构念的层次

当我们以阶梯法进行生涯核心构念的抽取时，会发现这些构念的排序有着某些层次的规则（Wu, 1997；王雪菲, 2010）。吴芝仪（Wu, 1997）从323位台湾的大学生中，选取33位进行核心构念的抽取，在研究中发现生涯核心构念系统呈现出四个不同的层次，详见图5-3。

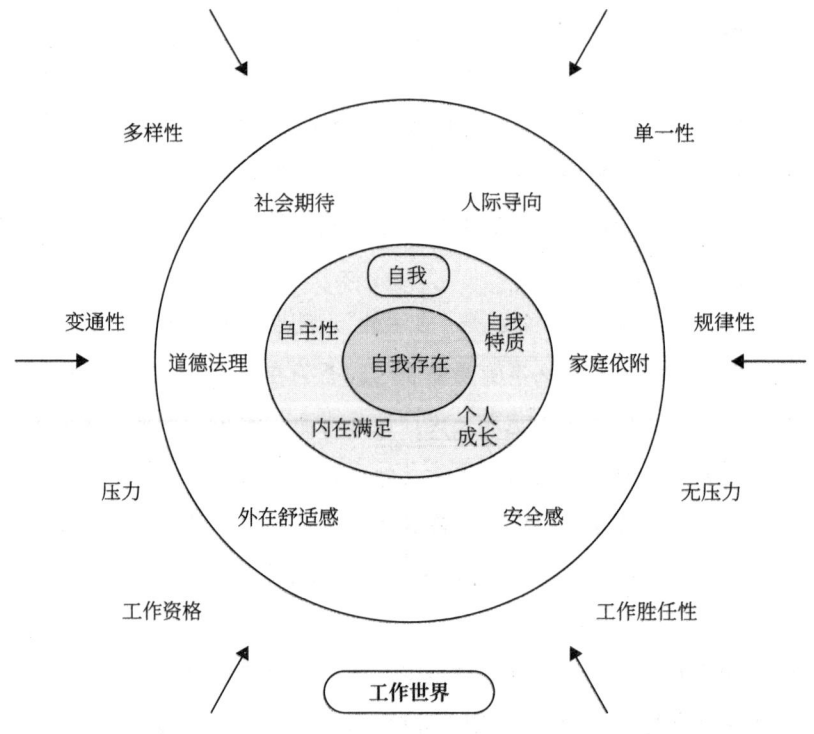

图5-3 生涯构念系统的环状结构（资料来源：Wu, 1997）

1. 构念丛集

从大学生的核心构念中，可抽取出四类构念丛集（Wu, 1997）：

（1）基本关注（primary concerns）：这些生涯构念在于维持一个人的基本生存状态，包括外在的舒适感与安全感等。

（2）社会关注（social concerns）：这类生涯构念主要与社会性的活动有关，包括工作中的给予和收受、家庭的依附、帮助他人、符合社会期待等。

（3）品质关注（quality concerns）：这些生涯构念大多与工作的条件有关，通常投射出自我内心特质在工作世界的渴望，包括工作资格、工作胜任性、变通性、规律性等。

（4）自我关注（self-concerns）：这一类的生涯构念大多属于个

人内在的特性，或与更深层的自我实存状态有关，例如个人成长、自我特质、自主性、内在满足与自我存在等。

从上述的四类构念丛集，又可看出构念的水平对称与构念的垂直层次等特性（Wu, 1997）。

2. 对称性（构念的两极对称）

构念的两极对称在这个系统图中若隐若现。图5-3左侧与右侧的生涯构念，有些呈现二元对称的特性。例如，"多样性"的另外一极是"单一性"，"变通性"的另外一极是"规律性"；又如"压力"与"无压力"等。

3. 层次性（构念的深浅层次）

构念的深浅层次随着阶梯法的进行，从外围的边缘构念，逐渐深入内在的核心构念，往往与存在的价值有关。来访者在这里看到存在的必要与核心价值的所在，会惊喜地发现："这就是我！"吴芝仪（Wu, 1997）将之命名为自我存在（self-being）。来访者走到深层的核心构念时，涉及"自我关注"出现的语句包括：

"这样才能证明我的存在"
"这才是我要的人生"
"我一定要这么活着"
"这才是有意义的人生"
"这才是我"

（四）寻根之旅：参透为何，承接任何

一般人在生涯抉择上遭遇瓶颈，总是在外在的枝节上找原因。阶梯法的技术能让一个人抽丝剥茧地深入探索内在最重视的构念，然后回过头来看看这些深层构念和现在生活当中藕断丝连的关系。这些深层构念是自己内在的声音，叠埋在心灵隐秘之处。这如同尼采（F. W. Nietzsche）的名言：参透为何，承接任何（He who has a "why" to live for can bear almost any "how"）。

这部分的构念性质十分接近"自己原来的样子"（I am who I am），是生命底层中最珍视的本真，一种本然的自我。有了这层认识，成为"如其所是的自己"（Let me be me）也有了支撑的力量。被自己用这种方式邂逅，是一种天地穹苍之中安定、厚重、踏实的存在感。

许多人在接触到这些深入核心的深层构念之后，会经历到前所未有的豁然开朗。有的人会发现，许多的困扰都是来自生活方式与核心构念的背道而驰。生活方式与核心构念的差距愈大，觉察时的震撼也就愈强。一个深入接着一个深入，曲折蜿蜒，然后生活方式与核心构念在某处交会，心情会由震惊不安、难以置信，渐渐沉淀、沉静、沉稳，之后转而清澈喜悦。来访者通过一层又一层的寻根之旅，发现生命中珍视的宝藏。

第三节　职业组合卡的应用

职业组合卡（vocational card sort）起源于 20 世纪 60 年代初期，在量化研究（quantitative research）鼎沸的 20 世纪 80 至 90 年代，这种方法很少在心理测量的教科书里出现，颇具权威的《心理测量年鉴》（*Mental Measurement Yearbook*）也未对其进行评论。近代咨询历程的质性研究渐受重视后，才在 1985 年第九版的《心理测量年鉴》中出现第一篇相关评论（Mitchell，1985）。

职业组合卡的基本形式是卡片的组合。有别于一般的纸笔式测量，职业组合卡是一张一张的卡片，每张卡片上正面有一个职业名称，反面是有关这个职业的叙述资料。来访者针对每张职业所提供的刺激进行偏好与否的反应，同时进行归类。咨询师的提问，可以帮助来访者了解自己的职业偏好，以及选择这些职业的内在个人构念。

一、职业组合卡的价值

从职业组合卡的发展史观之，这种卡片组合的形式不只是一种测量工具，还具有咨询的功能。职业组合卡在生涯咨询上的价值，至少有以下数种。

（一）提供丰富的观察信息

这个技术的特色，是让来访者在一边做、一边想的过程中，通过一张张写有职业名称的小卡片，将自己对不同职业的内在看法，经由独特的归类方式，将个人的内在构念（价值、兴趣、能力）充沛而流畅地投射而出。这些丰沛的信息组合出一个人对职业的自我观念。

职业组合卡让一个人（而不是测验所测量出来的"特质"）呈现在咨询师面前。咨询师可以观察到一个活生生的个体，反应快或慢，做决定的果决或犹豫，思考方式的简单或复杂，对职业了解的清楚或模糊，口语的反应与非口语的反应等。这种信息的获得是其他纸笔式测量工具无法相比的。

（二）提供结构化的生涯晤谈技术

就形式结构看，职业组合卡是一种非标准化的测量工具。然而，长期关注此法的学者们比较喜欢把它当成是一种结构化的晤谈技术。这个咨询技术遵循着一定的步骤，咨询师与来访者的注意力集中在几张小卡片上，一步一步地进入来访者的内心世界。

> 我们接触职业组合卡已有十余年，身为使用此法的咨询师、研究者以及督导者，我们深信职业组合卡是生涯咨询极为有效、极其引人入胜的方法。当我们将此法介绍给学生时，他们不仅很容易对生涯个案产生兴趣，也对生涯咨询产生兴趣。组合卡的实施历程比单纯使用测验更有临床性与趣味性。咨询师使用的心得是，他们对来访者的了解更深入……自己也更能够涉入与来访者的关系。（Slaney & Mackinnon-Slaney，1990，p.322）

此种咨询关系的建立，是植根于职业组合卡所具备的几个特性上：它能实时提供回馈，它能在轻松无碍的活动中提供创造性的互动关系，它能从来访者的反应中抽取有意义的个人信息（Williams，1978），特别是无法量化的信息。这些信息远非来访者在踏进咨询室前所能自行梳理的。

由此看来，咨询的效果不一定仅仅依赖面对面的口语交谈，职业组合卡提供的是一种有趣的催化剂，让咨询效果在类似游戏的氛围中发酵。

（三）反映出来访者内在的冲突

职业组合卡的实施方式十分简单，却能反映出来访者深沉的内在冲突。在实施时，通常是要求来访者依据直觉将手中的职业卡片按照"喜欢""不喜欢""不知道"等三大类去归类。简单的实施方式，却能发掘生涯抉择时复杂的矛盾心理（陈艳红，1996）。

> 在"喜欢"和"不喜欢"的卡片分配这么悬殊的情况下，能看出那么多信息，是让我非常惊讶的。在过去使用各种职业兴趣量表时，只是知道结果矛盾处，似乎一直找不到答案，总觉得有一个问题卡在那儿，一个"无解"的问题。不过在短短的一小时内，职业组合卡的活动竟可点出自己对"人"的矛盾心理，及其深层所隐含的需求，而且该情境还是我有部分防卫的。于此，我不得不承认职业组合卡的确是具有相当价值的。若来访者能够不防卫，则可获得的信息将更丰富，对来访者的特质及其自我价值观的探索会更加逼近。

来访者内心的犹豫或冲突通常会显现在"不喜欢""不知道"的部分。而"不知道"的部分比"不喜欢"的部分尤其能反映出梭巡摇摆的心情。在咨询情境中出现的这种心理冲突现象，值得咨询师进一步深入辅导。

二、职业组合卡的实施

香港《事业探索练习》是由香港中文大学梁湘明教授指导香港辅导教师协会（2009）发展出来的版本，适用于中学生。学生将卡片分别按照"如果我有能力我会选择""如果能得到合理回报我会选择""会选择""有点犹豫""不会选择""无论如何也不会考虑"等标识进行选择。在《事业探索练习》中，霍兰德的6个类型被平均分配在60张卡片中。每张卡片的正面为职业名称，霍兰德代码采取两码，例如：摄影师AR。卡片的反面呈现这项职业相关的工会、学会，或相关的探索网站，例如香港专业摄影师公会（网址：www.hkipp.org）。

台湾《职业兴趣组合卡》分成两个版本：《职业兴趣组合卡（初中版）》（金树人，2001a，2001b）适用于初中程度的学生；《职业兴趣组合卡（高中以上版）》（金树人，2009a，2009b）则适用于高中及以上程度的学生或成人。这两个版本均各有60张职业卡片，也将霍兰德的6个类型设计在卡片中，每个类型有10张卡片。卡片的正面只有职业名称，反面则包括职业类型（霍兰德主码）、霍兰德代码（三码）、教育水平（1—6）、职业分类代码、职业叙述、所需教育训练等信息。

职业组合卡大体遵循以下的实施步骤。由于中文职业组合卡均将霍兰德的类型理论列入设计，故以下的说明将六个类型的活动一并列入。

（一）准备阶段

职业组合卡的实施，需要准备以下的材料，参见表5-5：

表5-5 职业组合卡四大卡类

卡类	内容	张数
标示卡	喜欢、不知道、不喜欢	3
说明卡	霍兰德六角形模式 霍兰德六类型叙述	7
职业卡	一般职业卡　正面：职业名称、卡片编号 背面：职业资讯	60
空白卡	由学生自由填写所喜欢、所知道，或不喜欢但未在职业卡中出现的职业	10

1. 标示卡：标示归类卡共有三张10.5厘米×14.5厘米的卡片，分别标明

"喜欢""不喜欢""不知道",用来放在最靠近使用者的位置,方便来访者将职业卡按照"喜欢""不喜欢""不知道"的性质予以归类。

2.说明卡:霍兰德类型的说明卡有7张卡片,每张约10.5厘米×14.5厘米大小。第一张为六角形图,其余为R、I、A、S、E、C各类型的相关特性及代表性的文字说明。

3.职业卡:职业卡共有60张。卡片的大小约7厘米×10.5厘米。正面是职业名称,反面是记录该职业的职业类型、霍兰德代码以及职业叙述、所需之教育程度等,如图5-4所示。

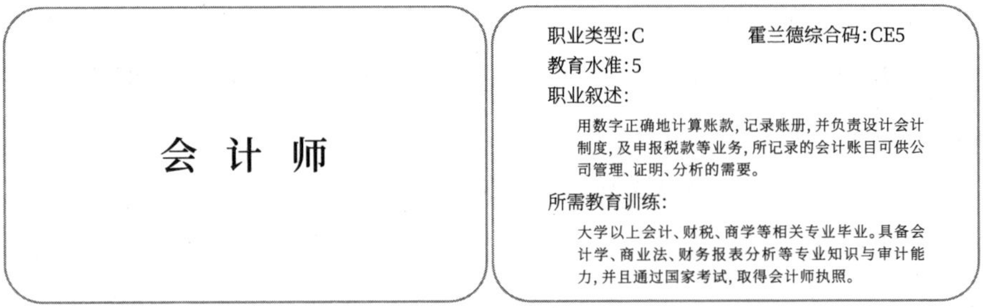

```
┌─────────────────┐  ┌──────────────────────────┐
│                 │  │ 职业类型:C    霍兰德综合码:CE5 │
│                 │  │ 教育水准:5                │
│                 │  │ 职业叙述:                 │
│    会 计 师      │  │ 用数字正确地计算账款,记录账册,并负责设计会计 │
│                 │  │ 制度,及申报税款等业务,所记录的会计账目可供公 │
│                 │  │ 司管理、证明、分析的需要。        │
│                 │  │ 所需教育训练:               │
│                 │  │ 大学以上会计、财税、商学等相关专业毕业。具备会 │
│                 │  │ 计学、商业法、财务报表分析等专业知识与审计能 │
│                 │  │ 力,并且通过国家考试,取得会计师执照。  │
└─────────────────┘  └──────────────────────────┘
```

图5-4　职业组合卡之图例(资料来源:金树人,2001b)

卡片的正面仅有一个职业名称,卡片的背面为关于这个职业特性的描述,分别有不同的含义:

（1）职业类型:职业的霍兰德类型前缀。

（2）霍兰德代码:职业的霍兰德代码。

（3）教育水平:以数字1—6代表胜任该项职业所需的教育程度;依序代表"不识字""小学""初中""中专""高中""大专""大学""硕士以上"。

（4）职业描述:职业的主要工作内容。

（5）所需教育训练:职业需具备的教育背景或技能训练。

4.空白卡:准备若干张空白的职业卡。空白卡的设计,主要是因为职业组合卡的职业名称无法包含来访者喜欢的所有职业。因此,当受试者发现自己喜欢的职业不在 60 张职业卡片中时，可以邀请受试者在空白卡中填上自己喜欢的职业。至于空白卡背面的霍兰德代码，可以在解说这六个类型的特色后，由受试者自行决定这个职业的霍兰德代码。由于中学生的兴趣尚未完全分化，取前两个类型即可；成人则可取前三码。

5. 指导语：咨询师事先准备好在各阶段的指导语，以流畅的口语方式说明。
6. 记录纸：若干张，用来记录来访者的反应，以及重要过程的观察纪要。
7. 综合整理表：用来整理职业组合卡咨询结果的总表，稍后将予说明。

（二）实施阶段

在正式实施之前，咨询师将实施的历程详加解释，如此来访者一方面能预知各阶段的活动，一方面也能放松心情，随着指导语进行。

1. 阶段一：按照喜欢的程度对职业卡进行分类

首先将三张标示卡按照下列的顺序排列，放在来访者的前面，并说明职业卡片分类的标准：

> 所谓"喜欢"，是指"将来有可能选择的职业，它有着某些特征吸引着你"。
> 所谓"不喜欢"，是指"将来不太可能选择的职业，它没有什么吸引着你的地方"。
> 所谓"不知道"，是指"对这些职业没有特别的感觉，也不清楚自己喜不喜欢，现在无法做判断"。

之后，逐次呈现职业卡片。让来访者决定是否喜欢该职业，如果喜欢，就将卡片放在"喜欢"的标示卡底下；如果不喜欢，就把卡片放在"不喜欢"的标示卡底下；如果当时对某些职业难以决定喜欢与否，就暂时放在"不知道"的标示卡底下。在"喜欢"标示卡底下的职业，表示将来有可能从事的工作，对来访者有极大的吸引力。相反地，在"不喜欢"标示卡底下的职业，表示将来不太可能从事这项工作，对来访者没有任何吸引力。至于"不知道"的那些职业是来访者不置可否的判断，很难归类。

在排列的过程中如果改变心意，可以随时调整。如果对职业的性质不明了，可以翻面看背面的解释或询问咨询师。因为每个人思考的速度有快有慢，而且此法是针对个体咨询而设计，对每一张卡片考虑的时间原则上没有限制，不要给来访者太大的时间压力。

2. 阶段二：萃取构念

在确定来访者仔细地分配完所有的卡片之后，接下来的步骤是谈一谈选择该项职业的理由。一般人很少想过自己选择职业的理由，只是模模糊糊根据一两个想法来判断。一个人愈能了解或觉察对职业选择背后的"认知构念"，愈能引导其做正确而适切的选择。具体的做法类似于前述的三元萃取法。

（1）步骤一：请来访者将"喜欢"的职业卡再作区分，性质相近者放在一块，形成若干堆。然后逐一请来访者思考，这一堆职业有什么相似特性是与其他堆不同的。

在来访者描述特性时，尽量要求详细。如果有困难，可以试着采用以下的问句具体化：

这些职业有哪些吸引你的地方？
哪些部分是你最喜欢的？

例如来访者将"律师""建筑师""医师"三张职业卡放在一堆，吸引他的理由是"有钱、有专业"。这一堆职业卡询问完毕后，再进行下一堆。将每一项理由写下来，如果有相同的或类似的可以归并，例如：

职业名称	理由
律师、建筑师、医师	有钱、有专业
法官、大学教授	有地位、清高
小学老师、幼儿园老师	假期长、安全

(2) 步骤二：接下来以同样的方式对"不喜欢"的理由进行描述。

然后，将"喜欢"与"不喜欢"的各个理由画划记的方式累计次数，画记到五次时可以用"正"字记录：

喜欢		不喜欢	
收入高	丁	动手做	一
安定	下	碰机械	丁
帮助人	正	工作枯燥/单调	下
假期长	丁		
能兼顾家庭	一		

(3) 步骤三：第三步是将这些理由按照画记的次数，由多到少排序。这样我们可以很清楚地看到，是哪些因素在左右着来访者的决定。同样地，先由喜欢的部分开始，再到不喜欢的部分。不喜欢的部分如果发现其理由是和喜欢的理由对立，如"收入低"与"收入高"，则可以并排。如下所示：

喜欢	不喜欢
帮助人	工作枯燥/单调
安定	
收入高	收入低
假期长	
能兼顾家庭	影响家庭生活
动手做	碰机械

接下来是将空白的部分填满，也就是将相反的理由填上去。这样做的目的是让来访者看清楚一个决定的背后有哪些理由。一个人不可能毫无缘由地不喜欢或喜欢一个职业，背后隐约有一套与这个缘由相应的概念存在。上面的例子当中，与"安定""帮助人""假期长"等对立的理由在来访者第一次的考虑

中并未列出，我们让来访者自己填进去，是加深其印象，让个人背后整个思维构念清楚地浮出来。

（4）步骤四：最后，我们要花一点时间和来访者讨论这些理由。这是非常重要的一个步骤。就理由的性质来看，职业群组合在一起的理由，可视为工作价值的意识陈述。对于工作满意度较高的价值组型，固然应特别拿出来讨论；而来访者刻意逃避的工作条件、工作环境，也不容忽视（Spokane，1991）。此外，每个理由或多或少牵连着一串来访者的生活往事，这些故事有的清楚，有的模糊；有的简单，有的复杂。来访者透露得愈多，愈能刻画出其做决定的认知纹路。

3. 阶段三：决定职业顺序

陈述完理由之后，接下来是请来访者将最喜欢的前六项职业依照顺序排列，最喜欢的列在前面。如果有两三个难以判断的，请来访者还是尽可能地尝试进行排序。

表5-6 最喜欢的职业与霍兰德代码

职业名称	霍兰德代码
电机设计人员	RIA
航空工程人员	RIS
编程工程师	ICR
土木工程设计人员	IRS
教育技术开发人员	SCI
航空地勤人员	CSE

4. 阶段四：计算霍兰德代码

从前面各种职业组合卡的简介得知，许多职业组合卡在应用过程中都会设计和结合霍兰德的六个类型。列出霍兰德代码的目的，是让来访者从喜欢的职业中，借着生涯理论的导引，扩大对自己的认识。接着，要从每个职业的霍兰德代码中，计算出综合码。

表5-7 前六项职业名称的霍兰德代码各码累积次数

霍兰德代码	首码	次码	三码
R	2	1	1
I	2	2	1
A	0	0	1
S	1	1	2
E	0	0	1
C	1	2	0

我们先看第一列的R，首码累积次数2，表示在六个挑选出来的职业中，置于首码的R有两个；次码1，表示置于次码的R有一个；三码1，表示置于三码的R有一个。其余I、A、S、E、C依次分别计算之。

霍兰德代码	首码	次码	三码	总计
R	2×3=6	1×2=2	1×1=1	9
I	2×3=6	2×2=4	1×1=1	11
A	0×3=0	0×2=0	1×1=1	1
S	1×3=3	1×2=2	2×1=2	7
E	0×3=0	0×2=0	1×1=1	1
C	1×3=3	2×2=4	0×1=0	7

计算出来的总分可以排列出综合码。此例中，R、I、A、S、E、C各类的总分分别为9、11、1、7、1、7，所以综合码为IRC或IRS。综合码通常只取最高分的前三码，有时因为总分相同，综合码会有两组（见此例），甚至两组以上的情形出现。

综合码出现之后，请来访者阅读有关各代码的文字解说。例如何谓"R"（实际型）？要进一步了解这些解说对来访者有何意义，是否符合其经验。如若来访者认为代码所描述的和自己的认知相符，表示此法的效度颇佳。反之，如果来访者有不同的看法，要详加讨论。职业组合卡活动的目的并不是标记来访者属于哪一个综合码，而是让其从组合活动中认清自己，验证、澄清一些想法。

5. 阶段五：综合整理

最后这一部分的活动，是帮助来访者综合前面的数据，看看自己学到了什么。为了加深印象，最好能整理出一个表格来。表 5-8 是一个参考的格式。填写时应该注意的事项如下。

a. 基本数据：包括姓名、年级、日期等。

（1）理由集锦：将所有的理由整理出来。

（2）心情素描：将上述的理由以陈述句的方式呈现。要求来访者尽量以口语的方式叙述出来，通顺即可。例如："我喜欢在形形色色的人群中启发灵感，从工作结果中直接得到努力的回报。我喜欢接触新的事物，有一点领导的天分。"

（3）职业展望：列出前四项最喜欢的职业及其霍兰德代码。列出霍兰德代码的目的，是希望来访者能进一步搜集职业资料。

（4）霍兰德综合代码。

b. 行动计划：以条列式列举未来的行动计划，尽可能具体。

（三）其他注意事项

1. 测验工具融入心理咨询

通常，咨询师面对职业组合卡的直接感觉是"它看起来是一个测验工具"，实际上它是一个协助进行生涯咨询的好帮手。咨询师以心理咨询的态度面对职业组合卡的实施，能够从来访者的举止、态度与反应中，敏锐地觉察到生涯犹豫背后可能潜藏着的冲突、矛盾或担心。除此之外，职业组合卡的实施颇为耗时，来访者在这个过程中所出现的厌烦或急躁等情志反应，也是咨询师了解来访者的绝佳线索。

表5-8 我的生涯记录

我 的 生 涯 记 录

日期：____年____月____日

姓名：_____　　年级：_____

理由集锦：

　　喜欢的　　　　　　　　　　　不喜欢的

　　_____　　　　　　　　_____
　　_____　　　　　　　　_____
　　_____　　　　　　　　_____
　　_____　　　　　　　　_____
　　_____　　　　　　　　_____

心情素描：

　　_____
　　_____

职业展望：

　　最喜欢的职业　　　　霍兰德代码　　　　职业分类号码

　　_____　　　　_____　　　　_____
　　_____　　　　_____　　　　_____
　　_____　　　　_____　　　　_____
　　_____　　　　_____　　　　_____

霍兰德综合代码：_____

行动计划：

1. _____
2. _____
3. _____
4. _____
5. _____

2. 让来访者的经验说话

"经验说话"的层级有三，在这些层级让来访者产生对话。在职业组合卡的应用上也可把握同样的原则，组合卡的解释可唤起来访者的事件经验，让抽象的理由（概念层）回到丰富的生活经验里去，产生觉察（详见第三章）。

3."不知道"反映出内心冲突

在实施职业组合卡时，咨询师较容易忽略"不知道"的部分。来访者会在"不知道"的部分放下职业卡，可能有两种理由。其一，对这项职业的性质不太清楚，即使是让来访者参阅卡片背面的职业信息，还是无法从已有的认知基础中，辨认出这项职业的特征。如果咨询师判断是这个原因，进一步地提供或探索职业信息是必要的。其二，来访者不甘愿将这些卡片放在"不喜欢"的部分，可是又不敢或不能将这些卡片放在"喜欢"的部分，只有勉强放在"不知道"，显示出来访者在这部分有着许多潜藏的内在矛盾或冲突。咨询师必须敏感地体察来访者细腻的心理转折，耐心地处理。以下是一个实习咨询师的心得分享（陈艳红，1996）：

> "不知道"所隐含的意义是最丰富的。对我而言有两个可能的含义。其一，"不知道"其实是内心冲突较多的地方。这冲突可能是能力和兴趣的交战，也可能是现实环境的阻隔，更可能是趋避冲突所带来的矛盾和犹豫。这些往往和自己的背景经验有关，又必须回到过去探索。其二，可能是自己逃避不愿意去面对的部分。在我自己经验的反思中，当说"不知道"时，其实很多时候是"知道"的，只是怕说出来不好或会被评价等，因此会用"不知道"来逃避承担应有的责任。故当咨询师试着要深究"不知道"所含的含义时，必须和来访者建立相当好的咨询关系，才能有效地进行。

无法"择其所爱"，又不能"爱其所择"，咨询师在后续的咨询历程中，得细心经营咨询关系，集中焦点处理这部分的心理冲突。

4.职业叙说与心理叙说的趋近

通过卡片的排列组合，来访者同时进行自己与卡片、自己与咨询师的对话。在前述"步骤二：叙述理由"进行时，可以尝试下面介绍的对话。

对话的形式有两种：职业叙说（occtalk）与心理叙说（psychtalk）（Starishevsky & Matlin, 1963）。所谓职业叙说，是指一个人对于职业特性理解后的口语叙说。例如："一个老师必须对学生要有'三心二意'：爱心、耐心与用心；诚意与乐意。"所谓心理叙说，是指一个人对于自己特性理解后的口语叙说。例如："我知道我是一个喜欢和孩子们亲近的人。"这两种叙说的语言形式，其中任一种都可转换为另一种，为咨询提供了一个联结自我概念与职业知识的桥梁。

当职业叙说的内容与心理叙说的内容渐渐地趋近于一致时，职业选择与自我概念的融合也就有可能趋近于一致。

辅导教师：对你而言，这些职业的共通点是什么？

学　　生：嗯，它们都是说服性的工作。（职业叙说）

辅导教师：还有呢？

学　　生：可以接触很多很多的人。（职业叙说）

辅导教师：还有没有其他理由？

学　　生：我想，它们都可以让别人的生活过得更好一点。（职业叙说）

辅导教师：还有呢？

学　　生：展现自己的能力。（职业叙说）

辅导教师：你的意思是，你喜欢说服性的工作，喜欢接触很多很多的人，让别人的生活过得更好一点。而且，你也喜欢在工作上展现自己的能力，你是这样的人吗？

学　　生：没错，我就是这样的人。好神奇啊，这就是我，我一向都是这样。（心理叙说）

辅导教师：你可不可以多谈一些过去的经验？

学　　生：上次校庆的游园会，班上的摊位是我设计的。一早摊子前面就围满了人，我有办法让他们掏出钱来，又高高兴兴地找一堆人来，导师说班上的摊位没有我不行（事件记忆的心理叙说）。我一直认为我有推

销的天分，老师，有哪些大学专业可以让我将来在这些方面发挥？（心理叙说与职业叙说的趋近）

5. 厘清"喜欢"与"习惯"的差别

一个人将某个职业卡放在"喜欢"的位置时，有可能将"习惯"的经验混杂在内，需要细心地区别。当这个喜欢的职业经常伴随着的习惯所带来的正面的经验居多，这种喜欢有可能是真正的喜欢（to be）；反之，当这个喜欢的职业经常伴随着的习惯掩饰了负面的经验，这种喜欢有可能不是真正的喜欢（not to be）。在生涯抉择的过程中，如果来访者因循旧有的习惯而做了自以为是的选择，便难以得到职业上的真正乐趣（王培瑾，1996；罗廷瑛，1996）。例如某甲选择喜欢与"物理"有关的职业，我们要帮忙分辨的是，"他在与物理有关的活动中，产生了沉醉其中的真快乐"，还是"他是物理系毕业的，所以习惯了与物理有关的活动，但并不是十分地快乐"。甚至还有一种可能是，在"喜欢"的那一堆职业中，同时混杂了"快乐的习惯"与"不快乐的习惯"。习惯让人熟能生巧，可以应付学习或工作上的要求，胜任却不愉快。这种现象是在生涯咨询过程中必须加以厘清的。

总之，职业组合卡有别于一般咨询中惯用的纸笔式测量，基本形式是一张一张的卡片，每张卡片上正面有一个职业名称，反面是有关这个职业的叙述资料。来访者针对每张职业所提供的文字信息进行喜好与否的反应，并根据反应的性质归类，经由交互的探询与讨论，可以帮助来访者了解自己的职业兴趣，以及选择这些职业的理由。

在互动的过程中，职业组合卡一方面能够协助咨询师与来访者建立互动良好的咨询关系，另一方面可澄清与界定来访者在评估职业时的内在心理构念，反映出独特的职业自我观念。除此之外，这些技术将个体实实在在的经验组织起来，还可探究来访者进行生涯探索的可能障碍与内心的矛盾。总之，职业组合卡的特色在于提供丰沛的信息，不仅能呈现来访者所具有的特质，还能出乎意料地反映焦虑不安背后所纠结的冲突。

结论

人的行为受对于预期事件的构念引导，灵活地进行一种接二连三的实验、假设、验证、预测、控制、微调。生活上不断发生的事件时时在考验着这种构念系统。就这种行为的模式观之，人的行为即是科学家的行为。人对于凡事都有一种预期的天性，却又得面临环境中许多未知的变数。当人的"预期"遇到了事情的"不可预期"，在生命的罅隙之处，正巧是成长与调适的转机。人的智慧无法预见将来，但是人有智慧因应环境之变，凯利的个人构念理论对这种历程作了细致的诠释。

方格技术是从构念理论发展出来的优质技术，不仅能提供量化分析的数据，也具有质性访谈的功能。而从"为何"一直探问下去的阶梯法的运用，可以帮助来访者接触到构念系统的核心，接触到生命底层最珍视的价值。尼采所说的"参透为何，承接任何"，在参透"为何"之际，填补了承接"任何"的无比能量。职业组合卡融合了霍兰德的类型论与凯利的三元萃取法，将个人内在构念与职业类型自然地呈现出来，将质性方法与量化数据巧妙地结合。这些方法既可以累积数据，进行理论上的研究；也可以单独使用在咨询情境，进行深度的晤谈。借由生涯咨询能使个体不断地修正其构念系统，产生框架的成长与改变。

参考文献

王培瑾（1996）：Thought paper. 未发表。
王雪菲（2010）：澳门大学生生涯构念之结构分析（未发表硕士论文）。澳门大学。
吴芝仪（2000）：生涯辅导与咨商：理论与实务。嘉义：涛石。
吴芝仪（2021）：构念理论观点之生涯咨询。载于金树人、黄素菲（主编），华人生涯理论与实践，页151-200。台北：心理出版社。
何幸娥（1993）。生涯资料介入方式对高一女生之认知复杂性生涯决策行为与人境适配性之影响（硕士论文）。台湾师范大学。
金树人（2001a）：职业兴趣组合卡（国中版）指导手册。台北：心理出版社。
金树人（2001b）：职业兴趣组合卡（国中版）。台北：心理出版社。

金树人（2009a）：职业兴趣组合卡（高中以上版）指导手册。台北：心理出版社。

金树人（2009b）：职业兴趣组合卡（高中以上版）。台北：心理出版社。

金树人（2014）：如是深戏。台北：张老师文化。

周桂芳（2022）：生涯习作。未发表。

香港辅导教师协会（2009）：事业探索练习。香港：香港辅导教师协会。

贾馥茗（2000）：个人构念。教育大辞书。https://terms.naer.edu.tw/detail/1308029/

陈艳红（1996）：Thought paper. 未发表。

罗廷瑛（1996）：Thought paper. 未发表。

Boeree, C. G.(2017). *Personality Theories: From Freud to Frankl.* Open Knowledge Books.

Chiari, G. & Nuzzo, M. L.(2003). Kelly's philosophy of constructive alternativism. In F. Fransella(Ed.), *International handbook of personal construct psychology*(pp. 41–49). Wiley.

Cochran, L.(1980). The repertory grid in career counseling: Method and information yield. *Canadian Counsellor, 14,* 212–218.

Cochran, L.(1983). Seven measures of ways that deciders frame their career decisions. *Measurement and Evaluation in Guidance, 16,* 67–77.

Cochran, L.(1987). Framing career decisions. In R. A. Neimeyer & G. J. Neimeyer(Eds.). *Personal construct therapy casebook.*(pp. 261–276). Springer Publishing Company.

Hinkle, D.(1965). *The change of personal constructs from the viewpoint of a theory of implications.* Unpublished doctoral dissertation, Ohio State University.

Jankowicz, D.(2004). *The easy guide to repertory grids.* Wiley.

Kelly, G. A.(1991)[1955]. *The psychology of personal constructs.* London; New York: Routledge in association with the Centre for Personal Construct Psychology. Originally published as: Kelly, George(1955). *The psychology of personal constructs.* W. W. Norton & Company.

Kelly, G. A.(1963). *A theory of personality: The psychology of personal constructs.* W. W. Norton & Company.

Kelly, G. A. (1980). A psychology of the optimal man. In A. W., Landfield, L. M. Leitner, (Eds.), *Personal construct psychology: Psychotherapy and personality.* Wiley.

Mitchell, J. V. Jr.(1985). *Ninth Mental Measurements Yearbook.* The University of Nebraska-Lincoln.

Neimeyer, G. J.(1989). Applications of repertory grid technique to vocational assessment. *Journal of Counselling and Development, 67,* 585–589.

Neimeyer, R. A.(1985). *The development of personal construct psychology.* University of Nebraska Press.

Neimeyer, G.(1992). *Constructivist assessment: A casebook.* Sage Publications.

Neimeyer, R. A., Anderson, A., & Stockton, L.(2001). Snakes versus ladders: A validation of laddering technique as a measure of hierarchical structure. *Journal of Constructivist Psychology, 14*(2), 85–106.

Shaw, M. L. G.(1980). *On becoming a personal scientist.* Academic Press INC.

Slaney, R. B., MacKinnon-Slaney, F. M. (1990). The use of Vocational Card Sorts in career counseling. In C. E. Watkins, Jr., & V. L. Campbell(Eds.), *Testing in counseling practice.* Lawrence Erlbaum Associates.

Spokane, A. R.(1991). *Career intervention.* Prentice Hall.

Starishevsky, R., & Matlin, N. A.(1963). A model for the translation of self-concept into vocational terms. In D. E. Super, R. Starishevsky, N. A. Matlin, & J. P. Jordaan(Eds.), *Career development: Self-concept theory*(Research Monograph No. 4, pp.33–41). College Entrance Examination Board.

Taber, K. S.(2020). Constructive alternativism: George Kelly's personal construct theory. In B. Akpan & T. Kennedy(Eds.), *Science Education in Theory and Practice: An introductory guide to learning theory*(pp. 373–388). Springer.

Williams, S. K.(1978). The Vocational Card Sort: A tool for vocational exploration. *The Vocational Guidance Quarterly, 26,* 237–243.

Wu, C.Y.(1997). *A Personal Construct Approach to the Study of Career Decision Making: A Sample of Taiwanese Undergraduates.* Unpublished doctoral dissertation, Reading University, U. K.

第六章 故事与人生：叙事生涯咨询

> 昨天，回不去；故事，回得来。明天，说不准；叙事，看得清。叙事生涯咨询经由共构、解构及建构的旅程，让回不去的，通过故事的当下叙说，能够回得来；让说不准的，通过故事的当下叙说，能够看得清。

> 我们所说的故事，和我们所听过的故事，
> 会决定我们是什么样的人。
>
> ——恩格尔（Engel，1999）

过去的数十年当中，后现代主义也深深地影响了生涯发展的论述与研究，被称为建构主义学派（constructivist），主要分为个人构念主义（constructivism）与社会建构主义（social constructivism）两个范式（Cochran，1992；Young & Borgen，1990）。持这种观点的生涯学者们不再信奉唯一的现实：这个世界存在着多样的现实，多样的真理，大同小异被小同大异所取代。个人构念主义主张，个体通过内在独特的建构来理解外界事物，包括生涯抉择与生涯发展。社会建构主义也持类似观点，但更关注建构过程中的社会力量，认为我们与他人的互动共同塑造了独特的认识论与世界观，从而影响了我们的生涯行为。这些生涯学者不仅看重个体如何融入工作，也同时重视人们如何将工作融入生活（Savickas，2005）。

以建构主义为范式的生涯咨询，重视故事叙说与故事重写的过程。咨询历程在于生涯故事的共构、解构与建构；咨询目标在于从故事中理解内在认知建构与生涯主题，发现生命的意义。叙事取向的生涯咨询概分为两个门派：叙事生涯咨询（narrative career counseling）与生涯建构理论（career construction theory）。叙事生涯咨询的代表人物为科克伦（Cochran，1997/2006），来访者借由了解自己的生涯故事，构建自己的职涯未来。科克伦的生涯咨询依循着叙事的精义，根据叙事精神一以贯之，是素朴的叙事取向。生涯建构理论的代表人物为萨维卡斯（Savickas，2005），以社会建构主义哲学为核心概念，虽以叙事为宗，但也允许不同的理论观点介入。生涯建构理论除了借鉴舒伯、霍兰德和其他理论，也受到阿尔弗雷德·阿德勒（Alfred Adler，1870—1937）与当代治疗理论的影响。本章先行介绍叙事生涯咨询，下章将讨论生涯建构理论。

第一节　基本概念

莎士比亚的戏剧《暴风雨》(*The tempest*)中有一句名言："所有过往，皆为序章。"(What's past is prologue)原意是指逝者已矣，来者可追或"以往的一切都只是个开场的引子"，所有未来，皆为可盼。从叙事生涯咨询的观点，所有过去的点点滴滴，无论好坏，虽已经成为历史，但是都可以从故事中理出头绪，成为将来生涯最好的开篇写照。如此说来，"过去的永不会消逝，甚至还未曾过去"(The past is never dead, it's not even past)(William Faulkner, 1897—1962)。本节首先介绍叙事生涯咨询崛起的缘由与背景，其次分别从结构与功能阐明叙事的本质。

一、缘起

大约在20世纪90年代初叶，一群受到建构主义影响的生涯学者，提出生涯即故事(career as story)的主张(Brott, 2001；Cochran, 1997/2006)。建构主义认为，个体改变内在的构念，就可以改变主观的现实世界。以故事为喻，现实世界隐藏在故事中。一个人的生涯发展，是由许许多多的故事串接而成。来访者之所以会来到咨询情境，是由于他们的故事无法开展。以故事叙说的形式进入咨询，从故事中可以发现其中存在的意义，有助于来访者做出生涯抉择，构建未来的职业生涯。因而，"生涯即故事"既是一种隐喻，也是一种发挥咨询效能的策略。

从时代背景来看，叙事观点生涯咨询是生涯咨询在后现代浪潮影响下的一种反思与演进，所展现的是一种新的哲学观与新的咨询策略。叙事生涯咨询与生涯建构理论都源自建构主义范式，强调理解来访者故事底层的价值、信念、意义的重要性。

科克伦提出的叙事实践方法将众所周知的特质因素原则、个人特征与职业要求的匹配方法相结合，但更着重于"如何在有意义和丰实的生涯叙事中，将一个人塑造成为故事的主角"(p.9)。科克伦揭示了人对未来的自己有主导性：人不是"被事情发生的人"，而是"让事情发生的人"。叙事是产生意义的有力手段。生涯咨询"不仅必须关注眼前的决定和行动，而且还必须关注一个人未来决定和行动的能力，即所谓的实践智慧和主导意识"（Cochran，1997/2006，p.31）。

二、故事与叙事

在不同的文化里，遍布宇宙的点点繁星都有不同的故事。因着不同的故事，通过故事的叙说，这些星星开始被赋予了不尽相同的形象。自古代以来，人类把三五成群的恒星与神话故事中的人物或器具联系起来，经过有意义的命名，星星组成的图案称为"星座"，例如人马座、天蝎座和长蛇座等。这些星座各自有了被故事赋予的精神与意象。

故事（story）是由一连串的事件所组合，其中穿插着明确或隐晦的人物、事件、时间、地点与场景，无论是平铺直叙或高潮迭起，大多按照起、承、转、合的节奏铺陈与开展。讲故事，可将一个故事的内容用不同的方式披露出来，诸如说书、即兴演出、舞蹈、诗歌、戏曲、舞台剧等。

当一个故事被叙说出来的时候，除了人物与情节，最令人寻味的是出现了说者的"叙述角度"。叙述角度包括了个人信念、社群价值与文化规范。同样的故事由不同的人说出来，或同样的故事由相同的人在不同的时间说出来，就有了不同的版本。讲故事的叙说者，自古以来被视为文化传承保存者有之，精神导师有之，意见领袖亦有之。因之，故事之所以成为我们所知晓的故事，是通过不同的形式披露出来的。讲故事的学问，就是叙事学（narratoology）。

叙事（narrative）明确的定义，是指一连串过去发生过的事件，被组织串接成具有叙说者独特解释意义的过程。叙说者对于故事安排与主角特性具有主导的特性，并在故事串接过程当中推论事件的因果或关系，使得看似混乱、随机、无趣的生活现场，显现出秩序与意义（黄素菲，2018，p.119）。当代叙事学的论述与应用涵盖了人类学、政治学、管理学、历史学、文学以及心理治疗等领域。

我们生活的经验是零散的，就如同太空中散布的星体。经验通过叙说而彰显自身的存在。经验叙说成为故事，从故事中浮现某种生活的主题。过去经验在现在叙说成故事，所形成的主题会带出生命的意义感，从而带出行动，影响未来的行为。这就如同星座被水手、航海家当作识别方向的重要标志。叙事将日常活动和事件连接成情节单元，赋予人们对生命目标的理解。隐藏在故事中的意义通过叙事得以被叙说者识别与发现，这是叙事学的奥妙之处。它提供了一个框架，用于了解一个人的过去和未来，使得人的存在变得更有深意（Polkinghorne, 1988, p.11）。

三、叙事的架构与功能

> 时当今日而想他日之忆今日，
> 身在此地而想彼地之思此地。
>
> ——霍松林（1921—2017）

叙事的时间观涵盖了过去、现在与未来的时间架构。叙事的空间观则创造出两种类型的空间架构。在叙事中发现主题与意义，更是叙事之所以能发挥行动力的关键。

（一）叙事的时间架构

叙事的时间架构包括开始、中间和结束，也就是过去、现在与未来的时间维度。故事的发生时间是零散的，通过叙事将个别的事件组织成一个整体。在其间，连续性和变化性以叙事的形式重新体现。叙事的时间架构不仅是多元线性的，还有交错重叠性（黄素菲，2020）；过去、现在、未来可以非线性的形式重叠出现。

这种叙事的时间维度移动之灵活性，可以从文学的叙事体中找到例子。在文学的表述中，叙事的时间形式是一种"瞻前顾后兮，顾后又瞻前"，循环往返的形式。

> 许多年之后，面对行刑队，
> 奥雷良诺·布恩地亚上校将会想起，

他父亲带他去见识冰块的那个遥远的下午。

加夫列尔·加西亚·马尔克斯（Gabriel García Márquez，1927—2014）的小说《百年孤独》（*Cien Años De Soledad*）开头这短短一段话，跳跃了不同的时空，已经成了叙事的经典。"许多年之后"，一个上校将被执行死刑，是未来时间发生的事情。在此同时，又瞬间跳跃至记忆深处，从前更遥远的下午。读者可以感知到叙事者正处在讲故事的"现在"，这恍惚的现在串接着未来，又回溯过去，把时间的三个维度都呈现在短短的几句开场白中，简洁深邃，耐人寻味。

唐代诗人李商隐所作的七言绝句《夜雨寄北》也有异曲同工之妙，不约而同地出现这种"时当今日而想他日之忆今日"（霍松林）的叙事形式。

君问归期未有期，巴山夜雨涨秋池。
何当共剪西窗烛，却话巴山夜雨时。

你问我什么时候回去，日期还难以确定（不久之前）。此刻巴山的深夜淅沥，雨水涨满了秋天的池塘（现在）。什么时候我才能回到家乡，在西窗下和你一边剪烛一边谈心（未来），那时我再对你细诉今宵夜雨中的思念之情（将成为过去的今宵）。一首七言绝句，竟能在过去—现在—未来—现在之时间的回环跳跃，又呈现"身在此地而想彼地之思此地"（霍松林）之空间的往复对照，这种时空绝妙的交错，千回百转，令人赞叹。

生涯故事的叙事，也在不同时间的交错中编织进行，在叙事的话语结构中，形成新的诠释与理解。这与历史学家从历史故事中提炼"史观转化"的思维是十分类似的。后现代史学大师海登·怀特（Hayden White，1928—2018）指出（黄宇翔，2021，p.27）：

人们不仅有面对现在和将来时做出选择的自由，在面对过去和历史实在时，人们也有选择的自由。唯有人们能够自由地构想历史，过去才不再是人们的重负，现在和将来也才可能真正向人们自由选择敞开。

怀特是美国著名历史哲学家，他的论述改变了史学的思考方式，也启发了我们对历史的诠释。面对八国联军与《辛丑条约》的历史重负，现代人通过解构过去的历史故事，可从中寻绎现在与未来民族复兴的契机。同样地，过去发生的生涯史仅仅是一堆素材，通过叙事的连缀与理解，历史文本有了一种叙事的话语结构；从积极的面向来看，过去不是沉重的负担，个人叙事描述了往来现在的道路，并遥指通往未来的路径，将更加开阔与自由（Josselson，1995）。叙说之前的，是人的第一生；叙说之后的，是人的第二生。

（二）叙事的空间架构

当一个人在叙说自己的故事时，叙说者（narrator）跳脱出来成了旁观者，与当时经验当中的行动者（actor）或参与者（participant）之间，拉开了无形的空间（Cochran，1997/2006）。叙事的形式创造出两种类型的空间架构（黄素菲，2020）。第一层空间是"叙说者与倾听者之间的空间"，由于倾听者的存在，叙说者进入了一种观看自己生命故事的位置，不仅可以重新叙说（re-telling）时间轴线中交织的故事，并且重新经历（re-experiencing）这些故事。第二层空间是"叙说者与问题之间的空间"，叙说者跳脱了"问题故事"的现场，不再是故事的演员，而是以观众或影评人的视角叙说故事，可以观看到更多细节，进而从全局视野重新理解故事的面貌。

很多人"不识庐山真面目"，原因是"身在此山中"；叙事的空间架构拉开了一个空间的视野，就会出现"横看成岭侧成峰，远近高低各不同"的宽广样貌。甚至，可以因此而发现故事中隐藏的意义。

伊根是一位毕业于哈佛神学院的安宁疗护师，长期在安宁照顾中倾听临终病患的故事。她说道（Egan，2016/2018，p.17）：

> 临终的病人向我诉说他们的故事，每一次重述都会有些许不同，变的不是故事的基本内容，而是他们强调的部分、细节、他们如何连接这些细节，以及到最后如何连接许多不同的故事，尽管他们叙

述的世界可能相隔数十年。他们在这些故事中发现的意义随着时间而改变、扩充了。

叙事的过程，是一种在独特空间中自我建构与自我意识流动的体验。从上述的例子看来，即便在讲述同一个故事，为了让听者理解，讲述者可能会试着以不同的内在模式来重组故事（Larsen，1999）。故事的内容结构因为受到叙说的时间与空间交错的影响，时空拉开了间距，视角产生了挪移，经由叙说之后所发现的主题与意义，这些都是叙事的产出结晶，因而造成了心理的质变。

叙事咨询有时为了强化心理质变的效益，特别在叙事的空间架构中加入了重新入会（re-membering）的方法。这个方法"凭空"邀请叙说者最在乎的重要他人（significant others）进入叙说的空间发声。怀特与艾普斯顿（White & Epston, 1990/2001）在《故事·知识·权力——叙事治疗法的力量》（*Narrative means to therapeutic ends*）一书中大量运用了丰富的实例，来说明如何运用书信、证书、宣言、邀请函创造叙事的空间，借以转化为来访者行动的力量。另见图6-4的实例。

（三）叙事中的主题与意义

在故事中发现主题与意义，如同根据星座的特性来为银河命名，得以在混沌的无垠星海中辨识方位。以下说明如何在咨询的对话之旅中，抽取或形成故事的主题或意义。

在叙事治疗中，以踏上"旅途"（journey）作为故事线发展的譬喻。这是最早由布鲁纳（Bruner, 1986）提出的隐喻，原意是如何从旧的旅途经验中发现新意。

> ……当他们开始建构属于自己的文本，就如同踏上一段没有地图的旅程——其实他们拥有一沓可能带来线索的地图。此外，他们也知道许多关于绘制地图的事。踏入新领域的第一印象，肯定是建立在经历过的旧旅程上。要不了多久，无论沿袭多少过去的形态，新旅程也会产生自我（Bruner, 1986；引自White, 2007/2008, p.67）。

旅行，有人带着挑战上路，也有人带着迷惘上路。对许多人来说，旅游原本是生涯的忙碌与困苦中一个暂时的出口或解脱，他们却在旅行中重新发现了自己。西班牙北部的朝圣之路称为"圣雅各之路"（Camino de Santiago），是被列为世界文化遗产的古道。中世纪以来，前来此地的朝圣者络绎不绝，有不少人是旧地重游。许多人在这段重游的旅程中，或洗涤了旧日的创伤，或找到了生命的意义，甚至发现了新的自我。

布鲁纳进一步以行动蓝图与意识蓝图的故事文本结构，说明意义如何在行动中发生。行动蓝图（landscape of action）是故事的基本素材，由构成情节与主题相关的系列事件所组成。意识蓝图（landscape of consciousness）则是由包含在行动中的所知、所思或感觉，或是无知、无意或无感等意识活动所组成。意识蓝图呈现的故事主角的意识，主要来自于行动蓝图中的情节事件（White，2007/2008）。

迈克尔·怀特（Michael White，1948—2008）是澳大利亚的社会工作师和家庭治疗师，也是叙事治疗的创始人。怀特喜欢带着地图旅行，享受旅途中的意外与惊喜。在旅行中着迷的经验，引领他在治疗工作上也把地图与旅行当成是一种隐喻。怀特与来访者一起坐下时，仿佛他与他们即将踏上一段手中有地图，却又没有特定目的地的旅程。

朝圣之路的地图只有一张，但是有千百人就有千百种走法。而怀特从布鲁纳的善喻中得到灵感，淬炼出一张千锤百炼的工作地图，称为重写对话地图（re-authoring conversations map）（White，2007/2008），主要分成上下两部分的意识蓝图与行动蓝图。前者又称为认同蓝图，后者又称为故事蓝图（Bruner 1986；Epston & White 1990），参见图 6-1。

意识蓝图
(认同蓝图)

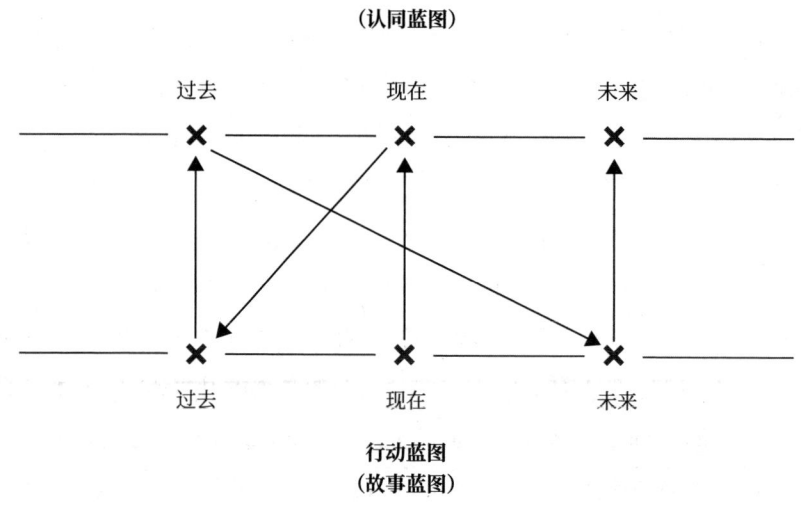

图6-1 对话地图：行动蓝图与意识蓝图

行动蓝图
(故事蓝图)

1. 行动蓝图

在故事的对话地图中，行动蓝图标示于下，意识蓝图标示于上。行动蓝图的时间轴线在下方，涵盖过去、现在与未来的故事，又称为故事蓝图（landscape of story）。通常，来访者在"现在"叙说"过去"发生的故事。这些故事无论发生的时间点如何，有造成困扰的主线故事（dominant story），也有例外或独特的支线故事（alternative story）。在过去的时间点上，曾经发生的事件所造成的困扰，在现在的叙说中再一次进入故事的细节；或可解构先前的理解，重新建构叙说细节中所带来新的认识。故事叙说蜿蜒前行，不同的故事分布在行动蓝图时间轴线上。为了让来访者易于从情节记忆中唤醒与生涯问题相应的故事，可分别从 what、where、when、who、how 等这些话题抽丝剥茧，抽引出细节。

2. 意识蓝图

意识蓝图的时间轴线在上方，其效用在于区辨或认识故事中所隐含的言外之意，产生新的理解。故事线在蓝图下方的口语表述，包含相关事件的人、事、时、地、物。穿梭于人事时地物之中，在深处潜隐的主题或意义就有机会浮上表层。主题或意义，是故事通过叙说之后，一种词汇浓缩精炼到极致的语言，这是对话地图最独特的地方。在叙事治疗中浮现的主题大多与自我认同有关，因此"意识蓝图"也称为认同蓝图（landscape of identity）（White, 2007/2008，p.71）。在生涯咨询的故事叙事中，意识蓝图出现的自我认同也大多与"我是谁"的意图、价值、梦想、使命等特性有关。

意识蓝图中的主题与意义原本是隐而未显的，现身之后立马有当家做主的赋能作用。这些能量来自于价值、信念、希望、梦想或承诺的看见，成为未来新故事的轴心主题。从前种种，譬如昨日死；以后种种，譬如今日生，生命因此翻了新页。这主题就成了新故事篇章的续写方向，这是叙说者送给自己最好的礼物。

（四）叙事力：叙事的转化力量

叙事可带来强大的转化力量（Josso, 2000），这是为什么呢？叙事的转化力量可简称为叙事力（narrability）（Savickas, 2015），其内涵包括了意义的发现、关系的改善以及叙事的共构三大要素。

1. 意义的发现

这是"叙事力"转化的第一要素，来自在时间轴线中故事所掩隐的意义被重新看见。在上述的对话蓝图中，通过故事的叙说，"尽管随着时间的流逝发生了许多变化，但过去的自我导致了现在的自我，或为现在的自我创造了舞台；而现在的自我又将导致未来的自我，或为未来的自我创造舞台"（McAdams, 1995, p.382）。维克多·弗兰克尔（Viktor Frankl, 1905—1997）回顾他在纳粹集中营的故事，发现了常人无从理解也不能理解的生命意义。他连缀这些生命主题与意义，从而创建了影响深远的意义治疗（logotherapy）。时间的流转是自然的变化，在故事中回顾性地讲述生活变迁并赋予意义，是"叙事力"发生转化的主要作用力。后现代社会建构主义的观点认为，个人故事是一种不一定与事实真相对应的建构（Peavy, 1998）。在故事蓝图中，说出什么样的故事，就会在意识蓝图中演绎出深层的意义，因此而改变了自己。这在叙说者的意料之外，却在叙事力作用的情理之中。

2. 关系的改善

这是"叙事力"转化的第二个要素。学者们进一步举出，叙事的转化力量在于拉开了自己与问题的空间，改善了问题与自己的关系（Lapointe，2000）。叙事给叙说者的生活带来正向能量，基本上是根据"过去的自己"与"现在的自己"的关系发生的变化，以及为此采取行动的许诺。在这种关系中，个人感到旧的自己被新的自己承认和接受（Rugira，2000）。例如一位接受长达四年心理治疗的外科医师，认为她所挚爱的丈夫、父亲、哥哥、干儿子都因她而死，自己是"黑色毒液"，让靠近自己的每一个人都会陷入危险，这种想法严重影响到自己的生活与工作。经由故事的逐一解构，发现一切生命其实都有自然的生死韵律，从"讨厌的自己"的故事中，发现更值得"珍惜的自己"（Yalom，1999/2012）。亦即，从改善"自己"和"问题"的看法，在"问题的故事"筋骨盘结之处，深入其间而臻"游刃有余"，进一步改善"自己"和"问题"的关系。

"过去的自己"充满了"问题的故事"，称为主线故事。主线故事盘根错节，对于烦恼或无助的支配力极强。叙事咨询将问题视为问题，人不是问题，将人和问题分开，创造出"人与问题之间的空间"，而能抵挡主流故事的摧毁力。所用的方法是增加支线故事的发展，也就是寻找主流故事之间的空隙，从独特的例外故事中的多元视角宽阔视野，重新解构自己的问题（黄素菲，2020）。有关主线故事与支线故事的进一步说明，详见本章第二节延伸阅读6-2。

更有意思的是，叙事力的效果不完全是由叙述者给出的，而是由倾听者协同给出的，指明了倾听者存在的重要性（Loyttyniemi，2001）。

3. 叙事的共构

这是"叙事力"转化的第三个要素。故事叙说不是自说自话，而是由于说者与听者的共构，在叙事的转化过程中起了关键的作用。说者针对不同的听者，即使是同样的故事，也会因听者的身份、年龄或性别，而说出不同类型的故事。就如同舞台剧的展演，演出者与观众的互动，会很微妙地牵动演出者的表演潜能，即使是同样的剧本，演出者与观众共同创造演出的效果，每一场都不一样（Savickas，2015）。在叙事治疗中，倾听者擅长于通过重新入会的方式邀请"观众"入场，强化叙事力的共构效果，详见下节。

尤有甚者，叙事力的转化作用存在于叙说者与倾听者的空间。以上面提到的临终关怀师伊根为例，很多人（甚至包括她在神学院读书时的教授与同学们）不能理解她作为一位临终关怀师，为何主要的工作"只是"在听临终的病人"倾诉家人的故事"。当时她也不知道为何安宁病人在生命最后阶段说的尽是"家人的故事"，而有的故事是病人不愿意说给家人听的。累积了十五年的工作经验后，如果有人拿同样的问题问她："临终的人对灵性关怀师说些什么？"她的答案还是一样："说说家人的故事。"但是她现在终于搞清楚："我们是通过这种方式谈论人生的意义，谈论关于人类存在的重要心灵疑问。"（Egan，2016/2018，p.45）这是一种互即互入（inter-being）的彼此升华；不是只有"你"或"我"，而是"我们"同在一起，相互勾连对同一议题的深刻理解。

延伸阅读 6-1

叙事力的开展：案例举隅

明华（化名）参加了一个故事叙说的研究（龚蕾，2023）。在前后四次的叙说历程中，她先后讲述了七件重大生涯事件。这些事件分别发生在父权主导的婚姻脉络，孩子优先的亲职脉络以及服务学校的权威脉络中。通过叙说，在人与故事之间创造出了反思的空间，在自己的故事当中发现了不同层次的生命意义，改善了问题与自己的关系，甚至也影响了听故事的人——访问她的研究人员。

故事交叠中意义的开显： 第一次访谈集中叙说她服务学校的校长突换、家长黑函、被学生殴打、拒签惩处单这四个故事。第二次访谈，串联更多故事碎片，内在情绪状态描述更细致。第三次访谈是在前两次叙说基础之上进行反思，她对生涯认同、关系脉络、生涯行动进行更多的探索。第四次访谈新增公公下跪事件，又丰厚了故事中影响女性生涯的意义建构。

意义的建构随着一个又一个故事的开展，由隐晦到清晰。在叙说后期，她终于明白这些故事想要告诉她的是："经历这些偶发事件，是要学习重新排序人生价值""因为舍不得，所以离不开""关键时刻就是天命召唤的时刻，就是顺应天命成为自己的时刻""跌倒就是为了认清自我，渴望自由自在地做自己"。

扩大自己与故事的空间：就时间序列来看，这些事件在明华重组记忆而叙说再现的过程中，经常是过去、现在、未来相互交织。例如，明华在叙说"拒签惩处单事件"时，下一秒会跳回到"校长突换事件"，再下一刻又转到"家长黑函事件"与"被学生殴打事件"。她有时是彼时彼刻的明华，有时是此时此刻的明华，有时又是超脱自我的故事观察者。在访谈叙说中，她在交错的时序与心理位置中来回走动，不仅将故事经验再现，更清楚地看到了这些故事之间的关联。

互即互入的叙事共构：说者与听者是交互共构的，研究者本人虽然在形式上是听故事的人，但这些故事对研究者自身也产生了深刻的影响。听完明华的故事，研究者开始反思女性生涯与家族命运的关联；在反身思考中，研究者对于自己的母亲如何牺牲自己、承担家族命运有了更深刻的理解。叙事过程中的"听者"（研究者）在研究结束后以充满感激的口吻想要告诉"说者"："你们的分享已经在帮助我，协助我更好地面对接下来的生涯生活，协助我以坦然从容的心情去迎接重大生涯偶发事件。"（龚蕾，2023，p.281）。

叙事力的展现，让故事隐而未显的意义随着故事主题被看见而现身。叙说者由于拉开了自己与故事的空间，使自己与故事的关系产生了质变。叙事力的转化作用，是一种说者与听者彼此升华的历程；非仅"你"或"我"单方面的深刻改变，而是"我中有你""你中有我"微妙而绵长的变化。

第二节 叙事生涯的咨询模式

生涯路上遇到困境的人，通常想要解答几个基本问题：

我从何而来？
我是谁？
我将往何去？

生涯即故事（Brott, 2001; Cochran, 1997/2006; Savickas, 1991）以"叙说方式"进行故事叙说与意义发现，以一种生涯宛如故事的隐喻进行咨询：

过去你经历了什么样的故事？
从故事里面，你看到你是什么样的人？
翻页之后，未来的故事你会怎样写？

故事线的延伸好比一段旅程。旅程无论事先如何规划，计划赶不上变化，充其量只能备妥几种可能性。在生涯咨询中，咨询师与生涯中遭逢困境的人一同上路。所有的旅程都有若干程度的冒险性，也期待发现美好的风景。当一同朝着目的地前行时，沿途或将同时踏入未知的经验世界。或许会意外发现，目标并不是原来的设定，而是生命新篇章的开始。

因此，生涯探险之旅中的故事记录，也可类比为以编写书本的方式发展的文本。此时咨询师的角色类似于一同写书的总编辑，帮助主要的撰文者（来访者）：（1）描述一个贯穿生涯旅程的连续故事；（2）在故事的线索中找出主题与意义；（3）学习在下一个章节中融入这些主题，开启新的生命故事。

一、叙事生涯咨询的历程

当生涯故事中存在问题时，经常会出现决策方面的困难。从叙事的角度来看，这种故事的情节正陷入一种大起之前的大落。生涯犹豫的优柔寡断在叙事观点的生涯咨询中被认为是一种正向的迹象，表示来访者正在沉潜蓄势做出改变，剧本中的苦难也经常被安排成预留的伏笔与酝酿。借由此时的生涯未决，感知在采取行动之前受苦的意义，来访者可以宏观地了解自己的生涯反应模式。

换言之，生涯未定向被视为来访者（以作者的身份与视野）主动发起的行为，而不是被动地陷落的一种生命困境。科克伦（Cochran, 1992）使用了一个术语"迂回前行"（wavering）。来访者迂回时，表示他们正在生涯道路上蓄势待发。这为咨询师提供了一个机会，可以好好帮助来访者化身为自己的经纪人（agent①），厘清自己的需求、价值观和愿望。也就是说，生涯瓶颈或生涯困境是音乐中的一个休止符，故事中的一个停顿，用来帮助来访者梳理故事中的情节，盘整故事的未来方向。这可能意味着生命乐章中的调性转换，或生涯环境需要做些许的改变（如另一个生涯或工作、搬到另一个地点），便于为下一步的旅程预作筹划。

叙事取向生涯咨询的历程，大致可以分为三阶段：共构、解构及建构（Brott，2001）。

1. 共构（co-construct）：共构过程是由来访者和咨询师双方在咨询情境中，共同将来访者过去及现在的经验以故事的形式显露（reveal）出来。

2. 解构（deconstruct）：解构阶段乃是开启（unpack）更多的故事，让来访者能看到不同的观点与例外。解构阶段最重要的任务一方面在于通过意识蓝图发现生命的主题与意义，找到下一个生命乐章的主旋律；另一方面是协助来访者寻找与创造更多的可能性，扩大自我叙事的空间。

3. 建构（construction）：建构阶段主要的任务在于鼓励来访者重写（re-author）未来导向的故事。来访者在经历共构与解构的阶段后，逐渐形成对生涯的新愿景。

二、叙事取向的生涯咨询师

叙事治疗的出现，是心理学界一个很大的思维转换（吴熙娟，2018）。由于叙事观点的生涯咨询采取有异于传统生涯理论的哲学观，叙事取向的生涯咨询师的角色与任务也必须有所更张，尤具有以下几种特色（Savickas，1993；金树人，2006）。

---

① 在"生涯即故事"的比喻中，agent 是个身份意象转换的重要词汇。受困于故事情境的主人翁，初期只是个主角或演员（actor），按照写好的剧本演出。当开始成为故事的叙说者，心理位移的效应使其转身成为类似于帮助主角或演员打理一切（包括形象塑造）的经纪人（agent），从被动挪移到主动。在本书中，有时因上下文的意思，agent 或译为"主导者"。

（一）咨询师的用心若镜

叙事取向将咨询看成是一种"一直走向未知之旅"的历程，咨询师不是掌握知识诠释大权的专家，而必须抱持着一种仿佛不知所以（not knowing）的立场（White & Epston，1990/2018），这是一种虚怀若谷的素养。"不知所以"并非不知就里、一无所知或茫然不解，这种素养内含着一种比平起平坐还要"无为"与"放空"的态度，这种态度必须内化叙事治疗的哲学观才能展现出来。如果以庄子所谓的"用心若镜"，其义差可比拟。《庄子·应帝王》："至人之用心若镜，不将不迎，应而不藏，故能胜物而不伤。"咨询师的起心动念就像一面镜子，对于咨询历程既不意图让来访者符合自己的意志，也不刻意地逢迎主导，仅仅如实地同步反应且不藏匿。行之苟有恒，可以观照咨询中发生的细节，可以隐映言语所不及之处，保持存有的完整性而不致影响到大局。

（二）咨询关系中的互为主体

许多咨询学派带出来的咨询关系是一种不可避免的上下位差。一个是助人者，另一个是求助者。上下位差的咨询关系在本质上是一种主体与客体的对立。这种对立在某些程度可以造成单方面教育性的改变与成长，即所谓的"上所施，下所效"。然而，叙事治疗主张两者是一种互为主体（inter-subjectivity）的关系（Gillespie & Cornish，2010）。"互为主体"强调接纳双方各自的主体性，以及主体与主体之间的共鸣或共振。故事的叙说是一种个体存在状态的表征，下探的深度相同时，咨询师自己相应的生命故事也会被启动，这是生命与生命在灵魂深处的相知与相遇。

（三）从重视"分数"到重视"故事"

心理测验的结果，在传统的生涯咨询中大多是用来进行诊断。诊断是一个冷峻的、暂时性的句点。叙事取向的生涯咨询将"分数"视为是"故事"的入口敲门砖，从"分数"延伸到"故事"，让分数开启丰富的经验空间，这在华人的文化中特别有意义。和西方人相比，东方人较不善于在陌生人面前谈自己的心事，表露内在的私密。心理测验成了一个很好的媒介，从"分数"开启"故事"的空间。

(四) 在混沌模糊中创生意义

故事的现身有时是零碎的，甚至连来访者都不知其所以然，这会让咨询师与来访者坐立难安。有趣的是，故事说到尽头，会有一些情节与情节之间，话语与话语之间，隐而未说的东西呼之欲出。很多作家写完章节之后，才发现"呼之欲出"的章名或书名。意义的发现隐藏在过去的叙说，却可晕染在未来。例如一部《三国演义》，好似所有的精华都浓缩在"分久必合，合久必分"这个含义里面；读者带着"分久必合，合久必分"学习，可以用一种新的视域去洞穿人世间的纷纷扰扰。同样地，故事的混沌模糊令人不安，一旦在旧故事中被来访者自己发现潜隐的意义，新的故事就会因此找到托付的生命。未来的愿景有了对旧故事的洞察，以这个意义贯穿新故事的主轴，力量是很强大的。

(五) 从"适配"到"赋能"

传统的生涯理论与实务工作强调"人"与"境"的适配性。叙事取向的生涯咨询摆脱了这种静态与被动的基本论述，跃入一种强调动态与主动的充权赋能。当一首曲子的调性改变时，整个曲子的风味就不同了。生涯咨询的调性从适配（fit）调整到赋能（empowerment），也代表着从哲学观一路下来到实际操作的方式都有了很大的改变。"赋能"是许多后现代咨询理论常用的语汇，意指从来访者的内在点燃走出咨询情境之后的生命力。在叙事取向的生涯咨询中，"赋能"的强劲力道来自故事主题与意义的发现。

(六) 共同编写生命故事

在旧的故事中，来访者是"故事主角"，剧本是被写好的，只能照着剧本演出。这种情况在生涯咨询的案例中比比皆是。通过故事的叙说，来访者发现了新的生命意义，找到了积极正向的自我认同，就能够按着自己的认同撰写自己的故事剧本。

在叙事取向的生涯咨询中，咨询师作为故事的合著者之一，在帮助一个人擘画生涯白皮书时，就是在共同编写（co-authoring）一个属于个人的生命故事。如果我们认定每个人都是自身经验的作者，通过揭示其意义的连续性而形成的叙事，意味着考虑了对立的因素，深入到过去，然后综合起来，形成新的自我建构。咨询师最大的挑战，在于如何欣赏撰述的旅程中突发的事件，乘势开启多元的路径；如何协助来访者拥有更强烈的作者意识，建构一种与时俱进的自我感，将这个自己投射到未来，写出新生活。

三、生涯叙事七段法

从上述的讨论中得以理解，叙事是一套故事系统，由来访者汇集在一起提供了一个连贯的世界观，通过叙说与聆听、再叙说与再聆听，我们（来访者与咨询师）才能听懂或理解其内心世界的运作。科克伦将叙事的精神与理念应用在生涯咨询中并整理成专著《叙事取向的生涯咨询》（*Career counseling: A narrative approach*）（Cochran, 1997/2006）。他将叙事取向之生涯咨询比拟成故事的共构历程，认为叙事咨询可以像一部长度约为七个情节段落（episodes①）的电视影集，称为生涯叙事七段法（seven-episode counseling method）。他认为有七个从"问题的发生"到"问题的解决"之间循序渐进的情节段落：1. 阐述生涯难题；2. 叙说生命历史；3. 建立未来叙事；4. 建构真实世界；5. 改变生命结构；6. 实践生涯角色；7. 明确生涯抉择。在这些段落当中，前三个情节段落强调"生涯叙事的建构"；后四个情节段落聚焦"生涯叙事的实践"，参见图 6-2。

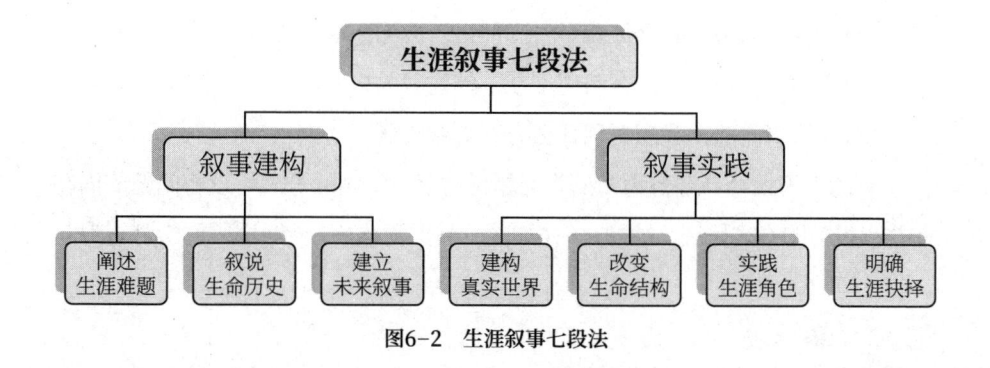

图6-2　生涯叙事七段法

---

① Episode 本意指插曲、片段或情节，是一个完整的故事中的小段落。有时也指连载小说中的一节或一回、电视连续剧的一集。

以下依序说明生涯咨询模式中的七个段落，继而详述各段落可采用的咨询技术。

（一）阐述生涯难题（elaborating a career problem）

在咨询初期，最基本的要务是详细地"阐述生涯难题"，了解来访者的生涯问题是什么，最关心的议题是什么。生涯问题的存在，是指在"实际的状态"和"理想的状态"之间出现了不一致的现象。也就是说，生涯的问题存在于"实际上是什么"（what is）及"理想上应该是什么"（what ought to be）之间发生的落差（gaps）（Cochran，1985）。"阐述生涯难题"的本意，在于通过故事叙说的种种方法，清楚落差何在，希望在这落差中弥合缺口。

这一阶段咨询的目标主要通过故事的叙说，浮现来访者观看问题的内在建构。所应用的工具或方法包括：方格技术、阶梯法与职业组合卡（参见第五章）、绘画、逸事与心理测验等。以下说明绘画、逸事与心理测验等应用。

1. 绘画

叙事取向的测评工具包括绘画。在咨询的初期，绘画的方式可以让来访者放松心情，放下不必要的心防。我们准备好彩色笔，邀请来访者分别在四张A4画纸上画出四个主题：

(1)我是谁：画出现在正在遭遇到生涯瓶颈的我。
(2)我将往何去：我会往哪个方向前进，成为怎样的人。
(3)我的绊脚石：是什么阻碍了我，挡住我的去路。
(4)克服障碍法：我想要用什么方式克服障碍。

有的人不太容易在咨询初期将问题说清楚，绘画的方式可以将问题的内在想法以投射的方式呈现。绘图之后再进行"看图说故事"，会出现更丰富的信息。

2. 逸事

所谓逸事（anecdotes），是指不容易引起注意的小故事。逸事通常涉及一个特定人的一个小事件，故事小巧，却深具启迪性。在咨询初期让来访者说一些小故事，或可衔接来访者问题的来龙去脉，或是联结上来访者关心的主题。

以下这位来访者是一位25岁的男性，现在超市工作，想要转行再进修，不经意地谈到一个小故事。(Sharf, 2014, p.299)

来访者：当我下班回家时，我爸总是话中带刺。

咨询师：哦，能不能多说一些。

来访者：嗯，几天前我下班回家后，他对我说："所有烂苹果都好吗？"

咨询师：听起来，话中有话。

来访者：是的。他不喜欢和我一起工作的人。他听我说，这些人40岁了还在农产品或其他部门工作，实在不长进。我想他最在意的是一个同事，他刚出狱。最气人的是，他经常拿超市卖的蔬菜和水果取笑我。他真的让我很痛苦。

咨询师：你很讨厌他对你的工作和同事说三道四。

来访者：没错……一次又一次地发生。我认为他不信任我，不相信我有能力过好日子。

咨询师：那真的很痛，痛到心里面去。

来访者：是的，你知道，其实我也担心自己没有进步，我没有为自己的生活多做一些事。我老爸冲着我发牢骚，常会让我分心，让我火大，不能专心做事。

用心若镜的叙事咨询师不会放过这类的"小故事"，多注意细节不急着推论，"不将不迎，应而不藏"，这里面隐而未显的主题（"想要进步""为自己的生活多做一些事"）会慢慢地明朗化。

3. 测验与叙事

科克伦（Cochran, 1997/2006）主张在探讨来访者的生涯问题时，也可以借助现有的心理测验。

以生涯兴趣量表为例，我们可以从题项层进入到故事层，找出测验里隐藏的故事。假如来访者的测验结果最高的前三码是ARI。我们邀请来访者找出在这三码中所勾选"最喜欢"的题项,例如"我喜欢参观画展",然后说一说曾经参观的画展,印象中最深刻的故事。

从心理测验中所得到的资料转化成故事的题材,加上其他方法搜集而来的叙事信息,有助于进入第二阶段的生命史。

(二) 叙说生命历史 (composing a life history)

这一阶段"叙说生命历史"的咨询目标在于共构一个来访者的生命史:在这个属于个人的生命史册中,反映出其兴趣、能力、价值与动机,描绘出"我是谁"以及"我如何长成这个样子"。叙说生命历史的咨询重心,除了邀请来访者叙说印象深刻的事件外,同时促成来访者理解事件中隐含的意义。

科克伦介绍了六种能够加强叙事效果的咨询技术:生命线、生命篇章、成功经验、家谱图(见第十二章)、角色楷模与早期回忆(参见第七章)等。以下说明生命线与生命篇章的应用。

1. 生命线 (lifeline)

生命线是发展心理学应用于生命转换阶段常用的方法(Mayo, 2001),基本的形式可溯自传统的鱼骨图。生命线有以下几种不同的形式:

(1) 鱼骨图 (fishbone diagram):生命鱼骨图是传统用于生涯教育课程的工具。鱼骨图源自于日本学者石川馨(Kaoru Ishikawa)所设计的石川图(Ishikawa diagram),原本是为了解决管理过程中出了状况的问题事件,是一种追根溯源的图像式思考辅助工具(Ishikawa, 1989)。鱼骨图在本质上是一种因果图,可帮助管理人员追踪瑕疵、变化、缺陷或失败的原因。该图看起来就像一条鱼的骨骼,头部标示出问题,问题的原因进入了脊柱。一旦确定了造成问题的所有原因,就可以开始寻找解决方案(Pearson, 2021)。

生命鱼骨图撷取了"因(生命故事)-果(生涯瓶颈)"的概念,用于从生命史中找出解决生涯瓶颈的故事线索。前段鱼头部分,代表一个人出生后0至3岁的发展阶段。中段鱼骨拉出时间的纬度,同时标示出"关键事件"。关键事件意指影响最大或令人最难忘的事件,成功事件鱼刺朝上,负面事件鱼刺朝下,并以鱼刺的长短表示事件影响的大小。后段鱼尾,则表示现在的生涯位置或困境。鱼骨图画出的每一根鱼骨都是一件印象深刻的故事。重要的是，让来访者针对每一个事件给出一个标题，这标题就是这事件的主题。

(2) 生涯生命线（career lifeline）：生涯生命线的制作，是将生命线的主题聚焦在生涯议题，除了绘图之外，加上故事的叙说（Cochran, 1997/2006）。其实施步骤如下。

步骤一：在 A4 大小的白纸上画上一条横线。最左边由"出生"开始，延伸到最右边的"现在"。请来访者根据现在所遭遇的生涯问题，回忆过去与这个困境有关的生活经验，按照时间的序列逐一标出。正向情绪的经验标记在横线的上方，负向情绪的经验出现则标记在横线的下方。离横线远近的位置表示情绪的强度，离横线愈远表示印象愈深刻，反之则反。

步骤二：每一个标记代表一个生命故事，其中隐含着故事所拥有的元素：人、事、时、地、物以及情节。正面的故事通常是成功的、快乐的经验，负面的故事大多是挫败的、痛苦的经验。当然，也有的故事被放在横线上。咨询师请来访者将这些故事的标题，列在每一个标示点上。

步骤三：邀请来访者按照时间序列，针对每一个故事进行叙说，进入到故事中有意义的细节，包括了个人当时的感觉、想法与行动，以及在这个事件中的学习、感动或领悟。

步骤四：邀请来访者选择一个生涯的转折点，讨论如果当初生涯没有转弯，可能发生什么事？如果继续转弯，可能发生什么事？无论是否转弯，故事最好的结果会是什么？

步骤五：请来访者回顾所有的生命故事，并为自己的生命故事下一个标题。

(3) S 生命线：S 生命线是一种专为叙事生涯咨询所设计的改良式的叙说方法（黄素菲，2018，pp.370-372）。一般在绘制生涯生命线时，通常只画一次。但是 S 生命线会邀请来访者做多次的生命线绘制，需要至少两次，甚至可以画到三四次（S1, S2, S3, …, Sn）。主要的作用是希望能够丰厚过去经验的故事线，创造出多元观点与移动的视角，体验松动与解构过去故事的效果。参见图 6-3。

图6-3 S生命线（资料来源：黄素菲，2018，p.369）

a. S1 生命线：首先在纸上画出一个大 S。回忆从出生到现在，发生在自己身上与生涯有关的事件（自己或他人促发），大约 5 至 8 件。然后反思这些故事对自己生涯/生命产生的影响，开启对话的空间，产生观点移动，显示出主题与意义。

b. S2 生命线：做完了第一段的 S1 生命线，进行第二段的 S2 生命线绘制，这一次必须画出跟 S1 不同的生命事件。对于某些人来说，S1 的叙说只会停留在单薄或表层的故事，一旦有机会进入 S2，就是给来访者机会一说再说，从粗到细、从表层到深层，从主线故事切换到支线故事①（延伸阅读6-2），打开生涯的空间，提供叙事力转化的可能。

传统鱼骨图或生涯生命线的做法，可以帮助来访者理解过去生命史对现在生涯的影响。S 生命线则进入了叙事咨询的深度。S1 有可能出现让来访者感到困扰的主线故事，局限了来访者的心理空间。如果来访者能够画到 S2 或更多的 Sn，对自己生命经验的理解，将会更加丰厚。

---

① 主线故事属于充满困境的故事，较为表浅；支线故事多属来访者盼望活出自己的故事，在支线故事中有更多可能性，但较为隐蔽。当主线故事在 S1 被叙说且被认可后，深层的支线故事才会在 S2 缓缓出现。

延伸阅读 6-2

主线故事与支线故事

生命中真正重要的不是你遭遇了什么，

而是你记住了哪些事，

又是如何铭记的。

——马尔克斯（Márquez，1967/2018）

人的生活经验所遭遇的事，就像是一张白纸上布满了许许多多的"点"，如图 6-4 背景中大小不一的黑点。当人们寻求心理帮助时，便是将痛苦的经验铭记在自己稀薄却又沉重的故事中，自然会以此为关注的重心，呈现这些"问题"故事。通常来访者带来的生涯困扰，也是充满了欲振乏力的记忆。

> 我爸爸，爷爷奶奶外公外婆伯父叔叔舅舅，连伯公、舅公都是医生，我是爷爷奶奶唯一的宝贝孙子，所以一定也要非当医生不可。爷爷奶奶还说伯父、叔叔生的都是女儿，女孩子就不勉强，可是我一定就要继承我们中部家乡那个大医院。
>
> ……妈妈说，她为了栽培我念医科，特地辞掉会计事务所的工作，专心在家带我。妈妈还一再强调，不管是爸爸这边家族或妈妈那边，全是行医救人。如果我不当医生，好像就对不起祖宗三代。偏偏我爱哲学的奥妙，也喜欢新诗创作，老师你是知道的……
>
> 老师，如果我把台大哲学系当第一志愿，不晓得爸爸妈妈会怎样？唉，我还真怕妈妈的泪水攻势。她一天到晚说，她只有我这个儿子，如果我怎样的话，她就不想活了。那，我要怎么办？（陈美儒，翁仕明，2018，p.191-193）

这些无奈的故事在叙事治疗中称为主线故事，通常受制于文化脉络中的主流论述（dominant discourse），如图 6-4 中黑点串接起来的实线线条。然而，在叙事的世界观里，故事的发展总是多元交错地分布着。问题的解决之道并不一定存在于陷入僵局的问题故事之中，而深藏在问题之外的支线故事里。（当

然，咨询师也可直面问题，解构问题故事，这是另外一种介入策略）

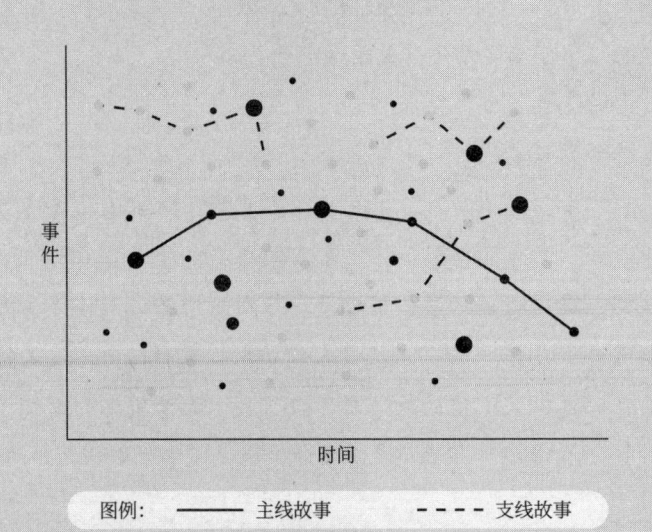

图例： ——— 主线故事　- - - - 支线故事

图6-4　主线故事与支线故事

如果咨询师带着来访者的家长进入孩子"我爱哲学的奥妙""喜欢新诗创作"的种种闪亮时刻（一般来说，独特的成功经验或例外经验都具有赋能的力量）；如果来访者也能够说说爸爸妈妈在这个大家族文化中饱受压力的故事……通常，这些支线故事在心思都被主线故事缠绕之际，总是会遗漏在人们的叙说之外。在适合的引导时机，遗落片段的细节由薄变厚（from thin to thick）被来访者说出来，在丰厚了一个片段之时，会连接起其他遗落的片段，继而串联起更多的支线故事。

只要大量支线故事涌现，尽管原本主线的问题故事并没有豁然云消雾散，但是生命故事的整体形态会产生本质上的改变；问题的索解也有可能朝向双赢的方向或"第三选择"的选项移动。这种辩证性的改变及其转变的机制，可进一步参考第十二章的说明。

这些事，通过叙说，是如此被铭记的。

2. 生命篇章 (life chapters)

完成生命线的练习，会令来访者重新经历这些故事。前面三种练习都会邀请来访者为故事命名，如同为自己的生命之书命名。"如果你的生命是一本书，这本书里面一定有很多篇章。到目前为止，每一篇章的标题是什么？"这个方法称为"生命篇章"。生命篇章的命名，类似于前节对话地图的操作方式：将行动蓝图中的故事转化为意识蓝图中的意义、主题或价值。

在生活篇章的练习中，让来访者想象前述的生命史是由许多故事组成的一本书，故事集结成不同的章节，为生命这些重要的章节命名。标题不要使用一般发展阶段的名称，如学前阶段、小学阶段或服兵役阶段等。相反地，所下的标题应该是对来访者有意义的命名。

这个活动可参考以下的进行方式（Niles, 2018）：

（1）请为这本书取一个名字。
（2）请为这本书的每一章取一个章名。
（3）列出你从每一个命名中学到的精神或得到的启发。
（4）指出你还未能为之而活，但你必须"为之而活"的那一章的篇名。
（5）列出三个采取的行动，来增加对未来章节如愿发生的可能性。

以上这些有关生命史的练习都聚焦于过去，并在一定程度上着眼于当前事件。每一种练习都提供了不同的方法，来帮助来访者讲述自己的故事，从生活经历中汇集事件背后的意义，以导向未来。

（三）建立未来叙事 (eliciting a future narrative)

"建立未来叙事"是要延续前一个章节的发现，整合个人基本的动机、显著的长处与兴趣、价值观等特质，反映出核心的生命意义。此时，过去充满问题的老故事仿佛是"地狱"，未来包含着愿景的新故事就像是"天堂"。

如何将老故事延伸至新故事，建立个人未来的生涯剧本（career script），包括两种做法。其一，引出未来叙事；其二，描绘未来叙事。

1. 引出未来叙事

"引出未来生涯叙事"（eliciting a future narrative）的活动中，大部分是理性的，有些也是直觉的。在理性咨询技术部分，基本上是延续前一段落所运用的生命线、生命篇章或成功经验。前后的差别在于这一段落是将"过去"对生命故事经验的理解，投射到"未来"。在直觉的咨询技术部分，可采用下一节的生涯幻游，协助来访者以直观的方式发展更开阔的生涯视野。

2. 描绘未来叙事

前面所应用的各种生涯探索活动，到了这个阶段必须统整成一个完整的生涯叙事报告：生涯白皮书①（career project），称为"描绘未来叙事"（portraying a future narrative）。生涯白皮书是科克伦（Cochran, 1992）所提出来的概念，简明扼要地描述一个复杂的生涯问题，以及生涯主体在这个问题上的理念，用以理解生涯问题、解决生涯问题或做出生涯抉择。这样一份白皮书的构思除了包括任务的执行外，务必要围绕个人生涯主题开展。通过进行一份生涯白皮书的筹划，一个人凝聚了能够整合各个部分的努力（Cochran, 1992, p.192），这种整合产生了一种指导未来生活的叙事。

科克伦指出，在他所辅导过的30个以上的案例中，来访者在研读自己的生涯白皮书时，都会有强烈的感动与深刻的体会。其他学者在进行类似的研究（Bujold, 2004）或在发展心理学课程进行类似的活动时（Mayo, 2001），当研究参与者或学生完成了这份由自己生命故事写就的报告，也有这种强烈的感受。

描绘未来叙事的生涯白皮书，包括两个程序性的过程：

（1）撰写书面报告：这一本生涯白皮书是咨询师与来访者合写的书面报告，经过讨论之后冠上标题，当作叙事的文本。这种未来叙事的报告是大纲性质，引导来访者写下其对未来的愿景。这份书面报告依序包括五个部分：陈述使命（mission statement）、优点清单（a list of strengths）、工作需求（work needs）、缺点清单（lists significant vulnerabilities）与可能性（possibilities）等。

---

① 白皮书最早出现于英国政府签发的文件。因报告书的封面是白色，故称为白皮书。白皮书是一种权威性的报告或指南，泛指政府或公务部门的政策公开文书。在此 career project 的中译借用了"白皮书"的权威性与慎重其事的特性，是一种引申性的用法。

（2）讨论书面报告：这是一个互相说明与澄清的过程，咨询师与来访者一起检视这一份已经写成初稿的书面报告。通过不断地对话，促使双方发现报告中错误、扭曲或疏忽的部分，并进行未来叙事的增补及修正，使其更合于真实。

当生命史的故事经由上述不同的活动带出生命主题而形成生涯白皮书的文本之后，就可以进入一个更加积极动态的过程，统称为叙事的实践（actualizing the narrative）。个体的生命故事突显了自己的目标、价值、兴趣、能力、优势和劣势，即凝聚成了一种富有动能的叙事力。叙事力的能量足以推动三种让梦想成真的情节段落："建构真实世界"、"改变生命结构"以及"实践生涯角色"。

（四）建构真实世界（reality construction）

叙事生涯咨询模式的前半段是"坐而言"，接下来后半段的进程是"起而行"。"建构真实世界"指个体对真实的工作世界进行探索，可适时调整过于理想的未来叙事。行动是叙事取向生涯咨询的重要组成部分。探索愈积极，成功的机会就愈大。如果仅仅阅读一份工作的书面信息，其效用远远比不上与某个职场领域的人交谈或参加面试。

在探索真实世界的过程中，来访者主动地融入其中、全神投入，愈接近工作现实环境愈好。建构现实之所以重要，主要的理由在于：（1）沉浸在职涯现场中，经由积极主动的探索，来访者在现实中形成一种自己做主的感觉；（2）主动探索可以从不同渠道获得大量的信息，并且能澄清模糊的假设，现场进行评估；（3）获得丰富完整的现场经验，能务实地思考如何实现未来叙事，得到更清晰的轮廓。

举例来说，一位想从超市的仓储工作转岗到管理层的来访者，建构真实世界意味着要涉足他陌生的工作场域。咨询师鼓励他和一家大型家具卖场的经理谈谈。他若想学习成为一名信贷员，可以和超市有信贷往来的银行副经理聊聊。对来访者来说，以前他的休闲只是下班回家看电视。通过与这么多不同的人交谈，他会对自己的未来职涯有更多的现实感（Sharf，2014）。

(五) 改变生命结构 (changing a life structure)

生涯叙事进行到"改变生命结构",主要的内容在于改变个人内在的思维模式,厘清个人的生命主题与重塑生命结构,选择更理想的生涯实践场域,以促成更美好的未来。莱文森(Levinson, 1978, 引自 Cochran, 1997/2006)认为生命结构(life structure)是指生命当中某段时期的个人生命图样或模式。旧故事代表旧的生命结构;改变生命结构可以朝着新故事推进,包括改变情境与改变自己两个方向。

从老故事过渡到新故事,会受到过去老故事结构的影响,改变的速度有时不能那么快。在这一个阶段,可参酌进行下面这两个活动:"解构老故事,建构新故事"与"启愿开景:未来图像的叙说"。

1. 解构老故事,建构新故事

科克伦(Cochran, 1997/2006)认为生命情节依个人的发展经验,有两种形式:正向称之为天堂,负向称之为地狱。通常,老故事代表生涯困境的地狱,新故事则代表充满希望的天堂。以下的步骤,在于解构老故事,建构新故事(萧景容,2003):

步骤一:回顾过去咨询的故事内容,写出老故事。

步骤二:从故事叙说的主题中,引导来访者环绕这个主题建构新的故事,带出愿景。

步骤三:从下列的方向,与来访者进行讨论(吴熙娟,2002):

(1) 在什么时候,老故事对你的影响力比较薄弱?这份薄弱对你的自我感受的影响是什么?

(2) 你希望和影响力薄弱的老故事保持怎样的关系?

(3) 当老故事对你的影响力较小时,你会有什么新的自我感受?

(4) 这份新的自我感受会如何引导你去走向你期待的不同的生命故事?

(5) 当新的自我感受面对原有的自我感受时,新的自我感受会对原来的自我感受产生什么影响?

(6) 在你小时候,有谁能预估这份新的自我感受的出现和存在?他是看到你什么特质,让他知道这份新的自我感受会出现和存在?他觉得这份新的自我感受会替你的生活带来什么影响？这份感受的存在代表你是怎么样的一个人？

咨询师借由故事叙说的生涯咨询方式，帮助来访者将地狱与天堂的剧本故事化，这样即会出现一个重新定义、延伸、修正的生命路径，引导来访者朝向意义的生成，并支持来访者成为自己生命的作家或导演。

2. 启愿开景：未来图像的叙说

许多研究指出，对于未来目标的描述，有助于愿景的实现（Gollwitzer et al., 1990；Markus & Nurius, 1986；Meara et al., 1997）。当一个人的愿景以行为剧本（behavior script）的方式出现时，会一步一步地导引出完成的意愿与行动的力量（Anderson & Godfrey, 1987）。也就是说，构想一个有望实现的路径，能带出实现的意图：未来目标的想象愈是生动活泼，完成目标的过程也就愈有效。朝向愿景的路径愈清晰，愈有可能达成目标；然而，如果仅仅出现最后目标的图像，却缺乏清楚的实践步骤，愿景就不一定能完成。

可能的我（possible selves）的概念与上述的说法不谋而合（Markus & Nurius, 1986）。"可能的我"赋予了个体特殊的认知形式，引导出不同的行为意图：有可能朝向主动操纵，积极实现；但也有可能害怕失败，缺乏自信。大多数的学者（Carver et al., 1994；Baltes & Carstensen, 1991）比较持正面的看法，他们指出，如果我们对"可能的我"抱持着正面的希望与期待，就愈有勇气克服危机，愈有动力去完成目标。

叙事咨询经常通过证书、文件的方式对未来重要的改变做出承诺，在生活中实践（Freedman & Combs, 1996/2000）。包括"未来生涯名片"与"彩绘生涯面具"等活动。

（1）未来生涯名片

步骤一：设计，请来访者设计自己未来的生涯名片，将自己在乎的特质、未来生活要素呈现在名片中。名片正面内容可包括：服务公司、自己的姓名、头衔以及其他具有特色的个人介绍。名片背面内容可包括：服务公司介绍、服务地点、项目等。

步骤二：叙说，说明名片中的每个部分的意义。

步骤三：内在资源，未来愿景的达成，来访者本身有什么内在资源可以帮忙达成，可以证书的形式写在纸上。

步骤四：外在资源，通过重新入会的方式，将来访者的重要他人带入活动中，成为来访者的文件证明中的见证人，鼓舞来访者。这是叙事治疗相当独特的技术，通过其重要他人的眼睛来欣赏自己，听听这些自己相当信服的对象，怎么鼓励自己。当重要他人以欣赏的眼光相信自己可以做到时，来访者在无形中可以得到支持的力量。当以证书的形式呈现时，见证人就是咨询师，参见图 6-5。

> **爸爸对小琪的支持**
>
> 当小琪走在自己所选择的人生道路上时，
> 爸爸、妈妈都会为她感到高兴并支持她。
>
> 尤其爸爸会说：
> "这是你选择的路，我支持你，
> 我也希望你为自己的选择负责，你走下去就对了！"
>
> 见证人：周志建
> 日期：2001 年 9 月 5 日

图6-5 重新入会实例（资料来源：周志建，2002，p.234）

(2) 彩绘生涯面具

这项活动可借由生涯课程或工作坊进行。以大学生涯规划课程为例：

步骤一：准备好白色的空白面具，每人一副。

步骤二：想象未来毕业后的自己，将"第一份工作的特征"彩绘在面具上。

步骤三：以小组为单位，小组内互相分享面具上的特征。说一说绘制在面具上的图样或颜色，如何能呈现自己内在的兴趣、能力或价值。面具上的自己，是不是面具后的自己？

（六）实践生涯角色（enacting a role）

实践生涯角色是指来访者进入角色的活动，逐渐朝向实现理想的方向迈进。例如：未来的叙说呈现出"作育英才"的图像愿景，接下来就可以尝试着投入实习教师或家庭教师的角色，参与实际教学的活动。实践角色的情节，是通过寻找及从事有意义的活动、乐在其中的活动，实现自己的梦想。

为了进一步加强行动的力量，美国一群心理学家在退伍军人医学中心（Veterans Administration Medical Center）对解甲归田的退伍军人实验了一种未来图像的故事叙说："我的愿景"，其步骤如下（Krieshok et al., 1999）。

步骤一：请来访者想一想自己一年以后的样子。想象在一年以后，很幸运地完成了愿望，那会是一个什么故事画面？

步骤二：在这张卡片上有一些清单与提示，可以帮助来访者说清楚自己的故事。如果有其他的想法，也欢迎加入。这些提示包括与这个画面有关的能力、工作领域、生活的环境、工作的状况（工作时间、穿着等）、组织的目标、薪资待遇、责任范围、同事的类型、服务对象的类型、工作上使用的器材等。

步骤三：当完成了故事画面的定格，接下来请来访者根据这些图像的内容，想一想自己一年以后的样子。然后请来访者回应以下的问题：

(1) 如果这个故事如愿实现，能不能告诉我，从现在开始，这六个月内你会做什么？
(2) 你能不能告诉我，要让这半年的努力实现，未来这三周你想做什么？
(3) 最后，你能不能告诉我，要让这三周的努力实现，明天你想做什么？
(4) 从一到十，如果你的愿望实现，你对自己能掌控自己的生涯的满足感有多少？
(5) 从一到十，觉得自己的愿望在这一年中实现的可能性有多少？
(6) 在这个过程中，你觉得无法掌控的因素有哪些？
(7) 有哪些个人的长处或条件能帮你完成心愿？

以上这种以未来图像叙说故事的实证研究，也有以低社会经济地位的妇女为对象的研究（Meara et al., 1995），均出现了良好的效果。

(七) 明确生涯抉择 (crystallizing a decision)

这一段落的"明确生涯抉择"是完结篇，聚焦于将生涯抉择"具体化"。具体化是由纷乱、模糊的无助状态，进展到清晰、明确的具体状态。经由"大珠小珠落玉盘"的叙说，行行复行行，在这一段落可以歇歇脚，坐看云起了。有时，来访者在经历前六段所运用的方式后，在这个阶段还是会受到"老故事的我"的影响，下不了决心。

科克伦（Cochran, 1997/2006）认为，具体化的生涯抉择可以采用三个方法促成：(1) 发现和克服障碍；(2) 寻求实现目标的方法；(3) 反思生涯抉择过程。有时，在具体化选择时会遇到内部障碍，例如对能否找到工作缺乏信心。其他时候则存在外部因素，例如父母强加压力必须进入某种职业。诸如此类的障碍代表着在危机中发现机会，可以开启一个新的故事，同时摆脱旧的故事。

"新故事的我"是新的职涯角色，"老故事的我"是想要摆脱的角色。如果要清除老故事残余的影响力或障碍，可以试试以下这种对话的方式，这是叙事治疗常用的技术。

自我有着多重的面向，通过不同面向在不同的时空产生对话，会有意想不到的效果。如同赫尔曼斯等学者（Hermans et al., 1992）提出的对话的自我 (the dialogical self)：通过时间与空间的移动，同时让站在不同时空位置的"自我"，进行彼此间的相互对话。叙事咨询典型的一种做法，是让"老年的我"（代表"'如其所是'的自我"，being 的状态）与"现在的我"（代表"'如期所是'的自我"，having 的状态）进行对话，这种撰写的方式相当奇妙，能为现在的自己找到破土而出的力量。

活动名称：新故事的我写信给老故事的我

例如来访者在私立高中任教多年，最近好不容易考上了心仪的研究院。如果要继续进修，就必须辞职。生涯的困扰在于新旧角色的抉择，不能两者兼顾，只能二选一。经过了前述三阶段的"叙事建构"过程，发现内在的主题是"突破与创新，做自己的主人"，所以决定辞职。但是在最后一次咨询时，还是左右为难，举棋不定。此时可借由以下的活动，强化实践角色的动力。

步骤一：请来访者进入新的研究生角色，顺利完成了硕士学位，然后以

"新角色的自己"写信给"现在举棋不定的自己",或进行空椅对话。

步骤二:引导来访者思考的方向如下。

(1) 新角色的我看到还在犹豫、担心的旧角色我,想要对他说什么?

(2) 新角色的我面对可能的阻碍与挑战,要做哪些事才能让旧角色的我完全放心?

(3) 新角色的我从哪些旧角色的优势特质来协助自己?

(4) 新角色的我寻求哪些旧角色已经建立起来的资源或人脉,来带领自己?

(5) 新角色的我会如何一步一步地完成旧角色的梦想,成为最终想要成为的自己?

当生涯困境的"实际的状态"和"理想的状态"之间的差距,经由叙事的咨询方法逐渐找到了平衡点,缩小了落差,就可视为是臻于具体化(crystallization)的状态了。

通过实现新的选择,个人经历了新的角色和新的机会。来访者在这一情节段落的结尾,回想这一系列咨询的经验,如同回顾自己演出的电视影集,从跌宕起伏的剧情中,根据不同观点与角度进行反思与学习。

第三节 生涯幻游技术

生涯幻游技术(career fantasy techniques)源自引导式想象(guided imagery),又称为引导式幻想技术(guided fantasy techniques),最早用于压力管理的放松练习。20 世纪中叶,学者(Kline & Schneck, 1950)将幻想技术运用在职业选择上,可谓幻想技术在生涯咨询应用之起始。

这是为了强化"未来叙事"的方法,协助来访者以直观的方式发展更开阔的生涯视野,有投射未来生涯愿景的效用。此法鼓励来访者进行对于未来三年或五年的愿景幻游,出现的场景或画面,通常能投射出较为具体的内在需求。生涯愿景的具象化,能激发出来访者朝向目标的行动力。

生涯幻游可以在团体中实施，也可以个别实施。以下为幻想技术的详细实施步骤，分为五个阶段：（1）引导；（2）放松；（3）幻游；（4）归返；（5）讨论。

一、引导

幻想技术在开始的第一步骤是引导。由于幻想技术所引发出来的经验迥异于常人的一般经验，所以必须让来访者充分了解幻想的过程。根据过去的文献报告（Richardson, 1981），大约有四分之一的人无法在第一次就进入状态。若无法接受这种技术，咨询师就必须采用其他的方法，或探讨无法接受的原因。

在引导阶段，咨询师需强调几个重点（Brown & Brooks, 1991）：

1. 幻想过程是很自然的。
2. 幻想极为有效。
3. 在某些幻想过程中会产生情绪，这是自然的现象。
4. 幻想进行时，可以天马行空，不必受到时空的限制。
5. 幻想的一切过程都在自己的掌握中，不会失控。

生涯幻游技术是在极为放松的身心状况下进行，不会有危险。由于出现的幻境常是来访者投射至未来的愿望，极具震撼力。对某些人而言，也有可能出现未完成的愿望，例如幻游中出现尚未道别即仙逝的长辈，会伴随程度不等的情绪反应，如悲伤、落泪等。我们要让来访者了解这些反应是正常的，自然地去接受它即可。有些人拒绝幻想技术是因为害怕失去控制。咨询师可以强调幻想技术与催眠不同，来访者可以意识到整个过程的进行，如觉不妥，可随时停止。

二、放松

放松的目的，是让来访者的身心状态在咨询师的引导下，进入一种安适、平静、放松的境界，才能让心象"翱翔乎杳冥之上"。以下的放松练习，称为

"自我暗示放松法"。通常此法并不需要以音乐作为背景，若有轻松的乐音相随，或可加速成员的放松。指导语的快慢，需视来访者的年龄而定。通常年龄较高者，速度要慢一些。以下是指导语：

现在我们要进行自我暗示放松训练，自我暗示放松训练。请注意听，然后按照我所说的去做。请注意听，然后按照我所说的去做。首先，请你调整你的姿势。请你把眼睛闭起来，尝试去感觉你全身的重量是不是很均衡地分配在你的两只脚、大腿、臀部、背部或者手部。请你感觉你左右两边的重量是不是很平衡地放在你的两只脚、大腿、臀部、背部或者手部。请你感觉你左右两边的重量是不是很平衡。

然后，请你把一部分注意力转移到你的心跳，尝试着去感觉你的心跳，尝试着去感觉你的心跳。我们并不一定能感觉到心跳，只是在你安静下来后，你仿佛能听到你的心跳，或者是你可能什么也感觉不到。所以，你只是尝试着去感觉它，尝试着去感觉它。

现在你试着把你的注意力分散在两方面，一方面感觉身体的平衡，一方面试着去感觉你的心跳。

好，接下来请你再把一部分注意力转移到你的呼吸，轻松地吸进来，慢慢地呼出去，自然地吸进来，慢慢地呼出去。尝试着控制在呼出去时，让它稍微慢一点；自然地吸进来，慢慢地呼出去。自然地吸进来，慢慢地呼出去。

现在，你试着把你的注意力分散到三方面，一方面注意身体的平衡，一方面试着去感觉你的心跳，再一方面试着去控制你的呼吸。轻轻地吸进来，慢慢地呼出去；自然地吸进来，慢慢地呼出去。

接下来，是一个比较困难的工作，请你把注意力转移到你的两个手掌心，然后在心里暗示自己，"让我的手心温暖起来，让我的手心温暖起来"。把注意力转移到你的手掌心，在心里暗示自己"让我的手心温暖起来，让我的手心温暖起来，让我的手心温暖起来"。继续尝试下去，继续尝试下去。

现在，你把你的注意力分散在四方面，也就是你不特别注意哪一方面，而是把你的注意力随意地分散在四方面：注意身体的平衡；感觉心跳；轻轻地吸进来，慢慢地呼出去；注意你的手掌心，在心里暗示自己"让我的手心温暖起来，让我的手心温暖起来，让我的手心温暖起来"。继续尝试下去，继续尝试下去，继续尝试下去，继续尝试下去……

幻想技术之前的放松练习，应注意以下几件事情：

1. 光线的控制：较适合的亮度是相当于阴天快下雨时的室内亮度，不宜太亮或太暗。如果室内向阳，宜拉上窗帘。

2. 衣着：以宽松为原则。

3. 通风：宜特别注意。当一个人放松时，毛孔大致也是较张开的。此时若直接受风，极易致病。若室内有风扇或冷气，宜调低风速或关掉，切忌让风直接吹到身上。

4. 场所：宜选择安静而不易被打扰的地方，咨询室或团体辅导室均佳。若是在一般教室或会议室进行，宜选择静僻处。

5. 时间：进餐之后的30—40分钟内不宜实施。

6. 其他：如果来访者有任何不舒服的感觉，应立即停止；在任何情况下均需将眼睛闭上，不得偷窥其他人的反应。

三、幻游

正式的幻游活动紧接着放松之后进行，一般分为静默式幻游与交谈式幻游两种。前者进行的方式是由咨询师口述幻游指导语，来访者闭目进入幻游情境，其间没有任何对话。后者进行的方式是由咨询师引导，每个场景均可针对来访者的心象内容进行交谈。

（一）静默式幻游

静默式幻游是紧跟着放松而来。此时来访者或团体成员是在一种闭着眼睛，身心松弛的状态。咨询师以轻缓低柔的语调，引导来访者进入以下的情境：
"典型的一天"指导语：

　　接下来，我们一起坐在时光隧道机里，来到三年后的世界。三年后的世界，也就是××年的世界。算一算，这时你是几岁？容貌有变化吗？家庭成员有变化吗？请你尽量想象三年后的情形，愈仔细愈好。

　　好，现在你正躺在家里卧室的床铺上。这时候是清晨，和往常一样醒来，你首先看到的是卧室里的天花板。看到了吗？它是什么颜色？

　　接着，你准备下床。尝试去感觉脚趾头接触地面的温度，凉凉的？还是暖暖的？经过一番梳洗之后，你来到衣柜前面，准备换衣服出门。今天你要穿什么样的衣服出门？穿好衣服，你看一看镜子。然后你来到了餐厅，在餐厅做了什么？今天的早餐吃的是什么？一起用餐的有谁？你跟他们说了什么话？

　　接下来，你关上家里的大门，准备前往工作的地点。你回头看一下你家，它是一栋什么样的房子？然后，你将搭乘什么样的交通工具出门？

　　你快到达工作的地方了，首先注意一下，这个地方看起来如何？好，你进入工作的地方，你跟同事打了招呼，他们怎么称呼你？你还注意到哪些人出现在这里？他们正在做什么？

　　你在你的桌子前面坐下，安排一下今天要做的事，然后开始上午的工作。早上都在做些什么？跟哪些人在一起？

　　接着，上午过去了。午餐如何解决？吃的是什么？跟谁一起吃？午餐还愉快吗？

　　接下来是下午的工作，跟上午的工作内容有什么不同吗？都在做些什么？

　　快到下班的时间了，或者你没有固定的下班时间，但你即将结束一天的工作。下班后你直接回家吗？或者要先办点什么样的事？

或者要做一些什么其他的活动？

天色暗了，回到家了。家里有哪些人呢？回家后你都做些什么事？晚餐的时间到了，你会在哪里用餐？跟谁一起用餐？吃的是什么？晚餐后，你做了些什么？跟谁在一起？

就寝前，你正在计划明天参加一个典礼的事。那是一个颁奖典礼，你将接受一项颁奖。想想看，那会是一个什么样的奖项？颁奖给你的是谁？如果你将发表得奖感言，你打算讲什么话？

该是上床的时候了，你躺在早上起床的那张床铺上。你回忆一下今天的工作与生活，今天过得愉快吗？是不是要许个愿？许什么样的愿望？

渐渐地，你很满足地进入梦乡。安静地睡吧！一分钟后，我会叫醒你……

（一分钟后）

我们渐渐地回到这里，还记得吗？你现在的位置不是在床上，而是在这里。然后，我会倒数计时，你慢慢地醒过来，静静地坐着。（完）

生涯幻游活动的进行有一些注意事项：

1. 咨询师必须要有被带领的经验，才能感受到较细腻的部分。
2. 宁慢勿快，每一个场景必须要有足够的时间，让来访者进行心理上的调整。
3. 指导语可以用录音的方式播放，也可以现场带领。有的咨询师偏好现场带领，比较能根据现场的节奏调整速度。
4. 幻游的结束十分重要，详见"归返"的说明。

（二）交谈式幻游

交谈式幻游类似于咨询情境中的对谈。以下是一个交谈式幻游的实例（Spokane, 1991, p.34-37）：

咨询师：今天我想做的是，带你进入时光隧道，进入一个不久之后的将来，去找一些你真正想要的东西。现在，我们并不指望你把自己放在一个真正的工作上，反而是去找一种生活方式，你喜欢过的一种生活。我相信那会是你自己很重要的一个部分。现在我要你做的，是去假设五年后的一天。

来访者：好。

咨询师：现在是五年之后，你做了一个不错的生涯抉择。你做了你的决定，你蛮高兴的，将要走马上任，你喜欢这个工作。你可以按照自己的意思，选择某年某月某日的一个时间上班。我现在就要求你想象在这一天的早上醒来，进行一天的活动。

来访者：好，我必须从这一天的什么时辰开始呢？

咨询师：按我定的时辰。

来访者：好，年代呢？真神奇，唉，这是真的幻想，还是我的期待？

咨询师：真正的幻想。我们还没有要你期待什么。

来访者：好，我可以让想象飞扬。

咨询师：好极了。我们得定个时间。

来访者：我不知道，秋天吧。

咨询师：秋天——九月、十月、十一月？

来访者：十月。

咨询师：好，就在星期五……好，你在睡觉。你怎么起床的？你自己起来的吗？有没有用闹钟？

来访者：嗯，如果不是朝九晚五的工作，我就用不着闹钟来叫醒我。

咨询师：好，不用闹钟。

来访者：没有闹钟，我醒了。

咨询师：什么时候？

来访者：呃，上午九点。

咨询师：好，你现在看到了什么？

来访者：哇，一栋漂亮的近郊房子。

咨询师：好，你在卧室吗？在卧室中醒来？看看四周。你看到了什么？什么颜色？其他呢？

来访者：五年我也许会有太太在旁边；我不认为会有孩子，没有。

咨询师：房间怎样？

来访者：我想这房间内会有许多好玩的雕刻。我曾经去过牙买加，也开始搜集这些木雕作品。就是这些，还有些奇怪的画作，也许还有些书吧。

咨询师：书柜，书架？

来访者：是的。

咨询师：固定的，还是可以随便摆的？

来访者：哇，真难把它放在心里想象。

咨询师：的确如此，但那正是我要你试着去做的。我们要尽可能地让那些东西具象化。

来访者：好，有一些固定的书柜，一些是随意摆的。

咨询师：好极了，现在你做什么？

来访者：我起床了，我太太也有工作，在其他单位。我也许在家工作，例如做研究或写手稿。

咨询师：但是你得先起床才行，你起来的时候做什么。

来访者：在浴室里冲凉，然后下楼，吃早餐。

咨询师：先穿衣服？

来访者：是。

咨询师：穿什么衣服？

来访者：你要……好，我穿件舒服的衣服。我通常不穿套装，但必须是看起来不错的。

咨询师：像是什么？现在是十、十一月。

来访者：舒服就好，像是斜纹布制的裤子，或像法兰绒的衬衫。
咨询师：好，下楼。
来访者：下楼就去吃早餐，嗯，也许边听收音机。
咨询师：厨房像什么？餐厅？厨房？
来访者：也许有些厨房很摩登，有些……纯理想来看，那是一个乡村式的厨房。
咨询师：好。
来访者：哇，真好玩！
咨询师：嗯，早上吃什么？
来访者：好，麦片粥，水果什么的。嗯，吃完后，上去研究那些鬼功课，打开计算机，写些东西。
咨询师：好，我们现在看到什么？
来访者：一张放在角落的桌子，不太大，看起来也不差，像胡桃木做的。书架下放着计算机。地板有地毯，不是长毛、厚的那种，薄的。
咨询师：嗯。
来访者：呃，呃，也许还有两扇窗。那不是间大房子，但有足够的回旋空间。两扇窗——一扇在桌子旁边，一扇在对面——计算机就放在那儿。有一些我照的相片，放在桌上。
咨询师：乱七八糟？一尘不染？
来访者：有的地方很乱，有的地方很干净。有些我熬夜搞的东西，还堆在那儿。
咨询师：你在写稿，还是做什么？
来访者：一篇稿子，还有一些咨询的研究什么的。
咨询师：好，怎么做。
来访者：也许电话上有桌子，我的意思是说，一个电话放在桌上。不好意思。在那里我会接一些商业项目来做，我并不是整天窝在那里研究，我会出去做些事找些人，才回来研究……

咨询师：你意指离家外出？

来访者：不，指和企业界或……

咨询师：好，你写稿子写了多久？现在几点了？十点？

来访者：也许一直到十二点半，或一点。

咨询师：好，告一段落后，你做什么？

来访者：我会胡乱找一些东西吃，然后去看一些事先已约好的人。

咨询师：你自己开车？

来访者：是的。

咨询师：是什么牌子的车？

来访者：那一定是大众，一定是德国车。

咨询师：你自己开。

来访者：我自己开。

咨询师：你开到哪去？

来访者：我先走到乡间小路，约有一里长。然后走省道，再上高速公路，然后去办公室，看一个……

咨询师：好啦！你上高速公路，去你想去的地方，停车，出来。你看到什么？现在几点了？一点半？

来访者：大约一点半，也许是两点。要看是哪一天。我也许去一间办公室，或一所学校，或什么机构，或市政单位，或……

咨询师：好啦，你走出了车子。

来访者：甚至，我根本不知道那会是什么人的家。也许是我自己的办公室，我不知道，也许是别处的办公室。

咨询师：是怎样的建筑？

来访者：也许是个办公厅，但是并不宏伟，又好像，呃，不在市中心，在郊区。

咨询师：市郊或小城？

来访者：嗯，嗯，有一点像，或像是小城里的大建筑。

咨询师：你住在郊区，稍微有点乡下，然后开进一个小城，一栋稍微像样的建筑，但是和这里看到的都不一样。

来访者：对，对！

咨询师：好，你下车，进了那栋建筑。

来访者：我知道那里面的人很友善；他们是我的商场伙伴，但并不是深交的伙伴。

咨询师：好，看看四周……办公桌，办公室……

来访者：也许有些桌子，小隔间，办公室……

咨询师：你有个办公的地方？

来访者：也许，呃，也许我们都是来这里脑力激荡的，也许，有些空间大伙儿……换句话说，没有人有固定的办公室，那是个开放空间，人人进出自如。信步进去，丢一些概念互相激荡，就会带出一个企划来，这些企划是我们正在做的，或者讨论刚完成的企划案。换言之，是集体创作。把工作带到那里，看他们怎样个走法，待个一小时，或四小时没个准儿。你知道的，没有时间表。

好，就算一个小时好了。几点啦？三点？三点半？

来访者：三点半。

咨询师：接下来呢？

来访者：四点到五点之间是我的运动时间，我会打回力球或其他球类。

无论是静默式或交谈式的幻游活动，咨询师的引导都十分重要。幻游活动的目的，是希望参与者在安全的情境里，就其内在的经验世界达到一种丰富而深入的体验。因此咨询师在引导过程中让来访者所经历的感觉形式愈多元，如看、闻、听、尝、摸等，则此种体验的内涵愈五彩缤纷，所提供的信息也愈有价值。

四、归返

幻游的归返阶段是让来访者重新回到此时此刻的现场。咨询师可以按照以下几个步骤，进行归返（Brown & Brooks, 1991）：

1. 回到第一个场景。
2. 由第一个场景倒数计时，回到现场。
3. 接触实物或人物。
4. 轻微地伸展四肢或摆动身体。

以下的指导语可以参考使用："想象你回到刚刚开始的地方。还记不记得刚刚开始的画面……现在我要你慢慢地回到这里，想想这里的窗帘、桌子、椅子……现在我从 10 开始倒数，当我数到 0 的时候你就可以睁开眼睛了。好，10——9——8——7——6——5——4——3——2——1——0。睁开眼睛。看看这个地方……你可以做几个深深的深呼吸，动一动你的双肩，用双手轻轻地从头部往下拍拍自己的身体，然后静静地坐在这里。"

当每一个人的神智都回了到现场，咨询师可以问大家："现在的感觉怎样？"以确保每一个人都清醒了，便于进行下一个讨论。

五、讨论

接下来的程序是讨论。由咨询师提供一个支持性的气氛，让来访者将幻游中的经验及印象详细地披沥出来。讨论时有几个重点（Brown & Brooks, 1991）：

1. 幻游时有无困难？哪里有困难？当感到为难时有什么情绪反应？外面的杂音会造成困扰吗？
2. 幻游各阶段的转换，有什么特殊的感觉，有特别高昂或低潮的情绪吗？在哪些地方的停留有困难？
3. 哪些是最强烈的感觉（正、负面）？
4. 有哪些关键的人物出现？他们是谁？扮演什么角色？

5. 对于了解自己或是自己的问题，能从这中间学到什么？
6. 幻想中有无出现难解的问题？

幻游活动中出现的画面或场景，是"我自己要什么"的一种具象化，反映出一个人内在真实的渴求或呼唤。因此，在现实中关照幻想的内容，能协助来访者觉察到心灵深处渴望得到的内在需要及其所蕴含的意义。

据此观之，在幻游活动中出现的空白或隐晦也有其意义。有的个案反映，在幻游进行时有部分场景是空白的或是模糊不清的。排除有些是因为疲倦或进入睡眠状态，无法呈现细节之外，空白的场景所显示的是来访者并不清楚自己对那一部分的渴求；模糊隐晦的场景有可能隐藏着内在不同需求的冲突，或相对力量的拉扯。

幻想技术的功能之一，在于短时间内由参与者为咨询师提供丰富的经验素材，越过因意识到咨询关系的生涩而困窘、迟疑的缺点，为后续的咨询进展铺路。在讨论与整理的过程中，咨询师提醒参与者注意幻想内容中有哪些是与目前的经验相同或相似的，又有哪些是完全不同的。我们特别要琢磨的是不同的部分。排除因自然或发展性的因素所造成的差异，如五年后多了一个小孩等，不同的部分通常暗示或蕴含着来访者目前未能得到满足的心理需求。

至于幻想过程产生的剧烈情绪反应，原因十分复杂。有人落泪，是因为从来没有如此贴近过"自己的"心跳、呼吸，而联想到世事如麻，生涯的一切都是为了别人而操劳奔波，从没好好照顾自己的感觉，不禁为自己感伤疼惜。无论理由如何，咨询师尽量不作解释，只需强调这些反应是正常的，它自然地发生了，就自然地去接受它。对幻想经验的正确态度，是鼓励来访者"认识"这些身体里面自然透露出来的信息，有无"以前未做"而"将来能做"的措施，让这些信息能完成它所欲传达的任务。

此外，通过生涯幻游画面与细节的叙说，隐藏在这些画面背后的意义与主题会自然地浮现。有的人会发现家人与家庭在幻游的过程中所占的分量与质量远远超过工作；相反地，有的人发现工作几乎占了未来生活的大部分空间。

在第一次接触幻想技术时，大部分的人（75%）都能够无碍地进入状态（Richardson, 1981），但是有些人不适合接受幻想技术。对于少数无法接受幻想技术者，咨询师可以进一步和来访者一同探讨未能进入幻游的原因。另一类不适合幻想技术的人，是最近曾经历过巨大生活事件的变动者。尤其是经历诸如离婚、丧偶或至亲伤亡等剧变的人。

最后，咨询师可以鼓励来访者自行总结，例如："这个练习让你看到了什么？"或者"在这些画面中，有哪些是你最看重的，为什么？"也可以邀请来访者以前述命名的方式，突显生涯愿景的主题："如果要给这些画面命名，你会给什么标题？"

六、幻想技术的延伸

前述幻游中"典型的一天"，在未来这一天所出现的工作和家庭的细节，可以为稍后的生涯评估提供一个描述未来生涯叙事的基础。科克伦指出，"透视终点"与"价值提升"，可视为幻想技术的"升级版"。

（一）透视终点

透视终点是传统上最有利于找到"目的"的方法，这种方法运用到类似颁奖典礼、性别交替、退休典礼、同学聚会或某人丧礼等幻游主题，可根据不同个案的需求，权宜采行（Morgan & Skovholt, 1977）。

1. 颁奖典礼幻想：如前例"典型的一天"，咨询师要求参与者想象在一个庆典上领取一个特殊的奖励。这个殊荣是因其在某项能力上的杰出表现而获得，目的在协助参与者找出潜隐的生涯目标，以及为达此目的的动机。

2. 性别交替幻想：此法有两种形式，均系以性别角色取替（role taking）的方式，幻想身处另一种性别的经验。其一，是咨询师要求参与者想象自己是他种性别的成人，在没有社会性别角色压力的情况下，去回溯成长的经验，由孩童到成年初期，在这些过程中释放其真正而且自然出现的兴趣、能力、价值观，以及无压力状态下可能出现的生涯抉择。

另一种是让参与者幻想在性别刻板化的期待下，自己原有的性别所无法从事的工作。例如让男性想象自己是一位护理师、幼儿园老师或保姆等；或让女性想象自己是卡车司机、外科医生或战斗机驾驶员等。引导的方式，可参考前述的一个典型的工作日。

3. 中年改变幻想：此法适用于中年转业的成人，或是在子女独立后复出就业的家庭主妇。幻想的内容与"未来典型的一天"类似。

4. 退休幻想：顾名思义，退休幻想是将幻想的时空拉到退休之后，让参与者去幻游退休后的一天。此法并无适用对象的限制，凡即将退出工作世界者均宜。有时也可以让年轻人假想退休的状态，回溯工作时期无法实现的兴趣、能力与价值。

（二）价值提升

价值提升式的幻游暂时搁置了基本的动机，转而强调较为崇高的理想。价值提升式幻游的目标是试图摆脱深陷在个人冲突中的困境，超越个人的自我意识范畴，描绘出来访者理想中的未来生涯图像。为了增加价值提升的透视力，个人可能要与更高层次的存在状态同在，例如邀请"智者"指点迷津，或和"守护天使"说话（Cochran, 1997/2006）。

价值提升式幻游有许多种方式可供参考（Ignatius, 1967）。请来访者想象出一个不认识的他者，此人遇到与自己相同的生涯困境，请来访者针对如何决定未来给予此人忠告。或如，来访者想象自己已经圆满退休，回头反省此时所遭遇到的困境，希望自己能够做什么决定才不至于后悔。又如，若来访者有虔诚的宗教信仰，默想在佛陀、耶稣、圣母玛利亚或观世音菩萨面前，以一种连接到大爱的情操，将"我位格"心理位移到"神位格"的位阶，以"神位格"发声，指引自己如何解决困境（Kornfield, 1993/2008, p.207）。

价值提升式幻游剧本的设计，允许来访者以旁观第三者的立场，用比较开阔的视野来看自己的未来，现在的困境因此可以拓展成未来叙事。在共同解释的过程中，咨询师协助来访者厘清困难的时刻、衡量它的重要性，并且琢磨出如何选择才是最重要的生命课题。

从上述幻游技术的变化看，使用者可以根据来访者的生涯问题与需求，发展出不同的幻想剧本。

生涯幻游技术是一种强调感性经验与直觉能力的咨询技术。幻想技术在生涯咨询上的效用，可以反映丰富的内在经验，投射出内心深处真诚的需要或渴望。画面中出现的所有影像，无论是与现实相同或相异，均可唤起来访者对于未来叙事篇章中内在渴望的深度觉察。

幻想是一种若有似无、如梦似幻的心理意象，也许是人类资质中最能贴近心灵核心的禀赋；顺着这条蜿蜒幽径，前行复前行，或可寻得桃花源中的林尽甘泉。

结论

叙事取向的生涯咨询奠基于后现代的认识论。后现代主义者所提出来的认识论，并不是要取代现代主义者（实证论）的认识论。后现代主义的建构主义关注特殊性甚于共性，偏好依附于情境的本土知识甚于去除脉络的主流论述。这种观点的崛起，对生涯咨询产生了深远的影响。

昨天，回不去；故事，回得来。明天，说不准；叙事，看得清。叙事取向生涯咨询经由共构、解构及建构的旅程，让回不去的，通过故事的当下叙说，能够回得来；让说不准的，通过故事的当下叙说，能够看得清。咨询师心目中的生涯观建立在"生涯即故事"的概念上，运用了叙说形式的故事发展，来类推生涯发展。叙事性生涯咨询方法着眼于来访者在讲述其故事面的积极作用。

科克伦将咨询过程类比为七集的连续剧。在前三集中，来访者通过积极阐述自己的职涯问题，讲述自己的生活故事（构成生活）以及展望自己的未来（构建未来的叙事）；借由生涯幻游技术，投射未来愿景的核心需要或渴望。接着进入三个付诸行动的剧集：构建现实、改变生活结构和角色演出。完成这三集后，进入尾声，个人便可以朝着明确的抉择迈进。叙事取向生涯咨询的历程，是一种让来访者对其生涯经验之叙说故事、彰显主题、发现意义、带出行动与铺陈未来的历程。叙事取向的咨询方式，因此而开启了生涯咨询新的范式面貌。

参考文献

吴熙娟（2002）：叙事治疗&自我观照开展工作坊讲义，未出版。台北：张老师基金会主办。

吴熙娟（2018）：推荐序：叙事的发展与演化。载于廖世德译（2018），故事·知识·权力：叙事治疗的力量。台北：张老师文化。

陈美儒、翁仕明（2018）：青春的滋味：最是徬徨少年时。台北：远流。

金树人（2006）：推荐序：在灵魂深处相知相遇。载于黄素菲译（2006），叙事取向的生涯咨询。台北：张老师文化。

周志建（2002）：叙事治疗的理解与实践（未出版硕士论文）。台湾师范大学。

黄宇翔（2021）：台湾转型正义。亚洲周刊，10, 22-27。

黄素菲（2018）：叙事治疗的精神与实践。台北：心灵工坊。

黄素菲（2020）：叙事治疗中的时间观与空间观。载于金树人、黄素菲（主编），华人生涯理论与实践，页287-339。台北：心理出版社。

萧景容（2003）：叙事取向生涯咨询中来访者之改变历程（未出版硕士论文）。台湾师范大学。

龚蕾（2023）：混沌与秩序：重大生涯偶发事件后女性生涯建构之叙说研究（未出版博士论文）。台湾师范大学。

Anderson, C. A., & Godfrey, S. S.(1987). Thoughts about actions: The effects of specificity and availability of imagined behavioral scripts on expectations about oneself and others. *Social Cognition, 5,* 237-258.

Baltes, M. M., & Carstensen, L. L.(1991). Commentary [Commentary on the article by Cross, S., & Markus, H.(1991). Possible selves across the life span. *Human Development, 34,* 230-255]. *Human Development, 34,* 256-260.

Brott, P. E.(2001). The storied approach: A postmodern perspective for career counseling. *The Career Development Quarterly, 49,* 304-313.

Brown, D., & Brooks, L.(1991). *Career counseling techniques.* Allyn and Bacon.

Bruner, J. S.(1986). *Actual minds, possible worlds.* Plenum Press.

Bujold, C.(2004). Constructing career through narrative. *Journal of Vocational Behavior, 64,* 470-484.

Carver, C. S., Reynolds, S. L., & Scheier, M. F.(1994). The possible selves of optimists and pessimists, *Journal of Research in Personality, 28,* 133-141.

Cochran, L.(1985). *Position and the nature of personhood.* Green wood.

Cochran, L.(1992). The career project. *Journal of Career Development, 18,* 187-198.

Cochran, L.(1997). *Career counseling: A narrative approach.* 黄素菲译（2006）：叙事取向的生涯咨询。台北：张老师文化。

Egan, K.(2016). On living. 葛窈君译（2018）：让每个人找到自己生命的意义。台北：如果出版社。

Engel, S.(1999). *The stories children tell: Making sense of the narratives of childhood.* W. H. Freeman.

Epston, D., & White, M. (1990). *Narrative means to therapeutic ends*. Norton.

Freedman, J., & Combs, G. (1996). *Narrative therapy: The social Construction of preferred realities*. New York: Norton. 易之新译（2000）：叙事治疗——解构并重写生命的故事。台北：张老师文化。

Gillespie, A., F. & Cornish(2010). Intersubjectivity: Towards a dialogical analysis(PDF). *Journal for the Theory of Social Behaviour. 40*(1), 19-46.

Gollwitzer, P. M., Heckhausen, H., & Ratajczak, H.(1990). From weighing to willing: Approaching a change decision through pre- or post-decisional mentation. *Organizational Behavior and Human Decision Processes, 45,* 41-65.

Hermans, H. M., Kempen, H. G., & Van Loon, R. J. P.(1992). The dialogical self—Beyond individualism and rationalism. *American Psychologist, 47*(1), 23-33.

Ignatius, St.(1964). *The spiritual exercises of St. Ignatius.*(A. Mottolas, Trans.). Image Books.

Ishikawa, K.(1989). *Introduction to quality control.* Springer Netherlands.

Josselson, R.(1995). Imagining the real: Empathy, narrative, and the dialogic self. In R. Josselson, & A. Lieblich(Series and Vol. Co-Eds.), *The narrative study of lives: Vol.3. Interpreting experience*(pp. 27-44). Sage Publications.

Josso, M.-C.(Ed.).(2000). *La formation au coéur des récits de vie: Experiences et savoirs universitaires.* LHarmattan.

Kelly, G. A. (1955). *The psychology of personal constructs*. Norton.

Kline, M., & Schneck, J.(1950). A hypotonic experimental approach to the genesis of occupational interests and choice: I. Theoretical orientation and hypnotic scene visualization. *British Journal of Medical Hypnotism, 2,* 2-11.

Kornfield, J.(1993). *A path with heart.* 易之新等译（2008）：踏上心灵幽境。台北：张老师文化。

Krieshok, T.S., Hastings, S., Ebberwein, C., Wetteersten, K., & Owen, A.(1999). Telling a good story: Using narratives in vocational rehabilitation with veterans. *The Career Development Quarterly, 47,* 204-214.

Lapointe, S.(2000). La faute de Paul: Savoir et etre dans une histoire de vie. In M.-C. Josso (Ed.), *La formation au coéur des récits de vie: Experiences et savoirs universitaires.* Paris: LHarmattan.

Larsen, D. J.(1999). *Biographies of six Canadian counsellor educators: Stories of personal and professional life*(Doctoral dissertation, University of Alberta, Edmonton, Canada, 1999). Dissertation Abstracts International, A61/03.

Loyttyniemi, V.(2001). The setback of a doctor's career. In D. P. McAdams, R. Josselson, & A. Lieblich(Eds.), *Turns in the road: Narrative studies of lives in transition*(pp. 177-202).

American Psychological Association.

Markus, H., & Nurius, P.(1986). Possible selves. *American Psychologist, 41,* 954–969.

Márquez, G. G.(1967). *Cien años de soledad.* 叶淑吟译 (2018)：百年孤寂。台北：皇冠。

Mayo, J. A.(2001). Life analysis: Using life-story narratives in teaching life-span developmental psychology. *Journal of Constructivist Psychology, 14,* 25–41.

McAdams, D. P.(1995). What do we know when we know a person? *Journal of Personality, 63,* 365–396.

Meara, N. M., Davis, K. L., & Robinson, B. S. (1997). The working lives of women from lower socioeconomic backgrounds: Assessing prospects, enabling success. *Journal of Career Assessment*, 5(2), 115–135.

Meara, N. M., Day, J. D., Chalk, L.M., & Phelps, R. E.(1995). Possible selves: Applications for career counseling. *Journal of Career Assessment, 3,* 259–277.

Morgan, J. I., & Skovalt, T. M.(1977). Using inner experience: Fantasy and daydreams in career counseling. *Journal of Counseling Psychology, 24,* 391–397.

Niles, S.(2018). *Secrets of highly effective career practitioners.* Keynote speech at the 2nd international career development conference conducted at the meeting of the NCDA, Shanghai.

Pearson, S.(2021). *What is a fishbone diagram?* https://tallyfy.com/definition-fishbone-diagram/

Peavy, R. V.(1998). SocioDynamic counselling: *A constructivist perspective.* Trafford.

Polkinghorne, D. E.(1988). *Narrative knowing and the human science.* State University of New York Press.

Richardson, G. E.(1981). Educational imagery: A missing link in decision making. *Journal of School Health, 51,* 560–564.

Rugira, J.-M.(2000). Pouvoirs procreateurs de l histoire de vie: entre la crise et lecrit. In M.-C. Josso(Ed.), *La formation au coéur des récits de vie: Experiences et savoirs universitaires.* LHarmattan.

Savickas, M. L.(1991). *Career as story: Explorations using the narrative paradigm.* Paper presented at the Annual Conference of the International Association for Educational and Vocational Guidance, Lisbon, Portugal, September 9–13.

Savickas, M. L.(1993). Career counseling in the postmodern era. *Journal of Cognitive Psychotherapy: An international Quarterly, 7(3),* 205–215.

Savickas, M. L.(2005). The theory and practice of career construction. In S. D. Brown & R. W. Lent(Eds.), *Career development and counseling: Putting theory and research to work*(pp. 42–70). John Wiley & Sons.

Savickas, M. L.(2015). *Life-Design counseling manual.* Self-published.

Sharf, R. S.(2014). *Applying career development theory to counseling.* Brooks/Cole

Spokane, A. R.(1991). *Career intervention.* Prentice Hall.

White, M., & Epston, D. (1990). *Narrative means to therapeutic ends.* 廖世德译（2018）：故事·知识·权力：叙事治疗的力量。台北：张老师文化。

White, M.(2007). *Maps of narrative practice.* 黄梦娇译（2008）：叙事治疗的工作地图。台北：心灵工坊。

Yalom, D. (1999). *Mama and the meaning of life.* 张美惠译（2012）：妈妈和生命的意义。台北：张老师文化。

Young, R., & Borgen, W.(1990). *Methodological approaches to the study of career.* Praeger.

第七章 主题与设计：生涯建构理论

生涯建构理论吸纳了社会建构主义与叙事心理学的精华，特别看重生涯发展过程中主题的发现与意义的创造。这并不是一个生涯领域的创新论述，却是一个站在时代浪头尖端的前沿理论，可解决当前工作世界的不确定性对个人的影响。

> 从执念到职业，从张力到愿力。
>
> ——萨维科斯（Savickas, 2015a）

生涯建构理论（Career Construction Theory）是萨维科斯（Savickas, 2002, 2005a, 2005b）根据 40 多年的咨询实务工作经验发展出来的，旨在解决 21 世纪生活世界的复杂性与变动性问题。实践引领理论，而非理论在前（Practice leads theory, not the other way around）（Savickas, 2015a, p.7）。在我们熟知的生涯理论中，大多数的理论形成过程是理论先于实践，在实践中接受检验。生涯建构理论独树一帜，走的是实践检验真理的路线，以生涯实践的经验积累引导理论的发展，在实务发展与理论建构的递归关系中，形成现在的样貌。

当代的经济、技术和劳动力市场产生了急剧的变化，因而改变了大多数人的传统生涯发展途径。随着这些变化，后现代的生涯学者对传统生涯发展理论的实用性提出了挑战。后现代主义生涯理论的一个共同主题，在于强调环境脉络对于个体因应变化的影响。

生涯建构理论在方法上最初源于阿德勒心理治疗的原则和实践，特别侧重早期回忆的叙事和生命风格（life style）的评估。后来，生涯建构咨询采用个人构念与传记解释学的方法，将焦点放在意义建构与生命主题上。从个人构念主义（constructivism）转向社会建构主义（social constructionism），生涯建构咨询帮助来访者叙说和编写生涯故事，一方面将自我概念与工作角色联系起来，完成自我实现；另一方面将工作融入生命，通过工作奉献社会（Savickas, 2011a）。生涯建构理论融合特质因素论、发展论和个人心理学的观点，吸纳了社会建构主义与叙事心理学的精华，特别看重生涯发展过程中的意义创造。生涯建构理论并不是一个生涯领域的创新论述，却是一个站在时代浪头尖端的前沿理论，可解决当前工作世界变化对个人的影响。无疑，在生涯理论发展的大历史中，这是一个众所瞩目的新焦点。

第一节 理论缘起

萨维科斯创立了生涯建构理论，其个人学术生涯的小历史，发生于生涯理论演进的大历史之中（Savickas, 2013a）。生涯建构理论的重要概念，隐藏在其个人生涯史与生涯范式递变的宏观叙事里。本节试图以萨维科斯的第一人称视角讲述其在历史大脉络中的小故事，以及在这些故事中所得到的启发[①]，借以说明生涯建构理论的时代背景与发展渊源。

一、大脉络中的传记史

（一）职业指导的时代

南非有句谚语："当音乐的调性改变时，跳舞的舞步就随之改变了。"在心理学中，我将舞蹈比作一种范式。指导我专业实践的第一个理论范式是职业指导。我开始从事职业指导是一个意外。1970年3月，我在约翰·卡罗尔大学（John Carroll University）开始学校心理学的专业实习时，填补一个临时辞职的咨询师空缺。第一位来访的学生主诉的就是生涯困扰。我学的是学校心理学，其实并不知道该如何进行生涯咨询。

当时的中心主任沃尔特·诺萨尔（Walter Nosal）指导我进行一系列心理测验，包括韦氏成人智力量表、明尼苏达州多相人格量表、史东兴趣量表和价值观问卷。在接下来的五年中，我在测验解释方面变得非常熟练，当时认为职业指导就是测验解释。为了深入理解这种职业指导范式，斯蒂芬·佩珀（Stephen Pepper）的形式主义哲学体系为我提供了一种认识论的基础。职业指导骨子里就是形式主义的范式，以万事万物之间相似性或类型的隐喻来理解这个世界："它是什么样子？"在那期间，我一直很钦佩霍兰德类型论简单而精巧的方法，区辨来访者与各种职业从业人员的相似性，在职业指导上太有用了。因此我现在

[①] 故事的文本主要来自故事的主人翁萨维科斯于2011年接受美国咨询心理学终生成就奖时的演讲稿。这个奖项是为纪念利昂娜·泰勒（Leona Tyler）而设立，由美国心理学会第17分会的咨询心理学会颁发（Savickas, 2013a）。

培训新的生涯咨询师时，也主张应吸取历史的演变经验。在某种意义上，新的咨询师应在学习第二种范式之前，先接受有关个体差异和职业指导的基本训练。

（二）生涯发展的时代

我博士阶段在肯特州立大学（Kent State University）的指导老师是格伦·萨尔茨曼（Glenn Saltzman）教授。在我就读的第二年，修了两个独立研究课程。第一学期，我去了马里兰大学（University of Maryland），在那里我与琼·奥尔·柯来兹（Jone Orr Crites）教授一起写了一本书，名为《生涯抉择过程》（*Career decision making: Teaching the process*）（Savickas & Crites, 1981）。第二学期，我去了哥伦比亚大学师范学院（Teachers College, Columbia University），与舒伯一起进行生涯模式研究（career pattern study）。这个研究长达20年。萨尔茨曼教授还安排我和生涯领域大师级的舒伯、柯来兹、霍兰德等教授同堂上了一次课，他们分别来校参加为期两天的研讨会。后来，舒伯和霍兰德都担任了我博士论文的答辩委员。

这些因缘际会使得我进入了职业生涯的第二个理论范式：生涯发展理论。在我的博士学习期间，舒伯的理论使我着迷。我在20世纪80年代至90年代初师事舒伯和柯来兹，我尊舒伯为我学术上的祖师爷，视柯来兹亦师亦如父。霍兰德教会我客观地看待个人如何在职业舞台上成为称职的演员（actor）或行动者，而舒伯和柯来兹则教会我观察人如何主观地成为自己事业生涯的经纪人或主导者。我的第二个范式的核心构建试图回答"人如何发展？"这个问题。从这个角度来看，发展是从内部而起的，正如舒伯经常说的，生涯开展（careers unfold）是因为个人"发现自己是谁"，并且"开显了自己"。

（三）生命设计的时代

我遵循的第三个理论范式是生命设计生涯咨询。当我进入这种范式时，关于语言游戏（language game）的想法帮助我理解话语的修辞和推理。正如我们创造语言一样，语言也塑造我们，我们生活在语言中。舒伯和柯来兹通过将"职业指导"调整为"生涯发展"和"生涯咨询"，展示语言创造论述的力道。他们这样做的主要原因是希望强调"生涯"不仅仅是"职业"。

阿诺德·斯伯肯（Arnold Spokane）于 1992 年在职业心理学会成立大会上首次提出，我们有生涯抉择和生涯发展的理论，但我们没有生涯咨询的理论。斯伯肯的大胆主张对我来说犹如醍醐灌顶，我不断地问："生涯咨询中的咨询在哪里？"这是一个转折点，使我进入充满艰巨挑战的第三个范式"生涯建构咨询"或"生命设计咨询"。生命设计将自我的体性从自我即客体（self-as-object）和自我即主体（self-as-subject）的概念转变为社会建构的自我即展体（self-as-project[①]）。从这个角度来看，职业生涯被视为一系列有待开展的项目[②]（projects）。如果将生涯比喻成一个故事，职业生涯则是个人讲述自己从事各个项目的故事。在生涯咨询中，来访者为自己在职场这个舞台上的角色和行动编织出一段自我故事。咨询的重点在于引导来访者反思职业故事中的主题，并将这些主题延伸至未来。生涯咨询通过反思的过程与主题的探索来设计人生，更强调每个人的独特性而非相似性，注重情感多于理性。

在遇到第一个生涯咨询案例的 20 年后，我的思路逐渐整合成现在的模样：生涯建构的"职业行为理论"和生命设计的"生涯咨询理论"。我在准备这次演讲的主题时，意识到我实际上遵循了舒伯和柯来兹所描绘的道路。舒伯很想进一步完备他的生涯发展理论，我可能用社会建构主义做到了（Savickas, 2005a；2013a）。柯来兹很想发展他称为生涯治疗（career therapy）的范式，我想他会更喜欢我的"生命设计咨询"（Savickas, 2012）。因此，当我回头时，我传承了两位恩师的遗志，而又走出不一样的路。我还试图深化生涯咨询的理论，因此又结合了建构主义哲学（constructionist philosophy）和叙事心理学（narrative psychology），让体系更加完备。

生涯即故事。我的生涯咨询逐渐从心理测验"分数"转移到个人"故事"。我会问到来访者他们的榜样，最喜欢的杂志，他们是如何做出重要决定的，以及他们的父母希望他们的生活是什么。我曾在研究生院学习过凯利的个人构

[①] project，在此特译为"展体"，其词意仅限于本章在自我的体性方面与"客体""主体"对应脉络下的称呼。

[②] 一般来说，projects 在中文有项目、方案、设计、规划、筹划、方略、攻略等意思；在学界意指"课题"或"项目研究"；在企业界意指"项目"，提出项目的主管称为项目经理（project manager）；这些含义均指向一种有待完成或预备执行的任务。

念心理学，并于 1980 年在《生涯意识》(*Career consciousness*) 一书中将其应用于生涯。在那本专著中，我将生涯定义为通过工作角色的自我意识来建构意义，并开始撰写"生涯适应"而非"生涯成熟"的文章。但当时我缺乏发表这些主题的能力和信心，一直到我从 R. A. 内米耶尔（R. A. Neimeyer）那里学到更多关于建构主义的知识，用于重构生涯咨询的意义，我才有了底气。后来，丹·麦克亚当（Dan McAdam）的叙事心理学如虎添翼地将我的专业推上了高点，使我能够游刃有余地聚焦于来访者的故事。这些前辈或同好都走在第三个范式上，尊崇情境主义。情境主义的认识论，主张个体在动态的世界情境中因应持续发生的事件，不断经历变化，在情境中行动。

（四）生涯建构理论的诞生

我何其有幸，见证了三种因工业革命带来的职场变化，也因此穿越了三种生涯范式。范式的更替改变了我的咨询工作模式，也改变了我自己。出道时运用心理量表进行测评咨询的我，中年采用适应与准备注重生涯发展的我，现在改用生命设计进行叙说咨询的我，这些都是我，也标示着我一路过来创建生涯建构理论的雪泥鸿爪。

其后，萨维科斯担任《职业行为学报》(*Journal of Vocational Behavior*) 的主编，发起有关"生涯适应"的专题研讨，号召全球生涯发展研究者对生涯建构理论进行跨文化的检验与应用。

二、生涯建构理论的范式特性

从时代发展的脉络看，生涯介入的策略经历了一个循序渐进的演变：从早期强调个人差异的评估，到关注生涯发展，直至当前对生命设计的重视，逐步演变和深化。萨维科斯亲身经历过三大范式的更替，且在当时深信每一个范式的时代效应。他不想陷入孰优孰劣的争辩。他慎重地指出，生命设计的范式并无意取代也不能替代其他范式，而是与职业指导的形式主义范式和生涯教育的机体主义范式并驾齐驱（Savickas, 2013a, 2015b）。如表 7-1 所示，每一种生涯介入模式都有不同的论述，各自使用一套标准化的修辞、推理和套路来服务有不同需要的来访者。

职业指导的范式：从个体差异的客观角度出发，将来访者视为个性鲜明的演员或行动者，他们可以通过从特质分析中所得的分数了解自己。咨询师可以据此帮助他们与特质相似的人在职场上相适配。

生涯教育的范式：从个人发展的主观视角出发，将来访者视为发号施令的经纪人或主导者，其特征在于他们能够根据自己的生涯成熟准备程度来从事适合其生活阶段的发展任务，自主决定如何投入职业生涯世界。咨询师可帮助他们形成新的态度、信念和能力，以促进其职业适应。

生涯建构的范式：从社会建构主义的方略视角，将来访者视为深思熟虑的编剧或创作者，能够在生命经验中编写自己的自传体故事。咨询师可以帮助他们反思生活主题，从而不断建构自己的职业生涯。

表7-1 生涯范式之递嬗

范式	职业指导	生涯教育	生涯建构
代表人物	霍兰德	舒伯	萨维科斯
咨询师视角			
本体论	经验主义	人本主义	建构主义
认识论	形式主义	机体主义	情境主义
主轴	职业测评	生涯成熟 生涯适应	生命主题 生命意义
聚焦	职业指导	生涯发展	生命设计
特色	分数	阶段	故事
来访者视角			
焦点	个人特质 相似性	发展任务 准备度	生命主题 反思性
体性	客体	主体	展体
角色	演员	经纪人	编剧
任务	自我匹配	自我实现	自我创造

（资料改编自 Savickas，2013a，2015b）

"生涯即故事",萨维科斯从自传式书写中找到了自己的自传性主导权(autobiographical agency)[1]。他在自己书写的生涯叙事史中,阐明了生涯建构理论"为什么"是一个综合了不同生涯理论范式的元理论取向(metatheoretical approach)。

第二节 基本概念

生涯建构理论(Savickas, 2005a)从社会建构主义和叙事心理学的角度探讨生涯发展和生涯咨询。本节首先探讨生涯建构理论的自我体性,以此为基础进而铺陈生涯建构理论的三个核心概念,也就是涉及生涯建构 what、how 和 why 的重要论述。

一、自我的体性

生涯建构理论涉及个体在生涯发展过程中自我建构的历程。生涯是载体,是脉络;自我是主体,是主题。如果不了解萨维科斯的自我心理学,就不可能洞悉生涯建构理论。这是生涯建构理论的基础论述之一。萨维科斯(Savickas, 2011a)提出了三个建构自我概念的体性,分别是自我即客体(self-as-object),自我即主体(self-as-subject),以及自我即展体(self-as-project)。

(一)我是谁?

在一个风和日丽,景气和畅的清晨,有个人来到山中。茂林修竹,蜿蜒的小径开满了野花野草。"青青翠竹,总是真如;郁郁黄花,无非般若。"这时候有个念头不期然地浮现:

花是花,草是草,那么"我是谁呢?"

---

[1] "Autobiographical agency" 译成中文是"自传性主导权"或"自传性行动力"。它指的是个人在理解和叙述自己的生命故事时,能够主动选择、编排和解释过去的经历,并运用这种自我叙事来建构自己的身份,影响自己未来的选择和行动。在生涯发展中,个人通过回顾自己的生涯经历,总结学到的经验和教训,并以此为基础确定未来的职业生涯方向。

他站在野花野草的中间，心里想着："花不会问'我是谁？'，花就是花；草也不会问'我是谁'，草就是草；那是谁在问'我是谁？'"他看看四下无人，那当然是"我在问'我是谁？'"了。

"我在问'我是谁？'"

这下子出现了两个"我"；一个我是发问的我，另一个我是被问到的我。被问到的我原来是提问的我，当后面发问的我出现的时候，主体变成了受体。而发问的我反成了主体。

可是，这两个我分明是一个我。如果这个人再继续问下去：

"谁在问：'我在问我是谁？'"

那回应的当然是：

"我在问：我在问'我是谁？'"

这次出现了三个"我"；一个我是发问的我，另外两个我都是被问到的我。如果继续问下去呢？

出现这个新念头的我，也就是提问的我，成了新的主体的我；刚才是主体的我这时候被推向原来是客体的我的那一方，先前两个主客位的我这时都成了客体的我（Abe，1985/1992）。

这个提问的我如何看待客体的我？"我"仿佛看到客体的我成了电影底片中一格一格的画面，从有记忆起到刚才的发问为止。正在"看"的这个我，要从这些画面中回答'我是谁？'这个问题。然而，真正的问题是，他能不能回答这个主体我究竟是谁。

这个主体的我是我，能创造，能经验。而客体的我也是我，只不过是"今之我"成了"昔之我"。后之视今，亦犹今之视昔，也都是我，若合一契。

（二）"主体我"与"客体我"

将时间的先后序列加进去，"我"在这个序列里一分为二：发问的我在此时此刻（here and now）成了主体，被问的我在彼时彼刻（there and then）成了客体。主体的我浮上来，是一种不生不灭（nowhere；隐含着 now-here 与 no-where 两种境界）的状态；望着客体的我，是每一个曾经经验的状态，里面有许许多多的故事。主体的我是活泼生动的我，客体的我是经历过后贮存在记忆中的我。

"客体我"在个体的经验中是一种宾语的我（me）。既然是一种宾语，这个我具有"公开的意义"（public meaning）。这个我是过去的我的综合体，被分析、被切割成像钻石一样的许多面向。站在某个面向观察，这一面被称为"兴趣"；站在另一个面向观察，那一面被称为"能力"；再换一个角度，新的一面又被称为"价值"。一个人对自己理解的程度，包括了这些不同的面向的总和，就被称为"认同"（identity）。

至于职业认同，指"对于自己的（职业）目标、兴趣与天分，有着清晰与稳定的图像"（Holland, 1985, p.5）。从这个定义看，与职业有关的兴趣、能力与价值观构成了职业认同的主要部分。心理学家开始采用兴趣测验、能力测验、价值观测验来定义这些职业认同当中相当重要的成分。换句话说，一个人过去的经验，通过心理测验这种工具被转换成具体的数字，以折线图或常态曲线表示出来。然后我们再告诉这个人，你就是这个图像，这个图像代表你。

"主体我"在个体的经验中是一种主语的我（I）。有别于测验资料代表的我，"主体我"是主观的我，具有"个人意义"（private meaning）。人一旦在重新叙说故事中重新体验到自己的兴趣、能力与价值观，这个有关"主体我"的概念会转化为一种生命主题（life theme），通过生涯抉择来实现这个隐藏着自我概念的生命主题。

（三）从"主体我"延伸至"展体我"

"主体我"不是固定的，是变动不已的，是因时因地存在于个体与环境的每一个当下的接触中。"接触"不断地进行，"我"就不断地现身：自我即历程（self-as-process）。在自我的发展历程里，我好似隐身于历程中，但时时在与生涯定向的对话中现身。

"主体我"根据"客体我"的认识而形成自我概念，这个自我即概念（self-as-concept）的内容包括许多身份认同。"我"是一个热爱教学的中学老师，也是一个体贴的媳妇与太太、两个孩子的尽职妈妈以及教会义工。在传统的社会，这种身份的认同相对比较稳定。然而在急剧变化的后现代社会，突发的事件频繁，"我"开始变得相当忙碌：从专任教师升任教务主任、先生因重病住院、公公开始有失智的征兆，小孩子因疫情必须在家上网课。这些事情无论是先后发生还是同时发生,"我"的所有身份都必须调整。"主体我"进入了一种必须审慎筹划进行生涯适应的体性:"展体我",让自我的功能延展出去,以项目或方略的形式适应未来生涯的方方面面。

就社会建构主义的观点,前面公案中那一位发问"我是谁"的"我",在山林之中,也在红尘之中:"世界所有尘,一一尘中见。"(龙应台,2020)红尘中的家庭、社区、职场、文化等构成一个瞬息万变的大社会,生涯红尘中的"我"必须筹谋设计各种版本的攻略以适应多元多变的社会角色:"我"在社会角色中做的很多事情是因为"我"认为它符合"我"认同的那种人,那是"我"的一部分。"展体我"在自我处境与社会角色之间相互递归,国际知名导演李安的每一部电影作品都是某种形式的"展体我"。他从不复制自己前一部作品的风格,他清楚地理解、传递出的每一个电影方案的核心理念与内在意义,都是在展现此时此刻的"我是谁"。

当我往昔日看去,看到的我是客体我;当我往未来看去,看到的我是展体我。正在看的我,则是主体我。"认识你自己"(Know yourself)这句话相传被镌刻在德尔斐(Delphi)的阿波罗神庙,是哲学上最有名的箴言之一。如果认识到的"我"仅仅是"客体我",这会大大地限制我们的自由。一旦这些"客体我"的特征融入自我形象,我们对自己的生涯走向几乎没有发言权,且任何"主体我"或"展体我"的改变都有可能导致认知失调。正如法国作家纪德(Gide,1950)在《秋叶》(*Autumn Leaves*)中写的:"只想知道自己是毛毛虫的毛毛虫,永远不会蜕变成蝴蝶。"(A caterpillar who seeks to know himself would never become a butterfly.)这个"自己"不断地在蜕变,就生涯建构理论的观点,它有时是名词,更多的时候是动词或"-ing"词性的动名词。

这是我,也不是我。我是不是我的我,这才是我。

二、生涯建构的核心:职业人格、生涯适应与生命主题

具体而言,在这一理论中考虑一个人具有"什么"(what)特征或特质,这个人"如何"(how)在生活过程中适应由个人和环境条件引起的变化和转变,以及人"为何"(why)会朝着某个生涯方向前进。这些问题构成了生涯建构

理论的三个主要组成部分：职业人格、生涯适应以及生命主题。这三个核心领域主要是在以叙事学的精义回答在生涯建构的过程中"我是谁""我如何往前行""我为何要往前行"这三个大问题。

（一）职业人格：自我即行动者

职业人格包括个人与职业相关的能力、需求、价值观和兴趣，标示一个人具有"什么"(what)特征或特质。这些特征与环境的互动影响着人格的发展、生涯建构的历程与结果。生涯建构理论关注的是个人在生涯中能成为什么样的人，而不是他们在选择一个职业生涯之前是什么样的人。

个人在原生家庭中形成个性，并在学校与社会发展这些个性，以备最终进入工作世界。自我即行动者，这些特征在职业生涯中表现出来之前，在家务、游戏、爱好、阅读和学习等活动中反复出现。萨维科斯（Savickas, 2005a, 2005b, 2011b）承认，霍兰德的生涯类型理论对于进行职业评估，总结个人的独特性方面，至今仍非常有用。霍兰德的理论不仅可以帮助个人理解工作世界，还可以将工作世界与个人的职业个性（兴趣，态度，能力和价值观）客观地联系起来。

然而，生涯建构理论认为兴趣等这些传统的类型概念不应被化简为某种因素或特质，咨询师不应把它们仅仅当作客体；它们既是名词，又是动词。从社会建构的角度来看，社会在变，人也在变。我们的霍兰德类型也应该是动态变化的，昨日的我是SAI，今日的我是SIA，并不为奇；明日的我若是AIS，也极有可能。因此，萨维科斯对个人性格与他人的性格之间的比较不感兴趣，而对霍兰德的类型论如何帮助来访者和咨询师理解来访者的故事兴味盎然。就生涯建构理论的语境观之，个人的兴趣或人格类型是呈现生涯可能性的一种动态叙事，而不是预测未来的固定特质。

（二）生涯适应：自我即主导者

生涯建构贯穿生涯发展，在不确定年代的生涯发展，应变与适应才是王道。生涯适应（career adaptability）是生涯建构理论的核心概念之一，在于回答人"如何"(how)适应存在于人世间的变化和转变。

1. 沿革

"生涯适应"这一术语并非萨维科斯首创，其前身是舒伯倡议的生涯成熟（career maturity）。生涯成熟强调做好职业探索、信息搜集、生涯抉择和面向现实世界的准备，重点置于生涯发展相关的成熟历程，却未触及不确定时代中如何因应生涯发展涉及的应变机制。因此，舒伯晚年和他的同事将"生涯成熟"拓展为"生涯适应"，并将新的概念定义为"因应不断变化的工作和工作条件的准备程度"。其后，在萨维科斯的努力下，生涯适应的定义、结构与历程渐次完善。概念化的完善，创造出可操作的量表以及丰富的研究成果（Savickas, 1997, 2002, 2013a；Savickas & Profeli, 2012）。

2. 定义

在英文的 adapt-ability 中，adapt 源于拉丁词根 adaptare，其原意是契入（to fit）、适应（to adapt）、调整（to adjust）或修改（to modify）。适应力（adaptability，或译适应性）是一种个体在生活环境中，随着环境的限制或变化而能做出适当的反应，使自身与环境间保持和谐状态的能力（张春兴，2006）。当代的适应观涉及一个动态的心理社会历程，意指有着内在强烈的动机去施展面对外在改变的能力（Rottinghaus et al., 2017）。在生涯建构理论的脉络中，生涯适应是一种心理社会性的建构，表明个人为应对当前和迫在眉睫的生涯发展任务、职业生涯转变和个人创伤所进行的准备（Savickas, 2005b, p.51）。个人的生涯建构，也就在生涯适应的历程中逐步推移而成形。

3. 生涯适应的结构

生涯适应是生涯建构理论的核心要素之一，在考虑生涯适应的实质内容时，adaptability 有"适应能力"的含义，因此也可称为"调适力"（Savickas, 2013b）。生涯适应由生涯关注（career concern）、生涯控制（career control）、生涯好奇（career curiosity）、生涯自信（career confident）四个维度构成，称为4Cs。4C维度的心理素质呈现的是在目前的生涯阶段，个人是否"准备好了"要迎接下一阶段的生涯发展任务，或下一阶段的生涯挑战。生涯适应能力高的人，通常（1）关心自己的未来；（2）对未来有控制力；（3）对未来的自己和生涯愿景十分好奇;(4)有信心追求自己的目标(Savickas & Porfeli, 2012)。每一个维度都有一组核心的内涵,称为 ABCs:A 是指态度(attitudes),B 是指信念(beliefs),C 是指能力(competencies)。社会快速地变迁,使个体必须主动地在态度、信念和能力上进行调整,形成个体的生涯适应力。

生涯适应的 4Cs 通过 ABCs 形之于外,就是外显的适应行为,是个体呈现在外的职业适应行为与策略(Savickas, 2002, 2013b)。至于这四个维度如何在互动及调节下影响个体的生涯行为表现,请参考表 7-2 以及以下说明(Savickas, 2013b)。

(1)生涯关注:对个人职业前途的关注,是生涯适应的首要维度,这一维度关心的是"我有未来吗?"这一类的问题(Savickas, 2005b)。"关注"本质是一种未来导向,一种为明天做准备的感觉。缺乏生涯关注力的人,典型的反应是冷漠、被动而胸无成竹。

表7-2 生涯适应结构

适应维度	适应信念	适应能力	适应行为	生涯困扰行为
生涯关注	运筹帷幄	持续规划	觉察、参与、准备	漠不关心
生涯控制	决断果断	抉择能力	自信、纪律、任性	优柔寡断
生涯好奇	追根究底	进行探索	实验、冒险、探问	不切实际
生涯自信	自我效能	解决问题	坚持、努力、勤奋	压抑拘谨

(资料来源:Savickas, 2013b, p.158)

(2)生涯控制:对个人职业未来的掌控,是生涯适应第二重要的维度,这一维度常会思考"我能自己决定我的未来吗?"这一类的问题(Savickas, 2005b)。"控制"本质是一种个人感觉并相信自己有责任主导自己的职业生涯。虽然可以咨询其他重要的人,但决策权操之在己。缺乏生涯控制力的人,典型的反应是迟疑拖延或优柔寡断。

(3)生涯好奇:这是指对自我与工作世界契合性的探索。这一维度典型的提问是"将来我想要做什么?"这一类的问题(Savickas, 2005b)。好奇心会提升求知欲,用以做出适合自己的选择。求知的态度使人倾向探访已知或陌生的环境,对经验开放,以了解更多的自我处境。缺乏生涯好奇心的人,典型的反应是对环境没有现实感，对自己没有认同感。

（4）生涯自信：在生涯建构理论中，信心表示自我效能感，与个人成功执行行动方针的能力有关。"我做得到吗？"这一类的问题反映生涯自信的高下（Savickas, 2005b）。一般来说，顺利地解决日常生活中遇到的问题就会产生信心。反之，来自性别或文化的限制会令人对自己的未来感到怀疑。缺乏生涯自信心的人，典型的反应是压抑拘谨或内缩退却。

生涯适应的测评发展也是一项全球共构的学术创举。萨维科斯分别于 2008 年与 2010 年两度召集来自 18 个国家与地区的国际生涯心理学家（澳大利亚——Mary McMahon；比利时——Raoul Van Esbroeck, Nicky Dries；巴西——M. Célia Lassance；中国——Zhijin Hou；英国——Jenny Bimrose；法国——Jean Guichard, Jacques Pouyard；德国——Barbel Kracke；中国香港——Alvin Leung；冰岛——Gugga Vilhjalmsdottir；意大利——Salvatore Soresi, Laura Nota, Lea Ferrari；日本——Agnes Watanabe；韩国——Jinkook Tak；荷兰——Annelies van Vianen, Ute Klehel；葡萄牙——Maria Eduarda Duarte；南非——Kobus Maree, Mark Watson；瑞士——Jean-Pierre Dauwalder, Jerome Rossier；中国台湾——Hsiu-Lan Tien；美国——Mark Savickas, Erik Porfeli, Fred Leong, Fred Vondracek, Mark Leach）共同制定了适应能力（adapt-abilities）语言概念的操作定义（operational definition）："关注"指个人面向并参与未来的准备程度；"控制"指尽责和负责的决策所显示的自律程度；"好奇"指个人探索环境并寻求机会信息的程度；"信心"指个人有能力解决问题并采取必要的行动来克服障碍的自信程度（Savickas & Profeli, 2012, p.664）。

根据精炼后的定义，他们决定先以英文构建一种衡量生涯适应能力的测验，然后根据各地的需要翻译成当地的语言。初期的成果是 13 个国家和地区合作开发的《生涯适应能力量表》（Career Adapt-Ability Scale, 简称 CAAS），后续又有其他语言的研发版本投入应用，中国两岸均有各自发展的中文版本（Hou et al., 2012；Sou et al., 2021；Tien et al., 2012；Tien et al., 2014）。

4. 生涯适应的历程

生涯适应要解答的是生涯发展阶段中，"如何"面对各种转型期或过渡期挑战的问题。生涯适应的历程包括适应准备（adaptive readiness）、适应资源（adaptability resources）、适应反应（adapting responses）与适应结果（adaptation results）的连续过程（Savickas & Profeli，2012）。参见图7-1。个体要达到每一个生涯阶段的稳定适应状态，每阶段都包含以下四方面。

（1）适应性与准备：适应性是灵活性或改变意愿相当高的一种人格特质，也是来访者主观对于改变的意愿或准备状态。

（2）适应力与资源：生涯适应力是一种自我调节的能力，可有效整合内外在的资源，激发完成适应目标的策略和行动。

（3）再适应与反应：适应周期的定向、探索、建立、管理、退场等行为反应，通过不断的再适应的策略与行动发挥作用。

（4）适应与结果：这是整个适应历程最终的稳定样貌，是个体与环境互动整合的结果，内在的状态与外在的生涯环境达到一种契合（goodness of fit）之境。

图7-1　生涯适应历程示意图

生涯适应是因应行为和解决问题策略的基础，用于完成发展任务、完成职业生涯转换并应对职业生涯中的种种困境。因此，提高来访者的生涯适应力，无疑成了生涯建构咨询的核心目标。

(三)生命主题:自我即创作者

同样是木兰从军的故事,在东方,这是孝道报国的生命主题;在西方,这是女性主义的生命主题。人"为何"(why)会朝着某个生命历程前进?每一个人的灵魂深处,除了安全、爱与归属感等基本需求外,还深藏着某种动力,足以将心灵深处的"执念"以"职志"的形式表征出来,此种动力的形式经常深入个体生命转折的故事中,称为生命主题。生命主题包括个体希望优先解决的一个或一组问题,以及为之找到解决的方案(Csikszentmihalyi & Beattie, 1979)。

1. 生命主题

在生涯的道路上,或有时坎坷曲折,不如人意。前来生涯咨询的来访者,多是希望将生涯中被动的痛苦转变成生命中主动的掌控。这种痛苦如果一而再,再而三地发生,经由一次又一次的故事叙说,某种巨大深奥的力量会通过故事中的话语表征,由若隐乃至于若现,经由觉察而成为生命主题。

生命主题起源于早期经验。生命主题的照见,在生涯建构的过程中,为何会产生推进的力量?生命主题间接地指点出故事主人翁在生命故事中所欲克服的障碍或挑战,直接地切入建构生涯中的问题核心,带出自我实现的内在转机,追求内心深处的安全或力量。尤有甚者,生命主题映照出内在深沉的需要,发显出生命中最在乎的价值与意义。此时"自我即展体",将自我的理念延展至未来世界,宛如生命之书的创作者。

贝多芬30岁前饱尝耳疾之苦,仿佛以"英雄"的生命主题重新定义了自己的生命价值。失聪的绝望与痛苦,转化升华而成《英雄交响曲》(*Eroica*),贝多芬在这一阶段的生涯发展,不仅开创出交响乐前所未有的音乐语汇与曲式规模,也创造了古典音乐的贝多芬时代。

生涯主题所彰显的个人意义,可用以下的陈述句说明(Savickas, 2005a, p.165):

> 我将来要做一位(1)神经外科医师,这样可以(2)发挥我精湛的手术能力,也可以(3)弥补我的父亲手术失败的缺憾。

知名的存在主义治疗师欧文·D. 亚隆（Irvin D. Yalom）决定要当精神科医生缘于年少时的一段经历。他的犹太裔移民身份使他在求学时期饱受歧视，他从小与母亲的关系也很紧张。在他年少时有一次他的父亲心脏病发作，当时他的母亲非常惊慌，对他吼着说："就是你害死了你爸爸！"曼彻斯特医生来到家里，他摸着亚隆的头，让亚隆听他的听诊器，并安慰这一对饱受惊吓的母子。亚隆当时非常震撼，幼小的心灵就立下了未来一生的职志："我从他身上感到极大的舒慰，正是由于这种力量，我希望我也能够帮助其他的人。"（Yalom, 2015）上述的陈述句应用在亚隆的故事，可以改写为：

> 我将来要做一位（1）精神科医师，这样可以（2）带给其他人极大的舒慰，也可以（3）让我的犹太背景家庭扬眉吐气，向我的妈妈证明我其实并不笨。

在这两个例句中，(1)"职业名称"与(2)"社会贡献"属于可以公之于世的意义，(3)生涯主题则是属于私人珍视的意义。在成名之后，即使亚隆已是一位受人景仰的精神科医师，还会经常做噩梦，在黑暗中呼喊着："妈妈！我表现得怎样？我表现得怎样？"这是他成长阶段渴望从妈妈那里得到肯定的执念（Yalom, 1999）。生涯主题被看见，内在潜隐的生命议题得以借着工作场域扬眉吐气，这使个人由被动受苦（passive suffer）翻身成为主动驾驭（active agent）。

2. 人物弧线

生涯主题呈现在生命的时间轴线上，描绘出某种生命主题的过去、现在与未来，标示着来访者生命动能发展的低谷与高峰，这是一条支配性很强的隐形叙事线，称为人物弧线（character arc）。

延伸阅读 7-1

人物弧线

"人物弧线"是故事结构或剧本书写中的专有名词，标示出发生在主角身上的一系列的故事情节，描绘了主角在整个故事过程中经历的旅程或转变。也就是说，整个故事的情节是围绕作者创建的人物弧线而构建的。

故事结构基本的形式，可以用故事结构中的三段式叙事说明之："开局""冲突"与"解决"。

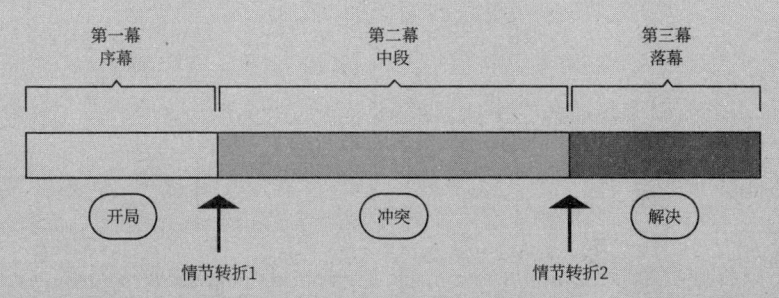

图7-2 三段式故事结构（资料来源：http://www.musik-therapie.at/PederHill/Structure&Plot.htm）

第一幕的"开局"阶段，读者看到的是"从前……"，主配角依次登场，加上必要的背景说明。在"情节转折1"出现之前，世间的一切是美好幸福的，主角满足于现状，没有内在或外在的冲突，也无必要改变。

"情节转折1"发生了大事，将故事带入了另一个方向或调性，从此风云变幻。

戏剧化的故事缘起于"情节转折1"，逼得主人翁不得不改变，开始涉入多事之秋。例如主角全家遇难，故事的主人翁正式向邪恶势力宣战。

第二幕的"冲突"阶段，故事愈见复杂与难缠，不同的情节从小高潮堆叠至大高潮，紧张的程度跌宕起伏。编剧或作者的功力在此见真章，故事出人意表的转折，吸引着读者的眼光。大高潮的落幕是主角发挥智慧，解决困境。

"情节转折2"是第二幕的结尾，故事进入另一个黑暗的低潮，主角一败涂地，甚至退隐山林，然而故事留下了东山再起的伏笔。

第三幕的"结局"阶段，主角戏剧化地再出江湖，已然脱胎换骨。故事随即落入以喜剧或悲剧收场的结局。

人物弧线的标示，可以清楚地看出故事人物主人翁的命运转折与变化，也是作者在撰写故事过程中，认知历程主导叙事铺陈的概念化表征。

人物弧线基本范式，可参见下图。

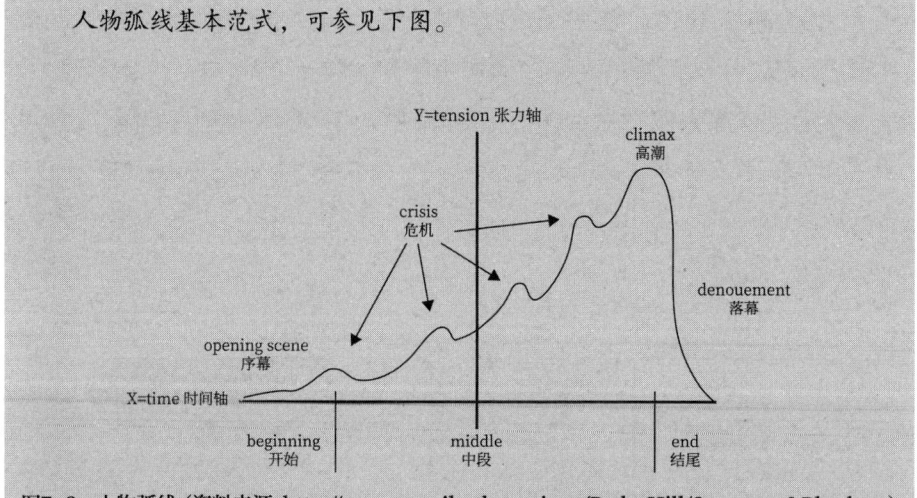

图7-3 人物弧线（资料来源：http://www.musik-therapie.at/PederHill/Structure&Plot.htm）

练习：

1. 在电影《泰坦尼克》中，男女主角的戏份高潮迭起。请男同学绘出男主角杰克的人物弧线；请女同学绘出女主角罗丝的人物弧线。
2. 如果自己就是电影中的主角，这人物弧线背后展现的生命主题是什么？

在不同的文化剧本中，无论儿童绘本或经典文学，故事情节中"人物弧线"激励人心的情状不胜枚举。从羸弱到强壮，从内缩到自信，从压抑到表现，从贫困到富裕，从恐惧到坚毅，"人物弧线"标示出故事的主人翁如何从内在的黑暗走到外在的光明，从困境中脱胎换骨，造就一个全新的自我（Savickas，2011b）。

生涯建构理论中采用了人物弧线的隐喻，个体追逐生命中缺失的东西，这些缺失的正是个体亟须弥补的，以免造成生命的缺憾。弧线的起点始于来访者早期生命中的失落或困顿，终于在职场上找到安身立命的处所。悬而未决或念念不忘的生命主题，通过挣扎、努力与突围的过程，让内在的职志或天命转化成个人的志业。在人物弧线跨越的时空，饱受欺凌的弱势儿童成了伸张正义的法官，贫困出身的孩子成了乐施好善的慈善家。由"负向"翻转到"正向"，是人物弧线最核心、最动人的表征，不仅定义了不断成长的自我，也展现了个人升华与转化的内在韧性与动力。

我们如何协助来访者发现或觉察建构生涯的生命主题？生涯建构理论深受阿德勒个人心理学的影响。生命主题所以栖身者，是若干生命故事的蛛丝马迹，包括生命风格与早期回忆。

（1）生命风格：根据阿德勒的说法，个体的生命风格（life style）通常在4～6岁发展起来，现在的生命风格通常反映出早年的生命风格。如果一个成年人在工作中不善于与人打交道，这很可能是童年时期发展出来的一种风格。

阿德勒学派通过聆听人们的生活故事（包括他们的童年）来观察个体独特的生命风格。早期经历说明了美国黑人人权领袖马丁·路德·金（Martin Luther King Jr., 1929—1968）在寻求种族和社会正义时的人格特性和领导风范（Mwita, 2004）。他难以忘怀小时候有一次和父亲一起去买鞋的故事。店员坚持他和父亲必须坐在"有色人种"的座位试鞋，父亲气得拒绝在这家鞋店买鞋。这个故事是早期回忆的一个例子，"为人权奋斗"的执念主题成为这孩子未来一生的重要的职志。

（2）早期回忆：对于阿德勒学派而言，早期回忆（early recollections）是邀请来访者回忆幼时印象深刻的故事，这些故事是决定生命风格的重要线索（Mayman, 1960；Mosak, 1958）。从心理动力的角度观之，童年面对挫折或人际创伤的经历，饱含着生命蓝图，逐渐发展成独有的生命风格与生涯目标。

在生涯建构理论中不去溯源追究人格形成的远因，而是赋予这些叙事不同的含义。通常提取3～5个青春期以前的早期回忆，就足以从故事中发现一些重要的主题或组型，包括面对自己及他人与环境的态度、信念与行为。马雷（Maree, 2010）使用三段逸事技术（three anecdotes technique），要求来访者自由联想他们最早的三个记忆，试图理解他们隐藏在故事之中的"执念"。在提取早期回忆时，咨询师的典型问句是："你能回忆一下最早的记忆吗？也就是从你最早的记忆开始，发生在自己身上的一些事情。"

第三节 生命设计咨询

生涯建构理论的主要咨询介入策略，称为生命设计咨询（life design counseling）。所谓生命设计，简而言之，就是"自己的人生，自己设计"，做自己的生命设计师。在《生命设计咨询手册》（*Life-design counseling manual*）（Savickas, 2015a）中，详细地说明了生命设计咨询的主要概念、技术和方式。生命设计咨询最主要的特征，在于摆脱了分数（scores）与阶段（stages），重点放在故事（stories）。

一、咨询目标与历程

萨维科斯将生命设计咨询比作爵士乐。爵士音乐家不一定按照乐谱演奏，有时创造旋律，有时游走于旋律之间。生命设计的咨询师必须熟悉生命设计的话语和生涯建构理论的精髓，自信且即兴地满足来访者的需求。用巴勃罗·毕加索（Pablo Picasso, 1881—1973）的话来说："先像专家一样学会规则，然后像艺术家一样打破常规。"（Learn the rules like a pro, so you can break them like an artist.）

（一）咨询目标

生命设计咨询的前提是假定来访者在目前的生涯定向或职业生涯中，已经偏离了原来的故事情节，或者不知该按照什么剧情走下去。咨询工作的开展，在于帮助个人对其传记进行梳理与编写。咨询的目标包括以下几项（Savickas, 2013a, 2019）。

1. 讲述故事：讲述工作生活和当前的转变和困难，利用这种故事叙说的方式来调节情绪，同时理解生涯转变的意义。

2. 编写故事：整合自我认同和工作认同。

3. 生命设计：协助个人将工作融入生命，而不是将生命融入工作。

4. 具体行动：在生涯情节中描绘下一个场景，积极行动以创造更满意的生活。

（二）咨询要素

生命设计咨询包括以下三个重要的元素：关系（relationship）、反思（reflection）与意义建构（sense-making）（Savickas，2015a）。

1. 关系：来访者是自己故事的专家，咨询师是生命设计的专家。生命设计咨询是两个专家一起对话的过程，一起共构故事的过程。

2. 反思：咨询的过程通常不聚焦于来访者的问题，而是提供故事反思的空间。反思是一种对自己的故事当中所映照出来的素材所做的思考。反思的内容来自个人过去的小故事，经由现在的叙说而现身。故事反思的过程让来访者可以抽身审视自己的生活，通过解构、重构与共构的历程，经由自身的微观叙事（micro-narratives）重建了宏观叙事（macro-narratives）。这种重新审视后的个人身份，强化了来访者生涯行动的意向。

3. 意义建构：故事叙说使来访者重新审视过去的经验而产生新的观点。来访者通过这个过程，为不确定或模糊的处境找到重新出发的力量。建构意义的目的是让来访者确立自己的意向，鼓励自己实践对自我的承诺，以获得生活的意义感。

延伸阅读 7-2

生命传记：从微观叙事到宏观叙事

本章第一节呈现萨维科斯的生命传记，即叙事学中自传性主导权（autobiographical agency）的发挥，是一种自传性（biographicity，又译传记性）的展现（Alheit & Daussien，2000）。"自传性"用来描述我们如何通过叙述和理解自己的生命故事，进而构建自己的身份和意义，涉及个人如何在自己的生涯中创造意义，并将其转化为可以与他人分享的叙述。

"自传性主导权"是自我生命传记发挥的作用。有以下几个特性。

（1）自主性：个人能够主动选择如何讲述自己的故事，决定哪些经历和事件是重要的，以及如何解释这些经历。（2）理解性：通过回顾和反思过去的经历，个人能够更深入地理解自己的身份、价值观和目标。（3）未来性：个人可以通过自传性的叙述来设计未来的行动路径，根据过去的经验和当前的情况做出决策（OpenAI，2024）。如果咨询师在生涯咨询中发现，来访者在生涯困扰的底层潜藏着过去的创伤，也可结合叙事治疗通过叙述自己的生命故事来理解和处理创伤经历，从而增强自我掌控感和提升复原力。

在生涯建构理论中，生命传记的叙说引导我们关注和理解个体在其生命旅程中的发展、成长、困难和转变，并提供了洞察和理解个人在生涯环境和情境中的行为表现方式。个体通过该过程来组织新的、有时是令人困惑的经历，并将其整合到自己的传记中（Savickas，2019）。根据彼得·阿尔黑特（Peter Alheit）和贝蒂娜·道森（Bettina Dausien）的说法，生命传记的叙说展现是现代社会的一种关键能力，通过这种传记性的叙事能力，个人可以在跌宕的社会环境中重新诠释自己的生命；一方面创造新的经历，另一方面将这些新的经历与已经学到的知识联系起来。生涯的轨迹有时会因意外而悬置，但是经由重新诠释自己的传记，可以理解到自我的认同与生命的意义，从而在"现在"与"未来"的断崖之间架起桥梁。

这种关于重要事件、重要人物、自我定义的时刻或生命经验改变的单一故事或短篇故事，称为微观叙事。若将许多的微观故事整合到一个恢宏的生命故事中，称为宏观叙事。宏观叙事是一种自传体的身份叙事，一个"巩固我们的自我理解，确立我们特有的情感和目标，并引导我们在社会世界舞台上表现自我"（Neimeyer，2004，pp.53-54）的叙事。在生命设计咨询的历程中，我们将会看到如何经由咨询的阶段与方法，将来访者的微观叙事整合成宏观叙事。

（三）咨询历程

萨维科斯有两句名言：从"执念"到"职业"（from preoccupation to occupation）与从"张力"到"愿力"（from tension to intention），此种转变的历程通过下列的结构框架得以推陈：建构、解构、重构、共构与行动（Savickas，2013a，2013b，2015a）。

1. 建构（construction）

咨询历程中的建构，在于通过叙说建构出生活经验中点点滴滴的故事。生活中的经验如果未经叙说，就不成为故事。来访者从他们当前失序的故事中摸不到头绪时，最有效的理绪之道是对过去的经历进行故事叙说（Heinz，

2002)。生命设计强调启发来访者的叙事力（narratability），这是提高来访者讲述故事和表现身份认同的能力，作用在促成转化。叙事咨询有助于来访者重新经历他们已经知道的故事（Savickas, 2013b）。

因此，来访者陷入困境时，咨询师要求来访者进行微观叙事，也就是从说一些小故事开始。这些基本的小故事是未来重新安排的基本材料，用来理解问题的核心，讨论将要做出的生涯抉择中涉及的关键问题。

故事叙说的方法可以帮助来访者清楚地表达这些基础故事，萨维科斯创建的方法称为生涯建构访谈法（Career Construction Interview，简称CCI）（Savickas, 2013b），共有五项微观的访谈项目，稍后详述之。

2. 解构（deconstruction）

咨询历程中的解构，是指解构来访者向外拓展时的内在限制（Savickas, 2013b）。魔鬼藏在细节里，天使也藏在细节里。细节隐藏着一体两面的魔鬼与天使，解构就必须从细节着手。咨询师必须仔细聆听需要解构的小插曲或小逸事。有一些使来访者失去活力的故事，包括自我设限的信念、角色和文化障碍，必须摊开来检视。通常，最需要解构的小插曲涉及性别、种族和社会阶层的偏见。重新检视这些错误的想法，可能会打开一条前所未见或以前认为不可能的道路。

故事本身并不能决定一个人的未来。反之，讲出故事（storying）才是在创造意义和塑造未来，这是一种主动积极的尝试。在讲述自己的故事时，个人"就在"构建可能的未来。个人不只是在回忆（remembering），而且是将过去的故事聚拢（re-member the past），以便借先前的事件解读当前的生涯抉择，并为将来的行动打下基础（Josselson, 2000）。在仔细聆听了来访者的故事，或者解构了一些令人沮丧的想法和事件之后，下一阶段就该将这些小故事重构为一个大型的生涯故事了。

3. 重构（reconstruction）

同样是在生涯战场上挫败的故事，"屡战屡败"的叙事语言令人沮丧，"屡败屡战"的叙事主题则充满激励的力量。史观是可以改变的，只要叙事观点改变，历史就会被重新定义与解构，个人的生涯史也是如此。生命设计咨询历程中的重构，是将数个"微观叙事"组建成为一个"宏观叙事"。

叙事的过程从熟悉的小故事中搜集意义线索，并将它们编织成一个具有更深层意义的宏观叙事。这将会是来访者崭新的经验，在旧有的元素中重新看见自己的叙事认同，既不失其自我认同的连续性，又能照见更深一层的生命意义；在这个变化的世界中，为来访者带来新的目标（Savickas, 2013a）。

生涯建构理论假设，从"执念"到"职业"的转化隐藏着生涯建构的原型主题（archetypal theme）。生命主题由一个或一系列问题组成，这些问题是一个人最希望解决的问题，也是一个人找到解决问题的方法（Csikszentmihalyi & Beattie, 1979, p.48）。萨维科斯进一步诠释，在生涯领域所谓的"从执念到职业"，执念是问题之所在，职业就是问题的解决之道（the problem is the preoccupations, and the solution is the occupation）（Savickas, 2013b, p.171）。例如精神治疗大师亚隆（Yalom, 2017）的执念是："我必须学医，才能解决自己或他人的痛苦，也能够让我犹太裔的背景在美国这个社会得到应有的尊重。"因此，来访者带来的生涯"问题"，意味着个人在解决生涯问题时必须深入解析"执念"所系的源头，看似消极负面的故事（亚隆身为犹太裔小时饱受欺凌）可翻转为积极正面的志业（成长后立志悬壶济世），着实令人动容。

4. 共构（co-construction）

从失焦到聚焦，咨询历程中的共构，是咨询师与来访者共同针对来访者所谈的困扰，共构出解决的攻略。这个攻略来自对重构后的身份叙事的聚焦与反思。从生涯故事中重建了关于职涯的身份叙事后，双方共同检视新的生命画像草稿，包括生涯情节、生涯主题和人物弧线。新的生涯篇章来自自己的语汇，为自我建构和意义构建搭建了一个鹰架，贯穿至新篇章（Savickas, 2013b）。

从失志到矢志，双方共构而出的身份叙事提供了新的含义，从而重启了停滞不前的生涯计划，开辟了新的可能性。随后，咨询师可以充当"重新入会"的"见证人"（这是叙事治疗常用的方法，用来强化新的行动力），对新故事及其意图进行验证和认证（参见第六章图 6-5）。这种有目标的行动融入了生命的意义，促进了更深一步的自我创造、身份塑造和生涯建构。

从张力到愿力，随着来访者的意图更加明显，也就能自然而然地设想下一个场景，准备开始行动，面对挑战。《我的生涯故事手册》(*My Career Story：An Autobiographical Workbook for Life-career Success.*)（Savickas & Hartung, 2012）提供了具体的方法，稍后详述。

5. 行动（action）

这个阶段的咨询重点在于促进来访者的行动力。尽管编写完一个场景的剧本就可以让来访者体验到久违的前进感，但具体的行动可以使来访者感觉走在自己的前面。将意图转变为充满意义的行为，需要行动力。在此阶段，双方可以共同制定一个行动议程，将来访者从目前经历的停滞状态转移到心之所向的状态（Savickas, 2013b）。

总之，生命设计咨询的开展，首先让来访者通过故事叙说，发掘故事的含义来解构士气低落的故事；其次通过阐述身份叙事来重构生命画像，将张力转变为愿力以共同构建生涯情节中的新篇；最后采取行动创造更令人满意的生活。因此，回顾整个咨询的进程，是开始于细致的建构，继之以动摇的解构，转折于精妙的重构，聚敛于转化的共构，最后落幕于具体的行动。

二、咨询的阶段与方法

上述建构、解构、重构、共构与行动的主体框架，在咨询历程中反复来回，其节奏大致可分为四个阶段。(1) 暖身阶段：引出转换叙事；(2) 建构与解构阶段：生涯建构访谈法；(3) 重构与共构阶段：生命画像素描法；(4) 行动阶段：重新叙说与展开生涯行动（Savickas, 2015a）。

（一）暖身阶段：引出转换叙事

1. 目的

在进入咨询历程之初，咨询师先问几个问题，除了破冰暖身与建立关系，也是在建立初步的咨询目标。

2. 提问

首先，请来访者说一说，是哪些事情的发生，使现在的生涯剧本走不下去？其次，现在面对困境的适应性准备和克服困难的资源有哪些？最后，希望与咨询师共同讨论与构建的生涯目标是什么？

典型的起始问句是："我怎样才能对你的职业生涯有所帮助？"（How can I be useful to you in constructing your career?）

这是生命设计咨询最重要的一个起始问句。来访者的回答是相当关键的基本线索，决定了下一阶段五组问句能在什么问题上发力。请参见下例（Hartung & Vess, 2019, p.95）。

咨询师：我怎样才能对你的职业生涯有所帮助？
来访者：我希望对我可能想做的事情，再清楚一些。
咨询师：你说，"再清楚一点"，好像你已经知道了一些事情。你想到了什么？
来访者：我想到的是，我不想做一名建筑师。我想我对城市设计方面更感兴趣一些。我甚至想到过在社区学院里教教书。我还有很多其他兴趣，我也喜欢心理学。

3. 提示

· 确定来访者目前所面对的生涯问题。
· 初步形成生涯设计咨询的咨询目标。

（二）建构与解构阶段：生涯建构访谈法

生命设计咨询的过程中采用的主要方法，称为生涯建构访谈法（career construction interview），这是萨维科斯累积数十年的经验发展出来的一种结构式的访谈法（Savickas, 2015a）。

生涯建构访谈法共有五组问句。咨询师在建立关系、调整目标并描述咨询过程之后开始启动这五个生涯建构访谈问题，以提供一个有意义、有目的、能够形成意图和促使行动的故事素材。这五组题目包括：角色楷模、杂志、电视

节目或网站，最喜欢的故事，最喜欢的谚语或格言以及早期回忆。(Savickas, 2015a)

表7-3 生涯建构访谈问句与说明

类型	典型问句	说明
角色楷模	在成长的过程中，谁是你最欣赏佩服的人？说说关于他/她的事。	代表理想自我或主要的生命目标，并为生命中的核心问题提供解决方案。
杂志、电视节目或网站	你固定读杂志或看电视节目吗？你看哪一本杂志或哪个电视节目？你喜欢这些杂志或电视节目的哪些部分？	指出适合个人风格的偏好环境。
最喜欢的故事	你最喜欢的书籍或电影是什么？告诉我它讲的故事。	提示与个人面对相同问题的角色，以及书中主角如何去处理问题。
最喜欢的谚语或格言	告诉我你最喜欢的谚语或格言。	提供生命故事的标题。
早期回忆	你最早的回忆是什么？我很有兴趣去听你所能回忆起来的，三件在3~6岁时发生在你身上的事情，或是更早的事。	提示个人所面对的核心问题。

（资料来源：曾滢镁，2016）

1. 角色楷模

(1) 目的

第一个问题是询问角色楷模。对大多数人来说，第一个或早期生涯抉择总会有某个角色楷模的影子。这个问题相当关键，因为这个问题的答案可以提供来访者构建自我蓝图的重要特征和属性。在青春期后期，个体会将这些属性或认同整合到最早开始的职业认同中。

(2) 问句

你在成长过程中曾经崇拜过谁？大约在 3～6 岁，除了你的父母之外，谁是你心目中仰慕的人？他们可以是你认识的或不认识的人，也可以是书籍、电影、动漫、网络、电玩中的人物。

通常我们会要求来访者至少提出三个榜样。如果想不出 6 岁以前的，7 岁至青春期的也可以。咨询师接下来提问的重点并不在于来访者欣赏的偶像外表，而在于这类偶像具备的其所钦佩的性格特征："我想知道这个榜样是什么样的人。请给出一些你印象深刻的个性特征。"

每个榜样至少要有三四个形容词。这三个榜样可能出现重复的形容词，也有可能不同。我们要特别注意出现的重复单词，重复的形容词通常是来访者核心的属性。

(3) 提示

咨询师也可以要求来访者指出自己与每个角色楷模的相似或相异之处，加以比较（Savickas，2013a）。这并不是去模仿角色楷模的形与象，也不是表面上的仰慕与崇拜，而是认同榜样人物的人格与精神。来访者将景仰的特质视为典范时，会产生潜移默化的认同作用（identification），不只吸纳这些人格特质与行为风范成为自己的一部分，甚至是牵引出自己被遮蔽的部分，呈现它原来的样子。

2. 杂志、电视节目或网站

(1) 目的

第二个问题是询问杂志、电视节目与网站。这是与"兴趣"有关的提问。传统评估兴趣是通过兴趣测验，生命设计取向的理念则认为，经由来访者实际接触的环境特征来识别兴趣才有意义。这是因为兴趣涉及人与环境之间的社会心理联系。因此，兴趣必须通过个体与环境的接触才得以发现，而不是隐藏在心理测验的常模中。

(2) 问句

你是否订阅或定期阅读一些喜欢的杂志？

首先通过询问杂志来评估来访者的兴趣。通常列举三本最喜欢的杂志，请来访者逐一地回答下面的问题：

这本杂志是哪里吸引你……？
你怎么发现这本杂志这么吸引你？
为什么你比较喜欢这一类型的而不是其他类型的？
你喜欢这本杂志的什么？

如果来访者没有喜欢的杂志，就可以跳到电视节目。"有没有经常看的电视节目？"同样，也是问三个例子。如果不看电视，也不喜欢看杂志，还可以问最喜欢的网站："你经常访问哪些网站？""你钟爱哪些 App？"也是列举三种，谈谈喜欢这些网站或 App 的什么内容与特性。

（3）提示

如果让来访者自己去整理这些故事的共通点，咨询师听到这里会慢慢发现，这些吸引来访者的杂志、电视节目与网站，会很精妙地折射出一个人内在深处只能意会而难以言说的高峰经验（peak experience）。由于这些兴趣是从自己实际的生活经验中萃取出来的，不再是像测验结果仅得到几个符号（例如 ASE），来访者的自主性与主导性（agency）会油然而生。

3. 最喜欢的故事

（1）目的

第三个问题提到来访者最喜欢的故事。这也许是解决生涯困境的文化剧本（cultural scripts），包括生命剧本或生涯剧本。电影或书中的故事成为个人的最爱，因为故事极有可能反映了一种因应生涯转变策略的剧本。隐含在最喜欢的故事中的元素，可能是突破目前生涯故事瓶颈，成为撰写下一个篇章的主要素材。

（2）问句

目前，在你看过的书或电影中，印象最深刻的故事是什么？

大多数的人都会从书或电影中选择故事。有的人会提到歌剧、漫画书、圣经或绘本，这些记载故事的文学形式无关紧要，重要的是来访者从喜欢的故事中照见了什么样的自己。

在提问时，必须特别强调"当前"或"现在"。生涯建构理论将新的剧本视为新环境或新阶段中挹注适应性和灵活性的重要资源。为了确保让来访者用自己的话讲这些故事，建议应该至少使用4～5个句子来描述。

如果发现该故事与目前过渡阶段的困扰没有直接联系，则要求来访者讲述第二个喜欢的故事。然后，我们慢慢发现两三个故事的交集，在来访者的宏观叙事中的重要元素就会浮现出来。

（3）提示

从生涯建构的术语观之，"自我即行动者"的人格特质在一生中保持相当稳定，而行动者的剧本会发生变化，以适应新的舞台（工作环境）。新的工作环境可能需要新的剧本，但是来访者并不知道自己拥有这些资源，并没想到这些最喜欢的故事中暗藏着可行的方案和策略。咨询师发现，有的来访者从童年开始，在整个生命的几十年中都会保持着最喜欢某一类故事。尽管基本故事结构不变，但是在遇到生涯瓶颈时，在重新叙说中因叙说的角度不同，又会发现新的见解。因此来访者可以根据这些见解来修改剧本，以适应新的工作环境或生活阶段的需要（Savickas，2015a）。

4. 最喜欢的谚语或格言

（1）目的

第四个问题提到来访者喜爱的谚语或格言。这是用来了解来访者曾经激励自己的格言或鼓舞自己的建议。生命设计咨询希望让来访者听见并尊重自己的智慧。这个目标遵循的原则是"只有来访者才有答案"（Winnicott，1969）。这个问答的过程让来访者体认人生问题的解答在自己身上，而不见得要完全依赖专家。

（2）问句

你最喜欢的座右铭是什么？

有的人不一定能一下子答出来，可以换一个更有生活经验情境的问法：

你在地铁或电视广告、海报上看到过让你深深共鸣的广告词吗？
在微信中有没有让你曾经截图下来保留的好句子？

如果来访者想不出来，那就问："你愿意现在就编一句吗？"例如一个14岁的女孩创造出："许个愿望，抓住机会，看着梦想成真。"她在咨询开始时带来的问题，是想成为一名小说家。它可能描绘了对来访者而言某种隐藏的象征意义。

（3）提示

在千百种座右铭中，能让一个人挑选其中一二者，必有其故。为何来访者会被这些谚语吸引？表面上是因为这些话语引起了共鸣，是一种激励自己的言语图腾；尤有甚者，生涯建构理论认为其内容通常隐含着对来访者深度的启发，包括行动的资源、策略等（Savickas, 2013a, 2013b, 2015a）。短短的问答，仿佛是一种潜移默化的自我引导。佳句中的暗示，好像让来访者告诉自己必须用哪些方式推进哪些事，才能使自己的故事向前发展至新的篇章，成为期盼中的自己（Savickas, 2013a）。

5. 早期回忆

（1）目的

最后一个提问，在于了解来访者从哪个角度看待生涯困扰中的问题。生命设计的策略是从早期回忆切入。早期经验不见得是愉快的，正因为如此，故事中隐藏的痛苦、愤怒形成了某种"执念"，投放在生命意义的视角中。自我是舞台上"前台"演出的主角，早期回忆诉说着更多"后台"发生的事。

（2）问句

你最早的回忆是什么？我很想听听三件在你3～6岁时发生的事。

如果每一个故事都有一种很强烈的感觉，那感觉会是什么？

写下总体感觉之后，咨询师提出第二个问题，也就是将故事图像化：

如果你找到一张最能够代表那个记忆中最生动部分的照片，会是一张什么画面的相片？

在搜集了三个早期回忆的故事之后，咨询师建议来访者为每个故事撰写标题："请你为每个记忆写下一个标题。标题就像杂志或报纸中一篇报道的篇名或一部电影的片名。一个标题中，最好能有一个动词。"

然后，咨询师可以朗读第一个故事，并等待来访者构思标题。为每一个故事写下标题不只是一种语言活动，更是来访者理解自己的一种权威经验。在这个过程中来访者赋予每个故事存在的意义，而又饱含情感。

(3) 提示

为何生命设计咨询看重早期回忆的标题，因为这是生命故事精华的浓缩，可以从中萃取来访者在意的生涯主题。要特别检视标题中使用的动词，因为这些动词彼此间都会有些关联，其串联之处甚至有可能成为生涯问题解决的重要线索（Savickas，2013a，2013b）。

①注意动词：动词是表示动作的词语。在一个故事中，它们暗示着一个运动、一种兴趣或一个方向。咨询师在第一次早期回忆中可以注意第一个动词。然后继续听第一次回忆中的其他动词，接着是其他几个回忆。这些动词有助于为一个或多个生活主题提供线索。举例来说，在第一次回忆中，如果用了"记住"（remember）这个词，这意味着来访者善于深思熟虑。第二个动词是"涂绘"（paint）。这表明有创作的欲望，而且对艺术有兴趣。在第二次回忆中，如果出现的三个动词是"思考"（think）、"注意到"（noticed）和"发生"（occurred），这些也暗示着深思熟虑和善于观察。若在第三次回忆中，出现动词"跟随"（follow）和"帮助"（help），表示在乎与他人的联系和关系中的互助。在第四次回忆中，感觉为他人感到"悲伤"（sad）才是最自发且最有意义的。这些重复出现的动词，让来访者看到"帮助他人"的主题逐渐浮现出来（Sharf，2014）。

②提取标题：咨询师请来访者在检视这些早期回忆后，逐一拿出一个吸引人的标题。通常一个故事的标题浓缩了所有内容的精华。这些标题极有可能就是适合来访者解决困境的主题。例如来访者为第一个回忆下的标题包括动词"创作"（making），表示生产力或创造性。第二个回忆的标题使用包括"意识到"（being aware）的短语，暗示对周遭有相当高的敏感度。最后两个回忆重复出现"帮助"（helping）和"感到抱歉"（feeling sorry）两个词，都表示关心他人（Sharf，2014）。上述这些动词与标题的运用，必须由来访者亲力为之，且尽量采用原汁原味的词汇，咨询师不能越俎代庖。

往事已非往事，叙说发现了主题，往事浮现出了意义。将生涯建构访谈得到的资料进行汇整，参见表7-4。有了这一层的理解，来访者可以准备进入下一阶段的重构与共构历程。在重构与共构历程应用的技术，称为生命画像素描法。

（三）重构与共构阶段：生命画像素描法

生命画像素描法（life portrait）是一种宏观的肖像式描述（Savickas，2019）。前面生涯建构访谈叙述的都是小故事，像是一张一张的拼图碎片。接下来的挑战是如何将小故事组合成大故事，就像七巧板一样，每个人拼出的图像都不同。这就是生命画像素描法。生命画像素描法的运用，在于来访者听到了这些自己说出来的小故事，丰富了认知上的自我理解，开始将其转绘成生命画像，或改变观点，或与关键问题产生联结，最终回应来访者主诉的问题，采取适当的行动。

在重构与共构阶段采用生命画像素描法，将微观叙事描述为宏观叙事，通过以下七项任务连续完成之：

任务一　主题：构建透视图（汇整生命的主题）

任务二　自我：榜样也是我（描述镜像的自我）

任务三　转化：被动到主动（儿时片段与榜样）

任务四　兴趣：喜欢做的事（联结兴趣的类型）

任务五　剧本：角色的编写（编写自己的剧本）

任务六　格言：智慧的力量（给自己的座右铭）

任务七　全貌：生命的图像（生涯的宏观叙事）

表7-4 生涯建构访谈内容记录表（范例）

1	你希望这次面谈中我有什么地方可以帮助你面对过渡期的困扰或所关注的问题？ 未知将来出路如何选择 选项一：社工　　　　（自己很希望做的工作） 选项二：会计　　　　（家人期望及亲友推荐的工作机会） 选项三：体育教师　　（好玩，是自己的兴趣）
2	在你成长路上，除了父母外，你最欣赏的三个人物（如艺人、网红、故事/动画角色等）是谁？ 爱丽丝：　　　　　贪玩、爱冒险、有创意、勇敢 李老师：　　　　　主动关心、很细心、温柔 特里莎修女：　　　很伟大、乐于助人、无私（协助弱势群体）
3	你喜欢的三种阅读形式，例如漫画、杂志、报纸、社交APP，是什么？ Instagram：　　更新朋友状况、分享自己最近状况、记录生活中的小事 Facebook：　　　了解家人状况、看新闻/社会相关议题 U-Magazine：　旅行地点、香港好去处、美食介绍、郊游路线
4	你现在最喜欢的书籍/电影是什么？ 主角Billy十分喜欢跳芭蕾舞，由于社会的认知，认为是芭蕾舞只应女孩参与，所以家人极力反对。虽然如此，凭着他的努力及坚持，他跳舞的能力得到了跳舞老师的赏识，老师还为Billy写了推荐信，希望能推荐他进入很有名的皇家芭蕾舞学院学习。即使如此，其家人都仍然强烈反对。Billy没有因此而放弃跳芭蕾舞，反而更加坚持，做好自己，跳好芭蕾舞，最后得到身边人的肯定和支持。他的爸爸也承认他有跳芭蕾舞的天分，放手让Billy继续跳舞。
5	你喜爱/印象深刻的一句话/座右铭/格言是什么？ • 快乐是你拥有的最珍贵的宝物 • Work Hard! Play Hard! • 当你想放弃时，回忆最初开始的原因！

早期回忆	小时候，我与家人一起到酒楼吃火锅。我跟妈妈一起到取食物区拿食物。返回座位时，我就偷偷地爬上了儿童椅，然后椅子翻倒了，我的头撞破了还流了很多血。家人立即把我送到医院疗伤。	每天都被爷爷很早叫起床吃早餐，然后再送我去上学。当时我感到十分不情愿早起床和爷爷去外面吃早餐，但后来还是都去了，因为这是最简单及快捷的方式。	小学一年级时，第一次参加自己的结业礼，当时获得了两个奖项，分别是视艺奖及操行奖。父母得知后十分兴奋，并且到场支持我。
标题	调皮摔破头 贪玩成困局	半情愿半不情愿 与爷爷吃早餐	只要坚持，必能有收获 人生第一个结业礼 第一次领奖

（资料来源：香港中文大学校本支援小组，2019，p.34）

1. 任务一　主题：构建透视图

主题是最后画像成形的灵魂。这是利用早期回忆的内容帮助来访者理解和评估来访时的生涯问题，将注意力集中在问题的"视角"上。视角站好了，透视图就出来了。在生涯建构访谈中的最后一个问题是探讨早期回忆，这个问题在生涯建构访谈序列中放在最后，是因为它是最隐私的部分。咨询师必须在建立了信赖关系之后，才适合探问这个问题。而这些视角又是整个生命图画最"意有所指"的部分，所以首先要从早期回忆找到透视图的视角。咨询师的任务是督促来访者倾听每个早期回忆自己对自己（the-self-to-the-self）想要说什么（Savickas, 2015a）。

虽然早期回忆故事的内容来自过去，但说出的故事是关于现在的困难。我们很难想象记忆会主动选择要回忆什么，咨询师会惊讶地发现，来访者会直觉地选择与呈现问题相关的早期回忆。例如假设一位来访者在工作中遇到困难。她回想起的早期回忆，是当她3岁的时候，保姆把她锁在屋外。来访者现在的困扰正是感觉到自己在工作场域被"锁在门外"。另一个早期回忆的故事是，当她不想换尿布时却被保姆强迫换了尿布，这可能也在暗示她现在并不想改变职业，却不得不改。

（1）主要任务

这个活动的任务是完成生命画像中需要的第一句话："面对这种生涯转变时，我内心深处的关注提醒了我……"这句话最终可能会单独作为一个句子出现，或者用作段落的主题句。

（2）进行程序

早期回忆透露出待解决生涯议题的隐含意义，由浅而深分别有三层。

①表面层：新颖观点的浮现

尤其是第一个早期回忆，为来访者现在的生涯摆渡提供了新的观点。如果三个早期回忆都有共同特征的观点，将这些观点照映现在的生涯困境，出口仿佛就在不远的前方。

②潜藏层：内在执念的蛰伏

新观点蕴涵着"执念"。观点背后隐藏着从小以来始终如一的"执念"，这种原则与信念遍布在各种过去到现在的坚持中，如果被再次看见，可加深转化职业生涯的可能性。

③最底层：深处痛苦的升华

执念背后隐藏着"痛点"。伤痛不只是一种表面上看到的情绪，当我们得不到在乎的东西或失去珍视的价值，心灵就会痛苦不已。正如 13 世纪波斯诗人贾拉尔·阿德丁·鲁米（Jalāl al-Dīn Rūmī，1207—1273）所写："伤痛就是光进入的地方。"（Savickas，2015a，p.40）光通常照亮了另一个故事，一种隐含在痛苦中的前进力量。

如何重构这些早期回忆的内容？萨维科斯（Savickas，2015a）建议从"人际取向"开始，也就是来访者与故事中其他人的关系的总体印象。然后，放大"第一个动词"，其重要性就如同上述的例子。"感受"这个词指向的可能是一种经常感觉到的情绪，尤其是来访者现在面临的困境。"标题"通常阐明记忆的主要含义并暗示主题。最后，"被动到主动"比较了早期回忆和现在问题之间的关联。解决现在问题的目标是主动地回应早期回忆中被动性的问题。如果 3 岁时曾被关在外面，这成了遗憾的往事。这个往事经过现在的叙说，来访者"现在"理解到必须想办法回到家里或搬到另一个地方。这些改变是当下理解后的赋权，人们会从这里涌出矢志改善现在类似困境的力量。

生命图像的刻画，涉及所有的艺术元素，包括看得见的线条、颜色、光线，以及看不见的情节与主题。画像是一种隐喻，绘画的元素来自生涯建构访谈的故事，这个透视图采集自早期回忆故事中的六个重点。分别是上述的人际取向、第一个动词、感受、标题、观点、被动到主动。

(3) 个案示例

萨维科斯举了一个例子（Savickas，2015a，p.42-43）。一名 35 岁的妇女（匿名"薇薇"）寻求生涯咨询，因儿子要读小学一年级，她面临职业与家庭两难的抉择。下面是一个早期的回忆。

> 我记得三四岁时，我躺在医院的床上，床的四周都是栅栏。在它周围，灯光暗淡，房间也寂寥。我在等妈妈来医院陪我。我很难过，因为我觉得她不会出现。时间几乎是静止的。我记得护士在我等的时候给了我七喜或雪碧这些汽水饮料。最终她出现了，给了我一只

鹅妈妈的玩具。

人际取向：渴望关系。

第一个动词：等待（她想要，希望，梦想）。

感受：孤独，沮丧，孤立。

标题：我妈妈在哪里？

观点：与他人分开并感到孤独。想要与其他人联系。

被动到主动：帮助孤苦伶仃且需要被照护的人。

（4）生涯图像小结

薇薇的生命图像的第一个句子："面对生涯的抉择与转变，我内心深处的关注提醒我，我害怕孤独，也担心被遗弃，因此我想帮助那些在这个世界上感到孤独的人。"

延伸阅读 7-3

故事序列分析

来访者的执念通常隐藏在几个早期回忆的故事中。来访者说了三个有关早期的故事，如何将其整合成一个大叙事？萨维科斯引介了一个故事序列分析（story sequence analysis）（Savickas, 2015a, pp.43-46）的方法。

第一个早期回忆通常反映出来访者现在面对的困扰，也是最关心的事。这个困境让人动弹不得，是一种边缘经验（boundary experience）。

第二个早期回忆通常是第一个早期回忆担忧的延伸，有过之而无不及。这个回忆的主题不一定与第一个回忆相通，但是加深了困境的忧患意识。

第三个早期回忆通常标示了一个可能的解决方案，充满了谷底翻身的希望。这是一个从被动转化为主动的拐点。

请参见以下示例。一位来访者报告说她的第一个早期回忆："我记得那时候正搬迁（moving）到新家"。第一个动词（moving）代表了她一生中频繁的"移动"。她描述的"移动"是要搬进新房子。因此，"移动到新情境"也或许是主题中的一个重要因素，可能正、负面的影响都有。

在第二个早期回忆中，她回顾了自己难以适应新的居家环境。"有一天，我骑着自行车在车道上滑行，突然快速地踩着踏板，因为怕落入下坡的泥潭。"这两个早期回忆中重复出现了她的职业生涯问题。她刚刚换了一份新工作，尽可能地努力工作，但却难以安顿自己。她感到无法控制的力量正在把她拉下水。这时出现一个综合的生命图像："面对这种转变，我内心的担忧提醒我，当我尝试新事物时，我总是会担心陷入泥沼。"

她的第三个早期回忆指出了潜在的解决方案。在回忆中，她四岁时母亲为她买了几张生日贺卡。当妈妈读给她听的时候，她很惊讶有人能把字写在纸上并且能传达意思。她说："这让我充满了惊喜。"也许纸上的文字暗示可以解决她经常被别人低估的问题。在职业生涯中，她曾在同一职业的8个职位上进进出出，在55岁时不得不寻求关于职业变动的咨询。她在财务上有保障，并希望转行。很明显，新的解决方案可能是成为作家或是励志演说家，教人们如何适应新环境而不致身陷泥淖。

如何将这些小叙事的资料汇整成大叙事？首先，尝试将来访者的三个标题联系起来，以确定是否构成了更大的叙事。通常是从第一到第三的顺序，但是有时顺序可能是从第三到第一。从第一个早期回忆开始写标题，然后写一两个句子，观察它描绘的视角和感觉。要记得强调早期回忆中最重要的动词，通常是第一个。然后写第二个标题，并添加一两个句子，解释它如何延伸第一个早期回忆。最后，写下第三个标题和一些句子，说明建议如何解决生涯问题。以下是根据上述三个小叙事整理出来的示例：

> 你的第一个标题是"女孩厌倦了老故事"，你对重复单调的工作感到百般无聊。但你写下的第二个标题是："女孩害怕改变"。即使离开了安全但无聊的工作，凡是改变都会令你担心。在你的第三个标题中，你说："女孩有了新的视角"，你解释说你必须改变你看待事物的方式，才能改变你做事的方式。从一个新的角度来看事情，是有趣的、具有挑战性的，也是充满戏剧性和引人入胜的。

咨询师读出这段文字，仔细检核来访者对每个标题的认可与诠释，然后在第三个标题的末尾，再次进行回顾和评论以追踪进展。

> 综合三个早期回忆的内涵，浓缩成一个句子："面对这种转变时，我的内心深处提醒了我……"

2. 任务二　自我：榜样也是我

在这一任务上，咨询师试图通过来访者的角色楷模来了解自我概念。榜样是青春期用来塑造自我认同的想象力来源。来访者借由描述楷模的人格特质，反映出自我认同，这些特质有些是本来具备的，有些是要去发展与培养的。他们仰慕榜样的形容词同样适用于自己，融合为一个连贯的身份。将这些属性归纳成一个草图，以简短的方式描述来访者的性格。

（1）主要任务

经过统整后，归纳出第二组生命画像的句子。例句为："我是一位＿＿＿、＿＿＿和＿＿＿的人。"

（2）进行程序

在勾勒出人物的轮廓时，咨询师会根据优先性、重复性与复杂性来确定核心的自我概念。

①留意优先性：第一个榜样的第一个形容词就是重要的信号，角色楷模描述中的第一个形容词标示了人格的核心特征。

②留意重复性：重复出现的频率也极为重要。重复的单词用得愈多，愈能呈现某些自我的特性，显示出在不同的生活环境下一致且稳定的性格属性（Leising et al., 2014）。

③留意多样性：来访者对于角色楷模归纳出的独特属性的总数也很有参考价值，可呈现自我概念的丰富性。

④留意对立性：咨询师评估两个对立的形容词是否有冲突，可以加深对来访者的理解。例如来访者用强硬和温柔来形容自己。这看似冲突，也许是为了保护弱者免受欺凌。如果让来访者学习如何整合相反的性格属性，也可突显来访者自我构建的一些独有特征。

⑤留意助词：有些助词（如总是、经常）反映了来访者对有关特质渴望的程度。这表示来访者十分重视或在意该项特质。

(3) 个案示例

薇薇根据这一套与自我相关的属性，在与咨询师共同讨论之后得出了有关自我图像的描述。例如薇薇回忆起她等妈妈来医院时的情景，她说她小时候的第一个榜样就是美国超级英雄电影《神奇女侠》(Wonder Women)的女主角。她用仰慕神奇女侠的形容词含蓄地描述了她自己，用的形容词是行侠仗义的、坚强但不暴力、忙着拯救世界。她形容她的第二个楷模是女性的谢妮娅（Xenia），她总是坚强、无惧、保护无辜、为别人挺身而出、为自己的信仰而战。她的第三个榜样是男性的巴尼（Barney），她形容他乐观、体贴、总是乐于帮助别人。

(4) 生涯图像小结

薇薇的生命图像的第二句："我是一个坚强、体贴、乐于助人的人。我总是保护无辜的人，但不使用暴力。"

由于薇薇数次使用了助词"总是"。咨询师在适当的时候，可以讨论是否会因为必须不断地帮助他人而产生潜在压力。

3. 任务三 转变：被动到主动

这个阶段的工作，在于联结早期回忆和楷模形成人物弧线，将儿时面临的伤痛煎熬转化成生涯发展的动力。故事的情节是围绕作者创建的人物弧线而构建的，人物弧线描绘了主角在整个故事过程中经历的旅程或转变（Unger, 2017）。从早期回忆中浮现的执念得到领悟，串联到解决问题的方案，这个方案充满了来自楷模认同的自我愿力。

(1) 主要任务

在完成人生肖像的第三句话时（通常是整个段落的第一句话——主题句子），如同绘出了来访者在一个剧本中的人物弧线："为了解决成长过程中的问题，我将_____转化成了_____。"

(2) 处理流程

人物弧线是通过故事的不同情节，描绘人格的改变。这一阶段完成的生命画像，刻画了来访者从角色楷模中内化而来的特质，以解决早期回忆中的问题，因而产生蜕变。通常，剧本的编剧心中都有一个故事主人翁转变历程的隐形弧线，依时间序列放入高低起伏的情节。因此，除了小故事之间的情节串联外，咨询师还拉出了一条"人物弧线"。咨询师的作用，在于协助来访者将榜样的认同凝聚到自我的认同中，从而构成"他们是谁"，以及帮助他们"成为什么样的人"。

情节的顺序结构揭示了人物弧线。我们通过来访者在早期回忆中展示的视角和悬念，讨论其人物弧线的走向。几乎所有陷入困境的生涯案例，榜样都描绘了他们的早期问题和持续关注的解决方案。因此，生命设计咨询在生命画像中传达一个重要的信息：来访者心目中的偶像，会如何解决自己在早期回忆中呈现的问题。

图 7-4 中揭示的案例，在此阶段借由联结三个早期回忆的标题与模仿偶像的特质之间的关系，产生了微妙的转化。

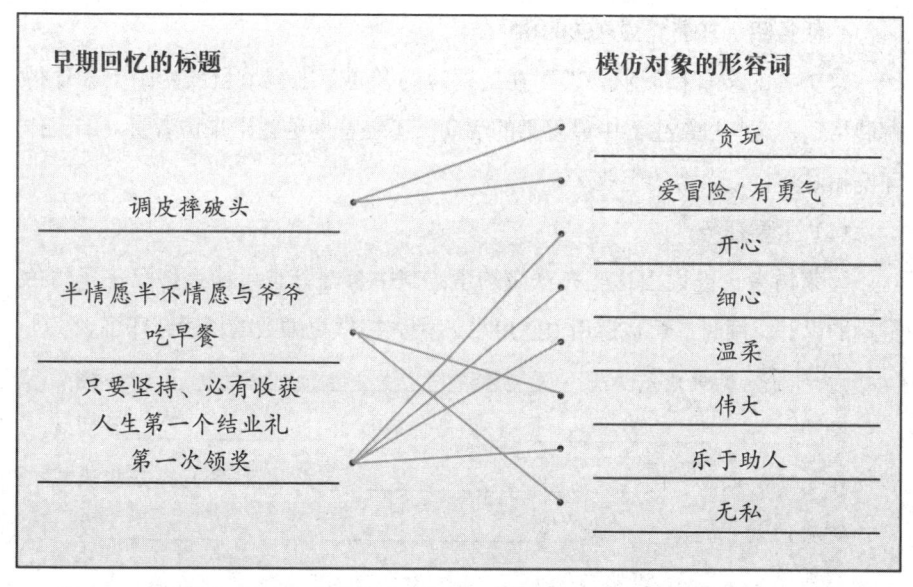

图7-4　早期回忆与偶像特征的联结（资料来源：香港中文大学校本支援小组，2019, p.38）

参考上例中的联结，完成生命图像的第三个句子："为了解决成长中的问题，我把不被肯定的感觉转化成了去成为爱冒险、有勇气，且温柔细心、乐于助人、无私的人。"

（3）个案示例

以前述的薇薇为例，她回忆起在等待母亲到达医院时感到孤独。我们了解到她认同的偶像"神奇女侠"总在那里行侠仗义。这里的联结浮现出一个从"被动"变成"主动"的弧线。

（4）生涯图像小结

薇薇生命图像的第三句："为了解决成长中的问题，我把被遗弃的感觉变成了我随时可以帮助在世界上感到孤独的人。"

在这个理解人物弧线的过程中，通过认同楷模的特征，将早期回忆中被动的痛苦转化为主动的掌控。从被动到主动的转换延伸到生涯未来，使来访者从逐渐明朗的自我图像中，掌握性格的优势如何被用来搭建从过去到现在的桥梁，以及在下一阶段生涯发展中的运用。

4. 任务四　兴趣：喜欢做的事

来访者的教育和职业兴趣，在最喜欢的杂志、电视节目或网站上表现得淋漓尽致。这些日常生活中最寻常的活动，不经意地透露出来访者喜欢的工作环境和对其有吸引力的职业。

（1）主要任务

让来访者自己说出这些喜欢做的事，其中有部分也可能潜移默化了角色楷模的喜好。同时，可以运用 RIASEC 六型人格做更细致的探索或印证。

我喜欢周边的人是＿＿＿＿＿＿＿＿＿＿＿＿＿＿＿＿＿＿＿；环境是＿＿＿＿＿＿＿＿＿＿＿＿＿＿；即使我面对＿＿＿＿＿＿＿＿（问题），我可以用＿＿＿＿＿＿＿＿＿＿＿＿＿（解决策略）的方式来解决问题。尤其是，我喜欢＿＿＿＿＿＿＿＿、＿＿＿＿＿＿＿＿及＿＿＿＿＿＿＿＿（事业兴趣）。

（2）进行程序

例如 RIASEC 的六个角落，都有着代表六种兴趣指标的杂志。如果来访者最喜欢看的杂志是《环球科学》与《中国新闻周刊》，兴趣范围就落入 I 型与 S 型。

另外，咨询师可以在四个维度上分析来访者有兴趣的工作场域。咨询师特别注意到个案想要工作的场所（place）、他们希望跟怎样的人（people）互动、他们偏好解决哪一类的问题（problems），以及他们喜欢使用什么方式（procedures）工作。尝试让来访者自己评估这四个方面，并总结自己的兴趣。经过统整后，归纳出代表喜欢做的事的陈述句。

（3）个案示例

在薇薇的霍兰德兴趣代码中，助人工作特别与 S 型有关，偏好用思考的方式与 I 型有关。

（4）生涯图像小结

薇薇的生命画像的第四句："我现在可以在我的教育和职业中，运用我从楷模身上学到的特质。我喜欢周边的人是关怀别人、重视团队的人；感兴趣的工作环境是在学校和医院这样的地方，面对生命当中的逆境，我可以通过咨询和医疗等工作方式帮助有需要的人解决问题。尤其是，我特别对成为一名心理学家、社会工作师或心理咨询师充满兴趣。"

如果追踪来访者以前大学本科的专业，或曾经担任过的社团职位，或偏好的休闲活动来印证在咨询期间所讨论到的兴趣，可以发现兴趣的连贯性和一致性。

5. 任务五　剧本：角色的编写

这是对生涯建构访谈中的"喜欢的故事"进行改编，演绎为如何面临现阶段生涯转换的建议大纲。

（1）主要任务

这一阶段的任务是完成第五个生命画像的主题句："如果我采用我最喜欢的故事中的剧本实现我的愿望，那么我会＿＿＿＿＿＿。"（Savickas, 2015a）

（2）进行程序

故事可以比喻成一个镜头，来访者从这个镜头来观看自己所经历的生涯事件。一个最喜欢的故事投射出了他们自己的困境。把自己和环境融入他者的故事中，他们可以觉察到不一样的自己；尤其是当喜欢的故事暗示了一种合理的方式，表示他们也可以用这种方式借鉴前进。来访者了解到另一个人是如何解决与自己类似的问题时，他们会感到相当大的安慰。咨询师也会惊讶地发现，最喜欢的故事是多么清晰地描述了一个来访者可能扮演的角色。

（3）个案示例

薇薇提到她最喜欢的故事来自电影《夹缝求生》（*Running with Scissors*）。她说这是一个真实的故事，讲的是一个与自己相似但更糟糕的家庭。父亲缺席，孩子们不得不自食其力，母亲有精神问题，经常辱骂他人。她想帮助那些像自己小时候一样被忽视或遗弃的孩子。

（4）生涯图像小结

薇薇的生命画像的第五句："如果我采纳自己喜欢的故事中的剧本来实现我的愿望，那么我会帮助那些因家庭功能失调而被忽视的孩子。"

这个生命画像的剧本走向，还是要回到来访者进场时所提到的问题。生命设计的理念是将身份认同定义为"社会角色中的自我"。因此，来访者自己即创作者（self-as-author），尝试将自己写入剧本来担纲新的角色，进而形成新的自我认同。许多人受到现实因素的考量，苦于必须保留在目前大学本科的专业，或者继续留守在现在机构中担任原来的职位。这些人在咨询后幡然领悟，在现状中也可以根据自己的样子大幅度改变行事风格。例如一位生性活泼开朗的大学优秀毕业生进入一个传统的国营事业单位，对这种保守的环境处处感觉格格不入。第一年的考核差一点儿落入丙等，落在被辞退边缘。他有经济的压力，不想辞职。经过生涯建构访谈咨询后发现，剧本中的角色始终如一地充满了创意与热情，但必须加入变通与弹性。他顿悟到应该在保守的环境中委婉却坚定地走出自己的风格。经过一年的试探与努力，他不仅得到上司的赏识，也悄悄地改变了企业的文化。

6. 任务六　格言：智慧的力量

谚语或座右铭能将经验转化为实践的智慧，这些精练的句子能根据自身的处境为自己提供有效的引导，而且非常契合于如何通过有效的行动解决生涯困境。例如："当上帝为你关了一扇门，祂同时会帮你开一扇窗。"（When God closes a door, he must open another window.）

（1）主要任务

最后阶段在于完成第六个人生肖像主题句子："我现在给自己最好的建议

是_____。"

(2) 进行程序

自己反馈给自己的建议，就是一个赋能的过程，会渗透到来访者的生命中生出力量。如果让来访者意识到问题的答案是来自他们自己，而不是来自咨询师这类专家，自信心会油然而生。

在剧场中，导演会解释剧本，指导行动者（来访者）如何表演才能传神到位。演员以为这是来自剧本导演的建议，殊不知自己就是导演。最重要的指令也就是经常的耳提面命，来自自己案头的座右铭。这座右铭渗透到后台的私人意义或前台的公开演出（Neimeyer, 2012），这是一种"不假思索的已知"（unthought known）（Savickas, 2015a, p.64），这些格言与自己的生涯一路相伴，只是来访者不曾理解格言的影响力与更深层的意义。

(3) 个案示例

回到薇薇的例子。她发现不经意在困境中常常浮现的座右铭是："不要等待暴风雨过去，而是要学会在雨中共舞。"当被问到这句话对她意味着什么时，她回答说她必须停止沉湎于过去，才能更好地帮助别人，这是重点。

(4) 生涯图像小结

薇薇的生命画像的第六句话："我现在对自己最好的建议就是不要再等待暴风雨过去，现在就开始学习在风雨中翩翩起舞。"

在她的早期回忆中，她的第一个动词是"正在等待"（waiting）。她对自己的建议是不要再等了。

7. 任务七　全貌：生命的图像

这是将生命画像的句子合并编辑成一幅文字肖像，表征一个宏观的生涯叙事，连续且一致地描述来访者的职业生涯。可运用表 7-5 的"生命图像总表"协助归纳与整理。

(1) 主要任务

面对现在的生涯转变，我最关心的是_____。它让我想起了我的感觉_____。为了解决我成长中的问题，我变得_____。这些属性对我下一个职位很重要。这些特质把我的角色变成了_____。考虑到符合自我认同的个性，我喜欢和_____类似的人在一起。我喜欢在一些地方工作，比如说_____。我更喜欢使用类似于_____的方法来解决诸如_____的问题。如果我采用我最喜欢的故事的剧本，那么我会_____。我现在对自己最好的建议是_____。

表7-5 生命图像总表

视角或观点 （早期回忆）	我现在最关心的是：探索，好奇，以此为后盾，准备出发。
自我 （角色楷模）	我是/我即将成为这样的一个人：他做着从未有人做过的事情，发展新理论，非常有献身精神，富有创造力，并且是创新者，走遍以前从未有人探索过的地方。
情境 （杂志、电视节目或网站）	我喜欢活动的场所：我喜欢人们从事诸如社团、基金会这些助人成长和改变的地方，要有深厚的宗教信仰，能够与同事和朋友建立关系，玩得开心。
剧本 （来自书籍或电影中喜欢的故事）	我最喜欢的书籍或电影中的情节（带来的启发）是：保持希望，建立关系，永不放弃希望。 所以，在这些地方我会：对没有效率的制度作振衰起弊，做出很多改变，教育人们群策群力，建立社群。
成功公式 （根据自我、情境与剧本写出生涯目标）	当我能够成为以下的自己时，我将感到最幸福和成功—— 当我能够成为：一个能够坚定创新改革的人。 当我能够待在：为社团尽心尽力的地方。 这样我就能：创造新事物，建立关系，享受乐趣。做出重大的改变，带动一群人建立典范。
座右铭 （谚语或格言）	现在应用我的成功秘诀，我用来激励自己的座右铭是：将目光投向未来的目标，以及基督将赋予我坚此百忍的耐力。

（资料来源：Savickas & Hartung, 2012/2021；Hartung & Vess, 2019, p.97）

(2) 进行程序

咨询师基于来访者在任务一到任务六中所写的句子，讨论与调整生命画像的初稿。这是一幅总图，将生涯图像的句子连接，描绘了重构之后的身份，提供了一个展望未来的俯瞰视野。咨询师仔细评估这些描述是否能够解决来访者前来咨询的困扰。在检查生命画像的初稿时，咨询师确保它从下面三个方面清楚地描述来访者（Savickas，2002），并进行修改或润饰。

①自我即行动者：扮演角色的社会"演员"（榜样问题）

②自我即主导者：在特定环境下积极主动追求目标的"导演"（杂志问题）

③自我即创作者：表演剧本的"编剧"（最喜欢的故事问题）

(3) 个案示例

根据表7-5生命图像总表归纳出来的生命图像，形成来访者的宏观叙事，以下分别以两个例子说明。

①薇薇的生涯宏观叙事（Savickas，2015b，p.77）。

面对这种生涯转变，我的深层关注在于我害怕孤独和被遗弃。我不想做出错误的选择，或在困境中等待甘霖。这让我想起了孤独和沮丧。为了解决我在成长中的问题，我把被遗弃的感觉转化成了我随时可以帮助那些在这个世界上感到孤独的人。我总是保护无辜者，但不是用粗暴的方式。这些特质对我的下一个职位很重要。我可以在我的职业生涯中运用从楷模身上学到的特质。我很坚强，充满爱心并且乐于助人。我感兴趣的是与那些在学校和医院等地以团队形式工作的人在一起，他们利用咨询和医药等方式帮助社会边缘人解决问题和克服逆境，这是雪中送炭。如果我从我最喜欢的故事情节中学习并应用到我的状况，我想帮助那些因功能失调的家庭而被忽视或遗弃的孩子。我特别喜欢当心理学家、社会工作者或顾问。我现在给自己最好的建议是不要等待暴风雨过去，开始学习在雨中起舞，孩子们也可以跟着我学。

②香港一位高二学生的生涯宏观叙事（香港中文大学校本支援小组，2019，p.43）。

当我面对过渡时，我发现我深层的关注是如何在坚持自己的发展方向的同时获得家人及重要他人的肯定。我是/希望能够成为一位有勇气、无私及细心的人。我会将过去的不被信任/肯定转化成有勇气、无私及细心来解决我在成长上所面对的问题。我现在能够在学业及职业上，运用从模仿对象身上学习得来的特质。我喜欢周边的人是关怀对方、互相扶持的；环境是多元化、热闹的；我喜欢处理与人相关的问题及社会制度对人的影响（问题）。我可以用分析时事、与人倾谈、身体力行（解决策略）的方式来解决问题。尤其是，我喜欢社工、护士及运动相关的工作（事业兴趣）。如果我喜爱的故事情节能够应用于我的状况，我将会坚持、努力做好自己，让自己的目标及想法能够被肯定。现在我给自己最佳的建议是快乐是你拥有的及最珍贵的宝物、Work Hard! Play Hard!、当你想放弃时，回想当初开始的原因！

> **延伸阅读 7-4**
>
> ### 未来生涯图像
>
> 以下实例来自一个男性大学生参与生命设计生涯团体研究的案例（赖怡臻，2018）。借由他所完成的生命图像，试回溯这些宏观叙事是如何依循生命设计的咨询步骤完成的？
>
> 来访者就读于大学二年级，从小热爱舞蹈。他认为在跳舞的过程中能感受到自在地活着，渴望自己未来的生涯发展可以朝舞蹈艺术发展。但面临现实的挑战，现在就读的专业不是舞蹈系，兴趣更遭遇家人强力的阻挠。他期待内在支持自己的声音够大，能找到自己对生涯坚持下去的动力。他在生涯团体辅导中首先完成了生涯建构访谈，其次根据生涯建构访谈完成"生命图像总表"的内容，最后与团体带领者共构出生命图像的叙述文。
>
> 在面对自己的兴趣与专业冲突的生涯困境中，我最担心的是如何与家人沟通与持续坚持自己的梦想。内在热情与外在阻挡的声音的冲突非常巨大，大到时而使我耗竭。为了解决这个困难，我学习勇于表达与坚持，并学习拉开自己与家人的界线，不让他们的情绪勒索我。这些转变对于接下来的发展来说相当重要，它让我从一个想要迎合他人认同的乞求者，慢慢地学习到坚持自己所爱的重要、自我激励的重要。有鉴于这样的转变，我喜欢处在充满生机的人身旁，特别是那些勇敢坚持与追逐自己梦想的人们，我也需要他们的鼓励

> 与支持。我也喜欢去探讨一些与舞蹈相关专业的议题与参与相关的活动。在参与大大小小的活动过程中我也发现自己喜欢通过与人交谈、互动的方式来解决冲突，特别是追求团队的和谐共存。如果是要从我喜欢的《爱乐之城》（*La La Land*）电影故事中去学习主角勇于追梦的故事，我想我会学习主角的品质是：即使在追梦的过程中会破坏关系、无法让所有爱自己的人都满意，但是仍要坚持。因此，我给自己的勉励是："勇敢做自己，爱自己所选。"（赖怡臻，2018，p.76）

最后，咨询师进行肖像的微调与修饰，勾勒出动态主题和来访者的人物弧线。如有必要，六个任务产生的生命画像句子，可以分别发展成六个大段落；这些句子就是每个段落的第一个陈述句。每一段可以更详细地描述该段落的主题，提供进一步的解释或提供确凿的事实和例子。

（四）行动阶段：重新叙说与展开生涯行动

本阶段分为两个部分。第一部分是重叙故事（retelling the story）。在这阶段的咨询师是说者，来访者是听者。为何在最后的阶段还要重述已经描绘好的生命图像？"说"与"听"是不同的视角，在前面几个阶段中来访者是说者，咨询师是听者；咨询师在重述的过程中也可反映自己隐微发现但没有被来访者觉察的部分；而个案也可以提供一些咨询师可能遗漏却对个案自己本身来说重要的句子与讯息，这是双向的检核机制。

第二部分是行动计划（action planning）。这部分将主导权再交还到来访者手上。咨询师与来访者共同检视生命图像是否能回应当初来访的目标。为了强化叙事力的转化效应，咨询师鼓励来访者将生命图像分享给生命当中最有意义的他者。行动计划中尽可能列入几个"受众"或"观众"，向这些重要他者讲述重新绘制的生涯素描。这些人包括将与来访者在新的舞台上一起扮演新角色的主角或配角，一起适应重写后的新剧本（Briddick & Sensoy-Briddick, 2013）。

2017年至2019年，逾140位来自香港九龙、新界各区的网络学校的中学老师及前线辅导同人有系统地接受了"生命设计咨询"培训。他们不仅用这种方式思考自身的生涯，也为青年人的生涯规划进行演练，发现来访者产生了一些微妙的转变。一位香港中学老师分享了她与班里一位学生进行"生命设计咨询"的经验（香港中文大学校本支援小组，2019, p.73）。

> 我从前认为这位学生无心向学，缺乏方向，每当问他将来去向时，总是干脆回答老师"不知道"；但当我以"生涯设计"模式对该学生进行辅导后，发现学生内心蕴藏着丰富的正向特质和价值观，并对人生充满愿景和方向，而平日他展现的，只是在众多的挫败中泄气和挣扎的颓废结果。就这么简单的一两次面谈，学生好像寻回自己的价值和定位，在上课时（起码是在我的课），他都表现得精神抖擞，重拾动机上课。

总之，我们的全部人生都在自己的心里，自己的故事里。生命长河的弱水三千，生命设计咨询虽只取一瓢饮，生命就不再只是一个人活过的岁月而已。马尔克斯在自传《活着为了讲述》（*Vivir Para Contarla*）（Márquez, 2002/2016）中写道："生活不是我们活过的日子，而是我们记住的日子，我们为了讲述而在记忆中重现的日子。"马尔克斯的不朽传世之作《百年孤独》就是他生命传记的投射，用《百年孤独》记住它，诉说出来。他的创作生涯就不只是活过的日子，而成了人类的瑰宝。生命设计咨询让我们看见，定义我们身份的故事是如何在生命的长河中留存下来，又是如何带出力量的。

结论

我的生涯，我的梦。在这个充满不确定性的时代，一个人的内在"执念"如何转化成"志业"？现代人的生涯起跑线不仅不断被提前，起跑之后的摆幅之大也难以想象。大学毕业当下，他们必须知道自己是什么（what），会选择什么工作，尽快由学生身份转变为社会新人。随即在职场内外创建和实现新的社会角色，有时是员工／领导，或同时是父亲／母亲，所有以上的任务都要指向如何（how）适应转变。而生命进程在一个又一个任务的完成中被不断推进，在这个不稳定和不确定的世界里，意义的发现是回答为什么（why）要这样活下去的定海神针，生命的意义融入不断修改的生命剧本。

萨维科斯的小历史发生于生涯专业发展的大脉络，生涯建构理论一方面统合出一种元理论（meta-theory）的形貌，另一方面又充满了浓郁的社会建构主义色彩。这个叙事色彩浓厚的后现代理论在实践中接受检验，综合并扩展了"差异心理学的性格特征""发展心理学的生涯适应""叙事心理学的生命主题"这三大心理学领域的学术范式。这三大领域熔于一炉并不冲突，落实在生涯发展的历程中，以叙事隐喻呈现生涯的动态特性。生涯建构理论将人在不同的发展阶段比喻为（1）演员：自我即客体，是人格类型与工作环境相匹配的社会行动者；（2）导演：自我即主体，是接受生涯变动不断进行的调整的主导者；以及（3）编剧：自我即展体，也是通过生命主题的宏观叙事来活出自己的创作者。这三种观点相互结合，提供了关于生命与志业交相呼应的人生样貌，也回答了"我从何来""我是谁""我将何往"的大哉问。

参考文献

张春兴（2006）：张氏心理学辞典（重订版）。台北：东华书局。

香港中文大学校本支援小组（2019）："鼓掌·生涯设计辅导"：使用手册及学生练习本。香港赛马会慈善信托基金。

曾滢镁（2016）：Savickas 生涯建构访谈之架构与咨询效果。辅导季刊, 52(2), 51-61。

赖怡臻（2018）：生涯转换期大学生参与生命设计生涯团体之成效研究（未出版硕士论文）。台湾师范大学。

龙应台（2020）：大武山下。台北：时报。

Abe, M.(1985). Zen and western thought. 王雷泉、张汝伦译（1992）：禅与西方思想。台北：桂冠图书。

Alheit, P. & Dausien, B.(2000). Biographicity as a basic resource of lifelong learning. In Peter Alheit(Ed.), *Lifelong Learning inside and outside schools*(pp. 400-422). Roskilde University, University of Bremen and University of Leeds.

Briddick, W. C. & Sensoy-Briddick, H.(2013). The role of audience in life design. In A. DiFabio & J. G. Maree(Eds.), *Psychology of career counselling: New challenges for a new era*(pp. 69-81). Nova.

Csikszentmihalyi, M. & Beattie, O.V.(1979). Life themes: A theoretical and empirical exploration of their origins and effects. *Journal of Humanistic Psychology,* 19(1): 45−63.

Gide, A.(1950). *Autumn leaves.* Philosophical Library.

Hartung, P. J. & Vess, L.(2019). Career construction for life design: practice and theory. In N. Arthur and M. McMahon(Eds.). *Contemporary Theories of Career Development: International Perspectives.* Routledge.

Heinz, W. R.(2002). Transition discontinuities and the biographical shaping of early work careers. *Journal of Vocational Behavior,* 60, 220−240.

Hou, Z., Leung, S. A., Li, X., Li, X., & Xu, H.(2012). Career adapt-abilities scale—China form: Construction and initial validation. *Journal of Vocational Behavior,* 80(3), 686−691.

Holland, J. L.(1985). *Making vocational choices: A theory of personalities and work environments*(2nd ed.). Prentice Hall.

Josselson, R.(2000). Stability and change in early memories over 22 years: Themes, variations, and cadenzas. *Bulletin of the Menninger Clinic,* 64, 462−481.

Leising, D., Scharloth, J., Lohse, O., & Wood, D.(2014) What types of terms do people use when describing an individual's personality? *Psychological Science,* 25, 1787−1794.

Maree, J. G.(2010). Career-story interviewing using the three anecdotes technique. *Journal of Psychology in Africa,* 20, 369−380.

Márquez, G. G.(2002). *Vivir Para Contarla.* 李静译（2016）：活着为了讲述。海口：南海出版公司。

Mayman, M. & Faris, M.(1960). Early memories as an expression of relationship patterns. *American Journal of Orthopyshciatry,* 30, 507−520.

McAdams, D. P.(1995). What do we know when we know a person? *Journal of Personality,* 63(3), 365−396.

Mosak, H. H.(1958). Early recollections as a projective technique. *Journal of Projective Techniques,* 22, 302−311.

Mwita, M.(2004). Martin Luther King Jr.'s lifestyle and social interest in his autobiographical early memories. *Journal of Individual Psychology,* 60(2), 191−203.

Neimeyer. R. A.(2004). Fostering post-traumatic growth: A narrative contribution. *Journal of Psychological Inquiry,* 15, 53−55.

Neimeyer, R. A.(2012). From stage follower to stage manager: Contemporary directions in bereavement care. In K. J. Doka & A. S. Tucci(Eds.), *Beyond Kübler Ross: New perspectives on death, dying and grief*(pp. 129−150). Hospice Foundation of America.

OpenAI(2024). ChatGPT(June 18 version)[Large language model]. https://chat.openai.com/chat.

Rottinghaus P.J., Falk N.A. & Eshelman A.(2017) Assessing Career Adaptability. In: Maree

K.(Eds.), *Psychology of career adaptability, employability and resilience.* Cham.

Savickas, M. L.(1997). Constructivist career counseling: Models and methods. *Advances in Personal Construct Psychology, 4,* 149-182.

Savickas, M. L.(2002). Career construction: A developmental theory of vocational behavior. In D. Brown & Associates(Eds.), *Career choice and development*(4th ed.) (pp. 149-205). Jossey-Bass.

Savickas, M. L.(2005a). *Career construction theory and practice.* Presented at the American Counseling Association meeting. April 2005. Atlanta, GA.

Savickas, M. L.(2005b). The theory and practice of career construction. In S. D. Brown & R. W. Lent(Eds.), *Career development and counseling: Putting theory and research to work* (pp. 42-70). John Wiley & Sons.

Savickas, M. L.(2011a). The self in vocational psychology: Object, subject, and project. In P. J. Hartung and M. L. Subich(Eds.), *Developing self in work and career: Concepts, cases, and contexts*(pp. 17-33). American Psychological Association.

Savickas, M. L.(2011b). *Career counseling.* American Psychological Association.

Savickas, M. L.(2012). Life design: A paradigm for career intervention in the 21st century. *Journal of Counseling & Development, 90,* 13-19.

Savickas, M. L.(2013a). The 2012 Leona Tyler award address: Constructing careers—Actors, agents, and authors. *The Counseling Psychologist,* 41(4), 648-662.

Savickas, M. L.(2013b). Career construction theory and practice. In Brown, S. D. & Lent, R. W., *Career development and counseling: Putting theory and research to work* (pp.147-183). John Wiley & Sons.

Savickas, M. L.(2015a). *Life-Design counseling manual.* Self-published.

Savickas, M. L.(2015b). Career counseling paradigms: Guiding, developing, and designing. In P. J. Hartung, M. L. Savickas & W. B. Walsh(Eds.), *APA handbooks in psychology®. APA handbook of career intervention, Vol. 1. Foundations* (pp. 129-143). American Psychological Association.

Savickas, M. L.(2019). *Theories of psychotherapy series. Career counseling*(2nd ed.). Washington, D.C., US: American Psychological Association. http://dx.doi.org/10.1037/0000105-000.

Savickas, M. L., & Crites, J. O.(1981). *Career decision making: Teaching the process.* NEOUCOM.(Mimeo).

Savickas, M. L., & Hartung, P. J.(2012). *My career story: An autobiographical workbook for life-career success.* Self-published. 彭乐谦译（2021）：我的生涯故事。Available at www.vocopher.com.

Savickas, M. L., & Porfeli, E. J.(2012). Career Adapt-Abilities Scale: Construction, reliability, and measurement equivalence across 13 countries. *Journal of Vocational Behavior,* 80(3), 661–673.

Savickas, M. L., Nota, L., Rossier, J., Dauwalder, J., Duarte, M. E., Guichard, J. & van Vianen, A. E. M.(2009). Life designing: A paradigm for career construction in the 21st century. *Journal of Vocational Behavior,* 75(3), 239–250.

Sharf, R. S.(2014). *Applying career development theory to counseling.*(5th ed.)Brooks/Cole.

Sou, E. K. L., Yuen, M. & Chen, G.(2021). Development and validation of a Chinese five-factor short form of the career adapt-abilities scale. *Journal of Career Assessment,* 29(1), 129–147.

Tien, H. S., Lin, S. H., Hsieh, P. J. & Jin, S. R.(2014). The career adapt-abilities scale in Macau: Psychometric characteristics and construct validity. *Journal of Vocational Behavior,* 84(3), 259–265.

Tien, H. S., Wang, Y., Chu, H. & Huang, T.(2012). Career adapt-abilities scale—Taiwan form: Psychometric properties and construct validity. *Journal of Vocational Behavior,* 80(3), 744–747.

Unger, A.(2017). *How to write character arcs.* https://www.socreate.it/en/blogs/screenwriting/how-to-write-character-arcs.

Winnicott, D. W.(1969). The use of an object. *International Journal of Psycho-analysis,* 50, 711–716.

Yalom, I. D.(1999). *Momma and the meaning of life: Tale of psychotherapy.* Harper Perennial.

Yalom, I. D.(2015). *Yalom's cure 75'DVD.* 欧文亚隆的心灵疗愈 DVD。台北：台圣。

第八章 寻梦与圆梦：社会认知生涯理论

当面对一项生涯选择或职业生涯上的挑战时，个人是否主动全力以赴，取决于对自我效能信念的评估。自我效能的信念或信心就相当于"吾心信其可行"的程度；信其可行，则可移山填海；信其不可行，则虽易如反掌折枝，亦渺无可期。

吾心信其可行，则移山填海之难，终有成功之日；
吾心信其不可行，则反掌折枝之易，亦无收效之期也。

——孙文（1866—1925）

人生有梦，通过寻梦、筑梦、追梦，才得以圆梦。生涯环境充满了不确定性与不可预测性，从寻梦到圆梦，受到"社会历程"与"认知历程"作用在"生涯行为"上种种因素的影响。社会认知生涯理论（Social Cognitive Career Theory，简称 SCCT）是为了应对这些变数而凝聚的智能结晶。潜藏在内心深处的梦想若想要贯彻与实现，其中一种内在的关键力量，就是自我效能（self-efficacy）。自我效能是指个人对自己能够成功地完成特定任务或达成目标的一种信心与信念。这个概念由心理学家阿尔伯特·班杜拉（Albert Bandura）提出，强调个人对自身行为能力的判断和预期。自我效能感高的人有可能设定更高的目标、投入更多的努力并在遇到困难时坚持到底；而自我效能感低的人则可能设定较低的目标、倾向避免挑战或退缩放弃。自我效能的信念就相当于"吾心信其可行"的程度，信其可行，则可移山填海；信其不可行，则虽易如反掌折枝，亦渺无可期（《建国方略·孙文学说·自序》）。因此，自我效能影响人们在圆梦过程面对挑战时的自信态度、努力强度、坚毅力和耐挫力。

生涯学者在 20 世纪 80 年代开始重视班杜拉的理论，探讨自我效能在生涯抉择的历程中扮演的角色，初期称为"生涯自我效能论"（Hackett & Betz, 1981）。早期发现女性的低度自我效能，可解释为何女性会局限自己的生涯选项与生涯发展。社会认知生涯理论的建构者伦特、布朗等学者（Lent & Brown, 2006；Lent et al., 1994, 2000）意识到社会偏见和歧视对女性及少数族群有负面的影响。因此，他们对开发一种理论来解释女性和少数族群的生涯抉择与生涯适应行为特别感兴趣。经过两三年的发展，这个理论以五个模式解释多元族群的生涯行为，猗欤盛哉。

第一节 基本概念

社会认知生涯理论源于班杜拉（Bandura, 1986, 1997）的社会认知论。班杜拉在心理学上的重要贡献，主要在于解释学习历程的社会学习论（social learning theory），以及解释人格结构的社会认知论（social cognitive theory）（张春兴，2000）。社会学习论主张个体在社会情境中所学习到的行为，主要是经过观察学习（通过观察别人的行为而学习）以及模仿（通过直接仿照而学习新行为）的历程。社会认知论认为个人在行为上所表现的特征，主要是在社会情境中经由自己的认知历程所学习到的，最核心的认知历程即为自我效能。

一、理论缘起

催生 SCCT 的两个研究，均关注女性的自我效能如何影响生涯发展（Hackett & Betz, 1981; Betz & Hackett, 1981）。研究发现，性别角色的社会化历程（包括了职业刻板化的性别印象），往往使得女性成为无辜的受害者。女学生和青年妇女只能狭隘地获得有偏见的信息来源，影响了女性的生涯自我效能。这种经历固然培养了传统女性活动的自我效能（有利于进入社会人文科学），但严重限制了非传统职业领域的自我效能（不利于进入自然理工科学）。这两位学者的研究一方面开启了对于女性生涯研究的重视，另一方面也将自我效能的主题带入了生涯领域。后续的研究深入生涯相关的主题（Lent et al., 1994），包括自我效能的认知结构与结果预期对生涯抉择行为的影响等，社会认知生涯理论于焉诞生。

第一篇有关 SCCT 完整论述的研究论文，认为"自我效能""结果预期""目标设定"是决定个人学术定向与生涯定向的三个关键因素，影响个人如何评估自己的能力，以及相信自己是否能够达成目标（Lent et al., 1994）。

SCCT 初期发展出三类生涯行为的预测模式，分别为预测"兴趣发展"的兴趣模式、预测"生涯抉择"的选择模式与预测"工作表现"的表现模式等（Lent et al., 1994）。2004 年，继续发展出第四个预测"工作满意"的满意模式（包括学校满意度与工作满意度）（Lent & Brown, 2006）。随着工业革命 4.0 与第四波经济浪潮的冲击，SCCT 顺势又推出了第五个预测"生涯自我管理"的生涯自我管理模式。

SCCT 相关的研究遍及世界各地，在不同性别与文化的各种科学分析中，这些模式大多被证实是有效的（Brown & Lent, 2019；Sheu & Phrasavath, 2019）。在实际的应用上，SCCT 最大的贡献在于协助来访者根据对过去经验的结果预期，学习如何提升自我效能，以达成生涯目标。

延伸阅读 8-1

三元互动系统

SCCT 的理论基础来自班杜拉的社会认知论，可溯源自完形心理学家库尔特·勒温（Kurt Lewin, 1890—1947）的场域论（field theory）。

勒温的场域论认为，人的心理与行为活动是在一种心理场域或生活空间中发生的。生活空间（life space，简称 LS）包括主体的个人及客体的环境。个人的行为（B），取决于个人（P）与其环境（E）的交互作用。勒温以下列函数关系（f）表示：

$$B = f(P \times E) = f(LS)$$

班杜拉以场域论为基础，同时吸收了行为主义、人本主义与认知心理学的精神，认为人类的行为宛如一个交互影响的三角形，包括了三个主要元素的互动：（1）P：个人，（2）E：环境，（3）B：行为；称为三元交互决定论（triadic reciprocal determinism）。"交互"是指元素之间的彼此互惠作用，"决定论"是指元素之间影响的结果。这个系统主张个体性格特征的养成，是由个人、环境与行为三种因素交互作用而决定的，其中任何一部分的变化，都会联动到其他部分。个人变量包括个人对社会情境的认知和期盼；行为变量指个人行为的表现；环境变量指社会情境。这三个变项彼此之间的交互关系，可以用图 8-1 的三角图形来表示。

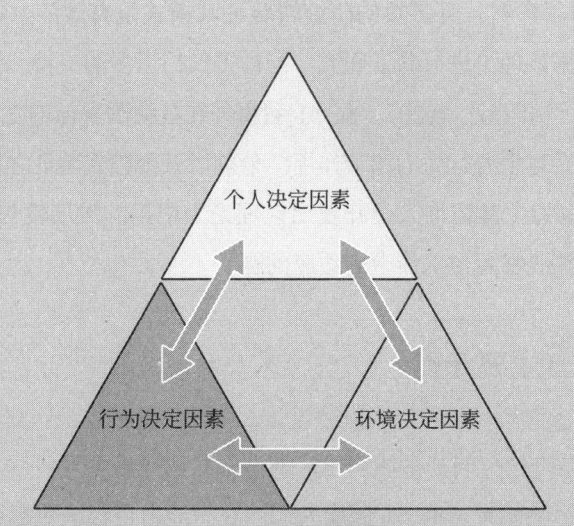

图8-1　班杜拉的三元互动系统（资料来源：Bandura, 1989）

班杜拉特别强调在这个三元互动系统中，个人的行为是在社会环境的情境中，经由自己的认知历程，学习到的适当的反应行为（Bandura, 1986）。图形之中的双向箭头，表示个人、行为以及环境三者之间都存有交互关系。环境影响行为，行为影响环境，行为与环境两者都影响个人，而个人又影响行为与环境，故而此说又简称为交互决定论（reciprocal determinism）。例如有人的生涯目标在于信息科技，有的人的生涯抱负在于医疗护理，这两种截然不同的行为，都是在经济腾飞的大环境中的表现。如采用环境决定论的观点，即可采用"顺应时势"来解释前一个人的行为；如采用个人认知观点，就可以用"利他助人"来解释后一种决策行为。事实上这两种解释都不够完整。对于一般行为事件，须兼顾个人心理、行为表现以及环境因素三方面，方始得到合理的解释（张春兴，2014）。

社会认知生涯理论从萌芽滋长到开枝散叶，为了解释不同的生涯行为，理论模式愈形纷杂，科研数量也相当惊人。据估计在职业心理学界将近有20%的研究主题都在测试SCCT的不同理论模式（Swanson & Fouad, 2015）。伦特和布朗（Lent & Brown, 2019）以Google引擎搜寻，发现在25年之间已有

6000多笔的引用资料，且多数的研究皆验证其模式是有效的。在中国两岸也有许多学者依据该理论进行验证研究，同样得到相当多的支持，显见该理论跨文化的适用性（林蔚芳，2020）。SCCT着重外在社会因素与内在认知历程（特别是自我效能）对生涯行为的调节作用，分别以五个模式验证之。在实际的应用上，SCCT也为生涯咨询人员开发出以理论为根据的发展性与辅导性方案，以协助来访者解决学习与工作上的适应问题。

二、SCCT主要元素

SCCT依循班杜拉的社会认知论，强调生涯抉择是个人、行为和环境三方面复杂的相互影响结果。SCCT假设人们内在有能力自己决定自己的生涯要做什么，但是受到许多外在环境因素（例如环境支持或环境障碍）的调节，这些因素可以加强也可削弱个体的行为自主性。在内在因素方面，SCCT强调了自我效能、结果预期和目标设定三个认知变量之间的相互作用。在外在因素方面，SCCT提出了远端情境因素与近端情境因素两类。

（一）内在因素

行为出现在特殊的生活空间，作为一个与外在环境相互依存的实体，内在其实有着微妙的动力影响过程。自我效能、结果预期与目标设定之间的相互关联，一直是社会认知生涯理论关心的重要主题（Byars-Winston et al., 2010）。

1. 自我效能

班杜拉将自我效能描述为"人们对自己行为的能力是否能有效达成目标的一种判断"（Bandura, 1986, p.391）。个人如何"看待"自己的能力，会影响学业、生涯和其他选择。自我效能感低的人可能无法坚持完成一项艰巨的任务，他们可能因为"认为"自己无法完成任务而败下阵来。空有能力而没有自我效能，就不能成事。

有学者认为，自我效能的信念是一种稳定的人格特质。但是SCCT认为自我效能是一种情境导向的建构，会根据工作性质的不同，或学习领域的不同而有所改变（Sheu & Phrasavath, 2019）。换言之，自我效能这个概念是指个人相信自己在"某一特定情境"之下，能圆满达成某项特殊任务的信念，例如在职场上有人对专业职位具有高自我效能，但因表现优异晋级至管理阶层后，对管理职位却呈现低度的自我效能。

以往的成败经验对自我效能有着关键性的影响。在特定的任务或学习领域获得的成功经验，往往会加强与该任务或领域相关的自我效能信念；反复的失败与挫折往往会削弱这些信念。

个体所知觉到的自我效能，可预测不同方面的表现：在生涯抉择方面，成功的经验产生趋近的选择，例如："我高中数学最强，所以我选择进数学系"，反之则产生逃避的选择。秉持"我数学最拿手"这样的信心，在行为表现方面亦产生良性循环（"这次期中考虽然大家都觉得很难，我的准备很充分，解题得心应手"）；如果遇到困难与挫折，也能奋斗不懈（"这次国际数学奥林匹克竞赛落败，我决定在哪里跌倒，从哪里站起来"）。

2. 结果预期

结果预期是指对执行特定行为的结果，可能会有多大成功概率的预估。自我效能信念与一个人的能力有关（例如："我能不能做到？""我能考出好成绩吗？"），而结果预期则涉及特定行动对结果的想象（例如："如果我做到了，结果会发生什么？""如果我申请哈佛大学，会有什么结果？"）。因此，结果预期系指对事情结果可能成败的估计，而自我效能感是对完成某事的能力的估计。

针对同样一项行为，个体可能会有三种不同类型的结果预期（Bandura, 1986, 2002）：（1）物质性的结果预期，例如考试能否得到满分；（2）社会性的结果预期，例如家人对我的学习表现是否满意；（3）自我评价的结果预期，例如对自己在课堂上的表现是否感到满意。在做出判断时，个人倾向将结果预期（"如果我做这件事，会发生什么？"）和自我效能（"我能做得到吗？"）结合起来。

SCCT将"自我效能"与"结果预期"合体，视为决定对重大行动攻略是否采取行动的关键。例如关于是否要献身医疗事业的考量，一方面悬壶济世可以救助无数的生命，也提供了很高的社会声望（积极的结果预期），另一方面相信自己能挺得过七年医学教育的煎熬（自我效能很高），就会勇往直前。反之，如果自我效能感很高，但结果预期值却很低，就有可能寻找其他的替代方案。例如一位年轻女性对自己的数学能力很有信心，但由于负面的社会性结果预期（女性不能太强否则就很难找到男性伴侣），就有可能选择不以数学为主修。

3. 目标设定

目标设定可定义为一个人从事某项活动的意图，或产生某种预期结果的意图（Bandura, 1986）。一个人设定目标，心中的意图是"我想做到什么程度以及做到多好？"（How much and how well do I want to do this?）（Lent, 2005）SCCT 区分了两类的目标：内容目标（choice-content goals），指希望从事的活动内容或职业类型；以及绩效目标（performance goals），指计划在特定任务或领域内实现的绩效水平或表现质量。

目标是个体在教育和生涯追求中启发动能的重要手段。通过设定个人目标，即使是在没有外部回报的情况下，个体也可以长时间地坚持不懈。目标有自我激励的效用，实现目标带来的满足感经常是难以言喻的。

社会认知论认为，个人目标受到自我效能感和结果预期的影响。例如对于从事与音乐表演相关的活动有强烈的自我效能感和积极的结果预期，很可能会培养与音乐演奏有关的目标，例如花时间练习、寻求表演机会、亲近大师，最后选择投身音乐事业。相同地，实现目标也会对自我效能和结果预期产生相互影响（Lent, 2021）。

在 SCCT 的五个模式中，自我效能、结果预期与个人目标虽属关键因素，仍受到其他重要个人因素的节制，例如能力、价值观、个人特质、性别或种族等。在第二节的各个模式中，我们将发现这些因素或直接或间接，或远端或近端，都会助长或限制个体的教育或生涯发展。

（二）外在因素

社会认知生涯理论认识到在个人与他人的互动过程中，许多情境因素（contextual factors）会影响自我效能、结果预期和目标设定。个人的经历发生于各种事件和环境的社会情境之中。这些存在于社会情境中的情境因素分为两类：远端情境因素（background contextual factors）和近端情境因素（contextual influences proximal to choice behavior）（Lent et al., 2000；Lent, 2005）。

1. 远端情境因素

远端情境因素多与社会文化的背景因素有关，包括性别角色的期待、社会经济的价值变动、家庭系统的文化传承等。当个人融入自己的家庭、社区、社会与文化时，远端情境因素在无形中已经发挥作用。一般生涯阻隔（career barriers）对个人生涯抉择影响的研究，大多属于此类（Tien et al., 2009）。远端情境通常会隐微且长期地影响个体的学习经验或生涯抉择。在生涯咨询的过程中，有时必须深入来访者的深层社会或家庭文化经验，才能疏通或调节远端情境因素的影响（详见第十二章）。

2. 近端情境因素

相比之下，近端情境因素是指在特定生涯抉择的时机点上，恰好发挥作用的环境因素。这些因素之所以被称为近端影响因素，是因为经常在无预期、无预警的当下发生，与学业或生涯抉择的机遇有直接的关系，例如突然冒出来的兼职或全职的工作机会、大学奖学金名额的增加或锐减等，详见第九章。在现有的研究中，已有充分的资料证实（Lent et al., 2018；Sheu et al., 2010）近端情境因素中的支持因素或阻碍因素，对个人的兴趣强度、自我效能与结果预期有间接的影响；而对生涯抉择、生涯行动与学习满意等有直接的影响。

第二节 SCCT理论模式

SCCT的理论核心在于"社会历程""认知历程""生涯行为"之间的三元

互动作用。社会历程的部分包括远端情境因素和近端情境因素，认知历程的部分包括自我效能、结果预期与个人目标。这些重要因素的交互作用，影响了我们所要观察的五种生涯行为模式。

为了解释不同的生涯行为，SCCT 衍化出五个模式：（1）兴趣模式；（2）选择模式；（3）表现模式；（4）满意模式；（5）生涯自我管理模式。SCCT 的前三个模式（兴趣、选择和表现）最早推出，最近新加入了满意模式和生涯自我管理模式（Lent，2021）。以下分述之。

一、SCCT兴趣模式

SCCT 兴趣模式（SCCT's interest model）主要说明了兴趣是如何从三元互动系统中发展而来。当儿童或青少年认为自己有能力从事某种擅长的学科（自我效能），然后在该领域得到满意的成功经验（结果预期），兴趣就会开始萌芽。反之，当自己不太相信自己有能力完成一件事情，而又一再尝到失败的苦果，以后对这种事情就会敬而远之。

在发展方面，儿童和青少年会接触到各种不同的活动，并受到父母、老师、同伴和其他监护人士的鼓励，让他们在某些喜好的活动中表现出色。通过接近和参与这些活动，接收持续的正面和负面反馈，观摩在这些活动中其他人的表现，发展自我效能信念和结果预期，从而在不同的行为领域产生不同程度的兴趣。个人兴趣会在青春期变得愈来愈清晰（Low et al.，2005）。SCCT 假设兴趣稳定性在很大程度上是自我效能信念和结果预期的结果。这意味着自我效能感和结果预期在兴趣发展的模式中起着关键的作用。

·在实际的运行中，这意味着如果一个人从事一项自己认为擅长的活动，并且期望从中获得积极的结果，则更有可能为参与这项活动设定更高的目标。

·这些目标反过来又增加了更多参与该活动的可能性。

·随着个人参与程度的增加，成就感也会增加，也将获得内在和外在的奖励。

·这些成就和奖励又将在动态过程中，转而成为影响个人自我效能信念和结果预期的因素。

· 对自我能力的觉察是影响个人自我效能信念的关键因素，进而影响兴趣。

· 价值观（如收入、归属感或地位）被整合到结果预期中，通常在行动之前，会先期望这些价值在从事我们感到有兴趣的活动后，如期望那样发生。

由此观之，兴趣模式当中的各个主要因素（自我效能、结果预期、兴趣、与目标、行动等）多具有双向影响力。因此，在试图将此说形成咨询师介入策略的概念化（conceptualization）时，根据三元交互决定论的精神，须同时考虑重要因素之间彼此的双向影响。图 8-2 的 SCCT 理论概念模式图的单向箭头标示是为了强调生涯发展相关影响因素的因果路径，实际上各因素之间多具有双向影响力（林蔚芳，2020；Lent et al., 1994）。

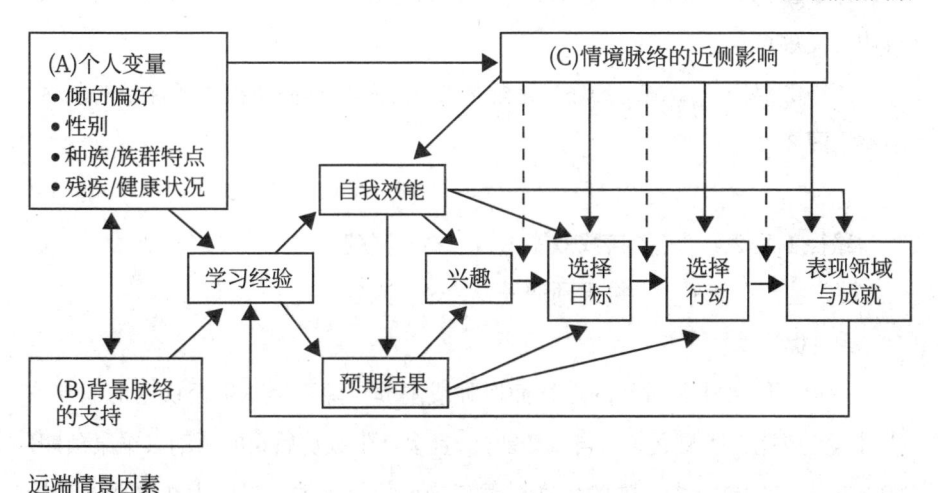

图8-2 SCCT理论概念模式图（资料来源：Lent et al., 1994）

二、SCCT选择模式

SCCT选择模式（SCCT's choice model）是由兴趣模式延伸而来。从发展的角度观之，选择生涯之路并不是一个单一与静态的事件，而是一系列动态的过程。根据SCCT的精神，生涯抉择的首要任务也是发展自我效能感、结果预期、兴趣和不同领域的技能。随着时间的推移，个人倾向追求可以发挥能力和感到有趣的结果。这些过程使得某些选择对个人具有特殊的吸引力，从而排除其他选项。

（一）SCCT选择模式的影响路径

SCCT选择模式有三个主要观察的"生涯抉择行为"：（a）选择目标：进入特定领域的主要选择；（b）选择行动：采取实现目标的行动（例如参加特定培训计划或学术专业）；以及（c）表现领域与成就：行动之后的具体经验（如成功或失败）。

以下的路径（Sharf, 2016）是配合SCCT的生涯抉择模式所标示的顺序，请参见图8-2。

路径1 & 2：　　　自我效能 － 1　→　兴趣
　　　　　　　　　　结果预期 － 2　→　兴趣

兴趣可能会随着时间的推移而增强或削弱，源于个体是否认为他们有信心可以完成能力所及之事（自我效能），且会产生成功后果的活动（结果预期）（Bandura, 1986）。大多数的男性对理工的课程有兴趣，是因为在这些课程的学习中，在结果预期与自我效能方面都有满意的成效。少数女性会对数学、物理或工程机械等学科发生兴趣，也是这种相同的内在认知机制的作用。

路径3、4 & 5：兴趣 － 3　→　选择目标 － 4　→　选择行动 － 5　→　表现

自我效能和结果预期被视为共同影响与生涯发展相关的兴趣，这些兴趣往往会促使个人追求能够发挥兴趣的生涯目标。然后，目标会激发选择的行动，例如寻求相关培训、申请某些工作机会等。随之，这些行动带来成功或失败的表现。例如进入工程学院后，来访者可能难以完成必修的数学和物理课程，或从教授和毕业系友的口中发现未来的工作内容和工作环境与最初预期的结果有很大的落差。这些学习经历会促使学生修改自我效能信念和结果预期，从而导致兴趣和目标的转变，进而转轨选择其他的专业。

路径6&7：　　　表现－6 → 学习经验－7 → 自我效能/结果预期

个人的表现结果，会回头修正学习经验，反馈回来影响对自我效能和结果预期的信念。一位台湾初中女生青青（匿名）的学习表现相当不错，但是看到姐姐在高中准备高考时相当痛苦，考上了并不理想的私立大学（替代式学习经验）。她相信自己有能力可以考上高中（自我效能），但是不愿意以后过同样的日子（结果预期），所以舍高中而选职业学校：

> 我会觉得一旦读高中的话，我的生活会很刻板，每天就是念书、念书，我可能很多生活经验都没办法得到，所以我会想说我要多元一点，我要可以念书也可以很快乐地生活，然后念书的时候很认真地念书，玩乐的时候很尽情地玩乐。所以我对我念高职的时候有这个憧憬，我有个目标说我以后生活就是要这样子，我并不是说我念高职就是要放纵我自己，也不是说我不喜欢念书，我就选择了高职。（杨淑涵，2002，p. 58）

路径8&9：　　　结果预期－8 → 选择目标－9 → 选择行动

负面的结果预期带来回避的目标选择，也连带地影响进一步的行动。青青并不是不喜欢念书，也不是成绩不好；她在意的是不喜欢普通高中死读书的生活方式，因此选择了进入职业学校这个目标的具体行动。

路径 10、11 & 12：

$$
\text{自我效能} - \begin{matrix} 10 & \to & \text{选择目标} \\ 11 & \to & \text{选择行动} \\ 12 & \to & \text{表现} \end{matrix}
$$

自我效能具有强大的推动力，影响下一个目标、行动与表现。在上述青青的例子中，她考入中专信息科之后，觉得自己不但可以尽情地安排自己的生活，也能同时兼顾课业，过得非常充实，因而提升了自我效能。优秀的成绩让她有机会参加自主招生的升学通道，虽然没能顺利上榜，但她继续重整旗鼓准备高考，最后终于如愿地考上心目中理想的理工类本科。这让青青更觉得当初放弃念高中，不要过只有死读书的生活的行动选择是正确的。她的努力打破了一般人传统认为只有念高中才能考上好大学的迷思，也证明了女性即使处在一个以男性为主的学习环境，也可以有自己的一片天。考上本科让她更认可自己的成就表现，也对自己更有自信（杨淑涵，2002）。

(二)SCCT选择模式的情境因素

在整个选择模式中要特别注意的是，我们不是只有单方面选择生涯；生涯环境也会选择人。生涯的大环境决定了谁能做什么、谁在哪个位置上、谁能做多长的时间，以及要给多少报酬（Lent & Sheu, 2010）。

图 8-2 中的虚线部分，代表情境因素变化的调节作用，会影响个体将兴趣转化为目标，以及将目标转化为行动的能力或意愿。在统计术语中，这意味着环境因素中，支持或阻碍起到了调节变量（moderate variables）的作用，可以调节目标的转换过程（如图 8-2 中的虚线路径所示）。换言之，在有利的环境因素（相对于限制性的环境条件）之下，兴趣与目标的关系以及目标与行动的关系，预计会强得多。根据 SCCT 的假设，当人们在其首选的生涯道路上遇到强大的环境支持，或生涯阻碍因素比较微弱时，生涯兴趣更有可能发展为目标，且目标更有可能实现。相比之下，反对或敌对的条件会阻碍将兴趣转化为目标和将目标转化为行动（Lent, 2021）。

SCCT 选择模式另一个值得注意的是，自我效能和结果预期对选择的影响只是部分由兴趣主导的。这意味着，在某些条件下兴趣对选择的影响并不是首要的，选择可能会被其他情境因素支配，特别是当选择受到社会、文化或经济条件的限制时。亦即，在追求兴趣的自由受到限制的情况下，个人有可能退而求其次，只是为了满足适当的薪酬、工作条件，或是为了尊重他人的意愿。例如在一个以美国亚裔学生为样本（Tang et al., 1999）的研究中发现，兴趣与选择没有统计上显著的关系，反而这些学生的选择与自我效能感和家庭的愿望密切相关。这表明在东方文化的熏陶下，实现家庭愿望的自我效能感和结果预期，比个人兴趣更能影响职业选择。然而，当情境因素改变时，兴趣与职业选择的关系又会产生改变。例如一个以中国南方省份大学生为对象的质性研究（胡娟，2018），分析了13位大学生的代际生涯抉择冲突，当个人心目中首选的兴趣志愿与父母期待的科系有冲突时，这些学生后来选择的科系与大学最终就读科系，大多与父母建议的选项一致。有趣的是，大学毕业后当情境的因素质变（弱化）时，有8位学生倾向兼顾个人实现和代际和谐，有4位立足个人实现做决定并弱化代际和谐的影响。另外，华人大学生代际生涯抉择冲突的因应方式呈现从追求"高代际和谐、低个人实现"（大学入学之前），转向兼顾"高代际和谐、高个人实现"（大学毕业进入职场）的趋势。

三、SCCT表现模式

SCCT表现模式（SCCT's performance model）主要探讨了社会认知理论如何预测工作表现。工作表现有两个指标：一个是在教育和工作任务中取得的成就水平（或质量），另外一个是在遇到困难时的坚持度或持久性（Lent, 2013）。

SCCT表现模式具有与兴趣和选择模式相同的核心个人建构（自我效能、结果预期和目标设定），模式中的目标设定是根据个人在学校和工作中的表现水平来运作的。

过去的表现成就会影响自我效能感和结果预期，进而影响表现目标；这些都会导致表现水平的提高。例如一位在高中时物理成绩很好的女生，对自己的数理能力充满信心，决定参加国际物理奥林匹克竞赛的初选。她根据自己过去的成功经验、当前的自我效能感和结果预期信念，为自己的表现设定具有挑战性的目标：例如进入国际物理奥林匹克竞赛的决赛。SCCT 将选择模式与表现模式区分开来。前者涉及生涯抉择的内容，如这位女学生想进入的物理专业或生涯，而表现模式则预测她在所选领域内追求的成就水平。

SCCT 预测教育和工作表现涉及能力、自我效能、结果预期和绩效目标之间的相互作用。更具体地说，"能力"（通过能力、成就和过去表现的指标进行评估）以直接和间接两种方式影响"成就表现"。能力指标对绩效的直接影响，表明需要相应的能力水平才能胜任。换句话说，自我效能不能弥补能力不足，但可以在个人至少拥有最低限度的能力时促进工作表现。能力对工作绩效的间接影响是通过能力对自我效能信念、结果预期和目标的影响。也就是说，能力对绩效的影响部分是由自我效能和结果预期，以及为自己设定的绩效目标所调节的。

表现模式假设能力对兴趣的影响只是部分的。如果没有强大的自我效能信念和结果预期，无论能力如何，个体对教育和工作的兴趣都不会绽放。当然，如果缺乏必要的能力，就无法获得足够的学业和工作表现。此外，过去取得的表现绩效影响自我效能信念和结果预期；现有的能力、自我效能信念和结果预期，又会影响未来的绩效目标（如力求在几何科目上获得 A 或在工作中持续达到一定的销售水平），所有这些都有助于我们动员和维持自己在工作绩效上投入的努力（Brown & Lent, 2019）。

虽然表现模式主要关注个人变量（如能力、自我效能、结果预期和个人目标），但与其他的 SCCT 模式一样，个体的成就表现也会受到特定的社会文化、教育和经济等情境因素的影响。因此，一个人的才华、自我效能和结果预期与其所处环境（如所接受的教育质量，可资参照的榜样，从父母、教师、主管和同事所获得的支持，自身的性别角色社会化经历以及教育和工作机会等），实属息息相关。

21 世纪初期，SCCT 的研究团队开始将社会认知的理念延伸至职场的生涯发展，建构了两个适用于职场的新的解释模式：工作/生活满意模式与生涯自我管理模式。

四、SCCT 满意模式

SCCT 满意模式（SCCT's satisfaction model）主要探讨社会认知论如何预测工作满意度（Lent et al., 2005）。SCCT 假设学校或工作满意度的主要决定因素，学生认为是自己在学校个人相关目标上（例如在课程上获得满意的成绩、准时毕业）取得进展的程度，员工认为是在工作的目标上（例如能够养家糊口、有足够的闲暇时间、适当的升迁）达标的程度。与这些目标相关的强大自我效能信念，以及为个人目标提供足够资源和支持的组织机构，都有助于实现工作满意的目标。

SCCT 的满意模式假设，人格变量、自我效能、结果预期、经历的工作环境以及环境资源等变量，通过参与目标导向的活动取得进展，直接或间接地影响满意度。例如研究发现人格变量中的积极情感和消极情感与工作满意度有关（Bowling et al., 2010）。同样地，某些工作条件（如上司支持、个人价值匹配、组织支持感、工作场所不文明行为、人际骚扰）与工作满意度也有高度相关（Rhoades & Eisenberger, 2002）。除了人格因素与满意度的直接关系外，此模式还承认了人格因素和环境因素影响工作满意度的几种间接途径。例如某些人格因素可能会影响自我效能感和环境支持，进而影响满意度。虽然这些间接路径提升了模式的复杂性，但对于捕捉个人和情境因素共同作用以影响满意度的通道，提供了一个新的理解途径。

对满意模式的研究普遍支持该模式。以澳门青少年数据库研究中的中学生为研究对象，发现社会支持中的朋友支持、学校师长支持及学习自我效能可直接影响学生的学校满意度，且朋友支持及学校师长支持皆通过学习方面的自我效能，对学习行为及学校满意度产生显著的间接影响（林蔚芳、游锦云、李慧纯、金树人，2014）。各种研究中最一致的发现是自我效能、积极情感和环境支持之间的关系（Rhoades & Eisenberger, 2002），其中最显著的因素是"组织支持感"，它通过目标进度直接或间接预测工作满意度（Brown & Lent, 2016；Lent et al., 2009）。

五、SCCT生涯自我管理模式

SCCT 生涯自我管理模式（SCCT's career self-management model：CSM）（Lent & Brown, 2013）的开发，结合了舒伯的生涯发展论与生涯建构理论中的生涯适应概念，探究在不同的个人和环境的动态影响下，个体如何管理自己的生涯发展、自行驾驭生涯的转变。当代不断变化的工作环境和不稳定的经济条件，使得从大学到职场一路上愈来愈具有挑战性，个体必须在逆境中时刻保持弹性。该模式旨在提供预测机制，明辨上述三元互动论的元素，如何影响个人生涯适应行为（career adaptive behaviors）。

CSM 模式在一般形式上与 SCCT 选择模式相似，它假定我们为实现理想的生涯结果，会采取若干适应性的行为。这些行为部分受到自我效能信念、结果预期和目标设定的引导。"生涯适应行为"指在个体因应生涯职位变动的过渡阶段中，进行相关准备和调整的过程。这些行为可能是主动地按照常规发展任务的背景进行的准备（如体育系毕业的学生进入体育界的生涯规划），也有可能是被动的（如应对具有挑战性的"转行"生涯转变）（Lent & Brown, 2013）。适应行为的例子包括探索可能的生涯道路、做出生涯抉择、寻找工作、更新技能、建立网络、管理多个角色以及退休规划等，甚至包括处理裁员或性骚扰等职场意外事件。以求职行为的自我管理为例，当我们"有了特定的求职目标"、"对管理探索过程的能力有极大的信心"或"对探索结果持乐观预期"时，会更积极地管理好自己，全心投入求职的过程。

根据生涯自我管理任务的不同，某些人格倾向也能促进探索任务的启动和努力。例如对经验的开放性可能有助于实现生涯探索目标，而责任心和外向性可能会对求职行为产生类似的影响（Brown & Hirschi, 2013）。

总之，随着工业 4.0 数字化和自动化的经济冲击，需要不断更新技能和知识以跟上科技变革，生涯自我管理模式有望发挥愈来愈大的影响力（Hirschi, 2018）。

第三节 SCCT理论的应用

SCCT 以三元互动系统为精神的五种模式中，充满了此因彼果的各种变量，很容易陷入语意名词概念性的碎片化。实际上这些术语之间是彼此关联的。生涯咨询人员可借由以下自问自答的几个问题，梳理自己对 SCCT 应用模式的概念化内容：

- 我有没有经历过"我曾经想要走那条路，但是最后还是不舍地放弃"的困扰？
- 有哪些自我效能的想法影响了我对那个选项的最后决定？
- 当时预期（或估算）了哪些选择之后可能的结果？
- 有哪些环境因素影响了我的自我效能以及最后的决定？

SCCT 的实际应用可以分为发展性策略与辅导性策略两大类。前者应用在生涯教育或课程设计，后者则应用于生涯咨询。

一、生涯教育与课程设计

SCCT 的主要概念很适合融入生涯教育的课程设计（Prideaux et al., 2002；McWhirter et al., 2000）。虽然大多数学校都希望学生能缩小生涯选项的范围（如文理分组），但是 SCCT 特别强调在学生的生涯发展阶段，应该要按照其发展任务，在各种学习经验中增进与能力有关的自我效能、与价值判断有关的结果预期，以及发展与生涯兴趣有关的生涯抱负（Lent, 2021）。

（一）建立生涯抱负

生涯抱负（career aspiration）通常指未来长远的生涯规划或梦想，而不是现在短期的生涯目标。生涯抱负和生涯目标之间的差异很微妙。抱负（aspiration）的字根是 -spiritus，原意为呼吸、生命力或生命的本质，字首 a- 则表示"在……之上，在……之中"的意思。生涯抱负隐含着个体的生涯志业与万物生灵产生深厚或有意义的联结。例如：

生涯抱负："成为一位服装设计师，以创造性的美学在我的领域产生深远的影响。"

生涯目标："三年内晋升为副总裁。"

就时间来看，生涯目标可能是未来三五年的目标，而生涯抱负可能会持续十年或二十年。就内容来看，生涯抱负涵容了个体对未来生涯长远目标的责任、奉献与使命；生涯目标就仅仅是职位的升迁。

生涯抱负必须基于对自己兴趣、能力与价值观的理解以及对环境条件（阻碍因素与支持因素）深刻的评估，才不至于流于空想或空谈。SCCT 强调在这些因素中，自我效能与结果预期（以及影响这两者的因素）是唤起生涯抱负最重要的因素。生涯抱负之所以狭隘或不切实际，是由于个体误判了自我效能或结果预期，或者环境无法提供足够的探索机会。例如：数学有天分的女学生缺乏同性的角色楷模，或被重要他人极力阻挠，因而放弃了施展数学优势的抱负。

总之，在学生的成长与发展阶段，生涯教育的设计最适合融入 SCCT 的理念。借由拓展学生的兴趣、能力与价值，以此为基础建立宏观的生涯抱负，找到能够奉献自己的一片天地。

（二）提升自我效能

自我效能感是达成生涯目标与生涯抱负的重要元素，在达成目标的路上不断发现自我价值以增强行为动机。SCCT 假设增进自我效能和结果预期有四个主要来源：成就表现、观察学习、言语激励以及情绪觉察。在生活中，鼓励学生重视这四项经验，可以从中累积自我效能感。四种信息来源对自我效能的影响力各有不同（林蔚芳，2020；Bandura，1986）。

1. 成就表现（performance accomplishments）

这是一种精通经验（mastery experience），指的是自己通过努力或克服困难之后所获得的"具掌握性的"经验，也是一种熟能生巧的独门功夫，对自我效能的影响力最大。所谓艺高胆大，是由于目标行为的成功经验增加了来访者的自我效能与结果预期。提高目标行为自我效能的不二法门，就是一而再、再而三地演练，只要驾轻就熟，就能得心应手、游刃有余。生涯工作坊、生涯研习会的设计，也是要不断创造演练的机会；谋职技巧、生涯探索、生涯抉择等都是可能的目标行为。

2. 观察学习（observational learning）

这是指个体观察并仿照别人的行为去表现，从而学习到该种行为。所谓"见贤思齐"，不必亲身经历，只凭观察所见即可产生学习，又称为替代学习（vicarious learning），对自我效能的影响力次之。个体观察学习的对象，称为榜样（model，或称楷模）。根据社会学习理论，榜样学习（modeling）可以帮助人们经由模仿而获得适当的行为模式和社会技巧。

榜样学习未必完全按照角色楷模的行为去做，经仿效而学到行为的历程可分为三种：（1）直接模仿（direct modeling），指个体完全按照楷模的行为去表现，是一种最简单的模仿；（2）综合模仿（synthesized modeling），指个体综合数次观察（可能是同一楷模，也可能对不同楷模）形成自己的行为；（3）抽象模仿（abstract modeling），指个体对楷模观察后所学到者并非具体的行动，而是抽象的原则或精神（张春兴，2000，2014）。

女性的生涯发展常受制于性别角色的社会期待。反传统的性别突破，如职业妇女、女性高阶主管或女性在传统男性工作环境中的发展，均可借助杰出的角色楷模来提升生涯自我效能。

在生涯咨询中常结合"成就表现"与"观察学习"两种方法来提升自我效能。以应征面试为例，来访者先行观察示范性的面试录像带，然后开始模拟演练，并进行录像。与咨询师讨论录像内容之后，修正，再练习。如此不断反复，直到充分掌握诀窍为止。

延伸阅读 8-2

榜样学习

1. 偶像与榜样

偶像（idol）泛指一种崇拜的对象。青少年的偶像崇拜从自我认同理论来看是一种心理认同，从客体关系理论来看是一种情感依附（Adams-Price & Greene, 1990）。个人在其认知、情感和个性发展上，欣赏、接受另一个人的价值观、行为模式及外表形象等，并加以崇拜和模仿（岳晓东，1999a，1999b）。

榜样（model）是指一种供作比照或模仿的典型或模范，按照社会学习理论，个体向其所认同的楷模模仿，是其行为改变的原因之一（张春兴，2014）。

偶像与榜样的概念并不是截然不同的，也不是互相对立的，它们之间存在着缓冲区，且有一定程度的重叠。大致上可按"纯偶像""榜样型偶像""偶像型榜样""纯榜样"来表现其区域分布的特点（岳晓东，2000，2007），如表8-1所示。

表8-1 青少年四种偶像与榜样人物示意图

	名人类	非名人类
理想化—浪漫化—绝对化	纯偶像 遥远的明星偶像	偶像型榜样 学生身边具明星气质的平常人
现实化—理性化—相对化	榜样型偶像 遥远的杰出人士	纯榜样 值得效仿但不具明星气质的亲友

（资料来源：岳晓东，2007）

2. 以榜样学习取代偶像崇拜

偶像和榜样之间存在着一种理想化与现实化、浪漫化与理性化、绝对化与相对化的对立关系（岳晓东，1999a），偶像崇拜的缺点在于容易理想化、浪漫化与绝对化。研究发现，偶像崇拜中情感依附有余而心理认同不足。这主要表现为对偶像强烈依恋、全情投入、绝对支持，甚至发展至个人情绪受偶像的事业起落而影响的地步（岳晓东，2010）。青少年的偶像崇拜是建立在以人物为核心的社会学习和依恋上，注重偶像的外貌、才艺或反叛性格等，而不是

> 建立在像榜样学习一样以特质为核心的社会学习和依恋上（岳晓东，1999b，2007）。
>
> 有鉴于榜样学习是提升自我效能的重要方法，也是影响生涯发展历程的重要因素（宋珮绮，2003），以榜样学习取代偶像崇拜也成了生涯教育课程设计重要的一环。

3. 言语激励（verbal persuasion）

鼓励赞美是一种激励的经验，他人对于自己的激励往往能够使自己付出更多努力坚持下去。从社会认知论看，激励来源的专业性愈高，公信力愈强，且对信息接收者的吸引力愈大者，对接收者的影响力就愈大。这种社会性的鼓励，经常可激励儿童和青少年尝试新的学习与挑战。通常咨询师经由缜密观察而提出的真诚鼓励，也能够提升个案的自我效能感。在生涯团体中，团体成员之间的正面反馈也能提供这种社会性激励的经验。言语的鼓励除了来自外在的重要他者，有时亦可来自个人内在的自我励志语录，例如："生命不是要超越别人，而是要超越自己""世上没有绝望的处境，只有对处境绝望的人""不怕慢，只怕站"等。

4. 情绪觉察（emotional arousal）

这是一种情绪经验的觉察，如果经常出现焦虑不安的情绪状态，会使人自我怀疑，怀疑自己是否拥有控制困难情境的自我效能。若能经由不断地练习做出正向的诠释，便能增强自己的自我效能感。例如："我在考数学时很容易紧张，我慢慢地学习到如何克服它。"因此，在生涯课程中加入系统的压力管理训练、肌肉放松训练或正念减压训练（Kabat-Zinn，2013/2022），都可以协助控制不当的身心反应，增进自我效能。例如："让我焦虑的只是一种想法，一种念头，我只要看着它，与它和平共处，它就不会干扰我。"

上述四个提升自我效能的信息来源虽分开说明，在咨询的运用上要取得最大的效果，可视情况合并采行（Solberg et al., 1994）。由于"成就表现"中的纯熟经验经实验证实是最有力的效能期待来源（Lent et al., 1991），故合并采行可考虑以此为主体来设计。但如果来访者有特殊的困难（沉迷于偶像崇拜），可以强化特殊的部分，例如下面的榜样学习。

（三）偶像榜样化

为了有效引导青少年"化偶像为榜样"，将心中的偶像崇拜转化为榜样学习，岳晓东（2010）积极倡导偶像榜样化教育。

偶像榜样化教育主张：青少年应多从不同层面来认同偶像（如形象特征、才能特征、人格特征和偶像的奋斗成功经验等），学会从不同层面接受同一位偶像，再从不同偶像身上汲取养分。这种多元化的偶像认同方式就是化偶像为榜样，它不仅可促使青少年避免盲目跟随偶像这种表面行为，亦能提高青少年追星中的批判意识，降低其盲从性和极端行为表现（岳晓东，2010）。

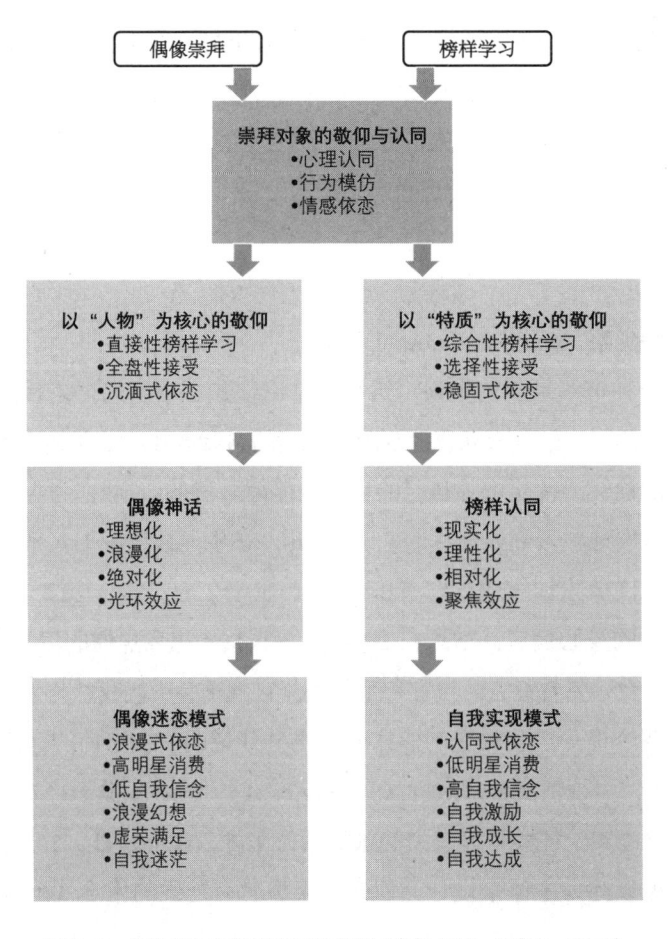

```
        偶像崇拜              榜样学习
           ↓                      ↓
        崇拜对象的敬仰与认同
          • 心理认同
          • 行为模仿
          • 情感依恋
           ↓                      ↓
    以"人物"为核心的敬仰    以"特质"为核心的敬仰
      • 直接性榜样学习          • 综合性榜样学习
      • 全盘性接受              • 选择性接受
      • 沉湎式依恋              • 稳固式依恋
           ↓                      ↓
        偶像神话                榜样认同
      • 理想化                  • 现实化
      • 浪漫化                  • 理性化
      • 绝对化                  • 相对化
      • 光环效应                • 聚焦效应
           ↓                      ↓
       偶像迷恋模式            自我实现模式
      • 浪漫式依恋              • 认同式依恋
      • 高明星消费              • 低明星消费
      • 低自我信念              • 高自我信念
      • 浪漫幻想                • 自我激励
      • 虚荣满足                • 自我成长
      • 自我迷茫                • 自我达成
```

图 8-3 偶像崇拜与榜样学习的差异（资料来源：岳晓东，2007）

偶像榜样化教育主张以下四项指导原则（岳晓东，2010）。

1. 参与性原则：邀请学生主动提名自己喜欢的偶像人物，并按照提名的偶像分成不同小组，讨论如何从偶像的成长经历中抽取其榜样价值，以获取自我成长的养分。

2. 批判性原则：鼓励学生对自己选择的偶像人物作理性判断与思考，邀请学生从多元角度看待自己提名的偶像，既看优点亦看缺点，既看成功亦看失败，从偶像的成长经历中获取自我奋斗的启示。

3. 疏导性原则：引导青少年从才能特征、人格特征、奋斗经验、生活智慧的层面看待偶像，使其榜样学习有明确方向。

4. 自助性原则：采取启发互动的教学方式促进学生独立思考和自助能力。例如邀请学生主动调查，采访专家学者、歌迷会成员等，在网上搜集资料，以分组方式报告等。

我们把角色楷模当成我们的榜样模范，其中一个原因是他们表现出我们尚未实现的愿望与梦想。如果进一步去分析，这些角色楷模身上似乎都具有我们所羡慕的特质，这些也是我们自己"看得见"（外显）与"看不见"（内隐）的特质。然而常有人误以为，"就是因为我没有这种特质，所以我才会在我的楷模身上投射出我所仰慕的特质。"

其实，如果自己没有这种特质，我们就不会被这个特质吸引。教育的任务就是分辨榜样化的偶像在哪些方面鼓舞了我们，然后我们再把原本是我们拥有的特质，从自己身上找出来（Ford，2010）。

如果从荣格分析心理学的理论来解释（Johnson，1991/2022），这是一种把自己部分的特质不自觉地投射在他人身上的现象。我们内在自性所拥有的特质，有时因故无法在意识层面展现出来，在这种情况下，只能寻找一个榜样来现身。假设，16岁的青少年崇拜偶像阿尔伯特·施韦泽（Albert Schweitzer，1875—1965）的坚毅、利他与献身，这些憧憬镶嵌成自己的生涯主题，有朝一日，那些"现在还没有优秀到那个程度"的特质就能内化当年偶像身上（也属于自己）的这种特质，而成为中年的生涯主轴与生命动力。所谓成长，就是通过这种方式潜移默化至生涯发展的下一个阶段；今天崇拜的榜样特质，明天成为自己的生命价值。

也就是说，所有投射出去的榜样特质都需要内化回来，人格才算完整，这是一辈子的功课。我们不能让偶像永远"被投射"属于我自己却又被我外射出去的潜能。我们借由对偶像身上的特质进行观摩与学习，重新拥有（re-own）自己的兴趣、能力、价值，最终还是要将这些特质华丽转身，从自身展现开来。如何或何时在生命中发挥与应用，由我做主。

二、SCCT的生涯咨询

在社会认知生涯模式的框架内，生涯咨询专注帮助来访者"识别错误的自我效能信念"和"不切实际的结果预期"，SCCT假设这些信念导致他们难以做出令人满意的生涯抉择。SCCT从社会认知框架中提出了生涯咨询中的三个基本原则（Brown & Lent，1996；Lent，2013）。

1. 帮助来访者探索各种生涯选项，并确认他们因不切实际或错误的自我效能信念或结果预期而被排挤或落空的选项。
2. 识别和评估各种生涯抉择的障碍因素和支持因素，特别是可能导致来访者过早地从考虑中排除生涯可能性的障碍因素。
3. 帮助来访者修正和抵消错误的自我效能信念和错误的生涯信息。

这些干预的程序不一定按线性顺序进行。例如可能有必要与来访者共同确定已排除在考虑范围之外的选项，或者帮助来访者修正自我效能信念或纠正误判的生涯信息，这样就可以重新拾回被忽略的生涯抉择。抑或，帮助来访者消除选择路上的障碍因素，并分析可能的支持系统。以下是咨询师在进行前或进行中可供参考的检核项目（Swanson & Fouad，2015，p.280）：

来访者对各种生涯抉择的自我效能是什么？
来访者对各种生涯抉择的结果预期是什么？

来访者的兴趣是什么？
来访者的生涯抉择自我效能是什么？
来访者有哪些学习经验？
来访者排除了哪些抉择？
来访者的结果预期是否切合实际？
特殊的障碍因素如何影响来访者的生涯抉择？

（一）选择模式与表现模式的应用

SCCT 生涯咨询目标是帮助来访者找到与其兴趣、价值观和技能相匹配的生涯（Lent, 2013）。此过程的一个特别重要的部分，是帮助来访者探索匹配良好、但由于自我效能感差，或结果预期不准确而被排除在外的可能选项。

1. 扩展生涯选项

有些来访者因为工作个性未能分化，或因为感到生涯抉择范围狭窄而无所适从。SCCT 与大多数生涯抉择咨询方法一样，可以帮助来访者从一系列与其工作个性有关的重要特质（例如兴趣、价值观、技能）适配的生涯选项中进行选择。

SCCT 模式的一个重要含义，在于个人经常因为偏差的自我效能和结果预期而与潜在可行的选择擦肩而过。例如一个人可能误认为自己不具备在某些职业生涯中有效发挥的技能，或者该生涯选项无法提供能够实现其价值的增强物。若能重新审视以前放弃的选项，并考虑它们被放弃的原因，来访者或有机会澄清自己的兴趣、技能和价值观，进而扩大选项的范围。

以下两种策略可重新检视被搁置的选项（Lent, 2021）。

（1）标准化测量：第一个策略是进行职业兴趣、价值观/需求和能力的标准化测量，并检查其结果与选项之间的落差，尤需特别检验"能力-兴趣"和"价值-兴趣"的差异。假设来访者有能力在特定职业上取得成功，但对这些职业表现出相对较低的兴趣，这可能表明个人能力的认知被打了折扣（自我效能感低得不切实际，兴趣可能没有机会发展）。又例如，如果来访者的价值观与特定选项兼容，但对这些选项兴趣缺缺，有可能是结果预期失准。也就是说，可能受限于职业信息的有限或偏误,从而误判此选项无法满足需求。

(2) 职业组合卡:第二个策略是使用职业组合卡(详见第五章)。首先要求来访者将职业清单分为三类:(a) 可能选择;(b) 不会选择;(c) 没意见。然后将重点放在被分为"不会选择"和"没意见"两类的职业上。鼓励来访者将这些职业区分为更具体的类别,反映自我效能信念("如果我认为我具有这些职业所需的能力,就可以选择它")、结果预期("如果我认为它可以提供我重视的东西,也可以选择它")、是否有兴趣("在任何情况下都不会选择它")。将职业分为自我效能和结果预期两个子类,然后聚焦讨论该项职业相关技能的内容,以及结果预期的准确性。与第一种策略一样,借由进一步的测评、增强自我效能或信息搜集来挑战关于自我或职业选项的错误假设,以扩大可能的选择范围(Brown & Lent, 1996)。

2. 因应生涯障碍与建立支持系统

SCCT 选择模式假设,如果个体认为首选的选项有着最小的障碍和充分的支持,就有极大可能将目标转化为行动。反之,如果背后有着强大的反对力量,或缺乏必要的支持,就很难坚持下去。这些假设使得咨询师与来访者都必须直接面对这些潜在的支持和障碍。SCCT 采取的咨询策略包括:(1) 善用平衡单,以识别可能遇到的障碍;(2)在家庭、同伴和其他社交网络中,寻求支持系统。

(1) 善用平衡单:SCCT 使用决策平衡单(balance sheet)(参见第十一章)来帮助来访者识别潜在的选择障碍。具体来说,要求来访者对他们认真考虑的每个选项,检验可能产生的积极和消极的影响。然后,来访者关注可能阻止追求每个选项的负面后果。接下来,估计实际遇到每个障碍的机会,并制定和演练应对最大障碍的策略。例如来访者因为担心坚持自己的选择会危及她与配偶的关系,而不能追求她的优先选项。在分析了这个障碍之后,来访者在咨询师的协助之下,通过与配偶的协商,找到一个双生涯的双赢策略,兼顾了事业与婚姻(Brown & Lent, 1996)。

(2) 寻求支持系统:除了预测和应对生涯障碍外,帮助来访者建立支持系统以达成生涯目标的确是上上之策(Lent et al., 2000)。一旦确定了首选的职业目标,可以鼓励来访者进一步评估:(a)需要采取什么步骤来实现目标;(b)

有哪些环境资源可以帮助实现这些步骤；以及（c）可以运用什么资源来消弭可能的选择障碍。在许多情况下，来访者现有的支持系统就可以为自己的目标提供必要的资源。否则的话，就必须通过培养新的或替代性的支持系统来获得增援。

来访者的家庭通常是生涯抉择阻隔因素或支持因素的关键来源，尤其是在华人的集体主义文化中。在高中阶段或大学阶段都有许多案例说明来访者需要处理自己和家人生涯抉择的严重冲突（胡娟，2018）。在这种情况下，有必要根据文化背景和来访者的意愿，邀请重要他人同时进行辅导，将阻隔因素转化为支持的力量。如果在平衡单中发现来访者的困扰来自双文化的亲子代际冲突，则可参考第十二章的中庸生涯模式。

3. 目标设定和自我调整

在咨询的后期，有些来访者在设定目标和目标追求的过程中需要帮助。一旦选定了选择目标，许多因素会影响来访者采取行动的可能性。除了上述环境支持和障碍的可能影响，另一个重要因素涉及来访者制定目标的方式。例如班杜拉（Bandura，1986）发现如果远期的大目标能够细分为清晰、具体的子目标，则有助于目标的管控与实现。此外，对有意采取的生涯行动，以公开声明的方式通知亲朋好友，也是一种有效的方法。由于并非所有可能的障碍都可以预期和克服，因此制订退而求其次的备案（backup plans），预筹后路，也是相当有必要的。

4. 促进工作表现

以 SCCT 表现模式为参照基准，咨询目标聚焦于促进或优化工作的绩效表现。提高工作表现的基本策略，首先检视自我效能评估与客观能力评估之间可能存在的差异。然后，根据所鉴别的差异设计辅导策略。例如如果来访者在某一特定的领域拥有足够的技能，但自我效能信念较弱，SCCT 提出的辅导措施包括：（1）通过该领域中具有挑战性的任务，在成功的经验中逐步获得个人的精通经验；（2）回顾与检视过去的成功经验；以及（3）通过过去与现在的成功经验，重新拾回自己对于所能掌握能力的自信。

最后，SCCT 表现模式指出，结果预期和绩效目标也是绩效表现的关键激励因素。因此，加强对于结果预期的判断与选择挑战性的绩效目标，都是可行的做法。

（二）满意模式与管理模式的应用

1. 增进工作满意度

由于不同的个人、行为和环境因素都可以提高工作满意度，因此无论是采取单一关键因素还是一组因素作为介入的策略，都必须针对特殊对象、特殊情境量身打造。

工作满意度的咨询，取决于如何找到"令人不满意"的源头。基于 SCCT 提供的策略，包括：（1）帮助来访者获得所需的工作条件、活动或增强物，例如通过重新设计工作或进行技能更新；（2）设定有价值的目标，逐步推进，例如制定清晰的、近期的、内在诱因的、具有挑战性而且确实可以达成的目标；（3）调动达成目标所需的支持和资源；（4）提高与任务和目标相关的自我效能感；（5）提高工作成功所需的技术或能力；（6）应对工作中的压力，例如参加压力管理的培训；（7）维护自身权益，例如协助处理恶劣或不文明的工作条件等（Brown & Lent，2019；Lent，2021）。

SCCT 承认个人和环境属性之间的不一致，可能导致工作满意度低，因此可以经由改善 P 和 E 之间的契合度来减少这种不满。例如"价值-增强物"的不一致必须通过来访者与主管谈判、工作重组或技能发展来解决。SCCT 假设不良的适配可能发生在任何一个维度上（例如兴趣、个性、价值观、技能或工作条件），在确定一个人对工作环境的满意度时，对 P-E 适合度的主观感知通常比客观评估的适合度更有影响力。在实际的案例中发现（Brown & Lent，1996），前来咨询的个案几乎都是由于个人主观认为工作提供的报酬与内在价值期待不合，或工作能力与其工作要求之间的感知无法匹配。

尽管 SCCT 着重于工作满意度中"可自我管控"的因素，也必须接受那些受限于"非自我掌控"的人为环境因素，如组织领导的不合理干预或阻碍进展的政策。如果这种阻力超过了管控的范围，"山不转路转"，可以考虑进行转换工作或职能。更极端的状况下，若当前的工作环境无法实现个人最核心的价值观，且无法通过更换工作来解决，则可协助来访者在其他生活领域（例如休闲、家庭、社区）寻求不同目标导向的活动，以替代途径提升另一层次的生活满意度。

2. 提高生涯自我管理

CSM 模式可用于设计发展性和预防性的干预措施，用以帮助学生或工作者为未来的发展任务或生涯转型预做准备。CSM 也可以设计积极性的工作调整或主动性的生活调整，例如技能更新、协调多重角色、自我维权、建立人脉网络，或对预期的裁员或资遣进行未雨绸缪等（Lent & Brown，2013）。

生涯自我管理在职场上有时并非单独亲力亲为所能实现；相反地，社会支持是关键。因此，生涯咨询中的咨询师也是一种生涯自我管理中为来访者提供赋能的关键人物（Wilhelm & Hirschi，2019）。另外的社会支持来自诊断辅导的高阶主管教练服务（executive coaching），这是一种针对企业 CEO（Chief Executive Officer，又称总裁、首席执行官）、或对行业有重大影响的公司核心高层进行诊断与辅导的高阶主管教练服务。

图8-4　企业主管教练服务的概念架构（资料来源:Joo, 2005, p. 476）

高阶主管教练服务如图 8-4 所示，此架构是回顾 78 篇与企业主管教练服务相关的文献后（Joo，2005），归纳出来的企业主管教练服务的历程概念架构图。此架构包含前因（antecedents）、历程（process）、直接结果（proximal outcomes）、间接结果（distal outcomes）四部分。此四部分的彼此关联是:"前因"经由企业主管教练服务的"历程"而产生"直接结果","直接结果"又会带来一些"间接结果"。更具体地说,"前因"中的教练特质、来访者特质、组织支持度三项因素会影响教练服务的"历程"是否顺畅;而"历程"中的教练取向、来访者与教练的关系、来访者对反馈的接受度三项因素会影响来访者是否能够获得其想要的"直接结果";接着,来访者得到的"直接结果",包含自我觉察与学习这两项因素,会显现于行为的改变中,而进一步产生"间接结果"。最后,"个人的成功"终将有助于达成"组织的成功"(陈茂雄,2008,p.6)。

"教练服务"可以帮助个别客户处理棘手的工作事件(例如工作停滞、解决人际冲突)或改善个人与工作角色相关的功能适应(例如360度领导力的反馈诊断)(陈茂雄,2008),请参见延伸阅读8-3。除此之外,具体的干预成分和策略可参考SCCT应用于前述生涯抉择、工作表现和满意度问题时使用的策略,例如关注技能发展、自我效能信念、结果预期、目标设定以及社会性的障碍和支持等,以应对相关的生涯自我管理任务和挑战。

> **延伸阅读8-3**
>
> **高阶主管教练技术**
>
> 大雄是一家顶尖金融机构副总裁,他具备所有的高阶领导专业优点:基层出身、思考前瞻、理性捷思、充满活力,富有竞争力,正准备争取公司重要部门的最高职务。老板力挺大雄,其他领导也认为他足以胜任这个位置。但发现营销出身的大雄无法与同事合作,不愿分享资源,缺乏有效沟通能力。同事嘴上不说,但总是有意无意地消极抵抗。如何能够根据生涯自我管理模式,一方面兼顾主管面子,另一方面又能对症下药改善现状?
>
> 高阶主管教练技术的教练服务是一种一对一的"教练"服务,替高阶主管(或自己)聘请私人教练,依照主管的性格与工作需求,量身打造为期六至十二个月的管理课程(施君兰,2011)。为了切实找出主管的领导问题,"教练"除了为主管选择适当的测评工具,对其个人生命意义、价值观、工作心态及心智模式进行评估;还可使用360度反馈诊断法,询问主管的同事、上司、部属、甚至家人对他的评价,再真实反映给主管。通过这些诊断可找到有效辅导

方法，提升其领导技能、领导艺术和管理能力，使他们得到解决面对企业经营管理问题的有效方案，帮助提升企业的绩效（Executive Coaching, 2022）。

教练服务历程具体实施的步骤包括：（1）签订服务合约；（2）对来访者施以心理测验；（3）为来访者进行360度反馈调查；（4）协助来访者设定改善目标；（5）进行教练晤谈；（6）与企业主进行中期检讨；（7）进行服务绩效评量；（8）进行结案具体会议（陈茂雄，2008）。

360度反馈诊断法（360-degree feedback）是企业界常用的给予来访者反馈的方法，其做法是由来访者周围的重要关系人提供反馈，以帮助来访者了解他人对其看法。所谓"360度"指的是反馈者涵盖来访者周围的重要关系人，如公司内的直属主管、同侪、部属等；有时甚至涵盖公司外的客户、供应商、经销商、家属、朋友等（陈茂雄，2008）。其优点在于：从各种来源向来访者提供反馈，发展与加强团队合作，发现可能阻碍来访者成长的问题，揭示来访者的生涯发展困境，减少评分者的偏见和歧视倾向，提供建设性反馈以提高来访者的产出能力，以及提供对进一步培训或辅导需求的洞察力（Heathfield, 2022）。

例如"教练服务"在设定生涯自我管理计划时，重点项目之一是对来访者进行现实的障碍评估以及建立应对这些障碍的策略。将障碍视为可管理的挑战，以提高来访者进行生涯自我管理的动机（Hirschi et al., 2013），而成功管理这些障碍又可以提高自我效能和结果预期。此外，可鼓励来访者通过人际网络和寻求反馈等行为，建立相当程度的社会支持系统。当计划已经付诸实施或发现结果不可行时，可以协助对CSM过程进行监控和反馈处理。

总之，生涯咨询人员或生涯教练可以扮演促进生涯自我管理流程的重要幕后推手，为来访者应对复杂多变的职业环境，做好准备与适应。

结论

自从研究发现生涯自我效能感比兴趣、价值观和能力在限制女性生涯抉择方面起着更重要的作用开始，宛如平地一声雷，社会认知生涯理论在短短二三十年间崛起，发展成为一种被广泛研究的生涯发展理论。这一理论的内在精神源自班杜拉的社会认知论，上溯自完形心理学家勒温的场域论。

社会认知生涯理论包括五个基本概念相互关联、但形式有别的模式。本章主要解释了社会认知生涯模式的主要要素，其次对兴趣模式、选择模式、表现模式以及满意模式进行了讨论。第五项生涯自我管理模式虽然出现较晚，也受到相当程度的关注，相关的研究仍方兴未艾。社会认知生涯理论强调"自我效能""结果预期""设定目标"在生涯抉择的重要性，这三个因素也是 SCCT 在实际应用上重要的关注焦点。

社会认知生涯理论强调性别和文化差异的背景影响，受到美国以及美国以外部分地区大量研究数据的支持，SCCT 的学者已经能够弹性描述生涯发展的详细过程。生涯咨询人员熟悉这一模式，有助于关注来访者的自我效能信念，帮助他们应对生涯目标的障碍。在生涯服务的发展性与补救性措施方面，SCCT 提出了若干参考策略，然而在实际应用上，仍有待不断充实成功的案例。

参考文献

宋珮绮（2003）：角色楷模对专业教师生涯历程之影响研究（未出版硕士论文），台湾师范大学。

岳晓东（1999a）：青少年偶像崇拜与榜样学习之异同分析：一个六边形图形和两种社会学习和依恋模式的提出。青年研究, 2(7), 137-152。

岳晓东（1999b）：偶像与榜样选择的代沟差异：香港和长沙成年人的见解。香港社会科学学报, 15, 27-51。

岳晓东（2000）：香港和内地青少年对四类偶像与榜样人物之选择和认同差异分析。青年研究, 3(2), 152-167。

岳晓东（2007）：追星与粉丝：青少年偶像崇拜探析。香港：城市大学出版社。

岳晓东（2010）：偶像榜样化教育——谈青少年追星行为之引导策略。亚洲辅导学报, 17, 23-40。

林蔚芳（2020）：社会认知生涯理论咨询模式与介入策略。载于金树人、黄素菲主编, 华人生涯理论与实践, 119-150。台北：心理出版社。

林蔚芳、游锦云、李慧纯、金树人（2014）：社会认知因子对澳门青少年学校满意度影响之研究——SCCT满意度模式验证。教育心理学报, 46(1), 27-49。

施君兰（2011）高阶主管也要好好调教。天下杂志，313。https://www.cw.com.tw/article/5010928.

胡娟（2018）：大学生代际的生涯抉择冲突研究（未出版博士论文）。澳门大学。

张春兴（2000）：心理学思想的流变。台北：东华书局。

张春兴（2014）：张式心理学辞典（重订版）。台北：东华书局。

陈茂雄（2008）：咨询辅导的新领域——"企业主管教练服务"的行动研究（未出版硕士论文）。台北教育大学。

杨淑涵（2002）：选择非传统学习领域之四技女生生涯抉择历程之叙说研究（未出版硕士论文）。台湾师范大学。

Adams-Price, C., & Greene, A. L.(1990). Secondary attachments and adolescent self-concept. *Sex Roles,* 22(3–4), 187–198.

Bandura, A.(1986). *Social foundations of thought and action: A social cognitive theory.* Prentice Hall.

Bandura, A.(1989). Social cognitive theory. In R. Vasta(Ed.), *Annals of child development. Vol. 6. Six theories of child development*(pp. 1–60). JAI Press.

Bandura, A.(1997). *Self-efficacy: The exercise of control.* W. H. Freeman.

Bandura, A.(2002). Social cognitive theory in cultural context. *Applied Psychology: An International Review,* 51, 269–290.

Betz, N. E., & Hackett, G.(1981). The relationship of career-related self-efficacy expectations to perceived career options in college women and men. *Journal of Counseling Psychology,* 28, 399–410.

Bowling, N. A., Eschleman, K. J., & Wang, Q.(2010). A Meta-analytic examination of the relationship between job satisfaction and subjective well-being. *Journal of Occupational and Organizational Psychology,* 83, 915–934.

Brown, S. D., & Lent, R. W.(1996). A social cognitive framework for career choice counseling. *The Career Development Quarterly,* 44, 354–366.

Brown, S. D., & Lent, R. W.(2016). Vocational psychology: Agency, equity, and well-being. *Annual Review of Psychology,* 67, 541–565.

Brown, S. D., & Lent, R. W.(2019). A social cognitive view of career development and guidance. In J. A. Athanasou, H. N. Perera(Eds.), *International Handbook of Career Guidance,* (pp.147–166). Springer Nature Switzerland AG.

Brown, S. D., & Hirschi, A.(2013). Personality, career development, and occupational attainment. In S. D. Brown & R. W. Lent(Eds.), *Career development and counseling: Putting theory and research to work*(2nd ed., pp. 299–328). Wiley.

Byars-Winston, A., Estrada, Y., Howard, C., Davis, D., & Zalapa, J.(2010). Influence of social cognitive and ethnic variables on academic goals of underrepresented students in science and engineering: A multiple-groups analysis. *Journal of Counseling Psychology, 57*(2), 205–218.

Executive Coaching(2022, December 29). 百度百科https://baike.baidu.com/item/Executive%20Coaching/7780777.

Ford, D.(2010). *The dark side of the light chasers: Reclaiming your power, creativity, brilliance, and dreams.* Riverhead Books.

Hackett, G., & Betz, N. E.(1981). A self-efficacy approach to the career development of women. *Journal of Vocational Behavior, 18,* 326–336.

Heathfield, S. M.(2022, December 29). *What is 360-degree feedback?* https://www.thebalancemoney.com/360-degree-feedback-information-1917537.

Hirschi, A.(2018). The Fourth industrial revolution: Issues and implications for career research and practice. *Career Development Quarterly, 66,* 192–204.

Hirschi, A., Lee, B., Porfeli, E. J., & Vondracek, F. W.(2013). Proactive motivation and engagement in career behaviors: Investigating direct, mediated, and moderated effects. *Journal of Vocational Behavior, 83*(1), 31–40.

Johnson, R. A.(1991). *Owning your own shadow: Understanding the dark side of the psyche.* 徐晓珮译(2022): 拥抱阴影: 从荣格观点探索心灵的黑暗面。台北: 心灵工坊。

Joo, B.-K.(B.).(2005). Executive coaching: A conceptual framework from an integrative review of practice and research. *Human Resource Development Review, 4*(4), 462–488.

Kabat-Zinn, J.(2013). *Full catastrophe living(revised edition): Using the wisdom of your body and mind to face stress, pain, and illness.* 胡君梅、黄小萍译(2022): 正念疗愈力。台北: 野人出版。

Lent, R. W.(2005). A social cognitive view of career development and counseling. In S. D. Brown & R. W. Lent(Eds.), *Career development and counseling: Putting theory and research to work*(pp. 101–127). John Wiley & Sons.

Lent, R. W.(2013). Social cognitive career theory. In S. D. Brown, & R. W. Lent(Eds.), *Career development and counseling: Putting theory and research to work*(2nd ed.) (pp. 151–146). Wiley.

Lent, R. W.(2021). Career development and counseling: A Social cognitive framework. In S. D. Brown & R. W. Lent(Eds.), *Career development and counseling: Putting theory and research to work.*(3rd ed.) (pp. 129–163). John Wiley & Sons.

Lent, R. W., & Brown, S. D.(2006). Integrating person and situation perspectives on work satisfaction: A social-cognitive view. *Journal of Vocational Behavior, 69,* 236–247.

Lent, R. W., & Brown, S. D.(2013). Social cognitive model of career self-management: Toward a unifying view of adaptive career behavior across the life span. *Journal of Counseling Psychology, 60,* 557–568.

Lent, R. W., & Brown, S. D.(2019). Social Cognitive Career Theory at 25: Empirical status of the interest, choice, and performance models. *Journal of Vocational Behavior, 115,* 103316. https://doi.org/10.1016/j.jvb.2019.06.004.

Lent, R. W., & Sheu, H.(2010). Applying social cognitive career theory across cultures: Empirical status. In J. G. Ponterotto, J. M. Casas, L. A. Suzuki, & C. M. Alexander(Eds.), *Handbook of multicultural counseling*(3rd ed.) (pp. 691–701). Sage Publications.

Lent, R. W., Brown, S. D., & Hackett, G.(1994). Toward a unifying social cognitive theory of career and academic interest, choice, and performance [Monograph]. *Journal of Vocational Behavior, 45,* 79–122.

Lent, R. W., Brown, S. D., & Hackett, G.(2000). Contextual supports and barriers to career choice: A social cognitive analysis. *Journal of Counseling Psychology, 47,* 36–49.

Lent, R. W., Brown, S. D., Sheu, H., Schmidt, J., Brenner, B. R., Gloster, C. S., ... Treistman, D.(2005). Social cognitive predictors of academic interests and goals in engineering: Utility for women and students at historically Black universities. *Journal of Counseling Psychology, 52*(1), 84–92.

Lent, R. W., Lopez, F. G., & Bieschke, K. L.(1991). Mathematics self-efficacy: Sources and relation to science-based career choice. *Journal of Counseling Psychology, 38,* 424–430.

Lent, R. W., Sheu, H., Miller, M. J., Cusick, M. E., Penn, L. T., & Truong, N. N.(2018). Predictors of science, technology, engineering, and mathematics choice options: A meta-analytic path analysis of the social-cognitive choice model by gender and race/ethnicity. *Journal of Counseling Psychology, 65,* 17–35.

Lent, R. W., Taveira, M., Sheu, H., & Singley, D.(2009). Social cognitive predictors of academic adjustment and life satisfaction of Portuguese college students: A longitudinal analysis. *Journal of Vocational Behavior, 74,* 190–198.

Low, K. S. D., Yoon, M., Roberts, B. W., & Rounds, J.(2005). The stability of vocational interests from early adolescence to middle adulthood: A quantitative review of longitudinal studies. *Psychological Bulletin, 131,* 713–737.

MBA智库（2021）。勒温的场动力理论。https://wiki.mbalib.com/zh-tw/勒温的场动力理论。

McWhirter, E. H., Rasheed, S., & Crothers, M.(2000). The effects of high school career education on social-cognitive variables. *Journal of Counseling Psychology, 47,* 330–341.

Prideaux, L., Patton, W., & Creed, P.(2002). Development of a theoretically derived school career program: An Australian endeavor. *International Journal for Educational and Vocational Guidance, 2,* 115–130.

Rhoades, L., & Eisenberger, R.(2002). Perceived organizational support: A review of the literature. *Journal of Applied Psychology, 87,* 698–714.

Sharf, R. S.(2016). *Applying career development theory to counseling*(6th ed.). Brooks/Cole.

Sheu, H., & Phrasavath, L.(2019). Social cognitive career theory: Empirical evidence and cross-cultural applications. In N. Arthur & M. McMahon(Eds.), *Contemporary theories of career development: International perspectives*(pp. 47−60). Routledge.

Sheu, H., Lent, R. W., Brown, S. D., Miller, M. J., Hennessy, K. D., & Duffy, R. D.(2010). Testing the choice model of social cognitive career theory across Holland themes: A meta-analytic path analysis. *Journal of Vocational Behavior,* 76, 252−264.

Solberg, V. S., Good, G. E., & Nord, D. N.(1994). Career search self-efficacy: Ripe for applications and intervention programming. *Journal of Career Development,* 21(1), 69−72.

Swanson, J. L., & Fouad, N. A.(2015). *Career theory and practice: Learning through case studies.* Sage Publications.

Szalay, L. B., & Fisher, G. H. (1979). Communication overseas. *Toward internationalism: readings in cross-cultural communication.* Newbury House.

Tang, M., Fouad, N. A., & Smith, P. L.(1999). Asian Americans' career choices: A path model to examine factors influencing their career choices. *Journal of Vocational Behavior,* 54, 142−157.

Tien, H. S., Wang, Y., & Liu, L.(2009). The role of career barriers in high school students' career choice behavior in Taiwan. *The Career Development Quarterly,* 57(3), 274−288.

Wilhelm, F., & Hirschi, A.(2019). Career self-management as a key factor for career wellbeing. In I.L. Potgieter, N. Ferreira & M. Coetzee(Eds.), *Theory, Research and Dynamics of Career Wellbeing.* Springer.

第九章
偶然与必然：机缘巧合理论

可控与不可控、必然与偶然、日常与无常，流转出生命的常态和宇宙的本质。万事万物依缘起而缘生，也因缘灭而缘寂。机缘学习论、共时性原理、以及生涯因缘观，都强调机缘事件在生涯中不容忽视的重要性。

> 世间所有相遇，都是久别重逢。
>
> ——王家卫（2013）

当前的理论模式缺乏对计划外变故或意料外事件的考虑，未能充分说明"意外"如何影响个人生涯轨迹。显然，忽略了个人生活经历中这一重要部分，确实使生涯发展过程的描述有所不足，并缺乏现实性（Akkermans et al., 2018）。因此，我们需要关注偶发事件在个人生涯中发挥的作用。

偶发事件涉及极低的发生概率。早期西方科学忽视概率，学术思维主要受到因果论的影响，机缘的因素长期受到忽视——这却是东方探索自然现象兴致盎然的焦点。当代的生涯观充满着对不确定性的好奇与探索，寻思以积极正向的态度面对改变。改变（change）之中到处充满着机会（chance）。机会是一个概括性的词汇，其概念与机遇（happenstance）、偶发性（serendipity）、巧遇（coincidence）或共时性（synchronicity）等极为类似。这些现象的英文修辞极其优雅，转译成中文，前两者趋近于"机缘"，后两者则与"巧合"有关。在当代的生涯理论中，约翰·D. 克朗伯兹（John D. Krumboltz, 1928—2019）的机缘学习论谈的是机缘，荣格的共时性原理谈的是巧合。

若仔细深究，东方的缘起论同时涵盖了机缘与巧合。缘起论是佛学的基本教义，说明万事万物的缘起与缘灭，在龙树的《中论》及《大智度论》中有着精辟的论述。在现代，夫妻结缘，相伴即是缘；同事结缘，相遇亦是缘。"缘起法则"长久以来已融入华人平民的生活，有缘千里来相会，无缘对面不相逢。"缘"（Yuan）在华人文化结构中，形成了一种独特的语言习惯与生活智慧（Chang & Holt, 1991；Hsu & Hwang, 2016）。生涯缘观用以描述当代人在不同时空之中生涯际遇的各种缘聚与缘散、生涯关系的联结与断裂。

本章第一节首先介绍机缘学习论，其次第二节引介荣格的共时性原理，第三节将呈现传统东方缘起论与现代生涯因缘观的含义及其启发与应用。

第一节 机缘学习论

> 到目前为止，在我的一生中，我个人曾被聘为园丁、杂志销售员、司机、农民、钻床操作员、铝铸造工、谷物包装工、铁路装载工、电梯操作员、化学家助理、煎饼品尝员、图书出版助理、电台播音员、教学助理、网球教练、营地辅导员、生涯咨询员、高中辅导老师、代数教师、军官、考试结构专家、心理学家、教授和作家。我不曾，也永远不可能事先预测到这种职业生涯发展模式。谁知道我下一步会做什么？
>
> ——克朗伯兹（Krumboltz，2009，p.136）

克朗伯兹个人的职业生涯发展多姿多彩，但他每一阶段都不知道"下一步会做什么"，他的生涯理论也经过了三个不同阶段的发展。1979年出版的《社会学习论与生涯抉择》（*Social learning and career decision making*）（Mitchell et al., 1979）一书，将社会学习论的主要观点悉数囊括。稍后，克朗伯兹针对环境不断的变迁与咨询实务的体验，发现有必要对生涯中发生的意外事件做出积极的反应，遂提出了善用机缘论（Planned Happenstance Theory）（Krumboltz, 1998; Krumboltz & Levin, 2004/2005; Mitchell et al., 1999）。最后，在原有的基础之上加进了学习的元素，调整为机缘学习论（Happenstance Learning Theory）（Krumboltz, 2009），其重点在于帮助当事人学习如何应对计划外的机会事件。

一、理论发展

（一）社会学习论时期

克朗伯兹早期用社会学习的观点解释人类生涯抉择的行为时特别强调："生涯咨询的目标，在于增进当事人对技能、兴趣、信念、价值观、工作习惯与个人素质的学习，期许每一个人能够在快速变迁的社会中，创造出幸福美满的生活。"（Krumboltz, 1996, p.61）社会学习论在生涯咨询工作的应用上，以"学习"为核心,提出以下几个重点。

1. 如何选择一个生涯方向度过一生,是由一组复杂的因素交织互动而形成的结果。这些因素包括个人的遗传素质、环境的各种事件与情况,以及各种学习经验。

2. 生涯的选择是一种相互影响的历程。这种选择不仅反映了个人自主的选择结果,也反映出社会所提供的就业机会与要求。换言之,人选择职业,职业也选择人。

3. 生涯的选择是终生的历程。它不只是发生在生涯当中的某一点上,而是遍布一生。

4. 生涯的选择是由许多的因所造成的果。缘于这些前导事件的复杂性,对于任何人职业选择的预测,都是不太可靠的。

5. 生涯犹豫的现象主要缘于缺乏和生涯有关的学习经验,或者缘于当事人尚未学到有系统、有步骤的生涯抉择方法。因此,生涯方向的不确定是缺乏某种学习经验的自然结果,没有必要感到愧疚或不安。

6. 生涯咨询不仅是个人与工作相匹配的过程;相反地,应该去扩展学习新的经验,鼓励增加各种和生涯有关的探索活动。因此,生涯咨询师的责任是:(1)帮助当事人学习生涯抉择的技能;(2)帮助当事人进行各种和生涯有关的探索活动;(3)指导当事人评估这些学习经验对个人的影响。

按社会学习论的基本论述,人置身于环境之中,其学习经验受到社会、教育与工作经验的影响。克朗伯兹(Krumboltz, 1996)特别强调,在这种情况下不能再依循传统对职业性质的描述去培养自己的专长;学习再学习,弹性地维持终身学习的心态,时时接受不同能力的训练,成了生涯适应很重要的素养。

(二)善用机缘论时期

善用机缘论是对前述社会学习论的修正与扩展。1998年,一篇有关偶发事件对十三名成功的女性咨询心理师影响的研究论文,引起了生涯学界对"机会事件"的高度重视;威廉姆斯等人(Williams et al., 1998)的研究指出,偶发事件对成功的女性咨询心理学家的职业生涯产生了关键性的影响。

克朗伯兹认为这是一篇振聋发聩的大作，在一篇针对该文的评论中语重心长地指出，"威廉姆斯等人的研究掷地有声：我们的生涯发展理论需要修正，计划外的偶发事件在我们思考帮助人们解决生涯问题时，必须发挥重要的作用"（Krumboltz，1998，p.391）。他特别指出，巧合绝非偶然，巧合无所不在。

偶发性（serendipity，又译偶发力）是由英国贵族霍勒斯·沃波尔（Horace Walpole，1717—1797）在1754年首创的新词，它源于波斯神话故事《锡兰三王子》（*The Three Prince of Serendip*）。Serendip旧名锡兰，即现今的斯里兰卡。神话中锡兰国王为了磨炼三位王子，让他们徒步旅行各地，培养对偶发事件的应变能力。这三位王子总能在意外中靠着智慧，在危机中化险为夷。这个词语强调了机遇的意外性、偶然性与不可预测性，人们可机智地在这些偶然发现中获益。

2004年，英国今日翻译公司（Today Translations）挑选出十大最难翻译的英文，serendipity就是其中之一。由于没有对应的字根，很难"望文生义"。《牛津当代大辞典》（*The New Oxford Illustrated English-Chinese Dictionary*）将serendipity定义为"善于发现意外收获的能力"。多年来，它的含义除了早期的"意外"和"睿智"，额外衍生为"刻意寻找这件事却意外发现那件事"（Lawley & Tompkins，2013）。

综合来看，偶发性指在并非刻意寻找的状态下，因意外的接触与邂逅，以独特见解或判断从中获得有价值的事物（Díaz de Chumaceiro，2003）。偶发性不仅涵盖了"不期而遇""意料之外"的"这件事"，也隐含着"有价值""有意义"的"那件事"；它同时描述了善用机缘的现象（偶发性），也标示出了对应偶发事件的处理能力（偶发力）。1492年哥伦布（Cristoforo Colombo）原本想要通过航海寻找印度（India），结果意外地发现了美洲新大陆，因此他误将美洲原住民称为印第安人（Indians）。一般我们所谓探索或探险，大致都有一个特定的目的或新的目标。偶发性的原理，是探险者原有的目的落空，却偶然地发现了新的天地。在日本与美国的企业管理顾问课程中，也曾刮起一阵重视偶发力的旋风（单小懿，2009；郑志凯，2012）。

延伸阅读 9-1

偶发力与科学发现

科学发现的经典模型如下：你搜索你所知道的（一种到达印度的新方法），然后找到你所不知道的（美洲新大陆）（Taleb, 2008）。偶然的意外导致了出乎意料和不为人知的新事物。如果不善加留意的话，任何一个发现都可能擦肩而过。这些原理运用在物理、化学、生物与天文学等科学的发明中，意外中创新的例子屡见不鲜。

在《偶然：科学中的意外发现》（*Serendipity: Accidental Discoveries in Science*）一书中，罗伯茨（Roberts, 1989）搜集了各个领域的几十个意外发现的例子，包括哥伦布发现新大陆，牛顿和他著名的苹果，爱德华·詹纳（Edward Jenner, 1749—1823）和天花疫苗接种，化学元素的发现，各种材料（例如人造丝、尼龙、聚乙烯、人造象牙、丝绸和安全玻璃）以及绝大多数药物的发明等。他进一步指出，魔术贴、青霉素、X射线、铁氟龙、炸药和《死海古卷》的发现，其共同点就是"机缘巧合"！这一切都需要一种发现有价值或令人愉快的事物的天赋，这种天赋即是"偶然发现或意外发现的能力"（Roberts, 1989, p.9）。

偶发性与黑天鹅效应

黑天鹅效应（black swan incidents）是指极不可能发生，实际上却又确实发生的事件。这些事件通常极为罕见。在发生前，没有任何前例可寻；一旦发生，霎时就惊天动地。《黑天鹅：如何应对不可预知的未来》（*The Black Swan: The Impact of the Highly Improbable*）的作者塔雷伯（Taleb, 2008）指出，黑天鹅效应有三项特性。

（1）概率极小：这些事件并非不存在，只是从未被发现。因为发生的概率太小，微不足道。

（2）冲击极大：不发则已，一旦发生，冲击大到几乎难以收拾。例如"9·11"恐袭事件、次贷金融风暴等，影响持续十几年。

（3）后见之明：因为概率太小，所以无从产生经验。亲眼见到黑天鹅，才知道天鹅不是只有白色的。亡羊补牢为时未晚，但均属事后诸葛亮。

从这三项黑天鹅效应的特性看来，偶发性的效应与黑天鹅效应非常类似。

> 黑天鹅效应不只是负面的，塔雷伯也同意，几乎所有重要的科学发现都是正向"黑天鹅"（positive black swans）（p.166）。虽然壮观的黑天鹅事件经常成为头条新闻，但偶发性之惊喜也许在更小、更个人化的范围内运作，对我们的影响是不分轩轾的（Lawley & Tompkins, 2013）。

1999年，克朗伯兹等人确认了此说的要义，认为偶发事件在每一个人的生涯过程中是"不可避免且应欣然接受的"，正式宣告善用机缘论（Planned Happenstance Theory）的诞生（Mitchell et al., 1999；Krumboltz & Henderson, 2002；Krumboltz & Levin, 2004/2005）。

在大多数人的生涯观中，生涯发展应该是照着既定轨迹前进的。万一天不从人愿，就会不知所措，慌了手脚。然而，有些人在意外的偶发事件中，独具慧眼，反而找到了成功的契机。这个论述主要的观点在于强调个人成长的环境中充满无数的意外奇缘，而这些事件无论正向或负向，都提供了意想不到的学习机会。

Planned Happenstance 直译是"在机遇中规划""计划性巧遇"或"有意安排的偶然"，强化且突显了对偶发事件发生的接受性与应变性。在机会中筹谋规划，御风而行，无论风从哪个方向吹来。若深入探讨善用机缘论的关键词，或可更加理解此说的本意。

· 规划（planned）：决定要做什么并想要把事情落实到位。
· 发生（happen）：（偶发事件）出现或存在。
· 立场（stance）：观点、位置或态度。

计划赶不上变化，要在变化中规划，这就是善用机缘论"在机遇中规划"的深意。一位澳大利亚国家级的冬奥选手，突然遭遇车祸，半身瘫痪。她在危机中机灵地抓住学习的机会，最后成了一名特技飞行教官，还成为民航安全局首位女性局长（Shepherd, 2019）。克朗伯兹等人指出，机会在每个人的职业生涯中都扮演着重要的角色，但生涯咨询经常被认为是一个生涯抉择中对不可测的机会因素避而不谈的过程。传统的生涯咨询干预已不足以让当事人做好应对生涯不确定性的准备。工作世界的转变要求生涯咨询师采取措施，将意外事件视为不可避免和可资运用的机会。

(三) 机缘学习论时期

在前期善用机缘论中,克朗伯兹的团队不仅强调偶发事件在生涯发展中的重要性,同时也提出了实际操作时的咨询步骤。2009 年,克朗伯兹将社会学习论的"学习元素"与善用机缘论的"偶发元素"合体,提出了机缘学习理论(Happenstance Learning Theory)。为何在机缘学习理论中特地加入"学习"这个元素?克朗伯兹的理论思维源自社会学习论,这是他对"社会学习"见解的坚持与延伸。机缘学习理论的核心理念,就是"在机缘中学习"(Krumboltz, 2009)。

二、机缘学习论之理论要义

由于机缘学习论为社会学习论(Krumboltz, 1996)与善用机缘论(Mitchell et al., 1999)的修正与扩展,其基本命题也是一脉相承。

(一) 基本假设

克朗伯兹的论述中不断出现的一个主题,是强调个人和个人环境中的变化,以及在变化中学习。克朗伯兹描述了机缘学习论的四个假定(Krumholtz, 2009, 2011)。

1. 生涯咨询的目标是帮助当事人学会采取行动,实现更满意的职业和个人生活,而不只是做出单一的生涯抉择。生涯咨询被视为当事人根据学习到的知识做出改变的过程。在心理咨询中,仅仅表达自己是不够的,关键要采取行动。咨询的目标是找到一份让当事人满意的职业,而不是仅仅让家长或咨询师感到满意。

当事人应为新的挑战和机遇做好准备。新兴职业不断发展,很难预测一个人一生中会出现什么样的新工作。鼓励个人探索新的爱好和职业是生涯咨询的重中之重。尝试新的教育、职业或其他经历有助于当事人进行职业选择,以及因应在生活中遇到的新事件。

2. 生涯测评用于激发学习,而不只是人境适配。在使用兴趣评估、性格评估或生涯信念评估时,咨询师应关注当事人如何了解自己并根据这些新信息采取行动。克朗伯兹在承认心理测验的有效性时警告说，兴趣会随着时间的推移而改变，选择职业并不是终身的选择。在使用任何人格测验时，不仅应该关注现有的人格类型，还应该关注想要改变的方式。这些评估技术帮助当事人更加了解自己，让他们知道，不仅需要在生涯中做出改变，而且知道以后也可能在生命中做出其他改变。

3. 当事人学习参与探索性行动，以此作为善用机缘的一种方式。克朗伯兹将意外事件视为每个人职业生涯中无可避免的部分。当事人遇到新的事件时，可能会涉及一些风险，因此评估风险仍属必要。然而，意外和错误都可能是新的学习机会。

4. 生涯咨询的成功与否，取决于在咨询情境之外的实际行动。由于个人和工作世界都在发生变化，咨询师的职责是帮助个人采取行动，并制订行动方案。生涯咨询不应该在一个人决定行动方案后结束。当事人在执行行动计划时可能出现新的不可预见的问题和可能的危机，这些都必须跟进。咨询结束时，克朗伯兹要求当事人承诺向他发送电子邮件，描述后续的行动。同时安排一两个月后的咨询以讨论采取的行动。

（二）重要概念

机缘学习论是一个概念框架，它扩展了生涯咨询的范围，将计划外事件转化为学习机会。它强调个人的开放性与主动性，在面对未知时通过开放的心态和行动，寻找新的机会和经验。克朗伯兹提出了该理论两个重要的概念（Mitchell et al., 1999）。

1. 主动探索，为提高生活质量创造机会：经由主动探索，人可以试着在预料之外的事件中辨认机会的存在，主动采取行动，开创不同的可能性。除了增加自我学习经验，更能拥有满意的生涯发展，提升自己的生命质量。

2. 发展技能，培养善用偶发机会的能力：意外的发现可能是运气，很多人都有机会在苹果树下被落下的苹果打到，但只有牛顿发现了地心引力。偶发力是可以训练的。其一是增加邂逅新鲜事物的概率，目标愈不清楚，遭逢奇遇的概率就愈高；其二是培养一双慧眼，在众多新鲜事物中，洞察独特的信息（郑志凯，2012）。每个偶发事件都有可能是生涯的机会，应培养抓住机会的技能。

机缘学习论提出了五种关键技能,以便与偶发事件不期而遇时,可以辨识之、创造之与运用之。

(1) 好奇(curiosity):探索新的学习机会,玩味深究隐藏其中的可能性。

(2) 坚持(persistence):在屡战屡败的意外经验中,锲而不舍,百折不挠。

(3) 弹性(flexibility):对于各种偶发事件,以开放的胸襟调整应对。

(4) 乐观(optimism):以乐观的态度面对新的机会,心想事成。

(5) 冒险(risk-taking):当有出乎预料的事情发生时,采取行动来面对不确定。

上述这五种能力,几与显性知识无关,均属隐性的默会之知(tacit knowledge)(郑志凯,2012)。听到机会来敲门,好奇其中隐藏的奥秘;涵养开放弹性的胸襟,接受不确定性;敢于面对挫折,愈挫愈锐;凡事乐观以对,坚持到底。郭璨滟(2010)以质性研究探讨研究参与者(共六位,年龄在40～55岁)对偶发事件回应的本质,以及曾信熹(2007)对咨询心理师进行的类似研究,都发现大多数善用机缘的人,面对偶发事件时普遍具有上述这些能力。

总之,机缘学习论不再将生涯犹豫视为迫切需要解决的"问题",改为对"不能做决定"保持开放的态度。当事人难以做出选择时,"不做决定"也是一个良机,咨询师应帮助当事人看到这是一个探索潜在方案的机缘。

延伸阅读 9-2

偶发性的感知模式

幸运不是偶然,机遇只青睐有准备的人。所谓"有准备的人",意指这些人在经验中学习到从危机到转机的一套内在机制,称为偶发性感知模式(Perceptual Model of Serendipity)(Lawley & Tompkins,2013)。

偶发性之中隐藏着"睿智"(sagacity)和"机遇"(happenstance)。学术界颇感兴趣的是在感知上发生的历程;假设图 9-1 六个组成元素都到位了,偶发性才算是经典的偶发性。在以下模式中,"E"是事后证明为偶然发生的机缘。E-1 是 E 之前的时间,E+1 是 E 之后的时间,依此类推。

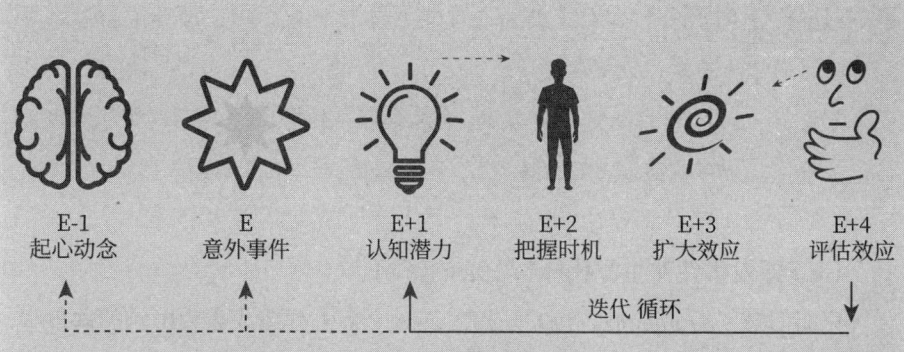

E-1	E	E+1	E+2	E+3	E+4
起心动念	意外事件	认知潜力	把握时机	扩大效应	评估效应

迭代 循环

图9-1 偶发性感知模式（资料来源：Lawley & Tompkins, 2013）

E-1 起心动念（prepared mind）：心态上有所准备，蓄势待发。

E 意外事件（unexpected event）：发生了计划外的意外事件。

E+1 认知潜力（recognize potential）：认识到这个事件在未来可能潜藏着巨大的意义。意外事件也许真的只是意外，检测是否具有潜力是一种评估，但因为潜力还没有被发掘，所以是一种前瞻性的评估。

E+2 把握时机（seize the moment）：这是一种扩大潜力效应的行动。选择适当的行动来保持和放大潜力，这本身就是一项技能。具体的行动可以在识别出事件的偶发性之后立即发生，也可以在很晚之后发生。

E+3 扩大效应（amplify effects）：随着时间的推移，行动和其他正在发生的事情会随后出现，这进一步扩大了意外事件的好处。行动的后效自然而然地发生。通常需要综合其他事件的影响，才能将突发的事件转变为契机——有时发生在恰到好处的时间和地点。

E+4 评估效应（evaluate effects）：原始事件的价值和随后的影响变得更加明显——此时危机成了转机。评估与更大外在系统相关的影响需要进行价值判断。此评估纯属事后诸葛亮，纯粹是个人主观的评断。塞翁失马，焉知非福，祸福时常互转，不能以一时论定。

注意事项：

1. 从E-1到E+4，去掉六个组成元素中的任何一个或过程的迭代性质，它就不会是意外之喜。

2. E+1、E+2、E+3 和 E+4 共同构成一个迭代过程，这就需要坚持、乐观和冒险等偶然力素质。

3. 有时，该过程涉及更多潜在的偶发事件；有时，它会进一步充实内在知识基模（此时可以说学习已经发生），也就是成为"有准备的人"。

（三）偶发事件对生涯抉择与发展的影响

克朗伯兹（Krumboltz, 1998）指出，对个人生涯造成重大影响的偶发事件其实并不特别，意外在人生当中无所不在，意外的发生并不意外。研究发现（Bright et al., 2005），在 772 位澳大利亚高中生与大学生进行生涯抉择的过程中，就有 69.1% 的学生受到偶发事件的影响。

机缘论提出前后，陆续出现若干探讨偶发事件对生涯发展影响的相关研究。这些研究的对象包括咨询心理学界的知名女性学者（Williams et al., 1998）、杰出女性交响乐指挥家（Díaz de Chumaceiro, 2003）、咨询界领导人（Magnuson et al., 2003）、神学家、心理学家、物理学家、统计学家、哲学家和心理系大学生（Hergovich & Ponocny, 2004）、大学生与全职工作的成人（Bright et al., 2005）、咨询心理师（曾信熹，2007）、职场成人（郭璨滟，2010）、研究生（龚蕾，2011）、成人女性（Borges et al., 2013；Cho et al., 2022；Kim et al., 2019）或成人工作者（Kim & Baek, 2020）等。

偶发事件对生涯抉择的影响，主要有四个维度（Williams et al., 1998）。

1. 改变了原本的生涯路径：例如偶发事件促使研究参与者进入非预期的专业领域中，让研究参与者重新审视其生命意义以及生涯目标；

2. 提供了更多的选择机会：例如提供了升迁的机会、增加国际声誉、扩大了知名度等；

3. 扩展了原本的自我概念：例如使人从边缘走向核心，更有热忱投入专业的工作；变得更有自信、比以往更加灵活；

4. 联结了新的人际关系：例如与同伴、前辈或是研究伙伴有了更多密切的联系。

除此之外，实证研究也发现偶发事件对咨询专业发展历程的影响，可分为四个方面（曾信熹，2007）。

1.偶发事件引发进入专业领域的动能：在研究中发现，受访者进入咨询领域、成为咨询师都并不在原本的生涯规划当中。在这些生涯发展与转折的历程中，偶发事件的影响扮演着关键的角色。但偶发事件能够产生意义与促成成为咨询师的动能的原因，仍需回到背景情境、个人特质与当时的生命情况中思考。

2.偶发事件蕴蓄生涯转换的推力：生涯的改变并非在刹那间产生，单一的偶发事件未必导致生涯方向的改变；偶发事件造成的可能是生命中的"渐变"，但这些"渐变"逐渐汇集之后，蕴蓄丰沛的能量在一段时间后带来整个生涯方向的改变。

3.偶发事件关乎过去、现在，也影响未来：偶发事件在专业成长与生涯转换的推动上，有"渐进叠合"的现象，个人对偶发事件的理解以及诠释并非是固定不变的，随着时空的位移回溯偶发事件时，对事件的解释也将有所不同。

4.偶发事件在专业发展中发挥安定的力量：事件的意义来自个人的赋予，在进入咨询领域之后，当后续发生的偶发事件在个人的觉知层面被视为能带来某些价值感、成就以及乐趣时，偶发事件牵涉的层面也就涵括了在专业领域中安身立命的安定力量。

近年来又有学者提出生涯冲击（career shock）这一类偶发事件的生涯现象。"生涯冲击"的定义是，一种具有高度破坏性和强烈冲击力的偶发事件，某种程度上是由个人无法掌控的职场或其他环境因素引发的，从而促使个人对其人生和职业生涯进行深入的反思。生涯冲击事件发生的可预测性差异很大，事件类型呈现多样性，其对生涯的影响结果也可能是正向或负向的（Akkermans et al., 2018, p.4）。研究发现偶发事件对生涯抉择与发展的影响纯属事在人为：大凡积极主动者，可善用偶发事件另辟蹊径，开启一片天；消极被动者，大多错失良机，陷入生涯摇摆的困境（Barbulescu et al., 2022）。当事人面对生命中的不期而遇，如何坦然面对之、善用之？机缘学习论对此提出了以下四个咨询步骤（Mitchell et al., 1999；Sharf, 2016）。

三、机缘学习论的生涯咨询

机缘学习模式下的咨询程序，其侧重点与传统职业咨询有所不同。以平常心来认识意外事件，是咨询过程中很重要的一部分。

(一) 偶发事件的故事：讨论生命史中的偶发事件

首先与当事人建立融洽关系，从询问当事人的背景或历史开始。在机缘学习论的咨询模式中，咨询师试图将这些背景与偶发事件相关问题结合起来。偶发事件发生史的探究有一个重要的目的：回头检视偶发事件产生的效用。咨询师希望了解当事人过去如何应对生活中的偶然事故，以及在面对这些意外时，如何使它们为自己的教育和职业生涯做出意想不到的贡献。在这第一步中，咨询师试图帮助当事人识别偶发事件，以及如何通过所采取的行动，将偶发事件的效益最大化。

至于具体进行的方法，请参考本章第三节的三种缘力的觉察与练习，可用 S 生命线的方式带出偶发事件，进行叙事练习。

(二) 在机会中学习：将好奇心带入新机会

机会不会自动上门，碰撞才有机会，刺激才有火花。若要增加巧遇的机会，必须勇于尝试新鲜的事物（郑志凯，2012）。当意外事件发生时，当事人必须学会将其视为可以探索的机会。每一通电话都是建立新关系的契机，每一个信息的交换都是潜在的良机。在机缘学习论中，任何的意外都是学习的机会，都可能是对能力、兴趣、价值观或世界观的自我观察。突发事件为当事人提供了一个更大的平台，从中学习如何酝酿出新的决策。

(三) 从被动到主动：主动地创造新机会

当事人不仅要对已发生的偶发事件做出反应，而且还可以机灵地在未来遇到偶发事件时善巧应用之。当意外事件发生时，不是静待机会的流失，而是可以采取许多策略善加利用。例如搜集网站信息、参加在线课程或各种求职展览会等，新的举动带来新的契机，虽然一时无法预料，却都有可能产生意料之外的结果。

斯托瓦尔和泰德利（Stovall & Teddlie, 1993）撰写了一份学生指南，旨在引导学生针对生涯机会进行评估和分析。指南中在"机会或运气"的部分，介绍了许多人从偶然的机会中受惠的故事。作者特别强调，学生不应被动地将自己的未来留给机会，而必须采取具体步骤善用机缘。作者建议学生不断学习新事物，在日常活动中四处寻找机会。

（四）从主动到行动：克服困难，勇往前行

咨询师需要帮助当事人建设性地实际参与偶发事件行动，而不仅仅是作为抽象的概念来讨论。克朗伯兹十分反对生涯咨询在帮助当事人找到适当的位置后就画上句点。例如求职就业的过程就是行动的学习过程。这个过程中随时会遭遇意想不到的困难。诸如：面试失败后如何面对挫折、如何从失败中吸取教训、如何适应新的工作环境等。

克朗伯兹为青少年和成年人写了一本书：《幸运绝非偶然：充分利用生活和生涯中的偶发事件》（*Luck is No Accident*：*Making the Most of Happenstance in Your Life and Career*）（Krumboltz & Levin, 2004/2005），帮助个人将善用机缘理论应用到生活日常中。本书包括许多充分利用计划外事件的个人例子，许多建议可以帮助个人创造自己的运气，而不是被意外左右。

总之，机缘学习理论的核心主张，是在机缘中学习。个人的生涯发展不仅是生活中计划内事件的学习，也是生活中计划外事件的学习。计划赶不上变化，变化的种种机遇提供了学习的源头活水。个体成长的环境原本无常，个中充满无数的缘起缘灭，这些或起或灭的事件提供了意想不到的学习机会，我们当以好奇的态度面对预期之外的新鲜事物，以正面积极的态度迎向意料之外的生涯道路。如果每个人都能够善加利用这些不可控的事件，那么每一个事件都可以被视为具有变革潜力的学习机会。

第二节　共时性原理

> 不具明确关联性的个别因素一起或并排出现，在某种程度上，也许会让心灵感到惊吓或意外，却因此迎向一个更广阔的世界，让我们窥见这宇宙的相互关联性。
>
> ——坎伯瑞（Cambray, 2012, p.85）

在日常生活经验中，常会发现一些有意义的巧遇：同时或先后发生两个事件，但找不到其间的因果关系。最让我们不解的是，一件事情是内在心理的期望，一件事情是外在偶然的发生。两件事在无法解释的情况下相应遇合，增生了神秘的感觉。"方说曹操，曹操就到"，正当我们讲到某人（的坏话），那人就突然在身后出现，这相当于西谚的："Speaking of the devil!"又如，心里正想着久未谋面的挚友，手机就响起了对方的来电。

这是一种巧遇，coincidence 原意是"合在一起"；其中，co 的意思是"一起"，incidence 拉丁词根的意思是 fall（落下）。不同的事情"落在一起"，它们恰巧就发生了。这或许不纯粹是概率的问题，而有更深邃的寓意。

科学无法合理解释，为什么这种互不相干的事情会如此凑巧地落在一起（Hayward, 1997/2004）。荣格在其临床经验中发现，个体无意识中浮现的心理期待，有时会以意义深长的方式与外在事件相互契合。这种契合感通的现象显示出一种内在心理世界与外在现实世界巧妙的同步性或平行性，迥异于因果律的联系（Jung, 1961/1997），荣格称之为共时性。

一、共时性现象

荣格的这种原创性观念，挑战了西方建构知识的因果论假设。共时性倡议的底气，一方面来自荣格本人心理分析案例的积累，另一方面来自《易经》的提点（杨儒宾译，1993）。荣格钻研《易经》与占卜多年，在 20 世纪 20 年代初期遇到汉学家卫礼贤（Richard Wilhelm, 1873—1930）之后，对许多的疑点豁然开朗。

（一）缘起

《易经》对共时性理论的关键启发，至少有两方面。其一，对巧合事件概率的重视：西方实验室里产生的真理，在严格的变量操控下，概率的干扰必须被小心翼翼地处理，甚至刻意排除。荣格在《易经》中惊讶地发现，中国人的心灵似乎完全被事件的概率层面吸引住了。西方科学忽视的概率与巧合，竟然是东方探索自然现象的主要情怀。其二，共时性的发生，必须包括观察者主观的心理状态与事件客观的发生概率，正如同卜卦在成卦时的整体情境状态：多重概率的撞击，加入了主客观情境的复杂因素后，产生了极其微妙的变化，这是《易经》这套宏大体系解释自然现象的基础。荣格称这种变化的图像是"包容一切到最精致、超感觉的细微部分"（杨儒宾译，1993，pp. 219-220）：

> 在古代中国人的眼中，《易经》卜卦实际观察时的情境，是概率的撞击，而非因果键链汇集所产生的明确效果；他们的兴趣似乎集中在观察时概率事件所形成的缘会，而非巧合时所需的假设之理由。当西方人正小心翼翼地过滤、较量、选择、分类、隔离时，中国人情境的图像却包容一切到最精致、超感觉的细微部分。

共时性有效之处，在于当事人要认定发生的同步事件确实对应心灵的状态，这与《易经》卜卦是否有效，有着惊人的相似性（杨儒宾译，1993）。荣格以占卜为例说明这种现象：想象一个算卦的情境图像，这里面包含物理情境与心理情境。物理情境包括投掷3枚硬币或拨算49根蓍草，心理情境包括掷卦者的心理事件与期待。这些条件构设出来的情境（心＋物）每一次都是独一无二的，无法用实验法复制。

荣格借此进一步丰富了共时性这种对应或平行关系是如何发生的："共时性原理认为事件在时空中的契合，并不只是概率而已，它蕴涵更多的意义。一言以蔽之，也就是客观的诸事件彼此之间，以及它们与观察者主观的心理状态间，有一特殊的互相依存的关系。"（杨儒宾译，1993，p. 221）

从共时性的词源来看，最关键的部分与时间有关：syn（意为"共同"）和chronos（意为"时间"），意指"同时发生"（simultaneity）。荣格所指的"同时"，并不必然是精准的"同一个时间",而是指大约发生在相同的时间架构中,几乎同时,几小时或几天之内。换言之,共时性系指心灵的现象与物理的现象,在某个时间点上产生了极为巧合的接触。两种以上的事件同时呈现,且包括了"有意义的巧合"(meaningful coincidence)这一层重要概念。因此,共时性意指:某种内在心理状态和一件或多件外在事件同时发生,这些外在事件和当时的主观心理状态呈现一种有意义的巧合。

以下试举一例,说明这种现象的发生(Jung, 1964/1999)。荣格本人在垂暮之年,回绝了一个出版商著书的邀约。这出版商锲而不舍,却又无计可施,遂力邀稍早为英国广播公司独家采访荣格的约翰·弗里曼(John Freeman)出马游说。弗里曼曾经为荣格录制了一档电视访问节目,播出之后,荣格接到的观众来函雪片般飞来,这些观众不是学术场合正襟危坐的心理治疗专家,而是寻常百姓。

弗里曼在荣格的花园中游说了两个小时,荣格以年老力衰为由还是婉拒了。两周后,出版商在失望之余并未放弃,恳求荣格能够再考虑看看。荣格居然意外地点头同意了。

这转折是怎样发生的?在这时刻之前,荣格经历了"该不该答应"的心理纠结,不期然地做了一个共时性的梦。他梦见自己不是端坐在书房与来自世界各地的教授学者和精神科医师交换经验,而是在一个公共的场合,面对一大群聚精会神的群众演讲。而且,这些百姓对他所说的内容都能心领神会……

这本书就是他生命中最后的、且影响深远的巨作:《人及其象征》(*Man and His Symbols*)(Jung, 1964/1999)。

(二) 共时性的特征与类型

荣格辞世之前的大部分宝贵时光,都奉献给了这本书。他亲自规划全书的架构,挑选最适当的撰稿人,自己则负责写出关键的首章"潜意识研究"。荣格治疗理论的建立,几乎都是自己经验的见证。

1. 共时性现象的特征:"共时性"这个名词是荣格根据经验创造出来的,前述这个戏剧性故事的发生,蕴含着共时性现象的本质。共时性现象具有四种特性(Hopcke, 1999/2000)。

（1）共时性的事件应该互为因果，而不是单向的原因诱发的结果，或是人为的有意安排；

（2）这些事件时常成为人内心的深度体验，但是这种体验只在事件发生之初，并不一定会永远持续；

（3）共时性事件的内容，通常会以象征的形式出现；

（4）共时性现象总发生在生命中的转折点，共时性故事常成为我们生命中的转折故事。

2.共时性现象的动态模型：一份针对 45 名成年犹太以色列人的深度访谈的现象学分析研究，归纳出一个以三个共时性现象为主要组成部分的动态模型（REM）（Russo-Netzer & Icekson, 2022）。

（1）关注感受（R：receptiveness）：这是一种对共时现象的感受和认知，以及对外部环境的关注和开放。第一个组成部分需要接受无法解释的重大巧合，其特点是增加对内部感知线索和外部环境线索的关注。当一个人的内在状态对生活中意想不到的一面保持开放和好奇时，就比较容易出现共时性。有时向世界和新机会敞开心扉，往往需要更开放地接受感官（即视觉、身体感觉）和身体的体验，例如起鸡皮疙瘩或胃里不舒服的感觉。

> 你在直觉中感觉到它。我们都在直觉中感受到了答案。有人称之为直觉；我称之为心灵的知识。如果你心胸开阔，你会得到答案。在这里（指着他的肚子）你知道这是正确的答案。当你准备好接受它时，它就会来找你，相差不到一分钟。它会以某种征兆出现，有时是通过你遇到的人或突然拿到手上阅读的东西，你会了解："哇，我想世界上没有什么是随机的。"（Yogev，53 岁，男性）（Russo-Netzer & Icekson, 2022, p.601）

（2）意外邂逅（E：exceptional encounter）：这种突然的意外事件与内心的感受或想法相呼应，通常会唤起令人难忘和独特的情感。根据许多研究参与者的说法，共时性通常通过一次意外的邂逅来反映，突然发生意想不到的事件，恰好与当时内心的感受或想法相呼应。这些非比寻常的事件具有三个主要特征："恰当时机""难以置信"和"情感冲击"。

所有参与者都提到了外部事件与内心感受、思想、目标或问题相吻合的完美时机。在最需要的时候，恰好发生。这是一个人的内心体验与其在外部世界的回响之间的"非因果平行关系"。当事件的发展出乎意料，并与理性因果顺序相矛盾时，这种难以置信的情况往往会引起强烈的情感冲击。

> 我的儿子认识了一位来自外国的小姐，很特别的女孩。在国内交往几次之后，他前往她的国家看望她。他们之间的交往很认真。在他应该回家的那天，我正坐在厨房里吃早餐，反思他们的关系，想知道他们会不会结婚，就恰巧在那一刻，我听到电台广播员说"不会有什么结果"。我惊呆了。我真的被吓到了。答案如此明确，毫不含糊。我知道他们的爱情故事会以没有婚礼而告终。结果确实是这样（Abigail，61岁，女性）（Russo-Netzer & Icekson，2022，p.602）。

（3）意义检测（M：meaning detecting）：这是一个有意识的过程，将事件与自己联系起来，同时重新检测生活中的连贯性、目的性和控制感。遇到意想不到的、通常无法解释的事件，个体会引发对意义的探索，试图理解它为何在此时此刻以这种形式现身。

> 我很清楚，没有任何事情会无缘无故地随机发生。如果我停下来仔细倾听，我可以听到发生的每一件事都在教会我一些东西：这里发生了什么？我应该从刚刚发生的事情中学习到什么？我无法逃避它，因为它会以不同的形式返回。我现在必须直视它，弄清楚其中的信息，看看它想传达的意思……因为此时发生的事情，在某种程度上必然与我有所关联（Meirav，45岁，女性）（Russo-Netzer & Icekson，2022，p.602）。

3.共时性现象的形式：共时性说明了一种不可言喻的巧合，这些巧合不见得是单一事件，有时连接着两件或更多的事件。通常它的形式是一种内在的想法（某种真心的渴望）和一件或多件外在的事件（整个宇宙都会联合起来帮助你完成）相互连接着。而且，奇妙的是并非一个事件引发另一个事件，事件与事件之间没有已知的因果关系存在；这些无足轻重、互不相干的事件通过分享一种共同的意义联系在一起，而变得重要。共时性可以表现为下面三种形式（Guindon & Hanna, 2002）。

（1）主观心理内容＋客观物理事件（主客同时发生）：一种内在主观心理内容和一个相应的外在客观物理事件相遇，这个过程是同时发生的。

（2）主观心理上关于梦和影像的巧合＋客观物理事件（主客同时发生）：一种内在主观心理状态和梦境或视觉影像的巧合，这个梦境或视觉影像或多或少忠实呈现了同时发生的客观物理事件。

（3）主观心理上关于梦和影像的巧合＋未来客观物理事件（主客前后发生）：一种和内在主观心理状态应和的梦境或视觉影像，在未来某一时间点上发生了不期而遇的客观物理事件。

二、共时性现象的生涯案例

以下根据金登与汉纳（Guindon & Hanna, 2002）所举的案例，分别说明了这三种共时性的不同形式。

（一）主观心理内容＋客观物理事件（主客同时发生）

1. 问题背景

丹（Dan），42岁的白人男性，结婚14年，妻子是护理师，有一名9岁重度智力障碍的女儿。丹大学时主修新闻，在新闻学、英文两科表现优异，曾任学校报社的主编。他待过几个都市的地方报社，后来在芝加哥最主要的报社担任资深总编辑一职达六年，胜任愉快。然而为了女儿的教育问题，举家迁到位于东南方的城镇，在当地的地方报社担任主编。虽然新岗位的职级与薪资与前职落差很大，亦无怨尤。他们夫妻热心于女儿学校的活动，和学校的另一位担任律师的家长交情匪浅。最近，因与领导阶层的理念不合，在评估家庭的财务状况之后，他离职求去。丹的两难之处是为了女儿必须留在小镇，但此镇并无另一家报社能让他发挥专长，因而寻求咨询。

2. 生涯咨询

丹在一所大学的生涯中心接受咨询。丹先做了兴趣测验，他的霍兰德代码在一致性、分化性与适配性方面，比照以前与现在的生涯抉择，都没问题。经过几次的生涯咨询，借由"价值澄清"与"生涯幻游"的历程，丹看到了先前自己一直不曾实现过的生涯梦想：创办一份专门报道乡镇生活的报纸。丹受到咨询师的支持，尽管这个梦遥不可及，他还是愿意试试任何实现梦想的方法。最主要的是，他很清楚地感觉到，拥有一家报社是他内心深处回应天命（life mission）的一种深沉呼唤。他告诉咨询师，这个决定是基于一种"摆对位置"的超感意识（transcendent sense），因此立志奋斗终生。

3. 共时性事件

就在心意已决的同一个星期，在一次学校运动会时，巧遇那位律师家长。律师几天前刚接手一家位于24公里外的小镇上的报社。但他对报业毫无兴趣，正烦恼何处能找到适当的人出马经营，他宁可当一名幕后投资的合伙人。两人因此一拍即合，各遂己愿。

4. 共时性类型

在共时性的第一种形式中，一种内在主观心理内容和一个相应的外在客观过程相遇，这个过程被认为是同时发生的。一个主观心灵内容的巧合（丹的决定满足了他人生中成为一家小镇报社老板的梦想），同时呼应了客观物理事件的发生（他的律师朋友拥有报社的经营权）。两个事件在一两天内几乎同时发生。丹把这个令人无法置信的巧合，归因于他的天命与感应。

(二) 主观心理上关于梦和影像的巧合＋客观物理事件（主客同时发生）

1. 问题背景

莎拉（Sarah），34 岁的非洲裔美籍女性，已婚，有两个儿子。她出生在美国东北角的一个富有人家，家庭有虔诚的宗教信仰，在教区里很活跃。莎拉在一所私立女子学院主修艺术史，毕业后和一名出身于中产阶级的男士结婚，婚后一年内生了第一个孩子，当了 6 年的家庭主妇。莎拉的先生在一家大公司担任税务部门的会计师。

莎拉曾当过 7 年的美术老师，目前在一个贫民区担任"青年脱贫方案"的主管。她对帮助非裔青年脱贫的工作有强烈的使命感，但最让她困扰的事情是她既不喜欢公开演讲，也不喜欢被指派去进行募款的工作，这些工作让她很不自在。莎拉有些工作经常未能如期完成，虽然在其他方面表现优异，但她一直担心工作不保。

2. 生涯咨询

因为长期被不适应感与低自尊感折磨，莎拉自费接受生涯咨询。这时，莎拉的先生因为公司业务缩编而失业，要求她负担主要家计，好让他能在家发展自己的网络事业。不料，待业中的先生挥霍无度，莎拉目前的工作收入仅能维持家用，她既不能离职，也不敢让娘家知道她的处境。

咨询师使用了三种相关的生涯测验后，评估莎拉的特质和目前的工作并不适配。考虑经济的压力，建议她先保住这份工作，等找到另一个符合她的人格、价值观与个性的工作后再说。通过个别及团体咨询，莎拉更清楚她的真实自我与内在需求。她慢慢地开始了解并接受自己真正的能力。由于莎拉在家里与工作上都承受了相当大的压力，咨询师也教她压力管理与放松技术。当她每天在练习放松技巧时，也经常祷告寻求解决之道。

3. 共时性事件

几周之后，她告诉咨询师，在一次的祈祷后出现一个意象，而此意象也随后重复出现在梦境中。这个意象是一个黑衣男人，拿着一个 2 分米 × 4 分米大小的板子追赶她，她看不到他的面孔，感觉似曾相识。她惊惶地跑进了一幢黑色的建筑，经过一间间未完成油漆粉刷的房间。然后就醒了。梦中的景象让她有些惊骇，但梦醒后感觉还算舒坦。

在此期间，莎拉按照咨询师指导的方法，持续上网找工作。莎拉在网络上找到一个大都会郊区的教会学校，该校在几周前收到一笔大额捐款，需要设计文化推广方案。莎拉认为这个工作她可以胜任，也很适合她，且不需要做不喜欢的公关。这份工作的薪水不错，可以满足家里的经济需要。

面试时，她来到一栋老式的灰色大楼。走进黑色玄关后，发现里面在整修。而当她一见到面试主考官，立刻知道此人是谁。他一身黑衣，正是莎拉童年时教区的牧师。牧师带莎拉在大楼里逛逛，他们逐层穿过一间间正在整修的房间。有些房间堆着一些2分米×4分米大小的板子，而有些则堆放了色彩鲜艳的罐子。莎拉毫不犹豫地接下了这份工作。

4. 共时性类型

在共时性的第二种形式中，有一种内在主观心理状态和梦境或视觉影像的巧合，这个梦境或视觉影像或多或少呈现了同时发生的客观事件。在上述的例子中，一种内在主观心理状态和梦境或视觉影像的巧合（莎拉接受了真实的自己，真心地祷告，梦境或视觉的影像巧妙地回应了她的渴求），接着发生了一个客观的物理事件，时间巧合，但地点不同（因捐赠而翻修中的老教堂、旧识的牧师）。经历了这个共时性事件，她相信通过生涯咨询师的咨询看到了内在的呼唤，而神回应了她的祈祷。

（三）主观心理上关于梦和影像的巧合＋未来客观物理事件（主客前后发生）

1. 问题背景

比莉（Billie），29岁的白人女性，有一名13岁的儿子。比莉成长于乡村，是四个孩子中的老大。她在学校表现十分优异，但15岁时，父母和一个弟弟不幸因车祸丧生。比莉不得不忍痛辍学，担负起照顾另两个双胞胎弟弟的重任。

比莉在16岁时嫁给大她19岁的先生，先生是个农夫，让她有个稳定安全的家。比莉在18岁时到银行做出纳员，并持续进修，在23岁时进入社区学院念书，而两名弟弟也入营从军。一年后，比莉的先生不幸因癌症去世，她把农场卖掉，还清债务，和儿子搬到大学附近的公寓。

她将存款转到此地的信用合作社，并在大学找到出纳员的工作。后来她拿到社会学学士学位，并继续攻读研究生，主修学生事务。在课程的实习阶段，比莉发现自己好像不喜欢在大学校园里工作，怀疑为什么要选择这门专业。目前宿舍有一个舍监的职缺，她如果接受，就必须搬到宿舍里，无法给儿子一个完整的家。

2. 生涯咨询

比莉的困惑驱使她在学校的就业安置中心寻求生涯咨询。在咨询中她发现，原来攻读学生事务只不过是一种替代性的满足，她在青少年阶段的失学经验让她渴望与青年学子重温校园青春。她也发现，宿舍中学生事务的工作性质，让她再度面对"照顾者"的责任，这是让她不堪回首，也不愿意再重复的工作。此外，比莉希望儿子能有一个正常的高中生活，并能继续读大学。但是她的薪水不高，缺乏资源，又有大笔的学生贷款需偿还，她不敢奢望实现这个计划。

咨询师发现比莉对自己及工作世界的察觉不足，属于"生涯未成熟"的状态。通过生涯咨询，比莉开始将她的兴趣与能力结合，她发现自己真的很喜欢大学校园的气氛。她试图寻找"大学校园"与"财务工作"两相结合的职务。虽然她也知道，在这小地方不见得会有这种职缺。然而此时她对新的生涯憧憬满怀热情，觉得有冲劲了，也很有希望；因为这是她今生第一次知道自己是谁，要往哪里去。和前例的丹类似，这个人生方向的新发现让她感到一种"摆对位置"的超感意识在内心推动着她。

3. 共时性事件

比莉在咨询中又提到，在她先生过世前她曾做过的梦，这个梦给她深远的影响，而最近这个梦又再度出现，但梦境的细节有些不同。

第一个梦境：比莉坐在河岸，有个穿着制式白色军装的人骑着一匹白马，马鞍是蓝色的。他好像认识比莉，但只是用手微扣帽子示意后，就骑马走了。比莉觉得有一股悲伤感袭来，为此人冷漠无情而感到不解。而在河的对岸，有一匹配着红色马鞍的黑马，伫立不动。

第二个梦境：第一个梦境重复出现，但最近有不同的结局。那名骑士微倾帽檐示意之后，竟扬尘而去。而对岸的那匹黑亮的骏马让比莉心动，她越过河，骑上那匹马，飞奔而去。

比莉和咨询师共同设计了求职的履历表，并以大学财务部门事务员一职为目标。后来，比莉居然在此地主要河川对岸的一所大学找到了理想的工作，大学提供的福利，还可以补助她儿子的大学学费。

比莉在最后一次的生涯咨询中，告诉咨询师她的梦想实现了。她说她以前工作的大学是蓝白相间的建筑，校徽是一个骑在马上的骑士。当她去新学校面试时，吸引她注意的是新校的校徽是一匹黑色的骏马，而建筑是红黑相间的颜色。这和她的梦境相符，她的梦似乎指引她朝正确的方向走，使她知道她应接受这份新工作：旧的工作只是"点头之交"，新的工作可以让她"驾驭奔驰"。

4. 共时性类型

在共时性的第三种形式中，一种和内在主观心理状态应和的梦境或视觉影像，在未来某一时间点上出现不期而遇的客观事件。在这个例子中，心理内容相映的梦境或视觉影像（两个版本的梦境，让她觉得一定有某些意义），其内容在未来某一时间点上，重现于现实世界中（颜色、马匹和越过河等梦境象征，与新学校新工作的不期而遇）。比莉相信这不只是巧合，她的人生方向一直都隐藏在这些梦境里，只要她对自己真诚，就能找到它。她将之归因于天意及好运，并坚信上帝的眷顾。

三、共时性原理与生涯咨询

无论共时性现象的形态来自偶发事件、巧合现象还是梦境象征，当个体愿意面对生命或生涯困境而真心有所渴望时，或是愿意保持心理的开放，愿意从内向外地去倾听所得到的意象或象征的含义，这会带给个体在生涯发展上新的框架与意义（郭璨滟，2010）。以下说明在生涯咨询时运用共时性概念应注意的要点，以及咨询师应有的信念。

(一) 共时性咨询的要件

共时性原理的应用，特别关注启动这种现象的"个体"，如同《易经》占卜过程中的"问者"；在"问者的心态"与"解答的卦爻"之间，究竟是如何产生共时性的符应。

1. 真心的渴望

共时性是一种纯然非因果性的联结法则，对应的共时性事件一经心灵启动，这些相继的物理事件（N ≥ 2）会与心灵事件平行发展。虽然荣格认定，客观的诸事件彼此之间，以及它们与观察者主观的心理状态间，有一种特殊的互相依存的关系。然而，这种同时又平行发展的本质，荣格无从解释，只能笼统称之为一种心灵事件与物理事件两者同时呈现的等价性质（equivalence）。荣格特别留意到，《易经》占卜强调一个不容忽视的要点：心诚（杨儒宾译，1993）。从共时性的精神回探所有的类似《易经》占卜行为，万不能轻率为之。《易经》开宗明义就提到：不诚不占，不疑不占，不义不占。

至诚为要，以善为出发点。"念念不忘，必有回响。"（王家卫，2013）真心的渴望内在隐含着一种超越自我的对生命意义的渴求。渴望发自内心，形同一种呼唤。"只要你真心渴望一样东西，就放手去做，因为渴望是源自天地之心。"前面的几个生涯例子，真实的认同加上真心的渴求，机会的大门就意外地应声而开。"当你真心渴望某样东西时，整个宇宙都会联合起来帮助你。"（Coelho, 1988/1997）在共时性的概念中，内在与外在的联结，主观与客观的应和，"心想"与"事成"就会同时发生。

真心的渴望是内在主观的要点，当这个要点成熟，从前述的几个例子看来，这些当事人在随后的共时性事件中，都体验到了超越自我的超感经验，这些经验朝向生命意义的开展，呈现出生命中不同层次的美好。

2. 对未知的开放

我们希望掌控自己的生活，习惯用逻辑分析事情的来龙去脉或因果关系，因此当共时性的现象发生时，常常会忽略或漠视这些信息。在生涯的个案中，常常发生的情况是，当事人困于正在过的生活并不是真正想要过的生活，反而觉得别人怎么想，比自己怎么想还要重要。想要有掌控权，却又掌控不了。

当掌控意识愈强时，就愈陷落在封闭的时空连续体中。反之，当我们愈能接受生活中意识无法理解的未知，愈有可能跨越似乎将我们限定在单一时空连续体内的绝对界限。仿佛"在因果的宇宙中开启了一条裂缝"(Stein, 1998/1999, p.264)，共时性让我们以一种陌生的角度，跨越了一般接受的界线：时间的界限（过去/现在、现在/未来、因/果）与空间的界限（内/外、主/客、心/物），而产生天地归心、万物合一的超越性经验。这种超越性的体验发生时，即为共时性现象的展现。

（二）咨询师的信念

前面所提及的，是一种接受共时性发生的基本态度："预期意料之外的事"(expecting the unexpected)，相信绝处可以逢生。咨询师必须在心态上建立一种"信心的跃进"(a leap of faith)：巧合绝非意外。咨询师必须具备若干共时性思维，不仅自己要深信不疑，也能支持有这种想法的当事人（Guindon & Hanna, 2002）。

1. 理解共时性现象的存在性与普遍性，是基于宗教、非西方的世界观、与科学探究所得的事实。

2. 在灵性的广袤脉络中，愿意深入探讨人的灵性意识。

3. 在咨询的专业中，面对传统的、决定论的训练方式，愿意以非传统的思维进入咨询现场。

4. 在咨询师的生涯发展过程中，有能力在一般传统技术之外，学习采用非传统的咨询技术。这些技术包括静坐、生涯幻游、梦境分析等。

共时性经验的发生大致可以有个相似的样貌或历程：首先，当事人或咨询师在先前均经历过一些生涯困境或是个人议题困扰，而且在求助咨询之初，对自我都予以设限或充满情绪；其次，愿意对共时性经验做出开放性的接纳，相信在心灵与物质世界有意义的关联中，能够产生个人的超越；最后，这些条件让双方进入更深层的真实自我的接触，共时性经验就会超乎预期地呈现它完整的风貌（郭璨滟，2010）。

因此，如果咨询师与当事人都具有共时性思维，就能够敏锐与开放地接受共时性现象。生涯咨询师如果能采纳共时性的思维与方法，结合传统与非传统的咨询策略，将更有效能地协助当事人在真挚而诚恳的咨询过程中，寻求个人生命意义与生涯意义的融合。

总之，荣格的共时性概念揭露了一种不可言喻的巧合，这些巧合可能是单一事件，有时连接着两件或更多的事件。通常它的形式是一种主观的内在渴望伴随一件或多件外在的客观事件接连发生。而且，事件与事件之间没有已知的因果关系存在；这些互不相干的事件通过分享一种共同的意义联系在一起。共时性现象的形态是多方面的，可能来自偶发事件、机缘巧合或是梦境象征。

生涯咨询取向采纳了荣格的共时性概念，在一些案例中得到证实。关键之处在于个体愿意保持心理的开放，愿意从内向外倾听所得到的意象或象征的含义，以寻求个人生命意义与生涯意义的融合。先决条件在于咨询师与当事人都必须具有共时性思维，才能敏锐地接受共时性现象。这是一种非传统的介入策略，通过意义的联系，有望给当事人的生涯发展带来崭新的视野与意义的启发。

第三节　生涯因缘观[①]

你不能预先把点点滴滴串在一起；唯有未来回顾时，你才会明

---

① 本节之内容节录自金树人（2020），已根据行文脉络加以删减与增补。

白它们是如何串在一起的。所以你得相信,你现在所体会的,将来多少会连接在一块。你必须相信你的直觉、命运、生活、业力(karma),诸如此类种种。

因为相信这些点点滴滴会串接在一起,让你更有信心倾听自己的内在的声音。即使它把你带离了熟悉的老路,那也会让一切变得不同。这种信念从未让我失望,它让我的生活发生了巨大的变化。

——乔布斯(Jobs, 2005)

史蒂夫·乔布斯(Steve Jobs, 1955—2011)在19岁时只身远赴印度,进行长达7个月的灵修之旅。这段旅程,深刻影响着他的一生(王紫芦,2021)。在这段充满禅佛意境的演讲词中,"缘起法则"隐身于乔布斯回顾一辈子生涯发展的"点点滴滴",点滴在心头,别有深意。

庄子曰:"游之坛陆,浮之江湖。"(《庄子·至乐》)江湖之人无法相忘于江湖,世间所有的相逢,皆有因缘。机缘不完全纯属机缘,巧合也不完全只是巧合。种什么因,结什么缘,得什么果。今生今世的相遇,包括遇到了什么人,完成了什么事,或许是前世缘分的累积,也许是未来因缘的福报。前世,今缘;今生,来缘。生涯之路,变量何其多。唯其安然惜缘,坦然随缘,方可轻舟巧过万重山。

"因缘"常见于中国历代的文学作品,其源于佛教典籍。因缘观的梳理与应用,将更能贴近本土思维习惯与启发当代人的生涯智慧。本节首先从传统的说文解字与佛学缘起观探讨因缘观之本质,进而从心理语意的构念分析梳理因缘观的现代意义;其次,探讨如何将因缘观的知识系统转化为因应生涯变动或心理适应的动能。最后,针对因缘观在生涯咨询的应用,提出说明与建议。

一、因缘观的基本概念

可控与不可控、必然与偶然、日常与无常,流转出生命的常态和宇宙的本质。唯物辩证法试图回答世界的存在状态,其中的范畴之一就是必然性与偶发性。缘起缘灭,因缘际会,是必然,还是偶然?千古以来,"缘"这一个概念在华夏大地流转，其意为何？

（一）"缘"的说文解字

《汉语大辞典》将"缘"的语意归纳成三大类。

1. 边缘或边饰：（1）装饰衣边；（2）边饰；（3）器物的边沿；（4）弓用生丝缠绕然后漆饰。由"边缘"衍生出"围绕"和"沿着"之意，比如《荀子·议兵》中"限之以邓林，缘之以方城"，"缘"字即"围绕"之意；陶渊明的《桃花源记》"缘溪行，忘路之远近"之中，则是"沿着"的意思。这两者都与"空间"相关（张祥龙，2002）。

2. 凭借或攀缘：（1）围绕、缠绕；（2）攀缘、攀登；（3）牵连；（4）循、顺；沿；（5）凭借、依据。例如《汉书言义》中"都卢，体轻善缘，此即今缘竿戏也"，又如《荀子·正名》中"缘耳而知声可也，缘目而知形可也……"。

3. 机遇或缘分：佛教名词，"因缘"的简称。例如陆游《晓出城东》诗中"巾褐已成归有约，箪瓢未足去无缘"，也有"机会"之意；又如《史记·田叔列传》中"少孤贫困，为人将车之长安，留，求事为小吏，未有因缘也"。由此，"缘"更具有了"时间"的含义，一如"恰逢其时"的"机缘巧合"（张祥龙，2002）。

从"缘"这个字使用的沿革来看，传统视之为一种"边缘"或"依附"的概念，无论是作为名词或动词，都是依托或攀缘于某个相对的主体，而其本身不是主体。及至佛学东传，印度巴利文的"缘"，其本意是"缘—起"，"缘起"的概念深深影响着华夏文化中的人与人之关系、人与物之关系，乃至人与天地之关系。随着朝代的更迭，战乱的颠沛流离，"缘"的含义随着经验的积累，逐渐加深加广。

（二）"缘"的佛理哲学

"缘"在印度哲学中是一个起源于佛教的概念，也是一个极其复杂的概念，要理解它需掌握佛学的一些基本哲思。

1. "缘"："缘—起"

"缘"的关键概念是"缘起"，涉及佛教哲学对相互依存因素的宇宙观，即万物彼此依存的起源。印度古文用"缘—起"（巴利文：samuppda）这两种语意来说明"缘"的含义。paticca 是"相依"（dependent 或 interdependent）之意，中文译为"缘"，表示诸法依缘而生，诸法依缘而灭。samuppda 是"升起"（origination 或 co-arising）之意，中文直译"起"。

因此，paticca-samuppda 的原意是"由彼此关涉而生起"（dependent origination 或 interdependent co-arising），简称"缘起"，表示一切现象的生起与存在，是彼此影响的（万金川，1998）。佛学的根本义理认为，事物存在的真实样态原本性空，一切物理现象的存有，均属相互依存。一切万有，山河大地、草木丛林，没有一样是以独立、恒常、纯粹的状态存在。当两种或多种因素和合在一起，新的现象就会产生（宗萨蒋扬钦哲仁波切，2016）。

2. "因—缘—果"

佛教的"因果"加入了缘起的现象，基本上是"因—缘—果"的架构。此之所谓因果，实际上不能简化为"因果报应"，而是复杂的"因缘果报"。由"因—缘—果"的框架观之，即使有一个因，也不会产生果，直到它接触到一些缘起的条件。例如空气中总是有水蒸气成为结霜或露水的主要原因。但如果没有使其与地面或植物的叶子接触，则不会变成霜或露水。这样的条件被称为"如是缘"，在性质上是一种助因或次要原因。当主因（如是因）与助因（如是缘）相遇时，才会产生一种结果（如是果）（Niwano，1980，p. 111）。

因此，"如是因"相当于大多数西方关于因果关系的观念，而"如是缘"可以被视为促进实现结果的条件因素或背景因素。

这种因果关系中的"如是缘"在西方的知识论中，鲜为人知，或受到忽略。例如在亚里士多德（Aristotle，前384—前322）的四因说（The Four Causes）中，因与果是线性概念，他将世间事物的变化结果归纳为四大类的运行原因：（1）物质因（material cause）：即构成事物的材料、元素或基质，例如工作职位的薪资待遇；（2）形式因（formal cause）：即决定事物"是什么"的本质属性，或者说决定一物"是如此"的样式，例如个人心中的生涯样貌或生活式样，就是求职行为的形式因；（3）动力因（efficient cause）：即事物的构成动力，例如努力在现实与理想中活出自己的样子；（4）目的因（final cause）：即事物所追求的目的，例如"兼顾安身与立命"就是生涯探索的目的因。

上述四种原因直接影响结果，这是一种传统西方思维的线性因果概念，并不考虑具有不确定性的次要条件（即"如是缘"）对结果的影响。反之，佛教哲学将因果关系描述为受其他缘起因素的制约，"因"本身必须具备适当条件的"缘"才能产生"果"。

（三）"缘起"之本质与类别

君住在钱塘东，妾在临安北。
君去时褐衣红，小奴家腰上黄。
寻差了罗盘经，错投在泉亭。
奴辗转到杭城，君又生余杭。

我在时间的树下等了你很久，
尘凡儿缠我谤我笑我白了头。
你看那天边追逐落日的纸鸢，
像一盏回首道别黄夜的风灯。

——《花妖》（刀郎，2023）

《花妖》讲述的是一个南宋时期的凄美爱情故事。我与你在千年的时空中来回穿梭，辗转寻觅，却无缘相见[①]。人世间任何关系都源于无数生生世世相互依存的因缘果报，当因缘条件俱足时，事物就显现出来；当因缘条件不俱足时，事物就隐而不见（Thich，2016/2021）。以下进一步说明"缘起"的体性与类别。

[①] 宋代临安府钱塘东的一位落魄书生，在临安北巧遇富家小姐，两人一见钟情私订终身。员外勃然大怒，杀害了书生，血染书生的褐衣，小姐也悲痛殉情。这段爱情感动了阎罗王，特许二人带今世的记忆，重新投胎。然而，轮回道前误拨了罗盘经，两人虽投生同一个地方，却错投了不同的朝代。

同一个杭州，不同朝代有不同的称呼。首次投胎，书生投到了临安（宋朝杭州），小姐错投在泉亭（汉朝杭州）；二次投胎，小姐辗转来到了隋朝的杭城，书生却投生到了秦朝以前的余杭。如此这般，一个往前寻，一个往后觅，二人虽带着前世的记忆，千年往返，终究是缘悭一面（林苑苑，2023）。

1. 缘起的体性

诸葛孔明将司马懿父子困在葫芦谷中，檑木火石齐下，眼看司马一家就要葬身火海，突然之间电闪雷鸣，落下倾盆大雨，司马父子三人得以逃出葫芦谷。诸葛孔明不得不长叹一声："'谋事在人，成事在天'。不可强也。"（《三国演义》第103回）

在诸葛孔明十拿九稳的盘算中，出现了功败垂成的一场大雨。孔明运筹帷幄，向来料事如神。他在事败之后感叹，有些事情不可勉强。缘起缘灭，诸葛孔明之"逆缘"成就司马父子之"顺缘"，这一役影响深远，从此山河属晋。若从《中观》缘起论观之，谋事与成事，这些可测或不可测的现象，都有其深邃的质地与体性。

缘起论包含缘起现象中的四种特性："此缘性""相待性""生灭性"与"空寂性"（释印顺，2003，2004；刘嘉诚，2000），以下分述之。

（1）此缘性：依因待缘，果不可计。缘起的第一层体性，为依因待缘。此缘性就是"此有故彼有，此生故彼生"（刘嘉诚，2000），意指有因无缘，不能生果；因缘俱足，始能生果。因可计，果不可计。

当我们谈到"因"和"缘"时，有两种从属的特性：主因和助缘。主因是产生某种事物的材料，助缘则是促成因缘作用的因素（索甲仁波切，1996）。换言之，"因"是事物生灭的主要条件或基本条件，如上述的"谋事在人"；"缘"则是事物生灭的次要条件或辅助条件，如上述的"成事在天"。主"因"加上助"缘"，才能成就"果"。

（2）相待性：相关互涉，即缘即起。缘起的第二层体性，是由"同时"或"共时"来看依因待缘的依存关系。这一特性强调没有无因之果，也没有无果之因。缘起除了指涉"时间先后"的依因待缘关系，也含涉"同时呈现"彼此相关互涉的"即缘即起"。

这种彼此相关互涉的现象相当微妙。《杂阿含经》以"譬如三芦，立于空地，展转相依，而得竖立，若去其一，二亦不立，若去其二，一亦不立，展转相依，而得竖立，识缘名色亦复如是。展转相依，而得生长"来作比喻。三根芦苇，若要稳稳地立在空地上，因芦苇的粗细长短不同，所摆放的角度与交叉的角度也不同；若要使得三芦"而得竖立"，有赖各种原因与条件之彼与此的相互依赖。

"相待性"指出了缘起的另一层质地：缘起缘灭看似主从因果在作用，可在缘起最纤细之处，即缘即起，没有主从，而是互为主从。

(3) 生灭性：缘起流转，缘灭寂静。缘起的第三层体性，包括了两大生灭的定律：流转律与还灭律（释印顺，2004）。因与缘的流转与还灭，一种是相依相生，称为流转律；另一种是相依相灭，称为还灭律。这就是通称的缘起与缘灭。

①缘起流转，十二因缘。依缘起（理则）而缘生（事象），生命中的事象前后相续不断演变，总结为十二因缘。此十二缘起分别是：无明、行、识、名色、六入、触、受、爱、取、有、生、老死。它们都是无常缘生、和合流动，相续而无间断，是"此有故彼有，此生故彼生"的缘起关联。

②缘起还灭，究竟涅槃。水的本性是平静的，海水的后浪推前浪，是因为风的鼓动，如果风停息了，海水将复归于平静。浪浪相续，是流转律；风平浪静，是还灭律。"此无故彼无，此灭故彼灭"，风平浪静的极致状态，即属究竟涅槃（释印顺，2003）。这如同搅动海水的因缘离去，波浪自然回到平静，也就是还原了水的本性。

(4) 空寂性：性空缘起，缘灭性空。缘起的第四层体性，强调缘起来自于空，缘灭复归于空。一切现象都是依因待缘，没有固定的体性，本质上是处于"空"的状态。缘起实相的空寂之性，在整个中观学里是一个极其重要的概念。

①性空缘起，由体起用。所有的物理现象，无论是看得见的或看不见的、有形的或无形的，缘起现象的本体与源头是空寂的。《中论·观四谛品》提到："以有空义故，一切法得成；若无空义故，一切则不成。"有依空立，凡是"有"，均依"空"而立。一切现象也正因为在体性上是"空"的状态，真空妙有，所以才有缘生缘灭的可能。

②缘灭性空，摄用归体。缘起的空寂性表现在《中论·归敬偈》中的八不缘起："不生不灭，不常不断，不一不异，不来不出。"生与灭，常与断，一与异，来与出，这是我们能够识见的红尘现象。从外在的表象边界往内观察缘起的本质，外在的沸腾翻搅宛如镜花水月，然而内在的素朴本体纯属空然寂静。

延伸阅读 9-3

因缘的美学:"金缮"与"玉玦"

金缮:逆增上缘之美

对于机缘的不可控造成的缺陷与碎裂,日本工艺以一种艺术的象征形式赋予其高度的诠释与评价。日文中有一个特殊的名词:Kintsukuroi(金缮,golden repair)。"金缮"是一种高贵精致的工艺修复技术,将因机缘造成破碎的器物以鎏金加以黏合复原,完整了残缺。

碎裂是"果",必有其"因"与"缘"。在碎裂之处修铸以最珍贵的物质,修复之后的样貌,既是原形又已非原形。金缮之艺表面上是修复,美饰隙裂以鎏金,不仅是一种美学,也是一种哲学:在生命的裂片与裂片之间连缀以无常的缘起事件,恰好成全了生命的完整性。不期而遇的因缘碰撞造成碎裂的残缺之纹,其走向蜿蜒内敛,衬托出一种难以言喻的美感,使得整个器物散发出一种庄严坚韧的生命力。其形即其意,揭示"逆增上缘"的美学。

玉玦:大成若缺之美

老子对于虚实盈亏的本质,看得甚为通透。《道德经》有云:"大成若缺,其用不弊。"宇宙洪荒,大成若缺。苍穹内外,万物蕴育,至大而成;本质上看起来若似还有欠缺,但实际的作用却是虚位以待。若悬若缺之处,暗喻了无尽展延的智慧:阙漏之天机,留待给不可控之机缘乎?

玉玦是一种古老的玉制装饰品,形状为环形,有一缺口。庄子曰:"缓佩玦者,事至而断。"儒士衣带上挂个玉玦,"玦"谐音为"决",表示遇事善于决断。东汉古书《白虎通义》也说:"君子能决断则佩玦。"为何能断、果断、决断的君子或儒士,不是佩戴完整无瑕的美玉,而佩戴有个缺口的玉玦?这里面隐藏着哪些象征性的含义?

求全是有情众生的天性,然而,苏东坡早就感叹,人有悲欢离合,月有阴晴圆缺,世事古难全。曾国藩把自己的书斋命名为"求阙斋",并在家书中谆谆告诫子孙:"君子求缺,小人求全。"这也是曾国藩阅尽世间沧桑后的彻悟,"可控中以待不可控"。求缺,君子求缺而非守缺,并不是君子的谦虚,而是对于理性局限性的了然。静待因缘的不可控,随机应变,"谋事在人";缘起流转,缘灭寂静,"成事在天",因而虚怀若谷,随遇而安。

2. 缘起的类别

《中论》曰："因缘次第缘，缘缘增上缘，四缘生诸法，更无第五缘。"佛理对于"缘起"的类别，分成因缘、次第缘、缘缘、增上缘等四类。除此四缘之外，别无第五缘。在此分别说明。

（1）因缘："因缘"（梵语：hetu-pratyaya；primary cause）是缘观的主缘；"因缘"是指依因而起之缘。众缘和合，最主要的就是依"因"而起的"缘"。若是缺了"因"，"缘"也就无从成立。

（2）次第缘："次第缘"（梵语：samanantara-pratyaya；proximate condition）又名"等无间缘"，是指种种缘起，相续无间，次第生成。"等"是相等、同等之意；"无间"，谓没有间断。次第缘特别适用于心识的流转，例如人的心心念念，刹那生灭。前一念便是后一念的次第缘，念念相续。前念灭时，后念已起。

（3）缘缘："缘缘"（梵语：lambana-pratyaya；objective-support condition）又称"所缘缘"，即所缘之缘，是指心识对境界的缘起作用。心识为"能缘"，境界为"所缘"。"缘缘"，谓"主体的心识"缘上"客体的境界"时，境界就是心识所缘之缘，例如耳识以声音为所缘。换言之，缘缘是一种"被知觉的客体"与"能知觉的主体"间的关系。例如在一堆应征者中，求才者的心识（能缘）在成百上千的求职者中决定了一匹千里马（所缘），求才者与求职者的结缘关系即是所缘缘。

（4）增上缘："增上缘"（梵语：adhipati-pratyaya；superior condition）是指以上三缘之外，对现象生起的一切助缘。增上，意指特别或殊胜，有强胜之势用。凡是能"促成"或"不妨碍"缘起之助力者，皆称为增上缘。此缘即使不直接为人所觉知，依旧有特别殊胜之影响，因此"增上缘"较"缘缘"更普遍。增上缘适用于一切心理现象与自然现象。

增上缘有两种作用：一是促成顺缘，一是促成孽缘，又称"顺增上缘"与"逆增上缘"。"顺增上缘"如顺风，在助缘中顺水推舟；"逆增上缘"如逆风，在恶缘中兴风作浪。种子借由顺增上缘而萌芽，或因逆增上缘而夭折。顺与逆是认知上的二元观点，是就"因—缘—果"的历程予以评价，尤其是从对于"果"的感受来论断缘性。然而就缘起的本质来看，"增上缘"的特性单纯只在于"增上"的辅助。

此四缘可以说明所有事件发生的过程。举例来说，玻璃杯掉到地上打破了，就有这四个缘起的条件。首先，是因为有人杯子没拿好，从手中滑出（外因），且玻璃本身易破（内因）是"因缘"；破碎之前所有接二连三的重力加速度等条件，都是"等无间缘"；而之所以会破是因为碰撞到地板，而地板是硬的（相反，地板如铺软垫，杯子掉落亦不见得会破），这是"所缘缘"；再者，杯子坠下途中，没有任何阻碍物或屏障，也没有人实时去接住它，以至于让杯子直撞地板，可视为是"逆增上缘"（印顺文教基金会推广教育中心，2018）。

二、因缘观的现代意义

"百年修得同船渡，千年修得共枕眠""千里姻缘一线牵，月老乐成好姻缘"，这些传统华人关系中的因缘观，在现代有何不同的含义？为进一步了解现代年轻人对"缘"所理解的心理含义，学者们试图通过由下而上的科学分析方法，对"缘"的生活语言进行心理语意的构念分析。

（一）现代缘观的心理语意分析

在对现代缘观进行的心理语意分析中，所采用的构念分析方法称为联想组合分析法（Associative Group Analysis，简称 AGA）（徐欣萍、黄光国，2013）。AGA 主要的分析单位是通过自由联想得到的主观意象与意义、认知单元或精神表征（Szalay & Fisher，1979）。运用此方法时，请受试者写下由某个关键词联想到的相关词语，然后针对这些词语进行归类和统计（高一虹等人，2003）。

徐欣萍与黄光国（2013）的研究对象为台湾地区的大学生（N = 310），受测学生对"缘"所产生的心理意义成分，可包含：关系（46.8%）、宗教（19.9%）、情感（11.6%）、其他（7.3%）、机运（7.0%）、自然（5.1%）、生命态度（2.2%）七项（如图 9-2 所示）。

"缘"在社会互动层次所彰显的文化结构，根据这七项内容可整合为：(1) 关系；(2) 天命观；(3) 宗教三大基本主题。"关系"在此七项心理意义成分中的重要百分比远超其余各项类别，说明现代"缘"的含义穿梭于世间各种错综复杂的人际关系，也包含着浓厚的情感状态。此外，机运、自然、生命态度及其他等项则可综合命名为"天命观",反映出"缘"的心理认知运作机制,也融入了个人处世的整体心态或关注面向。

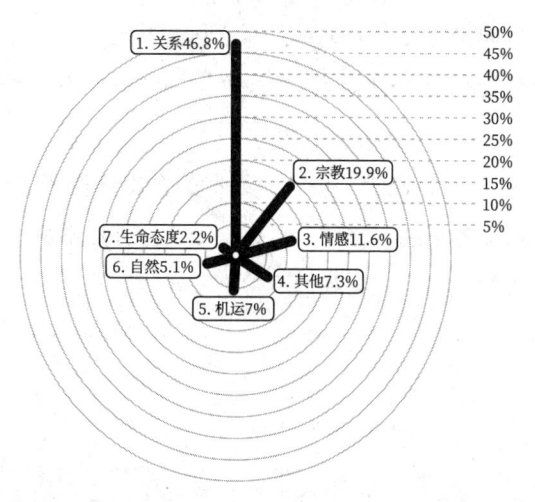

图9-2 缘观的心理语意图(N=310)(资料来源:徐欣萍与黄光国,2013)

另外,李迪琛(2017)的研究对象(男=69,女=217)取样于中国南方各个地区的大学生。研究结果显示,年轻人对"缘"的认识主要来自:情分(23.42%)、缘分(21.24%)、生灭(14.80%)、因果(13.68%)、注定(11.04%)、奇妙(7.11%)、佛学(4.60%)、缘别(4.11%)八方面,如图9-3所示。

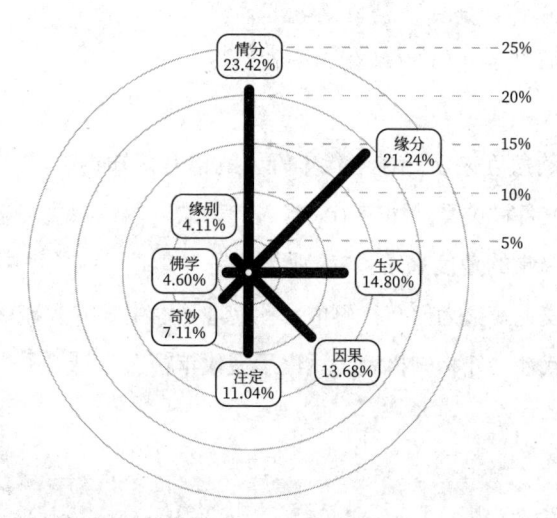

图9-3 缘观的心理语意图(N=286)(资料来源:李迪琛,2017)

李迪琛（2017）分析词语内容后发现，当代年轻人的缘观虽然受宗教的直接影响较少，但仍继承了传统文化中的缘分含义。他们对"缘"主要持着积极正向的态度，倾向于将良好的关系、情感归因于缘，对"缘"的主观体验含有不可控的天命感受和奇妙的情绪体验，亦认为"缘"是一个有起有落的动态生灭过程。

这两项研究的发现，说明了现代"缘"的含义穿梭于当代年轻人的人际交往中，包含着浓厚的情感与惊奇，概率与未定，玄然不可测。以下是由阿信作词作曲，五月天演唱的《如果我们不曾相遇》（部分），对"缘"的主观体验的描绘相当传神。

> 那一天 那一刻 那个场景 你出现在我生命
> 每一分 每一秒 每个表情 故事都充满惊奇
>
> 偶然与巧合 舞动了蝶翼 谁的心头风起
> 前仆而后继 万千人追寻 荒漠唯一菩提
> 是擦身相遇 或擦肩而去 命运犹如险棋
> 无数时间线 无尽可能性 终于交织向你
>
> 那一天 那一刻 那个场景 你出现在我生命
> 未知的 未来里 未定机率 然而此刻拥有你

从现象学的角度来看，在当代年轻人的语言认知构念中，缘的现象普遍存在于生活中的各种关系，涵盖了人与人的悲欢离合，以及人与万事万物的亲疏远近。从诠释学的角度来看，"缘观"也是一套对于在关系中"为何有些事情会不预期地发生，又为何有些事情会预期地不发生"的解释系统，这套系统通过传统与当代社会建构的机制，涵化了现代年轻人应对关系中顺境或逆境的心理调节法则。

（二）现代缘观应用的基础

无论是传统的缘起论抑或现代的因缘观，这套知识系统的诠释与转化，从含摄文化的视角切入，应有助于强化现有心理疗愈的机制，增进华人心理调适与心理健康（徐欣萍、黄光国，2013）。若将缘观的知识系统转化为因应生涯变动或心理调适的动能，必须具备哪些基本能力？何以需要具备这些能力？以下分述之。

1. 缘观三力：缘力

以下分别从识缘力、缘缘力与惜缘力等三方面说明之，此缘观三力可简称为"缘力"，代表现代缘观应用的基本能力。

（1）识缘力：这是一种事前正确认识缘观的基本能力，也是一种充实"缘力"的先备知识。识缘力在于了解缘起缘灭的自然现象，以及这种缘起现象在生命事件中的作用，包括了顺境缘与逆境缘。

（2）缘缘力：这是一种遭逢机缘事件的处置能力，又称应缘力，也是"能缘的主体"与"所缘的客体"产生机缘的核心能力。擦身而过的"事件"能不能成为我的缘，选择权在自己手上。这种在面对事件时能否成缘的历程，包括"起心""动念""缘缘"与"识见"四个步骤，如图9-4所示。

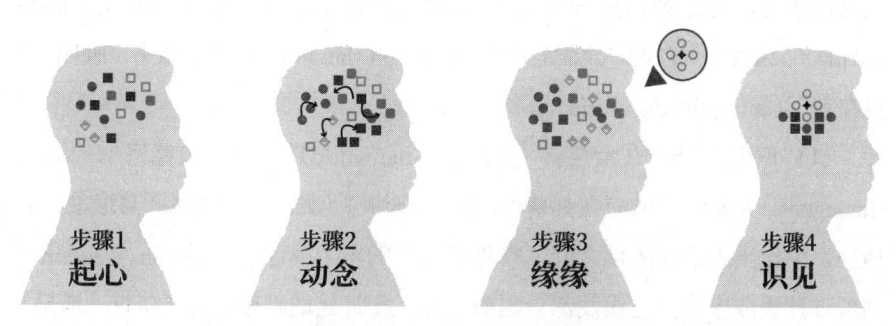

步骤1 起心　　步骤2 动念　　步骤3 缘缘　　步骤4 识见

图9-4　缘缘力的四个历程（资料来源：Frey, 2012）

① 起心：是面对缘分事件来临时的最原始素朴之心智准备状态。
② 动念：是面对缘分事件的所有心智动员状态，包括以最大的努力搜集信息与整合现有的经验智慧。"起心"和"动念"这两个阶段竭尽所能，

让"尽力而为"的程度动员到极大化。

③ 缘缘：是以缘观经历事件的来临与变化，从"无缘"接触"边缘"，继而进入其"缘心"，产生对于人、事、物的密切关联（缘起）。无论是顺缘或逆缘，乘载其中，浮沉上下。

④ 识见：是有意识地觉察在缘分事件中人与事的变化，顺应其变，运筹帷幄。"识见"是一种元认知（metacognition），属于一种对缘分事件默照决行、学习精进的智慧。

(3) 惜缘力：这是一种对前述"识见"的延伸，既是缘分事件沉潜后的深度反思能力，也是"缘力"中最为纵深的观察视角。这种反思能力包括三个维度。

① 对于顺缘或逆缘事件中促成缘分事件相关人士的感恩。
② 顺境缘中持盈保泰之余，对于盛极必衰的惕厉与警觉。
③ 在经历的逆境缘中，发现困厄底层中所隐含的启示与意义。

2. "缘力"的实存哲学

"缘观三力"对应着存在现象学所衍生的三种实存（being）状态，从缘起缘灭的自然现象中，理解人与自己、人与他人、人与自然的关系，从而活出有意义的人生。这三种对应分别为："识缘力"映照"在世存有"（being-in-the-world）、"缘缘力"映照"寓世存有"（being-on-the-world）、"惜缘力"映照"利世存有"（being-for-the-world）。

(1) "识缘力"与"在世存有"（being-in-the-world）：马丁·海德格尔（Martin Heidegger，1889—1976）在其著作《存在与时间》（*Being and Time*）（Heidegger，1926）中提出人活在天地之间"在世存有"的重要概念——dasein。Dasein 一词很难翻译成中文，它由两部分组成：da（此时此地）和 sein（存有、所是）。"da"在德文中是个很活泼的词，有"那里""这里"；"于是""那么""但是"；"那个""这个"；"因为""当……时""虽然"等意。细细考究，dasein 蕴涵着：①相互缠结；②单纯发生或生成；③有限；④地域或存在空间；⑤原初的时间等五个基本含义（张祥龙，2002）。为表达 da 与 sein 本身的关系，一般也译作"亲在""此在"等。经深入考究后，"缘在"是最贴近 dasein 的中文含义（张祥龙，2002）。

从 dasein 的概念延伸，海德格尔主张有关"人""我"本质的追寻要回到"人""我"之"如何活在世界之中"，也就是"在世存有"。这样的"在世存有"由三个相扣的环节构成：①世界如何存有；②人如何存有；③人如何与世界之中的他者（周身人事物等存有者）共同存有于世（刘淑慧等人，2019）。

"识缘力"是一种对"缘在"（dasein）状态的理解。人被抛掷于世，这种海德格尔主张的"被抛掷性"（thrownness），意指我们被抛进这个世界，成为一种在世存有，本质上是无法由个人决定的，如同众生与万物的缘起与缘灭。"识缘力"即在于了解缘起缘灭的自然现象，以及这种缘起现象在生命/生涯事件中的积极作用，包括对顺境缘与逆境缘的态度。例如一位从内地到澳门读书的研究受访者自陈："我觉得我挺庆幸我能够跟着这些千丝万缕的缘在走的，我觉得这些缘给了很多方向或者是一些链接……说不清的……让我成为我想要成为的那个样子，那个人……"（李迪琛、金树人，2018）

有了这层理解作为基底，对于"缘在"带来的处境，个体会采取主动积极的作为，在境遇之上展现接触筹划的"缘缘力"与深刻反思的"惜缘力"。

(2)"缘缘力"与"寓世存有"（being-on-the-world）："缘缘力"是一种遭逢机缘事件的处置能力，也是一种缘力在面对缘分事件时的具体展现历程。这个历程的四个阶段：起心、动念、缘缘与识见，相当于对顺逆处境的接触、筹划与学习。"being-on-the-world"的介词 on，是一种在"缘此"处境中"居于其间、居于其上"的运筹。例如原本目标中最期待且熟悉的某大学研究所并没有考上（"起心""动念"的"尽分"），落入了第二志愿。随遇而安后，进入新而陌生的环境（缘起），不仅遇到了终身伴侣（结缘），所接触的老师与同学也开启了新的识见。

海德格尔所说在世存有的"世界"，不是人所客观认识的世界，而是与开展在其中的各种生存方式相应的"环境"。人的存在不仅是被动的、被抛掷的认识，还包括了在这个世间主动地承担、完成、表示、讯问、思虑、讨论与决定等（滕守尧，1996）。

"缘缘力"是对缘分事件"居于其间、居于其上"的接触与筹划。缘分事件对生涯存有的影响很难以事件的当下祸福来定性，"顺缘"与"逆缘"本质上皆为祸福相依，正负性处在"应缘"机遇的主观流变中。在这个因缘和合的世间，"缘缘力"随着缘起事件（起或伏、顺或逆）的开展，不盲目地抗争或挑衅，而是尽力尽分，从而在缘分事件的挪移中，积累出自己寓居于世的照见。这类似于本章第一节克朗伯兹所强调的"在机缘中学习"。

（3）"惜缘力"与"利世存有"（being-for-the-world）：海德格尔的存在现象学倡导"我在，故我思"。上述随缘的经历是一种"我在"的深刻体验，"缘缘力"从对缘分事件的准备、动员、经历到反思，最后的落点也就是对于"缘在"的静观、悦纳与沉淀，而这种反思的存有特性是一种"惜缘力"。所谓反思，可细分为四种层次（Duvall & Béres, 2011/2016）。

① 反思（reflection）：是行为主体立足于自我以外，批判地考察自己。

② 反思性（reflectivity）：是行为主体立足于自我以外，批判地"考察自己的行为及其情景"的意识与能力。

③ 反身性反思（reflexivity）：涉及"辨识心理、身体所有面向的自我"的能力，以及"辨识环境脉络如何影响我们的行动或认知方式"的能力。

④ 批判性反思（critical reflection）：是指一种实践技能，由经验累积产生经验知识而自我教导，以使我们能够探索自己的经验，从行动中去反思。不仅反思"行动过程"，而且反思"行动本身"。

智慧并非来自经验，而是来自对经验的反思，形成自己独特的知识与观点（Baltes & Staudinger, 2000）。"惜缘力"的内涵包括"对他者"与"对自己"这两大方向的反思。海德格尔的学生伊曼努尔·列维纳斯（Emmanuel Lévinas, 1906—1995）倡导"为他"伦理学，认为人的生存不能没有"他者"（the other），我与他是相伴而存在的。由此，列维纳斯提出一种"为他"（for the other）的生存形态，强调要走出自我持存的锢闭，面向无限丰盈的他者世界（张锽焜，2007）。

对促成缘分事件中相关"他者"的感恩，较偏向反身性反思，强调辨识人境脉络中的"他者"如何影响我们的行动或认知方式，形成一种我与"他者"存有的伦理关联；也就是珍惜缘分，进而将伦理关系延伸至广结善缘，以及成为更多"他者"的贵人。对于顺境缘中的惜福与警觉，则需要立足于自我以外考察自己的行为及情境。至于逆境缘中隐含的启示与意义，则需要动用批判性反思对"行动过程"和"行动本身"的深度探问。

1079年，苏轼因"乌台诗案"被贬谪黄州（今湖北黄冈），三年后写下意境深远旷达的《赤壁赋》。苏轼从"反身性反思"进入通透的"批判性反思"，逆境不再是单向的逆境，而升华至"天人合一"的大度。这是一种我"为何"有这些遭逢，我"为何"以这种方式寓居于这个世间的深层思考，以逆境中升华的生命之道，为"他者"呈现一种"利世存有"（being-for-the-world）的范式。诚为"见自己，见天地，见众生"（王家卫，2013）的典范也。

存有状态中种种的失落与牵绊，若不用因缘的观点看待这些碎片，较难发现不相干的事件中隐含的深层道理。"缘力"即把破碎的故事裂片沿着边缘连缀起来；通过识缘、缘缘与惜缘，让生命的肌理展现存有的整体轮廓。

三、生涯因缘观的启发与应用

缘起论在生涯咨询中的应用，是一种基于东方文化的思维，对于预期之外、无法控制的无常与偶然的对治之道。以下分别详细陈述因缘观的启发与应用。

（一）"识缘力"的觉察与学习

1. 缘分事件的觉察

"种瓜得瓜，种豆得豆"的因果思维，是一种有因必有果的闭锁性思维。缘起的本质是空性与无常，在因与果之中存在着不可捉摸的特性。对现代的人来说，必须改变内在固有对恒定与控制的思考范式，体认缘起现象的现代意义，接受复杂性、不确定性、多变性的思维模式。

2. 缘分事件的学习

此种体认可通过缘分事件的叙事练习，进而加深"识缘力"。所谓"缘分事件"是指"意料之外而且影响重大的事件"。（1）意料之外：没有刻意追求，却意外地发生了，超乎预期，充满着不可控的特性；（2）影响重大：这些事件对生涯发展产生了一定且重要的影响，例如改变了生涯路径或生命轨迹。叙事练习进行的步骤如下所示。

①在纸上画出一条 S 生命线（参见第六章第二节）。

②回忆从出生到现在，发生在自己身上与生涯有关的缘分事件（包括逆境缘与顺境缘）。

③叙事的反思：这些缘分故事对自己生涯/生命产生的影响。

④命名：为这些事件命名。

在生涯发展的过程中，缘分事件往往不是单一孤立的，缘缘总是相续。我们无法预先把点点滴滴的缘分事件串联起来；只有在未来回顾时，才会明白那些点点滴滴是如何串在一起的（Jobs，2005）。缘分事件个别发生时无法串联，回顾就是一种串联的方式，从这些回顾中理解缘分事件的本质，以及这些事件发生在生涯发展过程中隐藏的内在含义。

（二）"缘缘力"的觉察与学习

1. "尽分"与"随缘"等量齐观

一切现象皆依因待缘而生起，虽说成事在天（缘），但先决条件是谋事在人（因）。"尽分"就是依因待缘的"因"，凡事"尽分"是成事的必要条件。成功不可测，生涯抉择所有尽本分的探索活动、所有教育准备的努力，都在累积成功的条件（Mesaros，2019）。尽分之后才能随缘。随缘而不尽分，只会成为懒惰或推诿的借口。"随缘"是一种伴随尽分的静观，以平和稳健的心态，面对与接受尽分当下顺境缘或逆境缘的发生。

或问，要尽多少分，才能放心随缘？行到水穷，坐看云起，有时奋力行到半途，已然彩霞满天；有时行到山穷水尽，却逢倾盆大雨。《易经·系辞传下》："君子藏器于身，待时而动，何不利之有？"藏器于身，是一种才华的蕴藏与蓄势的思维的收敛。待时而动，对"时"的判断，是一种缘起识见的积累与智慧。因此，尽多少分才算尽，似乎也没有一个标准答案。"尽分"与"随缘"的等量齐观，"尽分中随缘"与"随缘中尽分"，也是一种智慧了。

2. "随缘"而不"攀缘"

这是应对机缘事件的两种不同心态。"攀缘"是对缘起事件的控制与执着，是一种对有因必有果的线性期待。不攀缘，就是在遇到逆缘或孽缘时，能采取多元的构念随机应变，而发展出适应困境的新策略。

相对于攀缘，"随缘"则是对缘起事件的恒顺与安受。但凡生涯规划多是有所求，如考上合适的大学科系，应聘上心仪的工作职位等，其结果不外"求而得之"或"求而不得"。"求而得之，我之所喜；求而不得，我亦无忧"，自是一种积极变通的潇洒；往深层看，更是一种生命的智慧。唐朝百丈怀海禅师曰："有缘即住无缘去，一任清风送白云。"随缘而不攀缘，缘里来去，安闲更自在。

（三）"惜缘力"的觉察与学习

1. 惜缘与惜福：观功念恩

惜缘与惜福是一种华人传统的处世美德。促成我们的生命在某个特别处转弯的缘分，或有贵人相助。如果能够在"寓世存有"的福报经验中，深观他人功德，对于曾经帮助过我们的人，心存感恩与珍惜，或有一日可转化为"利世存有"，也能成为他人的贵人。

关于惜缘力的觉察与练习，可以回到"识缘力觉察的练习"中，针对与生涯有关的缘分事件，寻思在事件中出现的"贵人"。时间可以追溯自学前、小学，一直延伸到现在。所谓"贵人"，是指对个人生涯发展起了关键性影响的人；若不是遇见这些贵人，此刻的生涯光景可能大不相同。练习的步骤如下所示。

（1）回到 S 生命线的缘分事件。
（2）列出每个缘分事件中令我印象深刻的贵人
（3）他为我做了什么？
（4）他的出现对我产生了什么影响？
（5）他身上最值得我学习的特质是什么？
（6）我可以用什么方式回报他？

惜缘力的觉察与学习，强调客体关系理论（object relations theory）的观点：

如果我们体验到外在这个"贵人"客体，吸纳了这些客体的认知、操守、人格，会在心中将其内化为从己观点出发的认知与感受；日后，会带着这份恩典来看待外在的人我关系。或许在不知不觉中，有朝一日也能成为他者生涯转弯处的贵人。

2. 创造"助缘"与广结"善缘"

机遇青睐有准备的人，一部分的准备是"创造助缘"与"广结善缘"。一项针对中年生涯转换人士的研究发现，善用机缘能力包括善于观察并主动接触与采取行动；接纳未知偶然与保持弹性顺势而为；信息整合与串联；维持人际关系与信赖关系；善于评估可接受妥协的范围；培养兴趣与终身学习并于适当时机展现经验、技能等（谢佳伶，2019）。这些善用机缘的能力，涉及内在系统与外在系统的准备。内在系统包括个人内在的开放、积极、主动，以及来自对兴趣与能力理解的自我效能感，这些都在创造助缘的条件。在外在系统方面，人际的关系建立与紧密接触，包括家人、朋友、同学、同事等，都有可能在关键时刻促成关键的机缘巧合事件（林于荻，2017；郭璨滟，2010；陈韦妏，2009；曾信熹，2007；杨雅岚，2009）。

另有研究发现，并非所有机缘都会自然影响个人生涯转换，个人心智模式必须为同在模式（being mode）[①]时才有回应偶发事件的敏锐度，通过提升当下对缘分事件的觉察力，个人才能掌握缘分契机创造机会（林于荻，2017）。因此，创造助缘与广结善缘也成了生涯发展过程中必须重点培养的基本能力。

3. "顺境缘"中的持盈保泰

《易经·乾卦》："潜龙勿用，阳在下也。见龙在田，德施普也。终日乾乾，

[①] 同在模式（being mode），又称实存模式、存在模式。在这种心智模式的运作下，头脑"无事可做，无处可去"，可以全神贯注于每时每刻的体验，觉知此时此地的一切。同在模式的重点是"接受"和"允许"是什么，没有任何立即改变它的压力。当没有目标或标准要达到时，"允许"自然而然地出现，不需要评估经验以减少实际状态与期望状态之间的差异。这也意味着注意力不再狭隘地集中在当下与目标直接相关的方方面面；而是欣然与全然地"接受"当下的深度、宽度和丰富性（Segal et al., 2013）。

反复道也。或跃在渊，进无咎也。飞龙在天，大人造也。亢龙有悔，盈不可久也。"逆境缘与顺境缘在生命的长河中跌宕起伏，处于逆境时，应当潜龙勿用，或韬光养晦，或藏器于身。然而较为人所忽视者，凡人处于飞龙在天的顺境中，飞黄腾达之际，经常得意而忘形。

盈不可久也。《易经·象传下·丰》："日中则昃，月盈则食，天地盈虚，与时消息，而况于人乎！"月满则亏，盛极必衰，天地日月尚不能久，人岂能常保盈泰？如何在顺境缘中避免亢龙有悔，关键在于抱持"君子终日乾乾，夕惕若厉，无咎"的心境与态度（罗秀美，2008），以盈为戒。此皆警示顺境中持盈保泰、居安思危、虚己谦下的重要性。

4. "逆境缘"中的沉潜蓄势

逆境缘的出现，存在的处境落入混沌理论所描述的混沌边缘（edge of chaos）（Pryor & Bright, 2011）。在一些复杂的动态系统中，事物经常处于"混沌边缘"，落入有序和失控之间。吊诡的是，这种状态往往最充满活力和创造性。苏东坡最感人肺腑的作品多出现在屡遭贬谪的边缘处境（boundary situation）（Grieder, 2009），王阳明心学中龙场悟道，"心即理"的精要也是得之于此种生命中难堪的困厄处境。

哲学家卡尔·亚斯贝尔思（Karl Jaspers, 1883—1969）所谓的"边缘处境"，同时兼具受苦与超越的特性。从生涯教育的角度来看，应培养学生认识这种逆境的双重特性：在面对逆境缘的不确定或失落时，一方面要接纳不可逃避的苦难，另一方面要掌握混沌边缘的活泼生机，逆缘的"边缘处境"才具有超越的积极意义。

许多学者把逆境视为是"逆增上缘"，强调在生涯/职业生涯发展的过程中培养生涯韧性（career resilience）的重要性（Collard et al., 1996）。华人在困境中累积的智慧尤胜一筹，《菜根谭》指出："藏巧于拙，用晦而明，寓清于浊，以屈为伸。"拙、晦、浊、屈，均是局限的处境，在拙晦之中藏巧以明，在浊屈之中寓清待伸，皆为蕴藏在"逆增上缘"之中的沉潜与智慧。

延伸阅读 9-4
逆境缘中的依因待缘

逆缘中何时能等到顺缘？最不幸的情况是逆缘接二连三无预警地到来，长夜漫漫，不知何时盼到破晓。虽说依因可待缘，这"待"究竟要等多久？从心理疗愈的角度观之，如何在遭逢停顿无助的谷底时，以最佳的心理状况静待机缘，从谷底上升；从生涯发展的角度观之，如何在生涯发展濒临无望之际，坚持到最后一刻，静待黎明；于此，在在都是生命中的巨大挑战与煎熬。

在逆缘的黑洞中，是何滋味？宇宙黑洞中的时空奇异点（spacetime singularity）差可比拟。黑洞有着极为强大的磁场，能够吸入包括光在内的所有物质。物体落入黑洞之后，将会趋近位于中心的"时空奇异点"。"时空奇异点"是一个体积无限小、密度无限大、重力无限大、时空曲率无限大的点。在这个点，目前所知的物理定律无法适用（Mastin, 2009）。遭逢逆缘或孽缘的心理黑洞，其情其景也不遑多让：自我无限小、心理时空无限小、希望无限小，然而恐惧无限大、焦虑无限大、抑郁无限大。

珍妮·谢芙德（Janine Shepherd）原是澳大利亚的越野滑雪国家运动员，生涯目标是在奥运中夺魁。在一次训练时意外失事，医生认为她不可能活下来。她足足瘫痪了六个月。令人惊奇的是，在事故发生后的一年，她突破了生理残缺的限制，获得了飞行员执照，接着得到商业驾驶执照和飞行教练执照，最终成为特技飞行教练。在漆黑的前半年，她生不如死，对余生无望。然而在最为惨淡之际，她在难得的机缘中奋进（偶然看见空中飞翔的教练机，随即打电话报名参加飞行训练），以坚强的毅力与行动（尽分），助缘与善缘也随之归队，不同的增上缘随后缓慢发生。她在 TED Talks 中现身说法（Shepherd, 2019），结束时全场观众起立热烈鼓掌，演讲内容在网络中被翻译成 31 种语言。

这类生命斗士的角色楷模可以作为生涯教育或生涯咨询的激励素材，让学生理解因缘的无常，以及学习如何在困境中逆势而上。

5. 缘分事件的深层意义

缘起现象的流转还灭看似零散无章，但在凌乱中包容或掩隐着简单至极的章法，别有深意。生涯过程出现的每个看似不相关的顺缘或逆缘事件，其实是"雪花飘落，片片各得其所"，有待当事人自行判读。一连串事件的发生看似随机以至混乱，然而在隐映互彰的背后，似乎暗藏着更高秩序和目标（林于荻，2017）。这让身临其境的人，无法忽视里面隐藏的深义。

单一事件的发生或可归诸概率，若将时间拉开，从不同的缘起现象发生的轨迹中，或可观察出一些个人生涯行事特有的风格或模式。"1985 年苹果公司开除我，是我人生中最好的经历，让我进入了这辈子最有创意的时期。"（Jobs, 2005）乔布斯怎料得到被自己创办的公司开除，如果没有被开除后的沉潜，就没有后来再进入苹果，以科技美学创造了风靡全球的 iPhone、iPad 与 MacBook 等产品，更料不到后来积劳成疾的胰腺癌。在他的生涯发展中，顺增上缘与逆增上缘交替迭代出现，成就其斑斓璀璨的一生。

印度圣雄甘地（Mohandas Gandhi, 1869—1948）曾说："吾生即吾义。"（My life is my message.）（Gandhi, 1983/2015）在职业生涯起步之时，吾生吾义或可视为起始生涯征途的目标与抱负；如果像乔布斯一样从经历的种种当中回顾，就会深刻地发现"你得信任某些东西，无论是什么"，或许吾生吾义指涉之处，就是一生悬命的最高秩序和目标。

总之，缘起论是一种对因缘和合现象的诠释，说明自然现象的必然与偶然。在"缘起法"的宇宙观中，一切自然现象是短暂的和无常的，我们看到的是相互依赖的力量不断变化的织锦，其中任何一个最轻微的变化都会导致所有其他力量发生深远的变化。万事万物依缘起而缘生，也因缘灭而缘寂，是为缘观。西方对生涯发展的必然与偶然自有论述，而东方缘起论与这些理论或模式的映照，让我们更清楚理解缘起现象的体性与实践。

结论

缘，不可思议。国学大师钱锺书的夫人杨绛说道："缘起则聚，缘尽则散；有缘躲不开，无缘碰不到。"这是一种何其深刻的生命体悟。诗人叶芝（William Butler Yeats, 1865—1939）有云："人可以体现真理，但无法完全理解它。"（Man can embody truth but he cannot know it.）（Thomas, 1987）机缘巧合这种真理看似稀有，其实很常见；偏偏想碰碰不到，想躲却又躲不开。

缘，妙不可言。生命中的各种不期而遇的机缘巧合，其实是一种求之不得的礼物。偶发事件在生涯中扮演极为关键的角色，应当善用之。当代工作环境的急剧变化，生涯咨询的介入方式在于协助来访者因应许多不确定因素。机缘学习论、共时性原理以及因缘观都强调机缘事件在生涯中不容忽视的重要性。

从本体论进入知识论，东西方有关机缘巧合的论述，还需要从体悟经验中进行更多的质性或量化研究，才能真正理解其精妙的内在机制与作用。由"体"起"用"，或涉"用"归"体"，体与用的交互印证，若有更多实证的资料参佐，或可让我们更清楚地把握缘起的本质及其在生涯发展过程中的应用。

参考文献

刀郎 (2023)：花妖。《山歌寥哉》。上海：旭润音乐。
王家卫 (2013)：电影《一代宗师》。香港：银都机构。
王紫芦 (2021)：直觉创意修练：贾伯斯禅修之旅。台北：大喜文化。
印顺文教基金会推广教育中心 (2018)：四缘说与四因说。https://reurl.cc/7XO4G9。
李迪琛 (2017)：缘的心理意义及其对生涯发展的影响（未出版硕士论文）。澳门大学。
李迪琛、金树人 (2018)：缘的特性及其对生涯发展的影响。教育心理学报, 50(2), 341–362。
宗萨蒋扬钦哲仁波切 (2016)：近乎佛教徒。台北：皇冠。
林于荻 (2017)：雪花飘落，片片各得其所：由偶发事件与预见力到初启如实之路（未出版博士论文）。辅仁大学。
林苑苑 (2023) 余杭、钱唐、临安、西都、泉亭……。浙江在线>浙江新闻。https://zjnews.zjol.com.cn/202307/t20230730_26035141.shtml。
金树人 (2020)：缘起缘灭：东方缘观与生涯咨询。载于金树人、黄素菲（主编），华人生涯理论与实践, 403–443。台北：心理出版社。
徐欣萍、黄光国 (2013)：大学生缘观构念研究与对本土化咨询的启示。教育心理学报, 45(2), 241–259。
索甲仁波切 (1996)：西藏生死书。台北：张老师文化。
高一虹、颜静兰、陈向一、夏纪梅、郭赛华 (2003)："非典"一词心理意义的跨地区比较：对京、沪、穗、港、台大学生的调查。语言教学与研究, 6, 1–10。
张祥龙 (2002)："Dasein"的涵义与译名（"缘在"）：理解海德格尔《存在与时间》的线索。普门学报, 7, 1–15。
张锟焜 (2007)：E. Lévinas"为他"伦理学及其德育蕴义。教育研究集刊, 53(3), 67–92。

郭璨滟（2010）：生涯偶发事件及其共时性之诠释研究（未出版博士论文）。台湾师范大学。

陈韦奴（2009）：柳暗花明又一村：转业者的机缘巧合（未出版硕士论文）。台湾师范大学。

单小懿（2009）：好运可以练习。商业周刊，第1131期。

曾信熹（2007）：偶发事件对咨询心理师专业发展影响之叙说研究（未出版硕士论文）。台湾师范大学。

杨雅岚（2009）：偶发事件对流浪教师生涯抉择影响之叙说研究（未出版硕士论文）。台湾师范大学。

杨儒宾（译）（1993）：东洋冥想的心理学：从易经到禅。台北：商鼎文化。

万金川（1998）：中观思想讲录。嘉义：香光书乡。

刘淑慧、夏允中、王智弘、孙颂贤（2019）：自我及其在生活世界中的运作：从存在现象学处境结构观之。中华辅导与咨询学报，55，1-26。

刘嘉诚（2000）：中观学的基本观点。法光，131。

滕守尧（1996）：海德格。台北：生智。

郑志凯（2012）：锡兰式的邂逅。台北：远流。

谢佳伶（2019）：中年期生涯转换历程与善用机缘经验（未出版硕士论文）。台湾师范大学。

罗秀美（2008.9.12）：《经典名句》潜龙勿用 飞龙在天 亢龙有悔。人间福报。https://reurl.cc/z80pxe。

释印顺（2003）：佛法概论。新竹：正闻。

释印顺（2004）：中观新论。新竹：正闻。

龚蕾（2011）：偶发事件对在澳门升学之大陆研究生生涯发展的影响（未出版硕士论文）。澳门大学。

Akkermans, J., Seibert, S. E., & Mol, S. T. (2018). Tales of the unexpected: Integrating career shocks in the contemporary careers literature. *SA Journal of Industrial Psychology, 44*, 1–10.

Barbulescu, R., Jonczyk, C., Galunic, C., & Bensaou, B. (2022). Management of fortuity: Workplace chance events and the career projections of up-or-out professionals. *Journal of Vocational Behavior, 139*, Article 103791.

Baltes, P. B., & Staudinger, U. M. (2000). Wisdom: A metaheuristic (pragmatic) to orchestrate mind and virtue toward excellence. *American Psychologist, 55*(1), 122–136.

Borges, N. J., Grover, A. C., Navarro, A. M., Raque-Bogdan, T. L., & Elton, C. (2013). International women physicians' perspectives on choosing an academic medicine career. *Perspectives on Medical Education, 2*, 156–161.

Bright, J. E. H., Pryor, R. G. L., & Harpham, L. (2005). The role of chance in career decision making. *Journal of Vocational Behavior, 66*, 561–576.

Bright, J. E. H., Pryor, R. G. L., Wilkenfeld, S., & Earl, J.(2005). The role of social context and serendipitous events in career decision making. *International Journal for Educational and Vocational Guidance,* 5, 19−36.

Cambray, J.(2009). *Synchronicity: Nature and psyche in an interconnected universe.* 魏宏晋等译（2012）：共时性：自然与心灵合一的宇宙。台北：心灵工坊。

Chang, H.C., & Holt, G. R.(1991). The concept of yuan and Chinese interpersonal relationships. In S. Ting-Toomey & F. Korzenny(Eds.), *Cross-cultural interpersonal communication* (pp. 28−57). Sage.

Cho, Y., You, J., Choi, Y., Ha, J., Kim, Y. H., Kim, J., Kang, S. H., Lee, S., Lee, R., & Kim, T.(2022). Career chance events of highly educated women with doctoral degrees in South Korea. *European Journal of Training and Development.* Advance online publication.

Coelho, P.(1988). *El Alquimista.* 周惠玲译（1997）：牧羊少年奇幻之旅。台北：时报。

Collard, B., Epperheimer, J. W., & Saign, D.(1996). *Career resilience in a changing workplace.* ERIC Clearinghouse on Adult, Career, and Vocational Education.(ED 396 191).

Díaz de Chumaceiro, C, L.(2003). Serendipity and Pseudo serendipity in Career Path of Successful Women: Orchestra Conductor. *Creativity Research Journal,* 16(3), 345−356.

Duvall, J. & Béres, L.(2011). *Innovations in narrative therapy: Connecting practice, training, and research.* 黄素菲译（2016）：叙事治疗三幕剧：结合实务、训练与研究。台北：心灵工坊。

Frey, C.(2012). *Up your impact.* https://catatanferdy.files.wordpress.com/2015/09/serendipity.png.

Gandhi, M K.(1983). *An Autobiography: The Story of My Experiments with Truth.* 王敏雯译（2015）：我对真理的实验：甘地自传。台北：远流。

Grieder, A.(2009). What are boundary situations? A Jaspersian notion reconsidered, *Journal of the British Society for Phenomenology,* 40(3), 330−336.

Guindon, M. H., & Hanna, F. J.(2002). Coincidence, happenstance, serendipity, fate, or the hand of God: Case studies in synchronicity. *The Career Development Quarterly,* 50(3), 195−208.

Hayward, J. W.(1997). *Letters to Vanessa.* 廖世德译（2004）：给凡妮莎的信。台北：人本自然。

Heidegger, M.(1996). *Being and time*(Trans. by J. Stambaugh). State University of New York Press.

Hergovich, A., & Ponocny, I.(2004). The representation of chance. *Journal of Cognition Culture,* 4(1), 79−100.

Hopcke(1999). There are no accidents: Synchronicity and the stories of our lives. 假芝云译（2000）：意外的礼物。台北：方智。

Hsu, H. P., & Hwang, K. K.(2016). Serendipity in relationship: A tentative theory of the cognitive process of Yuanfen and its psychological constructs in Chinese cultural societies. *Frontiers in psychology*, 7, 282.

Jobs, S.(2005, June 14). *You've got to find what you love.* Stanford Report, Stanford university. http://news-service.stanford.edu/news/2005/june15/jobs-061505.html.

Jung, C.(1961). *Memories, dreams, reflections.* 刘国彬、杨德友译（1997）：荣格自传。台北：张老师文化。

Jung, C.(1964). *Man and his symbols.* Landon: Aldus Books. 龚卓军译（1999）：人及其象征。台北：立绪。

Kim, N., & Baek, P.(2020). A critical incident study: Exploring Korean workers' experiences with career chance events. *International Journal for Educational and Vocational Guidance,* 20, 613–634.

Kim, N., Jang, S. Y., & Baek, P.(2019). Career chance experience of Korean women workers. *Career Development International,* 24, 74–90.

Krumblotz, J. D.(1998). Serendipity is not serendipitous. *Journal of Counseling Psychology,* 45(4), 390–392.

Krumboltz, J. D. & Levin, A. S.(2004). *Luck is no accident.* 彭慧玲、蒋美华译（2005）：幸运绝非偶然。台北：北极星。

Krumboltz, J. D.(1996). A learning theory of career counseling. In M. L. Savickas & W. B. Walsh(Eds.), *Handbook of career counseling theory and practice*(3rd ed.). Consulting Psychologists Press.

Krumboltz, J. D.(1998). Serendipity is not serendipitous. *Journal of Counseling Psychology,* 4, 39–392.

Krumboltz, J. D.(2009). The happenstance learning theory. *Journal of Career Assessment,* 17(2), 135–154.

Krumboltz, J. D.(2011). Happenstance learning theory. *Journal of Employment Counseling,* 48, 89–91.

Krumboltz, J. D., & Henderson, S. J.(2002). A learning theory for career counselors. In S. G. Neils(Ed.), *Adult career development: Concepts, issues, and practices*(3rd ed., pp. 39–56). NCDA.

Lawley, J., & Tompkins, P.(2013). *Maximizing Serendipity: The art of recognizing and fostering unexpected potential–A Systemic Approach to Change.* URL http://www.cleanlanguage.co.uk/articles/articles/224/1/Maximising-Serendipity/Page1.html, Lecture presented to The Developing Group, 7 June, 2013.

Magnuson, S., Wilcoxon, S. A., & Norem, K.(2003). Career paths of professional leaders in counseling: Plans, opportunities, and happenstance. *Journal of Humanistic, Education and Development,* 42, 42–52.

Mastin, L. (2009). *Singularities. Black holes and wormholes.* The Physics of the Universe. [2014-12-24]. https://web.archive.org/web/20171223181438/http://www.physicsoftheuniverse.com/topics_blackholes_singularities.html.

Mesaros, C. (2019). Chaos, careers, and (unpredictable) change. *The Career Development Network Journal,* 35(2), 6–12.

Mitchell, K. E., Jones, G. B., & Krumboltz, J. D. (1979). *Social learning and career decision making.* Carroll Press.

Mitchell, K. E., Levin, A. S., & Krumboltz, J. D. (1999). Planned happenstance: Constructing unexpected career opportunities. *Journal of Counseling and Development,* 77(2), 115–124.

Niwano, N. (1980). *Buddhism for today.* John Weatherhill.

Pryor, R. G. L., & Bright, J. E. H. (2011). *The chaos theory of careers.* Routledge.

Roberts, R. M. (1989). *Serendipity: Accidental discoveries in science.* [A description of important scientific facts discovered by accident]. John Wiley & Sons.

Russo-Netzer, P., & Icekson, T. (2022). Engaging with life: Synchronicity experiences as a pathway to meaning and personal growth. *Current Psychology,* 41, 597–610.

Segal, Z. V., Williams, J. M., Teasdale, J. D. (2013). *Mindfulness-based cognitive therapy for depression.* Guilford Press.

Sharf, R. S. (2016). *Applying career development theory to counseling* (6th ed.). Brooks/Cole.

Shepherd, J. (2019). *Janine Shepherd: A broken body isn't a broken person* [Video file]. https://www.youtube.com/watch?v=_ltDJynTduY.

Stein, M. (1998). *Jung's map of the soul.* 朱侃如译（1999）：荣格心灵地图。台北：立绪。

Stovall, P., & Teddlie, J. (1993). *Student's guide to bias-free career planning: Opening all options.* Career, Education, and Training Associates. (ERIC Document Reproduction Service No. ED 358 278).

Taleb, N. N. (2008). *The black swan: The impact of the highly improbable.* Penguin Random House.

Thich, N. H. (2016). *At home in the world: Stories and essential teachings from a monk's life.* 一叶译（2021）：我真正的家，就在当下。台北：橡树林文化。

Thomas, C. (1987). Knowledge and embodiment in Yeats. *South Central Review,* 4(4), 53–60.

Williams, E. N., Soeprapto, E., Like, Kathy., Touradji, R., Hess. S., and Hill, C. (1998). Perceptions of serendipity: Career paths of prominent academic women in counseling psychology. *Journal of Counseling Psychology,* 45(4), 379–398.

第十章 收敛与发散：生涯混沌理论

生涯发展的规划与变化、秩序与失序、困顿与开局，此与《易经》的阴阳律动、对立统一有着高度的相似性。生涯混沌理论灵活地兼顾收敛视角与发散视角，善巧地以吸引子与分形的隐喻、蝴蝶效应的机制，对生涯教育与生涯咨询的实践做出了重要的贡献。

> 两不立，则一不可见；
> 一不可见，则两之用息。
>
> ——张载（《正蒙·太和》）

宇宙万物的变化，混沌之中包含着对立与统一。虚实、动静、聚散、清浊都是对立，不有两，则无一。北宋张载的辩证思维主张："两不立，则一不可见；一不可见，则两之用息。"（《正蒙·太和》）一物两体，没有对立，就没有统一；没有统一，就没有对立面之间的相互流动与作用。"有两则有一，是太极也。"太极中的万物都隐含着矛盾的统一体。故而，线性与非线性，确定与不确定，日常与无常，在宇宙自然中充满了彼与此之间的依存互动与流转，这是生命质地的本然。

当代混沌之学，以混沌现象中不可测的非线性本质为探究重心。在20世纪80年代中期，混沌理论（chaos theory）受到数学、物理、工程、生态学、气象学等自然科学领域的关注。20世纪末，混沌理论也在社会科学领域（经济学、社会学、管理学）开枝散叶，引发了全球的混沌热。生涯领域也未能置身这股浪潮之外，唯初期仅见零星的论述（Drodge，2002；Sanders，1998）。至于有系统地将混沌理论的原理融入生涯发展历程，形成较为完整的生涯理论，则是由在澳大利亚天主教大学（Australian Catholic University）任教的罗伯特·普赖尔（Robert Pryor）和吉姆·布莱特（Jim Bright）两位教授完成的。

经过十余年的发展，他们从基本概念、知识论到介入策略（包括生涯教育、生涯咨询与企业职场的应用），不断地进行循证实践（evidence-based practice）。2011年出版专著：《生涯的混沌理论：二十一世纪职场的新观念》（*The Chaos Theory of Careers：A New Perspective on Working in the twenty-first century*）（Pryor & Bright，2011），标志着生涯混沌理论（Chaos Theory of Careers，简称CTC）正式问世。

第一节　混沌状态与混沌理论

本章引介的混沌理论，并非盘古开天时期的混沌。上古哲学的混沌与现代科学的混沌，虽然都采用"混沌"一词，所指涉的内容却是各异其趣。自然界的混沌状态，混乱中有秩序，秩序中有混乱，阴阳两极既对立又平衡。科学界对自然现象的研究，始于牛顿力学，凡三百余年，侧重两极变化的一端：线性的、可预测的与有秩序的。从科学史的沿革观之，混沌理论为了平衡牛顿科学决定论的偏差，专注自然现象中不可预测的复杂变化。

一、上古哲学的混沌状态

中国早期宇宙观对混沌的描绘，与古希腊、古罗马所指称的混沌样貌十分类似。有趣的是，中国古代和古希腊都有混沌天神，古希腊神话中的混沌之神为"卡俄斯"（Chaos），中国《庄子》中记载了浑沌之神为"中央之帝"。

混沌，又称浑沌（《庄子》）、浑沦（《易纬乾凿度》）。混沌一词原指天地初开之前宇宙的状态。华夏上古哲学推论宇宙的混沌时期，阴阳未分，浑然一体。其后出现天地两仪，而后形成宇宙万物："易有太极，是生两仪，两仪生四象，四象生八卦。"（《易经·系辞上》）。

庄子的宇宙本体观，纵浪大化，将"浑沌"定义为两仪初生之前的状态。

> 南海之帝为儵，北海之帝为忽，中央之帝为浑沌。
> 儵与忽时相与遇于浑沌之地，浑沌待之甚善。
> 儵与忽谋报浑沌之德，曰：
> "人皆有七窍，以视听食息，此独无有，尝试凿之。"
> 日凿一窍，七日而浑沌死。
>
> ——《庄子·应帝王》

浑沌状态不落两边，为中央之帝，居于寰宇之中，有异于南海之帝的儵与北海之帝的忽。混沌初开寓为"浑沌"被开窍，开窍之际天地二分，清轻者上为天，浊重者下为地。森罗万象形成之时，从两仪到八卦，"浑沌"遂消弭于无形。

希腊神话中的"卡俄斯"（古希腊文：χάος，罗马文：khaos，字意是"裂缝"），原指希腊神话中最早诞生的原始女神，其形状是一条无边无际、充满黑暗的裂缝。罗马时期，卡俄斯在诗歌中被描述为"一团乱糟糟，没有秩序的物体"，引申为宇宙的虚空状态，是一切的开始。其后天地分离造成了最初的"间隙"，天空与大地陆续在此间隙中产生世间万物。卡俄斯至此失去神性，演变成了现今万物相混的"混沌"之意（卡俄斯，2020a）。其他民族也有类似引申的概念，例如古印度的诗集《梨俱吠陀》（10.129）："太初之时，黑暗由黑暗深邃掩藏，无辨无识，茫茫全是水。"；圣经《旧约·创世纪》："起初，神创造天地。地是空虚混沌，渊面黑暗。神的灵运行在水面上。"（卡俄斯，2020b）

因此，上古以来不同民族对于天地初开的描述略有差异，大抵不外从森罗万象的自然现象，推断万物生成前的茫茫虚空，名之为"混沌"。

二、现代科学的混沌理论

大自然的瀑布激流、飓风暴雨，看似一团混乱、随机随性。然而，所有复杂现象的形成与灭亡，都隐藏着稳定与波动、秩序与变化的二元运作模式。

饶是如此，科学界早期对于自然现象的研究却从中一分为二：决定论（稳定与秩序）与概率论（波动与变化），泾渭分明。前者以牛顿力学为代表，认为世界是可以精准预测的，唯有可以检证的命题才有意义。牛顿主义的机械决定论与因果定律主宰了科学界三百多年的走向。

当代西方科学最早出现的"混沌"一词，来自一篇描述系统非周期行为的数学论文：《周期三意味着混沌》（*Period Three Implies Chaos*）（Li & Yorke, 1975）。美国华裔研究生李天岩与数学家约克证明，如果一个系统出现"周期三"（Period three），系统便会开始走向"乱七八糟"，他们将系统长期表现的这种奇异行为历程，命名为"混沌"，赋予其有别于盘古时期的科学定义。老子曰："道生一，一生二，二生三，三生万物。万物负阴而抱阳，冲气以为和。"（《道德经·第四十二章》）老子并不递推三生四，四生五，这是否也寓意"三"是从线性到非线性的转折点（张天蓉，2013）？天机之绝妙，只能意会。

从稳定到复杂，从线性到非线性，这个转折点石破天惊地开启了人类对于理解自然万物的实存状态，乃至于反观自身的一个崭新视域。对于系统之内，以及系统之间关联性的研究，诞生了现代科学的混沌理论。

混沌理论是数学和物理学的一个分支（Kauffman，1995），关注各式各样非线性动力系统的长期行为。非线性（non-linearity）是一种不可预测的状态，如同袅袅上升的烟束四散成狂乱的烟涡，又如同将石子丢进一个平静池塘出现的涟漪效应。通常微小的初始扰动，即可导致整个系统产生难以预料的结果。在这些自然现象的深处，潜藏着"非线性"的本质（Gleick，1987）。

混沌理论关注的议题，包括对细微差异的敏感性，混沌无常中潜藏的高阶秩序以及系统之间的递归反馈等。总括为以下三个部分（Briggs & Peat，1999）。

（一）差之毫厘，涟漪千里：初始条件的敏感性

在真实的世界中，初始条件的毫厘变动，可导致最终状态的千里差别。一只阳明山的蝴蝶轻拍翅膀，或一只阳朔漓江的鸬鹚纵身入水所引起的大气多米诺骨牌效应，有可能在数月后引发美国得克萨斯州的龙卷风。

> 斫得龙光竹两竿，持归岭北万人看。
> 竹中一滴曹溪水，涨起西江十八滩。
>
> ——苏轼《赠龙光长老》

苏轼以"一滴曹溪水"，暗喻在广东曲江县东南双峰山下，一位南方僧侣慧能在曹溪宝林寺的默默开示。其初始之微，如水一滴。其效应化静为动，如涟漪般开阔扩散，"涨起西江十八滩"，使得以禅宗六祖慧能为首的禅学发展，逆转"渐悟派"寡占的局面，后来居上成了禅宗的主流。

这就是当代混沌理论著名的蝴蝶效应（butterfly effect）：事象发展的最终结果，对初始条件具有极为敏感的依赖性，由此导致不可预测的扩散

(Lorenz, 1993)。

(二) 大成若缺，乱中求序：无常之中的高阶秩序

乱中求序，这是混沌理论的第二个关键议题。生命的困境在于未知性与偶发性，不确定带来焦虑与不安。自然的失控、生涯的困顿，看似紊乱无常，却隐藏着惊人的高阶秩序。尽管事件或现象诡谲多变，即使经历长久的变迁，如果将资料视觉化后，仍可看出这些变化似乎遵循某些特定的秩序或规则而推移。

混沌理论从现象的"缺缝"处入手，赫然发现了开阔无际的新大陆，犹如老子所说的大成若缺（《道德经·第四十五章》）。天道的失序或无序，表面看起来似有欠缺，但它的作用却宁静致远。苏轼仕途的生涯发展，不断地被政敌贬谪，却在一路下放的颠簸中，黄州、惠州、儋州，以苦难为素材，成就了东坡先生传世不朽的文学遗产。大道若缺之处，虽紊乱无序，却饱含无限的可能，此乃无常之中的高阶秩序。

(三) 互即互入，此在彼中：系统之间的递归反馈

系统不能单独存在，与周边的系统既各自独立又相互依赖，此种相互联结性（interconnectedness）是混沌理论关心的第三个议题。一个系统内部细微的变化，会造成其他周边系统难以预测的后果。这是一种混沌理论中的系统递归律（recursion），系统之间存在一种循环反馈的机制，就好像我们将两面镜子面对面近似平行摆放时，镜中巢状的图像会以无限递归的形式延展，任何一个微小的变动，通过彼此的递归，会带来镜像极大的变化。

系统与系统之间"此"与"彼"的递归律，一如《华严经》中互即互入（inter-being）的规律，"此在彼中""彼在此中"（释一行，2004）。宇宙万物在动态的递归反馈中，与其他的系统层层含涉，重重无尽。每一个独立的个体也都与周遭的人群、近身的社会文化思潮、浩瀚的大自然有着绵密的关联，若即若离，而又互涉互融。

混沌理论揭示了看来复杂的东西，却有着极其简单的原形。然而表面上看似单纯，又隐藏着惊人的复杂性（Briggs & Peat, 1999）。混沌理论的横空出世，

在科学史上定位于弥合科学分歧的鸿沟，揭示了有序与无序的统一，确定性与随机性的统一（张天蓉，2013）。因此，科学家将混沌理论与相对论、量子力学并称为21世纪最伟大的三次科学革命。

第二节　基本概念

生涯混沌理论掌握混沌理论的核心思维，用以解释生涯发展的混沌现象。本节将依序介绍三个混沌理论应用于生涯发展的基本概念。其一，生涯发展的现实，即一个复杂的动态系统。在这个界定生涯实体的概念中，"复杂""动态""系统"各有其混沌本质的含义。其二，在认识论方面，CTC整合了生涯理论长期分歧的实在主义认识论与现象主义认识论，以一种宏观的认识论来解读生涯现象；在传统的"收敛视角"中，融入弹性的"发散视角"。其三，CTC引介"吸引子"与"分形"这两个关键的混沌现象，开启了生涯理论的新视野。

一、生涯发展：一个复杂的动态系统

CTC认为，生涯的现实（reality）是一个复杂的动态系统（complex dynamical system）（Pryor & Bright，2011）：我们的生涯发展，在变动中有秩序，在稳定中有湍流。

（一）复杂性（complexity）

复杂性的核心是一种适应系统的概念。个人的生涯发展系统存在于社会文化系统宏观层面或人际互动的微观层面。这些层面表现出适应系统的许多特征，通常自身即具有繁复的动态性和突发性，在不断变化的系统中运作（Morrison，2006）。

复杂性的适应系统经常在混乱和随机中交互作用，因此具有高度的不可预测性。在生涯发展的过程中，个人的特质与环境的特性，主客观因素互有关

联，并以下列的动态方式交叉影响。

（二）动态（dynamic）

混沌系统不断在动态中平衡，平衡后再平衡，这种动态的特性包括：

1. 非线性（non-linearity）：这是一种高度的不可预测性，"因可计，果不可计"，意指前因无法预测后果。例如大学物理系毕业的高才生，后来却发展成为五星级酒店的专业厨师。

2. 迭代性（iteration）：这是一种系统中反复反馈的方式。迭代是重复反馈过程的活动。每一次对过程的重复被称为一次"迭代"，而每一次迭代的结果成为下一次迭代的初始值（张国洋，2019）。

这种迭代特性在生涯目标由模糊到清晰的过程中，经常出现。青少年通常无法清楚描绘自己将来要做什么，知道讨厌什么，却不知道喜欢什么。迭代的形式是大概掌握一个初始方向，从简单的部分迈出第一步。前一次的"结果"（输出）反馈为下一次的"开始"（输入），由已知的部分循序渐进。一次目标的达成或微调，会成为下次目标的初始信息，继续往前推进。换言之，通过反复微小的失败或从成功经验中，渐渐调整出目标。

3. 突现性（emergence）：这是指低阶系统的质地突变成全新的高阶质地。例如在各方面的学习或求职中遭受挫折的人，初期默默无闻，但从挫折中累积经验与实力，一夕之间因缘际会成了爆红的偶像。

4. 相移性（phase shift）：又称相变性（phase transition），原意是指物理学中的物态变化，如水（液态）变成冰（固态）再变成蒸气（气态）。引申至社会人文现象，概指一个阶段成熟到达顶点时，会转换到下一个阶段，包括渐进式的阶段转换（如通过 AI 进修开发新职能而不断升迁）或剧变式的阶段转换（如公司改组、婚变或罹病改变了生涯方向）（Pryor & Bright，2014）。

（三）系统（system）

生涯发展系统包括个人系统、学习系统、家族系统、职业生涯组织、就业市场以及国际经济体等，甚至扩大至气候变迁等大系统；任何系统都无法独立于其他系统之外。生涯发展系统如同混沌系统，借系统与系统之间的相互依赖性（interdependence）、相互联结性（interconnectedness）与相互递归性（excursiveness），彼此依赖、联结与递归。

二、认识论：实在主义与现象主义的融合

生涯理论经过大约一个世纪的发展，受到两个主要哲学认识论的影响：实在主义认识论（realist epistemology）与现象主义认识论（phenomenalist epistemology）。生涯理论曾经历"认识论大战"（epistemic war）（Savickas, 2005），也就是对这两种认识论优劣点的批判与检讨。生涯混沌理论认为生涯发展本身就是一种复杂的动态系统，不应该区分稳定与变化的"此或彼"（either/or），而应该建构秩序与无序的"此与彼"（both/and）。

因此，生涯混沌理论采取一种兼容并蓄的双重视角，一如蝴蝶的双翼。从实在主义观点发展出收敛视角（convergent perspective），从现象主义观点发展出发散视角（emergent perspective）（Bright & Pryor, 2007）。

（一）实在主义认识论与收敛视角

实在主义主张经过科学实证方法检验过的客观知识，才是有用的知识。早期的生涯理论认为自我知识与职业知识实存于这个世界，强调自我知识与职业知识的探索与适配。凡采用测验与数据来理解自我知识与职业知识的生涯理论，均属实在主义认识论的影响范畴。

从实在主义观点发展出收敛视角，convergent 的拉丁词根 verg，是集中或趋集于一点的意思。收敛视角是一种稳健保守的思维与策略。这种视角在进行重大的生涯抉择时，采用标准化的测验工具，搜集可靠的信息，分析当前经济和社会的大趋势，谨小慎微地权衡证据，做出合理的决策，尽可能地将选项成功达标的概率最大化。

生涯领域传统使用这种逻辑，基本上即是收敛视角的做法。其优点是能够从纷繁复杂的现象中总结出规律，快速找到生涯定位；缺点是我们不可能穷尽所有信息，也不可能对未来混沌多变的生涯发展有完全的预测力与掌控力。

(二) 现象主义认识论与发散视角

现象主义是一种有关外部世界客体的知识如何生成的认识论，主张一切知识起源于经验。感官获得经验和资料，加以反省组成了观念，便产生知识。CTC 的现象主义知识论关注环境脉络对个体知觉的影响，强调个人通过外在变动主观建构知识系统，进而影响其生涯抉择。生涯发展理论与后现代有关的生涯建构论（Savickas, 2005），借由故事叙说（Cochran, 1997）、隐喻（Inkson, 2007）等方法，大都采取现象主义的认识论。

现象主义观点发展出发散视角。emergent 的英文词根 emerge，字首的"e-"有"out"（出）之意，而字尾"merg"则是"浸在水中"。浸在水中的东西浮出水面，所以 emerge 是"浮现"，亦是"新兴崛起"，有现身（bring to light）或始料未及的发生（unforeseen occurrence）的意思。

发散视角是一种开放性的思维与策略，关注事物发展与演进的可能性（possibility）胜于关注成败的概率（probability），鼓励个体的创造性与自发性。对未来的不确定性保持开放的态度，能识别与看重例外或意外的价值。因此，"发散视角"将失败与挫折视为难得的学习机会，追随自己的热情，倾听自己的直觉，抱着好奇与冒险进行生涯探索。

(三) 收敛视角与发散视角的兼容

CTC 兼容这两种视角的洞见，一方面能够通过心理测评（收敛）与故事叙说（发散）理解自我知识，另一方面这些洞见可以理解工作对于能力的要求（收敛）与顺应工作的变化（发散）。反之，如果不知道工作的意义为何（发散），也就无法发挥能力与兴趣（收敛）；如果不知道客观的工作世界的信息（收敛），也就无法在适当的工作中实现向往的生活方式（Pryor & Bright , 2011）。

因此，生涯混沌理论认识到生涯现象的混沌特性，主张必须关注个体的稳定性与变动性，以及面对不确定与变化时，掌握机缘，随机应变。

三、吸引子与分形

在围绕混沌主题的科普名著《乱中求序：混沌理论的永恒智慧》（*Seven*

Lessons of Chaos: Spiritual Wisdom from the Science of Change)（Briggs & Peat, 1999）一书中，介绍了两位著名的混沌科学家，并详细阐述他们在混沌理论方面的卓越成就。一位是发现"分形"的本华·B. 曼德博（Benoit B. Mandelbrot, 1924—2010），另一位是发现"奇异吸引子"的爱德华·洛伦兹（Edward Lorenz, 1917—2008）。

生涯混沌理论也撷取了科学混沌理论中这两个重要的现象，试图从吸引子与分形的概念化过程中，建构具有混沌色彩的生涯理论。

（一）吸引子的特征与启示

吸引子（attractor）是混沌理论中的核心概念之一，是指一个系统有朝向某个稳定状态发展的趋势。一个动力系统，从开始移动、前行、结束，到最后归零。这最后的固定状态，相对于运动历程，即是这个动力系统的吸引子（张天蓉，2013；Kauffman, 1995）。例如一个足球被踢出去之后，在空中飞了一段距离，如果没有外力介入，会自然地落地滚动，然后停止，在最后这个固定点静止不动。这整个运动的动作系统，即称为吸引子系统。

1. 吸引子系统的特征

吸引子的动力系统有若干重要的特征，这是生涯混沌理论观察与描述生涯现象的重要的依据（Pryor & Bright, 2007, 2011）。

（1）特征轨迹（characteristic trajectories）：每个吸引子动力系统都有表征其个性的特殊运行轨迹，称为特征轨迹（Kauffman, 1995）。例如稍后详述的经典吸引子或奇异吸引子。吸引子彰显一个系统的长期行为轨迹，是个别系统的"身份识别证"（identity card）（Williams, 1997）。

心理学家在过去对个体行为特征组型的研究，例如需求、动机、能力、兴趣等，都是试图找出人类行为的特征轨迹。生涯咨询中的测验与评估，基本也是在确认来访者独特的属性与特征。

（2）反馈机制（feedback mechanisms）：吸引子系统的运行，出现两种不同的反馈机制，正向反馈与负向反馈。通过反馈机制，可以维持系统的稳定性，或对初始条件的变化做出回应。系统随时随地都在接收系统内外的反馈，以进行下一次的行动。

在职场上，当遇到机构重组或改变的时刻，负向反馈机制的反应是抗拒改变，力图维持现状，然而害怕改变的后果又会产生负面的效应。反之，正向反馈机制则乐于接受改变，改变后的结果又丰富了系统结构的内涵。

（3）终点状态（end states）：每个吸引子系统的运动都有一个最终的归属，也就是终点状态。这个结束状态也就是系统的平衡稳定状态，类似人体循环系统的稳态（homeostasis）。

当企业体建立"共同愿景"（Senge，1990）时，就是标示着吸引子系统的终点状态，其作用在于凝聚各部门的力量，如同小钢珠绕着盆子边缘旋转，最终会停留在同一个底部（共同愿景）。在不同生涯发展阶段，个体会追求不同的意义目标或使命，也都是一种吸引子在终点的召唤。

（4）有序边界（ordered boundedness）：大多数系统都在边界内运作，称为有序边界，吸引子系统亦然。这也使系统有自己的个性与特征，能够区别于其他吸引子。

在生涯抉择过程中，最后的决定是吸引子的终点状态。然而每个人可接受的职业价值、道德感、动机、偏好、能力、性别等，既是条件，也是限制。因此，按吸引子系统的观点，我们的限制即我们的自由（Our limits are our freedoms.）（Pryor & Bright，2011，p.35）。例如一个人如果有环保意识的生态观，选择制纸业是可以接受的，但绝不考虑进入伐木业。生态观标定的大范围之内，即其择业的有序边界。

（5）现实愿景（reality visions）：吸引子也能折射出个人生活的意义和目的，这是吸引子的现实愿景。吸引子传达个人生命中最在乎的事情，包括个人的价值观、认同感、意义所在和使命感，而这也是后现代生涯建构主义的基本概念（Amundson，2003；Savickas，2005）。

个人若能将执念（preoccupations）转为职业（occupations）（Savickas，1997），就会了解所谓职涯上实现"在乎的事情"，对于回答他们这一生一世为何存在，至关紧要。

（6）平衡与变动（equilibrium and fluctuation）：吸引子同时具有平衡与变动的两种特性。在变动中趋向平衡，平衡的极致又会产生变动。如果吸引子因内力或外力的剧烈变化，将会造成系统的重组或质变（Pryor & Bright, 2007）。

2. 吸引子的类型

吸引子有两大类型：经典吸引子与奇异吸引子。一个足球的运动，从开始到结束，如果没有系统内或系统外的干扰，自己完成由动而静的程序，此种归属状态称为经典吸引子。然而，如果足球在踢出的初始就遇到强劲的逆风，或落地前就被对方或己方拦截，其后的运动轨迹遂落入不可测的状态，即属奇异吸引子。

（1）经典吸引子：经典吸引子又称正常吸引子，计有以下三种形态（张天蓉，2013；Pryor & Bright, 2007, 2014），参见图 10-1。

① 稳定吸引子（point attractor）：稳定吸引子指朝向单一目标、地点或结果移动，最后收敛于一个固定不变的状态的过程。其固定点是一个零维空间。这种系统的典型物理现象，类似弹珠在碗中朝向底部旋转移动，最后静止。

在生涯抉择的行为中，稳定吸引子是指平稳顺遂地达成生涯目标。然而，这种生涯行为以目标为导向，容易忽视生涯发展的复杂特性，难免缺乏弹性（Bright & Pryor, 2019）。若是遇到震荡不已的生涯冲击（career shock）事件，就容易惊慌失措。

② 钟摆吸引子（pendulum attractor）：钟摆吸引子指吸引子的一种稳定的周期运动，如同钟摆从摆动中的一个极端，经过中间的垂直点后再摆动到另一端，其运动限制在一维空间，又称限制吸引子（limit attractor）。

在生涯或职业选择上，钟摆吸引子类似生涯抉择中，在两个选项之间不断地来回摆荡，犹豫不决。这种现象可能在大学毕业时发生过一次，结婚时又纠结于家庭与工作的抉择；中年生涯转换期考虑工作换还是不换，老年退休在两个时间点上摇摆……因太过习惯于非黑即白的二元摆荡，可能会看不到其他"中间"的可能性，也错失了许多蕴藏其间的另类机遇。

③ 环面吸引子（torus attractor）：环面吸引子指以重复循环方式运作的系统，加入一个新维度的变异，并不会对结果产生影响，其运作发生在二维空间。钟摆吸引子只在一个平面运动，除了左右方向的摆动外，如果在上面加一个弹簧，让钟摆多一个上下的震动，就以两个频率形成了震荡行为。这种环

状的摆动是由环面曲线构成的。该曲面形如轮胎，其外围的轨线始终不会重复，且其邻域的轨线也都趋向环面，又称为曲面吸引子。

在职涯发展中也经常可以看到类似的例子。一位装配零件生产线的女性技术员，公司为了市场需求改变产品的设计，必须经常增加装配的复杂度。原来的工作是典型"稳定吸引子"的内圈，而必须经常更动的繁复作业是外圈。即使没有调薪，来访者也无意转换其他的工作或离职他就，宁愿在熟悉的工作来回调整，时繁时简。又如大学教师的工作原本以教学研究为主（内圈），但不时会借调担任额外的行政工作（外圈），例如系主任、院长、校长或局处长等。

稳定吸引子　　　钟摆吸引子　　　环面吸引子

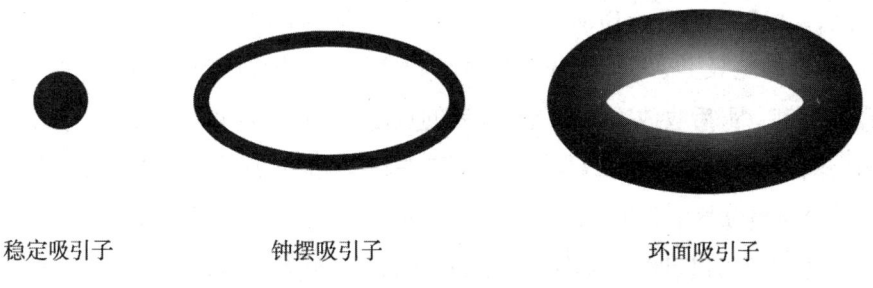

图10-1　三种经典吸引子（资料来源：张天蓉, 2013, p.44）

以上三种正常吸引子的性质都是封闭、有序、可以预测的。反之，以下的奇异吸引子的特性是开放、无序以及无法预测的。

（2）奇异吸引子：所谓奇异吸引子（stranger attractor），是指在吸引子运动的过程中，因初始条件的细微变化，而产生了出人意表的巨大偏差。对于混沌系统的研究，奇异吸引子的意义特别重大。

传统科学的经典理论，认为初始条件些微的偏离，也仅会造成结果细微的偏离，基本是在可以预测的范围。前述三种经典的正常吸引子对初始值都是相对稳定的。奇异吸引子不同于经典吸引子的一个重要特征，就是对初始值的高度敏感性。随着时间的推移，初始值极小的偏误造成与原有轨迹之间的距离不断增大。这是被命名为"奇异"之所在。

奇异吸引子又称为洛伦兹吸引子（Lorenz attractor），是麻省理工学院（MIT）气象学家洛伦兹在一次意外的计算失误中偶然发现的。

洛伦兹采用微分方程式建立预测气象系统的架构，这原是一种纯粹因果推算的方程式系统。为了省事，他将输入的数据删除了小数点后四位以后的数字。第一次输入的是计算机中储存的数据，第二次输入的是他自行输入的数据，两次计算的程序完全相同，唯一的差别只是初始数据。然而这千分之一的误差，却产生了惊人的变化。

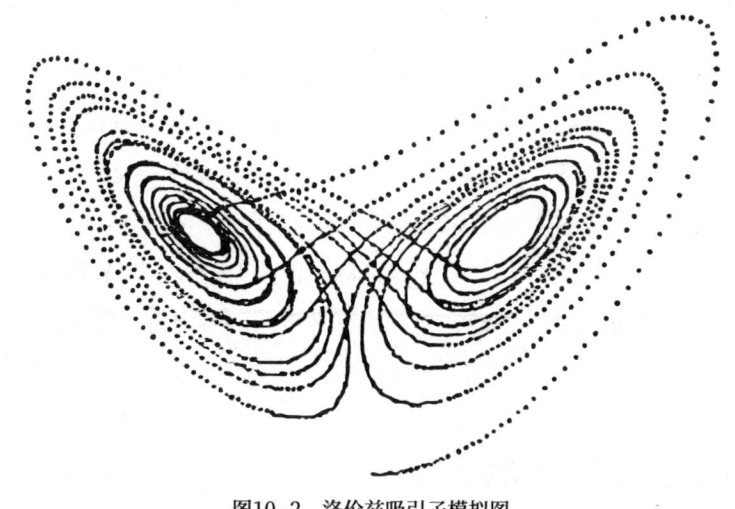

图10-2　洛伦兹吸引子模拟图

洛伦兹吸引子由看似浑然一体的左右两个系统构成，各自围绕一个不动点（吸引子的核心）。当运动轨道在一个系统中由外向内绕到中心附近时，会因为任何不稳定的条件影响，跳到另一个系统的外缘继续向内绕，然后在达到中心之前，再因新的非线性条件的介入，跳回到原来的那一个系统的外缘，如此构成随机性的来回盘旋（萧如珀、杨信男译，2010）。参见图10-2。

他发现的模式图像形成一个独特的双螺旋形，类似蝴蝶的双翼，这就是混沌理论有名的蝴蝶效应。

　　　　　　　　断了一枚钉子，掉了一只铁蹄；
　　　　　　　　掉了一只铁蹄，折了一匹战马；
　　　　　　　　折了一匹战马，摔了一位将军；

摔了一位将军，吃了一场败仗；

吃了一场败仗，亡了一个国家。

孰能预料断了一枚钉子，影响到一位将军的生涯，甚至导致一个王朝的崩解？这首描述王国灭亡的古代诗歌，主要说明微不足道的事件会引起与之不相称的连锁反应（Gleick，1987）。而"蝴蝶效应"概念的出现，才让世人理解这首诗歌不只是寓言而已。

若以蝴蝶效应来解释生涯发展状态，生命中自身的意外打击、教育或社会制度的骤变、家庭经济支柱的崩毁、重要他人的相遇与分离等，其随机性与复杂性可造成极大的波动。初始条件的细微差别经由系统的反馈过程不断地放大或缩小，个人后续的生涯或命运可能因此天差地别。

总之，这是一个内在包含了无序而随机的复杂结构，而外表与整体上貌似规则有序的双翼蝴蝶：似稳非稳，似乱非乱；稳中有乱，乱中有序（张天蓉，2013）。

3.吸引子理论的生涯启示

正常吸引子与奇异吸引子的差别标示着大千世界两个不同的系统：封闭系统与开放系统。吸引子理论的生涯启示有以下两点。

（1）蝴蝶模式，稳定与变化：生涯混沌理论充分撷取了混沌科学家对吸引子现象的研究精华，一方面理解封闭系统运作的事实与限制，另一方面推崇与推广开放系统对生涯发展的应用。将吸引子理论应用到生涯发展的实务工作，有以下四个重点（Pryor & Bright，2011）：①确认与辨识个体过去曾经惯用的封闭思维与行事策略；②帮助个体了解与体会封闭思维（企图控制与预测）的限制性；③协助个体认识与运用奇异吸引子在日常生活中兼顾稳定与变化的特性与概念；④借由对混沌复杂现象的觉察，以建设性的方法有效地运用改变与机遇，实现生涯抱负。关于这几个重点的实际应用，将于第三节陆续介绍不同的方法与技术。

由蝴蝶模式运行的规则观之（如图10-3），相当程度模拟了吸引子的两种运转范式。其一，生涯系统运动的轨迹始终围绕着左翼和右翼的中心，表明系统的运动具有稳定性，如同经典的三类正常吸引子。其二，系统缠绕的轨迹如同洛伦兹的奇异吸引子运动规则，对极其细微的初始条件的依赖，是随机跳跃的。生涯路径绕经左翼中心点若干圈后，遇到不可预期的事件，跳转绕至右翼中心运动；待绕经右翼中心若干圈后有可能再因意外奇异吸引子的牵引，回到左翼中心附近。稳定与变化交错进行，这使得我们无法预测生涯发展在未来某一时刻的状态，只能知道系统运动的"实时点"会在左翼或右翼中心附近，究竟是左还是右便不得而知，距中心有多远也无法判断（景宏华等人，2013）。

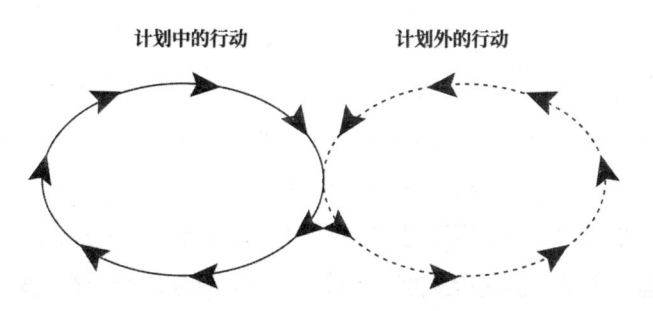

图10-3 蝴蝶模式（资料来源：Pryor & Bright, 2011, p.139）

这也就意味着在生涯发展系统中，同时存在确定性与随机性："可确定者"为既有的生涯目标，皆以经典吸引子的运动为导向，代表封闭系统；"不可确定者"为意外或偶发事件，可导向另一个开放系统。个人生涯由封闭系统转为开放系统，如将肇因的"初始条件的细微差别"放大来看，机遇性与冲击性极强的"混沌边缘"即关键。

（2）混沌边缘，成长与契机：值得一提的是奇异吸引子的"混沌边缘"现象，特别有生命在绝处逢生的正向启示（Lewin, 1999）。

如果我们将形如蝴蝶的奇异吸引子放大来看，混沌边缘（edge of chaos）是有序和无序之间的交汇之处，一个过渡区。蝴蝶左翼的系统是恒定的，可预测的；蝴蝶右翼的系统是不可测的、无法预期的。当沿着既定的生涯路径前行时，宛如沿着左翼系统的初始端逐渐向内部的终极端前进。"混沌边缘"处于从有序开始进入失序的过渡，在此过渡区，生命突逢急遽波动的高度复杂性，仿佛从天堂坠入地狱。

在"混沌边缘",生命正好有足够的稳定性来维持生命力,也正好有足够的创造力,使其不负生命之名(Waldrop, 1992)。诗圣杜甫的生涯从"安史之乱"就进入了颠沛流离的"混沌边缘",经历大唐由盛而衰的政治兴亡、社会动乱、战事徭役与饥饿贫穷,这些在停滞与混乱的社会底层不断变动的生命经历,升华为杜甫史诗般的不朽诗作。后代学者叹曰:"唯工部诸作,气象巍峨,规模巨远,当其神来境诣,错综幻化,不可端倪。千古以还,一人而已。"(胡应麟《诗薮》)。

混沌边缘的出现虽属意外,却是人类适应、发展和成长的契机。它是系统中自我组织(self-organization)的稳定性、人类经验的偶然性,以及人类潜能的创造性三方面的交汇点(Schwartz, 2014)。从生涯角度来说,混沌边缘是理性/逻辑规划和行动与决策中的独创性和想象力的结合,以应对工作、生活和世界不确定性中存在的威胁与机遇(Pryor & Bright, 2011)。

因此,混沌边缘的处境,在当下像是落入永无尽头的黑洞。然而,将时空的轴线拉开来看,混沌边缘的"黑洞"(hole)隐藏在"整体"(whole)深处,是整体的一部分(w/hole)(Briggs & Peat, 1999),必须从整体来回顾,才能领悟生命颠沛流离的价值与意义。

延伸阅读 10-1

混沌边缘的关键时刻

关键时刻是你不再唯唯诺诺地说"是",
而是勇敢地说"不"的时刻。
关键时刻也是你觉醒于自己的价值,
不再在乎别人眼光的时刻。

——沙阿(Shah, 2019)

"混沌边缘"原本是一个用来说明系统之间突变的概念(Langton, 1990),它标志着一个介于秩序与混乱之间的状态。有时被用来比喻一个相变(如水变成水蒸气),有时又用来说明一个介于有序与无序、稳定与不稳定、规则与不规则、组织与混沌的边界。在性质上则同时兼具秩序与混沌的两面性,既对立又平衡。

从心理层面观之，混沌边缘又可细分为"准备要进入混沌边缘"（to the edge of chaos）（Waldrop，1992，p.293）与"就落在混沌边缘上"（at the edge of chaos）的状态。尤其是后者，令人焦虑与不安，是一个情绪高亢的地方；充满了机会与失误，也是创造力最强大的地方（Kleiman，2011）。

在生涯的案例中，生涯偶发事件接二连三地发生，将个体推向混沌边缘，许多人都会经历混沌边缘的关键时刻（defining moments）。关键时刻通常是一个生命当中重大事件的强大转折点，它促使我们重新评估我们的能力、价值和目标，引导我们做出可以改变生涯进程的重要决定。龚蕾（2023）研究重大生涯偶发事件对三位女性生涯发展的影响，以安亚（化名）为例，她在被逼着必须离婚中的某一天，就在那关键的一刻，她突然意识到不能再去迎合前夫。她决定从精神上跟前夫切割。那一刻使得她获得直面困境的勇气与力量，进而回归真实的自我，清晰自己的使命与蓝图。三位女性都经历过混沌边缘刻骨铭心或锥心刺骨的关键时刻，当下灵光乍现，然后生涯产生了突变。在关键时刻中或是找到了生涯使命，或是听见生涯召唤，或是清楚了生命的意义。她们因此拿回了力量，找回了自我，看见了存在的价值与意义。

（二）分形的特征与启示

> 云朵不只是蕈状开展，山不只是圆锥隆起，海岸线不只是蜿蜒曲折，树皮不是那么平滑，闪电霹雳的路径更不是直线。它们究竟是什么？是简单又复杂的分形……
> ——《大自然的分形几何学》（Mandelbrot, 1982）

分形（fractals），又被称为混沌的签名（the signature of chaos）（Pryor & Bright, 2011），其表征简直就是混沌的指纹。犹太裔美籍数学家曼德博创造了"分形"这个名词，用来形容他创立的几何模型。分形难以言状之美，旋即开启了世人观看世界的另一扇窗。曼德博辞世之际，被学界誉为"分形学之父"。

论者以为，分形是空间上的混沌，混沌是时间上的分形（张天蓉，2013），何以故？

1. 分形的特征

所谓分形，其原意是分离的、无规则的碎片（拉丁文：*fractus*），是指一个粗糙或零碎的几何形状，可以细分成无数个部分，每一个部分都是（至少近似）整体缩小之后的形状（Mandelbrot，1982）。简单地说，分形是由与"整体"在某些方面相似的"部分"所构成的图形。

分形有很细致的结构，类似的形状无穷地重复出现，称为曼德博集合（Mandelbrot set）。如果将分形的图形放大，所看到的形状跟原图形几乎是一样或类似（如图10-4左侧为原图，右侧为其局部放大），这是分形的基本特性。

图10-4 曼德博集合（资料来源：Mandelbrot set, 2020）

分形的造型有以下几种特征（Kenneth，2014）。

（1）自我相似性：我们如果仔细观察一棵苍茂大树与它主干上的树枝、树枝上的枝杈、叶脉上的纹路，会发现它们的形状非常雷同。在基本结构的特征上，都是一层又一层相类似的重复，仅有大小与方位上的差异。这种部分与整体的关系在几何学上称为自我相似性（self-similarity），是分形研究的核心（陈怡芬，2017；Mandelbrot，1982）。

（2）分形的维度：分形与欧式几何（Euclidean geometry）整数维度不同，分形有趣的地方是它的维度不一定是整数，甚至每一个分形的维度都不相同。

（3）混沌的动态：初始值的微小变化，会产生不可预测的结果。这又是一个混沌家族的典型特征。

（4）无限的延展：在多数情况下分形有着简单的递归定义，内含无穷的结构。

2. 分形的形式

一般而言，经由数学迭代法产生的分形，有以下三种形式。

（1）线性分形：1904年瑞典数学家海里格·冯·科赫（Helge von Koch, 1870—1924）把一条直线段分成三段，将中间的一段用夹角为60度的两条等长折线来代替，形成一个生成元（generator），然后再把每个直线段用生成元进行代换，经无穷次迭代后就呈现一条有无穷弯曲的曲线，称为科赫曲线（Koch curve），又称为科赫雪花（Koch snowflake）。片片雪花看似不同，却都是由直线的分形迭代而出，每一个部分都是整体缩小之后的形状，完全自我相似（strict self-similarity），又称为线性分形（linear fractals）。

在绘制分形的方法中，"起始元与生成元迭代法"（Generator Iteration Method）是最容易操作的。"完全自我相似"的分形迭代法必须指定起始元（initiator）与生成元（generator）。起始元是分形一开始的图形，是由单一的或几个自我相似的几何单元（如线段、三角形或矩形等）所组成。生成元是起始元中的每一个自我相似的几何单元下一次迭代的图形（陈怡芬，2017）。

图10-5中最左侧分形的初始图形就是起始元，迭代一次则是以生成元来取代起始元中的几何单元，而迭代二次便以生成元来取代迭代一次中所有的几何单元。

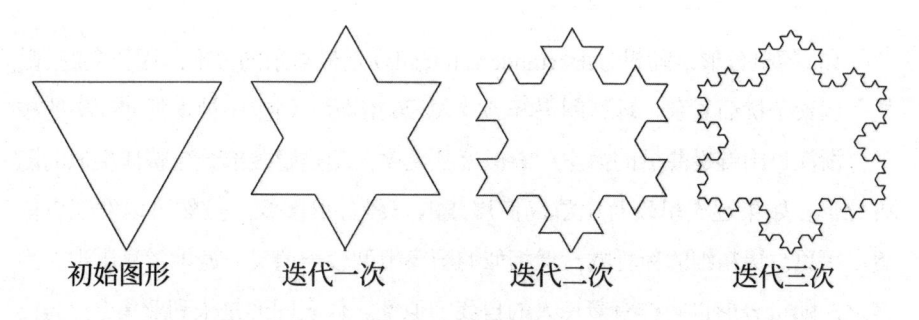

图10-5 科赫雪花

手绘的线性分形，即以相同的方法重复迭代下去。较为复杂的非线性分形，可用计算机迭代，以输入非线性公式的方法来进行。详见以下说明。

（2）非线性分形：由非线性公式所迭代出来的分形，称为非线性分形（non-linear fractals），包括曲线与旋涡。每一个分形在整体中迭代而出的新形状都在变化，而且无法预测。然而由于自我相似性的作用，"整体"的样貌还是与"部分"极其相似。在某个倍数下看到的形状，与在其他不同倍数下看到的样式是类似的。在计算机中呈现的分形，一个倍数深入一个倍数，放大到千万倍，看到的还是与原型相似的图案。代表图形是谢尔宾斯基三角形（Sierpiński triangle），参见图10-6。

图10-6　谢尔宾斯基三角形（资料来源：Sierpiński triangle, 2020）

（3）随机分形：随机分形（random fractals）是最复杂的分形，因更多的"随机"因素干扰而复杂：珠穆朗玛峰高耸入云的山脉、阿里山神木延伸而出的枝丫、浙江舟山蜿蜒曲折的海岸，看似凌乱无序，却是隐藏部分与整体相似的随机分形。如果逐次呈现舟山群岛海岸线的一段分形图像，虽然可以发现以前更不可见、更精细的新样式，但相似的图案组型会一遍又一遍地重复出现。换言之，随机分形也同样有着惊人的自我相似性。代表图形是朱利亚集合（Julia set），一个在复数平面上形成分形的点的集合，参见图10-7。

图10-7　朱利亚集合

（资料来源：Julia set, 2020；https://zh.wikipedia.org/zh-tw/朱利亚集合）

科学家们从数学公式推演的分形，让我们以全新的方式理解复杂的大自然。分形巧妙地存在于天地之间，无所不在。这些分形集包括雪花晶体、树干枝丫、山川林木、海岸沿线、云彩边缘、天空闪电等。不唯如此，分形的巧妙组合也贯穿了音乐（分形音乐）、艺术（建筑设计、图像处理）、社会（股价波动、城市结构、人际关系、企业管理），以及人类的循环系统与大脑结构（人的脑波、学习过程、认知与思维模式）（张天蓉，2013）。因此，就大千世界而言，部分之于整体，犹如《华严经》描述的"于微尘中，悉见诸世界"。

一沙一世界，

一花一天堂，

手中握无限，

刹那即永恒。

——威廉·布莱克（William Blake, 1757—1827）

在诗人的心眼里，一粒沙里有一个世界，一朵花里有一个天堂；有限的手中可掌握无穷无尽，在瞬间的凝视片刻中，穿透了永恒。殊不知，整体是部分的缩影（空间），永恒是当下的缩时（时间），这正是分形的美学。每一个细如微尘的部分都是整体缩小之后的形状，呈现惊人的"自我相似性"。

何以拈花微笑，可以了悟大千？何以一叶一如来，烦恼即菩提？凡此种种，一即一切，一切即一，也无非是部分与整体的关系。分形的美，随处可见，"如一月当空，千江映影"，宇宙之曼妙，真是难以形容。

3. 分形概念的生涯启示

我们的经验就是我们自己的分形，叙说着"我"这个系统在"秩序"与"混沌"相互递归之间，到底发生了什么事（Briggs，1992，p.13）。换一个角度思考，每一个生涯事件，甚或每一个刹那，是否有可能是我们整个生涯发展的分形缩影？

（1）分形记录，生涯发展：如果以分形的概念比拟人类复杂的生命发展，分形就是人类行为的记录。以一对双胞胎为例，即使有着相同的基因蓝图（秩序），由于初始条件微小的差异（混沌），两人也会各自发展出独特的行为模式。双胞胎看似相同，却又不尽相同。相同之处来自"线性分形"的自我相似，但是随着个体内外在环境的混沌特性与作用，这对双胞胎的行为发展充满"非线性分形"与"随机分形"，有着似曾相识但又不完全相同的特征，包括各自的生涯发展。

在生涯混沌理论中，个体被理解为复杂的动力系统，因此我们的行为也被记录在分形中。生涯发展中的某些旋律像分形音乐（factual music）（张天蓉，2013）一样，经常重复出现，而又变化多端。也正是这种分形相似性与随机性的和谐奏鸣，部分的我当中有整体的我，少年、中年至老年，既相似又随机，让每个人的生涯发展呈现独特的风貌。

（2）分形样貌，组型辨识：分形的特性注记了整体的信息，整体包含部分，部分酷似整体，"如海一滴，具百川味"。我们虽然看不到整体，却可以从部分来了解整体，如同一杏报春，一叶知秋。一份完整的个人履历表，一次应征职位的关键面试，都可视为个人分形信息的展示。

生涯经验的一事一物，在发生的时间上看似零碎刹那，在发生的空间上犹见断裂无涉，却饱含着自我相似性极高，且不断迭代的分形样式（fractal pattern）。"混沌肯定了个人细节的重要性"（Briggs，1992，p.30）。从叙事生涯的观点来看，这些表征生涯分形的样式，恰巧隐藏在生涯故事中。生涯建构论即通过"故事"来捕捉"分形"。在过去经验中提取的生涯主题（career theme)，正是 CTC 的一种分形样式。生涯建构论是协助来访者借由部分（分形）的澄清，构建一个生涯整体。来访者将生涯主题视为指南针，按图索骥，在生命地图上找到正确的方位（Savickas，1997）。

CTC 提出的组型辨识（patterns identification）与生涯建构论的生涯主题的概念十分类似。"组型辨识"是邀请来访者在生活经验的事件脉络中，去理解事件与事件之间的相互关联，进而辨识自己行为的轨迹与组型。组型辨识练习（Pattern Identification Exercise，简称 PIE）是一种确认组型的方法（Amundson，2003）。在 PIE 中，咨询师会请来访者回顾自己经历过而印象深刻的活动，然后，请他们仔细地回想这类活动中愉快和不愉快的不同时间点，经由这些信息，整理隐藏在事件中的组型。组型辨识练习的基本前提是，假设推动生涯发展的动力可以来自一个人生活经历的任何方面，组型（pattern）就是一种分形开枝散叶的形式。我们查看生活当中的点点滴滴，就会发现常见的分形样貌。

例如来访者在"生命线"的绘制过程中，观察到一些经历过而印象深刻、不太愉快的生涯抉择事件。在那些事件中，总有各种的限制，无法选择最理想的目标，只能在"次佳选项"中去追寻最渴望的东西。来访者从这些经验中辨识到几个关键的组型：（1）经常太在意"他者"的意见，而听不见自己内在的声音；（2）内在真正的渴望不断地在现实中找出路；（3）自己会努力地在这两股力量中寻找平衡。这些零星的行为模式经过辨识之后，才发现具有高度的自我相似性，经常一而再、再而三地重复出现。

如是观之，分形同时具有"限制"与"发展"这两种特性，因秩序而受限，因混沌而发展。生命故事中不断出现的分形，有助于协助来访者理解"我之所以为我"以及"在限制中发展"的完整样貌。以此理解为基础，个人才有充分的弹性与韧性，面对起伏多变的未来生涯。

第三节 理论的应用：辅导与咨询

人类生存的环境在本质上是复杂的，复杂中也有规律与秩序。在大多数人的经验里，生涯的道路坎坷曲折，却宁可拥抱秩序。可控是本能，不可控是现实。我们经常以为意外不过是稳定秩序中的小插曲，殊不知意外与秩序是现实的一体两面。CTC发展出来的生涯咨询，不仅要协助来访者了解这种真实的本质，也希望能够培养来访者发展出善用混沌本质的能力。

一、生涯咨询的工作地图

CTC是一个奠基在混沌科学的新兴生涯理论，经过摸索与尝试，一个有趣又能表征CTC特性的工作地图牟比乌斯环（Mobius Strip），应运而生（Schlesinger & Daley，2016）。

（一）牟比乌斯环

牟比乌斯环（如图10-8）包含一个表面和一条边线的立体曲面，是由德国学者奥古斯特·弗迪南德·牟比乌斯（August Ferdinand Möbius，1790—1868）和约翰·本尼迪克·利斯廷（Johann Benedict Listing，1808—1882）在1858年发现的（Möbius strip，2020）。我们拿一条细长的纸带，握住两端，将一端旋转180度，再将头尾粘上，即可制作完成。牟比乌斯环有奇妙的特性，可以用一笔画尽每一个平面，用一根手指头无碍地由正面绕至反面，复归于正。

图10-8 牟比乌斯环的EPSA模式（资料来源：Schlesinger & Daley, 2016, p.93）

牟比乌斯环，象征周而复始无穷尽延展，无始无终与无边无界，为科学与数学、艺术与文学提供了丰沛的创造灵感（Pickover，2006）。如果一个人站在牟比乌斯环上的任何一个点，前行复前行，夕阳去后朝阳来，终点就是另一个起点。

(二) EPSA模式

根据牟比乌斯环发展出来的生涯混沌运作模式，称为EPSA模式（Explore-Prepare-Star-Adapt）（Schlesinger & Daley, 2016）。这个模式曾经应用于美国科罗拉多大学波德分校（University of Colorado Boulder）的生涯中心。就该校生涯咨询人员来说，面对五万多名大学生，这是一个相当不错的工作参照架构。在实际应用时，依循三个宗旨：(1) 遵守CTC的精神；(2) 把握大学生的生涯需求；(3) 弹性的四年大学规划。

依据实际开展工作的经验，大学生前来生涯中心寻求协助时，通常会因为对前途的不明确而感到焦虑与不安。"生涯不安的来访者"与"强调混沌精神的专业咨询"两者相遇会发生什么事？一般来访者要的是肯定的答案，并不习惯CTC的"混沌"语境。因此EPSA模式特别强调，"对于做决定保持弹性""对新的想法保持开放性的态度"或"如果条件改变，可有B备案"（Schlesinger & Daley, 2016），这些语言可在辅导过程中适时出现，一方面降低来访者对不确定性的焦虑，另一方面也可提升来访者积极应变的混沌意识。

1. 阶段一：探索（E）

探索阶段的目的，在于通过自我试探与职业探索，在个人复杂的混沌系统中，经由奇异吸引子的生涯经验，觉察自己生涯分形中独特的突显组型（emerging pattern），一种意外冒出来的生涯形态。这部分进行方式，类似第九章机缘学习论中讨论生命史里的偶发事件。来访者可据此进一步理解，真实的生涯就仿佛一个线性与非线性交织的复杂系统。

生涯发展的分形本质，在这一个阶段可以运用视觉导图（visual mapping）的技术或方法进行探索（Pryor, 2003b）（参见下节），包括生命线（Cochran, 1997）、拼贴图（Adams, 2003）、家谱图（Okiishi, 1987）、思维导图（Buzan & Buzan, 1993）等。这些方法有助于来访者发掘各阶段的生涯故事，及故事轴心所涵容的分形或主题。

当然，CTC 也接受在这个阶段使用心理测量工具，但绝不依循传统的"测验与解释"（test and tell）模式，而是借由观察兴趣、能力等特质活跃的生涯事件，从中琢磨生涯发展的复杂性，以及进一步拓展这些特质发挥的可能。

2. 阶段二：准备（P）

混沌系统是开放的，可接受任何机遇因素的影响与挑战。如果来访者固执地抱着控制的心态，遇到偶发事件便会惊慌失措。反之，若能接受偶然也是必然的事实，按 CTC 的术语，在认知上从封闭系统转化到开放系统，就能坦然面对生涯中的意外与挑战。

准备阶段的目的，在于协助来访者以开放的思维模式，从短程可行的弹性目标开始准备，将各种机会因素列入考量，培养善用机缘的能力。学会如何以转机的态度面对危机，如何学习从挫败或失败的经验中逆势成长，也是这个阶段重要的目的之一。

在这一阶段经常采用多元的心理教育介入策略，无论是生涯课程、工作坊或团体辅导，都可以弹性地运用 CTC 介绍的方法（见下节），包括现实检核（Reality checklist）、幸运准备指数（Luck Readiness Index）的检核等。

3. 阶段三：开始（S）

探索阶段与准备阶段主要装备来访者的蝴蝶双翼，让他们了解生涯发展是变动不居的。无论是校园的学习、校外的实习，还是职场新人的见习、职业生涯现场的规划与变化，必然与偶然，总是交替无常地出现。

开始阶段的目的，就是持续而且积极的行动！在行动中学习，在行动中体会，在行动中遭逢机遇。

4. 阶段四：适应（A）

生涯混沌论的适应，是在曲折的生涯抉择过程中，进行一次又一次的内在解组与生命重构，从而建构自己独特的生命篇章。适应阶段的目的，是让来访者学习如何在挫败的生涯经验中，经由逆境意义的启发而重新审视失败的价值。

这个阶段非常适用于竞争激烈的高等学府或淘汰率高的科系。有些学生在没能通过升级的关键科目之后，一蹶不振。CTC 的团队发现，对那些能够灵活运用谷底翻身的实际案例进行个案讨论或分析，教学效果最好（Davey et al., 2005）。让学生或个案自己寻找钟爱的偶像，从角色楷模的意外或失败故事中学会从跌落深渊到迎风而上，去体会成功之路的艰辛，就能真正了解偶然与意外对成功生涯的深刻意义。

二、生涯咨询的目标与历程

面对"现状"的多变，生涯混沌理论的应用兼采收敛视角与发散视角。收敛视角对生涯发展采取稳定与有序的观点，发散视角对生涯发展则相对看重变化与偶然。CTC 根据这两个视角而发展出"混沌本位咨询"（chaos-based counseling），依据来访者的生涯议题与咨询需求采取适当的策略。

（一）咨询目标

针对来访者的状态，CTC 希望能落实以下几个重要的咨询目标（Pryor, 2010）。

1. 提高混沌意识，与不确定性共存

生涯咨询的首要目标在于增进来访者的混沌意识。混沌世界交织着稳定与改变，秩序与失序。不确定性是生涯混沌理论的名片，生涯咨询即在于通过混沌意识，觉察不确定性存在的意义，接受不确定性的模糊与挑战。

2. 辨识组型轨迹，因应突发变局

CTC 咨询中的组型辨识（pattern identification），是从来访者跌宕起伏的生活事件或生涯经验中，辨识反复出现的行事规则，归纳出行为底层的轨迹与模式。组型有可能以再现（recurring）与突现（emerging）的形式现身，前者是一种规律的重复出现，可以在有序的情境中运作；后者在混沌的边缘事件中突变，可因应生涯突发的变局。

在生涯未决定的焦虑阶段，暗藏着突破的可能性，也是组型突显（patterns emerge）的萌芽点（Mitchell et al., 1999）。开放的态度与创造性的思维，使得这个萌芽点加速发芽茁壮。

3. 装备危机意识，提升幸运准备能力

幸运来敲门时，来访者会犹豫要不要开门。有时幸运紧随厄运，有时衰运紧随走运。CTC 认为培养对于幸运的准备能力十分重要，参见本章第四节"理论的应用：方法与技术"中"幸运准备指数"部分。

4. 重视灵性议题，深化生命的意义感

在人类总结经验时，会对不断发生的奇异吸引子现象产生较高层次的主动思索：为什么这些生涯边缘的意外处境，总是发生在我的身上？这些意外想要告诉我什么？这些意外想要带我往何处去？这些高层次的深层思考，紧紧扣住"我到底是谁？""我要往哪里去？""我为何而生？"等议题，此即灵性发展的范畴。

（二）咨询历程与步骤

CTC 咨询的进展，是一种不断往复来回的过程，这一次的结果是下一次的初始参考值（Pryor & Bright, 2017）。

"混沌本位咨询"以混沌现象为师，视来访者的生涯路径是非线性的，咨询的结果也有可能是非线性的。来访者"过去"的生涯发展历经峰回路转的曲折与回旋，机遇与变化。生涯咨询虽然是从"现在"开始，却在"未来"呈现不同的非线性结果。

混沌本位的咨询进行的咨询步骤有着相当大的弹性。以下的步骤只是为了描述方便，在咨询现场实施的过程中，有时合并，有时浓缩，有的步骤需要前后往返，有的步骤需要特别加强（Pryor & Bright, 2017, 2018）。

1. 启：现状与需求

（1）来访者寻求何种协助？开始阶段，生涯咨询师应该了解与澄清来访

者的需求，以及思索应当采取何种咨询策略满足其需求。

· 是否真的需要生涯咨询？

· 有无其他不同的协助方法？

· 谁最适合提供协助？

（2）来访者的期待是什么？如果确定生涯咨询师是最适当的协助者，接下来必须探问来访者对于生涯咨询的期待，以及初步检验来访者对生涯现状的看法。

· "谁"对"谁"在什么时候，用什么方式做了什么？

· 来访者的封闭思维与开放思维的状态？

· 检验现在的混沌状态？

· 来访者的收敛观点与发散观点是什么？

（3）此时此刻来访者最在乎/最看重的是什么？这个阶段在于厘清来访者底层最基本的动机：意义、目标、价值、抱负以及未来愿景。以此理解为基础，来访者会尽最大的努力为自己的生涯进行抉择、承诺与发展。

· 隐喻（Amundson，2010）。

· 故事（Savickas，2007）。

· 生涯旅程（Weston，2003）。

· 拼图（Loader，2009）。

· 心理评估（Pryor，2007）。

· 生涯自传（Mark，2015）。

2. 承：机会与探索

（1）张开双手迎接机会：来访者确立对未来的憧憬后，有必要关注实现愿景的种种可能性，其中包括了不可预测的机会因素。所以接下来要聚焦对机会的观察，甚至创造机会，鼓励来访者成为自己生涯的规划师与设计师。

· 幸运准备（Pryor & Bright，2005）。

· 乐观加强卡（Byrne，2004）。

· 技能肯定。

（2）对于可能选项的创生与尝试：这阶段的重心在于从不确定的状态中，

寻找与创生可能的选项，培养看到机会的眼光，以作为行动的基础。

·网络。

·信息搜集。

·寻找与创生可能的选项。

◆ 采用收敛观点与发散观点。

◆ 创意策略卡。

◆ 偶然奇迹卡。

（3）可能选项落空的预警：混沌的世界不提供任何成功的保证，所有的选项都有成功的概率，也有失败的可能。咨询师鼓励来访者以平常心看待失败，从失败中汲取建设性的教训，重新设定选项。

·监控进度。

·选项落空时，从失败的回路中培养进阶的改变（正向反馈）或设立停损点（负向反馈）。

·勇往直前。

3. 转：挫折与冲突

（1）绝处逢生：来访者最大的危机是将所有的资源投注在一个目标。协助来访者要有从失败中站起来的准备。

·适应力与复原力。

·保留承诺的元气。

·不要把所有鸡蛋放在一个篮子里。

·备用方案。

（2）从成败中借镜：鼓励来访者从成功与失败中寻求力量与勇气，在成功中推进个人的成长与发展，特别关注如何在失败中进行疗愈与重生。

（3）从可行之处翻身：在这个阶段可全面检视咨询历程与结果，同时检验来访者的生涯抉择历程在现实复杂社会系统的考验是什么。

·截至现在有什么新的学习？

·如何有效地运用这些新的顿悟？

4. 合：行动与反思

（1）迈向生涯远景：来访者持续地向前迈进，在非线性的途径上保持乐观与警戒。咨询师与来访者共同关注未来可能出现的议题与挑战。

·思维导图。

·后果探问（如果……将……）。

（2）迭代达标：混沌本位的咨询在于协助来访者发展面对混沌环境的因应策略。因此在咨询最后的阶段，是鼓励来访者运用在咨询中的领悟与学习，迭代往返，将终点视为另一个起点，以面对不确定未来的挑战。

"迭代"的精神，就是无数次不断地、重复地"接近"一个目标。前进一步，也许后退两步，再接近，最终达标。

第四节 理论的应用：方法与技术

生涯混沌理论发展出许多活泼的方法与技术（Pryor & Bright，2007，2009，2011）。这些活动大致可以区分为以下两大类，基本上是由传统的收敛视角，扩展至发散视角，希望能够从混沌意识的评核，通过探索与觉察，面对多变的未来。

一、保守或开放：混沌意识的评估

（一）混沌意识的检核

生涯混沌理论提供的介入策略，无论是生涯教育或生涯咨询，首要的考量便是如何增进学生或个案的混沌意识。以下几个活动可供参考（高艳等人，2017；Pryor & Bright，2011）。

1. 签名练习（signature exercise）

签名练习是一个小巧的暖身活动。首先，邀请学生准备一张A4的笔记纸，按照平常签字的经验与速度，签下自己的名字，一个接着一个，限时30秒，时间到了之后就停止。接着,请学生仔细地检查自己的签名,不仅去看相似的部分,而且要尽量找出不同的部分。这些不同的部分包括字体的大小、间距、线条或整体的字形,在前、中、后段的差异等。

如果是以小组的方式进行,组员轮流说出自己相似与相异的部分是什么。然后,小组成员彼此交换自己的签名,请对方看出自己看不到的相似点与相异点。

签名练习旨在让学生理解,签字是我们用以表示身份最简单的方式,也是一种最足以表彰"自我分形"的形式。无论如何控制与练习,事实上无法每一次都完全一样,一群相似的字体中总会出现变形,真实的世界也是如此。

2. 现实检核(reality checklist)

现实检核表用来检核个体在生涯抉择的经验中,采取的思维属于保守系统还是开放系统。检核表一共有 20 题,来访者要在是与否的回答中圈选其一。题目例如"你是否在做了一个生涯抉择后,随即发现结果并非和原先预期的一样?"或"你是否经历了一些计划之外的事件,对你的生涯发展产生了重大的影响?"等。

这个检核表的目的,不在于衡鉴来访者属于哪个类型,而在于借由这些题目的回答,便于相互讨论以下几个混沌理论的经典议题:对于未来预测的不确定性、改变的非线性特性、机遇事件的影响、决策信息的有限性、目标设定的优点与限制、抉择过程中直觉的作用以及冒险的价值等。

3. 抉择的限制

这个活动是通过对以往生涯抉择限制的反思,理解混沌的本质。首先,请学生选择印象深刻的两、三个重要生涯抉择的经验。然后分别回答下列四个问题。

(1) 在做决定的当下,你对当时的几个选项有什么认识?
(2) 在抉择之前,你曾经用哪些方法搜集信息?
(3) 抉择之后,你如何发现新的信息?
(4) 这些新的信息后来有没有让你的选择产生新的改变?

这个活动主要用来理解生涯发展的非线性特质，并且强调大多数的生涯抉择是受限于信息在不完全的条件下，以及在动态变化的条件下进行的决策。由于这个活动需要提取与检视不同的抉择经验，因此较适合高中二三年级及以上的学生。

（二）混沌能力的检核

面对变化无穷的混沌世界，现代人需要一些新的技能或特质。技能或特质的评估是收敛视角的方式。为了协助学生理解与重视这些基本能力，生涯混沌理论发展出了相关的检核表（Pryor & Bright，2011）。

1. 复杂知觉指数（Complexity Perception Index，简称 CPI）

CTC 主要采用复杂知觉指数（Bright & Pryor，2005）来测量来访者对于混沌复杂性的知觉程度，以及对于连续性改变的典型反应。CPI 包括以下几个维度，分数高者表示对该项特质的认知较高。对于四类吸引子的题项反应，也可研判出来访者对于改变的开放性程度。

（1）改变程度：认为对"改变"的认识与期待，是人类经验中很重要的一部分。

（2）控制程度：未来是可以预测与控制的。个人的努力与信念可以成就愿景。

（3）非线性：微小的事物往往有改变现状的巨大能量，必须关注细微的改变。

（4）阶段转换：生命中的剧烈冲击，往往是迈入新世界的开始。

（5）突现性：前事不忘后事之师，能够从突发事件中反思其深沉的含义。

（6）稳定吸引子：功成名就来自对愿景的坚持与承诺，机会与变化均不可取。

（7）钟摆吸引子：从负面的冲突需求、罪恶感和挫败感的反向角度看待复杂性。

（8）环面吸引子：复杂性无须严格处理，机会与变化是例行重复工作中的偶然。

（9）奇异吸引子：机会与改变是难得的机遇，享受未知带来创造性的挑战。

（10）目标与灵性：知识与控制有其限制。工作必须与人产生关联，且融入更高的秩序。

2. 幸运准备指数（Luck Readiness Index）

幸运绝非偶然，莘莘学子是否准备好迎接各种偶然与巧合？"幸运准备"的定义是能够认识、创造、利用与适应各种无法预期的机会与偶然带来的结果。CTC 探讨出评量幸运准备度的 8 个能力维度，称为"幸运准备指数"（Pryor & Bright, 2005）：弹性、乐观、冒险、好奇、坚持、策略、个人效能和幸运。

每个人在学习或工作上都有一些"走运"的时候，能否从这些所谓的"幸运"中御风而行？或者偶尔会遇到"衰运"的时候，能否在突如其来的厄运中看到一些个人逆水行舟的潜能？在生涯咨询的活动或课堂中，可以通过"幸运指数"的测量，帮助学生了解个人在这些方面的优势和限制，以及如何发展这方面有关的能力。

（三）原型叙事的应用

所有的故事都有从简单到复杂的情节，这也是故事能够引人入胜的基本元素。故事情节的背后有着大同小异的基本形态，称为原型情节（archetypal plots）。原型叙事（archetypal narrative）大致可以归纳出 7 种故事情节的原型，这些原型是从 4000 个不同文化与时空的故事中分析而得出的（Booker, 2004）。

- 勇擒恶魔（overcoming the monster）。
- 麻雀变凤凰（rages to riches）。
- 奇航和凯旋（voyage and return）。
- 使命必达（the quest）。
- 喜剧（comedy）。
- 悲剧（tragedy）。
- 重生（rebirth）。

来访者可以通过回溯生涯故事中的典型情节，探索受困情节的结构与内涵。从而，辨认出来访者的思维系统是呈现开放性抑或是封闭式，隶属何种吸引子的表征。吸引子的隐喻加上故事的叙说，能带给来访者深度的洞察，在新的故事篇章安排新的典型情节，继而发展出解决策略的可能性。（Pryor & Bright, 2009）

例如来访者在金融危机的大裁员中失去了薪资相当优渥的工作岗位，投资股票又连番亏损，屋漏偏逢连夜雨，又遇上年迈的高堂被诊断为失智症，使其心力交瘁。这些经验在生涯叙事咨询的情境中娓娓道来，是典型的"悲剧"情节。来访者通过叙说，意识到故事情节中的封闭现象，开始关注以前容易忽略的细微改变征兆，就有可能接受奇异吸引子的接引，进入"重生"的篇章，思索如何另起炉灶，开创新的局面。

生涯原型叙事，可灵活运用寓言故事、神话、绘本、电影、网络影音媒体等形式（Pryor & Bright, 2005, 2006）。

（四）影响轮的应用

CTC 从整体脉络的观点，理解生涯抉择历程的影响因素，所采用的方法称为影响轮（circles of influence）。影响轮将影响个人生涯抉择的影响因素，由外而内分为三个轮圈：最外面一层是计划外事件（unplanned events），第二层是家人、朋友和同事，最内圈是教师、督导与媒体（Bright et al., 2005），参见图 10-9。

影响轮进行的方式是让来访者对于当下或过去的生涯抉择，在三个对应的轮圈分别罗列出具有关键性影响的人或事件。这些人或事件图像化之后，抽丝剥茧，分析出生涯抉择的影响来源的组型或突显主题。通常，来访者能够从自己的经验中认识到计划之外的人与事是自己无法左右的，却产生了关键性的影响。觉察生命中计划之外、无法预期的人与事，是生涯混沌理论的重点工作。

在这些现象之中，华人文化对个人生涯抉择产生关键性的影响，渗透混沌动态系统"影响轮"的各个层面。华人的生涯抉择过程，经常内化父母或重要他人的价值观，以此为决策依据。父母与重要他人的建议，往往是难以承受之重（王秀槐，2002；王玉珍、吴丽琴，2009；胡娟，2018）。而父母或重要他人价值观的形成，其实也来自固有的文化传承。换言之，生涯影响轮中，社会文化的影响力，不仅穿透不同的世代，甚至层层渗透个人的内核。这些传承而来的价值观在生涯抉择时，有可能产生正面支持的效果，也有可能成为负面的阻碍。许多针对华人文化下青年生涯发展历程的研究，都有类似的发现（王秀槐，2015；洪瑞斌，2017）。

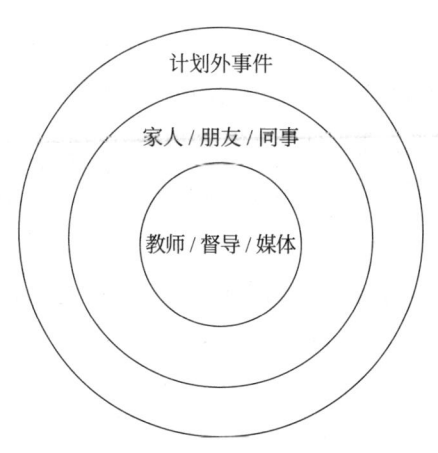

图10-9　生涯影响轮（资料来源：Pryor & Bright, 2011, p.124）

生涯影响轮的功能在于，使个体能够觉察环境脉络的复杂动态系统所带来的影响与限制，以完整的视野来理解其目前的处境与问题脉络。以此为鉴，进而从限制中找到适应与因应之道（杨淑涵，2019；Bright et al., 2005）。

二、探索与觉察：混沌意识的养成

（一）组合卡的应用

为了突破传统生涯评估工具以常模对照分数的局限性，CTC 采用各种组合卡（card sorts），以灵活弹性的方式，探索生涯多重面向的可能性。

1. 创意策略卡（Creative Thinking Strategies Cards）

创意策略卡用来启发来访者的发散性思维，借由牌卡的问句，对于各种模拟的生涯挑战情境，产生创意与开放的因应策略（Pryor & Bright，2009）。牌卡设计有 22 种情境，使用时随意抽出一种，然后鼓励来访者从 3 种策略进行思考："概率（probability）"（收敛思维）、"可能（possibilities）"（发散思维）与"计划（plans）"（策略行动）。

例如来访者抽到的抉择困境是："受到他人的影响。"这一组的其他三个策略卡会显示：

概率卡　这些人期待你怎么做？

可能卡　我自己真正想要怎么做？

计划卡　别人会怎样协助我完成我自己真正想要做的事？

概率卡的问句代表收敛思维，通常是来访者感到生涯困扰的源头，在这种想法中找不到出路。可能卡与计划卡的问句代表发散思维，通过直觉与创意寻找更多的可能性。CTC 认为经由两种思维方式（阴与阳）的交替刺激，来访者更能体会秩序与稳定的限制，进而采用弹性与开放的生涯解决策略。

2. 偶然奇迹卡（Sometimes Magic Cards）

偶然奇迹卡用来鼓励来访者在排卡的过程中，学习用开放的态度面对稍纵即逝的偶发性奇迹。每张奇迹卡上面有一种特殊奇迹情境的描述，例如"当（我遇到一位好老师）时，发生了奇迹。"（Pryor & Bright，2006）来访者逐张浏览这些不同的奇迹情境卡片，对于最有感觉的或曾经发生过的奇迹，说说发生了什么故事。进一步的提问包括："对奇迹事件的感受与反应有哪些？""在奇迹事件中学到什么？""后来又发生了什么？"等。

除此之外，CTC 也采用其他开放性的牌卡。有的用来学习如何应用不同的可能性策略，完成弹性的生涯目标，例如乐观加强卡（Optimism Booster）（Byrne，2004）；有的用来认识自己毫不在意的奇异吸引子，如何巧妙地引导所作所为，转化成独特的优势，例如路标卡（Signposts Cards）（Deal & Masman，2004）等。这些牌卡的应用，都在于增进来访者对不确定未来的乐观态度。

（二）游戏与寓言

CTC 的应用工具活泼多样，凡是游戏、赛局或寓言都可自由运用，甚至也经常用到电影或网络影音等媒体素材。

1. 游戏与赛局

游戏与赛局的性质几乎就是混沌本质的复制品。混沌理论提到的基本概念，包括非线性、阶段转换与复杂性等，都存在于游戏或球赛中。游戏或球赛吸引人的地方，就在于它的不确定性。没有人想要看胜负一面倒的球赛，也没有人想玩可以预测结果的游戏。

人生如戏，又如赛局，跌宕起伏。无从预料，也才能丰富人生。CTC 鼓励生涯教师或咨询师以游戏与赛局的比喻，融入生涯课程或咨询历程，启发学生或来访者对生涯不确定性的正确态度。

2. 乒乓球寓言

小小的寓言，以言简意赅的故事文体，寄托意味深长的道理。安徒生的《国王的新衣》经常能引起我们"一切尽在不言中"的会心一笑。寓言，就是一个简单理解复杂事理的桥梁。

乒乓球寓言（Parable of the ping-pong ball）是一个比喻混沌的例子（Pryor & Bright, 2006）。小威在家里等着他的好朋友小宾，小宾养着一只名叫阿美的小狗。小威等了很久都没看到人影（与狗影），他无聊地玩着手上的乒乓球。看着丢出去的乒乓球，一跳一跳的，然后停止。小宾还没有来。小威拾起乒乓球再丢一次，球停在远方。但是这一次有风从窗外吹进来，乒乓球偏落在不一样的地方。突然阿美跑了进来，追着乒乓球跑。不一会儿，一群附近的小狗也加入追逐行列，乒乓球竟不知去向。

这个寓言要传达的重点，在于乒乓球的运动轨迹无从预测。开始的时候条件很单纯，可以看出"正常吸引子"的规律性。后来加入的自然因素（风、阿美、一群调皮的小狗）就造成了"奇异吸引子"，使得运动路径的预测愈来愈复杂，甚至根本无从预测，但是乒乓球终究还是会有一个落点。这就是混沌。

3. 电影与网络影音

以上这种游戏明喻或寓言隐喻的方式，可以同时采用多方任何创意的方式或媒体素材，融入生涯规划课程。电影与网络影音就是一种很好的媒体素材。

例如借由电影《双面情人》（*Sliding Doors*）、《蝴蝶效应》（*The Butterfly Effect*）、《双生美莲达》（*Melinda and Melinda*）、《阿甘正传》（*Forrest Gump*）或《混沌理论》（*Chaos theory*），让来访者看到尘世间一个无法操之在己的微小变化，以及后续在不同生命节点不可预测的种种决定，会带来完全不一样的人生。而任何的抉择，都不可能用任何可控的方式重新再来一遍。

（三）视觉导图

CTC 灵活运用视觉导图（visual mapping）的技术或方法，进行混沌意识的探索与觉察（Pryor & Bright, 2003），这些充满了视觉意象的练习，包括生命线（Cochran, 1997）、拼贴图（Adams, 2003）、家谱图（Okiishi, 1987）、思维导图（Buzan & Buzan, 1993）等。以下分别介绍拼贴图与思维导图。

1. 拼贴艺术

拼贴图（collage）（Adams, 2003；Loader, 2009）是一项在 CTC 中相当特殊的应用技术。拼贴艺术是一种 20 世纪初发展出来的艺术形式。拼贴的方式是将杂志、报纸或广告的文字、照片、标题、图画等物件，剪下粘在白纸或画布（或计算机荧幕）上，以糅合/重组/叠加的方式，形成一幅充满创意的拼贴图，进而从中读取独特的意义。

生命线的练习可作为这项练习的前期准备，通常生命线会专注于生活中转变的里程碑事件，例如开始上学、完成学业、第一份工作、第二份工作等。很有趣的是，在生命线的时间序列中遗漏或不经意排布的重要元素，经常会在拼贴图中出现。

拼贴图也是一种很精巧的咨询工具。在一个大学生的生涯咨询个案报告中，咨询师有效地处理了来访者与父母之间关于生涯抉择的价值冲突（Jahn, 2018）。在拼图完成后，咨询师与来访者进行下列深入的讨论：

· 你的拼贴图中有哪些图像和文字？

- 当你看到这个图像/字词时会想到什么？这对你意味着什么？
- 这些东西在页面上的放置方式如何相互关联？
- 你是否对拼贴图中的任何内容或其中遗漏的内容感到惊讶？
- 你的拼贴图似乎展示了关于你自己/你的生活的什么？它表明什么对你的未来最重要？
- 你现在可以做些什么来帮助你朝着设想的未来迈出一步？
- 如果你要给你的拼贴图一个标题，它会是什么？

若与绘画或音乐创作相比，拼贴图的特色有几点：第一，这是一种相对自由的技术，几乎不需要娴熟的技能就能制作；第二，拼贴艺术鼓励来访者以组型来表达自己；第三，拼贴图是少数几种能使来访者从生涯中线性影响的约束中解放出来的技术之一，使用者都觉得受益匪浅；第四，拼贴图是生涯发展中相对不强调语言流利度或阅读技能的一种技术，适用性更广（Pryor & Bright, 2008, 2011）。

延伸阅读 10-2

拼贴艺术与生涯拼图

生涯拼图是一种拼贴艺术。生涯混沌理论假设，生涯的变动总是在最意想不到的时间或地方降临。拼贴艺术将生涯比喻成一种创作性的建构过程。我们是自己生活的艺术家，一生的工作应该反映内心深处的召唤，看似随意检取的拼贴材料都是内在意识（或无意识）的投射。

在生涯咨询或生涯教育的课程上，可以有下列形式的应用。

1. 自我探索和觉察：拼贴艺术可以成为来访者进行自我探索和觉察的工具。他们可以从不同的图片、图案和文字中挑选符合自己兴趣、价值观和特点的元素，然后将它们组合成拼贴作品。这样的过程可以更深入地了解自己，发现自己的优势和热情。例如CTC经常使用的一种拼贴图主题是要求来访者制作"现在的我"，然后制作另一幅拼贴图"十年后的我"，反映出内在深刻的兴趣、需要、价值观或期望等生涯实践的要素，在不同的时空所呈现的不同样貌。

2. 探索生涯领域：拼贴艺术也可以用来帮助来访者探索不同的生涯领域。

他们可以搜集不同职业的图片和描述，并通过拼贴作品来展示每个职业的特点，借以了解不同职业的要求和挑战，并进一步研究可能感兴趣的生涯。

3. 视觉化生涯目标：拼贴艺术可以用来帮助来访者将生涯目标视觉化。他们可以通过剪报、图片和文字的组合，创建一幅代表自己理想生涯和生涯方向的拼贴作品，借以清晰地思考和理解自己的生涯目标，在制订生涯计划时提供必要的参考。

在授课的形式上，可以一对一地实施，也可以通过在线课程进行（Oberman，2015）。在生涯咨询中拼贴艺术也可配合故事叙说，效果尤为显著。钱特（Chant，2020）是英国坎特伯雷基督教会大学（Canterbury Christ Church University）生涯发展中心的主任，在她的博士论文研究中，一个方法论上的挑战促使她使用拼贴艺术来反思自己的生活和生涯。拼贴图让她对"我们是谁"以及"我们在做什么"之间的关系有了深刻的洞察。在后续的个案研究中，她发现结合拼贴图与故事叙说的这种建构主义方法，能够深入生涯的心理社会空间（psycho-social space），获得对生涯和生命故事在意识和无意识层面深刻的理解。她进一步强调，在这日益复杂的时代，这种方法将成为生涯咨询师满足来访者整体需求的重要工具。

我们的拼图作品自由挥洒，纵横驰骋，正如开创自己的生涯道路一般，充满无限可能与创意。

2. 思维导图（mind mapping）

CTC 使用思维导图来协助来访者理解其生涯行动的认知脉络（Pryor，2003a，2003b）。思维导图是由英国的托尼·博赞（Tony Buzan，1942—2019）于 20 世纪 70 年代开发出来的一种思考辅助工具。此法将抽象的思考历程转换成具体图像的分布与延展，以表达内在认知思维的理路。

思维导图使用一个中央关键词，以辐射线形连接所有从这个关键词联想而出的想法或问题的解决方式。这个方法普遍受到教育、法政与工商企业的欢迎，广泛地运用在研究、教学、问题解决和政策制定方面。

思维导图的绘制，需要先准备一张白纸与至少三种颜色的色笔。绘制方式按以下结构进行（孙易新，2014；陈芳毓，2016）。

（1）核心主题：思维导图通常有一个中心主题，是绘图者最关心的核心议题。将要整理的议题/主题，写或画在纸张中间。

（2）分支主题：从核心主题分散开来的延伸主题，树枝状向外延伸。依顺时钟方向，将从中央主题联想出的关键字，写在拉出的线条上。一条线尽可能写一个关键字。分支主题最能表征逻辑的水平思考或直觉的垂直思考，从树状结构引申出网状结构，或再激荡出树状结构。虽盘根错节，却是一目了然。

（3）关键词：从第一层关键字开始联想，将线条向外以放射状延伸，并继续写下第二层、第三层的关键字。关键词随着这些分支线条自然出现，标注其上，词性不拘（以名词为主，辅以动词或形容词）。

（4）图像与颜色：在需要强调的关键字旁，加上特殊的图画或记号，一方面可表征主题的含义，另一方面强化对分支主题的视觉印象，加深记忆。颜色则有助于分支主题的分类，也可呈现绘图者感性的意图。

思维导图在生涯上的应用，最早可追溯到对兴趣、能力与重要生活事件的探索（Buzan, 1993）。根据来访者的生涯状况绘制生涯思维导图，以未来五年或十年的发展为主题，在其中加入各种可测与不可测的关卡或因素（分支主题），以及思考不同的备案。CTC的研究团队（Pryor et al., 2008）引导来访者绘制思维导图，假想本来有一个规划好的目标计划，因为发生不同的意外机缘事件，而让此计划产生完全不一样的结果。通过这种对机缘事件可能发生的图式思考，可增进来访者对生涯变动的适用能力。

（四）蝴蝶模式及其应用

蝴蝶模式（butterfly mode）是模拟前述蝴蝶效应的机制所延伸的生涯咨询工作模式，易于操作（Pryor & Bright, 2011）。在蝴蝶化的形象上，蝴蝶模式如同数学的无限（∞）符号，由左右两个相连的圆形构成蝴蝶的双翼，其运动轨迹标示生涯发展路径。左翼的部分表示计划中的事件，象征着确定性；右翼的部分代表计划外的事件，象征着随机性，参见图10-3。

1. 蝴蝶模式的生涯课程

蝴蝶模式脱胎于蝴蝶效应，很适合在生涯教育或生涯咨询中强化学生的生涯意识。此法曾经被应用于澳大利亚新南威尔斯州的马瑟尔布鲁克高中（Muswell Brook High School）高一学生的生涯课程，以及生涯咨询（Borg et al., 2006）。实际操作的经验显示，对于经历过生涯意外事件影响的学生更为适用。生涯课程教学的设计，主要分为以下三个单元。

第一单元：了解规划与变化

（1）首先，安排学生在一张 A4 笔记纸上，写出今后一年、两年、三年及五年的生涯计划。

（2）将此计划分成四张卡片。

（3）完成四张卡片后，发给每位学生意外清单（如表 10-1），让学生讨论这些偶然事件在未来发生的可能性。

（4）学生根据自身的实际情况，例如家庭成员的职业生涯路径或父母遭遇的偶发事故等，交换分享自己的计划和偶发事件的实例。

（5）教师在黑板上呈现蝴蝶模式，讨论生涯发展的蝴蝶效应。

第二单元：绘制蝴蝶模式图

（1）首先绘制蝴蝶模式左侧的"计划圈"。学生在蝴蝶模式左侧沿箭头所示方向，依次画出适合他们自身情况，或想要实现的生涯目标。

（2）在时钟 12 点的位置，写下一个理想目标；在时钟 3 点的位置，写下计划未来 3 年的目标；在 6 点钟与 9 点钟的位置，分别写下未来 6 年与 9 年的目标。以图 10-10 为例，这名学生的理想生涯是成为一名土木工程师，计划 3 年后攻读工程学士学位，然后从大学毕业，9 年后成为资深的工程师。

（3）接下来制作蝴蝶模式右侧的"意外圈"。随机从偶然性事件中找出一个意外事件，在蝴蝶模式的右边 6 点钟的位置标示出这个意外事件。由"计划圈"跨入"意外圈"，这段时期陷入了黑色的"混沌边缘"。以图 10-10 为例，"家庭成员生病"是一件偶发事件，造成了延迟报到，这个意外事件使学生思考是否申请就读心理学专业。

（4）这个意外事件带出一个新的决策方向，准备进入新的生涯轨道。以逆时钟的方向，写在模式右边 12 点钟的位置。以图 10-10 的案例，来访者决

表10-1　无法预料的偶发事件

	偶发事件
a	企业合并，你被裁员了
b	企业合并，你有了升迁的机会，但是要到离家40公里以外的城镇上班
c	你因企业破产而失业，需要补偿自己的权益
d	你的家人病了，你必须在家照顾
e	你出了意外，无法外出工作
f	科技进步，你的工作即将被淘汰
g	技术更新，你需要到墨尔本进行为期六个月的培训，以承担公司的新任务
h	老板关闭本地公司，让你到花费高于本地40%的城镇工作
i	老板关闭本地公司，让你到花费低于本地40%的城镇工作
j	你正打算换个地方工作，你的配偶每月薪资可以增加1.5万澳元，但你在新的地方却找不到工作
k	仅有一所大学给你入学许可，离家乘车要七小时
l	你没有收到任何一所大学的录取通知书
m	你的成绩超乎预期，有机会在大学选修你完全陌生的课程
n	你一直期待甄选进入国防学院，但在第三轮面试时却因色盲而落选
o	因为想家，在大学上了六周后决定休学

（资料来源：Borg et al., 2006, p.58）

定报考心理系。

第三单元：修正生涯计划

沿着"意外圈"逆时针旋转，与左侧的"计划圈"相遇。在原计划旁写下3年后的修正计划。依次，在6点钟与9点钟的位置分别写下6年后与9年后的修正计划。如图10-10所示，修正后的3年计划是申请就读心理学的学士学位，6年后的计划是成为初级注册心理师，9年后计划成为高级注册心理师。

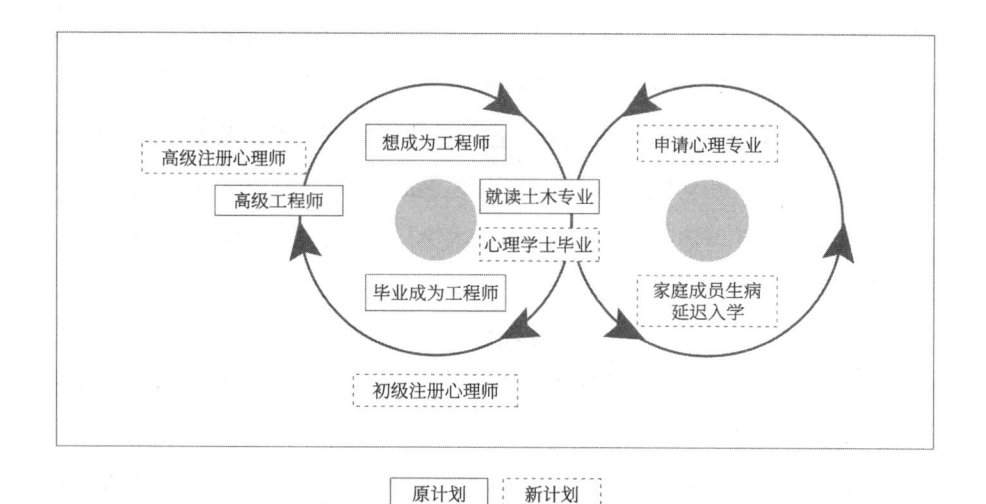

[图示:蝴蝶模式操作实例,包含"想成为工程师""就读土木专业""心理学士毕业""毕业成为工程师""高级工程师""高级注册心理师""初级注册心理师""申请心理专业""家庭成员生病延迟入学"等节点,下方图例"原计划""新计划"]

图10-10　蝴蝶模式的操作实例(资料来源:Pryor & Bright, 2011, p.139)

在教学过程中,鼓励学生仔细比较修订的计划与原计划的区别。同时强调计划与偶然的交替出现,是生命的常态。生涯规划固有其原始蓝图,但生命中总是伴随着不可预测性,必须审时度势,灵活应变。

有一位参加过这堂蝴蝶模式生涯课程的学生,在一年后回忆说道(Borg et al., 2006, p.57):

> 我记不太清楚当初上课的细节了。但令我印象深刻的是画了一幅蝴蝶图,有规划也有变化,蛮有意思的,对我来说合情合理,因为很多人就是这样。这个活动帮助我思考应该如何计划未来,以及提醒飞来的意外随时可以改变我的方向。我必须随时调整,还是可以活出我想要的样子。

2. 蝴蝶模式的本土应用

为了提高蝴蝶模式的直观形象和趣味性,刘鹏志与金琦(2018)将蝴蝶模式进行了修改和完善,尝试应用于本土的生涯教育课程。

步骤一:每位学生发放一幅设计好的蝴蝶模式图,要求学生在蝴蝶的躯干上写下自己的生涯规划。由下而上共分为4个阶段,每个阶段代表的时间长度可以根据生涯目标的不同而灵活设计。例如可以设置每个阶段代表 3 年，每个阶段分别代表 3 年、6 年、9 年和 12 年以后的生涯目标。

步骤二：写好以后，让学生分享自己的生涯规划。然后教师提问：自己以后的发展道路，完全按照生涯规划路径发展的可能性有多大？为什么？本环节通过规划未来并评估实现目标可能性的大小，让学生意识到规划存在着一定的局限性。

步骤三：教师提问："影响生涯规划目标实现的因素都有哪些？"学生小组讨论，并分享之。通过这个环节，让学生明白影响生涯发展路径的因素相当复杂，生涯发展是一个动态发展过程。

步骤四：当生涯规划遭遇变化的时候，应该如何应对？变化有积极事件和消极事件。请学生在每个阶段各设想一种积极事件和一种消极事件，在这种事件的影响下，生涯规划该如何修改，分别写在蝴蝶的四个翅膀上。出示课件（参见图 10-11），并详细讲解如何操作。

步骤五：学生将自己的蝴蝶模式用蜡笔涂色，先在小组内展示，每小组推荐 2 ~ 3 名同学在全班分享。

步骤六：教师总结。

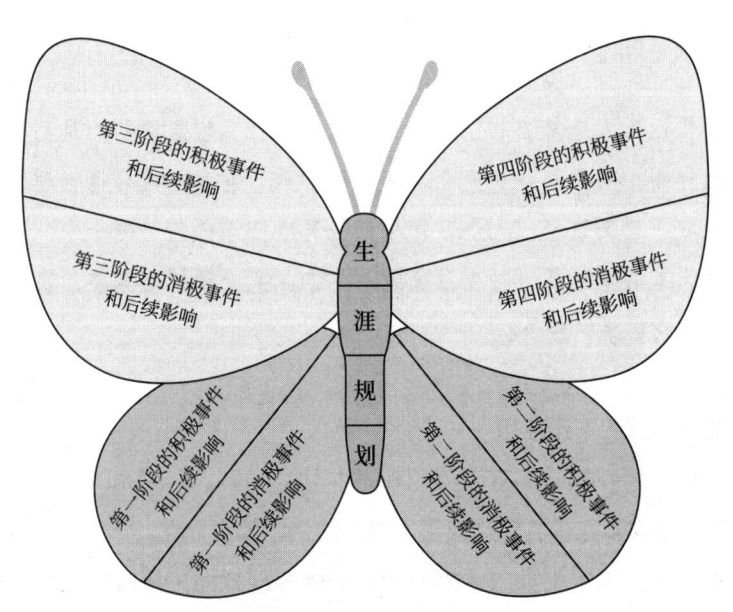

图10-11　蝴蝶模式：积极事件和消极事件（资料来源：刘鹏志、金琦，2018, p.19）

调整后的蝴蝶模式和美丽蝴蝶的双翼形象更为相近，容易激发学生的好奇心与新鲜感。生涯各个阶段积极事件和消极事件对生涯规划方案造成的影响，经过小组的讨论与分享，可引发学生深刻的反思与警觉：人生并非是直线发展的，生涯规划方案需要根据现实情况不断调整。

此外，学生精心绘制的蝴蝶图像，就是自己的一件艺术作品，学生更愿意将其保存下来。刘鹏志与金琦（2018）发现，经过修改的蝴蝶模式不仅忠于原模式所传达的生涯理念，而且在教学上更容易操作，也更生动有趣，适合应用于生涯教育课程中。

总之，生涯混沌理论发展出来的方法与技术，经由混沌意识的评核，通过混沌意识的探索与觉察，进而提升应变的能力，也希望能协助学生在现在与未来，沉着因应生涯路上的变化与挑战。

结论

生涯混沌理论看重生涯发展的规划与变化、秩序与失序、必然与偶然、困顿与开局，此与《易经》的阴阳律动、对立统一有着高度的相似性。生涯混沌理论赋予双重认识论对等的位阶，灵活地兼顾收敛视角与发散视角，善巧地以吸引子与分形的隐喻、蝴蝶效应的机制，对生涯教育与生涯咨询的实践做出重要的贡献，在生涯理论的建构上确属独树一帜。

生涯混沌理论采用大量的混沌理论专用术语，用以解释复杂的生涯混沌现象。咨询师必须入乎其内地消化与理解这些关键词，心领神会之后，才有可能出乎其外地运用自如，这是很大的挑战。生涯混沌理论依循混沌的机制发展出多样化的咨询策略工具，我们可举一反三，发展出适用于本土文化的教材或方法。

参考文献

王玉珍、吴丽琴（2009）：大一生回顾升学生涯抉择与生涯适应之脉络相互影响模式探究。中华辅导与咨询学报，25，39-79。

王秀槐（2002）：人我之际：台湾大学生生涯建构历程之研究。本土心理学研究，17，167-242。

王秀槐（2015）：从"以我为荣"到"证明自己"：华人文化脉络下知觉不同父母期待之大学生的生涯因应组型初探研究。辅导与咨询学报，37(1)，79-97。

卡俄斯（2020a.5.13）：百度百科。https://baike.baidu.com/item/%E5%8D%A1%E4%BF%84%E6%96%AF/10724560。

卡俄斯（2020b.5.13）：维基百科。https://zh.wikipedia.org/wiki/%E5%8D%A1%E4%BF%84%E6%96%AF。

洪瑞斌（2017）："个我"与"大我"：以双文化自我观点建构台湾大学生生涯叙说。本土心理学研究，47，161-231。

胡娟（2018）：大学生代间的生涯抉择冲突研究（未出版博士论文）。澳门大学。

孙易新（2014）：思维导图法：理论与应用。台北：商周出版。

高艳、王瑞敏、林欣（2017）：基于生涯混沌理论大学生职业生涯规划课程设计。高教探索，12期。

张天蓉（2013）：蝴蝶效应之谜：走进分形与混沌。北京：清华大学出版社。

张国洋（2019）：把"迭代"放入人生，你将更容易低风险的趋近目标。https://www.projectup.net/article/view/id/16605。

陈怡芬（2017）：碎形～寻找大自然的密码。https://ct.fg.tp.edu.tw/?p=65。

陈芳毓（2016.7.6）：思维导图思考法。https://www.managertoday.com.tw/articles/view/2575。

景宏华、魏江南、魏凌云（2013）：澳大利亚职业生涯教育的蝴蝶模型及启示。外国教育研究，40(3)，11-18。

杨淑涵（2019）：中小学代理教师参与生涯混沌理论团体之建构历程与影响内涵研究（未出版博士论文）。台湾师范大学。

刘鹏志、金琦（2018）：蝴蝶模型在生涯教育课中的应用。中小学心理健康教育，第6期（总第353期），17-19。

萧如珀、杨信男译（2010）：【物理发展史】洛伦兹（Edward Lorenz）和蝴蝶效应。CASE Press，台大科学教育发展中心。https://case.ntu.edu.tw/blog/?p=1616。

释一行（2004）：观照的奇迹。台北：橡树林。

龚蕾（2023）：混沌与秩序：重大生涯偶发事件后女性生涯建构之叙说研究（未出版博士论文）。台湾师范大学。

Adams, M.(2003). Creating a personal collage to assist with career development. In M. McMahon & W. Patton(Eds.), *Ideas for career practitioners: Celebrating excellence in Australian career practice*(pp. 4-7). Australian Academic Press.

Amundson, N. E.(2003). *Active engagement: Enhancing the career counseling process.* Ergon Communications.

Amundson, N. E.(2010). *Metaphor making: Your career, your life, your way.* Ergon

Communications.

Booker, C.(2004). *The seven basic plots. Why we tell stories.* Continuum Press.

Borg, T., Bright, J., & Pryor, R.(2006). The butterfly model of careers: Illustrating how planning and chance can be integrated in the careers of secondary school students. *Australian Journal of Career Development,* 15(3), 54–59.

Briggs, J.(1992). *Fractals the patterns of chaos: Discovering a new aesthetic of art, science, and nature.* Simon & Schuster.

Briggs, J., & Peat, F. D.(1999). *Seven lessons of chaos: Spiritual wisdom from the science of change.* Harper Collins.

Bright, J. E. H. & Pryor, R. G. L.(2007). Chaotic careers assessment: How constructivist and psychometric techniques can be integrated into work and life decision making. *Career Planning and Adult Development Journal,* 23(2), 30–45.

Bright, J. E. H., & Pryor, R. G. L.(2002, July 7–12). The influence of objective and subjective context on vocational decision making. In *Proceedings of the XXV International Congress of Applied Psychology,* Singapore, Singapore.

Bright, J. E. H. & Pryor, R. G. L.(2005). *The Complexity Perception Index.* Bright and Associates/Congruence Pty Ltd.

Bright, J. E. H., & Pryor, R. G. L.(2008). Chaotic careers assessment: How constructivist and psychometric techniques can be integrated into work and life decision making. *Career Planning and Adult Development Journal,* 23(2), 30–45.

Bright, J., Pryor, R., Wilkenfeld, S., & Earl, J.(2005). The role of social context and serendipitous events in career decision making. *International Journal for Educational and Vocational Guidance,* 5, 19–36.

Buzan, T., & Buzan, B.(1993). *The mind map book.* BBC Books.

Bradley, L.(2010). *Strange Attractors.* https://www.stsci.edu/~lbradley/seminar/attractors.html.

Byrne, S.(2004). *Optimism boosters.* Innovative Resources.

Chant, A.(2020). Use of narratives and collage in the exploration of the self and the meaning of a career. *British Journal of Guidance & Counselling,* 48(1), 66–77.

Cochran, L.(1997). *Career counseling: A narrative approach.* Sage.

Davey, R. P., Bright, J. E. H., Pryor, R. G. L., & Levin, K.(2005). "Of never quite knowing what I might be": Using chaos counseling with university students. *Australian Journal of Career Development,* 14, 53–62.

Deal, R. & Masman, K.(2004). *Signposts: Exploring everyday spirituality.* Innovative Resources.

Drodge, E. N.(2002). Career counseling at the confluence of complexity science and new career, *Management,* 5(1), 49−62.

Gleick, J.(1987). *Chaos: The making of a new science.* Heinemann.

Inkson, K. (2007). *Understanding careers: The metaphors of working lives.* Sage.

Jahn, S.(2018). Using collage to examine values in college career counseling. *Journal of College Counseling,* 21, 180−192.

Julia set(2020, May 16). In *Wikipedia.* https://en.wikipedia.org/wiki/Julia_set.

Kauffman, S. A.(1995). *At home in the universe.* Oxford.

Kenneth, F.(2014). *Fractal Geometry: Mathematical foundations and applications.* John Wiley & Sons.

Kleiman, P.(2011). Learning at the edge of chaos. *AISHE-J,* 3(2), 62.1−11.

Langton, C, G.(1990). Computation at the edge of chaos: phase transitions and emergent computation. *Physica D: Nonlinear Phenomena,* 42(1−3), p. 12−37.

Lewin, R.(1999). *Complexity: Life at the edge of chaos*(2nd ed.). University of Chicago Press.

Li, T. Y., & Yorke, J. A.(1975). Period three implies chaos. *The American Mathematical Monthly,* 82(10), 985−992.

Loader, T.(2009). Careers Collage: Applying an art therapy technique to career development in a secondary school setting. *Australian Careers Practitioner,* Summer, 16−17.

Lorenz, E. N.(1993). *The essence of chaos.* University of Washington Press.

Mandelbrot set(2020, May 16). In *Wikipedia.* https://en.wikipedia.org/wiki/Mandelbrot_set.

Mandelbrot, B. B.(1982). *The fractal geometry of nature.* W.H. Freeman.

Mark, R.(2015). The future career autobiography: Assessing narrative change resulting from career interventions. In Mary McMahon & Mark Watson(Eds.), *Career assessment: Qualitative approaches*(pp.153−160). Sense Publishers.

Mitchell, K. E., Levin, A. S. & Krumboltz, J. D.(1999). Planned happenstance: Constructing unexpected career opportunities. *Journal of Counseling and Development,* 77(2), 115−125.

Möbius strip(2020, May 2). In *Wikipedia.* https://en.wikipedia.org/wiki/M%C3%B6bius_strip.

Morrison, K. (2006). *Complexity theory and education.* Paper presented at APERA Conference, Hong Kong. URL: http://edisdat.ied.edu.hk/pubarch/b15907314/full_paper/SYMPO-000004_Keith%20Morrison.pdf.

Oberman, A. H.(2015, June 1). *Career collage.* https://www.ncda.org/aws/NCDA/pt/sd/news_article/106638/_PARENT/CC_layout_details/false.

Okiishi, R. W.(1987). The genogram as a tool in career counseling. *Journal of Counseling & Development,* 66(3), 139−143.

Pickover, C. A.(2006). The Mobius Strip: Dr. August Moebius's marvelous band in mathematics, games, literature, art, technology, and cosmology. Thunder's Mouth.

Pryor R. G. L., Amundson, N. & Bright, J. E. H.(2008). Possibilities and probabilities: The role of chaos theory. *Career Development Quarterly,* 56(4), 309–318.

Pryor, R. G. L.(2003a). An ecological theory of careers. In P. Reddy, J. Langan-Fox & S. Code(Eds.), *Conference proceedings: The 5th Australian Industrial and Organizational Psychology Conference*(pp. 143–148). Australian Psychological Society.

Pryor, R. G. L.(2003b). Mind mapping for medico-legal vocational assessment. In M. McMahon & W. Patton(Eds.), *Celebrating excellence in Australian career practice: Ideas for career practitioners*(pp. 152–156). Australian Academic Press.

Pryor, R. G. L.(2007). Assessing complexity: Integrating being and becoming. *Journal of Employment Counseling,* 14, 126–134.

Pryor, R. G. L.(2010). A framework for chaos theory career counselling. *Australian Journal of Career Development,* 19(2), 32–40.

Pryor, R. G. L., & Bright, J. E. H. (2003). The chaos theory of careers. *Australian Journal of Career Development,* 12(3), 12–20.

Pryor, R. G. L., & Bright, J.(2005). *Luck readiness index(LRI): Manual.* Congruence/Jim Bright & Associates.

Pryor, R. G. L., & Bright, J.(2006). Counseling chaos: techniques for practitioners. *Journal of employment counseling,* 43, 2–16.

Pryor, R. G. L., & Bright, J.(2007). Applying Chaos Theory to Careers: Attraction and attractors. *Journal of Vocational Behavior,* 71, 375–400.

Pryor, R. G. L., & Bright, J. E. H.(2009). Good hope in chaos: Beyond matching to complexity in career development. *South African Journal of Higher Education,* 23(3), 521–537.

Pryor, R. G. L., & Bright, J. E. H.(2011). The chaos theory of careers: A new perspective on working in the twenty-first century. Routledge.

Pryor, R. G. L., & Bright, J. E. H.(2014). The chaos theory of careers(CTC): Ten years on and only just begun. *Australian Journal of Career Development,* 23(1), 4–12.

Pryor, R. G. L., & Bright, J. E. H.(2017). Chaos and constructivism: Counseling for career development in a complex and changing world. M. McMahon(Ed.) (2nd ed.), *Career counseling: Constructivist approaches*(pp. 196–209). Routledge.

Pryor, R. G. L., & Bright, J. E. H.(2018). Careers as fractal patterns: The Chaos theory of careers perspective. In Nancy Arthur and Mary McMahon(Eds.), *Contemporary Theories of Career Development: International perspectives.*(pp. 135–152). Routledge.

Sanders, T. I.(1998). *Strategic thinking and then new science: Plain in the midst of chaos, complexity and change*. Free Press.

Savickas, M. L.(1997). The spirit in career counseling: Fostering self-completion through work. In D. Bloch and L. Richmond(Eds.), *Connections between spirit and work in career development: New approaches and practical perspectives*(pp. 3–26). Davies-Black Publishing.

Savickas, M. L.(2005). The theory and practice of career construction. In S. D. Brown & R. W. Lent(Eds.), *Career development and counseling: Putting theory and research to work*(pp. 42–70). Wiley.

Savickas, M. L.(2007). *Meaning and mattering in career construction: The case of Elaine*. http://cannexus.ca/wp-content/uploads/2014/04/Meaning-and-Mattering-in-Career-Construction-The-Case-of-Elaine-cx10_Dr.-Savickas_A-Demonstration.pdf.

Schlesinger, J. & Daley, L. P.(2016). Applying the chaos theory of careers as a framework for college career centers. *Journal of Employment Counseling*, 53, 86–96.

Schwartz, K.(2014). *On the Edge of Chaos: Where Creativity Flourishes*. KOED.

Senge, P.(1990). *The fifth discipline: The art and practice of the learning organization*. Random House.

Shah, V. V.(2019.9.24). Don't wait for defining moments… they never come but you create one! https://www.linkedin.com/pulse/dont-wait-defining-momentsthey-never-come-you-create-one-vandana-shah.

Sierpiński triangle(2020, May 16). In *Wikipedia*. https://en.wikipedia.org/wiki/Sierpi%C5%84ski_triangle.

Waldrop, M. M.(1992). *Complexity: The Emerging science at the edge of order and chaos*. Touchstone.

Weston, D.(2003). *Inside out: A Journaling Kit*. Innovative Resources.

Williams, G.(1997). *Chaos theory tamed*. Joseph Henry Press/ National Academy Press.

第十一章 快思与慢想：生涯抉择理论

生涯的转弯处，通常也是人生的重要转折处，向左转？向右转？转了之后又如何？人们如何做出选择？为什么这样选择？当个体必须在有限的时间做出特定的决策时，将快思的直觉与慢想的理性结合起来，这涉及复杂的生涯抉择历程。

> 我们的决定，决定了我们。
>
> ——让–保罗·萨特（Jean-Paul Sartre, 1905—1980）

人在走路时，转弯最重要（王力行，1997）。生涯的转弯处，通常也是人生的重要转折处，向左转？向右转？转了之后又如何？人们如何做出选择？为什么这样选择？这涉及复杂的决策历程。决策（decision making）在学术领域的研究有着悠久的历史和难解的现状。在日常生活中人们经常受困于如何做决定，学者们对决策的研究产生浓厚的兴趣，因而产生无数关于决策的观点、方法以及解释决策的理论模式。这些观点跨越不同的科学领域，在认知心理学中，关于各种决策方法和模式的讨论也非常热烈。有些研究人员专注应用程序的决策模式，有些学者强调必须构建包含多重脉络的元理论（metatheory）模式（McFall, 2015）。

生涯之旅就如同一趟古老的航海之旅，旅程的终点隐藏在地平线之后（Miller-Tiedeman & Tiedeman, 1990）。在茫茫大海中航行，随时得面对风向、海流的变化，一个领航员时时刻刻都在做决定，在最安全的航道上，将这艘船驶往最终的港口。

生涯抉择如此重要，又经常造成当事人的困扰，主要问题在于其影响因素之纷杂。生涯抉择各种理论模式的发展，借着问题解决的策略与步骤，从犹豫、退缩、逃避的情绪状态中牵引出来，从困境中梳理出一个具体的方向。生涯抉择历程的特性可归为三个类型：（1）描述性取向（descriptive approach）；（2）规范性取向（normative approach）；（3）典范性取向（prescriptive approach）。所谓"描述性取向"，是对生涯抉择的历程进行功能性的、现象性的描述；所谓"规范性取向"，是对生涯抉择的内容进行结构性、逻辑性的分析；至于"典范性取向"，则是一种整合前述两种取向的尝试。本章首先介绍生涯抉择的基本概念，其次依序分别介绍不同类型取向的生涯抉择模式。

第一节 基本概念

生涯抉择，基本上是问题解决（problem solving）策略的应用。人生百岁，总会遇到各种有待解决的问题。其小者如数学难题无法得解，其大者如毕业之后何去何从。后者的问题，即属生涯抉择的范畴。

一、抉择的本质

抉择之所以困难，主要有两个难处。两难之苦，鱼与熊掌，难以兼得，因而天人交战，此其一也。抉择的后果难料，未来处处充满不确定性，此其二也。

禅宗三祖僧璨大师《信心铭》开章即言："至道无难，唯嫌拣择。但莫憎爱，洞然明白。"如果人生当中，不必做决定，无须拣择，则不仅没有烦恼，欲臻通透至道之境，亦非难事。而"唯嫌拣择"，所欲拣择者，率皆出于憎爱之心。或憎或爱，只要一念稍起，就在平静的心湖搅乱一池春水。若求心性之洞然明白，"但莫憎爱"，这一个轻描淡写的"但"字，谈何容易。

（一）抉择的存在性：我们的决定，决定了我们

"我们的决定，决定了我们。"（We are our choices.）这是法国存在主义大师萨特的经典名言。我们的选择，揭示了自我的本质，塑造了我们的一生。亚马逊公司创始人杰夫·贝索斯（Jeff Bezos）2010年在给母校普林斯顿大学（Princeton University）毕业生的演说中也引用了萨特的话："到头来，我们等同于自己的抉择。种种的决定，为自己建构出一个杰出的生命篇章。"（In the end, we are our choices. Build yourself a great story.）我们会做出什么样的选择，几乎等同于回答我们想要成为什么样的人。

如此看来，"人者，是其过去所有决定的总和"（A person is the whole of all earlier decisions.）（Miller-Tiedeman & Tiedeman, 1990, p.314）。个体因自己的

决定，活出做决定之后的自己，而定义了自己的一生。

假设两位同卵双胞胎的兄弟，其遗传特质不分高下。在人生的几个重大的转折点上，他们分别做了不同的决定，结果一位成了心脏科医师，另一位成了小学校长。"自己"做出的决定，决定了自己的一切，包括随之而来的荣辱苦乐；也因为自己的决定，他们不仅能感觉到自己的存在，体验了存在的价值，也同时承担了做决定的责任。

（二）抉择的难为性："不确定"与"难舍"

做决定通常会伴随着焦虑。焦虑的来源很多，其中大部分来自"不确定"与"难舍"。

做决定让人坐立难安的根源，是对选择的不确定感。生涯个案在做抉择时常问的问题是："我怎么能够知道，从长远来看，选择 A 会比选择 B 要更好？"田秀兰等学者（Tien et al., 2005）的研究发现，大学生的生涯不确定感包括了许多"对个人的不确定"与"对环境的不确定"。俗语有云："天有不测风云。"尚未发生的事情，如风云之变幻，难以逆料。这种现象自古皆然，于今尤甚。未知令人恐惧，以往社会变迁缓慢，可以借着经验来校正预测的误差。今天，对于未来诸多变量难以掌握，是当代人面临决策时胸中挥之不去的块垒。诺贝尔经济学奖得主丹尼尔·卡尼曼（Daniel Kahneman）的经典之作《不确定状况下的判断：启发与偏差》（*Judgement Under Uncertainty: Heuristics and Biases*）（Tversky & Kahneman, 1974），精辟地说明了在不确定情况下判断和决策的困难。

做决定让人坐立难安的另一个根源，是对选择因素的难舍：

> 曾虑多情损梵行，入山又恐别倾城。
> 世间安得双全法，不负如来不负卿。
>
> ——仓央嘉措（6th Dalai Lama, 1683—1706）

仓央嘉措为六世达赖喇嘛与西藏著名诗人，其偈言中提点了普世的决策困境。在甲选项上的优点，在乙选项上是缺点；在甲选项上的损失，在乙选项上是获益。"左右不逢源""鱼与熊掌难以兼得"是做决定最大的压力源，取舍之间，纠缠了多少憎爱难舍。鱼与熊掌的难舍令人下不了决定，下不了决定又是另外一种煎熬。

（三）抉择的复杂性：剪不断，理还乱

生涯抉择的问题之所以造成困扰，在于其影响因素之纷杂，在决定的过程中不断地造成困难，往往使人剪不断，理还乱。

在影响生涯抉择的因素方面，霍尔与克拉玛（Herr & Cramer, 1984）列了张清单，洋洋洒洒，共计四大部分（见表11-1）。对于陷在生涯抉择泥沼中的个案而言，这些因素并非如此纲举目张，层次分明，而是相互纠葛，彼此影响。

这些可能的因素在进入生涯抉择的历程时，造成了不同的影响。以伊塔马尔·加蒂（Itamar Gati）为首的学者们发现（Gati et al., 1996；Gati et al., 2000），在决策的过程开始之前与决策过程中，有诸多干扰生涯抉择的困难因子（图11-1）。加蒂等人编制成《生涯抉择困难量表》（Career Decision-Making Difficulties Scale），针对以色列与美国的大学生进行了一系列的实证研究。

他们发现，所有的困难按发生的历程可区分为"决策前的困难"以及"决策中的困难"两大类。做决定之前的困难主要是个人的"准备度不足"，包括三个主要的原因：缺乏动机、犹豫不决，以及错误信念。决策过程中遭遇的困难，可分为"信息不足"以及"信息分歧"两种情形，信息不足包括对职业世界认识不够、不知道如何获得职业资料、对自己认识不够，同时也不知道职业决定的步骤；而信息分歧的原因，包括信息来源不可靠以及因内在冲突及外在冲突所形成的信息不一致等情形（田秀兰，2000）。

表11-1 影响生涯抉择的个人与环境因素

个人特质因素	价值结构因素	机会因素	文化因素
智力	一般价值	乡村—都市	社会阶层期待
各种性格	工作价值	职业机会的接触	家庭的抱负与经验
技能	生活目标	教育机会的接触	同辈的影响
成就	生涯目标	职业机会的范围	社区对教育或工作的态度与倾向
过去的经验	职业与课程的名声	教育机会的范围	教师的影响
成就动力	职业与课程的刻板化态度	职业的要求条件	咨询对象的影响
责任感	职业与课程价值观的心理	课程的要求条件	角色楷模的影响
毅力	位置	提供补习计划	文化中教育或职业机会的形象
守时	人—资料—事之导向	提供各种辅导	高中的学校氛围与奖励方式
热情	工作态度	经济状况	专科学校的学校氛围与奖励方式
冒险的个性	工作道德		主要参照团体的影响
开明	休闲		
刚直	变化的需求		
自我观点	秩序的需求		
自尊	教养的需求		
决策能力	求助的需求		
职业成熟	权力的需求		
性别	稳定感		
种族	安全感		
年龄	利他		
生理观点			
健康			

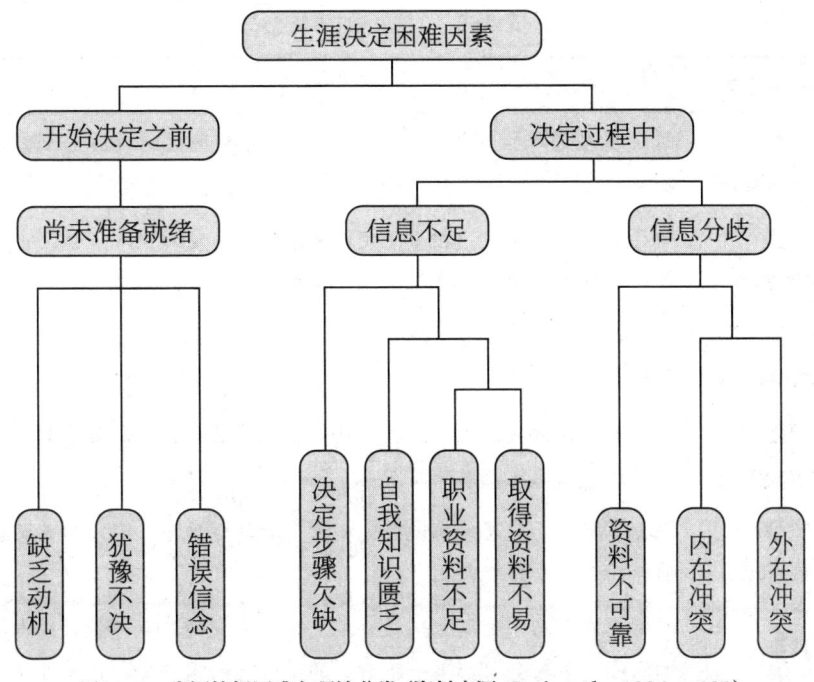

```
                    ┌─────────────────┐
                    │ 生涯决定困难因素 │
                    └─────────────────┘
                    ┌───────┴────────┐
            ┌───────────┐      ┌──────────┐
            │ 开始决定之前│      │ 决定过程中 │
            └───────────┘      └──────────┘
                 │              ┌────┴────┐
         ┌───────────┐    ┌────────┐ ┌────────┐
         │ 尚未准备就绪│    │ 信息不足 │ │ 信息分歧 │
         └───────────┘    └────────┘ └────────┘
```

图11-1　生涯抉择困难之理论分类（资料来源：Gati et al., 1996, p.101）

叶节点：缺乏动机、犹豫不决、错误信念、决定步骤欠缺、自我知识匮乏、职业资料不足、取得资料不易、资料不可靠、内在冲突、外在冲突

二、生涯抉择的风格

放眼观察，每个人在做决定时会因决定的重要程度，以及冒险的概率而采取不同的策略。经常使用某种策略，久而久之，就形成了个人的决策风格（decision-making styles）。早期的学者将生涯抉择风格视为是一种稳定的特质，然而，稍后的学者陆续发现，在不同的情境下，个体会采取不同的决策方式。

丁克里奇（Dinklage, 1968）是最早整理出一套生涯抉择风格的学者，并认为这些风格受人格特质的影响，是相当稳定的。她根据对高中生的研究，列举了八种决策的类型，详如表11-2。

表11-2 八种决策的类型

决策类型	行为特征
延宕型（delaying）	这种类型的人经常迟迟不做决定，或者要拖延到最后一刻才做决定。
宿命型（fatalistic）	自己不愿意做决定，把做决定的权力交给命运或别人。认为船到桥头自然直，天掉下来还有别人扛着。
顺从型（compliant）	这种类型的人自己想做决定，但是无法坚持己见，会屈从于权威的决定。
麻痹型（paralytic）	可能是害怕做决定的结果，也许是不愿意负责，这种类型的人选择麻痹自己来逃避做决定。
直觉型（intuitive）	根据感觉，而非思维来做决定。大多数的情况下只考虑自己想要的，而不在乎外在的因素。
行动型（impulsive）	经常只在0与1之间做选择，不太考虑中间的其他可能。这类型的人在点菜时会只挑第一眼看到的菜，无所谓选择。在生涯抉择上如果也是这种态度，常有大的麻烦。
犹豫型（agonizing）	这种类型的人与"行动型"相反，选择的项目太多，无法从中择一而行，经常处于挣扎的状态，下不了决心。
计划型（planful）	做决定时倾听自己的声音，也考虑外在的要求，按部就班，完成生涯转换。

一个人在不同的情境下做决定时，有可能采取相同的决策类型，但也有很大的可能应用不同的策略。学者开始思考，决策类型必须将决策情境的特性列入考虑。詹尼斯与缅恩（Janis & Mann, 1977）依照决策时内在冲突与压力的程度，将其区分为：偏安一隅型（unconflicted adherence）；顺水推舟型（unconflicted change）；六神无主型（defensive avoidance）；孤注一掷型（hypervigilance）；运筹帷幄型（vigilance）等。每个人或有其固定的决策类型反应，但是面临不同压力的决策情境时，通常会视情况采取不同的决策类型。

此种决策风格的观点逐渐形成学界共识，确认个人会根据特定的决策情境，使用不同的决策风格。阿罗瓦（Arroba，1977）在她的分类中，区分出六种在不同状态下展现的决策风格：

(1) 逻辑型，客观评估和选择；(2) 犹豫型，拖延或推迟决策；(3) 直觉型，基于内心对正确性或必然性的感觉进行选择；(4) 情绪型，基于主观偏好或感觉进行选择；(5) 无为型，几乎没有客观的考虑，这可能发生在例行性的决策或不得不接受的决策中；(6) 顺从型，被动地基于他人的期望进行选择。

此外，刘淑慧与朱晓瑜（1999）根据大学生在资料搜集原则、资料分析机制、筛选策略与决定时机等方面的个体差异，发现富含华人文化特色的四大决策风格：理性型、直觉型、授权型与开放型。理性型与直觉型大致与上述的研究相同。授权型可分两个亚型：(1) 完全授权型，即希望授权对象能够代为决定，放弃自主性，不关心资料搜集的方向或程序，也不关心筛选策略或时机，放心地以授权对象的决策风格做定夺，最好还能代为打点铺路，以利执行决策；(2) 不完全授权型，则将授权范围局限在单纯地代为搜集或分析资料以及提出建议。开放型在资料搜集上具有高度弹性，在资料分析上强调自主性，其筛选策略是将每一个决定看成一连串小决定的组合，可能适时做出初步决定，但不急着做出最后决定（刘淑慧、朱晓瑜，1999，p.457）。

总之，生涯抉择的类型或风格只能用来描述或代表一种做决策时的人格特质。事实上，每个人都是不同程度与形式的折中者，不但在不同生涯事件上采用不同风格，甚至在同一生涯事件上也有可能综合采用不同的决策类型（刘淑慧、朱晓瑜，1999）。在决定一个人使用何种风格，以及这种风格在做决定的有效性方面，看法存在很大分歧。早期的文献大多推崇理性型的决策风格，但也有许多研究表明，人类的信息处理能力有其局限性，不可能绝对地冷静准确；直觉型也有可能被视为非常有用的信息处理方式。因此，理性以外的生涯抉择风格，亦可能是有效的决策方式（Phillips et al., 2001）。

延伸阅读 11-1

FOBO 症候群：害怕更好的选择

FOBO 是 fear of better options 的英文缩写，是一种担心有更好的选择的恐惧感。许多人在面对选择时，总是想要找到最好的方案，但又害怕错过其他更好的机会。所以这是一种不停去研究所有可能选项，生怕错过了最佳的选择，从而导致优柔寡断、后悔懊恼甚至郁郁寡欢的决策状态。这个词（FOBO）的创造者麦金尼斯（McGinnis, 2004）在哈佛大学商学院上学时，特别注意到他和同学总是在努力优化选择，担心做了不够完美的选择，患得患失，导致迟迟无法做出决定（Qing, 2018）。

所谓优化选择，是试图将完美选择的可能性最大化（maximization）。"最大化"的抉择光谱首尾有两种类型：极致之士（Maximizer）和知足之人（Satisficer），最早由经济学家赫伯特·西蒙（Herbert Simon）在20世纪50年代所倡（Lufkin, 2021）。极致之士寻求至善，凡事务必精择优取，苟有未极，则寝食难安，懊恼不已。彼等宁耗费时光，但求事事尽善，无所遗憾。其志在尽善尽美，所图者乃至精至微。知足之人随遇而安，凡事务求适足，无过之而不及。彼等知足常乐，得适当之选择，即止而不进。其志在中庸之道，无意苛求，唯求心安理得，行止有度。

极致之士：完美才好（make it perfect）

大凡极致之士会仔细权衡选择以评估哪个是最好的。他们花了很多时间来考虑可能性和潜在结果。他们通常会依赖外在的评价标准，比如声誉、社会地位等，来判断自己的选择是否正确。当然，这可能带来很好的结果，他们的决定看起来是最合乎逻辑的。缺点在于这些人在脑海中反复折腾推敲哪一个是正确的，很可能导致决策瘫痪。他们想要最好的结果，在这个过程中相对地损失了很多时间。一旦最终做了决定，极致之士的心态是："如果做出另外一个选择，会不会更好？"这正是法国作家伏尔泰（Voltaire, 1694—1778）所说的："至善者，善之敌。"（The best is the enemy of the good.）这就是典型的FOBO。他们又被称为"极致主义者"或"完美主义者"。如果不要让完美成为无瑕的敌人，就做个"知足之人"又如何？

知足之人：够好就好（it's good enough）

这是宁愿快速做出决定，不一定要求最好结果的人。他们没有选择"最佳"，而是接受可接受的选择。与极致之士不同，知足之人不需要很多选择或信息。他们意识到存在本来就是有限制的，你无法解决所有问题，而且肯定无法快速解决所有问题。所以，"够好就好"是这类人决策的哲学观。他们做出决定的速度更快，权衡的选择较少，并且大多凭直觉行事（Lufkin, 2021），通常是"实用主义者"或"随遇而安者"。

哪个比较好？

在做出决定之前，我们永远无法穷究所有的选择和它们可能带来的后果。因此，很难回答"哪个比较好？"有人建议，接受"挺不错的选择"（mostly fine decision）就好，一个让你基本满意的选项，即使它不一定是最好的。也有人建议，对于重要的选择，例如买房子、选择工作，最好倾向于最大化；对于不是那么重要的选择，例如买一份烧饼油条、去哪里喝咖啡，知足之人的思维方式通常效果最好。

信奉亚里士多德的中庸之道的人主张，适当的深思熟虑才是王道。过于冲动的人应该多一些思索，过于深思熟虑的人应该少一些担忧。话虽这么说，做起来可真不容易（Lufkin, 2021; Qing, 2018）。你觉得呢？

三、生涯抉择的模式

我们实际进行决策分析时，都希望能做出聪明的选择。但因认知能力有限或信息不足，常常无法从众多选项中挑出最适合的方案。我们惯于利用自身过去的经验得到的知识，迅速解决问题，这个做法不至于得到太过离谱的结果。这种依赖经验进行判断的法则，称为启发法（heuristics）（张春兴, 2014），又称直观推断法或捷思法。启发法是一种认知上的推论方法，是指依据"不完整的信息"或"不按一定程序"而能在短时间内找到问题解决方案的一种方法。在信息有限和时间有限的情况下，通常依赖脑海中直接浮现的想法或例子来下判断。有时这种捷思法快速精准，是减轻决策过程认知负荷的心理快捷运作方式。但吊诡的是，启发法并不能保证每次的落点都是最佳方案（Kahneman, 2011/2021），尤其在遇到重大且复杂的抉择时。这种根据主观感受而非客观信息建立的"主观现实"，被称为认知偏误（cognitive bias）。认知偏误可能导致判断不精准、解释不合逻辑，或泛称为"非理性"的结果。

为使决策更加周延，生涯抉择模式关注生涯抉择涉及的一些实际过程，着重于生涯发展过程中的决策时机与方式。这些模式为生涯抉择提供了依循的框架。生涯抉择的假设是将复杂的抉择问题分解为不同的基本组成部分，允许个人分别关注每个组成部分，经由充分的思考，从而做出更好的选择（Pitz & Harren 1980）。以此为目的，生涯领域陆续发展出描述性、规范性和典范性等三种型态的决策模式（Bell et al., 1988）。

描述性取向主要描述个体真实的生涯抉择历程，"按照经验法则，决策通常是怎么发生的"，具有现象学的色彩。在这种取向的方法中，不去判断决策分析方法的优劣，而是适当地解释决策实际的行动历程。

规范性取向主要提供了一个生涯抉择内容的标准，"理性的状况下，决策应该是这么发生的"，具有逻辑思考的精神。相对于描述性理论，规范性理论试图描绘"理想"的决策分析，探讨人们应该如何进行理性的决策。传统应用这个方法的代表性领域为经济学。

典范性取向则兼具了历程与内容，甚至希望涵盖决策的"历程—内容—脉络"（Lent & Brown, 2020），"人之为人，应该如何做出决策"，强调多样与弹性，希望能兼容决策过程中的认知与情绪。

以下各节，分别介绍这三种取向及其各具代表性的生涯抉择理论。

第二节　描述性的生涯抉择论

决策的描述性取向（descriptive approach）旨在说明决策历程的实际样貌，在于解释现象，而非分析怎样做决策才是最好的。本节分别介绍两个理论："个人主义的生涯抉择论"，强调个人生涯抉择历程的独特性与复杂性；"积极不确定的生涯抉择论"，提倡以积极的态度接受决策的不确定性，以直觉、开放的心灵面对复杂多变的生涯抉择。

一、个人主义的生涯抉择论

安娜·米勒-蒂德曼（Anna Miller-Tiedeman）与大卫·蒂德曼（David Tiedeman）的个人主义的生涯抉择论（individualistic perspective on career decision-making）受现象学与存在主义哲学的影响，有着浓厚的人本主义与个人主义色彩（Miller-Tiedeman & Tiedeman, 1990）。他们将生涯抉择的历程，按照发生的顺序分为两个大阶段：选择的预期（anticipating a choice）与选择的调整（adjusting a choice）。贯穿着决策的类型与阶段，决策者对现实（reality）的区辨是个重要的影响因素；决策者也会经历"分化"与"再统整"的心路历程。

（一）个体现实与集体现实

现实（reality）是个体对决策实际环境的一种觉察。一个人做了决定，是不是符合现实，这是见仁见智的问题。然而更基本的问题是，要符合谁的现实？此论提出了两种现实：个体现实与集体现实。

个体现实（personal reality）是一种主位的现实，主要说明个体自己知觉到什么是实在的，其过程是朝着符合自己需要的方向进行。反之，集体现实（common reality）是一种客位的现实，是指别人认为决策者该怎么做，包括专家意见、重要他人的意见。根据"集体现实"做出来的决定也许人人都称心，然而当事人不一定满意。所谓的中庸之道，多半是这两种现实折中协调的结果。

（二）分化与再统整

分化（differentiation）是指经验的解组，原有的自我统整状态因新的选项出现开始分解。"以前的我开心吗？""现在的我是谁？""我究竟要成为怎样的自己？"通过新的选择机会，将以前的自己、现在的自己与未来想要成为的自己，摊开来逐一检视与盘点。

再统整（reintegration）是指分开检视后的统整经验，经历了决策的过程，再次融合成一个新的统整状态（Miller-Tiedeman & Tiedeman, 1990, p.312）。这种分与合的过程扩大了自我的整体经验，形成更丰富的自我内涵。

没有勇气离开岸边，就不会发现新大陆。一个人如果停滞不前，或在一种生涯位置固定不动，没有机会让新的选择刺激自我的分化，就不容易形成自我的再统整。当一个人必须面对生涯抉择时，如选择科系、就业、转行、辞职等，即启动了分化与再统整的机制。

由分化的状态到再统整的状态，经由选择的预期与选择的适应两个过程来完成。以下按照预期阶段与适应阶段分别说明之，参见图11-2。

时间

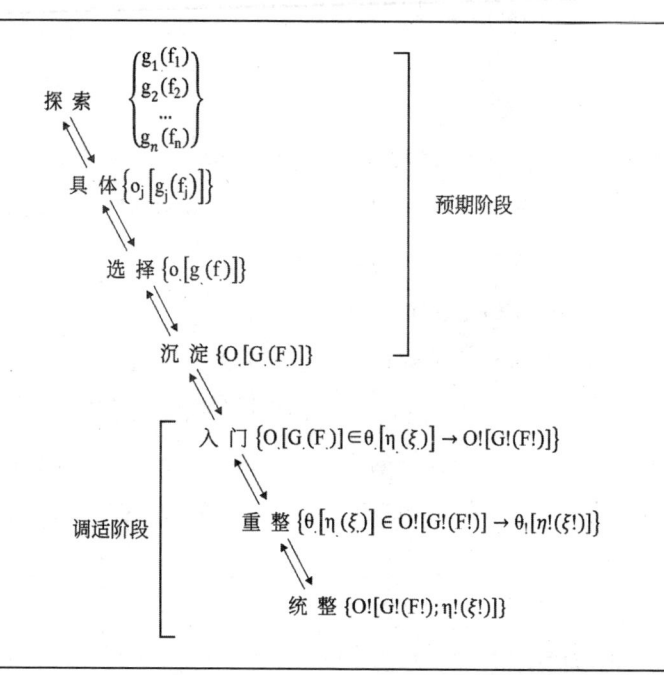

预期阶段：
- 探索 $\begin{Bmatrix} g_1(f_1) \\ g_2(f_2) \\ \cdots \\ g_n(f_n) \end{Bmatrix}$
- 具体 $\{o_j[g_j(f_j)]\}$
- 选择 $\{o.[g.(f.)]\}$
- 沉淀 $\{O.[G.(F.)]\}$

调适阶段：
- 入门 $\{O.[G.(F.)] \in \theta.[\eta.(\xi.)] \to O![G!(F!)]\}$
- 重整 $\{\theta.[\eta.(\xi.)] \in O![G!(F!)] \to \theta_1[\eta!(\xi!)]\}$
- 统整 $\{O![G!(F!); \eta!(\xi!)]\}$

图例：g_j, G_j：代表目标，由构想到具体($j=1,2,\cdots,n$)
f_j, F_j：代表心理范畴，由模糊到清晰($j=1,2,\cdots,n$)
η：(g的类推)指团体的目标
ξ：(f的类推)指团体的心理范畴
θ_j：指团体中O_j的类推，团体成员O_j的累积影响
o_j, O_j：代表组织，由模糊到沉淀

图11-2 蒂德曼生涯抉择过程的模式（资料来源：Tiedeman & O'Hara, 1963, p.40）

(三) 选择前期：预期阶段

预期阶段的决定历程可以再细分成四个基本的发展阶段 (Tiedeman & O' Hara, 1963)：探索期 (exploration)、具体期 (crystallization)、选择期 (choice) 以及沉淀期 (clarification)。这四个阶段的划分只是为了方便叙述，决策的历程实际发生在当事人的经验中并非一定按照这些顺序，也没有年龄或时间的限制。

1. 探索期：在探索期的阶段，当事人面临要做生涯抉择的压力，对于何去何从还漫无头绪。例如高中三年级的学生面临选填大学志愿，大学四年级的学生面临就业、服役或考研，中年业务经理想要转业，职业妇女二度就业等。在这个阶段的主要探索活动是确定几个可能的选择，分别就各个可行的方案广泛地搜集相关的资料，听听不同的意见，暂时不下结论。当事人内在的心路历程开始起伏，原有稳定的统整状态开始分化，将"自己"拆开来逐一检视：在未来可能产生变动的选择里，兴趣符不符合？能力是否胜任？自己最在乎的是什么？通常，情绪的体验在这个阶段最为紊乱，惶惑不安。

2. 具体期：相对于探索期的波涛摆荡，具体期的主要特征是思维趋于平静。在这个阶段，思绪与情绪慢慢稳定下来。各个选择的优缺点经过一段时间的沉思，渐渐明朗。暂时性的决定已经浮现，但是还有可能变卦，有待做最后的决定。

3. 选择期：在这一个阶段，正确的选择水落石出，当事人做了决定。

4. 沉淀期：当一个人做了决定，接下来是付诸实施。然而在实施之前还必须经历一段沉淀期。沉淀期类似在第二章"生涯咨询历程"中提到的做决定的后悔期。这时期的情绪体验是患得患失。已经选择的目标的缺点会变得较为明显、上升，而与其竞争的目标的优点在心目中的分量无端地加重起来。这种"二度挣扎"的心情如果持续下去，就得再回到原点，重新来过。这是一种正常的认知历程，应该接纳及容许它的发生。经历了这一个阶段心情的起伏跌宕，这个决定才算大功告成。之后，将步入选择后期的调整阶段。

(四) 选择后期：调整阶段

做完了决定还必须进入实践的阶段，也就是选择之后的调整阶段，才能达到"再统整"的状态。调整阶段又依序分为三期（Tiedeman & O'Hara, 1963）：入门期（induction）、重整期（reformation）与统整期（integration）。

1. 入门期：在入门期，当事人正式跨入一个新的生涯环境，旧经验面临新经验的挑战。旧有的思维方式、行为习惯，在大多数的情境里仍然主导了当事人的行事风格，可能与新的体制格格不入。而新环境的挑战排山倒海而来，时时要做调整。以留学生为例，在这个阶段一方面要学习新的功课，另一方面要融入新的文化，需要经过这一个生涩的阶段。一个人的生涯抉择是否能贯彻下去，往往这是关键期。

2. 重整期：重整（reformation）的意义从原文 re-form 的字面上来看，是改头换面，是改造与蜕变。原来的形式（form）重新翻修，被新的形式所取代，产生了新的思维方式与新的行为习惯。

3. 统整期：统整期较重整期又向前跨了一步，当事人对环境的适应渐趋稳定。自我状态趋近于新的统整状态，充满自信与成熟。

以上各个阶段在两两之间都是可逆的，例如一个人虽然已经到了沉淀期，还是可以再回溯到前面的阶段，重新设定可能的选项，重新选择。

总之，蒂德曼夫妇以个人主义观点描述生涯抉择历程，强调个人的独特性与主动性。他们的论述充满了哲学智慧与人文关怀。人类在不断需要做决定的挑战中，经历从统整、分化到再统整的心路历程，得以成熟与成长。这种人有着以下的特征（Miller-Tiedeman & Tiedeman, 1990, p.337）：（1）对自己愈来愈了解，将自己融入自己的进化与发展中；（2）活在当下，而不是活在过去或未来；（3）渐渐地了解自己的决策风格，且能灵活运用之；（4）在不确定的状态中，相信自己，容忍焦虑；（5）感受性提高，关心别人；（6）随时都能分辨及舍去陈腐的观念；（7）能够轻而易举地分辨"个体现实"与"集体现实"；（8）与"个体现实"同行。

二、积极不确定的生涯抉择论

盖拉特（Gelatt, 1989）提出的积极不确定论（positive uncertainty），就像现实治疗法流派的威廉·格拉瑟（William Glasser, 1925—2013）提出的"积

极的上瘾"（positive addiction），由辞藻对立引发出来的概念冲击，令人印象深刻。"上瘾"与"不确定"通常隐含负面或消极的意义，加上"积极的"形容词，其含义则另有所指。所谓积极的不确定，是以积极乐观的态度，面对及接纳决策时不可避免的不确定，包括了信息的不确定、情绪的不确定、认知判断的不确定，以及成功概率的不确定等。这样的心态可以促进创造力、灵活性和应变能力。

盖拉特早期（Gelatt, 1962）提出的生涯抉择概念架构，却是典型的理性取向：清楚地定义目标，理性地分析信息，精准地预测结果。他最大的转变来自对当代物理学的领悟。量子物理（quantum physics）的兴起，改变了人们对宇宙秩序的看法；人所观察到的宇宙是人意识层面决定要观察的部分。量子物理发现没有一件事情是绝对客观的。每一件事情都和另一件事情彼此关联，形成一个不可分割的整体。

盖拉特认为，既然物理学家以新的观念发现了新的宇宙秩序，心理学家能否也以新的角度、新的思维，去建立新的咨询心理学或决策心理学？严格来说，积极不确定论是一种新的态度，新的思维方式。旧的决定策略是线性的、客观的、科学的方法，依靠左脑思考，追求"确定"，要求"一致"；新的决定策略是主观的，使用全脑思考，接受"不确定"，要求"弹性"，观察者不能将自己架空或隔离在观察客体之外。

盖拉特认为做决定是一种非序列性、非系统性、非科学性的人类历程。他对决策的新定义是："决策是一种将信息调整再调整，融入决定或行动内的历程。"（Gelatt, 1989, p. 253）根据这个历程演绎出三个决策纲要：（1）对信息的态度；（2）动态调整的历程；（3）全方位的抉择。

（一）对信息的态度

决策仰赖信息，这是毋庸置疑的。有了完整而可靠的信息，可以加快决策的进程。然而，在信息无所不在的今日社会，反而要有更多的取舍与判断，原因有三。

1. 事实很快遭到淘汰：在快速变迁的社会，昨日的事实（无论是知识、信念、理想、标准，甚至伦理），在今日就可能遭到质疑、舍弃。以往这样的历程不是不曾发生，只是过程缓慢。

2. 信息的不确定性：今日人们可以较昔日更快地得到更多信息，但是随手可得的信息往往超过了人们处理信息的能力。人固然可以因此扩大更多的选择范围，预测更多的结果。然而虚假或偏误的信息来源，反而会加深内心的不确定感。

3. 没有绝对正确的信息：大多数的信息在输送与接收的过程中已经有了改变。输送者与接收者多少都修改了原来的版本。什么样的信息会被送出，什么样的信息会被接收，信息传到最后一棒会变成什么样子，要看持有者的"心眼"（mind's eye）。心眼是记忆与想象的心理机能，决定了人看到什么与知道什么。正如马克·吐温（Mark Twain，1835—1910）所言："你之所以陷入困境，并不是由于你的无知，而是对虚假的信息信以为真。"

日本禅宗历史上著名的尼师了然，生于公元1797年，被后世的禅人认为是开悟者。她在圆寂前，留下一偈（林清玄，1995）：

六十六年秋已久，漂然月色向人明。
莫言那里功夫事，耳熟松杉风外声。

"月"并不都叫"月"，只有我们感觉到的"月"才是"月"；"风"并不都叫"风"，只有我们感觉到的"风"才是"风"（余德慧，2018，p.313）。在这首名偈中，"月色"与"松杉"是客观的存在，"向人明"与"风外声"则是接收信息后的主观知觉。月色之所以"向人明"，松杉之所传"风外声"，反映出禅师晚年的修炼境界。信息是通过人的心眼来判断，对不同心境的人而言，月色也可能黯淡，风外也可能无声。

（二）动态调整的历程

生涯抉择的最后结果，是帮助人们找到目标。吊诡的是，找到目标的同时，也意味着失去了其他的目标、其他的学习经验。一个人执着要追求的目标，就难于发现新的目标。这是决策的两难。盖拉特认为，我们要改变对目标的态度。

新的态度是对目标保持一种"不确定",让目标浮动。目标随时根据内外在的环境调整,会带动新的经验、新的信息、新的价值、新的观点。人与环境适配,已知的特质固然得以适性发展,然而在盖拉特的观点中,此举反而阻绝了人类未知潜能的发展。

盖拉特指出,一个人的未来掌握在其对未来的信念。他引用两位学者的话:"每一个人都有能力超越我们自认为的自己,除非我们不相信这些。"(Harman & Rheingold, 1984, p.16)。一个人今日的抉择,不只决定了未来,也反映出其对未来的信念。

这种对目标调整再调整的历程,启动了心智能力中的反思力、幻想力与创造力,这是未来新的生涯抉择技能。"滚石不生苔",在盖拉特的概念里得到了最佳的诠释。

(三) 全方位的抉择

科学时代,理性是唯一的标准,用非理性的方法处理事情是不合逻辑的;在科学挂帅的大旗之下,理性是唯一的标准。虽然,有些咨询人员已然领悟到人在决策时不完全是那么理性(Heppner & Krauskopf, 1987;Heppner, 1989),

理性的特征之一,是观察者与被观察者是分开的,不能掺杂一丝情感,一丝关联。科学实验最忌实验者效应(experimenter effect),如果观察者的意图渗入观察情境,就会左右观察结果。新的决策理论却认为,决策者不能孤立于决策情境之外,甚至决策者就是决策的一部分。

理性的心理学家忙着规范理性的、客观的、科学的心理现象(包括决策行为),却忽略了观者自身。须知,在人的"现在"经验中,未来是不存在的,只存在于人的想象与创造之中,无法理性分析。全方位的抉择(holistic choice)必须同时运用左脑与右脑,深思过去,熟虑将来,对决策保持适度弹性。左脑理性而逻辑,右脑感性而直观;深思过去用记忆,熟虑将来用想象。而弹性,能够适应改变,也能创造改变。

总之,"积极不确定论"看到旧有思维方式的缺陷,希望扩大咨询师的视野,协助当事人启发"客观"之外、"理性"之外的天赋,左右脑并用。盖拉特不仅传达了"Positive Uncertainty"本身的意思,还赋予其更深层次的哲含义，强调了在面对未知时的积极态度，赞叹甚而拥抱不确定性，以迎接生涯中的变幻莫测。

第三节　规范性的生涯抉择论

决策的规范性取向（normative approach）旨在描述最佳选择（optimal choice）的过程。规范性模式主要根据价值（value）与概率（probability）两个变量对每个可能的选项进行评估与权衡（Olsen, McWhirter, & Horan, 1989）。根据这两个变量发展出来的理论原型，称为"预期效用论"（expected utility theory），可用以下的公式表示：

$$EU = E \times V$$

EU 表示预期效用（expected utility）

E 表示选择项目的概率——预期值（expected ratings）

V 表示选择因素的价值——效用值（value ratings）

这个简要的公式说明了最佳的选择，是"预期效用值"最高者。在实际的状况中，我们对于效用（选择因素）的预期大多是主观的，因此该理论又被称为主观预期效用论（subjective expected utility theory）。最早将"主观预期效用论"运用在生涯咨询上的为盖拉特（Gelatt, 1962）与凯兹（Katz, 1966）。

一、主观预期效用论的标准变量：价值与概率

价值是指选择时考虑因素的主观效用（根据每个人的目标和偏好，与每个选项相关的结果在预期收益和成本方面的价值轻重）；概率是指选择项目成功的可能性（选择特定行动方案将导致特定结果的估计概率）。也就是说，不论决定的性质或类别如何，任何的决策历程都是一种价值与概率的加乘考量，使

用不同的程序来估计这两个变量，并将其聚合，找到具有最高预期效用的方案。

（一）选择因素的权重

权重是指对选择因素看重价值的轻重。例如买车考虑的因素很多，包括价格、厂牌、安全性、排气量、配备、颜色、车型等。在这些选择因素中，买主必须先行衡量每一个因素的权重，不仅在个别因素内分出轻重（如价格在80万元左右，德国系车种，排气量1500cc等），还得在这些因素之间分出轻重（如第一优先"安全"，第二优先"价格"，第三优先"颜色"等）。轻重之权衡使得个体必须舍轻就重，如果轻重介乎伯仲之间，便容易形成难以割舍的局面。

当没有时间压力的时候，选择因素的"轻重"可以仔细分析斟酌，随着时间的改变，"轻重"或许会上下浮动；当有时间压力的时候，选择因素的"重"会首先浮现；尤其是必须在极短的时间做决定时。就选择因素的性质看，我们事后回想（特别是刹那间的决定），抉择时浮现的重要"念头"，通常反映出个体的实时需要或看重的价值。

（二）选择项目的概率

概率是指选择项目的胜算，涉及对选择项目有多少程度能满足需求的一种心理期待。企业或政治活动的决策行为研究，采用了许多统计学、经济学的统计公式或预测模式，来计算选择成功的概率。概率的估算充满了变量，是造成做决定时不确定感的主要原因。概率的不确定性有许多来自主观的判断。以下是基本的应用例子（Brown, 1990）。

这例子是在数学老师与工程师之间做选择。衡量看重价值轻重（V）的效用值介于 1～10，评估选项概率（E）的预期值从 0.0 至 1.0。

从主观预期效用论的分析看，这个例子得到的结果，在斟酌了当事人对考虑因素的轻重与选项的概率后，较为有利的选择是"工程师"。

	数学教师	工程师
工作安全（9）	1.0	0.8
高收入（10）	0.4	1.0
地位（6）	0.2	0.6
地理迁徙（6）	1.0	0.9
工作挑战（7）	0.4	0.8
休闲时间（4）	1.0	0.4
家人相处（7）	1.0	0.4

SEU（数学教师）＝ 9.0 ＋ 4.0 ＋ 1.2 ＋ 6.0 ＋ 2.8 ＋ 4.0 ＋ 7.0 ＝ 34.0

SEU（工程师）＝ 7.2 ＋ 10.0 ＋ 3.6 ＋ 5.4 ＋ 5.6 ＋ 1.6 ＋ 2.8 ＝ 36.2

二、主观预期效用论的应用：平衡单法

平衡单（balance sheet）的设计，是用来协助当事人理性地做好重大的决定（Janis & Mann, 1977）。平衡单法最关键的操作原则，在于将创造选项的过程与评估选项的行为分开。首先，尽可能拓宽合宜的可选方案，不能只寻求狭隘的解决之道。然后，依循上述"价值"与"概率"双变量的加乘考量，它可以帮助当事人具体地分析每一个可能的选择方案，研判各方案实施后的利弊得失，最后排定优先级，择一而行。

平衡单协助我们将重大事件的思考方向聚集在四个主题上面：

1. 自我物质方面的得失（utilitarian gains or losses for self）。
2. 他人物质方面的得失（utilitarian gains or losses for significant others）。
3. 自我赞许与否（self approval or disapproval）。
4. 社会赞许与否（social approval or disapproval）。

在实际应用上，"自我赞许与否"和"社会赞许与否"仍嫌笼统，我们建议这两项改为"自我精神方面的得失"与"他人精神方面的得失"。换言之，思考的重心可置于以"自我—他人"，以及"物质—精神"所构成的四个象限内，参见图 11-3。

```
                    物质
                     ↑
        ┌─────────┐  │  ┌─────────┐
        │他人物质 │  │  │自我物质 │
        │方面的得失│  │  │方面的得失│
        └─────────┘  │  └─────────┘
   他人 ←─────────────┼─────────────→ 自我
        ┌─────────┐  │  ┌─────────┐
        │他人精神 │  │  │自我精神 │
        │方面的得失│  │  │方面的得失│
        └─────────┘  │  └─────────┘
                     │
                     ↓
                    精神
```

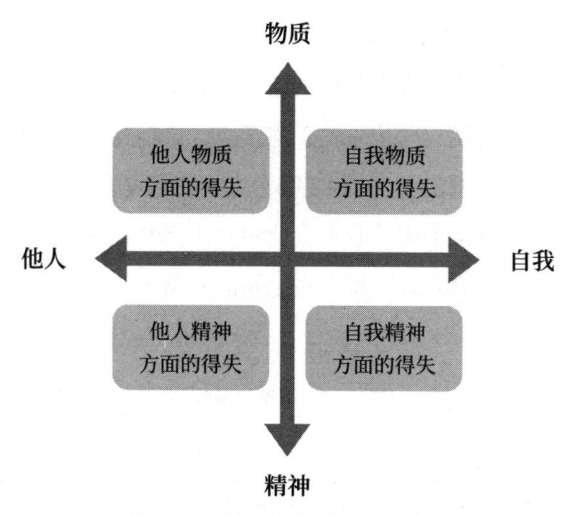

图11-3　生涯抉择考虑因素的维度

这四个维度最大限度符合 MECE 的原则（Minto，2010）。ME（mutually exclusive）的意思是"彼此独立"，CE（collectively exhaustive）的意思是"互相穷尽"，也就是对于一个重要的生涯抉择，能够尽量做到不重叠、不遗漏地分类，希冀能够有效把握生涯问题的考虑面向（他人 vs. 自我；物质 vs. 精神），做出关键的决定。这有助于梳理相互纠缠、纵横交结的思路，提供较为完整的思考框架。

以下是实施平衡单的详细步骤。采用的例子，是一位面临就业的大学应届毕业生，如何借着平衡单整理出对自己最有利的抉择。

1. 步骤一：开放性的晤谈

咨询师第一步采用的是一个开放性的晤谈方式，在这个晤谈中我们关心当事人心里觉得最重要的几个选项，以及这些选项之间不同轻重的属性。然而，咨询师的重点必须聚焦在创造选项的过程，务必拓宽可选的方案，开创新的空间。在这个步骤中，不必急于评估每个方案的可行性。这部分的讨论愈仔细，愈有利于下一步骤的实施。

2. 步骤二：使用平衡方格单

为了使当事人能将所有可能的想法都具体地呈现出来，建议使用平衡方格单。每一个选择，用一张平衡方格单。咨询师："刚才你对于这些选择个别地都谈了许多优点与缺点。现在我们把这些可能的考虑整理一下。"

咨询师可以用刚才晤谈时记下的一些要点，协助当事人填写方格单中的一个细格。开始时先要举例说明表 11-3 四个大类的意义及范围。（例如"你刚才提到，对于第一个选择，薪资的收入会比较高，但是相对地也得付出较多的时间；因此，你可以将'收入高'填入左上角的方格内，将'工时长'填入右上角的方格内"。）

表11-3　平衡方格单

我的选择 # _____

考虑因素	正面的预期	负面的预期
1. 自我物质方面的得失		
2. 他人物质方面的得失		
3. 自我精神方面的得失		
4. 他人精神方面的得失		

先对第一和第二优先考虑的职业排序，在所有重要的想法都列出来后，再依序进行其他的选择。此时当事人纷乱无序的各种念头已化为有系统的文字叙述。咨询师将这些方格单展现在当事人面前："你再仔细看看，有没有遗漏的？"

3. 步骤三：因素的计分

接下来分别对选项的考虑因素进行计分，也就是进行成功"概率"（E）的估算，预期值介于正负 1～正负 5。

4. 步骤四：加权计分

前面几个步骤列举的各项考虑，对当事人的意义不全然是等值的。为了让当事人意识到在平衡方格单上罗列出来的项目有不同程度的重要性，必须进行考虑因素"权重"（V）的估算，加权值介于 1～5。详见表 11-4。

表11-4 平衡单范例：(大学毕业后的生涯抉择)

加权值	选择策略 原始分数 (加权分数) 相关因素	第一选择 准备教师考试 成为中学辅导教师		第二选择 在国内读研 成为心理咨询师		第三选择 准备公务员考试 成为公务员		第四选择 进入旅游业 从事国际旅游规划	
		+	−	+	−	+	−	+	−
	A. 自我物质方面的得失								
(×3)	1. 就业前所需金钱		−3 (−9)		−5 (−15)			+3 (+9)	
(×4)	2. 就业机会的可能性		−2 (−8)					+2 (+8)	
(×3)	3. 工作收入	+4 (+12)		+2 (+8)		+3 (+9)	−2 (−6)		−1 (−3)
(×3)	4. 生活稳定性	+5 (+15)		+2 (+6)	−1 (−3)	+5 (+15)	−2 (−8)		−5 (−15)
	B. 他人物质方面之得失								
(×1)	1. 家人助负债金额	+1 (+1)			−3 (−3)	+1 (+1)		+4 (+4)	
	C. 自我精神方面之得失								
(×3)	1. 自我实现的程度	+3 (+9)		+5 (+15)			−3 (−9)	+1 (+3)	
(×5)	2. 个人兴趣	+2 (+10)		+3 (+15)		+5 (+15)	−4 (−20)	+2 (+10)	
(×3)	3. 与男友相处的时间	+5 (+15)		+1 (+3)					−5 (−15)
(×4)	4. 社会地位的提高	+2 (+8)		+5 (+20)		+2 (+8)			−3 (−12)
	D. 他人精神方面之得失								
(×2)	1. 家人的态度	+4 (+8)		+2 (+4)		+3 (+6)			−5 (−10)
(×2)	2. 男友的态度	+2 (+4)		+3 (+6)		+1 (+2)			−3 (−6)
		+82	−17	+77	−21	+56	−43	+34	−61
	得分	65		56		13		−27	
	优先顺序	1		2		3		4	

(资料来源：张琦芳，2006)

5. 步骤五：排定各种选择的等级

为使当事人能综合地对平衡单的各种选择方案做最后的评估，可以要求当事人再审查一下平衡方格单上面的项目。同样地，也可以对平衡单上的加权计分再作弹性修改。改完之后，当事人根据各选择的最后加权总分，将这些选择依分数高低排列。

6. 步骤六：择一而行

最后的一个步骤，是从不同选项中择一而行。这个步骤中常会遇见几种情况。

（1）退而求其次：按常理研判，当事人会采纳加权分数最高的选项，进行生涯规划。然而，研究决策历程的学者发现，做一个决定通常会在"退而求其次"的过程中完成。这是指在众多的选项中，分数最优的选项往往不是最后雀屏中选的项目，被选中的常常是分数次佳的选项。

（2）最佳选项同分：当事人算出加权后的总分之后，发现最佳的两个选项出现同分。这时候可以回头检验曾经出现的考虑因素，往往加权值最高的几项属性，会有决定性的影响。按照经验法则，在紧要关头（如必须在很短的时间做出重要的决定），通常极少数的关键理由就决定了一切。

（3）左右为难：这是指做完平衡单之后，当事人还是有可能陷入左右为难的困境。除了深入讨论可能的原因，例如情绪的困扰，元信念的澄清等之外，对于当事人"暂时不做决定"的决定，也要予以适度尊重。

生涯抉择的规范性取向重视数学假设，欠缺关于人性的重要哲学和心理学假设（Gati et al., 2019）。规范性模式的特色在于描述完全理性决策者的行为：决策者努力获得与决策相关的所有信息，并且能够考虑选择的所有可能结果，估计每个方案的价值，并将这些价值汇总成一个复合变量。然而，人类并不是完全理性的决策者。当潜在备选方案的数量很大时（在许多生涯抉择情况下都是如此），这一模式需要搜集大量信息并进行大量计算，信息难免会挂一漏万或零散残缺（Janis & Mann, 1977）。此外，在必须做出重要生涯抉择的情况下，有些研究发现尽管这种理性的权衡在理论上合理，但在情感上人们并不能充分接受数字呈现的结果（Hogarth, 1987）。

总之，规范性取向可作为决策过程的重要参考依据，但是这种理性上的完美，应用于解决日常决策的困境时，却又不是那么完美，遂以催生下节的典范性的生涯抉择论。

第四节　典范性的生涯抉择论

决策的典范性取向（prescriptive approach）虽也依循认知心理学的理性模式，但基于对有限理性[①]的理解，放弃了做出最优理性决策的最大化预期效用，而以做出令人满意的选择为目标。在生涯抉择的复杂条件下，典范性模式的目标可以总括为：提供一个系统的过程来做出"还不错"（good enough）的生涯抉择，够好就好了，而不是追求"完美的"理性决策（Gati, 2013）。

本节介绍两个具代表性的典范性生涯抉择模式，分别为 PIC 决策模式（Prescreening, In-depth exploration, Choice）（Gati & Asher, 2001a, 2001b）与认知信息处理模式（Cognitive Information Processing，简称 CIP）（Sampson et al., 2004）。

一、PIC决策模式（筛选—探索—抉择）

PIC 决策模式认为，生涯抉择之所以复杂，其中一个主要因素是每个可能选项都涉及大量潜在相关信息。过去的研究（Potter & Beach, 1994）指出，在处理具有大量潜在选项的决策时，人们通常会直觉地将过程分为两个阶段：(a) 筛选：筛选出不可接受的备选方案，优先放弃；(b) 选择：从其余的选项中遴选最佳的选择。

[①] "有限理性"（bounded rationality）的概念是由经济学家西蒙在 1956 年提出的（Lufkin, 2021）。他认为个体在做决定时，并不是完全理性，而是受到自己的认知能力、信息含量、时间限制等因素的影响。因此，他提出"有限理性"来解释人们如何在不完美的情况下做出合理的选择。

据此，PIC 决策模式将过程区分为三个主要阶段，每个阶段都有不同的目标和策略。(1) 预先筛选阶段 (prescreening)：根据个人的喜好预先淘汰初选清单的次要选项，找出一组候选清单；(2) 深度探索阶段 (in-depth exploration)：深入有希望的候选清单，得出一份最后入围的决选清单 (short list)；(3) 选项抉择阶段 (choice)：根据所有合适选项的详细比较，选择最合适的终选方案 (Gati & Asher, 2001a)。个人可以根据其在流程中的进度和状态，在各个阶段之间来回移动，适度调节。每个阶段都必须注意三件事情：第一，咨询师提出该阶段的目标以及对当事人的角色期待；第二，当事人积极地回应咨询师问的问题；第三，咨询师对当事人的反应给予适当的反馈。

(一) 阶段一：PIC的预先筛选

目标： 缩小选项范围，筛选大约七个以内的潜在选项。

方法： 循序删除法（按属性排除法）。

结果： 列出一个候选清单，以便深入探索。

PIC 第一阶段的目标是减少选项的数量，并确定一组值得进一步深入探索的选项，通常是七个以下 (Miller, 1956; Gati et al., 2003)。这里建议的预先筛选过程称为按属性排除法 (elimination-by-aspects strategy) (Tversky, 1972)，该策略已被证实能够与人们实际做出生涯抉择的方式兼容，又称为循序删除法 (sequential elimination approach) (Gati, 1986)，借由"属性内"的比较以及"选项间"的比较，删除若干次要的考虑因素（选择属性），缩小选项的数量。此法最适合的情况是当事人受困于太多的选择志愿。

PIC 的预先筛选阶段根据循序删除法的历程，可细分为以下的步骤。

1. 步骤 1：定义问题

咨询的第一个步骤，是明确地界定决策的目标，以及确定有哪些可能的选项。例如：

· 选择一个职业（如建筑师、程序设计师或室内设计师）。

· 选择一个主修的范围（如免疫学、医学信息或公共卫生）。

- 选择一个就业单位（如公立医院、民营医院、个人诊所）。

2. 步骤2：确定相关的考虑因素

所谓的考虑因素，是个人所偏好的职业相关属性。重要属性清单应包括客观限制（如残疾）、个人能力（如创造力、技术技能）和个人兴趣。由于认知与信息的限制，一个人在做决定的时候不可能考虑到所有的因素。因此为避免有所遗漏，加蒂建议初期使用大量与职业相关的属性进行预筛选，以准确细化每个人的职业偏好。当事人必须确定有哪些因素是得集中注意力思考的。这是最重要的一个步骤，因为最后的决定，取决于这些因素。例如：

- 收入
- 升迁的可能
- 安全性
- 都市地区
- 能力与兴趣
- 兼顾家庭生活

3. 步骤3：排定考虑因素的重要性

各种选择之所以互相牵制或牵引，关键在于考虑因素的纠葛。因此，若能将因素的重要性厘清，才可能据以衡量因素在各选项上的轻重。循序删除法的这一步是得出职业相关属性的相对重要性排名。一个属性可能被认为是重要的，因为个人在职业中相对地喜欢这个因素的特性。例如"工作环境"这属性可能被选为重要因素，可能是因为个人偏好"只在户外工作"，也有可能是因为个人不想在户外工作，更喜欢只在室内。

例如："你提到在上面的这些考虑因素中，你最看重的是'能力与兴趣'，那么第二、第三……呢，可否依次排列下来？"

(1) 能力与兴趣
(2) 收入
(3) 升迁的可能
(4) 兼顾家庭生活

(5) 都市地区
(6) 安全性

4. 步骤4：确定选择因素的最佳标准与接受标准

接下来，是要当事人确定每一个选择因素的最佳标准与接受标准。所谓最佳标准，是理想的标准；接受标准，是妥协的标准（虽不满意，但可以接受）。例如：

· 你提到主要能力与兴趣的发挥范围在医学研究方面，你能否接受医学的临床工作呢？

· 你希望的待遇在月薪三万人民币，能否有妥协的价码？

· 私人执业家庭医生与急诊室医生在非常规时间工作的变化如何？

5. 步骤5：根据喜好删除不适合的选项

然后，按照选择因素排列的优先级，逐一评估各个职业选项。只要被选择因素评估为不具有最佳标准与接受标准者，即可在评估表上除名。最后留在评估表上的选项保留在七个以下即可。

6. 步骤6：检查与再确认

这是预先筛选阶段的最后一步，成果是列出一个候选清单。循序排除法可以达成这个目标，但并不是没有缺点。其主要缺点可能会因为单个属性的轻微不匹配，而消除了潜在的合适选项。因此，通过增加安全检查机制，可以大大降低这种风险。

这种重新检查与再确认涉及：(1) 重新考虑和确认每个属性报告的可接受范围；(2) 深入理解为什么某些选项在系统搜索之前在直觉上被认为有吸引力，却在因素排除法的过程中被删除；(3) 找出由于单个属性的微小差异而被丢弃的选项，并考虑在该属性妥协后的可能性。

因此，在删除掉不适合的选项后，为求慎重起见宜再回头确认，检查删去的选项是否是"遗珠"。详细的步骤如下。

(1) 回到先前步骤，看看当事人是否有充分的理由割舍列出来的选项。虽然在某些标准下被割舍，其他吸引当事人的理由是否仍存在？

(2) 复诵删除该选项的主要理由。

(3) 检查勉强被删除的选项。

(4) 如果有些选择因素太过严苛，是否能降低门槛？

(二) 阶段二：PIC的深度探索

目标： 找到不仅有可能而且确实适合个人的选项。

方法： 一次只关注一个可能的选项，搜集更透彻的信息。

结果： 列出决选清单（最多3～4项）。

PIC第二阶段的目标，是通过深度探索列出最后入围的决选清单。在这个阶段，决策者针对清单上的选项，逐一勘探，全面扩大搜集有关的信息。重要的是全力全意地关注该选项的核心属性，因为这是个人与职业本质相互吸引的关键因素。例如"对人的生理疗愈"和"在非常规时间轮班工作"是护理人员这个职业的核心属性，而"使用语言能力"可以是次要的属性。

一旦发现入围选项的属性都适合个人的特质，接下来是通盘考量这些选项主观实践的可行性，如果某项职业不可行，则应考虑从清单列表中删除。因此，深入勘探阶段应产生一份更为简短的"决选清单"，这些选项将进行最后的决选。

(三) 阶段三：PIC的选项抉择

目标： 选择最合适的方案，并对次优的备选方案进行排序。

方法： 比较和评估清单上的选项，找到最合适的方案。

结果： 确定最后的终选方案。

PIC第三阶段的目标在于终选最合适的选项。根据经验法则，实现首选方案依然会涉及诸多非人力所及的不确定性。因此，强烈建议个人不宜仅仅选择一个最合适的方案来结束决策过程，而是对清单上的选项进行排序，便于在实施过程出现障碍时，可改采退而求其次的备案（Gati，2019）。

这个阶段涉及对所考虑的终选与备选方案进行精确的比较，关注它们之间的差异，以及权衡每种方案的优缺点。由于现阶段考虑的方案都是可行的，因此在方案之间的合意和不合意特征中进行权衡，所涉及的折中将更为微妙。此外，由于考虑的方案数量已经缩小，决策者现在可以对每个方案的各个方面进行详细比较，不至于面临信息过载的情况。最后，纵观全局，拍板定案。当事人可以将所有选项的优缺点详细列出，从中排列出选项的最后决定顺序。为使表格一目了然，可参考前节的平衡单。

总之，PIC 的三阶段程序结合了循序删除法，可以应用于个体生涯咨询，高中、大学的生涯团体辅导以及生涯发展课程。其主要的优点有：（1）符合人类认知处理信息的有限性，可以解决志愿太多的烦恼；（2）决策的流程自然而易于了解，也容许当事人主观直觉的反应；（3）其搜索历程与许多生涯辅助计算机辅导系统兼容（Gati, 1994）；（4）只要是与决策有关的情境，无论是与生涯有关的选择（如选择大学、选择科系、选择职业等），或与其他生活有关的选择（如买车、租屋、置产、投资等），均一体适用。

二、认知信息处理模式

认知信息处理模式是一个兼顾了决策的内容与历程的典范性的生涯抉择论（Gati, 2013；Lent & Brown, 2020）。

在 20 世纪 80 年代初期，美国佛罗里达州立大学（Florida State University）的一个研究团队（Peterson et al., 1991），结合认知心理学的知识（Newell & Simon, 1972），试图建立一个应用于生涯咨询的认知信息处理模式。这个研究团队认为，认知科学或认知心理学的研究取向，包括大脑如何接收、编码、储存和使用信息，可提供生涯抉择的思考模式。认知信息处理的观点，可以唤起一般生涯学者从关注生涯抉择结果的适当与否，到关注生涯抉择的认知历程。

（一）认知信息处理模式的假设

认知信息处理的取向，是以下列假设理解生涯抉择的本质（Sampson et

al., 2004)。

(1) 生涯抉择是基于思考（认知）与情感（情绪）历程的交互作用：认知信息处理强调生涯抉择的认知层面，同时也接纳这个历程中的情意层面。生涯目标的选择，是两者交互作用的结果。当思考生涯问题并做出决定时，情绪可以激励我们做出选择并坚持到底；但也有可能导致行动迟缓或激进，无法做出适当的选择。

(2) 生涯问题的解决既仰赖知识（内容）也仰赖认知运作（历程）：要解决一个人的生涯难题，靠的是对自己的知识与对工作世界的知识；同时也得靠自己的认知运作历程去统合这两类的知识内容。

(3) 生涯发展即知识结构不断地成长与改变：自我知识与职业知识包含了许多有组织的记忆结构。人的一辈子都不断地在进化，人与环境都不断地在改变。因此，在生涯发展过程中统整这些层面的需要，也永不止息。

(4) 生涯咨询在于提升当事人信息处理的能力：认知信息处理取向的生涯咨询目标是提供某种学习的条件，增进记忆结构与认知能力的成长，提升当事人生涯抉择的能力。

由以上的假设综合来看，生涯发展与辅导的历程，即学习信息处理能力的历程。生涯咨询与辅导的最终目标不仅仅在于帮助一个人解决生涯困扰或难题，而在于帮助一个人发展解决生涯问题的能力。

（二）认知信息处理模式的概念架构

生涯问题的解决仰赖内在认知系统对外在信息的运作。要提升个体的生涯问题解决能力，可以从加强信息处理的能力着手。彼得森等学者（Peterson et al., 1991）将这些能力按照生涯咨询的特性，组合成一个"信息处理层面的金字塔"（pyramid of information processing domains），主要有三个层面：最基础的部分是知识层面，中间是决策层面，最上层是执行层面，参见图11-4。

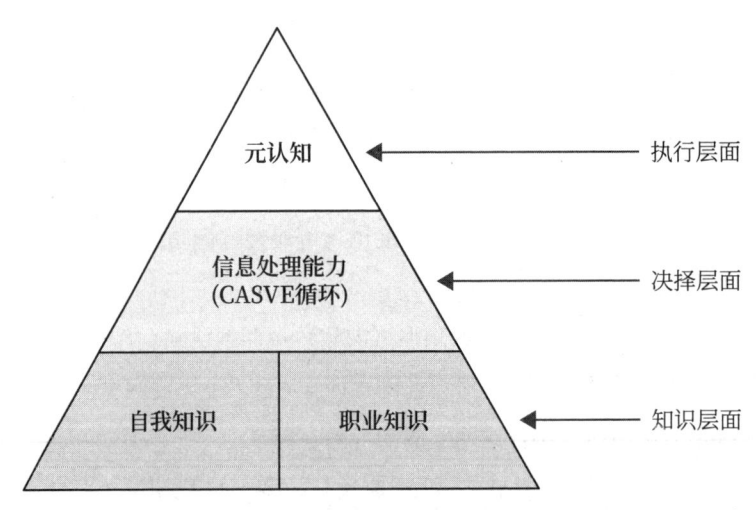

图11-4　生涯抉择之信息处理金字塔（资料来源：Sampson et al., 2004, p.21）

1. 知识层面

人类大脑的信息处理功能，类似计算机的运作。我们可以由计算机的运作历程模拟大脑的运作历程。信息处理的知识层面，可比拟为计算机的资料档。所不同的是计算机的资料档储存的是个别独立的数据，而知识在人类的记忆中是以基模（schema）的形式存在着。

知识层面包括两大部分：自我知识与职业知识。自我知识区储存了有关个人经验、兴趣、能力、价值观与需求等特质的信息；职业知识区储存了与工作世界有关的信息。这些信息以基模的形式储存在长程记忆区中，当需要进行生涯抉择时，即从长程记忆中提取。

（1）自我知识区：自我知识包括个人对价值观、兴趣、技能和就业偏好等方面的认知。尽管金字塔在这一方涵盖的自我特征包含甚广，为了简约和清晰起见，CIP仅选择将价值观、兴趣、技能和就业偏好这四个心理变项作为自我认识的关键组成部分。价值观被定义为工作的动力。兴趣指人们喜欢的活动（行为）。技能被定义为人们表现良好的活动（行为），在此，技能（skills）与能力（abilities）被视为同义词。就业偏好被定义为人们在工作中喜爱的因素（如旅行机会）或避之唯恐不及的因素（如举起重物）。个人的价值观、兴趣、技能、就业偏好通常受到个人特征和生活经历的影响，甚至可能会受到个人宗教或精神信仰的影响。这些知识随着个人的身心成熟和生活经验而逐渐充实。

有效的生涯问题解决，其先决条件是在自我知识层面具备分化程度良好的基模（Weiner & Gati, 1986）。如果缺乏对自己的了解，相当于失去了判断生涯选项的指南针，在临床上常见的现象是呈现两极化的彷徨：有太多的选择而无从选择（"好像我什么都能做"），或根本无从选择（"我实在不知道我能够做什么"）。

自我知识信息的输入，是通过感官的接收，整合于现存的自我基模中，以情节记忆（episodic memory）（Tulving, 1984）的形式储存。情节记忆是随着时间推移的一系列故事情节，其结构包括了时间、地点、人物、情境，以及当时所感知的一切。我们对自己的理解，来自情节记忆两个基本的信息处理历程：解释与重组（Rummelhart & Ortony, 1977）。

① 解释：个体的理解历程首先通过对故事经验进行"解释"。解释是如何发生的？当新的感觉信息输入时，会在长时记忆里的事件中寻找相吻合的特征。特征一致，解释告成；对事件的解释遂储存在情节记忆中，以备提取。由此观之，五彩缤纷的生活经验储存在记忆中，并非知觉的原版，而是一种对事件的解释。换言之，解释是一种微妙的心理历程，原版的知觉经过解释之后，有可能被隐藏、压制、扭曲、遮盖或塑造；同样的信息刺激，会有不同的解释版本。"我打了个败仗"是个事件，张三可以解释成"我是一个屡败屡战者"；李四可以解释成"我是一个屡战屡败者"。因此，所谓自我知识，实际上是一种自己对发生于己身的重大生活事件的综合性解释。

由基模类化的功能看，低阶的情节记忆会慢慢形成高阶的抽象概念，而形成自我知识的基本元素。上述的张三，久而久之会形成一种"坚韧不拔"的正面自我概念，凡事处变不惊，愈挫愈锐；李四则反之。"冰封三尺，非一日之寒"，这些自我知识都是经年累月的情节记忆所盘积而成，根深蒂固，却未必客观。别人眼中的我和自己眼中的我未必一致，这是要注意去区别的。

② 重组：新的事件会不断地形成新的经验，经解释后储存于长时记忆中，以备提取。提取的过程则涉及"重组"的功能。一位待业谋职的青年，遇到有更好的工作机会时（新事件），即从长时记忆中的现存基模中组合出"我适合这工作吗？"所必需的自我基模内容。若此两者特征一致，新的理解过程即完

成循环。重组的历程是让个体从过去的事件经验中,产生一种新的自我觉察;重新发现过去的经验形成的一个"我"是什么,以对这个"我"的理解为基础,去解释新的环境事件。

知识层面的信息结构,其深度与广度提供了生涯抉择的基础。然而,还需具备决策的信息处理能力,才能有效地解决生涯问题。

(2)职业知识区:职业知识区储存的是一个人对职业世界认识的基模,共分两类:个别职业的知识,以及职业之间结构关系的知识。

个别职业的知识,指我们对某一个职业,例如其工作内容、薪资条件、所需的教育与职业训练、工作环境等,所了解的信息内容。这些知识的来源有多重管道:① 个人经验,这是来自亲身对职业的接触或体验,包括青少年的打工经验,以及对工作角色楷模的观察学习等;② 报章杂志等非正式文献,如短篇小说或文章中有关职业的描述、不同行职业人员的生涯观感或回顾;③ 官方正式或商业出版的职业知识介绍;等等。

第二种形态的职业知识属职业之间结构关系的知识。一个人能否分辨电机工程师、土木工程师与天文学家的异同,涉及对这些职业之间的结构关系是否了解,这种知识又称为类别知识(categorical knowledge)或阶层知识(hierarchical knowledge)(Chi, 1985)。若以职业结构划分,《台湾省职业分类典》计分大类、中类、小类及细类等四个等级。例如专门性、技术性人员(大类)以下有理化科学家、建筑师、工程师、生物科学家等;建筑师(中类)以下又分建筑及都市计划人员、土木工程师;土木工程师(小类)之下再细分建筑工程师、结构工程师、道路工程师或桥梁工程师等。霍兰德的六角型结构(Holland, 1997)也是一个简单又好用的类别知识。

职业知识储存在语义记忆(semantic memory)中。语义记忆的结构是一系列可证实的事实,其结构包括语言、文字、概念、原则等。个体经信息处理而学到语文符号与其相关联的意义之后,再遇到该符号时,不需重新学习,即知其意义(张春兴,1991)。语义记忆既不受对过去事件的解释的影响,也不受当前情绪的左右。例如以前学习过会计和审计工作活动的人,即使在负面情绪的影响下,也能够区分这两种职业的工作活动。

2. 决策层面

"信息处理层面的金字塔"之中间层是决策层面，类似于计算机的程序软件用来处理储存在记忆区中的资料数据。基本的决策能力包括以下五种，呈现于五个信息处理做决定的步骤之中：沟通（C）、分析（A）、综合（S）、评估（V）与执行（E），简称 CASVE 循环（Reardon et al., 2009/2010）。参见图11-5。

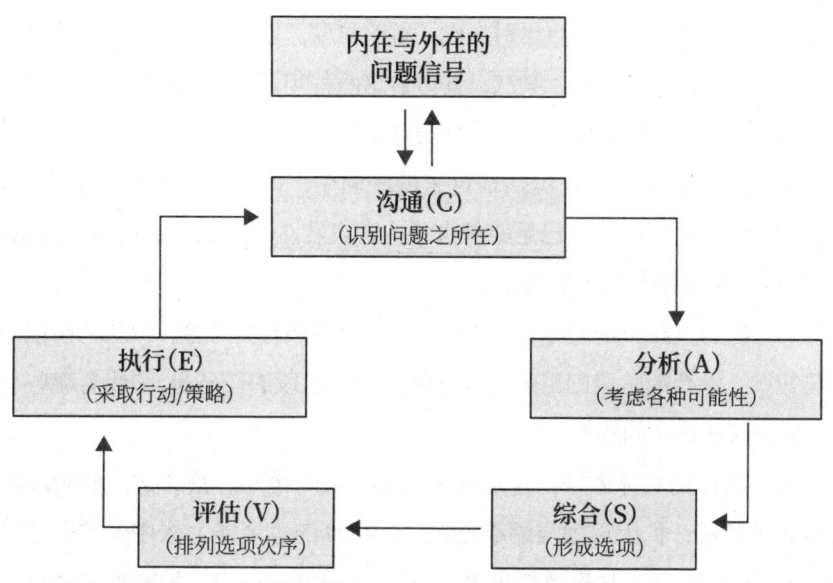

图11-5 信息处理CASVE的五阶段循环图（资料来源：Sampson et al., 2004, p.26.）

（1）沟通（communication）：沟通是 CASVE 做决定的第一阶段，在这个阶段当事人接收到理想与现实之间存在的差距（gap）传达出来的信息（Johnson-Laird, 1983；Kaufman, 1972）。这些信息通过内在与外在两种管道传递进来。内在管道的沟通信息，包括种种身心失衡或不安的反应。在生理上，包括失眠、恍神、头痛、便秘、注意力无法集中等；在心理上，呈现焦虑、厌烦、无助、缺乏自信等；在行为上，反映出工作失误连连、对学习或工作的热忱消失、不断产生心力交瘁与专业倦怠等现象。外在管道的沟通信息，包括政府的产业结构即将调整、就读的科系将与其他科系整并、工作部门即将裁并等。这些内外在信息传递出来的信号，是一种强烈的"我必须要做一个选择了"的行动指令。

按信息处理论的术语，所谓"沟通"，指个体"接收"到问题的信息，经过"编码"的过程，传输出"这个落差是个必须解决的问题"的信息。

（2）分析（analysis）：CASVE 的第二个阶段是进行分析。华人解决问题讲究事缓则圆，其深一层的含义是少安毋躁，静待情绪过后，才能分析事理。在这一个阶段，分析造成前一阶段落差的可能原因与相关因素。在生涯问题的解决过程中，首先要分析自己对自己了解的程度，以及对将来去向（选择专业或选择职业）的了解程度。其次，要分析这两种知识之间的关联，考虑自己的各种特质在哪个生涯方位才能充分地发挥出来。

最后，分析的内容还包括在过去的经验中，如何进行类似的重大决定，在重大的生涯抉择中，自己是如何进行内在自我对话，如何觉察自己的感受，以及如何监督或管控所有程序的。

（3）综合（synthesis）：CASVE 的第三个阶段称为综合。分析的阶段用来知己知彼，综合的阶段则用来运筹帷幄。这一阶段的任务是："我有哪些有效的方法来解决这个问题？"

此一阶段的具体做法，是选择清单的扩大与缩小。换言之，此阶段可分成两个子阶段：扩大选项与缩小选项。运用到的思考能力依序是扩散性思考（divergent thinking）与聚敛性思考（convergent thinking）。扩散性思考是一种自由联想式的思考方式，运用类似脑力激荡的技术，创造出以量取胜的待决方策。聚敛性思考则是较为细密的收网功夫，将各种不适宜的方策，予以删除或剪裁。

在扩大选项的阶段，当事人根据自己的兴趣、能力与价值观，尽可能地列出不同的选项。如同渔夫撒网捕鱼，撒出的网面积越大越好；暂时不去考虑网内的鱼是不是能做晚餐的鱼。在缩小选项的阶段，进行收网与筛选的功夫；考虑的重点，是这些选项能否消除第一个沟通阶段出现的差距。

经过这两道思考过程，几种能够被当事人接受的选项虽逐渐水落石出，但仍悬而未决。

（4）评估（value）：CASVE 的第四个阶段，是经由评估排列出选项的优先级。评估是一种抉择，"抉择"从表面看是"取"，反面却是"舍"；所取者固为当事人之所好，所舍者却非当事人之所恶，这是评估过程中最大困难之所在。

就评估过程看，至少包括两个步骤：①针对各个方案评估利弊得失；②排列出优先级。前述的苦恼大多发生在第一个步骤，待得失互见，经仔细评比之后，第一选择、第二选择依次排列。通常第一选择意指最能解决理想状况与现实状况之落差者，至此，问题暂时告解。万一第一方案行不通，才考虑动用预备方案。然而，也有决策者在第一方案受挫时，会回到先前的沟通阶段，重新开始决策历程。

（5）执行（execution）：CASVE的最后一个阶段是执行。执行阶段是将认知转换为有计划、有策略的行动。在正常的情况下，当事人有了新的行动方向与指标，割舍了一些曾经执着的价值，全力以赴。但是，当事人在这之前会经历一段"下决定的后悔期"（参见第二章）。其特征是对所"取"者缺点的评估值会上升，而其优点的评估值会下降；所"舍"者则反之。经过短暂的天人交战，一种选择是肯定先前决定的正确性，再次重整旗鼓；另一种选择是全盘弃守，重新来过。

3. 执行层面

信息处理金字塔之最上层是执行历程，相当于计算机中的工作控制功能（job-control function），操纵计算机按指令的顺序执行程序。在人类的大脑中，执行历程层面也有类似的功能，主宰着对认知策略的选择与排序，称为元认知（metacognition）（Gagne, 1985）。元认知是一种个人对其所认知的认知（cognition about cognition），亦即对认知历程的觉察（Mayer, 1992, p.256），扮演的是一种"综合性监督"（掌控、选择、支配、监督、批判）的角色。比方说，当一个人在抉择时，做决定的CASVE历程是认知的历程；如果此人经常问自己："这一段的思考合理吗？这判断的逻辑对吗？心情这么差，判断的结果能接受吗？"表示其元认知能力在进行综合性的监督。元认知也会监视问题解决策略的执行，看看是否达成预定的行为目标（Flavell, 1976）。

执行元认知的能力称为"元认知技能"，主要有三类。(Peterson et al.,

1991）。

(1) 自我语言：自我语言（self-talk）是一种自言自语式的内在对话。语言是内在思维的一种外在表征，通过语言的表达可以追索思维的原则，这些原则称为信念（beliefs）。自我语言涉及内在的信念，对决策行为会造成决定性的影响。

项羽败走垓下，无颜见江东父老，或曰："垓下之战，虽困于四面楚歌，然非因吾之不勇，实乃天命已定。数年征战，吾无愧于心，忠义如初。此役乃人力之极限，非智勇可改天命。吾之失败，实乃天道使然，留名千古，义士之魂不灭。来生再聚，吾必再展雄图。"曹操败走赤壁，养精蓄锐，徐图大展，或曰："赤壁之战，虽败于江东，然吾军志不减。此役非因吾之无能，实乃天时不利，风助敌焰。吾既识天命，当重整旗鼓，以待来日。败于赤壁，实乃积蓄力量之契机，养精蓄锐，未来定当再图大业。"（OpenAI，2024）。两位盖世英雄的内在自我语言，内化自深厚的生命历练与独特的生命价值。

第八章提到的自我效能（Bandura，1982），也是一种内在的自我语言。自我效能高者，会用积极的自我叙述增强自己的信心。不少研究发现，高自我效能者具有较低的生涯犹豫倾向，有较多的生涯抉择可能（Lent et al., 1986）。

(2) 自我觉察：元认知技能中的自我觉察（self-awareness），包括对行为的觉察与对情绪的觉察。行为觉察指当事人能够觉察到自己是某件行为任务的执行行动者。情绪觉察指当事人不仅能觉察到决策过程中的行为反应历程，也能觉察到情绪的作用。在问题解决的过程中，情绪因子一直是个重要的影响因素（Zajonc，1980）。无法做好生涯抉择常受到焦虑情绪的影响。当有负面的情绪出现时，决策过程会阵脚大乱，难以为继（Mitchell & Krumboltz，1980）。

(3) 控制与监督："觉察"是"控制与监督"的先决条件。执行行动者的觉察能注意到每一个行为动作的细微部分，一有闪失随时可以予以控制修改。在生涯问题的解决过程中，元认知能力的控制与监督可以帮助当事人监控整个决策过程，在哪一个步骤需要提供何种信息，在哪一个步骤需要暂时停顿以便补充足够的信息；在哪一个阶段产生了心理冲突，是否必须回到先前的阶段重新考虑等等。"在情绪低潮的时候，千万不要做重大的决定。"这是"自我觉察"在发挥"控制与监控"的"自我内言"。

总之，CIP 理论撷取了认知心理学有关人类认知历程的原理，协助当事人在快速变迁的社会中，发展出运用内在自我知识与职业知识，在适当的监控机制中解决生涯的困境。我们内在对信息处理的历程，是有效进行生涯抉择的重要条件。认知信息处理模式强调生涯咨询与辅导的历程是一种学习的历程，即学习上述信息处理能力的历程，其本质是一种知识的增长。在认知结构中，新的经验吸纳至旧的经验中，原有的认知基模扩大，产生量变。新经验的加入，使旧经验产生质的改变，认知基模也产生了质变。

因此，CIP 理论的目标在于帮助一个人发展自己解决生涯问题的能力：通过这种学习使得自我知识与职业知识愈见宽广，统整这些知识层面的决策与元认知历程也愈见精细。这个以金字塔为比喻的认知过程提供了生涯抉择的透视图，也可被视为咨询师内在的工作地图。

延伸阅读 11-2

生涯抉择：快思与慢想

《思考，快与慢》（*Thinking, Fast and Slow*）（Kahneman, 2011/2012）是行为经济学的经典著作，将人类大脑主宰思考与决策的推理运作方式区分成两种模式：系统一（System I）是倚赖直觉的"快思"，系统二（System II）是理性逻辑的"慢想"，它们又称为双重系统（dual process）（De Neys & Pennycook, 2019）。系统一是自动化且不自觉的快速心智活动，例如在觉察路上的危险时，就早一步闪避。这是很多我们做对事的原因，也是很多做错事的祸首，有着"错误判断"和"系统偏见"的坏声名。系统二是深思熟虑的心智活动，仰赖大量数据与信息，相对比较可靠，但费神又费力。

思考推理的快思（系统一）和慢想（系统二）拥有各自的功能、运作机制与限制。从生涯抉择模式中显而易见的是，职业心理学在很大程度上仍然偏好理性（系统二）的观点，对理性以外（系统一）的决策接纳度存疑（Krieshok et al., 2009）。

这也是生涯抉择理论中常见的争议。生涯抉择在"多大程度上"是一个无意识的（快思）直觉过程，还是一个必须全然有意识的（慢想）理性过程？事实上，人类大脑对决策和行为启动的大部分处理方式，不完全是在意识水平上进行的。因此，需要个人清楚表达其喜好和价值观的决策模型，并不是那么精准。据此，改善生涯抉择的更有效方法必须加入"非理性"的经验（例如直觉与无意识）（Krieshok, 1998, 2001）。《思考，快与慢》也强调，直觉的"系统一"有时远比逻辑的"系统二"告诉我们的要更具影响力，它是我们许多选择和判断背后的"秘密作者"（Kahneman, 2011/2012, p.32）。

事实上，PIC决策模式与CIP模式面对外界的批评声浪也心知肚明。PIC决策模式的加蒂也毫不讳言，直觉反应和理性探索基本上是互补而非矛盾的（Gati, 2013）。尽管应该主动、系统和有意识地做出生涯抉择，但直觉在这个过程中仍然发挥着重要作用。直觉会影响个人对每个涉及生涯抉择的属性判断的敏感度、该属性的偏好水平以及妥协意愿。直觉也可以左右一个人的最终决定，影响进行整体评估的判准。

在CIP的金字塔模式中，理性在生涯抉择过程中看似比直觉更重要。然而，CIP模式相信且接受"直觉是一种不同的认知方式"，直觉是我们直接意识之外的认知。从直觉中获得的洞察力与从理性逻辑中获得的洞察力一样有价值。尽管每个人在决策中使用理性和直觉的程度各不相同，但几乎每个人都会在一定程度上使用这两种思考方式。他们不断强调，直觉的使用在CASVE循环的沟通、分析和评估阶段特别有价值。良好的生涯问题解决和决策历程同时涉及理性和直觉（Sampson et al., 2004）。

生涯抉择是一个通过体验性活动提高觉察能力的过程。最大的挑战在于，当个体必须在有限的时间做出特定的决策时，如何将快思的直觉与慢想的理性结合起来。

结论

在生涯发展的过程中，我们因自己的决定承担了做决定的责任，也为做决定之后的自己提供了经验，从而定义了自己的存在。生涯抉择法则的应用，在于凭借有效的策略，从毫无头绪的生涯困境中梳理出可行的方向。

生涯抉择论可归纳为描述性、规范性与典范性三类。对于三大类型决策模式的主要批评之一，是过分强调生涯抉择的认知成分，而忽视了在这类决策中的情感因素。确实如此，以认知心理学为基础的决策理论，倾向关注决策过程中深思熟虑的认知运作过程。无论是在理论上还是在实际咨询中，生涯抉择的情感与非认知的因素也应予重视。这些因素可能特别表现在：（1）直觉在决策过程中的作用；（2）决策模式和决策风格之间的相互作用；（3）咨询中"认知"和"非认知"成分的整合，将其视为互补因素而不是竞争因素（Gati et al., 2019）。

在生涯抉择权衡过程中，或许理性与感性的平衡，意识与无意识的互补协调，才是最合情理的指导原则。

参考文献

王力行（1997）：走到转弯处。远见杂志，130, 22。

田秀兰（2000）：大学生，你在想什么？谈大学生的生涯抉择困难与生涯想法。辅导季刊，36(2), 22–25。

余德慧（2018）：生命转化的技艺学。台北：心灵工坊。

林清玄（1995）：多情多风波。讲义，97, 56–62。

张春兴（1991）：现代心理学。台北：东华书局。

张春兴（2014）：张氏心理学辞典。台北：东华书局。

张琦芳（2006）：生涯习作。未发表。

刘淑慧、朱晓瑜（1999）：大学生的决策型态、不确定性的因应与生涯满意度之相关研究。社会与人文科学研究汇刊，9(3), 269–281.

Arroba, T.(1977). Styles of decision making and their use: An empirical study. *British Journal of Guidance and Counselling,* 5, 149–158.

Bandura, A.(1982). Self-efficacy mechanism in human agency. *American Psychologist,* 37, 122–147.

Bell, D. E., Raiffa, H., & Tversky, A.(1988). Descriptive, normative, and prescriptive interactions in decision making. In D. E. Bell, H. Raiffa, & A. Tversky(Eds.), Decision making: *Descriptive, normative, and prescriptive interactions* (pp. 9–30). Cambridge University Press.

Brown, D. (1990). Summary, comparison, and critique of the major theories. In D. Brown & L. Brooks, *Career choice and development* (pp. 338–363). Jossey Bass.

Chi, M. T. H.(1985). Interactive roles of knowledge and strategies in the development of organized sorting and recall. In S. E. Chipman, J. W. Segal, & Glaser(Eds.), *Thinking and learning skills: Research and open questions.* Lawrence Erlbaum Associates.

De Neys, W., & Pennycook, G.(2019). Logic, fast and slow: Advances in dual-process theorizing. *Current Directions in Psychological Science,* 28, 503–509.

Dinklage, L. B.(1968). *Decision strategies of adolescents.* Unpublished doctoral dissertation, Harvard University.

Flavell, J. H.(1976). Metacognitive aspects of problem solving. In L. B. Resnick(Ed.), *The nature of intelligence.* Lawrence Erlbaum Associates.

Gagne, R. M.(1985). *Cognition of learning and theory of instruction*(4th ed.). Holt, Reinhart & Winston.

Gati, I.(1986). Making career decisions: A sequential elimination approach. *Journal of Counseling Psychology,* 33, 408–417.

Gati, I.(2013). Advances in career decision making. In W. B. Walsh, M. L. Savickas, & P. J. Hartung(Eds.), *Handbook of vocational psychology: Theory, research, and practice* (pp. 183–215). Routledge/Taylor & Francis Group.

Gati, I., & Asher, I.(2001a). The PIC model for career decision making: Prescreening, in-depth exploration, and choice. In: F. T. L. Leong & A. Barak(Eds.), *Contemporary models in vocational psychology*(pp. 7–54). Erlbaum.

Gati, I., & Asher, I.(2001b). Prescreening, in-depth exploration, and choice: From decision theory to career counseling practice. *Career Development Quarterly,* 50, 140–157.

Gati, I., Kleiman, T., Saka, N., & Zakai, A.(2003). Perceived benefits of using an internet-based interactive career planning system. *Journal of Vocational Behavior,* 62, 272–286.

Gati, I., Krausz, M., & Osipow, S. H.(1996). A taxonomy of difficulties in career decision making. *Journal of Counseling Psychology,* (44)3, 510–526.

Gati, I., Levin, N., & Landman-Tal, S.(2019). Decision-making models and career guidance. In *International handbook of career guidance* (pp. 115–145). Springer, Cham.

Gati, I., Osipow, S. H., Krausz, M., & Saka, N.(2000). Validity of the career decision-making difficulties questionnaire: Counselee versus career counselor perceptions. *Journal of Vocational Behavior,* 56, 99–113.

Gelatt, H. B.(1962). Decision-making: A conceptual frame of reference for counseling. *Journal of Counseling Psychology,* 9, 240–245.

Gelatt, H. B.(1989). Positive uncertainty: A new decision-making framework for counseling. *Journal of Counseling Psychology,* 36, 252–256.

Harman, W., & Rheingold, H.(1984). *Higher creativity: Liberating the unconscious for breakthrough insights.* TarcherPerigee.

Heppner, P. P.(1989). Identifying the complexities within clients' thinking and decision making. *Journal of Counseling Psychology,* 36, 257–259.

Heppner, P. P., & Krauskopf, C. J.(1987). An information-processing approach to personal problem solving. *The Counseling Psychologist,* 15, 371−447.

Herr, E. L., & Cramer, S. H.(1984). *Career guidance and counseling through the life span: Systematic approach.* Little, Brown & Company.

Hogarth, R. M.(1987). *Judgment and choice*(2nd ed.). Wiley.

Janis, I. L., & Mann, L.(1977). *Decision making: A psychological analysis of conflict, choice, and commitment.* The Free Press.

Johnson-Laird, P. N.(1983). *Mental models: Toward a cognitive science of language, inference, and consciousness.* Harvard University Press.

Kahneman, D.(2011). *Thinking, fast and slow.* 胡晓姣等译 (2012): 思考, 快与慢。北京: 中信出版社。

Katz, M. R. (1966). A model of guidance for career decision-making. *Vocational Guidance Quarterly*, 15, 2−10.

Kaufman, R.(1972). *Educational system planning.* Prentice-Hall.

Krieshok T.S.(1998). An Anti-introspectivist view of career decision making. *Career Development Quarterly,* 46, 210−229.

Krieshok T.S.(2001). How the decision-making literature might inform career center practice *Journal of Career Development,* 27, 207−216.

Krieshok, T. S., Black, M. D., & McKay, R. A.(2009). Career decision making: The limits of rationality and the abundance of non-conscious processes. *Journal of Vocational Behavior,* 75, 275−290.

Lent, R. W., Brown, S. O., & Larkin, K. C.(1986). Self-efficacy in the predications to academic and perceived career options, *Journal of Counseling Psychology,* 33, 265−269.

Lent, R., & Brown, S.(2020). Career decision making, fast and slow: Toward an integrative model of intervention for sustainable career choice. *Journal of Vocational Behavior. 120.103448.*

Lufkin, B.(2021, December 30). Do 'maximisers' or 'satisficers' make better decisions? BBC. https://www.bbc.com/worklife/article/20210329-do-maximisers-or-satisficers-make-better-decisions.

Mayer, R. E.(1992). *Thinking, problem solving, cognition.* W. H. Freeman.

McFall, J. P.(2015). Rational, normative, descriptive, prescriptive, or choice behavior? The search for integrative metatheory of decision making. *Behavioral Development Bulletin,* 20 (1), 45−59.

McGinnis, P.(2004.5.10). Social theory at HBS: McGinnis'two FOs. *The Harbus.* https://web.archive.org/web/20180620095648/http://www.harbus.org/2004/social-theory-at-hbs-2749/.

Miller, G. A.(1956). The magical number seven, plus or minus two: Some limits on our capacity for processing information. *Psychological Review,* 63, 81–97.

Miller-Tiedeman, A. L., & Tiedeman, D. V.(1990). Career decision making: An individualistic perspective. In D. Brown, L. Brooks, & Assoc.(Eds.), *Career choice and development: Applying contemporary theories to practice* (2nd ed.) (pp. 308–337). Jossey-Bass.

Minto, B.(2010). *The pyramid principle: Logic in writing and thinking.* Prentice Hall.

Mitchell, L. K., & Krumboltz, J. D.(1980). Research on human decision making: Implications for career decision making. In S. D. Brown & R. W. Lent(Eds.), *Handbook of counseling psychology*(pp. 238–282). Wiley.

Newell, A. & Simon, H.(1972). *Human problem solving.* Prentice-Hall.

Olson, C., McWhirter, E., & Horan, J.(1989). A decision-making model applied to career counseling. *Journal of Career Development,* 16, 107–117.

OpenAI(2024). ChatGPT(June 14 version)[Large language model]. https://chat.openai.com/chat.

Peterson, G. W., Sampson, J. P. & Reardon, R. C.(1991). *Career development and services: A cognitive approach.* Brooks/Cole.

Phillips, S. D., Christopher-Sisk, E. K., & Gravino, K. L.(2001). Making career decisions in a relational context. *The Counseling Psychologist,* 29(2), 193–213.

Pitz, G. F., & Harren, V. A.(1980). An analysis of career decision making from the point of view of information processing and decision theory. *Journal of Vocational Behavior,* 16, 320–346.

Potter, R. E., & Beach, L. R.(1994). Imperfect information in pre-choice screening of options. *Organizational Behavior and Human Decision Processes,* 59, 313–329.

Qing, Z. (2018, August 10). Are you suffering from "Fear of Better Option"? https://cn.nytimes.com/culture/20180810/wod-fobo/zh-hant/

Reardon, R. C., Lenz, J. G., Sampson, J. P., & Peterson, G. W.(2009). Career Development & Planning: A Comprehensive Approach(3rd ed.). 侯志瑾等译 (2010): 职业生涯发展与规划。北京: 中国人民大学。

Rummelhart, D. E., & Ortony, A.(1977). Representation of knowledge in memory. In R. C. Anderson, R. J. Spiro, & W. E. Montague(Eds.), *Schooling and the acquisition of knowledge*(pp. 99–135). Lawrence Erlbaum Associates.

Sampson Jr., J. P., Reardon, R. C., Peterson, G. W., & Lenz, J. G.(2004). *Career counseling and services: A Cognitive information processing approach.* Brooks/Cole.

Tiedeman, D. V., & Ohara, R. P.(1963). *Career development: Choice and adjustment.* College Entrance Examination Board.

Tien, H. S., Lin, C., & Chen, S.(2005). A grounded analysis of career uncertainty perceived by college students in Taiwan. *Career Development Quarterly,* 54(2), 162–174.

Tulving, E.(1984). Precise on elements of episodic memory. *The Behavioral and Brain Sciences,* 7, 229–268.

Tversky, A.(1972). Elimination by aspects: A theory of choice. *Psychological Review,* 29, 281–299.

Tversky, A., & Kahneman, D.(1974). Judgment under uncertainty: Heuristics and biases. *Science,* 185(4157), 1124–1131.

Weiner, D., & Gati, I.(1986). Cognitive complexity and interest crystallization. *Journal of Vocational Behavior,* 26, 48–59.

Zajonc, E.(1980). Feeling and thinking: Preferences need no inferences. *American Psychologist,* 35, 151–175.

Ziyu Qing(2018, August 10).《你是害怕有更好选择综合症患者吗？》《纽约时报》中文版。https://cn.nytimes.com/culture/20180810/wod-fobo/.

第十二章 执两与用中：中庸生涯模式

华人的生涯困境，泰半来自难以两全的双文化困境。如何在"维护和谐的集体主义"与"独立自主的个体主义"之间维持建设性的平衡，成了华人生涯发展过程中最大的挑战。执两用中、允执厥中，中庸生涯模式以和而不同的中道智慧与两全其美的双赢策略，索解双文化压力下生涯抉择困境的出路。

> 中也者，天下之大本也；和也者，天下之达道也。
> 致中和，天地位焉，万物育焉。
>
> ——《中庸》

西方的生涯发展理念，长久以来重视"自我意识"的觉察、开展与实现。从传统的特质因素论到后现代的生涯建构理论，一律如此。这种个体主义的文化思维模式，以自我为焦点，采取由自身内部向外关照的取向（inside-out-perspective），生涯实践主要在于突显个人内在的资质，强调适性发展的极致。反观东方的生涯发展现状，深受集体主义文化思维影响。集体主义文化的特性，强调个人实践的目标是由自身外部向内的关照取向（outside-in-perspective）（林以正，2014）。家和万事兴，个人必须同时考虑在家族、社会与文化大局意识的前提下，完成自己的生涯梦想。

这是一种属于华人集体主义与西方个体主义并存的双文化现象。如果小我与大我的方向不一致，必要时得牺牲小我，完成大我。华人的生涯困境，因此泰半来自难以两全的双文化困境。如何在"维护和谐的华人集体主义"与"独立自主的西方个体主义"之间维持建设性的平衡，成了华人生涯发展过程中最大的挑战。

咨询的目标，在于协助来访者在人我关系中兼顾个人自我与关系的和谐。华夏文化中解决冲突的实践哲学，概以《中庸》的中道全局思维为宗。据传，当尧把帝位传给舜，舜把帝位传给禹的时候，谆谆嘱咐的即是"允执厥中"的中庸之道。《论语·尧曰》引述尧告诲于舜，天之历数在尔，务必"允执其中"。舜因此"执其两端，用其中于民"，备受孔子的称赞；舜随后也将此心法殷切告诫于禹。是以，"圣人之道，中而已矣，尧、舜、禹三圣人为万世法，一'允执厥中'也"（明·方孝孺《夷齐》）。凡此皆道尽"执中"在华夏道统中修己治国的重要性。本章试图采撷《中庸》"致中和"的精髓，融合东西方现有咨询学派的优点与方法，提出一个综合性的中庸生涯模式，以和而不同的中道智慧与两全其美的双赢策略，探索双文化压力下生涯抉择困境的出路。

第一节 华人生涯抉择的双文化现象

一、多元文化的生涯咨询

生涯理论和对应的介入措施若要被咨询师有效地运用，必须能够反映文化环境的复杂性和特殊性（Young et al., 2007）。从前面各章的引介中，我们认识到生涯领域已经形成了一系列理论。一些理论有很强的心理测量学根源（如 Holland, 1997），有些理论广泛基于发展心理学（如 Super, 1957），另有一些理论诞生于咨询的现场实践经验（如 Cochran, 1997）。斯特德（Stead, 2004）批评了大多数现存的生涯理论，认为大都具有极端的西方种族中心主义观点。他认为，生涯领域的理论概念必须在其形成的特定文化中才具有意义和重要性。换句话说，从一开始，生涯理论就应该建立在对特定文化及其风貌的认识之上。何谓特定文化及其风貌？河合隼雄（2004）举出了东西文化的差异："日本文化首先会树立一种融而为一的感觉，而后才使人成为一个有别于他人的个人；而西方文化首先会确立一种有别于他人的自我，尔后才使人设法与他人建立联系。"

从多元文化视角，传统西方心理学对心理健康和适应的预设实际上隐含了"欧美社会/白种人/中产阶级/男性/个体主义传统"等多重偏见（Sue et al., 2007）。中华文化中强调固有的孝道、顺从、家族责任与义务等，使得华人在现代化过程中形成有别于西方的心理适应问题（Lim et al., 2010）。若干有多元文化意识与经验的咨询心理学家，也开始呼吁摆脱西方的民族中心主义（ethnocentrism）及其文化封装（cultural encapsulation）的心态，从多元文化的角度重新检视现有的西方理论（Heppner, 2006；Leung, 2003；Leung & Chen, 2009）。

二、双文化现象：个体主义与集体主义

杨国枢（1992）在华人本土心理学研究中指出，华人具有几项有别于西方

的社会特性：(1) 家族取向：亦称为家族集体主义，华人易将家族结构形态与运作原则、伦理关系、角色关系、待人处事观念、态度及行为等概念，概化到非家族团体中；(2) 关系取向：华人易从关系中界定自己的角色或身份，而不同的角色之间有其相对的行为规范，具有回报性、重视关系的和谐的特点，以及不同关系亲疏远近的不同；(3) 权威取向：华人对于权威的存在很敏感，对于职位和身份格外重视，对权威易形成崇拜和依赖；(4) 他人取向：华人重视众人的意见，顾虑人意，顺从他人，注意规范，重视名誉等。

20 世纪现代化与 21 世纪经济全球化浪潮的冲击之下，两岸华人的"家庭"与"自我"历经多次冲突又交融、整合与重构，呈现出中方与西方文化掺杂糅合、传统与现代价值并存的"双文化现象"（陆洛，2003；陆洛，杨国枢，2005；Yang，2006），其背景源自个体主义与集体主义，也产生了所谓的双文化自我，造成了华人在各方面适应的困境。

每个社会中的个体，基本上都存在着个体主义（individualism）与集体主义（collectivism）的倾向（Triandis，1995/2016）。大部分人一开始是集体主义者，依附着家庭而成长。之后，逐渐与家庭分道扬镳，在不同处境中学习与群体分离，成为个体主义者。

个体主义者觉得自己是自立自主的，主要的社会行为是为了追求自由与快乐。在人际交往过程中，彼此关系的联系依赖契约关系。如果群体目标与个人不符，个人目标应列为首要。对于下一代的教养，也鼓励孩子从群体（包括自己的家庭）中独立，追求自我实现是极其重要的价值观。个体主义者受个人偏好、需求和权力驱使，置个人目标于集体目标之上（Triandis，1995/2016）。

集体主义者基本上视自我为群体的一部分，这里所说的群体可以是家庭、学校、公司或国家，人们的行为主要受群体规范及责任驱使。在集体主义文化中，一般人认为自己是群体的一部分，在大多数的生命处境中置群体目标于自我目标之上。除非付出代价实在太大，不会轻易放弃关系。特里安迪斯（Triandis，1995/2016）认为，此种文化较为稳定，社会关系改变不大，人们不轻易离开群体，与群体休戚与共。

三、双文化自我：独立我与相依我

西方生涯发展研究和实践受到高度个体主义取向的影响（Young, et al, 2007）。个体主义取向主要面向了解自己、发展适当的技能和兴趣，据以选择职业以及适应工作。个人自我的意识不受他人或情境干预，可称之为"独立我"（independent self）（Yang, 2003；Markus & Kitayama, 1991）。儒家集体主义之下，华人社会的基本组构单位为家（Ho, 1998；Hwang, 2009）。个人的成家与立业，受到高度集体主义取向的影响。家族文化中的个人必须参照情境与关系而动态地调整重要决定，以家和万事兴为家族内人际往来的准则，个人自我的意识属于关系中的个人（individual in relations）（Ho, 1998），称为"相依我"（interdependent self）。

在个人自我的层次上，华人原本深受传统集体主义影响。然而西风东渐，大量地吸纳现代性西方个体主义的价值观，在个人需求与实践家庭角色义务之间摆荡，两套文化系统并存。讲求"独特性"的现代西方个人取向以及重视"关联性"之传统华人社会取向同时作用于个体身上，出现了个体主义与集体主义色彩交融的双文化自我（bicultural self）（利翠珊、萧英玲，2008；Lu & Yang, 2006）。

双文化自我的现象也受到了生涯学者们的关注（王秀槐，2002；洪瑞斌，2017）。王秀槐（2002）以生命史深度探究大学生生涯发展历程，发现其生涯发展是由自我（self）以及他人（others）所构成，可区分为三个生涯发展类型：自我取向（self-oriented）、他人取向（others-oriented）及居间取向（in-between）三类。

"居间取向"介于自我以及他人取向之间，而且有不同的互动协商类型，与前述的双文化自我混合状态极为类似。"居间取向"细分为四个次分类，包括人我平衡、适应环境、人我冲突、人我融合。人我平衡型指个体的自身兴趣与他人期待相符合而相互结合；适应环境型比较属于个体因自身兴趣无法于现实中落实发展，于是调适修正生涯方向更趋近现实适应；人我冲突型是抗拒父母及主流升学路径，但因客观环境受挫，而又回归接受父母价值观及升学路径；人我融合型并未出现冲突张力，在过程中解构主流价值，重新建构自我。

华人传统性与现代性的双文化自我混合状态的居间取向，在另一项研究中也得到证实。洪瑞斌（2017）发现受访之大学生可区分为四种类型，包括自我取向、他人取向、二者同时兼有之的居间取向，以及二者皆未具备的无动力取向。居间取向是介于他人取向与自我取向之间的群体，兼具他人取向及自我取向，并非单一特征或命题，而是呈现多元生涯发展叙事形态。

四、双文化困境下的生涯冲突与调适

> 人是不可能让另外一个人去教他怎么活下去，怎么过日子，那是很悲哀的……但是偏偏这个人，是我最爱最爱的人。
>
> ——杨德昌（2000）

前述折中自我或居间取向是一种较为理想的形态。然而，在大多数情况下，华人家族主义将集体利益置于自我需求之上（Ho，1998），角色义务凌驾于自我实践之上（陆洛、杨国枢，2005）。因此，个人遭遇家庭关系困境，一方面渴望自我实践（个体主义价值），同时又深受家庭与传统观念的羁绊（关系主义价值）（Cheung & Chan，2002）。这种影响呈现在方方面面，也包括生涯抉择。当西方青年高举"我有一个梦"时，底层的呼喊是"成为我自己"（becoming myself）（Yalom，2017）；当华人青年高举"我有一个梦"时，有更多的含义是"我有一个家族梦"，虽然底层的呼喊也是希望"成为我自己"，但是这个"自己"是已经涵化了集体主义意识的"成为关系中的自己"（becoming-myself-in-relation）。

在华人双文化自我并存的状态下，多数人都得承载这两种文化价值及其生涯动力的往复拉扯、辨证、持续交互作用，这些或将造成生涯抉择的困扰，也使得未来生涯定向历程充满家族意识的挑战（洪瑞斌等人，2020）。华人生涯抉择的双文化困境缩限在家庭关系之内，包括个体与其亲代、祖辈两两之间的人际关系，这种代际生涯抉择冲突将变得更为困难与复杂（胡娟，2018）。叶光辉（1997）以"孝道困境"形容华人子女面对家长期待与个人需求之间的拉锯。《孝经》指出，孝之始也，"身体发肤，受之父母，不敢毁伤"；孝之终也，"立身行道，扬名于后世，以显父母"。孝可上纲至"德之本也，教之所由生也"。华人志业的功成名就，是光宗耀祖、以显父母的大事。

相关研究发现，家庭中的重要他人对个体生涯的影响通常可分为间接与直接两种方式，前者是家族社会化历程，家庭对个体价值观长期的形塑与内化，进而影响生涯抱负或生涯目标的形成（王秀槐，2002；杨康临、洪瑞斌，2008）；后者则是直接在个体生涯抉择与选择过程中提供建议，造成不同程度的影响（王玉珍、吴丽琴，2009；杨康临、洪瑞斌，2008）。在形式上，双文化困境下的生涯抉择冲突，主要是家庭中"代际生涯抉择"的冲突，可理解为子代在生涯抉择历程上，与相互依赖的亲代（包括父母、祖辈）之间发生的一系列对立行为和负面情绪（胡娟，2018）。除此之外，双文化的生涯困境也包含了女性占大多数的双生涯冲突（dual-career conflicts）。双生涯冲突是指工作与家庭角色之间兼顾与否的冲突，究竟要听从自己内在的声音，坚持保有工作与亲职的角色（个体主义），还是必须以家庭公婆或先生的意见为重，放弃自己喜爱的工作（集体主义）？

"中庸生涯模式"，是一种从多元文化视角提出的含涉文化特色的中庸式冲突解决模式，采取"双文化现象"的理解与框架，希望能解决华人在生涯抉择的"双文化困境"。

第二节　中庸生涯模式：基本概念

本节提出华人"中庸生涯模式"，是一种强调在关系中沟通与协调的辨证模式：顾全大局、内外和谐，不走极端、恰如其分；力求以双赢的策略，协助来访者在人我关系矛盾中兼顾自我与关系的和谐。

一、中庸实践的思维体系

中庸生涯模式在于撷取中庸智慧的精髓，以中道的思虑决策与行为模式，希冀达成满意和谐的安身立命。中庸生涯模式以中庸实践思维体系（杨中芳，2010）作为本体论、认识论与方法论的参照架构。杨中芳教授历经十余年的研究，整合两岸研究团队与专家学者的努力成果，提出了一个华人心理学家可以操作的本土性中庸实践思维构念体系，参见图12-1。

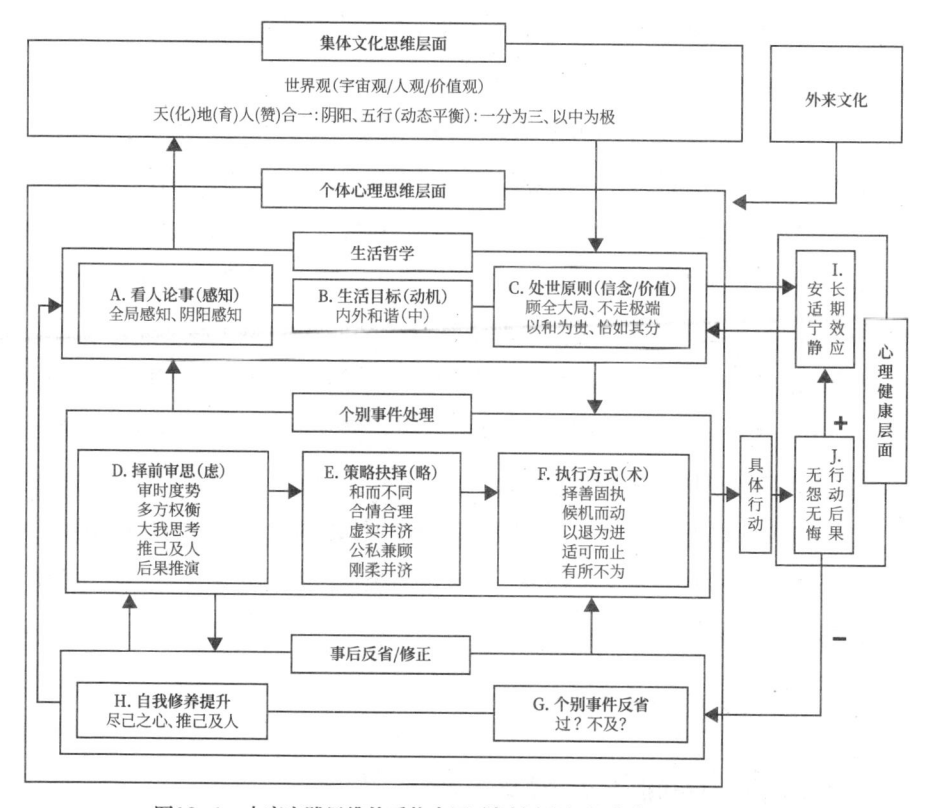

图12-1 中庸实践思维体系构念图（资料来源：杨中芳，2010, p.12）

大体而言，一个成熟的论述应该包括论述的"体"与"用"。"形而上者谓之道，形而下者谓之器。"（《易经·系辞》）"道"属形而上的本体，"器"属形而下的载体。我们也可以说，形而上者为"体"，形而下者为"用"。

中庸自成一个论述的系统，也包括了体与用这两个范畴。中庸实践思维体系构念图（杨中芳，2010）将中庸的思维体系构念区分为集体文化思维、个体心理思维以及心理健康三个维度。在本模式的思考架构中，集体文化思维与生活哲学可视为中庸的"体"，包括本体论与认识论；具体事件处理与事后反思/修正则可视为中庸的"用"，包括实践与反思。

第一个维度涉及哲学本体论的世界观与宇宙观，反映华夏集体文化传承的深层结构，包括天地人的契合、万物阴阳五行的动态平衡，以及一分为三①，以中为极的现象本质。

第二个维度相当于科学哲学的认识论。中庸的生活哲学在于探究人如何认识森罗万象的变化，涵盖全局思维地看人论事，内外和谐的生活目标，以及顾全大局、以和为贵、恰如其分的处世原则。具体事件处理：涉及审时度势、多方权衡的择前审思（虑），和而不同、合情合理的策略抉择（略），以及以退为进、适可而止的执行方式（术）。事后反思/修正：包括推己及人的自我修养与过犹不及的事件反思。

第三个维度为具体行动带来的心理健康效应。包括短期的行动过后，是否能够无怨无悔；长期遵循中庸之道，是否能够安适宁静。

二、中庸之精髓：执两用中与允执厥中

华人处世讲求中庸之道。中庸之道的方法论强调执两用中。"执两"是对立辨证的，"用中"是和谐统一的，执两用中是一个从对立到统一的过程。从咨询的历程来看，"用中"的前提是"执两"，只有充分地"执两"，才能不偏不倚，无过与不及地臻于允执厥中之境。

（一）执两用中

"执"的意思是持守、掌握的意思。要能做到所谓的允"执"厥中，我们必须引导来访者"充分理解"对立因素或二元冲突的来龙去脉，才有可能启动"用其中"的智慧。

"两"的意思在现实面有双重含义。一般来说，执两的两面是有平行对等

---

① 这是庞朴（2004）的哲学观点，"一分为三"指万事万物作为矛盾的统一体，不仅要认识到包含着相互矛盾对立的两个方面，更要注意到真正对矛盾双方的统一与转化起了关键作用的是"三"。这第三者的表现形式多种多样，有时比较明确，有时模糊不清，而有时只能通过矛盾双方之间的关系本身来得以体现。因此，这个三具有忽隐忽现、不易为常人所发现的特性（一分为三，2023）。本章在第三节提到的执两用中、第三选择、正反合的辩证法则以及超越功能，概属这种哲学特性的展现。

与上下主从的两种属性。(1) 执两的平行对等属性是共存的，有一左，就有一右。例如，损与益、优与劣、进与退、事业与家庭等。鱼与熊掌不可兼得，在主观判断上，鱼与熊掌的共存在选择的权重是等量齐观的。(2) 执两的考虑因素也有上下主从的属性，有一上（主），就有一下（从）。儒家五伦中的君臣、父子、兄弟，也都有上下主从的属性。

在生涯抉择来说，所谓的两难，有的冲突来自平行对等的关系（女性双生涯的抉择），有的纠缠来自上下从属的考量（亲子代际冲突）。

"执两"是理解问题的一个模式，尝试去观看任何事物的一体两面，以及这两个接口之间的对立关系，"对立"不是逻辑上的矛盾，而是相生相克的关系（杨中芳，2010）。"执两"原则在咨询阶段运用时，首先让来访者充分地理解内在与外在的决策因素，客观与主观的需求、大我与小我的冲突，性质上是处于"执两"对偶（opposite）辨证的状态。充分理解了对立两端事项的现状之后，内在心理"趋中"的可能性开始增加，"用中"的权衡也开始滋生。

（二）允执厥中

"用中"的概念来自允执厥中，可包括"尚中""时中"等儒家的概念。易道推崇"尚中"，在《易经》中已有"尚中"的思想（郑吉雄，2010）。"尚中"的哲思必须落实于"中行"，中行则无咎。《论语·子路》子曰："不得中行而与之，必也狂狷乎！狂者进取，狷者有所不为也。"狂妄者胆大妄为，拘谨者胆小怕事，行中庸之道是儒学看重的行为范式。用中的"中"并不是数量上对半折中的中间数，内在心理"趋中"的权重在两端游移，既要不偏不倚，又要无过无不及，这是"用中"最困难的地方。

而"尚中"的精髓在"时中"（方满锦，2015），哲学大师冯友兰（2013）指出，"中"，就是恰到好处，必须因"时"制宜，因而"时"与"中"在儒家的经典中经常连用。孟子看到他的老师"可以仕则仕，可以止则止；可以久则久，可以速则速"，不禁称赞"圣之时者也"，此乃大局意识的中道智慧。

三、华人生涯抉择的本质：阶段性的安身与立命

生涯抉择，是一种命运的决定。这种与存在状态有关的决定，涉及存有的价值取舍以及生命意义的落实，是生命里难以承受的重。中国人常将这种状态淬炼成"安身"与"立命"这两种实存的层次。"安身"是表层的生涯目标，在于维持基本的生存状态；"立命"是深层的生涯目标，在于贴近并完成自己"在世存有"的天命。在生涯发展的不同阶段，安身与立命有不同的着力点。然而最大可能的平衡，是在不同的生命阶段，在理想与现实中，兼顾安身与立命。

四、困境协调的要件：情绪与理智的调和

大多数的西方生涯抉择模式，虽然在细节方面互有出入，大抵不出 C-P-C 的思辨原型（Kelly, 1955）。在此原型中，需要冷静与清醒地认知作用，处理与分辨大量的讯息。

然而，情绪因素是导致决定困难的关键因素之一，如何安定情绪，成了咨询师与来访者必须面对的挑战（Saka et al., 2008）。从安顿情绪到发挥智慧，儒学强调思维程序中的"定静安虑得"，佛学强调定慧双修。定，等同于"知止而后有定，定而后能静，静而后能安"；慧，相当于"安而后能虑，虑而后能得"。这在《中庸》的智慧，即所谓的"致中和"："喜怒哀乐之未发，谓之中；发而皆中节，谓之和。"因此，本模式也强调妥善处理负面的情绪问题，让智慧发挥调节的作用。

五、生涯抉择的智慧：左右脑兼筹并用

在生涯实务工作中，许多来访者在进行完一系列的决策活动之后，还是无法下决定。"下不了决定"的这个动作，暗示了理性思维的极限，突显了理性思维不能企及之处，无处可走时，只能悬在半空中。

智慧的开展，需要左右脑并用，需要意识与无意识共舞。西方人的思考模式侧重理性与逻辑，东方人的思考模式擅长直觉与直观。弗洛姆、铃木大拙

等学者（Fromm et al., 1970/1990）指出，东方人的心灵特色是综合的、整体的、合一的、不区分的、演绎的、独断的、直观的、情意的、主观的、精神上个性化的，而社会上则是群体心理的。这种思维的特色以现有大脑侧化（hemisphere lateralization）的知识而言，是典型的右脑思维（Gysbers & Moore, 1987）。第十一章生涯抉择论的发展经验指出，逻辑思考有其必要，直觉直观亦不可偏废。

有意栽花花不开，无心插柳柳成行。"无意"之间的发现，有时比"有意"更有启发性。这不是东方人独有的专利思维，几乎所有的人类伟大的发明创见，大都出自无意之间的灵光乍现。这无意之间的意识状态，是一种自身之内更广阔更深邃的部分。铃木大拙定义的宇宙无意识（cosmic unconsciousness），趋近于荣格所定义的集体无意识（collective unconsciousness），是一种更高层次的心灵状态。"有意"是意识层面基本的起心动念，"无意"是潜意识层面更开阔的回响，两者的运作也需要等量齐观。

第三节　中庸生涯模式：实施与应用

中庸生涯模式试图将东方人擅长的思维特色，纳入生涯抉择的历程；对华人特有的双文化现象中涉及个体主义与关系主义的困扰，以中庸之道兼容协调之。此模式主要包括三个部分：意识阶段（consciousness）进行理性的分析与探索；无意识阶段（unconsciousness）接纳直觉或无意识的信息进入决策历程；执中调和阶段（coordination）则执其两端，寻求合情合理且合宜的安身立命之道。以下简称 C-U-C 模式。

一、咨询目标

在面临生涯抉择的双文化困境中，协助来访者以平和定静的心境，搜集与检视外在与内在的信息。通过执两用中的中庸原则，"和而不同"，调节外在因素的适切性与内在因素的自主性；其目标在于尊崇以和为贵的内外和谐，寻求个人目标和家庭关系之间的平衡，做出合宜的生涯抉择。

二、咨询任务

上述的咨询目标，需要通过以下的咨询任务来完成：觉察内在与外在冲突的全貌、觉察与调节负面的情绪、增进自我认识与文化认识、理解与调和自己与他者的关系，以及采用中庸原则的冲突解决策略。

1. 觉察内在与外在冲突的全貌

生涯抉择咨询的需求，表面上是目标选项的考虑，实际上夹杂着个体主义与关系主义的双重需求、目标、价值、意义与行为，困扰源来自内在与外在需求的交互冲突，在本质上是中西价值并存下的双文化冲突。咨询的首要任务在于厘清冲突的全貌，理解问题的现状与脉络。

2. 觉察与调节负面的情绪

破坏性的负面情绪可能出现在抉择之前、抉择之中，以及抉择之后。这些干扰情绪的因素十分复杂，严重者须另案处理。一般在可控的情况下，须增进来访者对负面情绪（焦虑、担忧、愤怒、委屈等）的觉察，并采取适当的辅助策略，有效调节负面情绪。当情绪状态趋近于"喜怒哀乐之未发"，合宜的决策分析与判断才有可能。

3. 增进自我认识与文化认识

要解决关系中的生涯抉择冲突，认识自我与文化是不可或缺的。上穷碧落下黄泉，无论是以理性／直觉的方式寻求对自我特质的了解，或是最大可能限度搜集相关的外在信息，均可丰富进一步抉择研判的材料。大多涉及生涯抉择的相关信息，认识的重点侧重（1）增加来访者对自我特质、期待、内在需求、生命意义的觉察；（2）增加来访者对文化价值与社会期待对于重要他人的影响，包括对于冲突对象的内在感受、想法、期待、需要的了解。

4. 理解与调和自己与他者的关系

中庸生涯模式，其运作历程致力于符合中道，通过合宜的权衡，达成决策结果的均衡和谐。关键之处在于抉择者必须换位思考，对他者（the others）的状态有深刻的理解共情，才能从第三选择（the third alternatives）（Covey, 2011/2013）当中兼顾双方的目标与需要。

5. 采用中庸原则的冲突解决策略

中庸之道，是执其两端而用其中。孔子称赞舜有大智慧，是因为他能够执其两端，而用其中于民。来访者的执其两端，是执"内在现实"与"外在现实"之两端，取其中道。这与西方研究解决冲突之道所主张的双赢策略（win-win strategy）（Janis & Mann, 1977）与力图摆脱两极判断的整合思维（integrative thinking）（Martin, 2007/2019）智慧，不谋而合。

三、咨询阶段与方法

（一）意识阶段（*Consciousness*-Unconsciousness-Coordination）

来访者有意识地觉察自己的问题所在，在此阶段进行生涯探索或理性的分析。有些来访者的生涯问题，经由资料的搜集与分析，在这个阶段就能得到澄清与梳理。

在此阶段所采用的方法，包括通过各种心理测验的评估与分析，理解自我的各种特质；也可以通过后现代的故事叙说，发现隐含在生涯叙事中的生涯主题。

如果来访者的生涯困扰主要来自家庭代际期待的落差，代际期待又默化自家族文化，有必要进行家族故事的生涯叙说（可参考第六章"S 生命线"部分），或进行家谱图的分析。从家族的动力结构中，可以协助来访者理解家族文化如何对生涯抉择的代际冲突产生影响。双赢策略的生成，先决条件在于冲突双方彼此深入的合作与了解（Chen, 2009；Hocker & Wilmot, 1991）。推己及人，多方权衡，后果推演，这些都是中庸全局思维决策在意识层面的慎思与铺垫。

1. 生涯家谱图之应用

华人自身的存在脉络，从修身、齐家、治国、平天下，一层层地推衍出去；外缘的主流论述顺着这个脉络一环环地传递进来。与"身"最贴近的脉络就是"家"。家有家规，庭有庭训，家庭中的文化价值直接来自悠远的儒家文化，如光宗耀祖，如五伦伦理。个人的生涯规划深受熏染，无法对这些脉络传递的信息视而不见。

探索原生家庭成员对个人的生涯发展与抉择影响程度的工具之一，称为家族世系图，简称家谱图（genogram）（Bowen, 1980）。家谱图是一种用来搜集家族成员之间的经纬结构以及互动关系的分析工具，可以从来访者在家族系统中的位置透视其个人行为或问题，以及与原生家族之间深度关联。

家谱图的基本形式，能描绘至少三代的家庭成员结构，标示成员之间的基本数据与相互之间的关系。由于每一位来访者的困扰问题不同，各有关注的重心，会形成不同焦点的家谱图（DeMaria et al., 1999）。例如：婚姻家谱图（marital genogram）关注家庭对婚姻的影响，多元文化家谱图（multicultural genogram）强调家庭中的文化与种族因素对于个人适应的影响（Sueyoshi et al., 2001），生涯家谱图（career genogram）关注的则是家庭对于生涯抉择的影响（Okiishi, 1987; Chope, 2005）。

(1) 生涯家谱图的实施程序

生涯家谱图的主要目的，是进入原生家族的情境中，以一个较宽阔的系统视野去了解原生家庭对生涯发展或生涯抉择的影响。从家谱图中，有可能看出原生家庭如何影响一个人的生涯抱负、职业价值或职涯中的人际关系的；也有可能从家族的期待、成员之间的互动或传承的家族价值中找到目前生涯困境的源头。

一般而言，生涯家谱图有三个实施步骤：第一，构图——解释家谱图的方法与步骤；第二，成图——搜集资料绘制家谱图；第三，解图——聚焦家庭故事的叙说与意义的发现。在此将这三个步骤说明如下。

①构图。说明与进行制作：生涯家谱图实施的第一步，是让来访者了解详细的制作过程。通常，家谱图必须画出一个家族的三个世代：先从父母这一代开始画起，接着是自己这一代，然后上溯祖父母那一代。

首先画出自己的父母。圆圈代表女性，正方形代表男性。在图形的下方标明父母的姓名与职业。一般的家谱图不一定要标出职业，但是生涯家谱图建议尽可能标出职业，然后在图形的上方标示出生的年月日。

接下来，画出自己这一代，包括兄弟姊妹。同样的，图形的上方是出生年月日，下方是名字与职业。然后，同样地绘出祖父母那一代。如果图形中所标示的人已经过世，在图形中用 × 表示，同时在出生年月日的下方标出过世的时间，参见图 12-2。

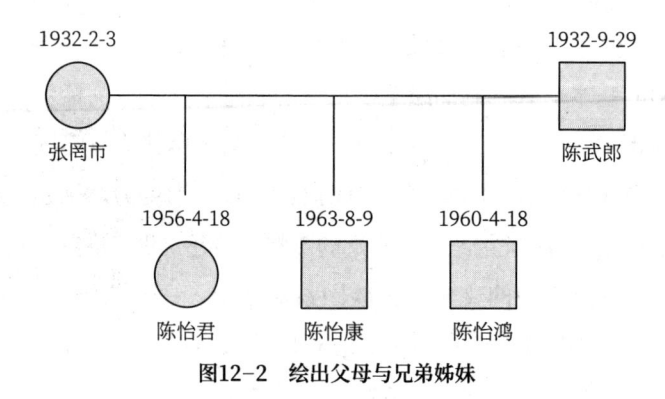

图12-2 绘出父母与兄弟姊妹

最后一个步骤，是将家族旁支的其他成员，如姑嫂妯娌等的资料绘入。如图 12-3。

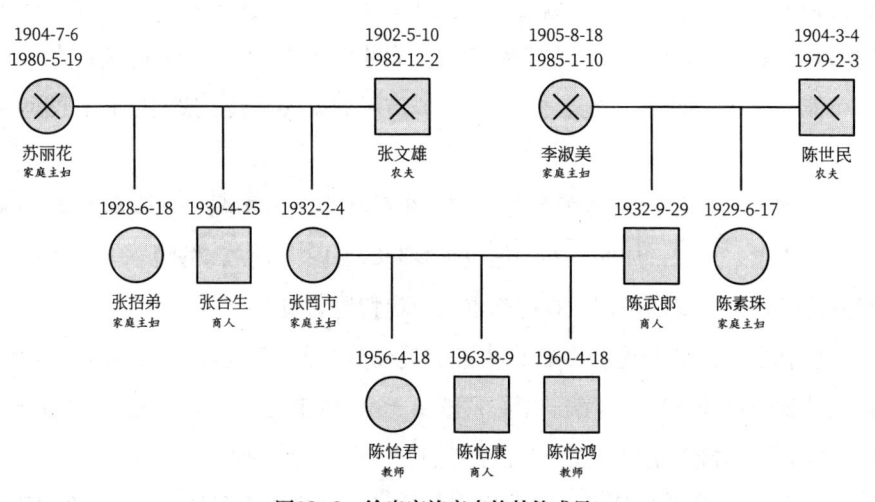

图12-3 绘出家族旁支的其他成员

由于家庭成员之间的姻亲关系有许多不同的形式，例如离婚、分居、未婚同居、继父母等，可以视不同的情况标示出来。图 12-4 是各种不同状况的标示图例。

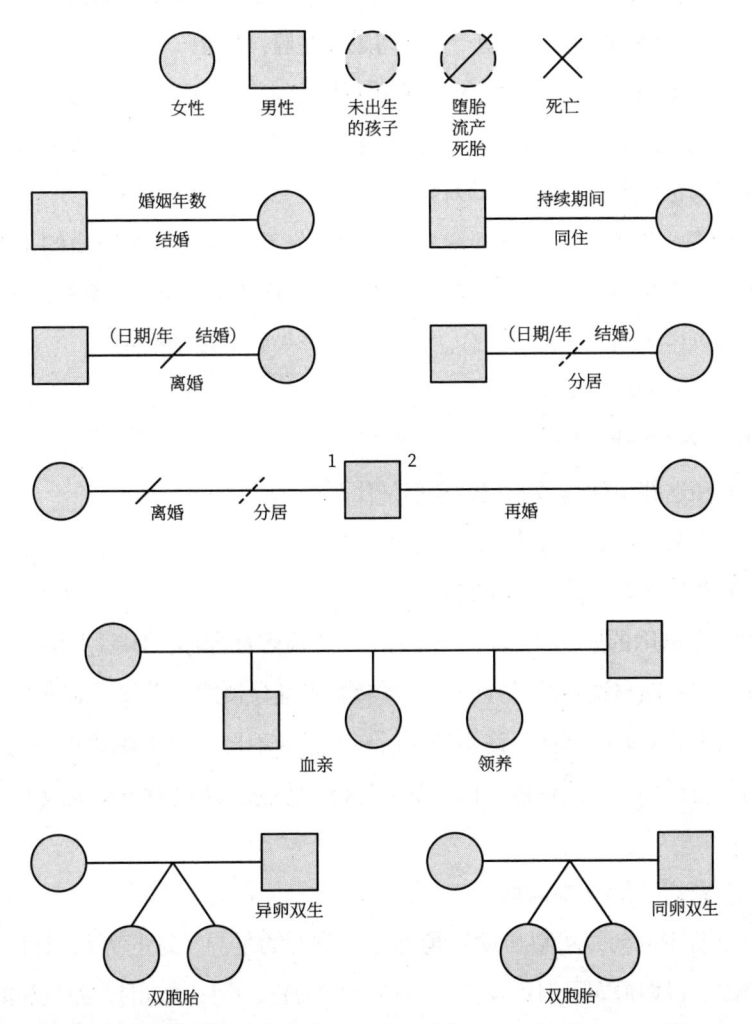

图12-4　生涯家谱图的图例（资料来源：Gysbers, Heppner, & Johnston, 1998, p.162）

②成图。搜集资料绘制家谱图：绘制生涯家谱图需要一个安静的时段，同时搜集许多琐细的成员生辰、职业等资料，必要时需得到家庭其他成员的协助与讨论。所以最佳的方式是给来访者布置家庭作业，以约莫一周的时间完成。

在与家庭主要成员讨论与资料搜集的过程中，许多家庭逸事会被无意间重新看见。因此，在成图的阶段，一方面完成上述构图的要件，一方面记下搜集到的数据。

我们鼓励来访者在这个阶段尽量记下听到的任何有意义的家庭事件。家庭中的黏腻关系不断地在创造一个人的成长经验，形塑一个人的行为习惯与思考模式。家谱图中的每一个线段，都深深地镂刻着这些形塑的雕痕。有形的线条隐含着无形的家庭故事，在成图的阶段来访者会经历许许多多跌宕起伏的回忆。这些回忆都是下一解图阶段讨论的珍贵素材。

③解图。叙说故事与发现意义：当家族世系图中的各个成员的位置和彼此的关系，以及各位置相关的信息（如生辰、忌日、职业等）都标示出来后，开始进行以咨询为主的解图工作。解图大致分为以下几个程序：

(a) 概览所绘制的家谱图。

(b) 发生了什么事？

(c) 和这些事件有关的家庭故事是什么？

(d) 在故事的叙说中发现了什么？

(e) 新的启发、妥协或统整是什么？

生涯家谱图的解图不是一个标准化的测验解释程序，本质上是一个动态的历程。在阅图与说图的过程中，来访者是思维与情感的主体，面对着自己的笔触绘出来的家庭经纬图，许多的对话与情感会不自主地流露出来。因此，咨询师的角色是协助者的角色，以欣赏或好奇的心态，承接对方泉涌般的故事。

(2) 家谱图的基本问话

以下若干问句，可以协助咨询师进入对方的世界。这些问句一旦开启对话的空间，咨询师即可自由发挥，不必按照顺序。通常问句的背后反映的是咨询师的咨询意图，只要留意自己的意图即可。

①概览阶段

(a) 看着这张家谱图，想到了什么？

(b) 家庭的成员都从事什么职业，说说看。

(c) 他们是如何进入这些职业的？是否胜任？是否愉快？

②叙事阶段

(a) 从现在自己的生涯／职涯状态，联想到哪些家庭中的人或事？

(b) 是否有一些家庭的变故或荣耀，使得家庭特别看重某些择业的条件？

(c) 有哪些职业的迷思或误判一直在家族间世代流传？

(d) 有哪些未竟事务（unfinished business）造成了家庭的心理压力或过度的期待？

(e) 在对家庭的记忆中，是否有哪个阶段空白一片？这段空白是否有特别的意义？

(f) 家庭主要成员对学习、工作与休闲这三方面的看法如何？其比重是否恰当或偏颇？

③诠释阶段

(a) 原生家庭中流转的主要价值观是什么？

(b) 这个家庭对于成员职业的期待，是否带着某些使命感？

(c) 是否觉得自己必须传承家族的传统？

(d) 家庭成员互动的规则或关系的界限是否会超越不同的世代？对个人有何影响？

(e) 家族成员是否有些职业选择的惯性，也在自己身上看得到？

④统整阶段

(a) 有哪些新的发现？

(b) 新的觉察有可能带出哪些改变？

(3) 生涯家谱图的应用举例

生涯家谱图的使用时机，可分为探索性与介入性两种。探索性的生涯家谱图，其目的在于通过家谱图搜集世代之间的家族成员职业概况，了解家庭结构与家庭动力对个体生涯抉择的影响，适用于探索性的班级团体或成长团体。王思惠（2004）将职业家谱图的主题放在初中学生的生涯档案（career portfolio）中，借由课程活泼的活动设计，让学生了解家族中三代成员的职业。

生涯家谱图使用在"中庸生涯模式"的意识阶段，有助于处理代际生涯抱负或生涯抉择的冲突、自我认同与种族认同的混淆等。

以下是一个使用生涯家谱图进行生涯咨询的案例（改写自 Sharf, 2002, pp.327-330）。

卡萝是一位 26 岁的单身女子，5 岁时全家从古巴移民到美国。在古巴的时候，她的妈妈是一个电话接线生，爸爸则是一所中学的老师。卡萝在四个手足中排行老大，还有三个弟弟。

移民美国后，卡萝的父亲在当地的一家鞋厂工作，收入菲薄。在她 12 岁时，妈妈在一场车祸中受伤，身心重创。移民生计因此更加困窘，他父亲无法体谅母亲的难处，双亲关系恶化，一直延伸到她念高中。

卡萝的高中成绩优异，特别是生物与化学，老师们都鼓励她继续升学。高中毕业后她进了社区大学，以全 A 的成绩毕业。在校期间她在一间成衣工厂兼差打工，毕业后又全职工作了两年。然后就读大学化学系，毕业后在药学实验室工作了一年，到离家很远的一个学校取得化学硕士学位。她原先的生涯计划是读博士时主修化学，然后到大学教书。

卡萝为何来咨询？她在读博士的第一年陷入了一阵混乱。她质疑自己，真的要成为一个化学家吗？六年来从没有怀疑过，但是，她发现要读的东西太难，教授们的要求太多。她担心她的能力无法完成博士论文的要求，遑论一大堆完不成的研究计划。她在博士生一年级时，曾经教过一门大学部的化学实验课程，她发现自己很喜欢教书的工作。至于其他方面，她发现家族对她拿到学位的期待也愈来愈高。

在咨询的情境中，咨询师和卡萝一起讨论了卡萝所绘的生涯家谱图。讨论的重点包括了父亲、母亲与其他成员的职业对卡萝的影响。她父亲从一个高中老师沦落到工厂的工人，造成了家庭里长期挥之不去的低迷气氛。母亲原本有一个电话接线生的工作，后来失业，然后出了车祸，这一连串的冲击对妈妈和自己来说都是场人生梦魇。卡萝从这里看到妈妈对她生涯发展的影响：妈妈对她未来的生涯规划充满着期待与憧憬。至于其他家族成员的职业，除了她的叔叔当医生外，就属卡萝的学历最为傲人。

在咨询过程中，卡萝进一步回顾了青春期前后与家人的关系。车祸使得妈妈无法再像以前一般照顾她，她与妈妈之间亲子关系的遽然扭转，使得她从被照顾的角色到学习如何照顾家人。这使得她看到了自己照顾他人的天性。这也使她顿悟到，原来教书才是她的最爱。她联想到在成衣工厂工作时，协助主顾挑选成衣是她最喜欢做的事，其他的她都不喜欢。这时候生涯咨询的效果出来了，她慢慢在"科学兴趣"与"照顾他人"的需求之间找到了一个能够兼顾的平衡点。

接下来几个月的持续访谈，卡萝有了改变。她调整了研究的方向，换了原来的指导教授，进了一个人数较少的研究小组，研究主题较具体。她对自己的憧憬，是将来能进到一个重教学而轻研究的学院或大学当化学老师，有比较多的时间能与学生接触。接下来，她规划在化学系以外找一个研究助理的工作，这个工作是在大学协助新的博士班助教增进教学技能。

(4) 生涯家谱图的困难与限制

a. **制作费时耗神**：生涯家谱图的制作费时，讨论也十分费时。有的咨询师会在咨询的同时进行构图与成图的工作（Sueyoshi et al., 2001），一边成图，一边讨论。这样也要耗掉不少时间。

b. **担心家丑外扬**：在家谱图解图的过程中，有时难免会碰触到家庭的集体伤痛或个人的受伤经验。华人向来有"家丑不可外扬"的家庭教育，遇到较为敏感的问题，如果咨询关系不够，来访者通常不太愿意拿出来谈。目前单亲家庭不在少数，单亲子女维护隐私，通常不太希望让其他人知道家里的状况。这些都是要特别注意的。

c. **负面情绪的处理**：一般人只要牵动到"家"的主题，就会带出许多的情绪。特别是负面的情绪，多与过去的家庭负面经验有关。往往过强的负面情绪，有可能带出偏离生涯的主题。咨询师要能智慧地判断，这些情绪是否与生涯有关：负面情绪如果能深入生涯问题的根源，也许能柳暗花明；如果负面情绪带出与生涯无关的其他议题，则须征求来访者同意，是否重新确定咨询目标。

d. 对家族史生疏：有些人离家多时，对家庭的状况相当陌生。有些家人长久在外，疏于联络，有些移民家庭第三代从未见过第一代，都会使生涯家谱图的资料有所残缺。

基于这些考虑，在使用生涯家谱图时需要特别谨慎。基本上，生涯家谱图能从文化脉络中搜集到其他工具无法比拟的深度信息，让来访者在自己、家人与文化的层层关联中，得到一种全新的理解。一般而言，经过事前的告知与充分的讨论，大多数人都能在过程中得到有意义的信息，而深深地获益（Gysbers et al., 2009）。

在上述的案例中，我们看到了生涯家谱图发挥的功能。卡萝的困境在于面临了化学兴趣（化学专家）与助人需求（老师）之间的冲突。这两方面的拉扯，原因可以追溯到原生家庭的互动经验。通过生涯家谱图的应用，卡萝看到了家庭移民奋斗史对她的影响，看到了与母亲之间的依附关系与分离焦虑，从中发现内在的助人本质是如何从生命经验中浮现出来。褪去了投射在化学兴趣与博士学位表面的光环（家庭的期待），卡萝最终能将化学兴趣与助人需求结合，找到一个贴近自己内在兴趣与需求的生涯抉择。

（二）无意识阶段（Consciousness-*Unconsciousness*-Coordination）

如果在意识阶段运用了各种理性工具与方法，来访者还是无法下决定，就可尝试进入无意识阶段。许多学者（Krieshok et al., 2009）回顾并检讨了生涯过程中的理性方法，也讨论了无意识中直觉的必要性。他们认为，理性与直觉历程在有效的决策过程中有必要辩证地交织在一起。理性有时是一种众生喧哗，充满多元的音频：包括父母的声音、师长的声音、朋友的声音。这些声音有的是悦音，有的则是杂音，内含许多的"应该"或"必须"。如何能够通过深刻地倾听，让我们能够听见并了解，那些我们还未曾听见及了解的内心属于自己最真诚的声音（Thich, 2016/2021）？

> 直觉是一股来自内在的声音，会告诉你未经制约的事物真相，

在清醒和梦境中提供乍现的灵光。当你放慢步调聆听，就能联结到你的直觉。所以在需要做决定时，请倾听你的本能直觉和身体发出的讯号。注意观察各种迹象和同时发生的事，这些就是带给你指引或者让事情水落石出的最佳时刻。（Orloff，2014/2015）

心理学的历史和实践表明，职业不完全是我们刻意选择的，有可能是一种来自心灵深处的召唤，通过非理性的方式发声（Cremen, 2018）。在 C-U-C 这个无意识阶段，来访者或先经历了殚精竭虑的历程，处在一种困顿、怀疑、不解、疲倦的状态。思绪混乱，理智涣散。来访者的混沌状态，在意识的断裂之处，或许提供了柳暗花明的契机。在关键的生涯抉择时刻，不寻常的事件感应内在心灵的召唤并不神秘，只要我们敞开心扉，大智大慧就有机会走入其中。在这一阶段可供参考的方法如下。

1. 正念内观

正念内观（mindfulness），简译"正念"；"正念"的含义很东方。卡巴金（Kabat-Zinn, 1993）对正念的定义包括：（1）觉照（attention on purpose）；（2）当下（in the present moment）；（3）不评断（non-judgmentally）三大要素。在思路枯竭之处，暂且放下一切。通过静坐或冥想，倾听最微小的声音从心灵深处升华而起，不做任何评断，只是观看。

一位英国广播公司的记者在法国的梅村剃度出家，皈依一行禅师的佛学修行志业。她提到正念力量的殊胜经验。一个在寺院里的夜晚，她突然在毫无预警的情况下触发了一种排山倒海的绝望，十分混乱的思绪使她流泪不止。她采用的方法是"进行十次连续呼吸而没有升起念头"的正念呼吸法。她躺下来，手放在腹部，把注意力放在呼吸上。

当时所需要的正念力量不是要拴好一只野马，而是百只野马。我用手指数着呼吸，一次又一次从零开始。最后，我的坚持让我做到十次连续呼吸而没有思绪。我汗流浃背，坐起来，放松，体验到真正的存在。这段练习用了几乎一个小时。我接着出现一个念头：

"好，是有个难题要解决。那个难题是什么？"令我惊讶的是，我所有的认知都改变了。我看到的情况和感受都不同了，有很多可能的解决方案历历在前，一如白昼般清晰。……这是我首次发现，有时候呼吸比脑袋更值得信赖（献严法师，2022，p.74）。

献严法师体验到"十次正念呼吸而没有升起念头"的力量，这项修习改变了许多共修僧侣的生命经验。修炼的诀窍是发现自己在数呼吸时有杂念升起，就重新从零开始。这项修习的功夫其实需要练习。每天坐禅十次，行禅一小时，三餐静默进食。她用了两个月训练自己连续十次呼吸都没有念头。在遇到无法解决的困境时，用这种方式退后一步保持距离，反而有安全的基础面对问题，有更多的空间找到更善巧且意想不到的解决之道（一行禅师，2022）。

儒家的定、静、安、虑、得，从"定"到"得"尚且有一个循序渐进的节奏。禅宗的"定""慧"，定慧同体，定慧等一。"定是慧体，慧是定用，即慧之时定在慧，即定之时慧在定。"（《六祖坛经·定慧品第四》）慧为定之用，定为慧之体。只要"定"得彻底，"慧"就在其中。

延伸阅读 12-1

定是慧体，慧是定用

正念止观从"定"到"慧"，其内在机制为何？

1976 年，一行禅师在新加坡为了拯救海上的越南难民，遭遇了极大的困难。当时有八百多难民漂泊在新加坡外海的两艘难民船上，附近的国家也都禁止这些难民上岸。他们僧团的拯救行动被视为非法，当地政府命令他们必须在 24 小时内离境。有一艘难民船引擎坏了，船上缺乏食物，也刚好有小婴儿诞生。在这种极度艰困的处境下，他如何"欲安即安"，找到解决问题的良策（Thich, 2016/2021）？

他要求自己在危难时保有真正的安详，绝对的安静。他永远不会忘记，在那一个漫漫长夜，他分分秒秒都在进行正念的行禅，坐禅，观呼吸。在清晨四点多钟，一个想法突然出现：要求法国驻新加坡大使介入帮忙，请求让他们继续留在新加坡十天，把难民送到安全所在。清晨八时大使馆开门，见大使，拿到介绍信，在合法居留只剩下十五分钟时间的情况下，他们奇迹似的办妥了新加坡延长十天居留的签证。

当他还是小孩子的时候，有一天看到院子里储水的大土缸底部有一片很漂亮的叶子。他想要捞出来玩，但手臂太短够不到水缸底部。他拿一根棍子搅动了二三十次，但是叶子还是不上升到水面来。所以就放弃了。几分钟后惊讶地看见，叶子浮上来了。在他转身期间，水仍然继续地转动，慢慢把叶子带到水面上。他认为，这就是我们无意识心运作的方式。当我们有问题要解决时，或是想要更透彻地了解某个情况的时候，我们需要将找到解决办法的任务，安心托付给我们更深层的意识。

> 我们的无意识心，佛教称为"藏识"，它知道如何聆听。它与心的思考部分一起合作，思量心是我们日常中经常使用的。当我们禅修时，我们不仅使用我们的意识心，还必须使用并且信任我们的"藏识"。当我们在意识里种下了一个问题或难题的种子的时候，我们必须信任，某个洞见终究会浮升到表面上来。深深地呼吸，深深地观察，并且让我们就单纯如是，会帮助我们的"藏识"提出最佳的洞见。
> （Thich, 2016/2021, p.22）

这便是"藏识"，是含藏于深处的一种意识，即佛学唯识论"八识"中第八识的阿赖耶识，记载着多生多世以来庞大的"种子"数据库信息。当足够的因缘条件聚集时，深藏在"阿赖耶识"中的种子便能够浮现，它洞见的力量极有智慧，胜过主观思量心的判断（Thich, 2016/2021）。荣格所主张的集体无意识类似于阿赖耶识，也是无始以来的沉积和熏习，潜藏着人类世世代代相传的原始意象。

2. 生涯幻游

"幻想与梦想的能力也许是人类资质的极致。这是进化所给予人类最好的礼物。"（Singer & Switzer, 1980, p.5）生涯幻游（参见第六章）是一种幻想技术，在纯然放松的情境中，让内在真正的、隐微的需求，借着"未来典型一天"指导语的引导，浮现在幻游的场景中。生涯幻游的设计，是让意识在放松警戒的氛围中放下，让现实中渴望实现的愿望寻得出路，以无意识心灵的图像示现。

3. 生涯召唤：机缘巧合与共时性

对西方人而言，传统所谓的召唤意指呼应神的意旨从事神职生涯："我天生就是传道人。"对中国人来说，我们向往的志业是"一个人的安身之处，也是一个人的立命之所"，亦在回应某种超越自我的"天命"。现代所谓生涯召唤（career calling），是"听到内在的歌声，而且用大声的、清晰的方式唱出来"（Bolch & Richmond, 2007, p.128）。找到自己内在的召唤，意味着深刻理解自身的独特性，能够以真实的面貌在工作与生活中自如穿行，心旷神怡，率性而为。此所谓的率性，是指《中庸》中的"天命之谓性，率性之谓道"，大声且清楚地说出"我天生就是科技人""我天生就是护理师"，这就是"天赋使命"。不仅乐在其中，而且知道这就是生命的意义，走在自己生命的道路上。

生涯召唤中的生命意义感，是一种人与自己的联结，人与人的联结，人与自然的联结的一种超越性的感受，充满利他、超越等属性。这不仅是自我实现的力量，也是生命存在的价值。可是，这种内在深处的渴望有时相当微弱，且有时受到外力（如家族长辈）众声的遮蔽。这种冥冥中的声音如何能被自己清楚地听到？汉森（Hansen, 2002）相当推崇东方的禅修，认为是一种与较高层次意识联结的方式（如前述之正念止观）。易言之，将自我或个人意志臣服到与无意识心理的关系中，可以让一个人的召唤浮现（Cremen, 2018）。荣格说："我总是试着为从内心深处向我走来的一切，腾出空间。"（Jung, 1961/1997, p.7-8）只要真心渴望，只要心理腾出空间，外在大宇宙的回应，就有可能与内在小宇宙的渴望连接；第十章提到的机缘巧合与共时性原理，均可运用。

4. 梦的暗喻：积极想象法

无论是生涯幻游图像的呈现，或是召唤借由共时性浮现，无意识的真心渴望，有时无法从清醒时的自我状态看清细节，而以梦境的暗喻浮现。梦就是睡眠中的自我，将无意识的信息意识化。根据荣格的理论，如果梦的内容超越现有的自我，引导我们走向更高的自性整合，梦就会为我们带来很大的意义（河合隼雄，2013）。

荣格发展出来的方法，称为积极想象法（active imagination）。积极想象是一种内在对话方式，帮助个体完成人格整合。荣格在《红书》（*The red Book*）中提到，他在生命最艰困的时期，借着积极想象的分析技术，联结意识与心灵深处的集体无意识。积极想象的做法，是通过绘画、雕塑、舞蹈、书写等体验性途径，把清醒状态的无意识内容可视化（visualization），有意识地与之建立关系，进而产生有益的效果（Tibaldi，2011/2017）。

案例：

有一位持续接受生涯辅导的来访者，其所带来的问题主要在于工作与休闲的无法兼得。先前也都做了相关的测验。在最近来谈之前，做了两个梦。

积极想象法处理的原则与方式如下（Raff，2000/2007，p.60-67）。

（1）可视化：自我在注意梦境的内容时，必须放弃自己的批判性想法，接受无意识在梦中出现的任何东西。如果我们的想法执着于意识理性，梦的内容看起来大多荒诞不合理。我们必须以高度的开放性接受无意识的显现。无意识的象征是以意象、声音、情结乃至身体感觉的形式表达的。

（来访者在不同梦境之中出现许多的象征，来访者特别好奇且关注到有一些一闪而过与"瀑布"有关的场景。）

（2）体验化：一旦捕捉到梦境中的象征对象，除了清楚分辨外，尽可能完整地表达出来。"体验化"的意思，是让无意识的内容自由自在表达自己，尽可能不让意识的心灵介入影响。尝试深度聆听，用整个感官去深度体验。

（来访者可以把自己看见的瀑布画出来，也许想象自己在聆听瀑布的声音，甚至找到一个实体瀑布，端坐在瀑布之外，好好体验一整个下午。无论如何，强化对瀑布意象的体验。）

（3）意义化：探讨梦境象征的意义。将这次体验发展到完整状态之后，紧接着自我便要判断这一次体验的意义。这一点极为重要。如果不了解无意识显化出来的意义，仅有体验是不够的，务必从体验中发现意义。

（来访者在体验中发现瀑布象征的意义，是无意识希望自己要"慢下来"，注意身边美的事物，与自然融合，聆听大自然的声音；生命不应该只是工作，还包括纯然的存在，这才是人生。）

（4）同理化：从梦境中的象征意义出来，必须再回到自我，反映出自我的理解与感受。若要产生新的理解，意识与无意识的对偶两方任一方都不得支配或消灭另一方。但在接触的初期，双方都想控制对方，必须经过信息来回的辩论后（类似咨询情境中互为主体的同理），才有可能产生新的整合。

（"我"放下了工作，成天在瀑布前打坐，看瀑布，听瀑布，又会觉得无所事事，有罪恶感。如果"我"有此回应的信息，就必须回去无意识听取"答辩"："你像无头苍蝇般忙碌，其实浪费了更多的时间。"然后，"我"再作回应。）

两者之间的信息回应必须真诚，理性与感性在对偶的两端来回移动，便会开始进入新自性的转化。

（5）自性转化：积极想象法在这个阶段开始掌控新情势。自我每一次接触无意识的意象，与之进行有意义的对话，就会启动超越功能（transcendent function），自性因此得以转化。由于自我与无意识这种对偶对话的张力，便会创造出第三方的超越观点，同时感觉这里才是生命过程进行的地方。这种第三方观点，经由辨证而产生新的理解，这种机制在执中调和阶段将会有更详细的说明。

> 理性和感性（意识与无意识）的穿梭辨证，促成对立面的"超越功能"。两边的对立，产生了一种充满能量的张力，并创造了一种饶富生命力的第三种事物……一种从对立之间的悬置中脱离出来的运动，一个活生生的诞生，从而导致一个新的实存状态，一个新的局面。（Raff，2000/2007，p.64）

这种第三方的特性，一方面听到了意识面的理性，另一方面也接收到无意识面深层的内在声音，是一种新的意识状态，安住于一个新的自性。这个自性能够同时体验工作与休闲两种经验。（自我大部分时间继续工作，开始接近大自然或开始静坐。工作有其时，沉思亦有其时。容许缩短工时，休息后再回头工作。偶尔，以休息为主，工作为辅。）这是一种融合的状态。很有意思的是，另一种"同时"的状态也会灵活地出现，也就是工作中意识到休闲，休闲中意识到工作，可以来去自如。

（工作时依旧能够意识到内在细微放松的声音；休闲时在瀑布边也可能对工作有了新的领悟。）

经过 C-U-C 第二阶段的过程，来访者深刻了解内在深层的渴望。这些渴望被放在重要的位置重新看见。当回到现实面的考虑时，我们假设来访者评估决定因素的加权值会产生微妙的变化，带着新的理解进入下一个 C-U-C 阶段：执中调和。

（三）执中调和阶段 (Consciousness-Unconsciousness-*Coordination*)

如何运用执两用中的效应，产生合情合理且合宜的结果，是这一个阶段的特色。执中阶段期待的是对偶两端（内在深化的现实必须与外在实际的现实）取得平衡。这种经验的沉淀应该如何进行？在这一个阶段具体的做法，C-U-C 模式建议采用：（1）心理位移书写法；（2）双赢策略；（3）霍兰德小六码。

1. 心理位移书写法

意识阶段与无意识阶段对偶两端所获取的信息，有时需要进一步的沉淀，可以运用金树人（2005，2021a）所发展出来的心理位移日记书写法，这是一种心理位移日记书写范式（Psychological Displacement Paradigm in Diary-Writing，简称 PDPD）（Seih et al., 2008）。

PDPD 进行的方式是让来访者以我、你、他三种位格书写日记。首先，按惯例以第一人称的"我"位格书写当天或最近发生的事或心情。写完之后，空一行，将主词换成第二人称的"你"位格。写完之后，再空一行，再将主词换成第三人称的"他"位格。最后，回到"此时此刻的我"位格，写下现在的心情或状态。

"心理位移的日记书写"的效用，主要在负面情绪与焦虑状态的舒缓，大多数的书写者可回复到较为平静和缓的内在状态，一如前述的止观正念（金树人，2005；康德祐，2015；张仁和等人，2013）。

> 对于书写者而言，或许其疗愈未必是因为获得了什么了不起的顿悟，或是对于生命产生新的理解。而是因为看见阴阳可以流转的可能性，卡住的关卡未必如想象的那么坚固，因为松动了，感受到了自由。
>
> ——林以正（2021，p.48）

这种所谓的心灵空间的自由，是经由"我你他"位格的移转，进入"非我非你非他"的寂静状态。

另一方面，"即定之时慧在定"，这种书写之后"即定"的轻安状态，又会产生"即慧"的作用。一是，书写的后期会出现更全知、高位阶的感觉，全面观照的能力增加，可以辨识、觉察自己的压力（李亮慧，2015）。二是，对自己的问题产生新的觉察，有人"更看到隐藏在理解与现实之后的期待与盼望，如陶渊明创造的桃花源、现实治疗所相信的优质世界"（李沂蓁，2014，p.99）。除了觉察自己的需要与期待，"再回到我"之后可清楚地看到自己的行为反应模式、类型及其影响。

例如，个案研究发现（李沂蓁，2014），通过写心理位移日记，受试者开始能看到生涯犹豫、思考生涯犹豫的本质，进而看见意义并转化之。借由这种表达性的日记书写，让意识的运作在我、你、他的位格中移动，造成"非我""非你""非他"等若有似无的空间摆荡，进而思索出臻于中庸之道。其中一位研究对象受困于必须在"教职工作"（现实）、"心理咨询方向研究生"（理想）与"音乐"（梦想）进行选择，其间掺杂着与父母期待相左的烦恼，苦于现实与梦想的夹击。每周进行心理位移书写至少 2 次，每篇日记字数需达 500 字，书写时间亦需持续 8 周以上，总共需完成 16 篇以上的书写文本，撰写时可以选择用纸笔书写或电脑打字。研究参与者在不同位格反复陈述与辨证自己对生涯困扰事件的想法，过程中感到情绪翻腾，但经此书写亦将自身的视角拉开，进而出现客观具体的观点。最后，书写者厘清了父母价值观和自己内在最深刻的需要；一方面选择"教职工作"的生涯方向，另一方面保留对生命意义的追寻，寻求一个让自己更好的生活方式，期许未来也更有机会找到比工作更重要的人生答案（李沂蓁，2014，p.110）。

2. 双赢策略：第三选择

生活当中，但凡遇到二选一的抉择，就会落入两难的歧角（on the horns of a dilemma）：这是一种左右为难，进退维谷的处境。此种境遇犹如航行于斯库拉和卡律布狄斯之间（between Scylla and Charybdis）。这西谚源自希腊的神话，记载于荷马史诗之一的《奥德赛》（Odyssey）。故事叙说希腊国王奥德修斯（Odysseus）在外征战十载，拟班师回朝，但是必须通过一个曲折航道，左边是斯库拉女妖盘踞的礁岩，右边是卡律布狄斯海妖化身的大漩涡，才能返回故土。任何一个失误都会粉身碎骨。此谚语暗喻"进退两难，腹背受敌"之苦，是一种两难的情况中寻找出路的煎熬。

（1）第三选择：二择一通常是一种取与舍的困境（Martin，2007/2010），第三选择则是另一种创新的路数。此种思维法则跳脱上述"两种选择"的两难观点，开拓闭锁的思路，另辟蹊径，找出第三种选择的可能性（Covey，2011/2013）。在代际生涯抉择冲突的历程中，第三选择提供了一种活络的思维方式，让思考跳出窠臼（think outside the box），在山重水复疑无路之际，遥指柳暗花明又一村。

如果生涯抉择的冲突来自必须在"我的选择"与"你的选择"中选择其一，通常"第一选择"是我的想法，"第二选择"是你的想法，两种想法意见相左，所坚持的理由各自根深蒂固，难以撼动。"第一选择"是站在自己的立场，坚持己见，希望别人接受自己的选择。而"第二选择"则是他者的想法，通常来自父母或长辈，希望决策者抛开己见，去接受"我们都是为你好"的关照。

柯维（Covey，2011/2013）将寻求综效（synergy）的第三选择思维模式归纳为四个重点（pp.47-94）。

思维模式1："我看见自己"

第一个思维模式是能够视自己为独一无二的个体，具备独立判断与自主行动的能力。

思维模式2："我看见你"

第二个思维模式是能够把别人看成是活生生的人，也拥有独特的价值、天赋、热情与能量，享有自身的尊严与别人的尊重。

思维模式3："我努力了解你"

这种思维模式是要努力去了解对方与我们相冲突的想法，而非回避或捍卫自己的想法。对于与我们不同想法的人，最好的反应方式是真诚地去倾听与共情。

思维模式4："我与你发挥综效"

最后这种思维模式，就是要找出任何双方先前都没有想到过的、更好解决的方案，而非陷在彼此攻击的矛盾与循环之中。

> 我记得中学时期的辩论课，有一次老师在辩论开始前一分钟，要我们正反方互换。原本我很惊慌，后来因为得到一种崭新不同角度的概貌，而感觉到一股庞大的能量。的确，这次的经验能量强大，让我打赢辩论赛。我觉得这是因为自己给予对立两边同样的信任，才能得到更高层次的观点……（Johnson，1991/2021，p.145）

"自他换"是此例中关键之必要（金树人，2014）。主体与客体、自我与他者，原本是对立的。"自他换"是换位思考，"我"看到什么，"自己"便是什么；"他"看到什么，"自己"宛若（as if）"他"的什么。基于给予对立两边同样的信任，于是得到更高层次第三方的观点。

在心理剧的"四张椅子"的训练方式中（赖念华，2008），可借由"自他换"的角色设计，更具体而细微地呈现上述的这种综合效应。假设的案例是来访者阿花马上要大学毕业了，她决定先去工作分担家计，然而她的妈妈坚持让她必须先完成学业，双方时有剧烈的争执。

心理剧现场的四张椅子分别是主角（protagonist）（主要人物阿花）、替身（double）（主角的内在自我，有着深层的情绪或想法）、辅角（auxiliary ego）（又称为主角的对角，阿花的妈妈；有时也可以是自我的另一个部分），以及辅角的替身。

在进行的过程中，有许多角色交换的过程，特别是"主角"成为"辅角"，或成为"辅角的替身"，在心理剧导演的催化或引导下，视现场的互动适时转换角色座位。角色交换（role reversal）是心理剧的引擎（the engine of psychodrama），其价值在于主角有机会去体会他人角色的感受与想法，并且通过心理剧中他人位置的眼光，重新凝视自我，可以扩大主角原有的认知与感受，带出更多的觉察与解决问题的动能（赖念华，2008）。在这个案例中，通过四张椅子代表不同角色来回的"自他换"体验过程，阿花充分理解妈妈的辛酸与期待的缘由，也看见了自己内在的挣扎与渴望，在现实与理想之间，愿意从"和"的关系中寻求妥善的解决之道。

赖念华进一步解释"第三选择"出现的效应机制：镜观（mirror）。"镜观"就好像在镜子前面观看镜中的自己。镜观的位置可以让主角抽身于事外，以客观的角度与抽离的方式观看"替身"（自己）与"辅角"（妈妈）的对话与互动，将情境脉络都收入眼帘，努力了解冲突对方（妈妈）的观点，而带出新的洞察与第三选择。

> **延伸阅读 12-2**
>
> **双赢的亲子生涯探索活动**
>
> 亲子生涯探索活动（Parent Involved Career Exploration，简称 PICE）（Amundson & Penner, 1998）是一种将父母和孩子纳入生涯咨询，以创造双赢契机的五步法。
>
> 这套方法包括简介、组型辨识练习、我喜欢的课程教育与职业机会以及下一步计划等五个步骤。这是专为 14～18 岁的学生设计的活动。每个单元活动进行的过程中，学生参与课程，家长是旁观者。单元活动结束时，家长才进场讨论，咨询师转向家长并询问意见。这为家长提供了一个很好的机会来确认讨论的内容，并可增补任何新的观点。
>
> 第一步：介绍整个过程，让学生和家长了解这套过程如何对他们有所帮助。
>
> 第二步：使用组型辨识练习（Pattern Identification Exercise，简称 PIE），让学生识别与生涯发展相关的优势和劣势。学生考虑这些信息所建议的模式以及这些模式如何影响他们的生涯抉择。然后要求父母提供更多意见。PIE 遵循以下步骤。
>
> 1. 学生思考一项印象深刻的休闲活动（如欢迎新生的活动），并详细描述

其进展顺利的具体内容（筹备团康活动）和不善处理的画面（秩序处理）。这里的对比让学生看到了自己优势（创意）和劣势（管理）。

2. 鼓励学生考虑所提供的信息中所隐藏的模式的类型。这些信息如何反映生涯目标、价值观、能力、个性特征和兴趣？在建立这些联系的过程中，同时为学生提供支持和鼓励。

3. 关注已确定的模式如何与学生面临的生涯抉择建立关联。同样地，学生主动建立这些关联，咨询师仅仅提供支持和鼓励。

第三步：在"我喜欢的课程"中，学生谈论他们喜欢的任何校内外的学习课程，在学生用例子说明自己的想法后，同样地也要求家长提供反馈。

第四步：在教育与职业机会中，讨论劳动力市场趋势、灵活抉择的必要性、学校和工作活动之间的关系、与他人交流信息的必要性、高中或大学入学标准等。学生的父母加入讨论，并提供他们自己可能认为有用的劳动力市场的信息。

第五步：根据此次的进展，约定下一步的活动或设定行动计划。

在 PICE 中，亲子双方都有机会进入对方的内心世界，从"我看见自己"到"我努力了解你"，从而促成"我与你发挥综效"。PICE 是一种辅助性的咨询方法，当学生和家长都有强烈的动机去探索孩子未来的梦想时，效果最为显著。

（2）辩证法则："第三选择"是一种遵循黑格尔辩证法（Hegelian dialectic）"正-反-合"（thesis-antithesis-synthesis）的辩证思维。决策者必须首先进行自我觉察，认知自己选择所坚持的理念与价值（正命题），之后再去认识他人之所以坚持的缘由与信念（反命题）。这个历程相当不易，我们必须穿透性地了解自己与别人的想法。这里所说的"穿透性"，不是表层的接触与试探，而是一种真诚的契入与共情；只有到达这种地步，才有可能进入创造性的协同阶段（合命题）（Basseches，1980）。

图 12-5 之中，"第一选择"是 A，"第二选择"是 B，"第三选择"既不是"平均"也不是"权衡"，而是辩证后的新方案。

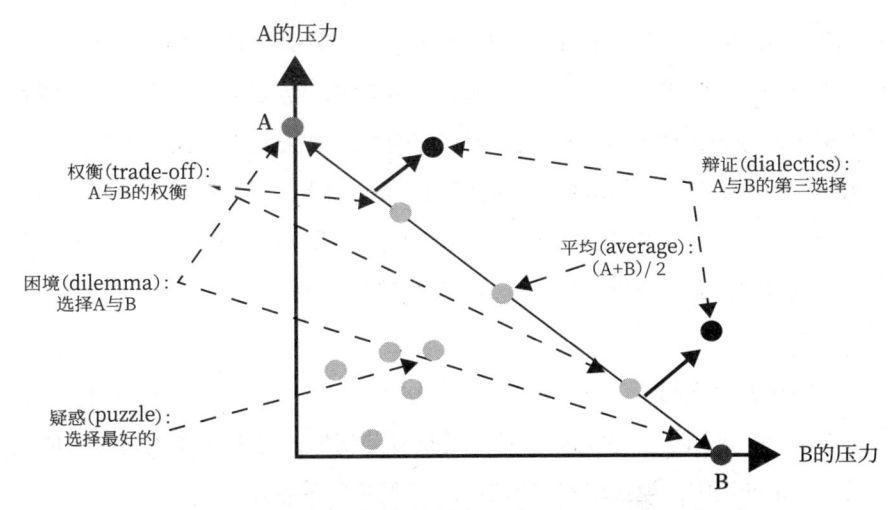

图12-5　辩证式探询法（资料来源：Dialectical Inquire, 2019）

首先，出现了压力 A 与压力 B "两难的歧角"，造成了困境（dilemma）。与此同时，个体在 A 与 B 无法兼得的歧角之间游移不定，处于疑惑（puzzle）状态。采取数学上的（A+B）除以 2，求得平均（average）的解决方案，或许可行，但经验法则告诉我们，这种概率出现的可能性不高。一般来说，大多数是采取类似第十一章中的决策法则，在 A 与 B 选项上来回评估得失，进行权衡（trade-off）。然而，根据辩证（dialectics）的法则，在 A 与 B 之外可以发现新的方案（第三选择）。

（3）超越功能：这类似于《中庸》"执两用中"的智慧，在于找出对偶两案之所以"对立和矛盾"所有可能的条件与因素，在这个基础之上，发觉能够超越原有观点的解决方案。这些方案在质地上有异于 A 或 B，即为非 A 或非 B 之外的第三选择。辩证法则与执两用中都隐藏着一种超越二元对立的智慧。荣格也认为，这一种转化的"超越功能"是以对偶的辩证方式促成的，结合之后的意象就是曼陀罗（mandala），必然有一个中心点（Raff, 2000/2007, p.57），如同来到跷跷板的中间。在先前"无意识阶段"提到的"梦的暗喻：积极想象法"案例，所处理的历程也正是一种正反命题辩证之后的执中与调和。

"云来山更佳，云去山如画。山因云晦明，云共山高下。"（元·张养浩《雁儿落带得胜令·退隐》）中原本山是山，头角峥嵘；云是云，争奇斗艳，两者互不相让。"云来山更佳，云去山如画"的画面，相互晕染，彼此缭绕；"山因云晦明，云共山高下"的境界，涵融流动，高下错落。此刻已经不是前时山是山，云是云的孤寂光景了。宛如"落霞不落寂，孤鹜不孤独"，落霞可与孤鹜齐飞，秋水与长天共一色，交融与共，无限静好。

3. 霍兰德小六码

"霍兰德小六码"（参见第三章）的设计与实践，是在个体主义与集体主义的双文化冲突中，摸索出的"执中"与"时中"的智慧。

（1）"执中"的智慧：在华人的教育体系中，大学的入学考试经常是一试定终生。经由考试成绩划定入学的学生，大学志愿的选择有很多来自家族的指定，有很高的比例并不喜欢就读的专业。"霍兰德小六码"的应用即一种中道的智慧。在大学的探索阶段，如果发现自己并不喜欢迫于家族压力就读的专业，而喜欢其他的专业，就可以从现有专业的小六码中，找到未来的职涯出路。

假设一位法律系的学生在大三结束时发现对于法律的科目"胜任而不愉快"，渐渐感到律师的工作"食之无味"。但是非常喜欢文学，文学作品多次在校内外获奖。家人绝不同意他弃法就文，更何况转系至文学领域在高年级已经不可能。如何面对毕业后的工作抉择？

在"生涯兴趣小六码"（黄素菲，2014）的结构模式中，法律专业领域的主码中，同时存在着一个在法律领域中可以发挥的小六角。来访者真正的兴趣是文学，可以将文学的兴趣发挥在法律领域中，如法律作家。从结构来看，文学兴趣（小六码中的 A）镶嵌在法律（大六码中的 E）之中，这一条职涯之路融合了法律专业与文学的兴趣，许多法律方面的案例分析，可以通过文学的形式深入人心。

（2）"时中"的智慧：尤有进者，如果加入《中庸》"时中"的概念，对于现实与理想难以兼顾的生涯冲突，将时间的轴线拉长，以时间的维度换取空间的纵深，"霍兰德小六码"的框架也提供了一个两全其美的解决之道。

例一："爱好文学"的小码（A）落在"植物学"的主码（R），会生出什么样子？一个爱好文学的人，上半生是一位上山下海的植物学家。他在人生绕了一大圈之后，蛰伏的文学本质自然地又探头追寻出路。这位长期在林业实验所担任森林生物研究的专家，花了三年的时间，重读了 8 次红楼梦，考证了 27 万首以上的诗词，足迹远至蒙古考察宝玉口中的昭君墓长青草，撰写了《红楼梦植物图鉴》（潘富俊，2014）。他以红楼梦各回植物出现的种类与次数，呼应后四十回不是曹雪芹原作的说法；他从大观园中植物出现的种类，间接推断大观园不在苏州、南京或北京，而是曹雪芹"综合南北各地"的理想之地（联合报，2004 年 9 月 25 日）。随后，他又先后出版了《楚辞植物图鉴》《诗经植物图鉴》《唐诗植物图鉴》，下半生在海峡两岸声名鹊起。

例二：爱好动物的小码（R）落在气象学的主码（I），会生出什么样子？美国弗吉尼亚大学（University of Virginia）的高斯坦是位杰出的气象学家。他出生于南非，虽然上半生在美国工作了几十年，仍对少年时期熟悉的野生动物深深着迷。对野生动物的喜好是他的"根"。他在气象这块土壤上结合原本对动物的喜好，下半生做出了气象学家或动物学家单独不容易做出的研究成果（华伦，2004）。大象是以比人类所能听到的最低音还低的频率和远距离的象群沟通的。大象究竟是逆着风嘶吼，还是利用每日的大气变化，采取最有利的条件进行信息的传播？尤其在交配季节，母象的交配声波讯号如果受到强劲阵风和大气热浪扰乱，无法传达给远方的公象，下一代的优生繁殖就会受到影响。高斯坦的研究团队借着老练的气象知识与仪器，在纳米比亚的埃托沙国家公园花了三个星期的时间进行侦测，发现有 96% 被记录到的声波是发生在黄昏至黎明间寒冷无风的时刻。避开白天 43 摄氏度的高温与每小时 30 公里的风速，大象利用傍晚以后 4 摄氏度且几乎静止的空气进行最有效率的超低频呼叫，可以沟通的范围可涵盖至少 290 平方公里。他精准地发现，叫声最多的时段是日落前一小时到日落后三小时之间，以及日出后的头两个小时。

安身的大六码与立命的小六码，很巧妙地化身为立命之道。执中调和阶段的霍兰德小六码，含涉了"大局意识"与"和而不同"的智慧，"云来山更佳……云共山高下"。人生上半场的安身是一种柔软用晦的身段，为人生下半场的压轴大戏，进行预备与暖身。及至人生下半场的立命阶段，对环境的掌控能力增加，对自性的理解也更为深刻成熟。此时顺着本性而发挥，"天命之谓性，率性之谓道"，成了极其自然的事。由此，"五十而知天命，六十而耳顺，七十而从心所欲不逾矩"的生命境界，也就顺理成章了。

延伸阅读 12-3

"霍兰德小六码"的中庸意识

在两难的生涯抉择情境中，情境的拉扯来自四面八方，时间的压缩使得来访者没有喘息的空间。总的来说，一方面必须考虑到自己的愿望与需要，另一方面又得顾虑到别人的感受与期待。当必须以大局的和谐为重，必须扛下家庭的责任与义务时，所采取的策略通常是牺牲小我以完成大我，有时委屈未必能求全。一般来说，人生上半场的安身阶段，考虑较多的是现实因素。如果认定这样的委屈只是退让隐忍，自怨自艾，人生下半场也会相当地凄凉。

（1）**审时度势的大局意识**。如果将时间的轴线拉开，审时度势，随着形势的变化伺机而动，徐图再起。如此也有了事缓则圆的运作空间，生涯的全貌或可兼顾两全之美。人生上半场，如期所是，活出别人满意的样子；人生下半场，如其所是，活出自己满意的样子。生命呈现出以"退"为"进"的大格局：和光同尘，与时舒卷；先求安身，再求立命。

（2）**和而不同的自主意识**。孔子言道："君子和而不同，小人同而不和"。和可以包容异，产生一种新的状态或境界。《左传》记载晏子的一段话："和如羹焉，水、火、醯、醢、盐、梅，以烹鱼肉。""声亦如味，一气，二体，三类，四物，五声，六律，七音，八风，九歌，以相成也。""若以水济水，谁能食之？若琴瑟之专一，谁能听之？"羹汤产生的新滋味，是调和了醋（醯）与酱（醢）以及其他诸多相异的味道；乐之交鸣交响，也是融合了五声六律等不同的乐音以成天籁，这是和而不同的绝妙境界。相反地，同而不和的后果，琴容不下瑟，焉能听之？

"和而不同"意指个体在秉持以和为贵的原则时，保有高度的自主意识与独立动能，不盲目附和。在充分理解人我差异的情况下，自发性地调和差异，以中庸的手段达到和谐的目的。近代的研究（林以正，2014）已经证实，"高中庸取向者"以退为进，其动机历程是以自主（autonomy）的趋力为中介的。

> 也就是说，外柔内刚的中庸之道，并非为了逃避惩罚或担心责难，也不是基于焦虑或恐惧的退让软弱，而是心知肚明，"知其所以"在先，"以退为进"在后。

上述的几种方法在实际运用时，可灵活交替而不拘形式。例如：一位高中学生文理科目的成绩都很优秀，但将来有志于往社会科学发展。他是独子，家里希望他能够选择医科，将来继承家业。他长期与家庭抗争无果，最激烈的手段是在课业上自暴自弃，老师与家长都束手无策。

辅导老师在咨询中，发现他最近的低成就表现来自对家庭威权的反叛。老师发现他的霍兰德码前几码分数都很高，而且的确他以前的数理与社会科的成绩都不错。通过生涯建构论的故事叙说，他看见隐藏在故事中的生命价值，无论早期或现在，呈现出来的生涯主题都在于"助人工作"。在进一步借由"生涯家谱图"深入他的家族史后，来访者也深刻地体认到父母的期待，竟可追溯到祖辈一脉相传的家风：悬壶济世。

于是借由小六码的概念，他们一起找到了"第三选择"：从家人期待的医科主码（I）中寻找济世助人的小码（S）的生命意义。最后这位学生看似奉父母之命走向医科，但在医科中自主地选择了精神医学，同时加入了为临终病人设置的安宁缓和团队。现在，他是很受病人信赖的精神科医生。

在这个案例中，来访者的生涯困扰来自"个人"与"家庭"、"兴趣"与"价值"的两难拉扯。在咨询的过程中，协助来访者通过对于"主"与"客"、"此"与"彼"两端穿透性的理解，逐渐找到一个平衡和谐的位置；有一点儿委屈，又不是那么委屈，在孝道与人道之间，执两用中，也可算是两全了。中庸"发而皆中节，谓之和"的智慧，尽在其中。

四、C-U-C调和之后的状态："致中和"与"曼陀罗"（灵光）

双文化冲突是一种二元对立，中庸式的C-U-C生涯模式在方法上强调允执厥中、执两用中。安身之道，"中"为体，"和"为用。C-U-C最终的调和状态，在东方来说，复归到一种"致中和"的和谐平衡之境；就西方的宗教观点而言，则呈现一种灵光（mandorla）的象征（Johnson，1991/2021）。

华人大学生在代际生涯抉择冲突发生前期，也就是约莫选择大学志愿阶段，大多是委屈而不能求全。但是到了代际生涯抉择冲突后期，大约是毕业之后进入职场，在未曾经历任何生涯咨询介入的情况下，因应方式总体自然地渲染呈现兼顾两全的模式（胡娟，2018）。在胡娟的研究中，十三位研究参与者在成年进入职场之后，其因应方式蜂拥地回归到以"个人实现"为价值基础，聚集在"高个人实现"水平的第一和第四象限。其中，兼顾个人实现和代际和谐的因应方式最多，占三分之二；立足个人实现做决定并弱化代际和谐影响的只有四种，可参照图12-6。

这说明在华人文化中有一种自然的祈求，在安身的生命处境，即便是与不可违逆的长辈冲突在先，也盼望最终能臻于致中和的和谐状态。前述C-U-C的三阶段介入模式，最后的目标也在于找到一种隐藏在内心深处的"桃花源"。

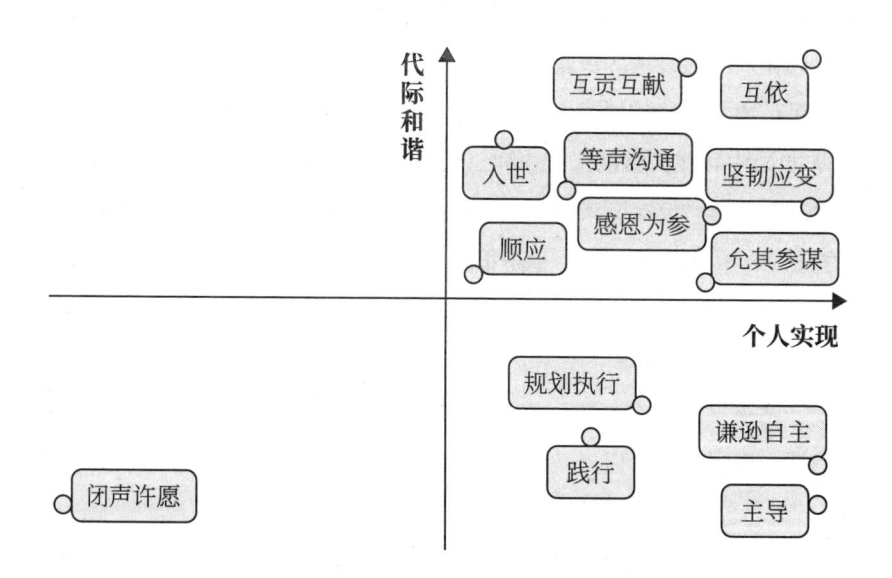

图12-6　大学生代际的生涯抉择冲突发展到后期的因应方式（资料来源：胡娟，2018, p.290）

仿佛有光，从口入，就是豁然开朗、"不足为外人道也"的"桃花源"。这种象征非常类似西方宗教的灵光。religion的字根，re意为"再"，lig则为"捆绑、约束",本意就是重新连接、联系、缔结,或以宗教来疗愈分离(曾经被捆绑)的伤口,重新整合。灵光就是一种整合后的状态,如图 12-7。

图12-7 二元对立融合的象征:灵光

灵光是杏仁形的光环,一种透镜形状,由两个圆圈相互靠近时重叠形成的椭圆形,是围绕肖像的框架。在传统的基督教肖像画中,灵光通常围绕着耶稣基督和圣母玛利亚的形象。若在 Google 的图片中以 mandorla、Jesus 为关键词检索,会出现许多丰富饱满的杏仁形环绕的圣像,在哥特式教堂高耸的玫瑰窗上,经常可见这种灵光的图像。在中世纪早期的罗马式艺术,以及拜占庭艺术中,灵光是一种象征,是圣像中表达基督威严、荣耀和神性的最简洁方式;圣像的神性无法用文字表达,只能在灵光的象征中捕捉。同一时期,它也是中世纪教会或修道会印章通常使用的形状,而世俗的印章通常为圆形(Mandorla, 2023)。

"桃花源"之所以"不足为外人道也",象征这是一种千辛万苦跋涉之后的内在状态,类似"灵光"的疗愈历程与作用。荣格分析心理学家约翰逊(Johnson, 1991/2021, p.132-133)指出,灵光在基督教艺术中常被当成疗愈的象征,天主教堂的告解亭也是教徒努力接纳自己内在的"地狱",试图完成如图 12-7 中二元对立(天与地、善良与罪恶)的融合。人格支离破碎的教徒经常会梦见灵光,因为他们需要这种抚慰象征的力量。甚至荣格在自己人生特别难过的一段期间,每天早上都会画一幅曼陀罗(mandala),以便维持自己的平衡与协调。

Mandorla 也译为曼陀罗(Mandala)。Mandala 是印度和藏传佛教的梵文,曼陀罗在西藏的唐卡中经常以内圆外方的坛城形式出现，都有一个中心点。如果我们注意灵光与曼陀罗的形式，在核心之处都表征出神性（灵光的中心是耶稣基督和圣母玛利亚）或佛性（荣格曼陀罗的中心经常是智慧老人，佛教曼陀罗的中心经常出现的是佛陀形象，或只有一个白点），是否这些都在象征性地表明，人类在历经二元冲突之后，所祈求的一种宁静祥和的内在状态？

中庸生涯 C-U-C 模式最终的平和状态，无论是以"致中和"或"曼陀罗"（灵光）来表述，这种经验的持续时间通常是短暂的，有时只有一瞬间或一刹那。这与禅学打破二元对立的"顿悟"如出一辙（Fromm et al., 1974/1990）。此刻的心灵空间，如同日本道元禅师（1200—1253）的一首诗：

水清彻地兮，鱼行似鱼。
空阔透天兮，鸟飞如鸟。

这种物我两忘融为一体的体验，活泼、自然、生动，难以用语言叙说，只能通过比喻或诗词默存领会。我们所处的时间与空间，在日常中经验无常，如同跷跷板的两端，非左即右。不时从对立的元素互相重叠，逐渐经由辨证的过程朝着中间靠拢，然后合而为一。双文化生涯的冲突也是一样，在辨证得到正反"合"的瞬间，在当下也得到了疗愈的力量；之后以新的状态再投身娑婆世界，不知何时又需要新的转化经验，调和天与地，进而处理与照护自身宏大的愿景。

五、进行C-U-C模式的基本态度与信念

（一）基本态度："至诚"

中庸哲学的价值观是"以中为美"，从"尚中""趋中""时中"到"执中"，形成一套华人特有的生活智慧。在灵活变通之际，又必须恰如其分，殊为不易。虽然对"中"的领悟与诠释略有不同，但"中"的概念在儒、释、道三大哲学体系中都极为推崇。然而，唯独《中庸》将"至诚"与"中道"相提并论。

《中庸》下卷的第二十章至第二十六章，有很多的篇幅强调"至诚之道"。在中庸的哲思系统中，"至诚"与"中道"是一体的两面。"诚者，天之道也。诚之者，人之道也。诚者，不勉而中，不思而得，从容中道，圣人也。"（《中庸》第二十章）"诚"的境界极致，可不勉而中，也可从容中道。

明朝大学者方孝孺的《深虑论》，强调即便是深思熟虑，也总是难以周全。该文开宗明义，人的思虑有其限制，无论如何周详，都有疏忽之处，这是人道。天下之变，总有超出智力所能达到的范围，不及之处，那是"天道"。如何能够上结"天道"，以弥补"人道"之不及？惟积至诚也。

> ……盖虑之所能及者，人事之宜然，而出于智力之所不及者，天道也。……古之圣人，知天下后世之变，非智虑之所能周，非法术之所能制，不敢肆其私谋诡计。而惟积至诚，用大德以结乎天心……
>
> （明 方孝孺《深虑论》）

对思虑所不及之处，方孝孺推崇"至诚"以弥补之。"一心至诚"，是一种内在的德行修为，天眷其德，可以结乎天心。咨询情境中我们与来访者的关系，如果能出于至诚的修为，即使百密一疏，也有天助；来访者的生涯抉择历程遭遇困境，如果能出于至诚，在疏漏之处开启另一层智慧，运用 C-U-C 模式或有意想不到的效果。

（二）基本信念："致中和"

除了"至诚"的心态，咨询师必须以《中庸》"致中和"的精髓建立下列信念。

1. 中庸的原理是一种元认知的思维系统，其世界观在于维持自身与环境的动态平衡。

2. 中庸之道是一种适应不确定时代的生活智慧，审时度势，进退有节，则人我和谐，万物育焉。

3. 相信人的内在世界是一个小宇宙，内在小宇宙与外界的大宇宙是和谐相通的。

4. 理解直观现象的存在性与普遍性，尤其这是大多数东方人擅长的思维，在问题索解之际，宜兼顾理性与直觉。

5. 在咨询的专业中，面对传统的训练方式，愿意兼容传统与非传统的思维进入咨询现场。在咨询师的专业发展过程中，有能力在一般传统技术之外，学习采用非传统的咨询技术。这些技术包括：正念静坐、生涯幻游、梦境分析、表达性书写等。

6. 中庸原理的实践是一个经验积累的学习过程，知易行难，需要不断在生命中进行实践、反思与修正，最终形成自己的生命哲学。

结论

华人看重家庭成员之间的和谐性与凝聚力。家族中世代传递的价值与期待无形中影响到家族的成员的生涯抉择。有的祖传价值创造出下一代的飞黄腾达，有的却造成了下一代的生涯纠葛与困境。

困境的根源是双文化"独立自我"与"关系自我"的纠葛，来自更深层的双文化冲突。当生涯咨询的焦点集中于此之时，与自我有关的对偶信息会浮现出来而成为咨询师与来访者关注的重心。中庸生涯模式主要目的在于协助来访者进入执其两端的双重系统，从关系的对偶结构中来回理解与分辨，哪些价值与期待来自他者的心态，哪些才是自己原来的面貌。

中庸生涯模式来自中华文化的智慧底蕴，遵循着"允执厥中"的原则：觉察内在与外在冲突的全貌，增进自我认识与环境认识，觉察与调节负面的情绪，理解与调和自己与他者的关系，以及采用"执两用中"的冲突解决智慧。因而，对现在的生涯困境衍生新的第三方诠释观点，对未来的生涯方向产生新的行动力。

参考文献

一分为三（2023.5.30）：百度百科。https://baike.baidu.com/item/ 一分为三?fromModule=lemma_search-box。

一行禅师（2022）：禅与拯救地球的艺术。台北：大块文化。

方满锦（2015）：先秦诸子中和思想研究论集。台北：万卷楼。

王玉珍、吴丽琴（2009）：大一生回顾升学生涯抉择与生涯适应之脉络相互影响模式探究。中华辅导与咨商学报, 25, 39–79。

王秀槐（2002）：人我之际：台湾大学生生涯建构历程之研究。本土心理学研究, 17, 167–242。

王思惠（2004）：国中生涯档案形成过程之行动研究——以台北市立永吉国民中学为例（未出版硕士论文）。台湾师范大学。

利翠珊、萧英玲（2008）：华人婚姻质量的维系：冲突与忍让的中介效果。本土心理学研究, 29, 77–116。

李沂蓁（2014）：心理位移日记书写对生涯未定向大学生之影响研究（未出版硕士论文）。淡江大学。

李亮慧（2015）：分手情伤者参与心理位移团体之经验研究（未出版硕士论文）。台湾中国文化大学。

李御侬、赖念华（2019）：文化心理剧："景观人，人观景"用于变迁中的华人家庭关系议题。中华辅导与咨商学报, 54, 123–158。

林以正（2014）：外柔内刚的中庸之道：实践具自主性的折衷原则。中国社会心理学评论, 7, 221–235。

林以正（2021）：动、见。本土咨商心理学学刊, 12(1), 43–50。

河合隼雄（2004）：佛教与心理治疗艺术。台北：心灵工坊出版社。

河合隼雄（2013）：高山寺的梦僧。台北：心灵工坊出版社。

金树人（2005）：心理位移辨证效果之叙事分析 (I) (II)。台北："国科会"研究报告。

金树人（2014）：如是深戏。台北：张老师文化出版社。

金树人（2021a）：心理位移与灵山意象：本土心理位移取向建构的心路历程。本土咨商心理学学刊, 12(1), 1–29。

金树人（2021b）：浊以静之，安以动之：心理位移内在心理空间的流转。本土咨商心理学学刊, 12(1), 56–66。

洪瑞斌（2017）："个我"与"大我"：以双文化自我观点建构台湾大学生生涯叙说。本土心理学研究, 47, 161–231。

洪瑞斌、杨康临、庄骐嘉、陈筱婷（2020）：自我认同与生涯发展：双文化自我之生涯发展论。载于金树人、黄素菲（主编），华人生涯理论与实践，页365–396。新北市：心理出版社。

胡娟（2018）：大学生代间的生涯抉择冲突研究（未出版博士论文）。澳门大学。

康德祐（2015）：身障者母亲照顾者使用心理位移日记书写经验之分析（未出版硕士论文）。淡江大学。

张仁和、黄金兰、林以正（2013）：从情绪平和与止观探讨心理位移日记书写方法的疗愈机制。教育心理学报, 44(3), 589–608。

陈秉华（2020）：我的本土化个人咨询理论之建构与发展。本土谘商心理学刊，11(2)，1-10。

陆洛（2003）：人我关系之界定：折衷自我的现身。本土心理学研究，20，139-207。

陆洛、杨国枢（2005）：社会取向与个人取向的自我实现观：概念分析与实征初探。本土心理学研究，23，3-69。

华伦（2004）：荒野的呼唤。《国家地理》杂志中文版，2004年3月号，96-101。

冯友兰（2013）：中国哲学简史。北京：北京大学出版社。

黄素菲（2014）：以"生涯兴趣小六码"建置多元生涯发展路径。教育实践与研究，27(2)，133-166。

杨中芳（2010）：中庸实践思维体系探研的初步进展。本土心理学研究，34，3-165。

杨国枢（1992）：中国人的社会取向：社会互动的观点。载于杨国枢、余安邦主编：中国人的心理与行为，页319-439。台北：桂冠出版社。

杨康临、洪瑞斌（2008）：家庭与大学生生涯发展之互动关系及其社会化影响机制。2007辅仁大学补助整合型计划期末报告。

杨德昌（2000）：电影《一一》。The Criterion Collection。

叶光辉（1997）：亲子互动的困境与冲突及其因应方式：孝道观点的探讨。"中央研究院"民族学研究所集刊，82，65-114。

潘富俊（2014）：红楼梦植物图鉴。台北：猫头鹰出版社。

郑吉雄（2010）：周易经传文献新诠。台北：台大出版中心。

赖念华（2008）：Dorothy Satten"四张椅子"之心理剧导剧历程。中华团体心理治疗，14(2)，9-21。

联合报（2004）：植物图鉴，红楼梦密码？

庞朴（2004）：浅说一分为三。北京：新华出版社。

献严法师（2022）：见证正念呼吸的力量。载于一行禅师：禅与拯救地球的艺术，74-76。台北：大块文化。

Amundson, N. E., & Penner, K. (1998). Parent involved career exploration. *The Career Development Quarterly, 47,* 135-144.

Basseches, M. (1980). *Dialectical thinking and adult development.* Ablex.

Bloch, D. P., & Richmond, L. J. (2007). *Soul work: Finding the work you love, loving the work you have* (Rev. ed.). Content Management.

Bowen, M. (1980). *Key to the genogram.* Georgetown University Hospital.

Chen, P. H. (2009). A counseling model for self-relation coordination for Chinese clients with interpersonal conflicts. *Counseling Psychologist, 37*(7), 987-1009.

Cheung, G., & Chan, C. (2002). The Satir model and cultural sensitivity: A Hong Kong reflection. *Contemporary Family Therapy, 24,* 199-215.

Chope, R. C. (2005). Qualitatively assessing family influence in career decision making.

Journal of Career Assessment, 13, 395-414.

Coelho, P. (1988). *El Alquimista.* 周惠玲译（1997）：牧羊少年奇幻之旅。台北：台北时报

Cochran, L. (1997). *Career counseling: A narrative approach.* Sage.

Covey, S. R. (2011). *The third alternatives: Solving life's most difficult problems.* New York, NY: Free Press. 姜雪影、苏伟信译（2013）：第三选择：解决人生所有难题的关键思维。台北：天下文化出版社。

Cremen, S. N. (2018). Vocation as psyche's call: a depth psychological perspective on the emergence of calling through symptoms at midlife. *International Journal for Educational and Vocational Guidance,* 19(1), 41-61.

DeMaria, R., Weeks, G., & Hof, L. (1999). *Focused genograms: Intergenerational assessment of individuals, couples, and families.* Tayler & Francis.

Dialectical Inquire (2019, August 21). In *Value Based Management.net.* https://www.valuebasedmanagement.net/methods_dialectical_inquiry.html.

Fromm, E., Suzuki, D. T., & de Martino, R. (1970). *Zen Buddhism and psychoanalysis.* 王雷泉、冯川译（1990）：禅宗与精神分析。台北：远流出版社。

Gysbers, N. C. & Moore, E. J. (1987). *Career* counseling: Skills and techniques for practitioners. Allyn & Bacon.

Gysbers, N. C., Heppner, M. J., & Johnston, J. A. (2009). *Career Counseling: Contexts, Processes, and Techniques* (3rd Ed.). American Counseling Association.

Hansen, L. S. (2002). Integrative Life Planning (ILP): A holistic theory for career counseling with adults. In S. Niles (Ed.), *Adult career development: Concepts, issues, and practices* (3rd ed.) (pp. 57-75). National Career Development Association.

Heppner, P. P. (2006). The benefits and challenges of becoming cross-culturally competent counseling psychologists: President address. *The Counseling Psychologist,* 34(1), 147-172.

Ho, D. Y. F. (1998). Interpersonal relationships and relationship dominance: An analysis based on methodological relationism. *Asian Journal of Social Psychology,* 1(1), 1-16.

Hocker, J. L., & Wilmot, W. W. (1991). Interpersonal conflict (3rd ed.). W. C. Brown.

Hwang, K. K. (2009). The development of indigenous counseling in contemporary Confucian communities. *Counseling Psychologist,* 37(7), 930-943.

Janis, I. L., & Mann, L. (1977). *Decision making: A psychological analysis of conflict, choice, and commitment.* The Free Press.

Johnson, R. A. (1991). *Owning your own shadow: Understanding the dark side of the psyche.* 徐晓珮译（2021）：拥抱阴影：从荣格观点探索心灵的黑暗面。台北：心灵工坊出版社。

Jung, C. G. (1991). *Memories, dreams, reflections.* 刘国彬、杨德友译（1997）：荣格自传：回忆・梦・省思。台北：张老师文化出版社。

Kabat-Zinn, J.(1993). Mindfulness meditation: Health benefits of an ancient Buddhist practice. In D. Goleman & J. Gurin(Eds.), *Mind/Body Medicine*(pp.259-276). NY: Consumer Reports Books.

Kelly, G. A.(1955). *The psychology of personal constructs*(Vols. 1-2). Norton.

Krieshok, T. S., Black, M. D., & McKay, R. A.(2009). Career decision making: The limits of rationality and the abundance of non-conscious processes. *Journal of Vocational Behavior,* 75, 275-290.

Krumblotz, J. D.(1998). Serendipity is not serendipitous. *Journal of Counseling Psychology,* 45(4), 390-392.

Leung, S. A.(2003). A journey worth traveling: Globalization of counseling psychology. *The counseling psychologist,* 31(4), 412-419.

Leung, S. A., & Chen, P. H.(2009). Counseling psychology in Chinese communities in Asia: Indigenous, multicultural, and cross-cultural considerations. *The Counseling Psychologist,* 37, 944-966.

Lim, S., Lim, B., Michael, R., Cai, R., & Schock, C. K.(2010). The trajectory of counseling in China: Past, present, and future trends. *Journal of Counseling and Development,* 88(1), 4-8.

Lu, L. & Yang, KS(2006). The emergence and composition of the traditional-modern bicultural self of people in contemporary Taiwanese societies. *Asian Journal of Social Psychology,* 9, 167-175.

Mandorla(2023, January 7). In Wikipedia. https://en.wikipedia.org/wiki/Mandorla.

Markus, H. R., & Kitayama, S.(1991). Culture and the Self: Implications for cognition, emotion, and motivation. *Psychological Review,* 98, 224-253.

Martin, R.(2007). The opposable mind. 冯克芸译(2019): 决策的两难。台北: 天下文化出版社。

Okiishi, R. W.(1987). The genogram used as a tool in career counseling. *Journal of Counseling and Development,* 66(3), 139-143.

Orloff, J.(2014). *The ecstasy of surrender: 12 surprising ways letting go can empower your life.* 顾淑馨译(2015): 臣服的力量: 放下执着，相信每一刻都是最好的安排。台北: 天下出版社。

Raff, J.(2000). *Jung and the alchemical imagination.* 廖世德译(2007): 荣格与炼金术。台北: 人本自然出版社。

Saka, N., Gati, I., & Kelly, K. R.(2008). Emotional and personality-related aspects of career-decision-making difficulties. *Journal of Career Assessment,* 16(4), 403-424.

Seih, Y. T., Lin, Y. C., Huang, C. L., Peng, C. W., & Huang, S. P.(2008). The benefits of psychological displacement in diary writing when using different pronouns. *British*

Journal of Health Psychology, 13, 39-41.

Sharf, R. S.(2002). *Applying career development theory to counseling*(3rd ed.). Thomson Brooks/Cole Publishing Co.

Singer, J. L., & Switzer, E. E.(1980). *Mind-play: The creative uses of fantasy.* Prentice-Hal.

Stead, G. B.(2004). Culture and career psychology: A social constructionist perspective. *Journal of Vocational Behavior,* 64, 389-406.

Sue, D. W., Ivey, A. E., & Pedersen, P.(2009). *A theory of multicultural counseling & therapy.* Cengage Learning.

Sueyoshi, L. A., Rivera, L., & Ponterotto, J. G.(2001). The family genogram as a tool in multicultural career counseling. In J. G. Ponterotto, J. M. Casas, L. A. Suzuki, & C. M. Alexander(Eds.), *Handbook of Multicultural counseling*(2nd ed.) (pp. 655-671). Sage Publication.

Super, D. E. (1957). *The psychology of careers: An introduction to vocational development.* Harper & Bros.

Thich, N. H.(2016). *At home in the world: Stories and essential teachings from a monk's life.* 一叶译 (2021)：我真正的家，就在当下。台北：橡树林文化出版社。

Tibaldi, M.(2011). *Pratica dell' Immaginazione Attiva: Dialogare con l'inconscio e vivere meglio.* 倪安宇译 (2017)：积极想象：与无意识对话，活得更自在。台北：心灵工坊。

Triandis, H. C.(1995). *Individualism & collectivism.* 周宛青译 (2016)：个体主义与集体主义。台北：好优文化出版社。

Yalom, I. D.(2017). *Becoming myself: A psychiatrist's memoir.* Basic Books.

Yang, K. S.(2003). Methodological and theoretical issues on psychological traditionality and modernity research in an Asian society: In response to Kwang-Kuo Hwang and beyond. *Asian Journal of Social Psychology,* 6, 263-285.

Yang, K. S.(2006). Indigenized conceptual and empirical analyses of selected Chinese psychological characteristics. *International Journal of Psychology,* 41, 298-303.

Young, R. A., Marshall, S. K., & Valach, L.(2007). Cultural sensitivity, career theories, and counseling. *Career Development Quarterly,* 56, 4-18.